Encyclopedia of

Phantasmata

Monster

怪物大全
[Monster]

魔眼巴羅爾與光明之神盧烏

作者 / 健部伸明

1966 年生，日本青森縣人，現為日本愛爾蘭學會成員。大學時代便投身寫作，著有神話民俗相關著述，活躍於遊戲設計等多項領域。主要作品有《幻想世界的住民 I・II》《虛空諸神》（新紀元社）、《神話世界的旅人「凱爾特・北歐篇」》（JICC 出版局）、小說《甲冑少女》(EX Novels Enix) 等書。

譯者 / 蘇竑嶂

淡江大學日文系畢業。躋身遊戲業長達十五年，大學時代著迷於「創世紀」系列，從此與遊戲產生不解之緣。曾任星際遊樂雜誌社日文主編、大宇資訊開發部經理、風雷時代 CEO 及自由作家。譯有：《笑談三國志》（第三波）、《三國志人物事典》（霹靂新潮社）等書。

「人們應該親眼見識半人馬和龍。
如此習於牛羊、犬馬的視野，
或將驚覺於狼群的到來而豁然開朗，
一如過往的牧羊人等。」

—— J.R.R.Tolkien
《ファンタジーの世界》（豬熊葉子譯／福音館書店）(註)

註：名爲《ファンタジーの世界》的此日文譯本，以 1988 年 HarperCollins 公司出版的「 *Tree and Leaf* 」爲主體，內容包括「 *On Fairy Stories* 」、「 *Leaf by Niggle* 」、「 *Mythopoeia* 」三篇，並加入老托爾金之子 Christopher Tolkien 的序文。

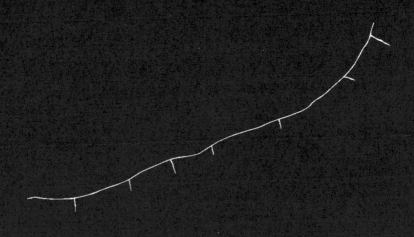

在閱讀之前……

本書因資料豐富、考究詳實，故特以不同的標點符號區分原文與補充之部分；另
附加名詞原語源國之單字與釋義、內文註解頁碼、不同排序方式之索引，提供讀
者使用，以期能使讀者以更便捷、順暢的方式來閱讀本書。

1. 內文（ ）中的資料為原書中的符號；〈 〉中的資料為譯者加註之資料。
   例 蓋亞（<u>希</u> Gaia〈Gaea〉，大地）

2. 括號中<u>原語源國名</u>或其<u>特殊用語</u>對照：
   例 蓋亞（希 Gaia）

古英：古英語	義：義大利語
希　：希臘語	瑞：瑞典語
羅　：羅馬語	挪：挪威語
古北：古北歐語	立：立陶苑語
法羅：法羅語	拉：拉丁語
冰　：冰島語	法：法語
德　：德語	中古德：中世紀古德語
德、冰：德語與冰島語皆同一單字	中德：中世記德語
丹　：丹麥語	蘇：蘇格蘭語
中威：中世紀威爾斯語	愛：愛爾蘭語
威　：威爾斯語	俄：俄語
諾　：諾多語	日：日語
辛　：辛達語	英：英語
黑　：黑暗語	凱：凱爾特語
拿　：拿坡里語	西：西班牙語
學　：學名	剛：剛鐸語
建　：建築用語	洛：洛汗語
蓋爾：蓋爾語（即威爾斯語）	昆：昆雅語
梵　：梵語	芬：芬蘭語

3. 目錄中以方塊框起來的 註 字後的數字為該節「註解」的頁碼；以此類推，引 字
   後的數字為該節標示引用來源之頁碼。
   例 【2-3】獨眼巨人／Kyklops 註 86 引 87

4. 內文中出現上標字，表示請見該節註解之補充。例 黃昏女神 (註3)
   (引) 則表示日文原書該段文章之引用來源。

5. 索引以英文字母、中文筆劃二種方式排序。

　　時值21世紀的今日，筆者深感編著怪物大全的迫切性，能夠獲得抱有同感的編輯部再次兩人三腳、共體同難的協助，可謂幸運之至。

　　爲了讓讀者能夠掌握怪物怪物眞實的面貌，我們蒐集了新近發現的資料，以「竭盡可能揭示情報」的方針，編寫整部《怪物大全》的系列。從而膨脹的龐大資料，也使得全書不得不以分冊的方式發行。

　　關於各章節項目方面，即使讀者不曾涉獵這些領域，也能夠感到「簡明易懂、生動有趣」；同時「詳細載明資料的出處」，也能夠滿足專業領域的讀者檢索。

　　根據特定的分類方式，我們將居住在幻想世界的族群分門別類，歸納在各自獨立的項目中，讀者可以挑選任一章篇盡情瀏覽。

　　不過前後文仍以重點銜接其連貫性，隨意瀏覽後如果還覺得盡興，可以依序看過全書，相信能夠獲得更深刻的認識。

　　截至目前，整部系列的編纂以歐洲、遠東的族群爲中心，按以下預定的7卷進行。

■ 西洋篇 (註1)

❶ Monster（怪物）
　　巨人、植物、火界族群、節肢動物、人造類、言語怪獸

❷ Beast（幻獸）
　　肉食類、有蹄類、水魔、龍

❸ Hominid（類人）
　　原人、死者、靈體、矮人、地精、居家妖精

❹ Fairy（仙精）

精靈 (Elf)、女妖、風魔、山精、水妖、宿命、嗜血者、仙子 (Fairy)

■ 中東篇

❺ Zodiac（神獸）

大蛇、海怪、巨獸、聖獸

❻ Angel（天使）

有翼獸、神使、火精、惡靈、塑造類

❼ Demon（魔神）

所羅門王與 72 位魔神

此外，關於日本的古代篇、現代篇、未來篇等，也正在構思階段中。如果讀者們希望加入其他的怪物族群，也請不吝來信，以信件或 e-mail 聯絡日本編輯部，我們將盡可能實現您的期望。

編輯成員們是以多方視角切入，朝著幻獸的各種面貌步步逼近的。然而越是追根溯源，真相越是撲朔迷離，使人無法專注在唯一的焦點上。

就以獨眼巨人傳說有哪些起源為例吧，讀者當然可以由閱覽本書進一步獲得詳盡的答案，在此僅將各種傳說簡略地彙整如下。

(a) 獨眼巨人是曾經存在的

(b) 來自閃電石 (fulgurite) 與熔融石 (tektite) 的聯想

(c) 鐵匠族群

(d) 太陽崇拜者

(e) 來自大象頭蓋骨的聯想

(f) 利用透鏡、水晶球等光學儀器的生物

　　即便拋開獨眼巨人存在的可能性，從 (b) 到 (f) 等諸多說法，也各有其正當性，只是無法針對單一條件追根究底。畢竟過於追求眞相，反而會失去說服力。正因爲種種的傳說彼此依托互補，描繪出傳說中獨眼巨人多樣的面貌，才能形塑出充滿生命力的形象。

　　現代奇幻文學的鼻祖托爾金〈J.R.R.Tolkien〉在著作《幻想世界》的「起源」一章中，將穿越歷史長廊的「故事」，比喻爲大鍋中烹煮的「羹湯」。在此、我們試著將「故事」代換爲「怪物」(monster)，亦即藉此看待這個名爲「怪物」的「羹湯」，是如何調製而成的。

　　正如同羹湯是由各種香辛佐料、菜餚一起烹調而成，任何單一食材均非羹湯的起源一樣，名爲獨眼巨人的這道「湯餚」，事實上也是融合各種素材而成的。

　　托爾金引用鑽研北歐文化的英國學者戴辛爵士的著作《古北歐民間傳說》〈*Popular Tales from the Norse*, by Sir G.W. Dasent, 1817～1896〉[註2]，指出品嚐一道湯餚時，「應滿足於眼前的羹湯即可，不應進一步窺探熬出高湯的牛骨。」

　　或許人們始終追尋著那份道盡美味的湯頭本質吧。而我們之所以執著於探求過程欲罷不能，無非不甘於只是身爲餐桌上大啖美食的饕客，進而想要洞悉美味據爲己有，以致逾越了廚師的專業領域。

　　在這趟未經三思便付諸行動的修練之旅上，所幸有許多人與我爲伴。拜其所賜，我才能夠登上獨行難臻其境的學崖。舉凡共同執筆的多位作家，在非專擅領域中提供諸多建言者，困頓不前時、給予我精神支持的家人好友等等，想要感謝的人實在太多了。

　　既然校閱全篇、潤飾要點的工作，概由監修者經手，如果有不明瞭、艱澀難懂、誤植錯寫的地方，編輯責任均由我健部伸明本人承擔。

◉

「前言」寫來，是不是讓人覺得有些冗長呢？
那些自賞誇己的壯詞豪語，就請各位讀者忘了它吧。
在此想要傳達的，只是「盡情享受」一詞罷了。
最後，希望各位也能和怪物們有一段嶄新的邂逅。
Bon Voyage！（祝您旅途愉快）

註1：日本目前僅出版《Monster》（截至 2007 年年底）。
註2：全名為喬治‧戴辛 (George Webbe Dasent)，另譯有《尼亞傳說》（*Njáls Saga, or Brennu-Njáls saga*, 1250？～1275？；英 *The Story of Burnt Nja*）。

譯者序

　　這不是制訂標準譯名的一本工具書,其定位應由讀者的接受度來決定。譯者既非國立編譯館編制的審查員,亦非此出版物的原創者,僅能根據名詞的源流與本文解說,竭盡所能蒐集相關事典著作的解釋,在獲得一定認知的情況下,主觀地提出符合音義的譯名。

　　私以爲這樣的認知並不存在所謂的「客觀性」,因爲每個人的學養、智識、閱歷與包容度都有若干差異,要求讀者「客觀地」去接受「這是一本正名事典」,事實上是一相情願的心態。何況同一名詞在不同的著作中,往往不見得只適用於「業已正名」的解譯,特別是在一般文學創作或散文詩詞的領域,便顯得無須過於強調怪物譯名的必然性,畢竟其市場的訴求在於尋常大眾,而非純粹的奇幻文學讀者群。

　　儘管如此,遇有地位不明確的既有譯名時,譯者還是會提出不同的觀點,希望讀者能夠在了解既有譯名成形的背景下,以更寬廣的視野看待其他譯名成立的可能性。以「Goblin」爲例,此間有哥布林、地精等說法,基於哥布林偏於音譯,地精之名又涵蓋了整個地精族群,譯者便提出了音義兼具的「尷怖靈」、純意譯的「地妖」等全新的解釋。其用意就在於提供貼近奇幻與遊戲範疇的另一種解譯的選擇。當然,選擇與否端視讀者的接納度而定。

　　正如日人將「精靈使い」英譯作「Elemental Summoner」「Elementalist」,中文本該作「元素召喚者」「召喚師」解釋,實際上卻直接取用「精靈使」漢字做爲譯名的情況一樣,即便字義上差異懸殊,未經深思便逕自取用日文的「漢字」做爲譯名的做法,已成爲此

間的一種常態，難得把握因事制宜 (case by case) 的此一重要前提。

　　以上述的例子而言，「使い」是個動名詞，作「使喚者」解，而中文的「使」做為名詞之用時，多作「使節」解釋。固然中國字在演化的過程中，屢屢因應時代背景的諸多因素，衍生出新的意義，但恣意的解譯往往會招來不必要的誤解。就像「御宅」原本意指熟知某一領域的人（可譯為～通，如動漫通），直接引入此間後，卻被誤解為成天足不出戶，缺乏人際互動的宅男宅女。

　　這種將「相近度高的漢字」反射性直譯的迷思，突顯出年輕一輩缺乏思維反芻的窘態，不但無益於異國文化的導入與認識，也有害於此間正確學習的風氣。更反映出國人未能實事求是的陋習，與訓詁精神的貧乏。

　　如此將錯就錯的事例，歷來自然不在少數，多半是世人姑且盲從所致。既然身為奇幻文學領域的我等，此時扮演著拓荒者的角色，責任感自然也隨之而來。如果說「將正確的文意傳達給讀者」是譯者的使命，那麼「身為溝通橋樑」的我們又怎能縱容自己便宜行事、得過且過？相信那樣的敷衍心態，絕非原作者與讀者所樂見。

　　初次經手本書時，對於內文涉獵的範疇之廣深感動容，不禁感嘆日人在文化領域的耕耘既博且深。僅以區區微薄之一力，搏譯著作群堅實之匠作，如今想來實有不智之處。所幸編輯寬容我兩年多的時間，才得以逐步踏實地解譯了這堪稱「文學報導」的「報導文學」。

　　作者健部先生帶領的編輯群，以淵博的學養、探究實相的精神帶領我們走入一個鮮為人知的幻獸世界，私以為這對長久以來不曾認真思索奇幻生物定位的吾人而言，是一次重大的邂逅。或許我們對於人們創造的虛構世界總是抱持著半信半疑甚或完全否定其存在的觀想，

然而事實上，牠們確實是來自人性下的產物，流露的特徵與性質不時反映出人類的部分身影。也不得不讓人對於編著者細微的觀察力，勇於批判人性、挑戰迷信的科學精神為之嘆服。

由於本書對於怪物的解說，多來自民間傳承與奇幻小說的剖析與研判，這也使得書中帶有濃厚的「文學簡介與攻略」色彩。語帶保留的筆觸，為的是讓讀者興起閱讀該文學作品的欲望與動力，但有時仍不免流於語焉不詳。為此譯者多半會提出註解，在不破壞作者挑逗讀者閱讀動機的樂趣下，提供讀者便於理解的提示，畢竟許多作品在此間仍無中譯本，不諳外語的讀者自然無緣一睹為快。

既然全篇以論述各國的怪物為主，便要涉及諸多的外語。對於作者與譯者，都不啻為一大挑戰。經過多番探索與失敗的嘗試後，最終經由圖書館系統，解決難以取得相關作品原標題與作者名的窘迫。並且通過圖書館藏的圖像 PDF 檔案，取得相關作品提及的人名與地名（因此有部分文字無法通過搜索引擎取得資料）。在這方面，古騰堡計畫提供的公共版權圖書，也給予譯者相當大的幫助。凡此添加的外語，均以〈〉括弧圈示，與原書的（）括弧做一責任歸屬的劃分，以維護作者的信譽。

記得求學時代閱讀課外讀物時，每每對於地名、人名的原文有所不解，若要在網際網路尚未普及的當時搜尋資料，總要費上許多心力，對於無法獲知該名詞原文的難處，有深刻的切身之痛。因此解譯本書的期間，遇有艱澀的人名地名時，總要查閱國立編譯館的學術名詞或地名辭典，將外語附加在譯名之後。但世界何其大，難免有遺珠之憾，甚至有些地名係牽涉語法的複合名詞，為此部分的地名僅能以暫譯的方式處置。此外極少數的人名地名因資料尋求不易，礙於時間有限，無法附上外文，這點也請讀者諒察。

克服上述困難後完成的此書，因為附上外語的括弧圈示，某些段落看似有些紛雜，但相信不至於會降低讀者閱覽的興致。對於就讀外語系所、或對該國文化有興趣者，應可提供資料查詢上的助益，這不僅是譯者的期盼，相信也是原作者最大的心願。

　　最後要感謝編輯靜芬、雪莉給予我最大的包容，扶持譯者一路走來；感謝自小接受日文教育的父親不時從旁解釋的關愛；也感謝為奇幻文學舞台帶來一股風潮的朱大（學恆）與曾經活躍於遊戲界的KAO（高文麟）、徐政棠等人，沒有他們留下的足跡帶領，這條解譯幻獸的道路將更為崎嶇艱辛。

蘇竑嶂

2007.9.28 寫于台中

第4章　北歐山精類──日耳曼巨人族的後裔

怪物

怪物一詞，多半被解讀爲「本質不知爲何的生物」，字源來自拉丁文的警告 (monere) 與展現 (monstrare)。此一動詞「名詞化」後而成的「monstrum」，大體解釋爲「不祥徵兆」之意。

原來在西方的語意中，「monster」並不僅指怪物，也代表「神警告世人所揭示的凶兆」。換言之，亦即災難的具象化。

如此被視爲「不幸預兆」的怪物，又是以何種姿態具象化於吾人的面前呢？

英文對於怪物一詞自然有多方的解釋，但主要可概括爲下述三種。

1. 巨大

許多神怪電影或電玩中都會出現巨型昆蟲或肉食猛獸化身的大型怪物。光是超越正常尺寸的外形，就足以稱之爲怪物。事實上本書也是將巨人這樣的族群，置於怪物之首的地位。

巨大化的生物，也經常伴隨著環境污染的警告意味。據說在前蘇聯烏克蘭共和國的車諾比〈Chernobyl, Ukraine, USSR〉核子災變的現址地下，就發現了長達 3 米的蚯蚓。

2. 奇形怪狀

一如拉丁文的「monstrare」來自「視覺」一詞，同樣地外形是否予人異樣的感覺，也是判定怪物的標準。

受到某些因素的影響，產下畸形兒或異常胎兒時，人們就會以不祥的徵兆 (monstrum) 加以看待。事實上來自同一字源的英文「monstrosity」，正是「畸形兒」的意思。即使在現代，導因於生化兵器與貧鈾彈〈Depleted Uranium ammunition〉等輻射性物質的此等情事，依然日復一日地發生，人們也因此解讀爲來自神的一種旨意或警示。

巴比倫出土的一塊公元前 2,800 年的黏土板上，就記載著「畸形兒」的誕生來自神的旨意，這樣的觀念在當時蔚然成風，人們還根據其形狀判讀吉凶。

在動物學的領域中，美國原生種的希拉毒蜥 (Heloderma suspectum) 因爲棲息於希拉河域而被稱爲怪物希拉

(Gila monster)，或簡稱為希拉。

日本特效電影中的哥吉拉〈Gojira，漢字作吳爾羅〉，名字是取自大猩猩〈Gorilla〉和日文鯨魚〈クジラ kuzira〉的合稱，據說原本還是體格高大魁梧的特效技師個人的綽號。但是這個名詞轉為英文後，變成酷斯拉 (Godzilla)，由「God」＋「Gila」構成單字，賦予一個「似神的蜥蜴怪獸」這樣的新解。至於其本來的面目，則是受到輻射污染而巨體化的變異性海洋爬蟲類。

附帶一提的是，棲息於蘇格蘭的不明生物尼西 (Nessie)，也因地緣關係被稱為尼斯湖水怪 (the Loch Ness monster)。

是以形貌異常與否，取決於生物本能是否違常，如果人類長有鱗片、羽毛、毛皮，僅僅如此也符合怪物的條件。

例如美國CTW電視台廣受歡迎的節目『芝麻街』中，毛色天藍的餅乾怪 (Cookie Monster)、一身綠皮老愛抱怨的奧斯卡 (Oscar the Grouch)、全身藍色好相處的葛洛佛〈Grover，小樹叢〉，還有紅通通的艾摩〈Elmo，熱心和善〉等，都有著人類的體型，只因為全身毛茸茸的，而通稱為「怪物」。

3. 行為殘暴

哥吉拉不僅身軀龐大、形貌詭異，還會噴出輻射熱線，把視自己為怪物的可恨人類建造的所有建築物破壞無遺。像這樣的毀滅性，也已經在怪物身上定型。

在現代的行為心理學上，人類和動物的行為時時呈現出潛藏的心理狀態，亦即定義怪物的過程上，是否具有破壞性心理，也列為重要的判別因素。

1597年，莎士比亞在《威尼斯商人》〈The Marchant of Venis, by William Shakespeare〉這齣喜劇的第三幕第二場中，以「目露青光」描寫嫉妒。1604年的悲劇《奧賽羅》〈Othello〉第三幕第三場，更明確地描述「嫉妒，是一頭綠眼怪物」 (Jealousy; It is the green-eyed monster)。這位舞台劇的天才，便是把蠶食人們內心的負面情感，如此稱之為怪物的。

◎ 德國心理學中的怪物

相對於出身英國人的莎士比亞，德國人在側面描寫深層心理的破壞上，扮演著重要的角色。尼采在《查拉圖斯特拉如是說》[註1]這本著作中，對於潛藏人類深層心理的「怪物」或所謂的「深淵」一詞，便有著多方

的考察。

尼采形容「怪物」時，使用了許多單字。這些單字共通之處，在於字首都是否定意味的 (un-)。由此可見，怪物們係經由「非～者」「本質相異者」這樣的字眼，為世人所認知的。

例如……

· Ungetüm（不屬於特定族群的）
· Ungeheuer（詭譎可怕的、巨大無比的）
· Unhold（不優美的）
· Untier（非動物的）
　　……這樣的詞彙。

羅伯特·雷斯勒在暢銷大作《FBI心理分析官》一書中，將尼采的想法如此歸結：「與怪物搏鬥者必須謹慎，以免在這樣的過程中，自己也成了怪物。畢竟窺視深淵的同時，深淵也凝視著你。」[引1]事實上，這本書原來的標題，便是「*Whoever Fights Monsters*」。

雷斯勒將這些經由殺人過程獲得性愉悅的重度性犯罪者〈Sexual murderer〉稱為怪物；漫畫家浦澤直樹以德國一帶為背景的作品《怪物》，也受到這股思潮的影響。

心理學的創始人佛洛伊德將人類的心理區分為自我 (ich)、支配本能的超自我 (überich)，以及隱藏於背後受到扭曲的本能 (es)。

在一般心理學用語中，先將德語譯為拉丁語，再以英語解釋為自我 (ego)、超我 (super-ego)、本我（id，或稱原我）。

1956年導演佛萊德·威爾考克斯在《惑星歷險》〈Forbidden Planet, directed by Fred M. Wilcox〉一片中，便嘗試以視覺呈現本我失控的原貌。身為科學家的父親憂心女兒被其他男人搶走，潛藏的本我遂在無意識之間被自己研發的機器實體化，搖身一變成為透明的怪物，進而恣意破壞乃至犯下殺人的過失。在電磁光罩與雷射的紅色閃光交錯之下，被照得通體發亮的「原我怪物」(The ID Monster)，其下場至為悲絕。

本我的可怕，也經由心理實驗逐漸得到證實。

1963年，於哈佛大學進行的「艾希曼實驗」〈Eichmann experiment〉[註2]中，隨機獲選的一群本性善良的美國市民，竟在「這只是一場實驗，大可放手去做」的指示下，大多數人便毫不遲疑地通電，讓危害生命的450伏特電流通過其他實驗者的身體。當然壓下按鍵的同時，電流事實上並未接通，只是演員表現出痛苦的模樣，然

而當時的參與者都深信自己曾經接通電流。

1971年於史丹佛大學進行的一場「監獄實驗」[註3]，讓參與者分別扮演獄卒和囚犯。豈料不過數日，扮演獄卒的一方開始失去對囚犯角色的溫情，試圖掌控全場而變得威權高漲。使得原本預定進行一個禮拜的實驗，因過度危險而在五天後被迫終止。

德國導演奧利弗‧西斯貝格真實取材自上述實驗的驚悚片《死亡實驗》〈The Experiment, 2001, directed by Oliver Hirschbiegel〉，便尖銳地描寫扮演獄卒與囚犯的兩方隨著角色本能起舞，終至失控而引發死傷的悲劇。

即使是身為市井小民的我們，在失去社會規範的瞬間，依然潛藏著化身怪物的可能性。為了避免這樣的情事發生，人們必須培養出不受周遭環境影響，能夠堅定自持的道德感。

如此看來，更令人切身感受到所謂的怪物，並非來自外在的環境，而是由人的內在逐漸顯露出來。是以人們面對本該感到恐懼的怪物時，一種莫名的熟悉感也隨之油然而生。換句話說，從某種角度說來，網羅於書中的各種怪物，正意味著讀者身影的一部份。

◎來自弗蘭肯斯坦的怪物

那麼大家知道有什麼樣的怪物，具備了龐大、畸形、殘忍，同時又是人心的產物等所有的條件？

據說在13世紀的德國，一處能夠俯瞰萊茵河、位於森林深處的弗蘭肯斯坦城〈Frankenstein〉，曾有怪物出沒。怪物和城主弗蘭肯斯坦男爵經過一場激烈的搏鬥之後，雖然遭到格殺，但也給予男爵一記重創膝蓋的致命傷。

瑪麗‧雪萊根據這段傳說寫成的《科學怪人：現代普羅米修斯》（1818）〈Frankenstein, or the modern Prometheus, by Mary Wollstonecraft Shelley〉，對於日後的科幻驚悚小說領域，有著莫大的貢獻。

話說瑞士人維多‧弗蘭肯斯坦(Victor Frankenstein) 男爵，自幼對化學和生物學抱有濃厚的興趣，大學時代便開始專業領域的研究。他在最終過程中，發現一種能夠給無生命物體帶來生命的科技，進而展開人造人的計畫。

耗費二年的時間，以死屍的肢體東拼西湊，經由閃電賦予生命的人造人，卻顯得異常醜陋，就連創造者自己都感到氣餒。心念一轉的他為了便

於製作，重造出身高 2.4 米的巨漢，氣勢也渾然魄力十足。

然而見到人造人動起身來的瞬間，弗蘭肯斯坦博士卻逃離了現場。隨後膽顫心驚地回到實驗室查探時，早已失去人造人的蹤影。

出走的人造人徬徨於市井街頭，被人們視為異類怪物，只好逃進森林。藉著攝取最低限度的營養（一天採食若干橡樹果），他得以存活下來，同時對於寒暑有了高度的耐力。甚至能夠憑著驚人的力氣，輕易地攀上斷崖絕壁。

有一天，他發現一處無人的空屋，從此找到了棲身之所。經過長時間的觀察，他學會鄰近人們的語言，也瞭解當地的居民為人友善與否。最後終於鼓起勇氣，決定進一步和他們交談。

可惜當地的居民，同樣將人造人視為怪物。絕望的他便懷恨起人類，以及一手創造他的弗蘭肯斯坦博士。

他和博士接觸，央求為他創造一個人造女子。博士隨即投入工作，但是思及完成的人造人可能未必善良，因此半途而廢。人造人憤恨交加，遂陸續殺害博士的家人好友。此時人造人的身心，也已名符其實化身為科學怪人 (Frankenstein Monster)（註4）。

為了追殺在逃的科學怪人，一身孤伶的博士尾隨在後，從此浪跡天涯。然而卻數度失之交臂，每每讓科學怪人免脫。經過漫長的追凶之旅後，終於身心耗弱奄奄一息。

守候一旁的科學怪人看著博士死去後，也慨然決定「自我了斷，讓世上不再出現同樣的自己」，從此遠走北極一去不返。

◎背後的故事

瑪麗・雪萊構思整個故事的背景，存在一段自己的人生經歷。

瑪麗出生十天後就失去了母親，從此懷有害死母親的自責心結。加以父親管教非常嚴厲，始終感覺到難以享有親情真愛的交流。

日後她和已婚的詩人波西雪萊發生不倫戀情，並生下一早產兒，但十天後隨即夭折。

就在執筆《科學怪人》的期間，波西雪萊分居中的妻子海麗特〈Harriet Westbrook Shelley〉投水自盡，二十天後瑪麗與波西才得以踏上紅毯。

由此不難想見，生與死、創造者與被賦予生命者之間那種聯繫的中斷，曾經帶給感受纖細敏銳的瑪麗雪

萊多大的壓迫。正因爲它們時而化身夢魘到來，附身糾纏不已，才得以促使她完成這個偉大的故事。（註5）

小說發表後不久，這個震撼人心的故事便搬上舞台，引來無數觀眾的共鳴。

導演詹姆斯惠爾〈James Whale〉根據該舞台劇改編的電影《科學怪人》(Frankenstein, 1931)，以及《科學怪人的新娘》(The Bride of Frankenstein, 1935)，藉著超乎想像的美術效果，帶給世人驚懼與感動。主角波利斯‧卡洛夫〈Boris Karloff〉刀削般的平頂頭、頭部兩側貫穿著電極、半睜雙眼表情木然的化妝，與充滿哀傷的演技，成爲神怪電影的經典形象，至今依然深深烙印在我們的心中。

- ■ ■

註1：尼采的《查拉圖斯特拉如是說》（德 *Also Sprach Zarathustra*；英 *Thus Spoke Zarathustra*；日《ツァラトゥストラはかく語りき》）叙說的是一位原本遠離塵世的隱士查拉圖斯特拉，忽然覺醒般地走向人群，爲的是宣揚「意志超越一切」、「追尋個人自由」等主張。後來竟被希特勒曲解，將此書大量印行，讓兵士人手一書隨時誦讀，爲自己屠殺異己的暴行辯護。強調權力意志爲生命本質的這本著作，竟引來潛藏人心的怪物，恐怕也是尼采始料未及的。

註2：艾希曼是一名納粹高級軍官，他在二次世戰後的軍事審判中，被控對集中營的猶太人進行殘酷的實驗與屠殺。這名冷酷的被告卻指稱「自己的行爲不過是服從上級的指示，並非自願」，以此做爲抗辯的理由。爲了解開這個心理學上的迷思，任教於耶魯大學的心理學家史坦利‧米爾格拉（Stanley Milgram），從 1961 年起的兩年間，開始籌畫一個「服從權威」的實驗，並於 1963 年轉往哈佛大學教職後著手進行。從工人、經營階層、專業領域任選而來的人們，被賦予「教育者」的角色，當研生與演員扮演的「學習者」，在學習過程中出錯時，教育者便在實驗主持者的指示下，接通電流以處罰學習者。當時，竟有 ⅔ 的參與者將電流逐漸增強至 450 伏特。此後各國競相仿效這樣的心理實驗，直到 1985 年才廢止。而名爲「艾希曼實驗」的這項實驗，又稱爲「米爾格蘭實驗」（Milgram Experiment）。

註3：史丹佛大學進行監獄實驗(Prison Experiment)的動機，在於了解行爲善良的一般人，在扮演獄卒囚犯的過程中，善良的本性是否能夠克服邪惡，抑或魔性逞兇、揭露善良本性的僞裝。而從最後的結果看來，顯然是極爲負面的。但也因此，讓世人對於以監獄衆生相爲首的眞實人性百態，有深刻的感受與體認。

註4：儘管「Frankenstein Monster」爲科學怪人的正式說法，但不論東西兩方，都已習慣將「Frankenstein」視爲科學怪人的代名詞，而非弗蘭肯斯坦博士本人。

註5：地質學家德波爾與桑德斯在合著的《人類史上的火山》(*Volcanoes in Human History*, by Jelle Zeilinga De Boer & Donald Theodore Sanders) 一書中寫道，1815 年印尼坦博拉 (Tambora) 火山大規模的爆發，使前所未見的大量火山灰充斥大氣層中，形成了核子冬天的現象，連續兩年帶給歐美爲首的世界各地嚴重的遺害。當年的歐洲正逢拿破崙敗戰於滑鐵盧，而火山爆發的遠因又爲翌年的 1816 年帶來異常氣候，重創農民賴以維生的糧食耕作，戰火瘟疫使得歐洲人口大減。當時瑪麗雪萊正與夫婿波西、詩人拜倫等人，住在瑞士日內瓦湖的別墅中創作，作者們推測瑪麗雪萊便是在當時風雨飄搖的陰霾下，獲得《科學怪人》的靈感。

引1：日譯文摘自相原眞理子譯本。

第1章

泰坦巨人

Titan / ティーターン

〔希臘的巨神族〕

泰坦 ^(註1)

泰坦是生存在奧林帕斯諸神之前的希臘巨神族，也是天神烏拉諾斯〈希 Uranos，天空〉與大地母神蓋亞〈希 Gaia，大地〉的子孫，其同胞手足還包括獨眼巨人〈希 Kyklops〉、百手巨人〈希 Hekatonkheires〉^(註2)。

泰坦分為以下六個支系，他們的姊妹稱為泰坦女神 (Titaness)。其中有些支系在希臘文中的語意不甚明瞭，疑為原住民的語言。

❶ 奧克安諾斯（希 Okeanos，環繞者：大洋）

❷ 希佩利翁（Hyperion，超越者：太陽）

❸ 吉歐斯（希 Koios〈Coeus〉）

❹ 亞佩托斯（希 Iapetos〈Iapetus〉）

❺ 克利歐斯（希 Kreios〈Crius〉）

❻ 克洛諾斯（希 Kronos，烏鴉）

▌波濤洶湧的大海 · 奧克安諾斯

泰坦巨神與泰坦女神之間衍生了許多後代。其中以環繞大地蓋亞的大洋神 · 奧克安諾斯，與妻子特提斯〈希 Tethys〉^(註3)之間生育的子息，人數最為眾多。事實上，荷馬的《伊利亞德》〈希 Ilias, by Homeros；英 Iliad, by Homerus〉第 14 卷 201 行，就揭載了奧克安諾斯為眾神之祖的說法。^(註4)

赫西俄德的《神譜》〈Theogony, by Hesiodos〉337 行以下記載兩人孕育了 25 條大河，生下 41 位大洋室女 (Koure)。後來大洋室女與預言之神阿波羅〈希 Apollon〉共同接下了主神宙斯賦予的「培育年幼者」的工作。

此後兩人又生下 3,000 名司掌大地與湖水的大洋神女（Okeanid），以及人數約莫同等的「大洋神子」〈希 Potamoi，河川〉。

阿波羅尼奧斯的作品《阿爾戈船英雄記》〈Argonautica, by Apollonios〉第一冊 500 行以下寫道，太古的奧林帕斯山本由神祖奧斐恩〈希 Ophion，化身巨蛇者〉與大洋神女^(註5)歐律諾美（Eurynome，廣為支配者）統治。根據其他的傳說，化身鴿子的歐律諾美產下一卵，此蛋在化身巨蛇的奧斐恩懷中孵化，才誕生了整個世界。

二人不久失勢，將王座拱手讓給克洛諾斯與妻子瑞亞〈希 Rheia；Rhea〉，

隨即消失在大海（大西洋）的波濤中。日後克洛諾斯與父親烏拉諾斯反目奪勢時，在眾多的泰坦兄弟中，也只有奧克安諾斯一人，拒絕與克洛諾斯聯手(註6)。其理由或許就肇因於當時的這段過節。

後來宙斯 (Zeus) 將戰敗的克洛諾斯放逐至冥府 (Tartaros)，瑞亞只好將女兒赫拉 (Hera) 託付給奧克安諾斯、特提斯夫婦，交由兩人在自家中撫養。後續發展的經緯如何雖然不得而知，卻導致奧克安諾斯、特提斯夫妻失和。

古希臘三大悲劇詩人之一的埃斯庫羅斯所創作的悲劇《普羅米修斯之縛》〈*Prometheus Desmotes*；*Prometheus Bound*, by Aiskhylos〉也有奧克安諾斯的記述。當外甥(註7)普羅米修斯受到釘縛之刑時(註8)，奧克安諾斯隨即騎上天馬飛往該處高山。他告訴普羅米修斯打算前去說服宙斯，停止這個刑罰。普羅米修斯卻勸阻說道：「毋需顧及我的安危，以免遭到同樣下場。」奧克安諾斯最後聽取忠告，就此返家。

順道一提地，在希臘神話的敘述中，奧克安諾斯意指大西洋，不過廣義上更被視為環繞大地的海神。「遼闊的大地四周，圍繞著一片環狀的海洋」這樣的說法不僅見於希臘，也同見於北歐傳承。但只要追溯地質年代，便可發現這純粹是一個事實。

根據首倡「大陸飄移學說」的韋格納〈Alfred Lothar Wegener〉主張的說法，兩億年前的地球上只有一塊盤古（Pangaea，所有大地）超大陸，其四周曾經環繞著僅有的一片海洋（Ocean，即Oceanus的英語化）。

後來盤古大陸在板塊運動下，分裂出北方的歐亞古陸(註9)，以及南方的岡瓦納古陸〈Gondwana〉時，形成了最早的古地中海。韋格納在著作《大陸與海洋的起源》〈*The Origins of Continents and Oceans*〉中，取用奧克安諾斯的妻子特提斯之名，將這片遼闊的內海命名為特提斯海〈Paleo-tethys；Tethys Ocean〉。由於整片海洋溫暖適宜，繁衍出特提斯動物群〈Tethys fauna〉這樣的暖洋生物群，因此只要根據化石的分佈，便可鎖定當時的海域範圍。

最初的太陽神・希佩利翁

相對於攸關地理變動的奧克安諾斯、特提斯夫妻，希佩利翁與神力無雙的妻子希亞〈希Theia；Thia〉化育了無數的天體。根據《神譜》371行以下的敘述，男神赫利俄斯（希Helios，太陽）、女神瑟莉妮（Selene，月亮），以及帶給萬物眾神光明的女神～伊歐絲（Eos，黎明），都是他們的子女。

荷馬在《奧德賽》〈Odyssey〉第1卷第8行中指出，「希佩利翁」為太陽神「Eelios (Helios)」的另一說法。

那麼也許這正是身爲兒子的赫利俄斯，繼承了父親希佩利翁的天職之故。因爲第12卷176行以下所提到的太陽神，已經轉爲「Hyperionides」（希佩利翁之子的意思）。

此外第12卷127行以下提到，希佩利翁與美麗的妮艾拉〈希 Neaira；Neaera〉結合，生下了蘭珀提亞〈希 Lampetia；Lampetie〉、菲杜莎〈希 Phaethusa；Phaetusa〉這兩位秀髮飄逸、光澤耀人的女神。她們原本飼養著一群「只要不生育羔犢，便可永生不死的神聖牛羊」(註10)，豈料英雄奧德修斯〈Odysseus〉的隨從竊食了牠們，希佩利翁便請求宙斯予以天譴。在宙斯的雷霆一擊之下，奧德修斯不僅座船粉碎，也失去所有的隨從。

流星之神・吉歐斯與亞佩托斯

吉歐斯與妻子菲比〈希 Phoibe；Phoebe〉生下了阿斯特莉亞（Asteria，星辰）與麗托（Leto，石頭）這兩位從天而降的光曜女神（《神譜》404行以下）。

維吉爾在《農事詩》〈Georgiques, by Publius Vergilius Maro；英 Georgics, by Virgil, 70BC～19BC〉第1卷275行以下寫道，按當時的曆法，吉歐斯與亞佩托斯出生的日子同爲每個月的第五天，這一天都不適合工作。

至於亞佩托斯，則與大洋神女・克莉美妮〈希 Klymene〈Clymene〉〉結

合，生育了梅尼修斯（希 Menoitios，少數者）(註11)、亞特拉斯 (Atlas)、普羅米修斯（希 Prometheos，先知）、埃庇米修斯（希 Epimetheos，後覺）等叱吒人間的英雄子息們（《神譜》507行以下）。

繽紛多彩的眾神之父・克利歐斯

克利歐斯與歐律比亞 (Eurybia) 結合，她是大地蓋亞與海神彭托斯〈Pontos，海洋〉的女兒，兩人育有阿斯特萊歐斯（Astraios，星辰）、帕拉絲 (Pallas)，以及慎謀能斷的波西斯 (Perses)（《神譜》375行以下）。

後來阿斯特萊歐斯與姪女伊歐絲結合，化育了天界無數的星辰。

天空之神・凱魯斯

在羅馬神話中，「泰坦」原指特定人物，並非整個族群，他被視爲天空之神凱魯斯（羅 Caelus〈Coelus〉）與灶神維斯塔（羅 Vesta）的兒子，同時也是撒圖恩（羅 Saturn〈Saturnus〉）的兄長。

在希臘神話中，凱魯斯相當於烏拉諾斯（〈希 Uranos〉Uranus）；維斯塔相當於赫斯提亞（Hestia，爐火女神）；而撒圖恩則相對於克洛諾斯 (Kronos)。由於克洛諾斯在希臘神話的泰坦神族兄弟排行中敬陪末座，因此羅馬神話中名爲「泰坦」的人物，

克洛諾斯

便指向克洛諾斯的五位兄長之一（或者除此以外的某人）。

從羅馬士兵之間廣受信仰的米特拉拜日教〈Mithraism〉，將奧克安諾斯與凱魯斯視為同一人來看，便足以佐證這件事。

▋奪勢者・克洛諾斯

根據阿波羅多羅斯的《希臘神話全書》第1卷第1章第3節所述，天空之神烏拉諾斯視獨眼巨人、百手巨人這對強大的泰坦兄弟為危險因子，將它們幽禁在冥府深淵。大地女神蓋亞因此萌生恨意，進而煽動其他泰坦，唆使他們進行復仇。經此鼓動之下，除了奧克安諾斯，所有泰坦兄弟聯手襲擊了父親烏拉諾斯。最後克洛諾斯以鐮刀割下烏拉諾斯的生殖器，取得了統治世界的權力。

順道一提，儘管公元前6,000年～前3,000年左右的歐洲，正是女神力量最強盛的時期，然而過去卻曾經在一尊混雜眾多女神像出土的罕見男神像身上，發現手持鐮刀的特徵。這尊神像，正透露出克洛諾斯出身背景的悠久歷史。

得勢的克洛諾斯一度召回了獨眼巨人、百手巨人，卻再次將他們幽禁於地府。克洛諾斯與妻子瑞亞之間，原本育有三女赫斯提亞、赫拉、德米特〈Demeter〉，以及普魯托〈希Plouton；Pluto，或稱Hades〉、波塞頓〈Poseidon〉二子，只因蓋亞與烏拉諾斯曾經預言警告「其統治權可能會被子女搶走」，竟索性將子女們吞入腹中。

氣急敗壞的瑞亞當時正懷著么兒宙斯，她藏身在克里特島的迪克特山〈Mount Dicte〉一處洞窟內生產，並以一塊石頭取代嬰兒，讓前來查探的克洛諾斯吞下。

根據《阿爾戈船英雄記》第2卷1230行以下的描述，住在伊達山〈Mount Ida〉的丘力提斯〈Curetes〉，從此肩負起養育宙斯的責任。據說當時的克洛諾斯一度與大洋神女菲麗拉(Philyra) 耽於床第之間的情事，後來讓瑞亞當場撞見。克洛諾斯立即飛奔而起，化成一匹長鬃駿馬逃之夭夭；羞愧難當的菲麗拉則遠走佩拉斯哥〈希Pelasgos；Pelasgus〉山脊，在此產下五分像神、五分似馬的半人馬凱隆〈希Kheiron；Chiron〉。

及至宙斯長成，在大洋神女米提斯（Metis，智慧）的協助下，用計讓克洛諾斯服下了催吐藥劑（米提斯是女戰神雅典娜的母親）。從最初的石塊，克洛諾斯陸續地吐出了被吞入腹中的眾神，從此展開了宙斯統率的奧林帕斯神族，與泰坦諸神之間的種族戰爭。

這場泰坦戰爭（Titanomachia，巨神族的爭鬥）持續了十年，後來宙斯聽取了蓋亞「取得冥府的幽禁者協助，便可取勝」的預言，救出了獨眼巨人與百手巨人，奧林帕斯神族也因

此獲得勝利。

根據《伊利亞德》第8卷479行以下的敘述，被視爲主謀的克洛諾斯與亞佩托斯，從此監禁在冥府深淵。維吉爾的《埃涅伊德》〈Aeneid〉第6卷580～581行中，也有泰坦遭到宙斯雷霆一擊，墜落地府而痛苦纏身的描述。

不過另有一說指出，克洛諾斯最後被冰封在古希臘稱爲「Thoule」，拉丁語稱爲「絕地極境」(Ultima Thule)

的一處世界北方的盡頭。

大地女神蓋亞再次震怒，她承受天空之神陰部滴下的鮮血，生下了基迦巨人族〈希Gigas；Gigantes〉（順道一提地，「大海」承接了同一血液後，誕生了美神阿芙蘿蒂媞〈Aphrodite〉。阿芙蘿蒂媞的母親是泰坦女神中的狄奧妮〈Dione〉，因此長久以來，這片「大海」被視爲狄奧妮的化身。）

至於巨人族復仇的故事，會在其他章節（【2-1】）敘述。

■ I ■

註 1：Titan 在希臘語的發音爲「Tee-Tan」（提坦），泰坦則爲英語的發音。本篇所記載的希臘神話外來語以希臘語發音爲主，因此保留較多原音的風貌。有鑑於國人較熟悉英文的說法，因此關於名詞部分，會盡可能加上拉丁文（慣用英語）於原始語言之後，見 < > 記號但未註明語言出處的簡稱時，便指拉丁語系。

註 2：百手巨人的日本外來語作ヘカトンケイル(Hecatoncheir)，羅馬拼音作 Hecatoncheires 或 Hecatonchires，差別在於單複數詮釋的不同。

註 3：Tethys 一詞曾被誤譯爲忒修斯 (Theseus)，今更譯爲特提斯。

註 4：以下摘自英文版《伊利亞德》部分原文。「……Okeanos, the genesis of the gods, and mother Tethys……」(14.201)。

註 5：原文將歐律諾美的出身誤植爲大室女，應爲大洋神女。

註 6：根據一派史學家的推論，身爲烏拉諾斯之子的奧斐恩，不僅身爲泰坦之長，也繼承了父親的王位。克洛諾斯動用武力迫使奧斐恩讓位，並將他逐離泰坦族群（一說囚禁於冥府）。是以此說指出奧斐恩和奧克安諾斯應爲同一人，如此便能解釋日後發生父子戰爭時，爲何奧克安諾斯並未加入克洛諾斯一方而保持中立。

　　另一推論是克洛諾斯奪取了奧克安諾斯女兒‧歐律諾美與女婿的地位，以致難以見容於奧克安諾斯。只是如此一來，奧斐恩又是誰？既同爲烏拉諾斯之子，便是奧克安諾斯的兄弟。那麼不在泰坦六大支系中的他，是否暗示子嗣斷絕呢？或許「消失在大海的波濤中」，意指接受奧克安諾斯（大海）的保護，或代表宗族地位被取代，所以奧克安諾斯才繼而成爲泰坦之長吧。不論如何，古代著作中留下難以銜接的斷片，衍生了許多想像空間，這些都留待人們去抽絲剝繭。

註 7：關於普羅米修斯、奧克安諾斯的關係，有著多種版本的說法，其關鍵在於普羅米修斯的母親究竟何人。赫西俄德的《神譜》，指出普羅米修斯的父親爲亞佩托斯，母親則爲大洋神女‧克莉美妮 (Clymene)。阿波羅多羅斯的《希臘神話全書》(Greek Mythography, by Apollodorus) 提到父親同爲亞佩托斯，母親爲大洋神女‧阿希雅 (Asia)。根據上述兩個出處，可看出普羅米修斯相對於奧克安諾斯的關係，顯得亦姪亦孫。至於埃斯庫羅斯在《普羅米修斯之縛》中，提到正義女神‧席米斯 (Themis) 爲普羅米修斯的母親，而席米斯正是奧克安諾斯的姊妹，此時的阿希雅也轉爲普羅米修斯的妻子。

註 8：對於此一刑罰，原文記爲磔刑 (crucifixion)，亦即綁縛受刑人於固定支架（磔柱、十字架）後，刺砍撕裂四肢軀幹的重刑。我國古代所稱的磔刑，最早是先行車裂，再予以斬首，這點與日本的做法有些相近；演變至明清兩代後，轉爲凌遲之刑。而普羅米修斯受縛於高加索山的一塊巨岩上，同樣受到宙斯神鷹每日開腸剖肚的刑傷，如此綁縛刑犯，再割裂肢體的刑罰，或可稱爲磔刑的雛形。

註 9：板塊運動向北分裂出來的是包含北美、部分歐亞大陸的勞拉西亞（勞亞）古陸 (Laurasia)，其中歐亞部分又以今日的中國為主。

註10：奧德修斯與隨從一行停泊在特里納基亞島 (Isle Thrinakia) 時，遭遇逆風而無法出航，在船上糧食告罄的情況下，難忍飢餓的隨從竊取了神聖牛羊。這批牲口原本不會新增或死去，永遠維持著固定的總數。古希臘數學家阿基米德似乎由此得到靈感，而提出了「群牛問題」(Archimedes' Cattle Problem) 這樣的代數命題。

註11：「Menoitios」意為厄運難逃，後來果然在泰坦戰爭中遭到宙斯雷霆擊中，摔落至冥府之神‧埃瑞波斯 (Erebos，擬人化的黑暗深淵) 所在的地府。附帶一提地，「Me-noi-tios」這個 noi 音節中的「O」不發音。

泰坦神族

隨著巨神戰役的結束，第一代的泰坦們大多從希臘神話的舞台消失。不過他們的下一代，亦即天空烏拉諾斯與大地蓋亞承襲泰坦血緣的孫子們依然存活。

在此以拉丁文的泰坦努斯（Titanus：泰坦神族。在詞源學上，此即Titan的複數形態）一詞加諸泰坦子息身上，女兒則稱泰坦尼亞（Titania，泰坦神女）。

泰坦神族中有三位事蹟最為知名，一位是希佩利翁與希亞的兒子赫利俄斯（Helios，太陽），一位是亞佩托斯之子～身負天命必須托起整個世界的亞特拉斯 (Atlas)，最後一位是盜火予人類的普羅米修斯（Prometheus，先知）。

▌太陽神・赫利俄斯

赫利俄斯的英語可稱之為「The Titan」，此一表述泰坦的英語形式，使「Titan」這個單字本身轉變為「太陽」之意。

赫利俄斯的形象向來被描繪成頭戴一頂光芒四射、象徵陽光的金冠，手持一把直射日光實體化而成的弓箭。據說他乘坐著金碧輝煌的駟馬戰車，每日清晨由東宮出發，日暮時分抵達亞特拉斯所在的西境邊陲。入夜後再乘坐「金缽」〈Golden Cup〉漂流於大西洋，一路返回東宮。

在赫利俄斯信仰一度相當盛行的羅德斯島上，每年都會將四匹馬與馬車推入海中，作為獻祭的犧牲。

赫利俄斯生有一子名為費頓（Phaethon，光輝閃耀的），原本交由人類扶養，父親初次見到這個長大成人的孩子時，答應實現他的任何願望。費頓於是要求乘坐父親的太陽馬車。

儘管赫利俄斯好言相勸，費頓卻充耳不聞，赫利俄斯不好食言，只得面有難色地交出馬車。不料此舉卻帶來了一場悲劇。

原來費頓毫無駕馭太陽神駒的能力，他脫離飛行軌道燒焦了大地，甚至險些讓海洋蒸發。宙斯見事態嚴重，祭起雷霆擲向費頓，將之擊落於艾瑞達諾河〈希Eridanos，河流〉，殞落的光景宛如流星一般。

柏拉圖在闡述宇宙論的對話錄《提邁奧斯篇》〈希Timaios, by Platon；拉Timaeus, by Plato〉第3章22C～D段

赫利俄斯

落中，以極為科學的角度寫道：「此一傳說雖以神話的方式陳述，然其真實之處，在於環繞天地運行者一旦出軌，假以時日偶發大火，則大地萬物終將滅亡無他。」[引1]

赫利俄斯尚有另一神話與英雄赫拉克勒斯有關（順道一提地，羅德斯島居民以身為赫拉克勒斯〈希Herakles；Heracles；羅Hercules〉的後裔而自豪）。

根據阿波羅多羅斯的《希臘神話全書》第2卷第5章第11節所述，赫拉克勒斯酷熱之餘，曾經挽弓放箭迸射太陽。赫利俄斯讚譽他剛毅不屈無懼神權，並以「金缽」相借。赫拉克勒斯藉助這樣寶物的神力，由利比亞〈〈Libya〉北非〉橫渡「對面的大陸」，航向亞特拉斯所在的西方盡頭。

▌托天巨神・亞特拉斯

奧維德在《變形記》〈*Metamor-phoses*, by Publius Ovidius Naso＝（英）Ovid〉的第4卷620行中，提到亞特拉斯的身軀比所有人類更巨碩。大地的西陲與西境的大海[註1]都在他的管轄之下，當然也包括該地金樹上結有金蘋果的整片果園。

《神譜》517行提到亞特拉斯在天命〈Ananke〉[註2]的強制下，佇立在大地盡頭的黃昏女神〈希Hesper-ides or Hesperis〉[註3]身旁，獨力支撐著天空。原來宙斯欽定這份工作，交由亞特拉斯負責。

根據這個典故，解剖學上支撐人類頭蓋骨的第一頸椎英文就叫做「Atlas」。此外建築學上以複數型態表示的「亞特蘭提斯」(Atlantes)，意味著「男性形象的柱子」。

阿波羅多羅斯的《希臘神話全書》第2卷第5章第11節指出，亞特拉斯的所在地位於「極北國」（希Hyperboreos，來自北風彼端〈Hyperborean，極北人〉）的國內，金蘋果就結實纍纍於亞特拉斯的頭上（順道一提地，喬治・麥克唐納以極北國為藍本完成了《北風的背後》〈*At the back of the North wind, by George MacDonald*〉這部小說）。

赫拉克拉斯的第11項任務就是取回金蘋果[註4]。普羅米修斯向他獻計「替代亞特拉斯扛起天空，讓亞特拉斯親自去摘取金蘋果」，果不其然，亞特拉斯稍後便從看管黃金果園的黃昏女神處帶回了三顆蘋果。

然而許久以來，亞特拉斯肩負天空已感疲憊至極，便告訴赫拉克勒斯「願意代他將金蘋果交給國王歐律斯修斯 (Eurystheus)」，打算將肩頭重擔從此推卸給赫拉克勒斯。

赫拉克勒斯洞悉其意圖，便要求「找來一塊頂在頭上的圓盤，以便托負天空，請他在這段時間暫代頂替。」當亞特拉斯再次扛起天空時，赫拉克勒斯早已帶著金蘋果從容逃走。

《變形記》第4卷620行記載著另一個版本的故事。

希臘英雄珀修斯 (Perseus) 某日經

過亞特拉斯的轄領，他表明「自己是宙斯的兒子，希望在這片美麗的果園稍事歇息。」

亞特拉斯原本就不讓生人接近，此刻又想起律法女神席米斯（Themis）曾經如此預言：「那黃金般的輝煌，將受竊於宙斯之子。」

是以亞特拉斯當場拒絕，甚至想要趕走珀修斯。火冒三丈的珀修斯於是取出蛇魔女梅杜莎〈希 Medousa；Medusa〉的首級，出示在亞特拉斯眼前。亞特拉斯就這樣化為岩石，永遠支撐著天空。

正因為如此，才使得稍後到來的另一位宙斯之子赫拉克勒斯輕易射殺了看守黃金果園的百頭巨龍・拉頓〈Ladon〉，取走了金蘋果。

傳說的大陸・大西洲～亞特蘭提斯

那麼亞特拉斯實際的所在位置，究竟在什麼地方？

赫拉克勒斯曾經橫渡「利比亞對面的大陸」，然而位於該處的大陸卻僅見南北美洲。當時北美確實有原生蘋果，只是令人稱奇的是，世界上最早種植蘋果的竟是公元前 1,000 年的古希臘。因此金蘋果的這段神話，對於美洲大陸與歐洲之間的交流、蘋果的栽培史等等，或許正可提供重要的研究方向。

然而古希臘人真的曾經橫渡大西洋嗎？

公元前 325 年，馬賽有一位名叫皮西厄斯的商人，他的著作《關於大西洋》〈On the Ocean, by Pytheas of Marseilles（古名 Massilia）〉雖早已散佚，不過史特拉波的《地理學》〈Geographia, by Strabo (Strabon), BC64 ～ AD25?〉第 4 ～ 5 章以及波利比奧斯〈希 Polybios；Polybius, BC204 ～ BC125?〉等作家的著述中，都曾經提及此書。根據這些著作的引述，皮西厄斯穿越了「赫拉克勒斯石柱」（據《希羅多德的歷史》（註5）所述，位於相當地中海與大西洋交界處的直布羅陀海峽）一路北上，經由大不列顛來到當時人稱「絕地極境」（Ultima Thule）的冰島，更進一步朝北方探險，抵達漂浮著冰山的北極海，見證了白夜的現象。

荷馬在《奧德賽》第 11 章中提到，在洋流深邃的大西洋盡頭，「有一處辛梅里人〈希 Cimmerios；Cimmerian〉居住的城鎮，隱藏在霧裡雲端。即便光輝燦爛的太陽從萬點星空下升起，即便日正當中普照大地，陽光也不曾拂他們」（引2）。相對於此，阿波羅多羅斯所說的極北國則似乎「光明長照」。

這樣的記述不禁讓人聯想到極地日不落的「白夜」景觀（註6）。

根據《希羅多德的歷史》第 4 卷 32 ～ 36 節的推論，太陽神阿波羅、月神阿提米絲（希 Artemis），是由極北國來到德洛斯島（Delos）的，是以日後此地曾經數度收到來自極北國的貢

品。此外在德洛斯島上，極北人也被視爲貴族與祭司階級而備受尊崇。也有一派學說指出阿波羅繼赫利俄斯之後成爲太陽神，他相當喜歡極北國這個地方，這就是爲何極北國終年受陽光榮寵的原因。而這樣的說法，也隱約可見白夜的影子。

那麼位於冰島（絕地極境）更遠的地帶，又是什麼樣的光景？

即使在古代，乘坐結構簡單的船舶由冰島出發，同樣可以經由格陵蘭，抵達加拿大東北部的拉布拉多（葡萄的國度〈文蘭 Vinland〉）半島。冰島文學作品《艾瑞克傳說》〈冰 *Eiriks Saga Rauoa*；*Eric's Saga*〉以及《格陵蘭人傳說》〈冰 *Groenlendinga Saga*；*The Greenlanders' Saga*〉就記載著公元 1000 年左右，維京人曾經遷徙至加拿大紐芬蘭島上，而當時的遺跡也在最近發現。這正說明了通過這條繞行北方的航線，即使並非結構堅實的遠洋船隻，同樣可以往來於新舊大陸。

此外在愛爾蘭的神話中，眾神所在的青春之國〈蓋爾語 Tir na Nóg〉就位於西方大海的遠處。此地又名「祝福島」〈Hy Brasil；Hi Brazil；the Blessed Island〉，日後成爲南美洲巴西一名的由來。還有一則傳說指出，公元 6 世紀的愛爾蘭教士聖布倫丹 (St. Brendan)，曾經在一條似乎是鯨魚的怪物背上完成彌撒，日後也渡海來到了北美。

柏拉圖在對話錄《提邁奧斯篇》第 3 章 24E 的段落中如此說道：「……他們似乎將此地稱爲《赫拉克勒斯石柱》，入口（直布羅陀海峽）的前方，原本有一處大島。此島十分巨大，甚至超越利比亞、亞細亞的總和（註7），當時的航海者得以經由該島通往其他島嶼，而透過這些島嶼，可前往環繞於眞正大洋 (true ocean) 之外、位於對面的整片大陸。——事實上，方才述及的入口（赫拉克勒斯石柱），若從位於內側的這個方向（地中海）望去，只會被誤認爲入口狹窄的一處港灣，然而相對的，出其外海便是眞正的大洋，而環繞大洋無遺的陸地，或許才是名符其實眞正的大陸……」（引3）。

同樣是對話錄的《克里提亞斯篇：亞特蘭提斯傳說》〈*Critias, Atlantis*〉第 6 章 114A～B 的段落中則提到，海神波塞頓和住在這座島上一處高山的人類女子克蕾托〈Cleito〉結合，他們生下的孩子之中，「首位登基爲王的嫡長子名爲「亞特拉斯」，是以全島與周遭的海洋均仿效其名，稱爲亞特蘭提克 (Atlantikos)」（引4）。

儘管神族系譜相異，此處提到的亞特拉斯正暗指泰坦神族的亞特拉斯。此外從地理學的角度看來，對於大西洋〈Atlantic Ocean〉、眞正的大陸〈America〉、入口狹窄狀如海灣的地中海等描述，都極爲正確。只是大西洋中央並無島國亞特蘭提斯 (Atlantis) 的此一差異成了問題的關鍵。

《提邁奧斯篇》第 3 章提到亞特蘭

提斯的存在，使人們得以經由此地，乘船橫越大西洋相互往來。因此強大的亞特蘭提斯帝國，才會將侵略的魔掌伸向歐洲的提雷尼亞（〈Tirrenia〉義大利中部），一度統治著利比亞至埃及國境的土地。

事實上，非洲西北部還遺留著一處亞特拉斯山〈Mount Atlas〉，默默憑弔著這一段過去。《希羅多德的歷史》第4卷第184節也提到，利比亞當地稱爲「天柱」〈Pillar of Heaven〉的亞特拉斯山附近，住著一群素食主義、不會作夢的亞特蘭提斯族 (Atlantes)。

話說亞特蘭提斯的軍隊入侵希臘而來時，雅典〈希Athenai；Athene〉的百姓群起奮勇抵抗，最後成功地擊退入侵者。如果這段敘述意味的正是巨神戰爭〈Titanomachia〉，那麼亞特蘭提斯的大軍便代表了泰坦神族，雅典軍則代表奧林帕斯眾神。身爲統帥的克洛諾斯被冰封於絕地極境的說法，便隱喻著撤往本國的意味。

對話錄《克里提亞斯篇》描述亞特蘭提斯的繁榮景象時，提到一處圍繞數道環狀運河，不斷湧出溫泉與冷泉的絢爛水都，以及珍貴程度僅次於黃金的金屬‧山銅〈希Orichalcum；Orichalc〉(註8)等敘述。

不過正如眾所周知的，根據《提邁奧斯篇》第3章25d一節的描述，就在雅典軍隊於公元前9,600年遠征至亞特蘭提斯的首都之際，「異常的巨震與洪水交迭並發的同時，殘酷慘烈的一日也隨之到來，不過一天一夜，這個國家的所有戰士悉數遭到大地的吞噬，亞特蘭提斯島也同樣沒入海底，消失無蹤。以致於今日，吾人仍不得航向外海，或從事探險之舉……」(引5)。

大西洋中洋脊〈Mid-Oceanic Ridge〉包含突出海面部分在內的亞速爾群島，或許就是它的遺跡。最近發現了一片以佛羅里達外海所謂的「百慕達三角洲」〈Bermuda Triangle〉海床爲中心，延伸至卡羅萊納的隕石坑群地帶〈Impact Crater Field〉，形成的年代幾乎一如柏拉圖的記述，相當於最後一次冰河期〈雪山冰河期〉結束的時候。由於大西洋中洋脊位於新舊大陸兩個海底板塊之間，據此推測該地曾經噴發大量的岩漿，導致亞特蘭提斯整個沉沒。

今日海底仍然留下無數當時佛羅里達外海的比米尼石板路〈Bimini Road〉等巨石文明〈Megalith Culture〉遺跡。儘管長久以來，這個事實始終受到大多數人的漠視，不過近來在沖繩的与那國島海底發現了同樣的遺跡，也因此再次受到世人的矚目。

柏拉圖對於亞特蘭提斯的描述，出自希臘七賢之首的梭倫一本已經散佚的著作《亞特蘭提克》〈Atlantikos, by Solon, BC640～560BC左右〉，梭倫的說法則又是向埃及祭司聽取得來。

柏拉圖遊歷各國之際，也曾經造訪埃及。他承襲了蘇格拉底的思想，在雅

典開設了一處學園〈希 Academeia；Academia〉。根據 5 世紀新柏拉圖主義學家普羅克洛〈Proclos；Proclus〉的注釋，曾在學園求學的克朗托（〈Krantor；Crantor〉，公元前 1 世紀）「在埃及神殿中見到記載著亞特蘭提斯故事的柱子，整個說法與柏拉圖的著作如出一轍。」此外從今日大西洋上諸多當時倖存下來的小島「流傳著一個曾經統治他們的巨島遭到大海吞沒的故事」[引6]等事證來看，當時普羅克洛斯本人也確信大西洋中曾經存在一個巨大的島國。

就連動物也似乎對這塊大陸有著遺傳性的記憶。歐洲鰻、旅鼠以及部分具有遷徙習性的鷲鷹科〈Accipitridae〉，都會不遠千里朝著大西洋的中心移動，直到氣竭力盡而死，其行為就如同尋找一處應該存在的陸地一般[註9]。

火種的發明人與守護者・普羅米修斯

話題就暫時轉回神話這端吧。且說亞特拉斯有一位足智多謀的弟弟普羅米修斯。

普羅米修斯向來偏袒人類，根據保薩尼亞斯的《希臘述記》〈希 Ellados Periigisis；Description of Greece, by Pausanias, 143~176〉[註10]第 10 卷「福基斯篇」〈Phokis, Phocis，為今希臘中部，古名 Katharevousa〉與阿波羅多羅斯的《希臘神話全書》第 1 卷第 7 章第 1 節所述，這似乎是因為普羅米修斯就是人類的創造者之故。《伊索寓言》〈Mythoi Aisopeioi；拉 Fabulae Aesopicae；Aesopica, Aesop's Fables, by Aisōpos〉第 322 篇也寫道：「普羅米修斯聽從宙斯的指示，塑造了人類與動物。」[引7]只是宙斯日後似乎又命令普羅米修斯模仿動物創造新人類，以致凡間的某些人類從此有了獸性。

按《神譜》535 行以下所述，人類與眾神一度發生爭執，普羅米修斯宰殺了一頭大公牛，將牲禮分成兩份，呈遞至眾神與凡人面前做為仲裁。其中一份將肉與脂肪等部分塞在牛肚下；另一份以豐滿的油脂層層包住，掩蓋底下的牛骨。[註11]

接著普羅米修斯便恭請宙斯「任選中意的一份」。當宙斯剝開白色脂肪，發現其中暗藏著牛骨時，不禁勃然大怒。後來凡是獻祭天神時，都會在祭壇上焚燒牲骨的習俗，據說就是源自於此。

憤怒的宙斯也因此決心不將火種交給凡人。但普羅米修斯還是將火種藏在茴香中空的莖桿中，送給了人類。

《神譜》521 行以下寫道，普羅米修斯從此被綑綁在長柱上，飽受一隻長翼鷲鷹（可能是腐食習性的禿鷹）啄食肝臟的痛苦，做為盜火的嚴懲。白天被鷲鷹啄食的肝臟部分，到了夜晚又會完好如初的慘劇，日復一日不斷地重演。

阿波羅多羅斯的《希臘神話全書》第 1 卷第 7 章第 1 節則指出，普羅米修斯是在宙斯與提風（〈希 Typhon；

Typhoeus〉類似颱風的怪物）一戰後，才以水和土塑造出人類，給予火種的。隨後他被釘綁在史基西亞的高加索山〈希 Kaucasos；Caucasus of Scythia〉，受鷲鷹的啄食以示懲罰。

埃斯庫羅斯的悲劇《普羅米修斯之縛》承襲了這個說法，指稱普羅米修斯甚至將天文、數學、文字等所有技藝，一併傳授給人類。但即便承受嚴刑屬罰，普羅米修斯始終堅毅不屈。他把自己聽到「日後宙斯的寶座將被青出於藍的孩子奪走」的這一則預言透露給化身為母牛、顛沛流離而來的女子伊娥 (Io)，以及憂心其安危而前來探望的多位大洋神女（〈Oceanides〉，Oceanid 的複數形態）。

得知消息的宙斯立即派遣神使漢密斯〈Hermes〉前去，試圖由普羅米修斯的口中問出「此子究竟與何人所生」。但即便漢密斯以「宙斯的雷霆一擊」脅迫，普羅米修斯依然隻字未吐。

宙斯百般不耐，憤恨之餘便將普羅米修斯與仰慕他的大洋神女們悉數打入冥府深淵。

埃斯庫羅斯後來又陸續寫下《普羅米修斯的解放》〈Prometheus Lyomenos；Aeschylus' Prometheus Unbound〉、《盜火的普羅米修斯》〈Prometheus Pyrphoros；Prometheus the Fire-Carrier〉等作品，遺憾的是兩者都未能保存下來，畢竟其後續內容頗令人好奇。因為這些作品的存在，激發了日後作家的想像，誕生了浪漫派詩人波西雪萊的《解放的普羅米修斯》(1820)〈Prométhée délivré；Prometheus Unbound〉、法國小說家安德烈・紀德《解脫枷鎖的普羅米修斯》(1899)〈法 Le Prométhée mal Enchaîné, by Andre Gide；英 Prometheus Misbound〉等作品。此外從雪萊之妻瑪麗創作的《科學怪人：現代普羅米修斯》(1818) 的副標上，同樣可以看出它是以暗喻普羅米修斯的苦惱與解放為題的。

事實上在希臘神話中，英雄赫拉克勒斯以自豪的箭術，一箭射殺了宙斯的神鷹，讓巨神普羅米修斯解脫自無盡的苦刑。普羅米修斯於是向赫拉克勒斯提供一則獲取金蘋果的妙計，做為搭救的謝禮。

根據阿波羅多羅斯《希臘神話全書》第 2 卷第 5 章第 4 節的記述，普羅米修斯此時意外地獲得了永生。原來享有永生權利的半人馬〈希 Kentauros；Centaurus〉凱隆遭到赫拉克勒斯的毒箭誤射，傷勢永遠無法痊癒。為了從永無止盡的痛苦中解脫，凱隆希望能夠替代普羅米修斯一死。最後、宙斯成全了他的心願。

人類的始祖・埃庇米修斯

不過依照《神譜》570 行以下所述，宙斯以酷刑折磨普羅米修斯之餘，尚且不能感到滿足，他甚至設下圈套，對付普羅米修斯的弟弟～埃庇米修斯。

首先宙斯讓冶煉之神赫淮斯托斯〈希Hephaistos；Hephaestus〉以黏土創造了最早的凡間女子。眾女神們又賜給她嫵媚迷人的美貌、光鮮亮彩的服飾，還有一個封住的罐子。宙斯賜名為潘朵拉（Pandora，來自一切的贈禮）的她，就這樣送到了埃庇米修斯的跟前，兩人不久生下一女名喚皮拉（Pyrrha〈火紅的〉）。當潘朵拉忍不住好奇心的驅使，打開封住的罐蓋時，所有災難疾厄一瞬間由罐中蜂擁而出，隨即擴散至大地的每個角落。據說潘朵拉驚慌之餘，急忙蓋上罐子，然而人類手上保有的卻只剩下「希望」。

稍後宙斯又決心引發大洪水，毀滅青銅時代（註12）的人類。當時脫離桎梏的普羅米修斯，早已預知這場災難，他事先警告兒子杜卡利翁（希Deukalion〈Deucalion，海潮聲〉）與嫁為子媳的姪女皮拉，打造了一艘方舟。儘管洪水淹沒世界，持續了九天九夜，兩人終於還是歷劫歸來。根據《變形記》第1卷310行前後所述，杜卡利翁夫妻前往位於克菲索斯〈希Cephisos；Cephisus〉河畔的律法女神席米斯神殿祈禱。當時天降神諭，指示「將偉大母親的骨骸拋向身後」，兩人於是走出殿外，遵照神諭的指引行事。只見杜卡利翁拋出的石塊變成男子，皮拉拋出的石塊化為女子，希臘人的祖先就這樣從兩人的手中誕生。（註13）

查爾斯‧金斯萊於1863年發表的作品《水孩兒》〈*The Water Babies*, by Charles Kingsley, 1819～1875〉一書，對於埃庇米修斯〈英Epimetheus〉有著深度刻畫的特寫。

話說普羅米修斯〈英Prometheus〉聰明睿智，不僅發明也同時預言了許多事物，可惜的是不曾派上用場。埃庇米修斯則是後知後覺，做起事來拖泥帶水，不過完成的工作卻完美得無可挑剔。

有一天，潘朵拉突然出現在這樣一對兄弟跟前。聰明過度以致疑心病重的普羅米修斯，完全無視她的存在，樂於接納任何事物的埃庇米修斯則娶她為妻。不過埃庇米修斯卻打開了潘朵拉帶來的箱子，以致災厄降臨在世間各地。

災難的洗禮使得埃庇米修斯飽受艱苦磨難，卻也因此獲得了賢慧的妻子、經驗，以及希望這三樣寶物。

此外習於倒退思考，得以細心觀察過往的體驗而生活至今，反而逐漸認清未來的面貌。

普羅米修斯也同樣和埃庇米修斯歷經艱困，卻慣於瞻前顧後，不曾由苦難獲得學習的磨練。後來他真正可稱為唯一發明的火柴卻意外掉落，引來了一場大火，最後淪落到避難山上、不斷遭到禿鷹追啄的田地。

至於埃庇米修斯則活用經驗，發明了船、火車等有助於人類的事物，他的子孫們也似乎同樣做了大事。（對了，划槳船不就是以倒退的方式前進的嗎？）

巨人老爹

後來埃庇米修斯的子孫中，出了一位巨人老爹 (Old Giant)，住在傳說大陸 (Great Land of Hearsay)。他最喜歡四處考察，衣服的口袋裡總塞滿了捕蟲網、採集盒、望遠鏡、顯微鏡等器物。

他原本想把自己得來的知識傳授給傳說大陸的居民，卻養成祖先倒退的習慣，總是倒著走，完全不顧四周的環境，以致毀壞了不少民宅。氣急敗壞的人們就摀起耳朵，追著他叫喊「我不想聽～～！」可是巨人越跑越快，身體也越變越大，怎麼也追不上。

見到這幅光景的少年湯姆就心想：「要是大家和巨人都像小孩一樣就好了。」這麼聽來，似乎有種諷刺人類科技革新的味道是吧？

泰坦神族雖然被視爲眾神的敵人，然而事實上綜觀一切，可說是對人類最有貢獻的一群。當世人懂得探視他們眞正的面貌，而非一味道聽途說以訛傳訛時，或可再次發現這無可替代的友朋身影。可惜的是，我等人類往往不願正視這樣的事實。

註 1：在希臘人的詮釋中，亞特拉斯佇立的位置，就在直布羅陀海峽的非洲一側，該地被稱爲「赫拉克勒斯石柱」(Pillars of Heracles)。

註 2：身爲亞佩托斯之子的亞特拉斯，在泰坦戰役中展現了令人驚懼的力量，讓奧林帕斯神族吃足苦頭。宙斯便在戰後清算時，特意交付肩負天空的艱鉅使命給亞特拉斯，有別於其餘泰坦淪落冥府深淵的境遇。而這就是亞特拉斯的 Ananke，亦即身爲神的宿命。Ananke 也是一位希臘神話中的宿命女神·阿南凱，相當於羅馬神話的女神妮瑟西塔（Necessitas，因果、宿命）。柏拉圖在《理想國》(The Republic) 中指出，她是命運三女神 (Moirai) 的母親。

註 3：在希臘語中，Hesperides 代表「夕陽、黃昏」之意。黃昏女神 (Daughters of evening) 共有三人（一說四人），根據《神譜》與《阿爾戈船英雄記》上的記載，分別是艾格莉 (Aigle)、艾瑞提亞 (Erytheia)、希絲佩莉 (Hespere)。但關於她們的父母，兩者有所不同說法。《神譜》記載「母親爲黑夜女神·尼克斯（希 Nyx；羅 Nox）」；《阿爾戈船英雄記》記爲奧克安諾斯。此外，《希吉努斯天文詩集》(Hyginus, Poetica Astronomica) 與狄奧多羅斯 (Diodorus Siculus) 均指爲亞特拉斯。

註 4：按照希臘的神譜，赫拉克勒斯原本是珀修斯的長孫。宙斯曾經頒佈一項旨意，屬意讓珀修斯的長孫取得王位，但赫拉以法術讓另一位珀修斯的孫子～歐律斯修斯提早出生，以致赫拉克勒斯失去應得的地位。後來歐律斯修斯畏懼赫拉克勒斯的存在，給予許多刁難的任務。赫拉克勒斯不願屈就於凡人國王，又不能違逆宙斯要求他聽命國王的指示，百般痛苦而喪失了心智，甚至誤殺了親生子。爲了解脫無盡的痛苦，最後答應了歐律斯修斯的 12 項任務派遣，踏上了贖罪之旅。

註 5：《希羅多德的歷史》（希 Herodotos Historia, by Herodotos；英 The History (or Historics) of Herodotus, by Herodotus of Halicarnasus, BC484～BC425）主要記載波希戰爭 (Graeco-Persian War, BC492～BC479) 的經過，作者試著以公正立場看待民族之間的利害關係，詳實記載了當時波斯與希臘之間的民風、地理、文化等史料。

註 6：白夜 (White Nights) 指北極圈內五～八月的永晝期間發生的現象，它並非純粹太陽始終高掛天上的日不落景觀，而是夕陽西下後、隨即緩緩東昇的奇景，發生的期間端視所在地點而略有差異，但一般而言，約在五～七月之間。

註 7：柏拉圖所提到的島嶼，亦即消失的亞特蘭提斯。至於利比亞、亞細亞的總和，當然不可與現代的疆域印象等量齊觀。其中利比亞大約是摩洛哥所在的非洲北岸至今日利比亞的地域，亞細亞則指土耳其周遭一帶。

註 8：根據柏拉圖的說法，Orichalcum 是一種微紅的金屬，只發現於亞特蘭提斯，它的硬度略高於黃金，重量則相對輕盈。冶煉學將這種金屬稱爲山銅 (Mountain brass)、金銅合金 (Gold brass) 或鋅銅合金，歸類爲銅齊（即銅合金，齊爲古代化合物的說法）。附帶一提地，此一單字的外來語オリハルコン經過羅馬拼音還原後，產生了 Oriharcon 的訛誤。

註 9：德國科學家奧圖穆克在 1976 年出版的著作《亞特蘭提斯之謎》(The Secret of Atlantis, by Otto Muck) 一書中，對於歐洲鰻 (European eels；Anguilla anguilla) 本能的迴游記憶，有相當細微的觀察與評論。他認爲屬於降河性迴游魚類的歐洲鰻，之所以在經過兩年多的迴游過程，來到歐洲淡水河川生長，最後卻返回美國東岸位於大西洋中的藻海 (Sargasso Sea) 產卵，是因爲牠們本能地要回到一塊不復存在的大陸，而那裡有適合牠們繁衍的淡水河川。

原文提到的旅鼠，指的應該就是挪威旅鼠 (Norwegian Lemmings)，它們以集體跳海的行徑知名，電玩業界還出品過一款「百戰小旅鼠」(Lemmings) 以資消遣。多年來科學家對於旅鼠的自殺行爲，始終無法得到令人滿意的研究結果。主張鼠口過剩、糧食短缺的集體遷徙說，也因爲旅鼠途經糧食豐富之地、並未停下腳步而不攻自破。

註10：亦稱爲《希臘指南》(Guide to Greece)，保薩尼亞斯探訪各地，記載了阿提卡 (Attica)、柯林斯 (Corinth)、拉科尼亞 (Laconia)、美西尼亞 (Messenia)、厄利斯 (Elis)、亞該亞 (Achaia)、阿卡迪亞 (Arcadia 桃花源)、比奧提亞 (Boeotia)、福基斯 (Phocis)、西洛克里 (Ozolian Locri) 各地的建築與紀念碑等古希臘時代遺跡的資料。

註11：衆神與人類在西錫安 (Sicyon) 召開會議，爲了彼此享祭的權益爭執不休，代表人類出席的普羅米修斯，爲了讓利益倒向人類這方，自作聰明地以令人作嘔的內臟蓋住肉脂，反以豐厚的油脂裹住牛骨，讓它看起來量多一些。看出普羅米修斯用意的宙斯，甚至假裝毫不知情，最後故意錯選牛骨的他，以侮辱衆神爲由，不許人類用火。

註12：在希臘神話中，依照塑造成形時間的不同，有如下幾個階段的人類世紀。最初是克洛諾斯統治的黃金時代 (Golden Age)，人們徜徉在幸福的國度中，終日無憂無慮，此時期的人類是誠實而正直的。緊接於後的是白銀時代 (Silver Age)，宙斯於此登場。人類變得驕縱無禮，耽於逸樂，行徑不知節制，且粗野傲慢，宙斯於是毀滅人類，只允許他們以魔鬼的姿態逗留人間。隨後宙斯又創造了第三代人類，進入所謂靑銅時代 (Bronze Age)，人類懂得使用靑銅作爲工具，甚至以此爲武器，干戈相向。一說此時人類以嬰兒獻祭，引來宙斯的震怒，宙斯便以洪水滅絕人類。至於第四世代，亦即英雄時代 (Heroic Age)，著名的特洛伊戰爭便是發生在此一階段。此後至黑鐵時代 (Dark Iron Age)，人類道德淪喪，正義不再；他們耽溺物慾，放縱墮落；甚且褻瀆神明，動輒訴諸戰爭，衆神失望之餘，從此遠離人群退居天上，不再過問人間世事。

註13：杜卡利翁夫妻初聞天聽時，不願毀傷母親遺骨而拒絕神諭的指示。稍後才領悟偉大母親關係指大地母親蓋亞，骨骸亦即隨手可拾的石塊。而消滅英雄時代的邁錫尼 (Mycenaean) 文明，跨入黑鐵時代並建立古希臘光輝燦爛文明的多利安人 (Dorians) 之所以自稱爲希臘人 (Hellenes)，其字源或許便是來自杜卡利翁與皮拉之子～希倫 (Hellen)。

引1、5：日譯文摘自種山恭子譯本。
引2：日譯文摘自吳茂一譯本。
引3、4：日譯文摘自田之口安彥譯本。
引6：日譯文摘自吉田康彥譯本。
引7：日譯文摘自山本光雄譯本。

泰坦女神

　　泰坦巨神的女性，通稱爲泰坦尼斯〈Titaness，亦即泰坦女神〉。

　　基本上女神也有六個支系，阿波羅多羅斯的《希臘神話全書》另外添上了第 ❼ 支。

❶ 特提斯 (Tethys)
❷ 希亞 (Theia)
❸ 菲比（Phoibe〈Phoebe〉）
❹ 席米斯 (Themis)
❺ 尼默辛（Mnemosyne，記憶）
❻ 瑞亞（Rheia〈Rhea〉）
❼ 狄奧妮 (Dione)

　　其中與泰坦兄弟結爲夫妻者，大多因爲身爲眾神配偶而退居幕後，甚少留下傳說軼事。

　　特提斯與丈夫奧克安諾斯，同樣被人們視爲海神。

　　希亞僅以神力無雙爲人所知，她同時也是太陽神希佩利翁的妻子。

　　菲比是與光有關的女神，同樣是泰坦巨神吉歐斯的妻子。

　　瑞亞是泰坦兄弟中排行老么的克洛諾斯之妻，同時也是日後宙斯等奧林帕斯眾神的母親。

　　除此以外的席米斯、尼默辛、狄

奧妮等，都是宙斯的情人，她們身爲女神的獨立自主性，多過配偶女神的附屬性質，也因此留下了若干軼事。

▋神諭的昭示者・席米斯

　　根據阿波羅多羅斯的《希臘神話全書》第 1 卷第 4 章第 1 節所述，席米斯原本是帕爾納索斯山的德爾斐〈Delphi, at Mount Parnassus〉神廟中，授予神諭的女神。後來保護神廟的巨蛇畢頌（Python〈Pythos〉，依附靈〉爲阿波羅所殺，她的預言能力也同時受奪於阿波羅。

　　按《奧德賽》第 2 卷 69 行以下所述，她是「負責召開或終止人類集會的女神」[引1]。《伊利亞德》第 20 卷 40 行以下也指出，宙斯同時賦予席米斯召集眾神與會的權力。

　　《神譜》901 行以下提到席米斯與宙斯結合，生下三位季節女神（Horai，時刻）～歐諾米亞（Eunomia，秩序）、狄凱（Dike，律法）、艾瑞妮（Eirene，和平）。在希臘的阿提卡一帶，季節女神又名歐克索（Auxo，成長）、莎羅（Thallo，開花）、卡波（Karpo，結果），當時人們認爲她們掌

席米斯

管季節的變化，同時也肩負培育植物的天職。

另有一說指稱三位命運女神〈希Moirai；Moerae〉～克羅索（希Klotho；紡線者）、拉琪希斯（希Lachesis；配線者）、阿特洛波斯（希Atropos；無可改變的）同樣是席米斯的女兒。（註1）

劇作家埃斯庫羅斯在《普羅米修斯之縛》（約莫BC460年前）中描述，身為人類守護神的普羅米修斯，母親正是席米斯，他也因此獲得了與生俱來的預言能力。

記憶的掌理者・尼默辛

尼默辛在奧林帕斯山以東的皮耶利亞〈Pieria〉與宙斯纏綿九夜，孕育了九位藝術女神（希Musa〈Mousai；拉Muse〉）（註2）。或許因為這段淵源，日後發生種族戰爭～亦即巨神戰爭時，她投向了奧林帕斯神族的陣營，而非泰坦神族。

海上的浪花・狄奧妮

狄奧妮本是宙斯的元配，卻因為赫拉的出現，被趕下正宮夫人的寶座。根據《伊利亞德》第5卷370行所述，狄奧妮是愛與美的女神・阿芙蘿蒂媞的母親。也就是說，狄奧妮似乎是一位如浪花般象徵好景不常的女神。

維吉爾在《牧歌》〈羅Eclogae；Eclogues〉第9首「通往街鎮的道途」〈Lycidas；Moeris〉45行以下，以羅馬皇帝凱撒〈Gaius Julius Caesar〉為狄奧妮後裔的手法表現（註3）。凱撒同時也被寫成維納斯（即希臘神話的阿芙蘿蒂媞）的子孫，附和荷馬過去的說法。

混沌者・無常女神

艾德蒙・史賓塞的《精靈女王》第7卷「無常」〈The Mutabilitie Cantos (1609)〉篇中，出現了第八位泰坦女神（Titanesse，泰坦女神的英語化）～無常（Mutability，變異不定）（註4）。

無常女神自詡「神格的血統甚為悠久，更有資格君臨人間」，企圖推翻至上的「宙王」（Ioue，即宙斯）統治的世界。這可說是巨神戰爭以來最重大的事件。

當無常女神以迅雷不及掩耳之勢征服人間，展示一己力量的同時，也改變了世間所有的機制，使其變幻無常。據說盛者必衰的定律，就是此時形成的。無常女神因此信心大增，進一步謀劃攻打宙王統轄的天界以奪取大權。

首先，她手執金杖〈Golden Wand〉作勢威脅月界 (Circle of the Moone)（註5）的女神辛西亞（Cynthia，月神Diana的別名），企圖染指其寶座。受宙王託付此一天職的辛西亞不但拒絕降從，反而指責無常女神的不是。

宙王察覺月亮的運行受到干擾的異狀後，立刻派遣魔法之神漢密斯（Hermes，水星）飛奔月界（註6）。漢密斯發現事件背後正是無常女神作

崇，便以杖身纏繞著索蛇，連眾神也為之膽寒的神杖〈Caduceus〉(註7) 敲向其肩頭，不料對方竟紋風未動、毫髮無傷。他只得將事情的經過回報宙王。

不久天界的眾神都聚集在宙王的跟前，共商對策。

就在紛嚷不休、一片混亂的當頭，無常女神親臨現場，數落了宙王的罪狀，要求出讓所有的權力給她。宙王被無常女神的一番話激怒，本欲大發雷霆，但見女神貌美，不由得怒氣稍歇，反倒心平氣和地說之以理。

不過無常女神並未認同宙王的說法，她執意要「上訴位階更高的神祇～大神自然 (Nature)」，無可奈何的宙王也只能勉為其難地接受。

在大神自然於阿羅山〈Arlo〉舉行的裁決大會上，無常女神控訴神權世襲的陋習，陳述世間變幻無常的道理。她認為晝夜既有交替，春夏秋冬也有更迭轉移，就表示世間無常，由具有變異能力的自己來統治，最適合不過。

然而日以繼夜、冬去春來這些現象，一切都按照既定的循環運作，並且透過整個過程不斷地進步。因此大神自然評斷「世間並非變幻無常，應交由宙王帶來的『秩序』守護」，再次裁定萬物的統治權歸屬於宙王。

泰坦神族神權復辟的訴求，也因此再次遭到駁回的命運。

■ I ■

註1：命運三女神之首克羅索負責紡出生命之線，拉琪希斯則確認生命之線分配的長度，阿特洛波斯則負責剪斷生命線，經過最後這道手續，人類的壽命注定無法改變。

註2：尼默辛於阿爾匹斯山附近產下以卡莉歐佩（希 Kalliope；Calliope）為首的九位藝術女神。供奉藝術女神的神廟（Mouseion），日後成為博物館「Museum」的字源。

註3：《牧歌》的日譯本似乎替總數 10 首的詩歌加上了標題，以第 9 首「上街的途中」為例，本書作「町へ行く道」，並未同見於拉丁或英文譯本，其標題本為「利西達斯與莫里斯」。有關凱撒為狄奧妮後人的詩文，英譯本以「Dionean Caesar」的連接語法表現，另摘錄拉丁版本對照如下：

"Ecce Dionaei processit Caesaris astrum, astrum quo segetes gauderent frugibus et quo duceret apricis in collibus uua colorem."

註4：《精靈女王》（或譯《仙后》。*The Faerie Queen*, by Edmund Spenser, 1552～1599）初版於 1596 年，內容僅有 6 卷，當時史實塞出任英國駐愛爾蘭總督葛瑞 (Lord Gray) 的祕書。兩年後當地發生叛變，他被迫逃回倫敦，過著窮困潦倒的日子，翌年便憂鬱而終。第 7 卷「無常」是在他去世十年後，由後人整理遺稿出版的。

註5：《精靈女王》以古英文體裁撰寫，故常見月亮 (moone)、魔法 (magick) 此類語詞。

註6：夜觀天象的宙王，對於月光失輝的現象大惑不解。他懷疑巨人提風（英譯為颱風）捲土重來，又懷疑這是出自宿敵的陰謀，為了深入調查，才派遣神行者漢密斯前去月界。

註7：關於漢密斯敲擊無常女神的神杖，「變幻無常」篇的原文以 (snaky-wreathed Mace) 表現，並未指出那便是漢密斯隨身的蛇杖「Caduceus」。

引1：日譯文摘自松平千秋譯本。

泰坦神女

泰坦巨神與泰坦女神的女系子孫中，有一稱爲泰坦尼亞（Titania，亦即泰坦神女）的族群。她們光芒四射、明媚照人，成爲眾神追求的對象。

化身戰袍的帕拉絲

帕拉絲 (Pallas) 是泰坦巨神克利歐斯的女兒，據說相當勇猛過人。不過根據阿波羅多羅斯《希臘神話全書》第1卷第6章第2節所述，巨人戰役（Gigantomachia，巨人之戰）之際，慘遭宙斯之女・女戰神雅典娜〈希 Athena；羅 Minerva〉剝皮而死。（註1）後來這張皮被製成戰袍，而披上戰袍的雅典娜，從此冠上了帕拉絲・雅典娜的稱號（註2）。

正義化身的阿斯特萊亞

正義女神阿斯特萊亞（希 Astraea，星辰）是宙斯與泰坦女神席米斯的女兒。雙手分持衡量罪刑的天秤與懲罰罪惡的神劍，是她一般呈現的寫照。黃金時代結束後，對於人類充滿邪惡的內心絕望至極，因此離開人間化爲天界的室女座 (Virgo)。一如其名，是一位神格獨立的處女神。

月神・瑟莉妮

瑟莉妮（Selene，月亮）是泰坦神族中身爲兄妹的希佩利翁與希亞的女兒。本是月神的她被出世較晚的阿提米絲奪走應有的地位，並未留下獨自的神話。

不過也有一說指出，和俊美的少年安迪米恩 (Endymion) 在夢中數度幽會，生下50多隻水精〈希 Nymphe；Nymph〉的女神並非阿提米絲，而是瑟莉妮。

女巫・姬爾凱

瑟莉妮的兄長赫利俄斯（希 Helios，太陽）是女巫姬爾凱（希 Kirke；〈英 Circe，賽爾絲〉）的父親。姬爾凱登場於《奧德賽》第10卷，棲身阿伊埃島（希 Aiaie〈Aia〉）（註3）的她，以動人的美貌與歌聲擄獲男子，不過一旦厭倦就將他們變成動物。後來她成爲英雄奧德修斯的情人，從旁給予忠告助他克服難關。

姬爾凱有一位兄長費頓（Phaethon，閃耀的）與太陽神女（Heliade〈複數作 Heliades〉，太陽之女）多位姊妹（註4）。據說費頓駕駛著赫利俄斯

阿提米絲

的太陽馬車失控墜死時，太陽神女姊妹在艾瑞達諾河（有一星座與此同名）的河邊不斷哭泣，落下的眼淚化成了琥珀。

人類之母・皮拉

皮拉（Pyrrha）是泰坦巨神亞佩托斯的孫女，也是出身泰坦神族的埃庇米修斯的女兒。她的母親是第一位凡間女子潘朵拉（Pandora，來自一切的贈禮），由冶煉之神赫淮斯托斯以黏土捏製而成。

皮拉後來嫁給堂兄杜卡利翁（Deukalion），兩人被視為希臘神話中的人類祖先。順道一提地，杜卡利翁的父親便是埃庇米修斯的兄長～普羅米修斯。

閃亮的阿斯特莉亞與麗托

同樣是泰坦神族兄妹結為夫妻的吉歐斯與菲比育有二女，分別是光曜女神阿斯特莉亞（Asteria，星辰）與麗托（Leto，石頭）的（《神譜》404行以下）。從兩人都是從天而降的傳說看來，可知兩者象徵流星的光芒與墜落地表的隕石。

阿斯特莉亞嫁給帕拉絲的弟弟，亦即慎謀能斷的堂兄波西斯（Perses）（註5）為妻，育有女巫的守護女神赫卡提（希Hekate〈Hecate〉，於遠方勞動的女子）。後來阿斯特莉亞為了逃避宙斯的求愛，化成一隻鵪鶉縱身跳入海中。從此她的身體變成一座海上的浮島・歐提加（Ortygia，鵪鶉之鄉）（註6）。

麗托在羅馬神話中又稱拉托娜（Latona），她也同樣受到宙斯的追求，進而懷有身孕。然而大地母神蓋亞害怕宙斯的妻子赫拉會遷怒於己，不願提供一席之地給予安產，她只好出奔至姊姊化身的歐提加島，生下了孿生的日月神祇・阿波羅與阿提米絲。此後這處島嶼就稱為德洛斯（希Delos，閃耀著光輝的島嶼）。

狩獵女神・阿提米絲

狩獵女神阿提米絲，在羅馬人口中稱為狄亞娜（Diana）。

每次狩獵時，她總是帶著山野中的精靈與水精（Nymphe）同行。身為處女神的她對於男女關係的禁忌甚嚴，一旦發現水精們不安於室，就會大開殺戒。

雷吉納・史考特於1584年出版的《巫術探索》〈Discoverie of Witchcraft, by Reginald Scott, 1538～1599〉第三冊第6章中，根據帶領著眾多水精出巡的模樣，稱黛安娜（狄亞娜的英文發音）為「精靈女王」。

莎士比亞承襲此一說法，他在1595年完成的《仲夏夜之夢》〈A Midsummer Night's Dream〉劇中，安排了一位具有黛安娜形象的精靈女王・泰坦妮亞（Titania，提坦尼亞的英文發音）出場。

精靈女王・泰坦妮亞

有位印度王后非常崇拜泰坦妮亞。

泰坦妮亞

這位仰慕者分享女王許多新鮮有趣的事，泰坦妮亞更是由衷喜歡這個朋友，可惜她卻死於難產。泰坦妮亞決心獨力扶養她的遺孤，便將小王子帶回丈夫～精靈王奧伯龍 (Oberon) 的身邊。

奧伯龍要求她讓出孩子，但泰坦妮亞回應道：「給我整個精靈王國，也不會交出孩子。」兩人因此大起勃谿。爭吵的結果竟波及凡間的人類，人們不斷罹患疾病，四季也因此顛倒異常。

有一天泰坦妮亞與精靈們正欲歌舞行樂，來到雅典公爵席修斯〈Duke Athens；Theseus〉的森林時，卻與奧伯龍不期而遇。為了避免再次爭吵，泰坦妮亞隨即離開了現場。隨後來到森林的一處角落，哼唱著精靈調子的搖籃曲小憩一番。

泰坦妮亞一覺醒來後，見到眼前一副驢頭模樣的織布工‧波頓（Bottom 底端），竟不明究理地喜歡上他。

泰坦妮亞命令皮斯布洛森（Pease-blossom，豌豆花）、寇韋伯（Cobweb，蜘蛛巢）、摩斯（Moth，蛾）、穆斯塔席德（Mustardseed，芥菜種子）等精靈部下照顧波頓的起居。他們應波頓的要求，時而搔首擺臀、時而奏樂高

歌。泰坦妮亞甚至親手編織花環，裝飾在波頓的額前。為波頓意亂情迷的泰坦妮亞，就這樣任由奧伯龍索求，交出自己珍惜的孩子。

不久相互依偎的兩人，就這樣同枕共眠了。

一覺醒來的泰坦妮亞，對於自己為何愛上驢頭的波頓，感到十分不解。其實一切都是奧伯龍的手下～淘氣精靈帕克 (Puck) 在作怪。

原來帕克趁著泰坦妮亞休息的當頭，在她的眼皮塗上〈愛情花〉(註7)的汁液，如此泰坦妮亞醒來後，就會愛上第一眼見到的對象。這也是為何帕克將變成驢頭模樣的波頓，送到她跟前的緣故。

當她再次入睡後，帕克又在泰坦妮亞的眼皮塗上化解〈愛情花〉魔力的解藥，使其恢復神智。

奧伯龍有子萬事足之餘，便向泰坦妮亞提出重修舊好的提議。泰坦妮亞也察覺到自己過去意氣用事的不智，再次與奧伯龍攜手共舞。

畢竟，孩子還是兩人一起撫養的好。

■ I ■

註1：Pallas 在希臘語中是一個中性化的名字，因此巨人戰役中的 Pallas，可能是同名的基迦巨人 (Gigas)，而非泰坦巨神克利歐斯之女。

註2：Pallas Athena 這個稱號的由來，有另外兩種說法。阿波多羅斯指稱海神特里頓 (Tridon) 是雅典娜的養父，他的女兒 Pallas 是雅典娜的玩伴，後來在一場嬉戲中，雅典娜不慎殺害了她，為了紀念這位好友，才冠以 Pallas Athena 的稱號。另外有一歷史觀點指出，希臘在邁錫尼時代之前，信仰的戰爭女神就叫 Pallas，可能是後來多利安人征服了邁錫尼，才將奉祀的女戰神雅典娜與其並稱。

註3：阿伊埃島的名字有「肥沃之地」的意思，它位於曙光女神伊歐絲、太陽神赫利俄斯每日昇起的大西洋中，奧德修斯曾因找不到其確切位置而迷途於海上。姬爾凱和一位先知的鬼魂，都曾經警告奧德修斯不要逗留赫利俄斯豢養神聖牛羊的特里納基亞島，但奧德修斯的部眾還是犯了禁忌，遭到宙斯的雷擊。

註4：太陽神女共有三位、五位、七位等說法。根據奧維德的《變形記》所述，太陽女神被宙斯變為楊柳，從此低垂於河畔。戰神阿瑞斯（希 Ares；羅 Mars）之子席克諾斯（希 Kyknos；Cycnos；Cygnus）是費頓的好友，因悲傷過度而發狂，最後竟變成一隻天鵝。當然這不過是席克諾斯化成天鵝的眾多說法之一。

註5：原文將波西斯誤植為阿斯特莉亞的叔父，特此更正。按：波西斯與帕拉絲是克利歐斯的子女，克利歐斯的兄弟吉歐斯則是阿斯特莉亞的父親，因此波西斯與阿斯特莉亞為同輩的關係。

註6：阿斯特莉亞從天上掉落海中的光景，猶如流星一般，因此歐提加島又稱為流星島 (Isle Asteria)。

註7：愛情花 (love blossom) 是一種紫色的花朵，擁有強大的魔力，可以讓人一見鍾情。後來帕克違背主子奧伯龍的指示，一時興起亂點鴛鴦譜，使得仲夏夜的森林中演出一幕幕愛情的鬧劇。

有關泰坦的

希臘神話時代結束後，有幾位泰坦巨神意外取回了他們身為神的尊嚴。這與公元前 1 世紀起，在羅馬士兵之間廣為流傳，被視為起源於東方波斯的米特拉 (Mithras) 拜日教有著深遠的關係。

主神米特拉的起源，最早可以追溯到公元前 7 世紀以前的瑣羅亞斯特教 (Zoroastrianism)（註1）其中的一位神祇～米斯拉（Mithra，契約）。附帶一提地，這位神祇在佛教中稱為彌勒（梵 Maitreya）。

米斯拉來自創世岩石 (petra genetrix) 的誕生，恰如今日將耶誕節公定為 12 月 25 日的過程那般電光石火（註2）。原來經過了與冬至有關的這一天後，白天日漸變長，古人因此認定這就是太陽誕生的日子。身為光的創造者 (genitor luminis)，米特拉總是背著弓箭，戴著一頂個人標記的佛里幾亞帽（〈Phrygian cap〉，圓錐狀的黑色尖頂高帽）。

從兩旁托住腋下，由岩石中拉出米特拉的則是從屬的神祇高提 (Cautes) 與高托拔提 (Cautopates)。兩人都是牧羊人的形象，手中持有火炬。

播種者與烏鴉化身的克洛諾斯・撒圖恩

目睹米特拉誕生的是泰坦巨神的克洛諾斯・撒圖恩（Kronos Saturnus，Cronus Saturn，烏鴉、播種者）。克洛諾斯的拉丁語名「Saturnus」來到英語後，化為土星 (Saturn) 的代稱，日後成為太陽日（Sunday，星期日）前一天的星期六 (Saturday)（註3）一詞的由來。

在羅馬人眼中，撒圖恩被視為豐收者（Frugifer，帶來豐收者）。相傳被宙斯奪走王位的他來到義大利這塊土地後，教導人們各種農耕技術，建立了一個黃金時代。由於其名諱與「時間」(Chronos) 的讀音相近，爾後也被視為掌管時間的神祇。

克洛諾斯・撒圖恩常被描繪成一副恣意隨性、或坐或臥的半裸形象。他纏著頭巾，下半身則按當時的慣例，穿著一襲看似布條纏身的寬鬆下擺。隨侍在身旁的是頭上戴著一簇棕櫚樹葉和花環編織的花冠，代表勝利象徵的維多利亞女神（羅 Victoria；希 Nike）。手上除了持有代表王權的錫杖之外，也持有短劍、鐮刀、雷霆

凱魯斯・奧克安諾斯

等武器。對於克洛諾斯‧撒圖恩而言，過去所扮演的正是遞交這些武器、授予米特拉王權的角色。

同為米特拉生辰的耶誕節前一週，是慶祝克洛諾斯‧撒圖恩的農神節 (Saturnalia)。人們喬裝各種打扮，歡食暢飲盡情歌舞，不論販夫走卒、名門貴族，一律與天同慶、百無禁忌。此外，當時還盛行一種以蠟燭和娃娃雕塑相互餽贈的習俗。

天空與大西洋～凱魯斯‧奧克安諾斯

與克洛諾斯‧撒圖恩扮演的角色相似的是凱魯斯‧奧克安諾斯（Caelus Oceanus，天與大西洋）。直到今日，海神奧克安諾斯仍被視同天神烏拉諾斯（或視為相對的神祇）。他的形象一如撒圖恩隨意躺臥的模樣，鬢髮蓬鬆零亂，身上只裹著一條腰布。身為女兒的大洋神女們，有時會圍繞在他的身旁。

米特拉照耀大地之際，曾藉由光對石塊的投射，引發湧泉的奇蹟，這種象徵流水起源的關係，使得米特拉神像之下，經常可見凱魯斯‧奧克安諾斯的身影。

太陽神～梭爾‧赫利俄斯

發散陽光照拂人間的是泰坦神族的太陽神～梭爾‧赫利俄斯 (Sol Helios)。他常被塑造為頭頂光環、身上僅以披風蔽體的半裸模樣。德國迪堡〈Dieburg〉出土的米特拉神殿遺跡

的浮雕上，可見到坐在視同寶座的戰車上、象徵四季的四位季節女神〈希 Horai；Horae；Hora〉環伺在他的身旁。拖曳馬車的四匹馬，分別受到代表四個方位的風神節制。

依照米特拉教的說法，赫利俄斯的繼承者並非阿波羅，而是米特拉本人。而人稱「無敵太陽神」（拉 Deus Sol Invictus）的米特拉，也被視同赫利俄斯之子～費頓。

根據傳教士狄奧‧屈梭多模^{（註4）}載於《演說集》〈Orations, or Discourses, by Dion Chrysostomos or Dio Chrysostom, AD40～112〉第34章第39節的一首禮歌「聖餐儀式」〈liturgie；liturgy〉所述，米特拉‧費頓一度成功地駕馭著四匹馬拉動的太陽戰車，順著圓形的軌道奔行。其中象徵火元素、奔馳速度最快的火神駒，位於最外側的軌道，緊靠其內側的是風神駒，水神駒則位於最內側，至於化育萬物的大地神駒，則位居三者的中心主軸。

有好長的一段時間，牠們一直處於正確的軌道上，然而位於最外圍的火神駒有如火焰般的氣息（asthoma ischyron，強烈的氣息）卻突然噴出星火，波及內側的戰馬。風神駒因此失控，引發可怕的風暴；水神駒汗如雨下，帶來了大洪水；當大地神駒的馬鬃也跟著燃起時，赭紅的燎原火焰燒盡了凡間的罪人，唯獨善良的人們得以獲救。

從保留在浮雕等遺物的畫像上，

可以發現梭爾‧赫利俄斯與米特拉之間似乎存在某種神聖的誓約。畫中的兩人之間不僅設有祭壇，時而歃血為盟，時而同桌共餐，甚至偶然可見赫利俄斯屈膝在米特拉面前的光景。這正意味著赫利俄斯將自己身為太陽神的威權讓與米特拉。

此外梭爾‧赫利俄斯向米特拉傳遞信息的工作，是交由大烏鴉〈希Corax〉負責的。既然克洛諾斯的原意便是烏鴉，這也表示克洛諾斯‧撒圖恩與兩者互有關連。

▌崇拜太陽的米特拉教事蹟

米特拉教最為神祕之處，在於它的「聖牛犧牲」〈The sacrifice of the bull〉。米特拉會抓住一頭象徵富饒力量的公牛，與其搏鬥角力，如同牛仔般騎在背上加以馴服，最後將牠一肩扛起，帶至一處象徵天頂蒼穹的洞窟〈World Cave〉。接著米特拉以短刀刺殺公牛，使其血流滿地，為大地帶來富庶的能量。

這種犧牲儀式（Tauromachia，屠牛的）是米特拉教最為常見的圖像。除了身為從屬神祇的高提、高托拔提隨侍在米特拉身旁之外，畫中還繪有獅、犬、蛇等神獸。此外圖繪的上下方也會加上克洛諾斯‧撒圖恩，或凱魯斯‧奧克安諾斯，做為犧牲儀式的見證者。

米特拉眾多的冒險傳奇中，似乎曾經面臨了赫拉克勒斯「替代亞特拉斯立地頂天」的相同試煉（出土遺物

中曾發現這樣的圖像）。此外，手持地球儀、意味著身為世界統治者的米特拉形象也偶有所見。

融合各派眾多的教義，與米特拉教同樣脫胎自波斯瑣羅亞斯特教的摩尼教〈Manicheism〉，也有亞特拉斯肩負大地，而非托天的記述。

不論支撐的是天空或大地，從亞特拉斯象徵「地軸」的觀點來思考，便可逐漸領會其道理。因為地軸不僅支撐著大地，也使天界看似環繞著地軸旋轉。過去亞特拉斯之所以被認為位於「來自北風彼端」的極北國，也可能意味著他便代表北極。

16世紀的地理學家傑拉德斯‧麥卡托〈Gerhardus Mercator, 1512-1594〉受此圖像的影響，在自製的地圖本上加繪了一幅「支撐地球的亞特拉斯」圖案。由於其子魯莫〈Rumold Mercator, 1545～1599〉將地圖本命名為《Atlas》，此後世界地圖就稱為「亞特拉斯」。

19世紀法國的語言學家厄尼斯特‧勒南在著作《馬可奧利流傳》〈Marc-Aurèle (1882), by Renan, Joseph Ernest, 1823～1892；英譯本 Marcus Aurelius, 1904〉中寫道：「如果基督教遭受某種致命的疾患而停止擴張，或許人間將淪為米特拉教的世界」[引1]。

然而事實上，從公元4世紀君士坦丁大帝宣布基督教為羅馬國教後，米特拉教便走上衰亡一途，泰坦神族具有的神性也同時完全遭到摒棄。

即便如此，泰坦神族們遺惠人間的餘暉，此後仍時有所見。

近代的泰坦寫照

德國作家尚‧保羅於 1800～1803 年間，發表了一部尖銳刻畫人性的四部曲小說《巨人》〈Titan, by Jean Paul Friedrich Richter, 1763～1825〉。作品本身龐大的篇幅，同樣不辱標題的「巨人」之名，不過小說中所謂的泰坦，指的卻是一群圍繞在霍恩佛利斯〈Hohenfliess〉侯國的伯爵之子阿爾巴諾〈Albano〉身邊的人物，他們或擁有一技之長，或頭角崢嶸卻逐一沒落死去。

身為阿爾巴諾養父的西班牙伯爵～加斯帕〈Don Gaspard〉，是一位思想極為客觀的人，正因為如此，當他發現自己無法改變眼前即將展開的命運時，只能失望地離去。

少女琳達〈Linda de Romeiro〉是一位徹底的人文主義者，她原本是阿爾巴諾生命中的第二個愛人，卻因為否定神的存在，被羅凱洛〈Charles Roquairol〉上尉藉機欺騙而失身懷孕，最後也在失意之餘消逝人間。

追求人世中瞬間美麗的羅凱洛上尉，於傷害無數女子的情感之後，在舞台上演出自殺的戲碼，以此做為一生最精彩的劇幕。

莉亞娜〈Liana〉是羅凱洛的妹妹，猶如天使化身的她，心中始終嚮往著死後的天堂。儘管阿爾巴諾深愛這初戀情人，她依舊拋開愛情選擇離去，為了追求更美好的幸福而一心求死，獨自走上天國之路。

向來喜歡四處旅行，自由奔放的舒裴〈Schoppe〉，本是一位圖書館員，因為擔任阿爾巴諾的家庭教師，不得不停下行腳，卻在無意間撞見自己分身的鏡影魔〈德Doppelganger，有 double walker 之意〉，過度驚嚇而死。

他們的離去，令阿爾巴諾連想起絕跡許久的泰坦巨人。對於自己為何並未如同他們一樣身消影逝而感到不解，不禁沉浸在長考中。獨自存活下來的阿爾巴諾並無一技之長，卻經由周遭的這些人物，通曉了各種事物和道理。

保羅的《巨人》為德國浪漫派音樂帶來莫大的影響。馬勒更以此背景為譜，寫下堪稱「自然與人類對話語錄」的『D 大調第一號交響曲』(1896)〈Symphony No.1 in D major, composed by Gustav Mahler〉。

最初這個音樂作品還題名為「Titan」，馬勒認為會帶來厄運，最後刪去『巨人』的標題。

時間來到了 1912 年，英國的白星航運公司〈White Star Line〉建造了當時世界噸位最大的豪華郵輪‧鐵達尼號〈Titanic〉～英文有「巨神族」之意。

原本鐵達尼號的處女航，採行經由北極海，前往紐約的航線，不料卻在途中撞及冰山，戚然長眠於海底。

想來對於鐵達尼號而言,「來自北風彼端」的極北地帶,原本就是遙不可及的國度。

時至今日,質地優良輕盈的金屬鈦〈Titanium〉與身為土星衛星的土衛六,依舊保留泰坦之名。

泰坦衛星上空大氣層的發現,也使得地球外存在生命的話題再次沸沸揚揚,眾多天文愛好者莫不寄予厚望。但願這份期待,不再如同過往泰坦巨神們的野心一樣,成為美夢一場!

■ ■ ■

註1:瑣羅亞斯特教亦即日後於南北朝傳入中土的祆教,又名拜火教。金庸名著《倚天屠龍記》中登場的明教組織,也是取材自這個宗教。在瑣羅亞斯特尚未進行多神教 (polytheism) 信仰的宗教改革之前,原本米特拉是波斯各部落的守護神,此後他被剝奪了神權,一切貢獻與權力完全歸屬瑣羅亞斯特(希 Zoroaster),亦即尼采所謂的查拉圖斯特拉 (Zarathustra)。

註2:公元 4 世紀左右,原本是羅馬帝國拜日教紀念太陽神米特拉誕辰的 12 月 25 日這一天,被基督教徒訂為耶穌的誕辰日。這個改訂的節日新制,在該世紀終了前,以星火燎原的速度,受西方各教會遵奉推廣。為何耶誕與太陽神的誕辰視為一同,學者們有不同的說法。或許是耶穌化為「真理之光」普照大地,驅離黑暗的形象,被視為太陽神另一化身的象徵意義,在當時廣為世人接受的緣故。另有一說指出耶穌降臨的時間,約莫在太陽神誕生的冬至時期,也讓人有不謀而合的聯想。

註3:日本對於一星期中的每一天,都是遵循希臘羅馬時代承襲自巴比倫人於公元前 7~6 世紀首創的星期古制,以傳統的星曜代稱,有別於盎格魯撒克遜人根據北歐神話改訂的新稱。兩者的差異,請參考下表。

日文	英文	希臘羅馬舊制	撒克遜現代新制
月曜日	Monday	Moon's day 月神日	同左
火曜日	Tuesday	Mar's day 火星／戰神日	Tui's day 戰神日／提爾
水曜日	Wednesday	Mercury's day 水星／商神日	Woden's day 主神日／佛旦·奧丁
木曜日	Thursday	Jupiter's day 木星／主神日	Thor's day 雷神日／索爾
金曜日	Friday	Venus' day 金星／愛神日	Frigg's day 愛神日／芙莉嘉
土曜日	Saturday	Saturn's day 土星／農神日	同左
日曜日	Sunday	Sun's day 太陽神日	同左

註4:Chrysostomos 在基督教中,一般譯為「屈梭多模」,現代則有克利索斯東等譯名。狄奧·屈梭多模的拉丁名為 (Dio Chrysostomus),他也因為出生於 Prusa,而稱為「 Dione di Prusa 」。基督教史上有兩位同名的知名人物,除文中所載者以外,另一位是公元 4 世紀的講道家～約翰·屈梭多模 (Chrysostom, St. John, AD347?～407)。

引1:日譯文摘自小川英雄譯本。

第2章
基迦巨人
Gigas ／ ギガース

〔希臘的異體巨人〕

基迦巨人

基迦 (Gigas) 是一群無懼鬼神的巨人族，複數型態為「Gigantes」，日後成為英文「巨人」(Giant) 一詞的字源。

阿波羅多羅斯在《希臘神話全書》第1卷第6章第1～2節中，描述基迦巨人碩大無比、力大無窮，他們的鬚髮濃密，腳上長有蛇鱗。奧維德的《變形記》第1卷180行以下，同樣以「蛇足」的筆法形容，此外還寫道「百手同舉，共襲天界」，足見此一族群有50人之譜。根據赫西俄德的《神譜》185行以下的記載，基迦巨人手持長槍，身穿閃亮的胄甲。由此推想，「蛇鱗腳」也可能意味著一種「鱗甲護脛」〈scale leggings〉的鎧甲款式。

基迦巨人是在天空之神・烏拉諾斯慘遭其子克洛諾斯以鐮刀去勢後，經由大地母神蓋亞承接其陰部所流下的血液化育而成的。此一族群尚有復仇女神埃利妮（希 Erinys〈Erinyes〉）、白臘樹精梅利亞（希 Meliai〈Meliae, the Ash Nymphs〉）等姊妹。

據《希臘神話全書》所述，為了滅亡的泰坦巨神，同時為了對抗天界而戰，大地母神蓋亞於阿提卡的菲利葛萊（希 Phlegrai〈Phlegrae；Phlegra〉，火焰平原）產下了基迦巨人[註1]。此地一如其名，曾經是一處火山地帶。也有一說指出，他們的誕生地在帕里尼 (Pallene)。

當巨人戰役 (Gigantomachia) 在這塊誕生地上爆發時，基迦巨人紛紛以岩塊、燃燒的巨大橡樹朝天界猛力投擲。

當時有一則神示預言「眾神將無法擊敗巨人族，除非獲得凡人的協助」[註2]，於是母神蓋亞便想找尋一種人類也無法傷害巨人的藥草；而早將基迦巨人視為危險族群的宙斯則凍結了時間，率先一步斬草除根。接著宙斯又透過身為戰爭女神的女兒雅典娜，求助於凡間的英雄赫拉克勒斯。

巨人戰役 Gigantomachia

基迦巨人中最強大的歐奇奧尼俄斯〈希 Alkyoneos（Alcyoneus）〉當時正驅趕太陽神赫利俄斯的神牛，隨後他被赫拉克勒斯一箭斃命。但由於歐奇奧尼俄斯在自己的出生地作戰，具有永生不死的力量，因此再次復活，且威力更勝從前。赫拉克勒斯遂接受雅典娜的建言，將歐奇奧尼俄斯強行

拖出誕生地予以格殺。(註3)

其次強大的波爾菲利翁 (Porphyrion) 衝向了宙斯、赫拉的所在處。就在他獸性大發(註4)，正欲非禮赫拉之際，遭到宙斯憤怒的雷霆一擊，隨後死於赫拉克勒斯補上的一箭。

埃菲歐提斯 (Ephialtes) 被預言之神阿波羅射中左眼，又讓赫拉克勒斯射穿右眼而死(註5)。

遭遇女戰神雅典娜的恩奇拉多斯（希 Enkelados〈Enceladus〉），則被拋來的西西里島擊中身亡。

波利伯提斯 (Polybotes) 被海神波塞頓一路追擊至愛琴海東南方的科斯島（希 Kos），最後被大半掀起的島嶼陸塊擊中(註6)，壓成了肉泥。

神使漢密斯借用了冥王哈德斯的隱身盔〈Hades' invisible helmet〉，伺機刺殺了希波利托斯（希 Hippolytos〈Hippolytus〉）。

格拉提翁 (Gration) 成了狩獵女神阿提米絲的獵物，中箭殞命。

阿格留斯（希 Agrios〈Agr-ius〉）、索恩 (Thoon) 二人，同樣死於命運三女神的青銅棍下。

歐律托斯（希 Eurytos〈Eurytus〉）對上酒神狄奧尼索斯〈希 Dionysos；Dionysus〉，遭到松毬杖‧希爾索斯（希 thyrsos〈thyrsus〉）擊斃。

克里提歐斯（希 Klytios〈Clyt-ius〉）(註7) 遭女巫赫卡提的火焰燒成灰燼。

至於米瑪斯 (Mimas)，則被冶煉之神赫淮斯托斯以熔鐵澆殺。

除此以外的大多數也在遭到宙斯的雷擊後，經赫拉克勒斯致命一擊而死。

奧維德的《變形記》第 1 卷 140 行以下，如此描述同一場戰爭的景象。「基迦之眾，堆岩砌石，磊磊成山，以登天界。」相對於此，朱比特（Jupter，宙斯的羅馬名）則大發雷霆粉碎奧林帕斯山，引發巨石崩落，眾多的基迦巨人因此血濺當場。相傳喜於爭鬥、動輒暴力相向的人類，便是誕生自這些血泊。

不論如何，這場奧林帕斯眾神與巨人族的戰役，最後因此劃下句點。

《神曲》中的基迦巨人

根據但丁《神曲》第二部「煉獄篇」〈The Divine Comedy: Cantica II, Purgatory, by Dante Alighieri, 1265～1321〉的第 12 首描述，煉獄的第一層刻有一批以巨人戰役結局為題材的雕像，用以警惕傲慢的下場。這些雕像以宙斯為中心，環繞在全副武裝的阿波羅、雅典娜，以及戰神阿瑞斯之間，凝望著刻畫細膩的基迦巨人骸骨。

按第一部「地獄篇」〈Cantica I, Inferno〉第 31 首所述，形銷骨毀的基迦巨人魂魄被鎖鍊五花大綁於地獄的第 9 層入口。下半身埋入一處巨大的地穴，雙腳可觸及構成第 9 層地面的冰岩。由頸椎根部（第 8 頸椎連接胸

椎處）至腰際的距離，約莫 6.3 米的幅度來估算，其身高大約在 15 米左右（註8）。

義大利語名爲「菲歐提」(Fialte) 的埃菲歐提斯，曾在巨人戰役中舞動雙臂、威風八面，死後除了使用鐵鎖將左臂鎖於身前、右臂反鎖於身後之外，並以層層鐵鍊綑綁身軀多達五圈。因此即便菲歐提使出渾身解數，震得地動山搖，仍不能傷及鎖鍊分毫。

巨人戰役的生還者・安逖法提斯的王后

荷馬於《奧德賽》第7卷50～60行中提到，基迦巨人雖然遭遇慘禍，仍有族人頑強地存活下來。

原來法埃克斯〈希 Phaeax〈Phaeaces；英 Phaeacia，法埃西亞〉（註9）的國王歐律梅頓 (Eurymedon)，曾經是基迦巨人的統治者。然而身爲臣屬的巨人族卻逆天而行，不僅讓子民捲入一場災難，也走上自取滅亡的末路（註10）。

此外根據第10卷80～140行所述，奧德修斯於歸國的航行途中，經過一處名爲萊斯特里根〈希 Laistrygones；Laistrygon〉的島國。他派出三人的搜索小組探勘島嶼，隨後遇上萊斯特里根國王・安逖法提斯 (Antiphates) 的女兒。

在她的嚮導之下，三人來到一處巨大的宮邸，見到了安逖法提斯的王后。只道全然有別於人類外觀的女兒，眼前的王妃竟是高大的基迦巨人，不由分說地當場生吞活剝了其中一人。

魂飛魄散的其他兩人，只能倉皇失措地逃離現場，眼前則不斷出現基迦巨人的追兵。就在兩人好不容易逃回船上之際，基迦徒眾紛紛舉起一個人類使盡全力才能扛起的巨石，朝船隊猛烈地投擲而來。即便是英雄奧德修斯，此刻也顧不得死傷者眾，只能斷然地拋下船隊，逃離魔島而僅以身免。

巨大的南方古猿

如此可怕的基迦巨人，如果確實曾經存在，不知各位讀者作何感想？

有一學名取爲巨猿 (Gigantopithecus) 的亞種人類，目前只發現牙齒、下顎骨等實物，但從這些證據推算其身高，可達3～4米之譜，堪稱爲最大型的人類。其形態被認爲可能近似早期的南方古猿（Australopithecus afarensis，南方的猿猴），擁有巨大的體型。只是學名中既然取以猿猴〈pithecus〉之名，推論牠們同樣是非洲大猩猩、黑猩猩等類人猿（〈Anthropoid〉Ape）的人們自然不在少數。反之，也有學者提出同屬人類的主張，命名爲龐人〈或碩人，暫譯〉(Giganthropus，巨人之人)（註11），生存在距今60萬～40萬年前（最近一則說法指爲10萬年），由南亞向東沿展的地域。

根據化石的證據顯示，身爲現代人（Homo sapiens sapiens，有智慧的智人）的我們誕生於3～4萬年前，

基迦巨人

淵源更古老的**早期智人**〈Ancient Homo sapiens〉則被發現生活在50萬年前，與巨猿生存於同一年代。這表示早期智人的記憶可能是透過一段連續不斷的過程傳遞給我等現代人的。

附帶一提的是，同樣可溯及遠古時代的亞人種中，尚有一體型略小於巨猿，身長2.4～3米的**巨猿人**（Meganthropus，大體型的人）。東南亞以及中非的坦尚尼亞，都曾發現牠們一百萬年前的顏面骨。

發現於南非的**類人**（Paranthropus）體型與巨猿人相去不遠，最近被研究者稱為**粗壯南方古猿**（Australopithecus robusturs，簡稱**粗壯南猿**），生存於200～100萬年前左右，擁有強壯的筋骨肌肉。

現存人類以外、早已滅絕多時的其他人科（Hominid），大致可分為古猿屬〈Australopithecus〉及人屬〈Homo〉兩大類。大體上看來，所有的巨人種似乎都是南方古猿的後代。

目前古猿屬的年代已經被證實超過500萬年，後來於250萬年前演化出**能人**（Homo habilis，使用工具的人類，亦稱**巧人**）的分支；人屬則從此走出一條有別於古猿屬的進化路程，於180萬年前誕生了**直立人**（Homo erectus）^{（註12）}。50萬年前開始分道揚鑣，演化出**尼安德塔人**（Homo sapiens neanderthalensis，居住在尼安德溪谷的人）^{（註13）}與現代人，15萬年前出現決定性的發展後，現代人於

2萬年前勝出，獨自存活下來。

■ 人類誕生的祕密

歐洲雖然未曾發現巨人的化石，但也不能因此斷言其存在子虛烏有。畢竟起源自非洲的**化石人類**（Fossil hominids；Fossil men）足跡，之所以延伸至東南亞，必得經由中東此一通往歐洲的橋樑。

至於巨人因何緣起緣滅，也只能藉由推論來獲得解答。不過一聯想到現代人「異常生產」的事例，便讓人感受到其中似乎埋藏著解開謎題的關鍵。

我們知道大多數的高等哺乳類動物，經過足月的懷孕期誕生後，都會呈現與父母幾乎相同的特徵。相信也有不少讀者曾在電視上看過小馬出生後，隨即站立起來的情景。

然而剛出生的人類嬰兒，卻是毫無防禦能力的。必得費心勞力養育至一歲，才能站立行走、牙牙學語，出現與人類相符的種族特性。此外嬰兒未滿周歲前的血液構成也與日後相異，成人可視為營養素的蜂蜜，反而會對嬰兒產生毒害。

此一現象因何而來，可從生物學的角度加以解釋。原來人類本該滿周歲才出生，這也代表人類的懷孕期可達1年9個月（類似大象幾乎達2年的懷孕期）。從民間傳承可知，有些留在母體內長達2～3年的胎兒，日後若非成為偉人，便是化身鬼怪。而現

代的孕婦即使產期已經屆滿仍無分娩的跡象，也必然會透過藥物、剖腹生產〈Cesarean Section，古稱帝王切開術〉等方式催生。然而在不盛行這些方法的古代，身懷六甲多時而不見臨盆，卻是一件不足爲奇的事（註14）。畢竟以當時而言，如果帝王切開術的過程並不周全，接生時就會傷及母體或胎兒，甚至導致兩者死亡。古時身懷魔胎的神怪奇譚還經常出現剖開母親腹部出生的「殺母」情節。

爲了避免這樣的悲劇，身爲現代人的我們才會發展出生物學上稱爲「早產」的進化。至於所謂懷胎九月（註15），則是由基因制訂的懷孕期下限，甚至有學者因此將產後的哺育期稱爲「體外懷孕」。

眾所周知地，嬰兒在足月生產的過程中，必須設法讓頭部通過母體的產道。大多數的場合，幾乎都會進行會陰切開術〈episiotomy〉，事後再予以縫合的外科處置。此外嬰兒的頭部也存在巧妙的機制，由於頭蓋骨尚未完全接合，顱骨塊片的邊緣會相互重疊，使頭部遭擠壓時可以變得更小。頭骨一離開產道，就會開始擴張，停止重疊而回到正確的位置。不過此時的頭蓋骨，還是會留下縫隙。日後隨著孩童發育所長出的骨質，會填補這些縫隙而形成頭骨的縫線〈suture〉。

人類與其他動物最大的不同，就在於腦容量大、智力發達。然而頭部越大，安全通過產道的機會便越低。如此一來，只有兩個解決之道。一是採取我們人類在嬰兒頭部尚未變大之前，提早出生的方式。

另一種方法就是擴張產道。換言之，即增大母體。而選擇這條進化路徑的，或許就是南非古猿等巨人族吧。果眞如此，巨人滅亡的原因將酷似今日大象瀕臨絕種的道理。

生物懷孕時每每行動不便，妊娠期過長將導致牠們在生存競賽中落居下風。換言之，假設巨人與人類的懷孕期相差2倍，人類就會以倍數的速度生下子息、繁衍後代子孫。如此累積數個世代，速度將變成2的冪次方，而非原先的2倍。

這就是爲何現代人的力氣略遜一籌，卻得以憑藉著過人的繁殖能力，一路稱霸世界而來的緣故。而現代人之所以並無發情期，可以隨時挑起性慾進行性行爲，其原因就在於唯有透過繁殖能力，才能取勝身爲競爭對手的其他人種，若從這樣的觀點來思考，推論便得以成立。

至於世界上任何神話中的巨人，之所以必然走向滅絕之路，或許就是依循著這樣的定律吧？筆者不禁如此作想。

■■|■

註1：菲利葛萊平原 (Phlegraean Plain) 與帕里尼均位於希臘古城奧林索斯（希 Olynthos；Olynthus）南方、突出哈爾基迪季（希 Khalkidhiki；Chalcidice）半島上的卡桑德拉（希 Kassandra；Cassandra）一帶。此地臨愛琴海，與錫索尼亞 (Sithonia)、阿索斯 (Athos) 並稱爲該半島的三根指頭，是今日著名的海邊度假勝地。

註2：奧林索斯諸神只能對巨人族造成一時的傷害，唯有神靈與凡人同時擊殺巨人族，才能完全殺死他們，這就是爲何諸多傳記著述在巨人戰役中，經常提到赫拉克勒斯從旁夾殺的緣故。據說天神不讓陽光照耀基迦巨人所在的菲利葛萊，使其無法得知赫拉克勒斯的誕生，以免巨人族提前攻擊天界。

註3：一說歐奇奧尼俄斯倒地的瞬間，即可再次復活，於是赫拉克勒斯高舉他的軀體，使其無法接觸出生地的地面，不久歐奇奧尼俄斯便氣絕身亡。

註4：波爾菲利翁是巨人族的第二把交椅，但智慧與能耐似乎優於歐奇奧尼俄斯。衆神十分懼怕這個怪物，只有雅典娜勇冒爲保衛家園挺身而出。根據阿波羅多羅斯的手札《希臘神話全書》所述，波爾菲利翁放過了雅典娜，直取一旁的赫拉，就在他勒住赫拉之際，愛神埃羅斯（希 Eros；羅 Cupid）的一箭適時解圍，但也意外挑起了波爾菲利翁的情慾。一說埃羅斯的一箭是來自宙斯的授意，因爲波爾菲利翁將整座山連根拔起，打算投向赫拉克勒斯，此箭也使得這位人類英雄逃過泰山壓頂的命運，得以趁機射殺波爾菲利翁。

註5：埃菲歐提斯死後，大地蓋亞爲了報復，將其魂魄送入人類的夢中，從此化身爲夢魘。

註6：擊中波利伯提斯的島嶼名爲尼西羅斯 (Nisyros)，相傳被波塞頓以三叉戟劈開，從此與科斯島分離。

註7：原文作「Krytios」係誤植。《希臘神話全書》描述赫卡提以燃燒的火把（木頭）燒死克里提歐斯。

註8：《神曲》英譯本第 59 行以下，以 30 個全開的掌幅（一掌幅約 21 釐米）描述基迦巨人由衣領至腰部的長度，茲摘述如右："Full thirty ample palms was he exposed downward from whence a man his garment loops."

註9：原文將パイエケス(Phaeaces) 誤植爲パイエテス。

註10：身爲巨人族領袖的歐律梅頓妄想取代宙斯，唯我獨尊。在巨人戰役中，他逕自衝向宙斯所在處，意圖擒賊先擒王。大地母神蓋亞賜予他體內千蛇鑽動的力量，但波濤般的攻擊悉數被宙斯的神盾 (Aegis) 折返，最後歐律梅頓懾懼於宙斯取出的梅杜莎首級，遭到宙斯殛斃，他所率領的巨人族也逐一死在諸神與赫拉克勒斯的夾擊之下。

註11：「Giganthropus」一詞有譯者直譯爲「巨人」，但因巨人一詞已經是常用的普通名詞，私以爲並不合宜，故以龐人、碩人暫稱之。

註12：原文誤植爲「Homo elecrtus」。根據外電的報導 (Aug, 9, 2007)，肯亞的古生物學家利基 (Meave Leakey) 經研究非洲出土的遠古人類遺骸後，發現能人與直立人曾經生存於同一時期，顛覆了一直以來「能人衍生出直立人」的論說。

註13：尼安德人又譯爲「尼安德塔人」，簡稱尼人，此一人屬發現於德國尼安德河谷的一處洞穴。尼安德塔來自「Neander-thal」的結合，thal 是德文「山谷」的意思，相當於英文的 dale，原意爲「尼安德河谷人」。

註14：根據中國古典小說《封神演義》第 12 回所述，哪吒在娘胎足足待上了三年六個月後，從一團肉球中誕生。懷胎八十一載的老子，最後從母親剖開的腋下出生，相傳此時的他已經鬢髮銀白。日本也有一則応神天皇之母「抱石感應、懷胎兩年」的傳說。像這樣有關過期妊娠（Postdate Pregnancy，懷孕超過 42 週）的民話或傳承，在古代可說不勝枚舉，但多爲穿鑿附會、虛構渲染之說。

註15：漢化影響深遠的日韓等東亞國家，當然也包括我國本身，傳統上多以「懷胎十月」計算婦女的妊娠期，但英美的西方國家，習慣上以九個月稱之。其差異來自於亞洲地區採用陰曆，每個月只有 28 天，國外則以 30 天爲一個月計算。原文採用「懷胎九月」，顯然各國都在現代醫學的影響下逐漸改變過去的觀念。

百手巨人

　　根據赫西俄德《神譜》145行以下，以及阿波羅多羅斯《希臘神話全書》第1卷第1章第1節所述，百手巨人是一種擁有百隻手臂、五十顆頭的巨人。希臘語中的「hecaton」代表數字「一百」，「cheir」則是「手」的意思。他們是天地（烏拉諾斯、蓋亞）之子，計有布里亞留斯（希Briareos，活力）、喀托斯（希Kottos，憤怒），以及基伊斯（Gyes）或稱為基吉斯（Gyges，手腳巨大）等三位手足。

　　按《神譜》615行以下的記載，百手巨人兄弟力量強大，深受父親烏拉諾斯的忌憚。出生後不久，就隨同其他獨眼巨人兄弟，被幽禁在冥府深淵塔塔羅斯。

　　後來爆發了種族爭鬥的巨神戰爭(Titanomachia)，其間百手巨人與獨眼巨人同時獲救於宙斯之手，由於他們站在第一線與泰坦巨神作戰，奧林帕斯神族才取得最後的勝利。

　　戰爭結束後，喀托斯與基吉斯兩人被派往一處青銅門前看守（註1），這道門可通往大地盡頭的冥府，也是一處陰暗潮濕、幽禁著泰坦巨神的所在。唯獨布里亞留斯走上迥然不同的命運之路。

活力洋溢的布里亞留斯

　　布里亞留斯容貌俊美，受海神波塞頓的青睞而招為女婿，娶其女齊莫波麗亞（Kymopoleia〈Cymopolea〉）為妻。

　　根據荷馬《伊利亞德》第一卷400行所述，日後天界曾發生一起反對宙斯的叛變。主謀者包括宙斯的妻子赫拉、兄長海神波塞頓，以及宙斯之女～戰爭女神雅典娜，他們以仙索綑綁了宙斯。

　　唯一出手解救宙斯的是海精希媞斯（希Thetis〈the Nereid or Nereis〉）。她召喚人類稱為「埃蓋恩」（希Aigaion〈Aigaios；英Aegean愛琴〉）的百手巨人前去奧林帕斯山，為宙斯解圍脫困。此一百手巨人也因此被視為布里亞留斯（註2）。

　　維吉爾在《埃涅伊德》第10卷565行以下，提到了關於第二次種族爭鬥的巨人戰役(Gigantomachia)。不過這回布里亞留斯加入基迦巨人的陣營，向宙斯領導的眾神挑戰。據說他提著五十口利劍，手持五十面盾牌，

五十張嘴同時噴出火焰，猛烈地攻擊天界奧林帕斯。

順道一提地，英雄埃涅亞斯〈希Aineias；Aeneas〉這位羅馬建國的始祖，他奮勇作戰的事蹟至今仍被比喻為布里亞留斯。

布里亞留斯死後的情狀，曾描述於但丁《神曲》第二部《煉獄篇》的第12首詩中。煉獄的第一層豎立著13具雕像，用以警惕傲慢的罪行。其中義大利語稱為「布里亞留」〈Briareo〉的他身中宙斯神箭伏倒在地，看似即將死去的模樣。

根據第1部《地獄篇》第31首所述，布里亞留的魂魄隨後來到地獄的第9層入口，與眾多基迦巨人一同受縛於鎖鍊之下。他的外貌凶猛猙獰，更甚於基迦之眾，然而身體結構卻與基迦巨人相同。原來《神曲》的布里亞留只有一雙手臂，一如人類埃涅亞斯。

威爾斯三英雄

除此以外的其它地域，也有若干以數臂知名的英雄傳奇。這不禁讓人聯想到征戰時「一夫當關、萬夫莫敵」的比喻。

記載威爾斯傳奇的《威爾斯民間故事集》〈*Mabinogion*〉（註3）第7則「庫魯赫與歐雯」〈Culhwch and Olwen〉篇中就提到這樣三位英雄戰士，投身在亞瑟王（Arthur，熊人）的帳下。他們分別是～柯爾斯‧康愛文（Cors

Cant Ewin，擁有百爪的沼地）、康納斯特‧坎洛（Canhastyr Canllaw，擁有百手的百拳）與基里德‧康納斯特（Cilyd Canhastyr，擁有百拳的伴當）（註4）。

劇中主角庫魯赫（Culhwch mab Kilyd，基里德之子‧豬圈）為了娶巨人之女歐雯（Olwen，白腳印）為妻，必需獲得一條出色的獵犬～德魯頓（Drutwyn〈Drudwyn〉，珍貴的白色）的協助（註5）。只是要拴牢這條猛犬，又需要柯爾斯的皮帶、康納斯特的項圈，以及基里德的鎖鍊等物品。

不過在整個故事中，這段插曲僅以數行輕描淡寫帶過。畢竟庫魯赫是亞瑟王最重視的堂兄弟，三位英雄又是亞瑟王的戰士，所以在君命難違的情況下，輕易解決了狗的問題。

熊山島的六臂巨人

阿波羅尼奧斯的《阿爾戈船英雄記》第1卷940行中，記載著一種人稱特律格那（希Terrigena〈Terrigenus；英Earthborn，大地之子〉）（註6）的種族，手臂雖少卻相當好戰，是一群擁有正常手臂之外，胸腹又長出四條臂膀的六臂巨人。他們就棲息在面對馬爾馬拉海〈Marmara〉這個地中海與黑海交會處的佛里幾亞（〈Phrygia〉，小亞細亞西北部）陸地不遠之處，一座人稱「熊山」的阿克托（希Arcton〈Arktos〉，熊）島上（註7）。他們也被視為赫拉為了試煉赫拉克勒斯，而祕密培育的蠻族。

百手巨人

當時抵達阿克托島的阿爾戈探險隊一行，為了確認今後的航線，派出數人登上丁度蒙山〈Mount Dindymon〉[註8]查探，其他成員則打算將船隻駛向有利於出航的起點～基托斯港〈希 Khytos；Chytus〉[註9]。

此時六臂巨人卻一路急行迂迴前來，企圖以無數巨石堵塞基托斯港的入口，截斷阿爾戈探險隊的戰力。

所幸英雄赫拉克勒斯與年輕的隊員們早一步抵達了基托斯港。在赫拉克勒斯的神力勁射之下，拋投巨石而來的六臂巨人逐一倒地。正欲攀登丁度蒙山的其他成員，也在察覺事態後火速趕回，最後擊殺了所有六臂巨人。

■ｌ■

註1：按《神譜》的記載，設計監造此青銅門與監禁泰坦所在的，正是宙斯的兄長波塞頓。

註2：身為海神之一的布里亞留斯，就住在愛琴海的深海域。

註3：《威爾斯民間故事集》出版於 19 世紀，由夏綠蒂·蓋斯特夫人 (Lady Charlotte Guest, 1812～1895) 這位跨足鋼鐵工業、藝文界的傳奇人物編纂而成。關於「Mabinogion」一字，威爾斯語 (Cymraeg) 並無相關的解釋，其正確的字根應為「Mabinogi」，意為「給年輕人的故事」或「英雄的傳奇」。

　　　其內容取材自 12 世紀不列顛（古稱 Enweu Ynys Prydein）西南方的昆利人（Cymru 或 Cymraeg Canol，即今日的威爾斯）創作的吟遊歌謠「Mabinogi」，此外還包括《塔列辛的故事》(Tale of Taliesyn, Taliesin) 等作品。這些敘事詩先被抄寫在《盧瑟赫白皮抄》（威 Llyfr Gwyn Rhydderch；White Book of Rhydderch），接著又寫入《赫格斯紅皮抄》（威 Llyfr Coch Hergest；英 Red Book of Hergest），兩者都是 14 世紀的作品，但根據文字體裁判斷，原創可回溯至 10～11 世紀。

註4：「Cors」為「沼地」，「Cant」為「一百」，「Ewin」則是「鉤爪」之意。「Canhastyr」又寫為「Canastyr」，意為「百拳」；「Canllaw」為「百手」之意。附帶一提的，字首「C」又作「K」，例如伙伴 (Cilyd；Kilyd；Kilydd)。

註5：庫魯赫拒絕和繼母的女兒成親，而被繼母咀咒終生無法親近其他的女子，只能娶巨人之女歐雯為妻。面對前來提親的他，巨人伊斯巴札頓 (Ysbaddaden Pencawr) 提出許多刁難的要求，其中一個便是以獵犬德魯頓與其他勇士，共同追殺一個名叫圖赫·特魯斯特 (Twrch Trwyth，野豬) 的王子。而協助庫魯赫的亞瑟王，卻因此犧牲了許多部眾。

註6：特律格那為一複合單字，「Terrigena」＝「terra（大地）」+「genere（出生）」，爾後成為生物學「Terrigenous（陸生）」一詞的字源。儂諾斯在他撰寫的《狄奧尼索斯傳奇》(Dionysiaca, by Nonnos (Nonnus of Panopolis)) 一書中，將六臂巨人稱為蓋基尼斯 (Gegenees)。

註7：熊山島的位置約莫在今日土耳其西北岸，突出於馬爾馬拉海的卡普達半島 (Kapidag Yarimadasi) 一帶的海域。

註8：丁度蒙山位於古希臘佛里幾亞行省的米西亞 (Mysia)，此地供奉著女神丘貝莉 (Cybele)，她也被視為山嶽母神，瑞亞～這位奧林帕斯眾神之母的化身。當時率領船員登上此山的，正是找尋金羊毛的伊阿宋（英譯作傑森）。

註9：基托斯位於今日土耳其卡普達半島上的奇基科古城 (Kyzikos，今名貝爾奇斯 Belkis)。

獨眼巨人

「Kyklops」一詞在希臘語中帶有「圓睜的眼睛」之意。據赫西俄德《神譜》139行以下所述，共有布隆提斯（Brontes，雷鳴）、史提洛庇斯（Steropes，電光）、阿格斯（Arges，閃電）三兄弟，一門同出於烏拉諾斯（Uranos，天空）與蓋亞（Gaia，大地）。他們圓睜的獨眼就長在額頭的中央。性情十分勇猛，精力旺盛膂力過人，且技藝超群。經由他們的鑄造技術，主神宙斯獲得了雷鳴與雷霆等武器。

▌來自天上的透鏡

事實上所謂的雷霆，似乎就是閃電石 (fulgurite) 這樣的物體。當落雷擊中砂地或岩石地帶時，構成礫石砂粒的矽元素，就會溶解成閃電分叉形狀、如玻璃手指般的結構。因此古人便以天界掉落下來（由閃電釋出散落）的物體看待它。

有一種名叫雷石〈brontea, bronteae〉，類似閃電石的礦物，便是取名自獨眼巨人的長子布隆提斯。古羅馬的博物學家～老普林尼〈羅 Gaius Plinius Secundus, Pliny the Elder, 23～79〉在《博物誌》〈或稱《自然史》

Historia Naturalis〉第37卷第150節中寫道，「雷石看似龜首，大凡墜落於雷鳴之後，其雷火因此自消。人們如此作想，又或不作他想。」[引1] 由此可知，雷石呈現的是透鏡的形狀。這種礦石現代稱之爲**熔融石** (tektite)，根據目前的推測，它們是隕石掉落時飛散出來的一種高溫液態的石塊，在大氣中固化爲球體或圓盤形態的物質（補充說明：核爆實驗結束後，經常可以發現許多熔融石）。當然，隕石掉落之際，不僅燃燒成一團火球，也伴隨著隆隆閃電。

換言之，獨眼巨人過去一直被視爲帶來落雷與流星的宿主。這也自圓其說了身爲天神與大地母神之子，以及從天而降這兩種現象的說法。

此外形同雷石的玻璃與水晶本身就具有透鏡的功能，得以讓陽光聚焦而點燃火苗。如此推想，獨眼巨人「圓睜的眼睛」可能就象徵著透鏡或水晶體的機制。順道一提地，17世紀西班牙的詩人貢戈拉〈Luis de Gongora, 1561～1627〉曾經將獨眼巨人稱爲「單眼鏡」(monó culo)，並意味深長地如此寫道：「單睛隻眼，彷彿巨星，盡照額間而不可辨」[引2]。

英國詩人羅伯特・格雷夫斯在著作《希臘神話》〈*The Greek Myths, 1955, by Robert Graves, 1895～1986*〉第3章第2節如此解說：「獨眼巨人其實是一群鍛造青銅的行會集團，他們視太陽為永恆之火而加以崇拜，並且在額間紋上同心圓的刺青。」事實上，過去也曾經發現一些獨眼巨人的圖像，除了具備一雙眼睛以外，額上還有第三隻眼的事例。這與早年鐵匠為了免於飛濺的火花傷害，必須經常戴上單眼罩的習性，或許存在著一些關連。

奧維德在《變形記》第13卷850行以下寫道，獨眼巨人波利菲莫斯（希Polyphemos，知名的）[註1] 也以如下的說詞，做為自己何以獨眼的解釋。「偉大的太陽從天上放眼世間，如此鉅細靡遺的太陽，也只有一隻眼睛。」[引3]

英國皇家天文學會的羅伯特・鄧波在著作《太陽水晶說》〈*The Crystal Sun*, 2000, by Robert Temple〉[註2] 一書中，又進一步提出他對此觀察的推論。原來古代存在著一種思想，認為「太陽是一顆水晶球，將天上永恆的火焰（陽光）折射在大地上。」早在公元前6世紀，畢達哥拉斯學派的菲洛勞斯〈希Philolaos；Philolaus〉就曾經主張這樣的說法，他們同時也是近代地動〈earth's mobility〉學說的信徒。

這意味著獨眼巨人的眼睛若真是一塊水晶透鏡，那麼獨眼的形象就如同波利菲莫斯的見解，近似水晶球般的太陽。

被視為巨人原形的巨獸

生物學上有一種動物對於巨人真實面貌的描繪，曾經扮演或輕或重的角色。那就是——象。

象由於腦部容量大，象牙脫落的頭骨有如大型的人類骨骸。尤其中央鼻孔整個向內塌陷，看起來就像一個巨大的眼窩。然而真正的眼窩卻遮掩在頭骨前額突起的下方。

公元前5世紀的希臘哲學家～恩培多克勒〈希Empedokles or Empedocles, BC493～BC433〉、14世紀的義大利文學家薄伽丘〈Giovanni Boccaccio, 1313～1375〉、17世紀的德國耶穌會教士，人稱博學者的柯赫爾〈Athanasius Kircher; Athanase Kircher, 1601～1680〉神父都曾經證言在西西里島上親眼目睹獨眼巨人的骨骸。然而事實上，這是因為西西里的洞穴中經常發現古代大象遺骨的緣故。

1577年瑞士的盧塞恩〈Lucerne〉、1645年奧地利的克雷姆斯〈Krems〉發現的「巨人骨骸」，其實都是**長毛象**〈Mammoth，猛瑪〉；1613年於法國多菲內省〈Dauphiné〉發現的「巨人遺骨」，也證實為**乳齒象**〈Mastodon〉。凡此種種都在出土後歷經了200年以上的時間才發現錯誤，原來兩者都是生存於冰河時期，今日已經絕種的象科族群。

傑出的工匠

阿波羅多羅斯的《希臘神話全書》第1卷第1章提到獨眼巨人誕生後不久，隨即被烏拉諾斯幽禁於塔塔羅斯（Tartaros，冥府）。

日後奧林帕斯神族與泰坦巨神大戰之際，獨眼巨人才被萬能的天神宙斯解救出來。這是因為蓋亞曾經預言「拉攏囚禁在塔塔羅斯的一方，便可勝券在握」的緣故。

獨眼巨人為了報答重獲自由的恩情，除了打造雷霆贈與萬能天神宙斯〈Zeus〉之外，並且授與冥神普魯托（哈德斯的別名）一頂隱身盔，為海神波塞頓打造了三叉戟，更投效奧林帕斯神族，取得最終的勝利。

獨眼巨人在建築上的表現也似乎同樣傑出。根據歐里庇得斯的悲劇《赫拉克勒斯》〈*Heracles*, BC421～BC416, by Euripides, BC480～BC406〉所述，阿爾戈王普羅托斯（Proitos〈Proetus, King of Argos〉）取得的梯林斯〈希 Tyryns；Tiryns〉城牆，又稱為「巨人石牆」〈Cyclopean walls〉。那些未經灰泥塗抹，便堆上巨石的古希臘砌塊石法，日後被稱為巨人砌石工法〈Cyclopean masonry〉。

維吉爾的《農事詩》第4卷「蜜蜂」〈*Georgics IV, Bees*〉170行以下，描述獨眼巨人是一群忠於天職、專注勤奮的楷模（註3）。「……或以公牛皮囊製成的風箱送氣鼓風，使熾烈的金屬塊疾如星火般地打造為雷霆霹靂，

或將炙熱難當的青銅浸以湖水。他們不斷以火鉗翻動著鐵塊，配合相應的節奏，輪番振臂揮腕、奮力一擊，即便艾特納山也難以承受鐵砧之重而為之呻吟……」（引4）

巨人的滅絕與倖存

不論其真貌實體為何，高超的鍛造技術最後卻為他們帶來了災難。

阿波羅多羅斯的《希臘神話全書》第3卷第10章第3節中，曾提到一位與預言之神阿波羅結合的凡間女子～阿希諾伊（Arsinoe），她因為在外偷情而被阿波羅所殺。後來阿波羅又在她火葬時搶走了嬰兒（一說胎兒），交由半人馬凱隆撫養。

從此凱隆便負起養育其子阿斯克勒庇俄斯（Asklepios〈Asclepius〉）之責，傳授他醫術與獵技。阿斯克勒庇俄斯長成後，自然朝醫學領域發展，不僅治癒了患者，更成為一位能夠起死回生的外科醫師。然而宙斯唯恐如此神乎其技的醫術普及人間，於是祭起雷霆斷然殺之。

阿波羅得知實情後，既不能違逆父親宙斯，只好誅殺當初為宙斯打造雷霆的獨眼巨人做為代罪羔羊（也有一說指出，獨眼巨人信奉的是舊任的太陽神，新任的太陽神阿波羅於是藉此剷除異己）。

此舉使宙斯一度考慮將阿波羅投入冥府深淵，所幸阿波羅的生母麗托（Leto，石頭）從旁勸阻，宙斯才命

令他服侍人類長達「無盡的一年」來替代刑罰（一般而言，無盡的一年相當於凡間8年；奧維德在《愛的藝術》〈Artis amatoriae；英Art of Love〉第2卷中，指為9年）。

不過獨眼巨人並未因此滅絕。根據維吉爾的《埃涅伊德》第8卷415行以下所述，原來布隆提斯、史提洛庇斯、皮拉克蒙 (Pyracmon) 等獨眼巨人，就藏身在西西里島上的艾特納火山洞窟中，協助冶煉之神赫淮斯托斯，為建立羅馬的英雄埃涅亞斯 (Aineias) 打造兵器護具。

《魔法王國仙斯》述及的獨眼巨人

《魔法王國仙斯》(The Magic of Xanth, 1977～, by Piers Anthony)[註4]系列的作者皮爾斯·安東尼，在書中為獨眼巨人安排了全然不同於希臘神話的結局。

仙斯世界的獨眼巨人 (Cyclops) 身軀高出人類一倍以上，身穿獸皮縫製的衣服，留著一頭蓬鬆的亂髮，藍色的獨眼顯得相當巨大。他們使用和人類同樣的語言，只是腦筋遲鈍，不太善於表達。平時拿著鐵木〈ironwood〉[註5]樹幹製成的棍棒，以獵殺鷲獅〈griffon〉等怪物為生。

書中布隆提斯、史提洛庇斯、阿格斯三兄弟，以同出於天神烏拉諾斯、大地母神蓋亞而為人所知，這點和希臘神話是相同的。

三兄弟同住於天上雲端，一度為父親打造著閃電箭〈Power of Air〉。可是後來烏拉諾斯忌憚他們的力量，便奪去他們的能力並予以驅逐。

身為母親的蓋亞只好在地上為自己的孩子建造一處聖域，將他們藏匿起來，卻再也不能進一步為他們做些什麼。畢竟蓋亞深愛著丈夫烏拉諾斯，而烏拉諾斯的力量也勝過蓋亞。況且大地依然需要天降甘霖的滋養。

三兄弟就這樣棲身在母親蓋亞為他們安置的三處洞窟，有好長一段時間不相往來。白天裡他們足不出戶，害怕父親發現行蹤後大發雷霆，到了夜晚才敢出外狩獵。由於只能趁黑夜走出戶外，有好幾個世紀，三個人都未能得知彼此的下落（他們能夠如此長壽，是因為飲用了仙斯大陸上的「青春之泉」）。

有一天，長兄布隆提斯和一位迷路來到他洞穴裡的小小魔法師～艾薇（Ivy，常春藤）結為朋友。在她強化的魔法幫助之下，巨大的獨眼因此視力大增，終於發現住在一處山後，和另一處山後的兩個弟弟。喜出望外的布隆提斯，就把身上唯一的魔法物品～一根「小骨頭」送給艾薇，同時許諾道：「只要妳咬這骨頭，我一定在晚上趕來。」（小骨頭之所以一直沒有送給他人，是因為長久以來沒有任何朋友之故）

後來為了解除仙斯大陸面臨的威脅，經艾薇的母親伊蓮娜 (Irene) 勸說

獨眼巨人

後，布隆提斯首次走向了白天的世界。但或許是父親烏拉諾斯怒氣已消的緣故，結果倒也相安無事。

從此以後，三兄弟終於得以徜徉在白晝的天地裡。

西西里島的波利菲莫斯

事實上有些獨眼巨人是從不鏽鐵鍛鋼的。外觀上雖然別無不同，他們卻有別於敦厚勤奮的獨眼巨人形象，是一群可怕的食人族群。

根據荷馬《奧德賽》第9卷100行以下的描述，他們就棲息在連接艾特納火山一處綿延著高山的洞穴裡。平日不事農耕，只取食大麥、小麥、葡萄這些自然生長的植物。生息於附近一帶的野生山羊與綿羊，是他們豢養的家畜。

他們並非過著群體的生活，也沒有法律的約束，同時缺乏造船的技術，無法離開西西里島這個地方。不過如果有機會搶奪來到島上的人類船隻，還是會前去掠奪。

阿波羅多羅斯《希臘神話全書》摘要的第7章第4～9節中，曾經提到西西里島上的獨眼巨人族長，就是波利菲莫斯。他是大海的老賢者佛基斯〈Phorkys；Phorcys〉之女～水精索歐莎〈Thoosa〉與海神波塞頓所生，這與奧維德在《變形記》第13卷750行以下提到波利菲莫斯為一獨眼巨人鐵匠的說法截然不同。他額上的獨眼巨大如盾，一頭掩面的長髮如森林般濃密地垂落在肩頭上，龐大的身軀有著剛硬的體毛。

波利菲莫斯一度愛上海精葛拉提亞（希 Galateia，乳白的），一想到這夢中情人，波利菲莫斯便無心襲擾過往的船隻，性情也變得不再凶暴。然而葛拉提亞卻與阿奇斯（希 Akis〈Acis〉）這位牧神潘〈希 Pan；羅 Faunus〉和希邁索斯河〈希 Symaithos；Symaethus〉水精所生的美少年相愛，波利菲莫斯遂深陷在一廂情願的單戀之中。

當時正巧有一位善於鳥卦的人類先知泰利摩斯〈希 Telemos；Telemus〉來到島上的艾特納山麓。他以預言警告波利菲莫斯道：「有一天你會被英雄奧德修斯刺瞎眼睛。」波利菲莫斯卻答稱：「為了愛，我已形同盲目。」

終於有一天，波利菲莫斯撞見了談情說愛中的葛拉提亞和阿奇斯，他不由得妒火中燒、由愛生恨，瞬間就拔起一座小山投向兩人。及時躲開的葛拉提亞逃回海中，阿奇斯卻活生生壓倒在岩石之下。

葛拉提亞與父母於是向希邁索斯的河神禱告，祈求阿奇斯平安無事。不久，從岩縫中流出的血色轉為透明。巨岩在她的碰觸之下四分五裂，從中出現了升格為河神的阿奇斯。終究波利菲莫斯一往情深的這場單戀，還是未能開花結果。

根據荷馬《奧德賽》第9卷100行以下所述，特洛伊戰爭獲勝後，奧德

修斯等人於返國的途中來到了落寞傷心的波利菲莫斯所在的西西里島。當時奧德修斯等人走進洞穴，碰巧遇上波利菲莫斯外出牧羊，洞內空無一人。

他們隨意取用洞中的乳酪和羊奶解了飢渴，卻一時好奇心起，打算留在洞內一睹獨眼巨人的真面目。

不久波利菲莫斯放牧歸來，順手就將充當大門的巨石堵住洞口。隨後出面和他交談的一位奧德修斯的同伴，竟在言談中冷不防被一手抓起囫圇下肚。

波利菲莫斯無視周遭眾人的存在，接著就倒頭大睡起來。奧德修斯本想當場刺殺眼前的巨人，但思及無力移開巨石，即便得手也無法離開此地，顯然只有落得餓死的下場。

隔天清早，又有兩名同伴慘遭吞噬。奧德修斯再也無法坐視，便拿出身上的美酒，一味向波利菲莫斯勸酒獻殷勤。為了答謝他的美意，波利菲莫斯答應最後才吃掉奧德修斯，並且問起了他的姓名。奧德修斯卻答以「沒有人」(註6)。

很快地，波利菲莫斯就醉得不醒人事，奧德修斯見機不可失，立即刺穿了他的獨眼。

波利菲莫斯登時淒厲地慘叫起來，聞聲趕來的其他獨眼巨人們不禁問起「誰傷害了你？」波利菲莫斯自然答稱「沒有人」。得到這樣的答覆，巨人同伴都以為他意外傷害了自己，當場一哄而散。

得不到族人同情援助的波利菲莫斯只好移走巨石，親自坐鎮在洞口前，不讓奧德修斯等人有機會逃脫。他心想只要有羊隻通過洞口而觸感不對，必定是人類無疑。奧德修斯識破其意圖，便以柳條捆繞三隻羊，屈身鑽進中間羊隻的腹下，一到早上便混入外出吃草的羊群裡，順利地逃離生天。

船隻離開海岸不遠後，奧德修斯一時得意忘形，竟咒罵起波利菲莫斯來，還不慎洩漏了自己的真實姓名。

泰利摩斯的預言果真一語成讖，波利菲莫斯為此懊悔萬分，即便目不能視，他仍舉起巨石投向奧德修斯的船艦。當他發現船隻已經逃出巨石的射程，便朝向父親海神波塞頓所在的大海，祈求奧德修斯的歸鄉之旅艱難重重。此一願望也果然在日後應驗。

在公元前5世紀的劇作家歐里庇得斯的喜劇《獨眼巨人》〈kyklops；英 The Cyclops〉的描述中，林精席雷諾斯（希Silenos〈Silenus〉）與羊神薩提洛斯（希Satyros〈Satyrus〉）出海尋找謠傳被海盜擄走的酒神巴克斯（羅Bakchos〈希Dionysos〉），卻遭到暴風襲擊而漂流至西西里島，成為獨眼巨人的僕人。

隨後奧德修斯也來到這座島上。席雷諾斯覬覦他帶來的葡萄酒，竟答應以波利菲莫斯所有家當的羊群來換取。可就在此時，波利菲莫斯返回了

家中。

　　他當場吞食了奧德修斯所有的同伴，奧德修斯立誓復仇，便希望席雷諾斯與薩提洛斯兩人協助他完成復仇的計畫。但就在計畫正要付諸執行之際，薩提洛斯二人卻臨時抽腿，無一伸出援手。

　　到頭來，奧德修斯只得自行演出包辦全場的這齣獨腳戲。

　　根據昆圖斯〈羅 Quintus Smyrnaeus；Quintus of Smyrna, 4th cent.〉於《特洛伊的陷落》〈羅 Posthomerica；英 The fall of Troy〉第8卷100～150行的敘述，奧德修斯返國的航海途中，英雄安提佛斯〈希 Antiphos；Antiphus〉慘遭波利菲莫斯吞噬的宿命，是命運女神早已註定的安排。

　　維吉爾的《埃涅伊德》第3卷570行以下提到奧德修斯有一位名叫阿凱梅尼底斯〈Achaemenides〉的同伴不及逃走，獨自被留在西西里島。他在山林野地間徘徊流連，以免落入獨眼巨人之手，終於發現船隻的蹤影而振臂呼救。

　　豈料來船正是特洛伊戰爭中戰敗的一方，為了尋求新天地而出航的埃涅亞斯一行。所幸埃涅亞斯並非冷酷無情之人，即便此人曾是自己的敵人，他卻不忍心任其置身在危險的海島上，於是讓阿凱梅尼底斯登船後隨即啟航。當波利菲莫斯從波浪聲中察覺異狀時，船早已駛離近海，再也追之不及。

獨眼巨人的後裔

　　據流傳在義大利阿布魯佐〈Abruzzo〉當地的一則「獨眼巨人」傳說所述，獨眼巨人的後代依然保有吃人的古老習慣。

　　某日有兩位修道士托缽化緣[註7]，來到深山之際，天色已經昏暗，兩人望見前面一處山洞有餘光微洩，便走入洞內打算借宿一晚，不料卻發現主人為一獨眼巨人（義 Occhio in Fronte）。

　　獨眼巨人立刻將一塊合百人之力也無法移動的巨石堵住洞口，冷酷無情地告訴兩人「抽籤決定誰先下肚」。身材高大的修道士不幸中籤，結果成了烤架上的肉串，祭了獨眼巨人的五臟廟。

　　等到獨眼巨人睡著後，矮小的修道士便效法奧德修斯，將烤架上燒得通紅的鐵條刺進了巨人的眼珠。

　　巨人怒不可遏幾近瘋狂，到處尋找矮修道士的蹤影，然而修道士藏身在飼養的羊群中，巨人始終遍尋不著。隔天早上一到放羊的時刻，矮修道士就抓著一隻羊剃光羊毛，打算就這麼披上羊皮一路逃亡到底。

　　此時獨眼巨人卻發覺有隻羊光著身子，於是丟出一枚指環，佯裝懊喪的語氣說道：「就當是你以智力取勝的證明吧。」豈料矮修道士才套上指環，身子就被吸往獨眼巨人的方向。只道指環愈拔愈緊，自己越是想要逃

走，越是接近巨人。矮修道士只好咬斷手指鬆脫了指環，丟向獨眼巨人的身上，這才恢復自由之身，僥倖逃過一劫。

倒是獨眼巨人這頭，還意猶未盡地吸吮著矮修道士的手指，心有未甘地說道：「好歹也算嚐到了你的滋味。」

▌西歐的民間傳說

根據約瑟夫‧雅各布斯所著《英國民間故事續集》〈*More English fairy tales*, 1894, by Joseph Jacobs, 1854～1916〉收錄的一篇「盲眼巨人」〈*The Blinded Giant*〉所述，位於英格蘭北部的原約克夏州，靠近瑟斯克的達爾頓〈Dalton, near Thirsk〉當地，有一處名叫「巨人之墓」的地方，據說附近一座水車磨坊裡，藏著一把「巨人小刀」〈the giant's knife〉。住在這處磨坊的獨眼巨人，專門將人骨磨成粉後，烘焙成麵包。

有一天，獨眼巨人抓住了一個名叫傑克的男孩，把他當成僕人恣意地差使。從此傑克歷經了七年歲月，始終受到不近人情的驅使，沒有一天得以喘息。

傑克在忍無可忍之下，便向獨眼巨人懇求，「希望參觀正在附近舉行的托普克里菲市集〈Topcliffe Fair〉[註8]」。然而巨人並未首肯，還是一如過去的心態，要他賣命工作。得不到善意回應的傑克，終於下定決心除掉獨眼巨人。

獨眼巨人用餐後向來倒頭就睡。但即使在睡夢中，手上還是握有一把小刀。傑克只好等待他逐漸沉睡，緊握的小刀有些鬆脫後，這才取下刀子朝獨眼巨人唯一的眼睛猛力一刺。

獨眼巨人劇痛之餘縱身而起，立即關上了門栓。

眼看巨人堵在門口，一時無法走脫，傑克不禁發起愁來。

不過他靈機一動，馬上就想到一則妙計。原來巨人身旁總是睡著一條狗，傑克便殺了狗，剝下狗皮後披在身上，吠聲不斷地學起狗叫來。

當獨眼巨人怒聲叫喊道「上啊！警棍〈Truncheon，狗名〉，給我宰了那忘恩負義的小子」的時候，傑克一面佯裝狗吠，一面打開門拴，這才逃出了磨坊。

據說獨眼巨人後來就是死於那道眼睛的致命傷。

庫德瑞特〈法Coudrette, Couldrette, 14～15th cent〉著述的《水精美露姬娜傳說》[註9]〈法 *Le Roman de Mélusine*，或 *Le Roman de Parthenay*, 14th cent.〉書中，也提到一種被視為獨眼巨人分支的族群。

山中隱居著一名巨人，守護著某位國王的寶藏。他的腹部像酒桶一樣粗大，只有一隻耳朵，臉上沒有鼻孔，額頭有一顆直徑達1米的眼睛。他從耳朵吐納著氣息，沉睡時隆隆作響的巨大鼾聲，足以迴盪在整座山間。

不久有一位驍勇善戰、覬覦國王寶藏的英倫騎士，前來挑戰這個怪物。結果反遭巨人一口吞噬，連人帶甲咬得粉身碎骨而死。

然而世間英雄豪傑能有幾人，終究還是無人得以收服此妖、名留青史。畢竟缺乏堅強實力的正面交鋒，也只能視為愚不可及的蠢行。

關於「巨人遭到槍矛穿刺巨眼而死」的模式，其實也同見於凱爾特一則廣為人知的傳說。

集威爾斯傳說大成的《威爾斯民間故事集》第7則「庫魯赫與歐雯」中提到，巨人族長伊斯巴札頓 (Ysbaddaden Pen Cawr) 為了便於鎖定攻擊的目標，常需要其他部下以鐵爪撐開他巨大的眼皮，再朝著對手投擲石矛。

順道一提的，在考古學尚未發達的中世紀以前，石器製成的箭頭和雷石經常被人混為一談，英文甚至以雷石 (thunderstone) 這樣的字眼形容石器。事實上，因為質地堅硬而被取用為石器的礦石，多為黑曜石〈obsidian〉、燧石〈flint〉等玻璃材質，從質地外觀上看來，與閃電石、熔融石是極為相似的。

相對於伊斯巴札頓，愛爾蘭神話中的佛摩爾巨人族長巴羅爾 (Balor)，一樣需要透過機械開關的裝置撐開眼皮，由眼睛射出灼熱的光線。

不過巴羅爾最後也步上伊斯巴札頓同樣的命運，遭到一槍貫穿眼睛而死。

《X戰警》的隊長

如果以獨眼巨人創造的雷霆和巴羅爾的魔眼相互對照，就會讓人聯想到一幅神話時代的雷射砲景象。改編為電影的「驚奇漫畫」〈Marvel Comics〉《X戰警》系列中，擔任隊長的獨眼龍〈Cyclops, Scott Summers 史考特〉就是一位雷射超人。他平時總是配戴一副特製的紅色太陽眼鏡，藉此控制射線。這副光罩眼鏡乍看下就像一隻獨眼。

這也不得不讓人嘆服，原來《X戰警》的作者史丹李 (Stan Lee) 對於神話也同樣知之甚詳。

註1：Polyphemos 為「十分」(poly)＋「出名」(phemos) 而成的複合字，phemos 則成為日後 famous 一詞的字源。

註2：「The Crystal Sun」的日文版書名為《超古代クリスタル・ミステリー》，由德間書店出版。

註3：維吉爾以蜂蜜的芬芳，形容勤奮如蜜蜂的獨眼巨人精湛的成果。

註4：《魔法王國仙斯》是皮爾斯著名的小說，原本只打算推出三部曲，卻在獲得廣大書迷的支持下，衍生出數十冊的長篇系列。關於「Xanth」一名的由來有個典故，它的字源來自「xantho-」代表黃色，同時也隱含作者的姓名。「Piers」的字尾「S」，加上「Anthony」的字首「anth」後，便轉為「Xanth」一詞。正如同書名形成的過程，在仙斯的魔法國度中，任何事物都是神奇的 (In Xanth, Everything is magic！)。

註5：鐵木是生長於仙斯大陸的特殊植物，質地堅硬如鐵，不僅用於熨平衣服，幼苗還可作為巨人剔牙之用。順道一提的，本段出自系列的第七本小說「Dragon On A Pedestal, 1983」。

註6：希臘文作「烏提斯 (outis)」，英譯本作「no one」或「nobody」

註7：托鉢修道會 (mendicant order) 是以淨化中世紀當時腐敗的教會為宗旨，設立的行乞僧團，共有兩個派別。一為西班牙人道明 (Dominicans) 創立的道明會，一為 1209 年由聖方濟 (St. Francis of Assisi, 1181～1226) 創設於故鄉～義大利亞西溪 (Assisi) 的方濟會。文中所提到的修道士，便是隸屬這個以清貧禁慾、身無恆產、敬神不辯、冥想自修為信條的團體。

註8：「Topcliffe（當地發音作托普雷 Topley）Fair」是由英皇愛德華三世認可的一個展覽市集，始於 1327 年，於每年的七月舉行三天，從此成為當地一項傳統活動。前兩天是羊馬的交易，最後一天是女士小姐最喜愛的日子，男士們會帶著她們來到糕餅糖果、妝點衣飾的攤位。由於活動期間秩序難以維持，經常引發紛爭，而且衛生堪慮，在當地居民據理力爭之下，於 1970 年終止舉行這項活動。

註9：根據歐洲的傳承，美露姬娜 (melusine) 是一種棲息於淡水中的水精，和美人魚極為相似，也因此一直被視為美人魚。

引1：日譯文摘自中野定雄 & 里美 & 美代合譯本。

引2：日譯文摘自柳瀨尚紀譯本。

引3：日譯文摘自中村善也譯本。

引4：日譯文摘自河津千代譯本。

百眼巨人・阿爾戈斯

「Argos」一詞在希臘語中帶有「光輝」的意思，他還有一個別名叫帕諾普提斯（Panoptes，一覽無遺的全能之眼），是天后赫拉 (Hera) 賴以為重的心腹。

奧維德的《變形記》第1卷600～700行中，描述他頭上長有百眼，以每次輪流闔上一對眼睛的方式睡覺，其餘的眼睛始終是睜開的。

荷馬在《伊利亞德》第2卷100～110行中，描述他力量強大，全身佈滿了眼睛。

源自百眼巨人的現代英文「Argus」表示「出色的看守者」，「Argus-eyed」則代表敏銳的視力。

此外美法兩國共同研發，透過「天眼」般的人造衛星，自動為船隻設定位置的海上導航定位系統，也稱為「阿爾戈斯系統 (ARGOS system)」。

關於百眼巨人的誕生，存在各種不同的說法。

根據公元前4世紀的作家阿斯克勒庇亞德斯〈Asclepiades〉所述，他是河神伊那寇斯（希 Inachos〈Inakhos；Inachus〉）的兒子。

公元前5世紀的散文作家費雷西底

〈希 Pherekydes；Pherecydes of Syros, 5th BC cent.〉與《變形記》的作者奧維德，都認為他是阿瑞斯托（Arestor，化身戰神者）之子。

阿波羅多羅斯則指稱百眼巨人是建立阿爾戈的國王阿爾戈斯 (Argos) 之孫阿格諾 (Agenor) 所生。

此外尚有大地母神所生，或河神阿索波斯（希 Asopos〈Asopus〉）之女～伊斯美妮 (Ismene) 與阿爾戈王所生等其他說法。

▌百眼巨人的使命與下場

根據阿波羅多羅斯《希臘神話全書》第2卷第1章2～3節所述，百眼巨人似乎是阿卡迪亞（希 Arkadia〈Arcadia〉）當地的守護神。他除掉危害百姓的公牛，剝下牛皮製成了衣革；同時擊殺了掠奪牲畜的薩提洛斯（希 Satyros〈Satyrus〉，半人羊神）；又趁對方熟睡，殺死不時襲擊行旅者的半人蛇埃奇德娜（希 Echidna〈Ekhidna〉）。

甚至殺害奧克安諾斯（希 Okeanos，大洋神）曾孫阿庇斯 (Apis) 的凶手們，也死於百眼巨人之手。阿庇斯原本是伯羅奔尼薩半島上一位圖利於己

百眼巨人

的僭主〈tyrannos〉(註1)，死後也加入了眾神的行列。為此，赫拉才派遣百眼巨人前去復仇。

赫拉派給百眼巨人最後的任務，是監視變成白母牛的伊娥 (Io)。原來赫拉的丈夫宙斯曾與伊娥不軌，赫拉不希望再有任何差池。

順道一提地，大多數的說法都提到伊娥與百眼巨人有親戚關係（血緣最接近的是奧維德的版本，兩人為伯父與姪女的關係）。

眼見事態演變至此，宙斯也派出自己的心腹～魔法之神‧漢密斯，命他暗中救回伊娥。然而在百眼巨人毫無死角的監視下，即便漢密斯有神偷鬼盜之能，也難以下手偷走一頭大牛。漢密斯迫於無奈，只好從遠處以投石殺死百眼巨人。

《變形記》第1卷600行以下描述，漢密斯打扮成牧羊人的模樣，逐步接近百眼巨人，接著費力使勁地吹奏蘆笛良久，希望能夠催眠百眼巨人，結果仍無法讓阿爾戈斯完全闔眼，他只好對著巨人說起床邊故事：「柏樹精席琳克斯〈Syrinx, the pine hamadryas〉被牧神潘百般追求，為了擺脫牧神潘

的糾纏而化身為蘆葦，從此相連的直排蘆笛就稱為西林克斯笛。」話才說完，百眼巨人已經睡著（關於hamadryas的解說，請參考10-1）。

他又進一步以魔力蛇杖讓巨人酣睡，這才砍下百眼巨人的腦袋(註2)。漢密斯也因此得到「百眼巨人屠手‧阿格馮提斯」(Argeiphontes) 的別號。

朱諾〈羅Juno；希Hera〉得知阿爾戈斯死去的消息後十分哀慟，就把他的眼睛撒落在孔雀的羽毛上。

據《變形記》第2卷531行以下所述，朱諾讓光彩奪目的孔雀們拖曳著自己飛快的座駕，馳騁於天際雲霄。艾德蒙‧史賓塞在《精靈女王》第1卷第4章第17節中，以「孔雀拉著黃金戰車(註3)飛馳在黃銅鋪設的天空之路上，眾神莫不引頸瞻望、瞠目羨賞」等語句來表現。

最後要補充的是根據1537年來自羅馬一則地方通訊聲稱，北方的海域發現一隻全身佈滿眼睛的怪物，長有類似魚鰭的四肢。發現後不久，隨即命名為阿爾戈斯 (Argus)。

如此想來，或許就連魚兒們也得到了赫拉的恩寵吧。

■ I ■

註1：僭主一詞來自古希臘，意指透過不合法的途徑，取得統治地位的人。這些人大多出身貴族，利用人民的不滿獲得支持，最後取得統治的權利。Tyrannos 後來更衍生出專制君主 (tyrant) 一詞。順道一提的，阿庇斯意圖行使專制，才被泰爾奇斯 (Telkhis) 與塞爾克松 (Thelxion) 所殺，死後成為神祇～塞拉庇斯 (Serapis)。

註2：漢密斯殺死百眼巨人後，伊娥變身為牛的魔法並未因此解除，或許是因為宙斯為了保她一命，以免赫拉察覺其存在所施展的魔法轉為咀咒之故。失去愛情的赫拉對伊娥恨之入骨，甚至送出一隻牛虻尾隨叮咬，使她疲於奔命幾近瘋狂，最後流離顛沛一路來到普羅米修斯被綑綁的高加索山。

註3：駕駛黃金戰車 (golden chaire) 的是宙王之妻～朱諾 (Iunoe)。那些鑲嵌在孔雀身上的巨人百

三頭巨人・革律翁

　　革律翁是希臘神話的巨人之一，根據《神譜》287～288行所述，他是蛇魔女梅杜莎之子～克里沙歐爾（希Chrysaor〈Khrysaor〉，金劍）與大洋神女・卡莉洛伊〈希Callirhoe；Kallirhoe〉所生，有三個頭顱。歐里庇得斯的悲劇《赫拉克勒斯》為了強調其凶暴，以「三頭提風」稱之。

　　阿波羅多羅斯在《希臘神話全書》第2卷第5章第10節中，將他描寫成一個擁有三具上半身、腹部合而為一、身軀以下又分出三具下半身的巨人。

　　狄奧多羅斯〈希Diodoros Siculos, Diodorus Siculus, BC80～BC29〉在《歷史全書》[註1]〈Bibliotheca historica，英Historical Library〉第4卷第2章第1節中（公元前一世紀後半），以複數型態稱之為蓋瑞歐尼斯（Geryones），他以否定的筆觸指稱「任誰也不相信這世上有三頭巨人・蓋瑞歐尼斯的存在」，隨後又在第4節寫道「伊比利亞半島上坐擁金山的國王～克里沙歐爾有三個兒子」。

　　公元四世紀的歷史學家～馬西里努斯〈羅Ammianus Marcellinus, 330～395〉則認為「革律翁是西班牙一帶的異族王」。

與赫拉克勒斯之間的生死鬥

　　姑且不論何種說法屬實，都提到了革律翁與赫拉克勒斯的生死鬥。

　　根據《希臘神話全書》所述，赫拉克勒斯奉命執行的第10件任務，就是從直布羅陀海峽對岸的埃利西亞〈希Erytheia；Erythia〉島上，帶回革律翁飼養的紅牛。看管紅牛的是巨人歐律提翁〈Eurytion〉，還有一隻雙頭牧牛犬歐索斯〈希Orthos；Orthus〉又名歐索羅斯〈希Orthros；Orthrus〉。

　　赫拉克勒斯最初由歐羅巴西行，中途橫越地中海往利比亞（北非）行進，於直布羅陀海峽豎起石柱後[註2]，航向大西洋來到埃利西亞島。

　　赫拉克勒斯露宿於埃利西亞島上的阿巴斯山〈Mount Abas〉時，歐索斯最早察覺到他的氣息。赫拉克勒斯先以棍棒擊殺來襲的雙頭犬，接著又格殺了尾隨而來的巨人歐律提翁。

　　另一個看守牛隻的梅尼提斯（〈希Menoites；Menoetes〉奉命監管冥王哈德斯牛隻的魔精），立刻將此事通報革律翁。

就在赫拉克勒斯帶著紅牛渡河之際，革律翁追上前來挑戰，然而索討未果，最後也魂斷當場。

按悲劇《赫拉克勒斯》所述，殺死革律翁的武器是浸過蛇妖海德拉〈Hydra〉血液的毒箭。

狄奧多羅斯在《歷史全書》第4卷第4～5節中，描述赫拉克勒斯在克里特島集結了一支大軍，做為遠征西班牙（伊比利亞半島〈Peninsula Iberica〉）的武力，好征討蓋瑞歐尼斯（克里沙歐爾的三個兒子）。

當時紅牛放牧於面對大西洋的西班牙西岸一帶，為了協助父王克里沙歐爾，他的三個兒子率軍佈防於此地。三兄弟不僅戰技超群、勇猛果敢，麾下的將兵更是萬中選一的勇士。

然而在赫拉克勒斯逐一擊殺三軍統帥的策略下，群龍無首的伊比利亞半島很快就落入赫拉克勒斯之手。據說赫拉克勒斯返國前，將部分的牛隻留給當地的王族，從此這些牛被視為聖獸，每年人們都會挑選最出色的牛，向赫拉克勒斯獻祭（這也成為西班牙鬥牛起源的一個說法）。

赫拉克勒斯返國途經西西里島之際，在里昂提尼〈Leontinoi；Leontini〉平原的阿基里恩〈Agyrion〉(註3) 城內，受到奉若神明般的熱烈歡迎。赫拉克勒斯大喜之餘，便為當地住民闢建了一片人工湖泊，並囑咐人們刻下他的名字以資紀念。此外，他又為英勇戰死的敵人蓋瑞歐尼斯興建一座庭園，讓人們善加管理。

《神曲》中的傑里奧尼

在《神曲》第一部「地獄篇」第16～17首中，但丁以義大利語稱革律翁為「傑里奧尼」〈Gerione〉，指稱他就沉淪在地獄第8層的入口，描述他能夠飛越高山峻嶺，摧垣斷牆、毀兵滅器，染指整個世界。

墮落在地獄中的傑里奧尼形貌改變甚多，如善人般充滿慈祥的臉龐下，生有一副蟒蛇的軀體，交織著形如蹄盾的瑰麗錦紋。分叉的尾端如蠍尾般鋒利，含有劇毒；下半身有二腳，腋下有獸毛，背上生有雙翼（在古斯塔夫‧多雷〈Gustave Dore, 1832～1883〉的版畫插圖中，他是一頭四腳齊全的人面獅〈Martichoras〉）。

詩人維吉爾的靈魂一路引導但丁，為了從第7層第3環降落在第8層的斷崖絕壁，曾經召喚傑里奧尼做為通行的承載工具。

但丁身上原本纏繞著一條繩子，維吉爾將它解開並打了一個繩結，丟向深不可測的谷底。昏暗的霧氣裡隨即出現傑里奧尼，宛如漫游水中浮升而來。

隨後但丁跨上傑里奧尼的肩頭，乘坐在後方的維吉爾則緊抱著但丁，保護他免於毒尾的螫害。

傑里奧尼聽從維吉爾的指示，緩緩畫出一道螺旋狀軌跡，從空中翩然下降。抵達第8層的但丁才剛落地，

三頭巨人・革律翁

他就像離弦的弩箭，霎時飛回了自己的老巢。

三頭巨人卡庫斯

此外還有一種名叫卡庫斯 (Cacus) 的三頭巨人，似乎是由革律翁分支而來。

總體論述希臘神話的詩人羅伯特‧格雷夫斯指出「在赫拉克勒斯崇拜十分盛行的羅馬，為了增添他的豐功偉業，便杜撰了卡庫斯的傳說。」這也說明了所謂的卡庫斯，其實就是革律翁本身，世人以訛傳訛，以致將卡庫斯視為全然不同的其他個體。

放牧羊群的卡庫斯是一個三頭巨人，一身毛髮堅硬如鋼，他是火神赫淮斯托斯與蛇魔女梅杜莎之子，同時從父親身上繼承了火的屬性。

他棲身在羅馬亞芬丁山丘〈Aventine Hill〉的一處森林洞窟，平日以殺人生食為生。通往洞窟上方的橫木上，插滿了犧牲者的頭顱與手臂。洞穴內經年累月血染的地面，在白骨燐火的返照下，朦朧的血色依稀可辨。

根據維吉爾《埃涅伊德》第8卷190～195行的描述，英雄赫拉克勒斯擊敗革律翁後，帶著牛群渡過臺伯河〈Tiber〉之際，卡庫斯偷走了各4頭公牛和母牛。為了避免形跡敗露，他強拉著牛尾一路倒退行走，來到自己的洞窟內躲藏。

就在赫拉克勒斯讓牛群飲畢河水，正待離開河岸時，牛隻開始鳴

叫，此起彼落地呼喚同伴。此時洞內的一頭公牛也哞聲不斷地回應起來。

察覺異狀的赫拉克勒斯隨即走上了亞芬丁山丘。

始終在外頭探查情勢的卡庫斯，連忙逃回了洞窟，砍斷「火神〈Vulcanus〉巨岩」這塊充當洞窟門板的岩石所懸吊的鎖鍊，同時上了門栓，屏氣凝息不敢作聲。順道一提的，「Vulcanus」是赫淮斯托斯的羅馬名「伏爾坎」，意為火山〈Volcano〉。

赫拉克勒斯試著挪開岩石，但三次嘗試均告失敗。到了第四次，他先順向扭動岩石，接著逆向旋轉，這才一舉抱起了巨岩。

光線由洞開的門戶穿透進來的瞬間，卡庫斯不禁膽怯起來，試圖逃向洞內的深處。赫拉克勒斯立即投射出無數槍矛與巨石，不讓卡庫斯有機可趁。卡庫斯也不甘示弱，口吐黑煙干擾赫拉克勒斯的視線，緊接而來的便是一道熾熱的火舌，然而赫拉克勒斯也因此得知了卡庫斯的所在。他不顧烈焰灼身的危險，立即飛身上前，當場格殺了卡庫斯。

此外尚有其他傳說指出，赫拉克勒斯是逐一砍下卡庫斯的腦袋，最後才除掉他的。

《神曲》中的卡寇

卡庫斯在《神曲》第一部「地獄篇」的第25首中，轉為義大利語的卡寇〈Caco〉，淪落在地獄的第8層

〈Malebolgia〉第7溝（Bolgia，袋狀的山谷）（註4）。此外還提到他「或許是遭到厄克列（〈Ercule〉即赫拉克勒斯）以棍棒痛毆百次的緣故，只依稀記得生前挨了十記悶棍。」

不知為何化身為半人馬〈義Centauro；Centaurus〉的他，因為盜牛的罪行，被逐出原本半人馬群聚的第7層第1環，獨自隔離在此。冒瀆神祇的靈魂，因為桀敖不遜而群蛇在背，生有雙翼的牠們盤繞在雙肩之後，口中竄起的火舌逢人必燒。由此可見，但丁也讓卡寇的身上顯現出許多來自母親梅杜莎的屬性。

當維吉爾與但丁這兩大詩人從旁走過時，卡寇正四下唱名，尋找罪刑者的蹤影。原來他不僅是罪人，也是此地的獄卒。

凱爾特的三位一體

由卡庫斯所在的羅馬，前往革律翁的故鄉西班牙的途中，必得經過凱爾特人居住的法國一帶。根據狄奧多羅斯的《歷史全書》記載，事實上赫拉克勒斯返國之際，曾經路過今日的法國當地，在此興建了一座城市～阿列西亞〈Alesia〉，並與凱爾特公主育有一子，名叫伽拉提斯〈Galates〉（註5）。

凱爾特人以「3」做為神聖的數字，神話中也有眾多神祇三位一體的描述。尤其從巴黎到東北方的蘭斯〈Reims〉所在的香檳區〈Champagne〉一帶，曾經出土許多神像，或為一個頭像具有三副面孔，或為一個軀體具有三個頭部。

在凱爾特神話中，以「聖牛爭奪戰」〈Cattle Raid of Cuailnge, or Cooley〉為首的牛隻搶奪事件，多半成為傳承的焦點。

這也代表革律翁、卡庫斯等傳說，描述的正是凱爾特偉大的眾神們，遭到希臘的凡間神祇赫拉克勒斯驅逐的始末。如此想來，或許並不為過。

註1：狄奧多羅斯的《歷史全書》收錄於《神代地誌》日文編譯本中，書中還包括了龐波紐斯(Pomponius Mela, 1ᵗʰcent)的《世界地理誌》(Chorographia)，普魯塔克（希Plutarchos；Plutarchus，46～120？）的《伊西絲與歐西里斯》(Isis and Osiris)等著作。

註2：赫拉克勒斯在大西洋靠近直布羅陀海峽的岸邊，對著伽狄拉（Gadira, 拉Cossyra，即今日義大利的班泰雷利亞島Pantelleria）豎立起兩根石柱，也就是所謂的「赫拉克勒斯石柱」或「海克力士石柱」。

註3：Leontinoi位於今日義大利南方的倫蒂尼(Lentini)一帶。近代出土於阿基里恩古城遺址的硬幣上鏨刻的赫拉克勒斯與公牛圖像，似乎正訴說這一段歷史與神話參半的過去。

註4：但丁將地獄的第8層稱為「Malebolgia」，意為「惡溝」，其複數型態為「Malebolge」，在這個異教徒想像中的地獄，惡魔隨處可見，這個字眼後來也被引伸為地獄魔王。此外在其他《神曲》的中譯本裡，「Bolgia」有時不稱「溝」而稱「袋」。

註5：古羅馬人稱呼今日的法國一帶為高盧(Gaul)，聚居當地的凱爾特人稱為高盧人(Gaulois)。按狄奧多羅斯的說法，伽拉提斯登上凱爾特王位後，武功鼎盛、英名遠播，便以自己的名字稱呼子民為「Galatai」或「Galli」，也因此於日後轉為「Gallia」或「Gaul」一詞。

第3章

約頓巨人

Jötunn / ヨトゥン

〔日耳曼的巨人族〕

約頓巨人

北歐巨人族群大致可分為幾個種類，一般通稱為約頓巨人，與英文的「eaten（已食用）」來自同一字源。根據史諾里的詩詞學入門典籍《新愛達經》〈冰 Snorra Edda；英 Prose Edda, or Younger Edda, by Snorri Sturluson, 1178～1241〉第二部「詩語法」（Skáldskaparmál；Language of poetry）第4章所述，巨人歐爾瓦第（Ölvaldi〈Allvaldi〉，全能的統治者）死去後，他的三個兒子夏基（Þjazi〈Thiazi〉，即是）、伊迪（Iði〈Idi〉，漩渦）、剛格（Gangr〈Gang〉，行走）在瓜分遺產時，將黃金塞向彼此的口中，塞得兩頰鼓漲。從此黃金的單位便以「約頓巨人的一口計算」。

在古日耳曼語中，約頓的子孫稱為「Jöte」，瑞典稱為「Jätte」。現代則轉為「非常、極為」等含意的形容詞，例如字尾緊接著「寒冷 (kalt)」，衍生出來的便是「非常寒冷 (Jättekalt)」這樣的字義。丹麥當地將約頓稱為「Jætte」，遷徙至英格蘭的盎格魯撒遜人使用的古英文稱為「Eoten」或「Ent」，中期英文轉為「Eten」(註1)，蘇格蘭方言則稱為「Ettin」，凡此都依舊保有巨人原意的韻味。至於芬蘭語，則稱約頓為「Jättiläinen」。

性情與外貌

《老愛達經》〈Elder Edda, Poetic Edda〉的「艾爾維斯之歌」〈Alvíssmál；Lay of Alviss〉詩篇中，列出北歐眾多種族對於各種事物的慣用表現〈kennings〉，其中約頓巨人使用的是和人類一樣的詞彙，有別於精靈〈Álfr；Elf〉與矮人〈dvergr；dwarf〉。由此可見，他們與人類應該是頗為相近的。只是這些口語表現得較為直接，且大多反映在飲食、動口等時機。

例如太陽被形容為「永恆的光輝〈egyló〉」，大地為「盎然的一片綠意〈ígron〉」等等，都是饒富意境的詞句，甚至將天推崇為「至上的國度〈uppheim〉」，至於夜晚則令人驚奇地描述為「無光〈óliós〉」！對於掠過夜空的月亮，巨人稱之為「神行如梭者〈scyndi〉」，如果這是一種形容時間飛逝的表現手法，那麼正暗示著約頓巨人為一夜行性的族群。此外、雲被稱為「求賜雨露者〈úrván〉」，風平浪靜的天氣則形容為「沉悶的空氣〈ofhlý〉」等等，都讓人覺得若有所感、頗能意會。

約頓巨人

接著要談到是飲食的部分，巨人稱大海為「鰻魚之鄉〈álheim〉」，形容火為「貪婪的飢渴者〈freci〉」，稱森林為「火焰的佳餚〈eldi〉」，啤酒稱做「生飲料〈hreinalög〉」。他們以相當於「食物〈æti〉」的說法形容植物的種子，隱約流露出一種不事農耕的氣息。最後詩篇以稱之為「呼嘯者〈æpir〉」的風，做為描述約頓巨人的結尾。

約頓巨人雖有這樣的一面，基本上其面貌卻是醜陋的，有時候甚至生有數顆頭顱。《老愛達經》的「史基尼爾之歌」〈Skírnismál；Lay or Journey of Skirnir〉詩篇中，就曾經提到一個三頭約頓巨人。

歐爾蓋米爾（Aurgelmir黏土的嘶喊）是巨人的始祖，其子史魯茲蓋米爾（Þrúðgelmir〈Thrudgelmir〉，力量的嘶喊）生來就有6個頭顱。

詩人布拉基[註2]也寫道「雷神索爾砍下巨人史利瓦第（Þrívaldi〈Thrivaldi〉，3個統治者）的九顆人頭。」若由姓名的含意推敲，或許這個巨人是由3個三頭巨人集結而成的聚合體也不無可能。

此外根據詩篇「修米爾之歌」〈Hymiskviða；Lay of Hymir〉所述，北歐戰神提爾〈Tyr〉的祖母，甚至是一個擁有九百個頭的女巨人。

化身巨獸的約頓巨人

約頓巨人們善於變幻形體，有些甚至會化身為巨大的野獸。

例如能颳起強風的赫瑞斯維格（Hrésvelgr〈Hræsvelgr〉，吞噬死屍的）本身是一隻巨鷲，牠就棲息在世界樹伊格德拉希爾〈Yggdrasil〉的樹梢。狡獪的火神半巨人洛奇與女巨人安格柏莎（Angrboða〈Angerbotha〉，傾訴悲戚的）交合，生下了環抱世界的巨蛇・尤蒙剛德（Jörmungandr〈Jormungand〉，大地之杖）與巨狼芬里爾（Fenrisúlfr〈Fenrir〉）。還有一位身軀半死不活，儼然活屍的冥府女王海爾（Hel，以霜雪鋪天蓋地的），也是他們的姊妹。

與芬里爾出自同一血緣的天狼中，可以試圖吞噬太陽的史蓋爾（Sköll〈Skall〉，噪音），及追逐月亮的哈提（Hati，憎恨者）為代表[註3]。駕駛馬車載運太陽的梭爾(Sól)，和運行月亮的妹妹～玫妮(Máni)，還有為天空披上夜幕的女巨人諾特(Nótt)，以及她帶來白晝的兒子戴格(Dagr)，都是約頓巨人出身。此外也有傳說指出丹麥當地視為處女神的守護神葛菲雲(Gefjun)曾與巨人交合，生下了四頭公牛。

酒宴與諸神的黃昏

根據詩篇「女先知的預言」〈Völuspá；英Sibyl's Prophecy〉第37節的敘述，布里米爾（Brimir，湧來的波濤）建造了約頓國度中最豪華氣派的宅第。他在一處名為歐克尼爾（ókólnir，永不寒冷）的地方，興建了一棟採用自己名字的「宴賓館」〈beer-hall〉。按詩篇「受欺惑的吉爾菲」〈Gylfaginning；英 The Beguiling of Gylfi〉^(註4)第52章所述，這處宅邸讓好酒之徒流連忘返、難以自拔。即便最終戰役「諸神的黃昏」結束後，這棟宅院依然屹立不搖。

然而根據「女先知的預言」第9節所述，布里米爾似乎死於諸神之手，他與同樣被視爲巨人族的布萊恩（Bláin，身軀慘藍的）二人，日後都成了塑造矮人王摩索尼爾（Mótsognir，令人讚嘆的形塑）所使用的材料^(註5)。「女先知的預言」第42～50節所述，隨著最終戰役腳步的逼近，「開心」的艾格瑟（Eggþér〈Eggther〉，持有鋒利武器的）出現在蓋爾威德（Galgviðr〈Galgvid〉，鵝森林）山丘上，喜悅地彈起豎琴來。他的頭上有一隻毛色淺

紅、名叫弗亞拉（Fjalarr〈Fjalar〉，眼線）的公雞，隨時爲戰爭的到來引吭示警^(註6)。

不久巨人赫里姆（Hrymr〈Hrym〉，衰老的）由東方來襲，雙手分持長槍、椴木盾的他與眾神正面衝突，引爆了最終戰役。

前文述及的約頓巨人族群，大致可分爲霜巨人（〈Hrímþurs〉，參見本章第2節）與山巨人（〈Bergrisi〉，見本章第5節）兩大種族。有時也會納入炎巨人（〈Múspell〉，見第11章第2節），不過這種情形極爲少見。

此外無關種族的差異，約頓的女性在此一律稱爲女巨人（〈Gýgr〉，見本章第4節）。凡此均各自獨立於另設的項目，還請讀者能夠一併參照。

■ I ■

註1：英語、德語同樣來自日耳曼古語系，其中英語又分爲古英文（old English, 450～1150）、中期英文（middle English, 1150～1500），以及現代英文。公元6世紀末葉以後，不列顛受傳教士積極基督教化的影響，當時的古英文也因此帶有濃厚的拉丁與希臘語色彩。進入中世紀後，英法百年戰爭迫使英國切斷與法國的臍帶，上流社會開始流行新形式的英語，拉丁語的影響日漸式微；及至黑死病爆發後，大量人口死亡，下層階級起而代之成爲社會的中堅，下層文化也因此感染了整個社會，爲中期英文注入一股平民化的新氣象。

註2：9世紀的挪威詩人，有別於詩神布拉基。詩神布拉基〈Bragi〉爲奧丁與女巨人耿雷姿（Gunnlöð；Gunnlod）所生，他將戰場上的事蹟寫成詩篇，是北歐神話中的詩神，她的妻子是負責照料青春蘋果的女神‧伊敦（冰 Iðunn；英 Idunn）。

註3：史蓋爾、哈提都是芬里爾之子，牠們對於衆神帶來的光明感到厭惡，於是終生追趕日月。一旦牠們成功吞噬了日月，將形成日蝕與月蝕的現象。根據北歐神話所述，詐欺神洛奇誘騙史蓋爾與哈提，指稱太陽月亮是一頓享用不盡的美食，他將偷自奧丁的飛行粉灑在天生不能飛行的天狼身上，使其終生追逐日月。每當天狼逼近，驚恐的日神梭爾與月神玫妮就會風馳電掣地駕起馬車逃離。

註4：「受欺惑的吉爾菲」是《新愛達經》的第一部，第二部爲《詩語法》，第三部爲《韻律一覽》（Háttatal；A Catalog of Metres）。

註5：布里米爾的宴賓廳日後似乎被諸神佔領，在眾神的裁斷下，祂們以布里米爾的血液和布萊恩的四肢，塑造了摩索尼爾這位強大的矮人王。

註6：化身爲天狼的約頓巨人之母棲身於鐵木森（Járnviður；Iron Wood），艾格瑟是她們的守護者。他之所以被稱爲開心的艾格瑟，是因爲確信巨人族將獲得最終戰役的勝利。當「諸神的黃昏」降臨時，巨人族的朱鷄弗亞拉、神族位於瓦爾哈拉英靈殿的金鷄古林甘比（Gullinkambi，鷄冠金黃的），還有冥府大殿中毛色赭紅如鏽的公鷄都會以啼聲報信。然而棲息於世界樹頂端的金鷄維多福尼爾（Vidofnir），原本應該提前警告阿薩神族，卻被洛奇預先以「毀滅之杖」殺死，遭到巨人族強襲的衆神因此傷亡慘重。

霜巨人

根據《老愛達經》「巨人（瓦夫史魯茲尼爾）之歌」〈*Vafþrúðnismál*，英*The Lay of Vafthrudhnir*〉詩篇第20～35節的描述，在大地尚未成形的遠古時代，狂嵐之海～埃利瓦迦（Élivágar）湧出一片毒液，誕生了約頓巨人的始祖歐爾蓋米爾（Aurgelmir，黏土的嘶喊）。此一高傲的約頓巨人又稱霜巨人〈Hrímþurs；Hrimthurs〉，據說他的子孫全身流著毒液，生性非常凶猛。

所謂的「þurs」，亦即瑞典語中的「Thurs」，芬蘭語稱為「Thuss」，古日耳曼語稱為「Turst」（巨人），古英文則稱「Thyrs」（巨人），它也相當於現在已經不使用的西北部英文方言「Thurse」這個單字。與現代英文的「thirst」（口渴）來自同一字源，在飲食相關的基礎點上，對應著約頓的原意「吞食」。這也代表霜巨人來自水域，因此對水產生渴望的意思。

霜巨人的始祖～歐爾蓋米爾從自己的腋下生下了一男一女，又從自己交叉的雙腳生出兒子～六頭巨人史魯茲蓋米爾（Þrúðgelmir，力量的嘶喊）。

史魯茲蓋米爾之子～貝爾蓋米爾（Bergelmir，赤裸的嘶喊）又名「聰明的巨人」〈fróði Jötunn；wise Jötun〉。詩歌還提到「這世上最值得記憶的第一件事情」，就是「貝爾蓋米爾被放在石磨〈lúðr, ludr；英mill〉上」。這句話真正的意義為何，目前尚無定論。按常理來推想，放置在石磨盤上的一般都是研磨用的石碾，或許這便意味著貝爾蓋米爾被當成了石碾。

這不禁讓人聯想到貝爾蓋米爾前半段的姓名也可以唸成「berg」（石頭），而非「ber」（赤裸）。這也說明整個名字可以解釋為「石頭的嘶喊」，符合挽動石磨時石碾與磨盤摩擦所發出的聲響。

此外，石頭〈berg〉也是山巨人〈Bergrisi〉的特徵。由於約頓大致可分類為霜巨人與山巨人，如果以上的假設成立，歐爾蓋米爾與貝爾蓋米爾就相當於他們各自的始祖。

魔法石磨

《老愛達經》的「葛羅提之歌」〈*Gróttasöngr*；英*The Lay of Grotti*〉詩篇中，也提到一段關於石磨的神話。繼承了豐收之神・福瑞（Freyr）血緣的丹麥王室，代代相傳著一個神

聖且具有魔法的灰色石磨～葛羅提(Grótti)。由於石磨很重，無人可以挽動，國王弗洛迪〈Fróði；Frodi〉只好雇用力大無窮的山巨人姊妹～芬妮雅（Fenja，沼地）與梅妮雅（Menja，回憶）充當女工。

她們的生父分別是伊迪（Iði，漩渦）和歐爾尼爾（Aurnir，泥濘）。由於芬妮雅和梅妮雅曾經在地底度過十年的生活，因此具備了預見未來的魔力。她們甚至能夠滾動巨石、撼動山岳，並曾經留下殺入敵陣、以刀槍劈開對手護盾的勇猛事蹟。

芬妮雅和梅妮雅兩人遵照國王的指示，將石碾輕而易舉抬上磨盤後，便開始研磨起石磨・葛羅提，絲毫不敢懈怠。當磨坊再次歸於平靜時，研磨出來的竟不是穀物，而是獻給弗洛迪國王的黃金、幸福與和平。

然而弗洛迪國王並不感激兩姊妹，反而要求她們不眠不休地工作，一股惱火的「巨人之怒 (jötunmóð)」就這樣在巨人姊妹的心中爆發，兩人開始使勁地研磨起石磨葛羅提來。最後石磨盤終於脫落，掉在地上的石碾也摔成了碎片。

就在此時，敵軍忽然蜂擁而至，弗洛迪國王因此失去了一切權力。

根據史諾里「詩語法」第52章的描述，這一批敵軍正是由芬妮雅、梅妮雅由石磨葛羅提中研磨出來的。當時有一個名叫海王・宓辛格（Mýsingr；Mysing）的海盜，突如其來殺死了弗洛迪王。宓辛格將戰利品搬上船艦，還讓芬妮雅、梅妮雅兩人利用石磨研磨出鹽來。但由於兩人磨出太多的鹽，船身遂過重而沉沒，從此海水就變成鹹的。又因為石磨仍不停地在海底轉動，該處海域因此形成一個大漩渦。

根據《阿姆雷茲傳說》〈丹Amlóða saga；英The Amleth Saga〉所述，丹麥王子阿姆雷茲（〈丹Amlóði；英Amleth〉亦即莎士比亞筆下的哈姆雷特）為了擺脫篡奪王位的叔父監視，佯裝成昏庸愚昧的模樣。有一次來到海邊，同行的人指著一片沙灘嘲弄他說道：「瞧！有好多麥粉呢。」阿姆雷茲卻答稱：「是啊，全都是巨大的石磨研磨出來的。」乍聽下有些可笑的妙答，卻滿足了身邊的眾人，只是阿姆雷茲的回答，很明顯是根據石磨葛羅提的神話背景而來。

能夠磨出任何東西的魔法石磨傳說，也就這麼在丹麥落地生根。但如果這具石磨真的和貝爾蓋米爾有關，也就代表貝爾蓋米爾曾經在這世界上創造過萬物。如此聯想起來，這的確是「這世上最值得記憶的第一件事情」。

麻省理工學院的科學史教授桑提拉納〈Giorgio De Santillana, 1902～1974〉與法蘭克福大學歷史學教授戴恆德〈Hertha Von Dechend, 1915～2001〉在合著的《哈姆雷特的石磨》〈Hamlet's Mill〉(1969) 一書中，解釋「神話是古代科學知識的遺物」，指出

「地球的歲差運動係以石磨的形態呈現」。所謂歲差〈precession〉係指地軸如同不穩定的陀螺，以約莫二萬六千年一次的週期傾斜轉動的現象。如果該說法屬實，貝爾蓋米爾與石磨的傳承便與地軸運動的現象不謀而合，此一神話也提升至與天地創造有關的宏大格局。

伊米爾與天地創造

按「巨人之歌」詩篇所述，相傳大地是由貝爾蓋米爾的子孫～伊米爾（Ymir，雌雄同體的）的屍體創造而來。他的肉體化為大地，骨骼構成山岳岩石，霜雪般冰冷的頭骨形成蒼穹，血液則化為一片大海。又根據《老愛達經》的詩篇「假面者之歌」〈Grímnismál；英 The Lay of Grímnir〉第40～41節所述，他的鬢髮根植為樹、腦髓飛昇成雲，為了保護凡人，諸神又彎曲伊米爾的睫毛，環繞著大地的核心，稱內部為「密德迦」（Miðgarðr〈Midgard, Mithgarth〉，中心內圍）。

《老愛達經》的詩篇「辛德拉韻律詩」〈Hyndluljód；英 The Poem of Hyndla〉寫道「凡稱為約頓者，皆來自伊米爾」。乍看之下，這段說詞似乎與歐爾蓋米爾為巨人始祖的說法相互矛盾。

不過在矮人族的世界裡，也有「始祖」為摩索尼爾、「所有矮人的祖先」為中興之祖・杜華林〈Dvalin〉這樣的說法。從表現的手法頗為類似的觀點看來，或許伊米爾在族譜上也相當於杜華林的地位。

正由於約頓巨人族群在伊米爾的時代大量繁衍，「巨人之歌」詩篇第29節中才會有「伊米爾的子息們」〈Ymis niðja〉這樣的說法。

來自無底裂縫的天地創造

《老愛達經》開頭的詩篇「女先知的預言」倒有著截然不同於此的世界觀。根據詩中第3～8節所述，伊米爾所存在的太古時代，只能見到一處無底裂縫（Ginnungagap，開口巨大的無盡虛空）。可稱之為眾神之祖的布爾（Burr〈Bur〉，子息）膝下的子息們，隨後不久翻騰大地建造了中庭・密德迦，如茵的青翠綠草才勃發滋長於四隅八方。

接著眾神又為日月星辰定位，安排其週期運行。制定神聖的祭祀場所，興盛了宗教；設置冶煉鍛造的地點，創始了科技；以類似象棋的棋類遊戲自娛，度過了一段和平的黃金歲月。

有一天，三個凶暴狂傲、來自約頓海默（Jötunnheimar，巨人邦國）的女巨人突然造訪了此間。儘管巨人族與眾神往日交流與妥協的局面依然得以維持，雙方的爭鬥卻也從此不斷展開，終於成為永遠的宿敵。

史諾里筆下的創世神話

著有詩學入門《新愛達經》的史諾里彙整了原先零散的北歐神話，又

為了讓世人便於了解，融合上述兩段創世神話，將伊米爾、歐爾蓋米爾視為一體，嘗試解決各自衍生的諸多矛盾。茲將第一部「受欺惑的吉爾菲」第4～8章整理如下。

創世之初，南方形成一處終年熾焰猛烈的火焰國度，名為「穆斯佩爾斯海姆」（Múspellsheimr〈Múspelsheim〉，烈焰之國）。

接著北方形成一處「尼弗海姆」（Niflheimr〈Niflheim〉，霧之國）。狂嵐之海・埃利瓦迦雖然名之為海，卻只是創世初期的一道河流。河流噴出的有毒泡沫化為緩緩流動的冰河。冰河凝固停滯不前時，河面上散發的毒氣突遇冷風而轉為霧氣雨幕，被覆著冰河雪流，隨之冷冽成霜。霜雪不斷交疊繁增，同時緩緩地逼近無盡虛空。

一旦霜雪與來自火焰之國・穆斯佩爾斯海姆的火花與熱氣交會，瞬間便溶為水滴，水滴中孕育著生命，誕生了邪惡的巨人～歐爾蓋米爾。入睡的他發汗之餘，由左側的腋下生下一男一女。又將兩腳交合生下了子息，從此誕生了霜巨人族。

緊接於歐爾蓋米爾之後滴落的水滴中，又誕生了一頭名叫「歐茲烏姆拉」（Auðhumla〈Audhumla〉，肥沃的黎明）（註1）的母牛，並從乳房流出四條乳汁形成的河流。巨人始祖便是飲用這些乳水長成，母牛歐茲烏姆拉則以辛鹹的霜石為食。

有一天歐茲烏姆拉正在舐食霜雪，雪中忽然出現了眾神之祖・布里（Búri，糧倉）。布里不假他人，自行生下了子息玻爾（Borr，船艙，相當於「女先知的預言」中的布爾）。玻爾以巨人博爾頌（Bölþorn〈Bolthorn〉，帶來災難的荊棘）之女～貝絲特拉（Bestla，生樹皮）為妻，日後生下了主神奧丁等三位手足（註2）。

三兄弟殺害了伊米爾（根據史諾里的說法，與歐爾蓋米爾為同一人），他的軀體也因此創造了整個世界。從伊米爾身上流出的大量血液，隨後化成了湖泊大海，然而霜巨人也幾乎全族滅頂在濤天血洪之下，只有貝爾蓋米爾夫婦一家人，乘坐石磨盤逃過一劫（以石磨作為逃生工具的解釋，似乎有些牽強。為何非石磨不可，也教人百思不解）。

不論如何，貝爾蓋米爾從此定居海岸，成為霜巨人的新始祖。

根據史諾里的說法，巨人族棲息的約頓海姆（Jötunnheimr〈Jotunheim〉，巨人國）就位於中庭・密德迦之外，亦即中庭外圍・烏特迦（Útgarðr〈Utgard〉，外圍）的海岸一帶。位於挪威中南部的山脈，至今仍稱為約頓海姆（Jotunheimen，〈巨人之家〉）山地。

霜巨人經常出海捕魚，《詩語法》第58章提到一個名叫韋德布林迪（Viðblindi〈Vidblindi〉，廣度盲目）的巨人，獵鯨如打魚般探囊取物，《老

密米爾

愛達經》的「修米爾之歌」詩篇第21節甚至寫道，修米爾（Hýmir，巨蝦）曾經一舉捕獲兩頭鯨魚。

睿智、幻術與寶藏

與水滴有關的霜巨人，也被視為智慧與寶藏的泉源。

例如最具代表性的老巨人密米爾（Mímir，帶來水的人）又稱密姆（Mímr〈Mim〉，思考者），他就住在由世界樹・伊德格拉希爾涓滴而成的泉水旁。霜巨人也因為棲身在這附近，而被稱為「密姆的孩子們」。

密米爾的泉水是甘醇的蜜酒〈mead〉，喝下泉水便能獲得無限的智慧。主神奧丁為了啜飲一口蜜酒，甚至願意將自己的一隻眼睛交給密米爾作為條件。從此密米爾便加入眾神的行列，成為奧丁的智囊。

後來諸神之間爆發戰爭，出使敵方議和的密米爾卻遭到斬首，首級送返後，善於起死回生之術的奧丁讓生命的氣息復甦在密米爾的首級上，從此兩人便經常以這樣的形態交談。

賢能的巨人王・瓦夫史魯茲尼爾（Vafþrúðnir〈Vafthrudhnir〉，隱藏實力的）與奧丁較量智慧，全力一搏後依然敗下陣來。奧丁也因此從他的身上學到了魔咒之歌〈galðr；galdr〉。

赫雷巴德（Hlébarð〈Hlebard〉，豹）曾經送給奧丁一支魔力神杖・剛賁霆〈Gambantein；Gambanten，魔法樹枝〉。以剛賁霆打擊對手，可使其失去意識，同時使他人的魔法失效。然而奧丁首次試用剛賁霆法力的對象竟然是赫雷巴德，這也不由得讓人對奧丁忘恩負義的行徑感到驚訝。

被視為北歐海神的艾吉爾（ægir〈Aegir〉，哄誘者）與妻子蘭恩（Rán，掠奪者），以及他們的女兒〈ægisdætur；Aegir's daughters〉「九波女」〈Nine Waves；Billow Maidens〉，都是出身自巨人族。他們誘惑漁夫水手，予以攝魂奪魄，並從沉沒的船隻上獲取無數的寶藏。艾吉爾的海底宮殿便是由黃金建造而成的，宮內閃耀著自然的金黃光澤。他經常受眾神的請託在此召開宴會，屆時地上的麥酒會自行運往此地。

宴會使用一口特大的鍋子，原屬於巨人修米爾，後來雷神索爾贏得了這項戰利品，將它帶到海底宮殿來。

霜巨人也善於幻覺系的魔法。根據史諾里《新愛達經》第一部「受欺惑的吉爾菲」第44～47章的描述，其中又以烏特迦・洛奇（Útgarða-Loki〈Utgard-Loki〉）為箇中翹楚。他向雷神索爾、狡詐之神洛奇施以幻覺，讓吞噬一切的烈火搖身一變成為巨人，使席捲天地的巨蟒尤蒙剛德化身為柔弱的小貓，讓飲之不盡的大海看似杯中酒，使兩位神祇與這些幻象相對抗。接著又讓抽象無形的「思考」化身為賽跑者，使「年老」實體化為老婦人的形體，以此與對手較勁。

從擊敗兼具力量與技能的索爾二

人看來，可見烏特迦洛奇並非泛泛之輩。

巨人的後裔

在英國作家艾倫·迦納的作品《魔法寶石》〈*The Weirdstone of Brising-amen, by Alan Garner*〉[註3] (1960) 中，「Hrímþurs」的英文讀作「Rimthur（霜巨人）」。這是由於古北歐語中的「hrím（霜）」，轉為英文「rime（覆蓋著霜雪）」的緣故。他們又叫冰巨人 (Ice-giant)，噴出的氣息管叫「fimbulwinter（大寒冬）」，會帶來可怕的低溫與暴雪。典故來自於北歐神話「最終戰役」(Ragnarök) 期間持續了三年之久的漫長嚴冬（fimbulvetr，大寒冬）。

以火巨人 (Muspel) 紅銅色的鬍鬚編織於外，襯以薩提洛斯（Satyros，半羊神）卷毛內裡的外套，是防禦這道氣息最有效的物品。

瑞典語和英語一樣，將霜巨人稱為「Rimthurs」，並可解釋為「冰寒的巨人」（瑞 Köldjätte〈cold-giant〉）。

德國作家麥克·安迪的鉅作《說不完的故事》〈德 *Die unendliche Geschichte* (1979)；英 *The Neverending Story,* 1983, by Michael Ende, 1929～1995〉[註4]，以一處名為「幻想國」(Phantásien) 的異世界為舞台。

幻想國的最高峰～命運山（德 Schicksalsgebirge〈英 Mountains of Destiny〉）高聳雲霄，幾乎完全封閉在冰河雪嵐之下。

山上棲息著一群名為冰雪陰沉人（德 Eisbold〈英 Ice-glumps〉）的冰巨人。他們的動作非常遲緩，走一步就需要數年的時間，散起步來也得花上數個世紀。由於從不與其他種族交流，冰雪陰沉人見幻想國年幼的女王到來時，只能木然地凝望著她。

從冰雪陰沉人的性質與行動模式看來，他們應該是擬人化的冰河。

由此可知，即便性質與時代不斷地更易，北歐的霜巨人後裔仍得以透過這樣的形式跨越世代與國界，繼續生存在日耳曼語系的創作國度中。

註1：又作「Audumbla」「Audhumia」「Audhambla」「Authumla」「Audhhumbla」「Auth-humla」等不同的拼音。

註2：玻爾的3個兒子分別是奧丁 (Óðinn；Odin)、韋力 (Vili)、夫埃 (Vé)。

註3：本書中譯本《寶石少女》由大陸少年兒童出版社發行於 2005 年。

註4：兒童文學作家 Michael Ende 於此間又譯為米歇爾·安迪，大陸方面譯為米切爾·恩德，書名則譯為《講不完的故事》。這部系列曾經改編為同名電影《大魔域》（港譯魔域仙蹤），除了第一集仍忠於原著，續作劇情均獨立於原作之外。

水巨人

　「Tursas」是埃利亞斯・蘭洛特編撰的民族史詩《卡列瓦拉》〈芬 *Kalevala, compiled & edited by Elias Lönnrot (1849)*〉提到的一種水巨人。從名稱至屬性，都與北歐的霜巨人 (Hrim-thurs) 有著共通之處，顯然兩者指的都是同一種生物。以北歐霜巨人的代表性人物密米爾為例，他是湖泊與森林的守護者，而孕育出《卡列瓦拉》的芬蘭，正是一個湖泊滿佈的國家。

　既然做為北歐神話舞台的挪威、瑞典與《卡列瓦拉》背景所在的芬蘭毗鄰，從某種角度說來，兩者有共通之處也是理所當然的。因為不同文化的交流，更加豐富了這些傳承的內涵。

　北歐神話中有許多代表「巨人」的名詞，一般通稱為「Jötunn」，這個字來到古英格蘭後，轉變成「Eoten」與「Etn」。至於山巨人 (Bergrisi) 則在日耳曼留下名為「Riese」（德語為巨人之意）的後裔。

　然而日耳曼民族的傳說中，卻幾乎尋找不到霜巨人後代的蛛絲馬跡（霜巨人後代的故事僅見於創作文學）。如此一來，《卡列瓦拉》使用的芬蘭語 (Suomi)「Tursas」一詞便可視為原始詞彙，也有可能因此融入古北歐語體系。順道一提地，「Suomi」也是當地人對於母國芬蘭的自稱。

　相對於《卡列瓦拉》將水巨人「Tursas」視為一個單字，北歐甚少單獨使用「thurs」一詞，多半會加上形容詞「霜」「hrim」。因此吾人或可將沒有形容詞的芬蘭語視為一種原始的北歐語言。

　魯納神諭符文〈Rune〉以尖端朝右的三角形記號（Þ）表示的「巨人」(þurisaz〈thurisaz〉) 一詞，在形義上與芬蘭語的「Tursas」完全相符。儘管神諭符文由北歐傳入不列顛後，含意幾乎少有變動，但（Þ）的字義卻由「þurisaz」改變為字首相同的「thorn（荊棘）」，成為唯一的特例。這代表「þurisaz」的原義已經被遺忘於不列顛，也表示水巨人在這塊土地上早已不復存在，成為人們心中遙遠的一段記憶。

詩人維那莫依寧與巨人

　《卡列瓦拉》第2章43～82行提到一個老詩人維那莫依寧（Väinämöinen〈Vainamoinen, Wainamoinen, Vaino〉，深

邃遼闊的靜謐河流），嘗試在原始的大地上栽植各種草木，唯獨種不活橡樹。

維那莫依寧任由橡樹種自生自滅一些時日後，有一天再次回到播下橡樹種子的地方察看，卻意外遇上 4 個少女以及 5 個來自海中看似新娘的女子，正在收割長成的香草（希臘神話中的水精 Nymphe 原本的字義為『新娘』，如果兩者互有關連，那麼『看似新娘的女子』指的便是海精）。她們將收割下來的香草堆放在一起，有如一座小山。

就在此時，水巨人圖爾薩斯從海面昇起，他將草堆一股腦推向火焰中，橡樹因此從灰燼中卓然成長。換言之，正是圖爾薩斯促成了火耕農業的普及。

然而不斷成長的橡樹卻巨大得足以鋪天蓋地，最後遭到了砍伐。相傳持有它的樹枝木片，可以為人們帶來「永恆的愛」與「幸福」，橡樹因此又被稱為神木 (Puu Jumalan)。

第 17 章中還提到一個名叫安提洛・威普森（芬 Antero Vipusen）的太古巨人，因知識淵博而為人所知，一如北歐神話中的密米爾。身份地位與北歐神話的主神奧丁極為相似的維那莫依寧，為了取得打造船隻所需的咒語，一度來到威普森的跟前。

威普森的肩頭上白揚婆娑，眉宇之間樺木勃發，赤楊舒展於下顎，楊柳垂落於鬍髭，青松勁揚於唇齒之間，偌大的軀體泰半埋沒在地下，呈現休眠的狀態。

維那莫依寧拔出劍來砍倒樹木，本欲喚醒威普森，卻失去平衡跌入威普森的口中，讓巨人生吞下肚。不過他並未因此氣餒絕望，反倒像個鐵匠一樣在巨人腹中使勁敲打，不斷地叫嚷「放我出去」。

為此驚醒的威普森終於幡然起身。他本以為有不明疾病侵襲體內，於是唱起各種咒語，打算一舉祛除病原。

在咒語的攻擊下，維那莫依寧依然不屈不撓，甚至威脅巨人除非告知造船的咒語，否則絕不離開此地。

威普森無可奈何，只好竭盡所能吟唱畢生所學的咒語，維那莫依寧這才完成了造船的使命。

與「Tursas」一字相似的希臘語「thyrsos」，有「木棒」或「樹幹」之意。這個單字後來轉變為義大利語的「torso」，代表「沒有手腳（一如去除枝葉後的樹幹）的雕像」。這種符合巍峨如樹的巨人形象，不禁讓人聯想到兩者之間有著共通的字源關係。

巨人國・卡列瓦拉

「Kalevala」這個成為史詩標題的文字本身，代表「卡列瓦的土地」之意。卡列瓦〈Kaleva〉被視為一度生存於古芬蘭的巨人之名，維那莫依寧也曾經自稱是「卡列瓦之子」（第 42 章 424 行等）。

根據迦南德的《芬蘭神話》〈瑞 *Mythologia Fennica* (1789), by Christfrid Ganander, 1741 ～ 1790〉[註1] 所述，

「卡列瓦是一個力量強大，十分可怕的巨人，他是所有巨人的統帥，有 12 個子息。」《卡列瓦拉》諸多日文版譯者之一的森本覺丹，曾經在解說中提到「巨人安提洛‧威普森是卡列瓦的巨人之一。」

如此看來，卡列瓦拉似乎可解讀為「巨人的國度」，就其字義而言，相當於北歐神話的約頓海姆（Jötunnheimr，巨人國）。這也說明了角色地位與維那莫依寧極為相似的奧丁，是巨人族的後裔無疑。

將這些地理上毗鄰的地方傳說一同參照比對，就似乎更能接近事實的原貌。

收錄於芬蘭文學家札卡里亞斯‧托佩利烏斯所著《獻給孩子的讀物》（1847～1896）（註2）系列的「斯堪地那維亞與芬蘭形成半島的故事」〈瑞 Huru Skandinavien och Finland blevo en halvö〉一篇中，提到這兩個地區共通的天地創造神話。

歐亞大陸的王子德林格〈Delling，晨曦〉與大西洋公主亞特蘭妲〈Atalanta，晚霞〉每天快樂地嬉戲在幸福洋溢的斯堪地島上。女巫「黑瓦拉」嫉妒二人，於是喚來北風，將斯堪地島冰封在漫長的嚴冬之下。

從此德林格與亞特蘭妲渡過了只能瞧見彼此衣袖一角的半年光陰，另有 3 個月完全隱匿在黑暗中，能夠攜手共度的時間只剩下 3 個月。與「黑瓦拉」相對的女巫的「白瓦拉」憐憫他們的遭遇，便以歌聲慰藉孤寂的二人。

黑瓦拉怒從中來，於是向父親～巨人威洛堪納斯〈Virokannas；Wirokannas〉求助。威洛堪納斯宣示「絕不容許此等螻蟻之輩苟延殘喘」，隨即召來長子火神舒爾特〈Surt〉，命令他將整座島嶼吹到天涯海角，但經過兩次的嘗試，舒爾特都以失敗收場，結果被父親流放到冰島的地底。

威洛堪納斯又命令次子風神卡雷〈Kare〉「將島嶼併入歐亞陸塊」。卡雷絞盡腦汁，依然束手無策。就在感嘆自己即將面臨與舒爾特同樣下場的當頭，巨人之子卡塞〈Kase〉與史瓦塞〈Svase〉分別站在斯堪地島和歐亞大陸上，朝著海面丟擲石塊的光景驀然映入了眼簾。卡雷於是分別來到兩人身邊慫恿說道：「如果丟的是陸地，對方肯定丟得比你遠。」以此激起兩人的好勝之心。兩個巨人之子因此爭相掘起土石丟向大海，填平了斯堪地島與歐亞大陸之間的海面。

卡雷眼看大功即將告成，隨即在冰海上興風作浪，波濤挾帶著土壤，一舉覆蓋了巨人之子填高的土堆。

就這樣斯堪地島成為今日的斯堪地那維亞半島，德林格與亞特蘭妲也從放逐孤島的命運中獲得解脫。

女巫國‧波幽拉與巨人

芬蘭史詩中還提到一個與卡列瓦有敵對關係的女巫國度‧波幽拉

維那莫依寧與巍峨如樹的巨人

（Pohjola 北地的底部；〈即今日 Lapland，英文有 Northland 之意〉）。

《卡列瓦拉》第 42 章 309 ～ 562 行中提到維那莫依寧從波幽拉奪回魔法石磨桑波（Sampo，支柱）後，由海上逃走。當時波幽拉的女巫蘿希 (Louhi) 為了捉拿維那莫依寧，吟唱了許多咒語，其中一個召來的就是巨人伊庫圖索（Iku-Turso，永恆的巨人）。

從海面上探出頭來的伊庫圖索，當場被維那莫依寧揪住耳朵、提起身子來。維那莫依寧問起他的來意，起初伊庫圖索默不作聲，問了三次才不情願地開口，答稱自己是為了殺死維那莫依寧，將石磨桑波帶回波幽拉而來。隨後又承諾只要放開他的耳朵，讓他回到大海，就不再出現在人們的眼前。

維那莫依寧同意他的請求，此後伊庫圖索也一直信守自己的承諾。

勞爾・洛因編纂的《芬蘭民眾的大童話書》〈芬 Suomen kansan suuri satukirja (1958), by Raul Roine, 1907 ～ 1960〉也提到一篇揭示波幽拉與巨人兩者關連性的民間故事「螟蛉子安提」〈芬 Antti Puuhaara；日「枝っ子アンティ」〉[註3]。

安提原本是一個出身貧農的孩子，出生時恰巧有兩位雲遊各地的占星師，和一位行商在外正待返家的毛皮商人借宿於這戶農家。當時年輕的占星師問起年長的前輩說道：「您看這孩子的將來如何？」年長的占星師答說：「他將成為毛皮商人的繼承人。」

毛皮商人一聽之下暗自惱怒，無法忍受以貧農之子為後繼的說法，不過隔天醒來後，他還是假意承諾收下安提為養子，隨後將他丟棄在森林裡。豈料安提卻讓一位獵戶拾獲，日後成為一個年輕有為的青年。

得知此事的毛皮商人又心生一計，故意將一封親筆信交給安提，信上寫著「絞死帶來這封信的人」，讓他送往商人的宅邸。安提來到半路上，因為旅途勞頓而睡在路旁，碰巧有一個對毛皮商人懷恨在心的乞丐路過，順手就將信息改寫成「讓帶來這封信的人和我的女兒成親」。

結果一切當然依照信上的指示行事，不願就此罷手的毛皮商人，又三度裝出假意的誠懇模樣，要安提前往北方的波幽拉，向女巫蘿希請教幸福之道，心裡頭卻希望安提死在漫長的旅途中。

起初安提在路上遇到一個巨人，身後跟著一片雷雲，遠遠望去好像扛在肩上，帽子上還繞著八股強勁的驟風。巨人喚住安提，問起旅行的目的，隨後要求他順道向蘿希求助，如何驅除危害果園的黴菌。安提當下應允，巨人便出借一匹迅捷如風的快馬給他。

安提踏上旅程後，接著又在途中遇到一個猛力敲打巨大城門、發出暴雷般巨響的巨人。留著一抹長鬚的巨人，十年來始終徘徊在城門前不得而入，他也請求安提向蘿希女巫求教，告知城門鑰匙的下落。

安提同樣接受他的請求，接著又遇上一個坐在樹上的巨人。手持巨大長槍的巨人和先前的兩人一樣，他也委託安提請教蘿希，如何才能從樹上返回地面。

安提來到波幽拉之後，在蘿希的女兒善意的協助下，從蘿希那聽取了所有的解答。他將一根赤楊樹枝交給樹上的巨人，用它敲打樹根後，整棵樹變成黃金，巨人將金樹折斷才回到了地面。安提因此獲得一株金枝做為謝禮。

他又告訴失去鑰匙的巨人，讓他從石階下找出鑰匙，因此獲得了堆滿馬鞍的金銀財寶。隨後安提告訴果園的巨人，殺死一隻棲息在岩縫下、不斷吐出黴菌的害蟲，從而獲贈原先出借給他的那匹快馬。

安提就這樣一夕致富。然而仿效安提前往北方的毛皮商人，卻再也沒有回來，安提因此一如預言繼承了毛皮商人的一切。

民間傳說中的巨人

這樣的巨人不僅活躍在史詩中，民間傳說也同樣可見他們生動的身影。

從瑪亞‧哈克寧編撰出一部《巨人的故事》〈芬 *Jättiläiset*, by Marja Härkönen (1981)〉這樣的民間故事集成看來，可知人們的生活曾與巨人有過緊密的關係。不過有別於許多國家的觀感，對於芬蘭人而言，巨人似乎不完全是邪惡的。

「巨人與萊西歐村〈Raisio〉」一篇中，提到兩個巨人自願前來協助村人建造教會。村裡的神父喜出望外，接受了他們的請願，巨人卻告訴神父，如果教會完成之前，猜不出他們兩人的名字，就要吃掉神父做為代價。

眼看教會轉瞬之間就快接近完工，生怕成了巨人佳餚而發愁的神父，有一天來到森林裡，適巧聽見巨人的母親哼唱著搖籃曲，提到奇力〈Killi〉與納力〈Nalli〉兩個名字。

神父急忙趕回村中後，大聲叫喚兩個巨人的名字，奇力與納力登時變成一對巨大的烏鴉，牠們唧起石塊拋向即將完工的教會，這才心有不甘地飛走。據說當時的破洞，至今還保留原狀。

在金默與米拉這對巨人夫婦的故事中，提到兩人坐著馬車，但就在行進之間，妻子米拉不知怎地忽然從車上摔落下來。劇痛難當的米拉當場嚎啕大哭，相傳眼淚竟形成了一處「阿咯湖」〈芬 Akkojärvi，akko 為女主人之意〉。

「巨人的女兒」這則故事還提到巨人的女兒捉住一個農夫，問起父親自己捉到的是什麼蟲子。父親答說：「唉呀！不得了，這可不是蟲子啊。就算咱們巨人從這世上消失絕跡，這種生物還會活得老長呢。快！把他放回捉來的地方。」[引1]

由此可知，對於自己終有一天行將消失的命運，巨人族早已有所領會。

■ ┃ ■

註1：原文指出《芬蘭神話》出版於 1875 年，應爲誤植。

註2：原文指出《獻給孩子的讀物》（瑞 *Läsning för barn I-VIII*, 1865～96；芬 *Lukemisia lapsille*, by Zacharias（芬 Sakari）Topelius, 1818～1898；日譯《子供のための読み物》）一系列的寫作出版始於 1847 而非 1865，似乎將托佩利烏斯的另一套著作《童話集》(*Sagor I -III*, 1847～52) 也含括在內。順道一提地，《獻給孩子的讀物》最初以瑞典文寫成，後來才譯爲芬蘭文，兩種語言都是芬蘭官方公認的母語。

註3：Puuhaara 爲一合成字，「puu」爲「樹」，「haara」爲「枝」，北歐人談到家族血統時，將樹幹引伸爲本家，身爲養子的安提因此被比喻爲並非本家出身的樹枝。「蜈蚣子安提」曾經獨立成書，原書名作《蜈蚣子安提尋寶記》(*Antti Puuhaara etsii aarretta*, 1955)。

引1：日譯文摘自坂井玲子譯本。

女巨人

　　北歐約頓巨人族的女子又稱
「Gýgr」。例如以彈奏豎琴告知最終戰
役「諸神的黃昏」即將到來的巨人「開
心的艾格瑟」〈glaðr Eggþér；英glad
Eggther〉，就稱做「女巨人的守護者」
〈gýgjar hirðir；英Guardian of Giantess〉。

　　從字源上看來，這個字似乎和希
臘神話中的基迦巨人 (Gigas) 有關。

　　「Gýgr」一詞也有「女巫」的含
意。她們多半是麗質天生的絕色美
女，諸神常拜倒在她們的石榴裙下。
如果雙方聯姻得以相安無事，就代表
女巨人成功地融入諸神的世界。

美麗動人的葛爾德

　　話說有一天，豐收之神福瑞愛上了
女巨人·葛爾德（Gerðr〈Gerd〉，原
野）。葛爾德是巨人基米爾（Gymir
〈Gyme〉，羊）與女山巨人歐爾柏姐
（Aurboða〈Aurboda〉，昭告大地者）
的女兒，住在火焰高牆層層環繞的基
米斯迦達爾（Gymisgarðar，羊圈〈意
爲基米爾的家〉）。葛爾德舉起修長美
麗的雙手揭開面紗的一霎那，海天都
爲之輝映。

　　福瑞命令隨從史基尼爾帶回葛爾

德，史基尼爾則請求福瑞將隨身攜帶
的一把「能夠獨力擊倒巨人的寶劍」賞
賜給他。對於諸神而言，這把劍是對抗
約頓巨人的強大武器，然而早已意亂
情迷的福瑞，卻輕易出讓這件寶物。

　　史基尼爾就這樣騎著福瑞的駿馬
穿越火焰高牆，來到了基米斯迦達
爾，懇請葛爾德嫁給福瑞。

　　起初葛爾德拒絕他的請求，史基
尼爾只好揚言以手中劍殺害她的父親
基米爾做爲要脅，又高舉魔杖威嚇葛
爾德，要將她打入冥府，嫁給奇醜無
比的三頭巨人，葛爾德這才答應與福
瑞成親。

　　不論結識之初是否過程平和，據
說兩人終究還是過著幸福甜蜜的日子。

悲情的斯卡蒂

　　不過福瑞的父親尼歐德〈Njörðr；
Njord〉和山巨人夏基〈þjazi；Thiazi〉
的女兒，同時也是葛爾德親戚的斯卡
蒂（Skaði〈Skadi〉，滑雪女神）之
間，卻不是那麼的圓滿。

　　斯卡蒂喜愛滑雪，她經常穿越原
野到處狩獵，一向在自己座落於鐵木
森 (Járnviður) 的宅邸～斯林海姆

（þrymheimr〈Thrymheim〉，沙沙作響的國度）下榻休息（據說鐵木森的位置就在丹麥與德國邊境一帶）。

航海之神尼歐德卻嚮往海邊的生活。兩人於是每隔九天往來於海濱與山間，終於漸感不耐而分居。

後來斯卡蒂來到曼海默（Mannheimar，人類的邦國），成為魔法之神奧丁的情人，育有一子賽明格（Sæmingr〈Saeming〉，海的回憶）。根據考證，曼海默就是今日的瑞典，而賽明格日後則成為北挪威大公國的創建者。

眾神與女巨人的交往

除了斯卡蒂以外，奧丁也染指其他女巨人而聲名狼籍。

根據薩克索・格拉瑪提克斯所著《丹麥人的事蹟》〈拉 *Danorum Regum heroumque Historiae*, 1514, by Saxo Grammaticus, ?-1204；英 *The History of the Danes*, 1979〉[註1] 第3卷第4章的說法，奧丁（拉 Othinus）獲知一則預言，指稱他的兒子巴爾德（拉 Balderus〈古北 Baldr〉）即將死去，不過俄羅斯（古北 Rutenia）公主琳達（拉 Rinda〈古北 Rindr〉，鷦鷯）將為奧丁生育一子，為死去的兒子復仇。奧丁雖然數次求婚，琳達卻嫌棄奧丁老邁醜陋，始終不願首肯。奧丁只好又祭出殺手鐧，施展魔法讓琳達昏迷，趁她毫無意識之際得償夙願。兩人的交合生下了伯司（拉 Bous〈古北 Váli，瓦利〉），後來伯司與殺害巴爾德的赫德（拉 Hotherus〈古北 Höðr〉[註2]

交戰，最後同歸於盡。

耿雷姿（Gunnlöð〈Gunnlod〉戰爭的浪花）是約頓巨人史登（Suttungr〈Suttung〉，不靈光的舌頭）的女兒。史登的兒子各個都是好酒之徒，向來把啤酒慣稱為「酒宴」〈sumbl；「Feast Draught」之意）。史登甚至曾經奪走矮人族釀造的「詩蜜酒」〈Óðrerir；Othroerir，「Mead of Poetry」之意〉。

覬覦詩蜜酒的奧丁打算將它竊為己有，便去勾引耿雷姿。

史登察覺兩人暗通款曲時，耿雷姿借給奧丁一件「鷹羽衣」，奧丁藉此變身為老鷹，才得以安然無恙地帶著「詩蜜酒」回到諸神之都。

經由當時的交合，耿雷姿生下了詩神布拉基。

女巨人葛麗德（Gríðr〈Grid〉，祥和平靜）與奧丁生下了沉默之神維達〈Víðar；Vidar〉。從「奧丁將被巨狼芬里爾一口吞噬，維達則為父報仇」這則預言看來，可知葛麗德與奧丁之間曾經有過一段與琳達類似的歷程。

不過相對於其他女巨人，葛麗德顯然對眾神更為友善。雷神索爾應巨人王蓋爾洛德（Geirröðr〈Geirrod〉，化身長矛者）的邀約赴會時，葛麗德曾經出借神力腰帶、鐵手套與魔杖，救了手無寸鐵的索爾一命。

索爾和女巨人雅恩沙克莎（Járnsaxa〈Jarnsaxa〉，鐵匕首）之間，也育

斯卡蒂

有一子馬格尼（Magni，力量）。

此外根據《獨臂的埃吉爾與狂戰士殺手亞斯孟德》〈冰 Egils saga einhenda ok Ásmundar berserkjabana；英 Egil and Asmund's Saga〉第12章的說法，巨人奧斯克魯德（Öskruðr〈Oskrud〉，吼叫者）原有18個女兒，由於長女和索爾同床共枕，其他姊妹心生嫉妒，於是共謀殺害了胞姐。手足相殘的劇幕一直持續到只剩么妹亞琳妮菲雅（Arinnefja〈Arinnefia〉，鷹喙）(註3)一個人，日後亞琳妮菲雅為索爾生下一女。

後來亞琳妮菲雅和奧丁之間，也發生了男女關係。

巨人的三個女兒

根據《丹麥人的事蹟》所述，北歐君主與巨人之間多半結有婚姻關係，然而這種聯姻卻被視為不甚光彩的情事，往往招來反對此事的近親殺害巨人的結果。

眾神與握有權柄者之所以不顧顏面，一味追求女巨人，著眼的不僅是她們的美麗，同時也為了從女巨人身上獲取魔法與魔法物品。此外也有女巨人積極主動尋求與眾神結親的例子，或許她們對於金髮碧眼與王權，有著高度的嚮往。

「女先知的預言」第8節中提到提到「三個來自約頓海默（巨人邦國）的女巨人」終結了眾神的黃金歲月，由於手寫本已經難以辨識，至今仍無從得知三人的身份為何。不過第21節提到的女巫古兒薇（Gullveig，黃金般的飲料），有可能是其中一人。人稱「光輝（Heiðr〈Heid〉，光芒耀眼的）的古兒薇」的她四處蠱惑人心，眾神於是擒住她，以長矛刺戮她的軀體，將她燒死在奧丁住處的堂前（這也成為第一次神族戰爭的導火線），然而她卻三度死而復生，據說至今仍活在這世上。

那麼其他兩人的下場又如何呢？古兒薇既然遭到殘殺，她們同時遇害的推想也是很自然的。只是三人之中唯獨古兒薇數度復活，詩篇才特別記載了此事。

根據「女先知的預言」第9節的記述，巨人布里米爾（Brimir，湧來的波濤）布萊恩（Bláin，身軀慘藍的）也同樣死於眾神之手。倘若此二人為女性，從詩篇文脈的承續性看來，自然讓人聯想到另外兩個女巨人。

布里米爾與布萊恩二人，日後成了創造摩索尼爾（Mótsognir，令人讚嘆的形塑）的材料。矮人族向來善於打造魔法武器與物品，如果布里米爾與布萊恩二人和古兒薇一樣具有女巫的身份，很容易就讓人聯想到這些魔力也一併傳給了矮人族(註4)。

順道一提的，這三位女巨人各具不死之身、凡人軀體的不同特點，讓人想起希臘神話的蛇魔女～戈耳貢三姊妹〈希 Gorgones；英 Gorgon〉(註5)。

巨人邦國約頓海默

包括女巨人在內的約頓巨人，居住在東方與北方盡頭的約頓海姆。由於巨人的家鄉有時也寫成約頓海默，想必當時應該是由幾位巨人王分治數國的局面。

根據曾經英譯許多北歐傳說的冰島學者～赫曼・帕爾森〈Hermann Palsson〉的說法，約頓海默今日的位置與北歐極北地帶的拉普蘭重疊。那裡住著一群具有亞洲血統的薩米族（Sápmelaš〈意為與薩米有親戚關係者〉），遠從神話時代起，就一直定居當地，自稱家鄉為薩普米 (Sápmi)。

薩普米是一塊地跨挪威、瑞典、芬蘭、俄羅斯的北國地帶，各國對於當地住民也有不同的稱謂。

古挪威語稱薩米人為芬恩人 (Finnar)，稱他們的國家為「芬馬克」（Finnmark，邊境芬恩人的森林國度）。現代挪威語、瑞典語則稱為薩美人 (Same)（註6）。由於「Sápmi」中的「P」音不易聽辨，所以去化了此音。

同樣地古芬蘭語也有自己的說法，稱薩米人為荼利亞人 (Turjalainen)，今日稱為薩美人 (Såmelainen)。英語則稱為「Sami」或「Saami」。

不論其說法為何，帕爾森相信薩米人就是北歐神話中的巨人族。

以女巨人琳達（拉 Rinda）為例，她的出生地就是俄羅斯。

《落腮鬍的葛利姆傳說》〈古北歐

Gríms saga loðinkinna；*The saga of Grim Shaggy-Cheek*〉第 1 章提到巨人赫里姆尼爾（Hrímnir〈Hrimnir〉，化為霧氣者）居住在薩普米所在的白海沿岸，妹妹名叫格琳希爾德（Grímhildr〈Grimhild〉，假面的征戰），兄妹倆都是法力高強的魔法師。

赫里姆尼爾育有二女，分別是菲瑪（Feima，靦腆者）與克蕾瑪（Kleima，灰泥）姊妹。根據《佛爾頌族人傳說》〈古北歐 *Völsunga saga, 13th*；英 *The Story of the Volsungs*〉第 2 章所述，赫里姆尼爾尚有一女赫琉德（Hljóð〈Hljod〉，沉默），她同時也是一位女武神〈valkyrja；valkyrie〉。

赫琉德奉奧丁之命，化身為烏鴉飛往人界，將一顆能夠化育生命的蘋果交給深受不孕所苦的國王夫婦。國王與王妃食用這顆蘋果後，不久王妃果然受孕生下一子，成為佛爾頌一族的始祖。佛爾頌長成後，赫琉德又奉父親赫里姆尼爾之命嫁給佛爾頌，兩人度過了幸福長久的一生。屠龍英雄席格德（〈Sigurð；Sigurd〉德國稱為齊格飛，Siegfried），便是他們的子孫。

魔法師的三大類型

《丹麥人的事蹟》第 1 卷第 5 章提到北歐的魔法師有三種類型，都善於幻術與變身術。

第一類型是文中一路解說而來的「巨人」，他們在體型與力量上，遠遠

凌駕人類。《丹麥人的事蹟》序文的第3章中，提到他們能夠任意幻化、飛快移動，平時住在人跡罕至之地，今日遍布各地的巨石遺跡，據說就是他們遺留下來的。而其第1卷第4章提到巨人的外觀時，描述他們手持巨大的武器，身披山羊等各種獸類的毛皮，不由得讓人想到狩獵於極寒地帶的薩米人。

第二種魔法師類型是「預言家」，體能雖然亞於巨人，精神力卻相對優異。經過數度的干戈相向，終於收服了巨人族。此一預言家相當於富饒的眾神～華納神族〈Vanir〉，前文中提到的福瑞與尼歐德，以及美的女神芙蕾雅〈Freyja〉為其代表性人物。過去曾廣受瑞典、芬蘭等北歐東部為主的住民崇拜。奧丁與索爾等主要的北歐諸神，則隸屬另一阿薩神族〈Aesir〉，崇拜的地域主要分佈於挪威與冰島等北歐西部。

第三種誕生自「巨人」與「預言家」的結合，體能既不如巨人，精神力也不若預言家強大，但與普通人相較之下，還是充分具備成為魔法師的條件。

若從生物學的角度看待兩者得以混血一事，也意味著他們和眾神一樣隸屬於人類。

薩米人是一群飼養馴鹿，利用雪橇往來於雪地上的游獵民族。因居處與生活型態的不同，又大致區分為林薩米、山薩米與海薩米人。

薩米部落的領袖為一當地話稱為「諾艾第」(noaidi) 的薩滿巫醫。芬蘭語稱為「諾伊塔」(noita)；挪威語稱為「諾伊德」(nåjd)。

薩滿巫術 (shamanism) 是一種讓靈魂出竅，前往他處或冥界，或以化身為靈魂形態的變身方式做為基本手段的魔法。通過「巴爾德的夢境」預告主神奧丁巴爾德將會死去的人物，也是冥府的女巨人先知。

據《丹麥人的事蹟》第1卷第6章所述，瑞典巨人瓦格根霍特（Vagnophtus〈古北 Vagnhöfði〉）[註7] 的女兒哈德格瑞普（Harthgrepa〈古北 Harðgreip〉）通過這種薩滿巫術如此吟唱。「我曾一度引頸上達星空，疑似置身在雷神左右，隨後又沉降回凡人的力量，頂天的項頸因此朝大地俯首。」[引1]

為了讓魂魄脫離軀體，必須通過歌聲與旋律引導自己進入精神恍惚〈trance〉狀態。霜巨人一節（第3章第2節）提到「葛羅提之歌」中有一對姊妹～芬妮雅與梅妮雅，她們便是一面歌唱，一面挽動魔法石磨葛羅提。由出身山巨人的背景看來，或許兩人是山薩米人也不可知。

根據統計，薩米人是身高最矮的歐洲人種，然而或許是因為一身色彩鮮豔的禦寒裝扮、駕著雪橇遨遊在冰原之上，乃至通過巫術碰觸遙不可及的遠方這樣的種種形象，所以才被稱之為巨人吧。

《卡列瓦拉》與薩普米

埃利亞斯‧蘭洛特編撰的芬蘭史詩《卡列瓦拉》中，也提到維那莫依寧（Väinämöinen，深邃遼闊的靜謐河流）這個教人聯想到北歐神話主神奧丁的老詩人，曾經接受一位年輕瘦削的薩米人～約卡海寧（Joukahainen，天鵝）較量咒語的挑戰。

咒語鬥法的勝負關鍵，在於雙方對萬象根源了解的多寡。原來過去人們認為熟知事物的根源，就能控制該一事物。例如史詩中提到維那莫依寧的膝蓋被鐵片擊傷時，立刻以咒語吟唱鐵的根源，控制插入傷口的鐵片，因此治癒了傷勢（第8～9章）。

且說約卡海寧駕著雪橇、背著弓箭，腰際之間插著一把金柄刀，前來向維那莫依寧挑戰。或許是出身海薩米的緣故，他一開始就吟唱有關大海的咒語，展露自己對於蜿蜒山野間的河流豐富的知識，維那莫依寧卻視同婦孺之見，三言兩語便打發了對手。

約卡海寧於是吟唱起天地創造的由來，維那莫依寧依然揭穿他的謊言。最後約卡海寧甘拜下風，將自己的妹妹艾諾（Aino，少女）許配給維那莫依寧。儘管艾諾嫌棄維那莫依寧既老又醜，她的母親卻以女兒能嫁給偉大的魔法師而欣喜。艾諾哀愁莫名徬徨出走，她來到一處不知名的海邊，想要洗淨身子，卻失足湮沒在波濤之間。約卡海寧因此生恨，以拿手的箭術將維那莫依寧射落大海。

在一首可視為《卡列瓦拉》前身的古詩中，約卡海寧又稱為約卡莫依寧（Joukamoinen），將維那莫依寧射落大海的是另一個「獨眼的拉普人」（拉普人是薩米人的俗稱）。約卡莫依寧與維那莫依寧不但是患難之交，還一同搭船前往女巫蘿希（Louhi）所在的波幽拉（Pohjola，北方的底部），奪取能夠生出財富的魔法寶物桑波（Sampo，支柱）。

《丹麥人的事蹟》提到的三種魔法師中的第2類型～預言家，以及《老愛達經》中述及的華納神族，他們的國度華納海姆（Vanaheimr）或許就是波幽拉。華納神族有眾多的女巫，她們能夠化身飛鳥的型態，這點也與蘿希的形象雷同。北歐神話與《卡列瓦拉》的世界觀，正是如此微妙地相互對應著。

維那莫依寧一行與波幽拉一方爆發激烈爭奪戰的最後，換來的是桑波永沉大海的結局（《卡列瓦拉》第39～43章）。桑波是鐵匠伊爾馬里寧（Ilmarinen，天空）打造的，雖然無從得知真正的機制，但從字源來研判，可以想見這應該是將宇宙的轉軸、亦即地軸具象化的一種物體。

桑波也具有石磨的功能。研磨的同時，它的彩蓋（Kirjokanne，多彩的蓋子）會隨之旋轉。由此可見，它與北歐神話中隱含宇宙觀的石磨葛羅提也有所關連。

除此以外，桑波還具有飛行的能

力，與斯拉夫的女巫芭芭雅嘎 (Baba-Yaga) 乘坐的石磨（一說木臼）有著相同的性質。而斯拉夫人正一如薩米人，自古便與日耳曼民族比鄰而居。像這種因為文化地域相異而有不同說法的事物，事實上可能指的是同一件事。

來自不同文化的人們彼此接觸，誕生了各種異族傳說。各民族相互交流征戰乃至融合所構成盛大壯麗的人間劇幕，終究被記錄為傳承的神話。而神話與史詩的描述，之所以有時讓人感受到流於凡間色彩的緣故，或許就在於反映出人類生與死的真實面貌。

■ ▮ ■▬

註1：《丹麥人的事蹟》的原標題一般多作「Gesta Danorum」，不過這個標題是後人整理薩克索的手寫本時發現的總提稱，薩克索 (Saxo the Grammarian) 原本使用的標題為何已不可考。首次出版於 1514 年的「*Danorum Regum heroumque Historiae*」，係出自克里斯提恩‧彼得森 (Christiern Pedersen, 1480？～1554) 以拉丁文撰寫的版本，如今也已散佚。

註2：原文似乎將赫德的拉丁文誤植為「Høthel」。「ø」是丹麥語、挪威語特有的字母，然而赫德的丹麥語為「Høder」，挪威語作「Hod(Höð)」，均非「Høthel」一詞。

註3：原文將 Arinnefja 解釋為「壁爐的淤泥」，係根據「arinn（壁爐）」＋「efja（淤泥）」這樣的組成，西方學者則以「ari（鷹）」的連接詞（後加 n）＋「nef（nefja，喙、鼻）」的組合解釋為鷹嘴（Eagle beak (nose)；德 Adlernase）。或許是火性的「壁爐」與水性的淤泥缺少直接關連的緣故，因此又有人提出爐頭（英 Hearth nose；德 Herdnase）這樣的解釋。儘管「壁爐淤泥說」以「名詞＋名詞」的模式解譯並無不當，但由於西方國家似乎多以「連接詞＋名詞」的結構推論，因此更譯為「鷹嘴」。

手足相殘的始末起自亞琳妮菲雅受到姊姊們的奴役，她向索爾求助，希望他能夠前來主持公道。索爾心生一計，與最年長的姊姊同床，誘使其他姊妹除掉長姊，此後循著這個模式除掉順位的長姊，最後姊妹 18 人中，只剩下日後被稱為鷹嘴王后 (Queen Eaglebeak) 的么妹亞琳妮菲雅。

註4：請參照「霜巨人」一節關於摩索尼爾為矮人族始祖的解說。

註5：戈耳貢三姊妹分別是梅杜莎（希 Medousa，統治者）、史提諾（希 Sthenno，力量）、歐律亞雷（希 Euryale，漫遊遙渡）。除了梅杜莎以外，其餘兩姊妹都是不死之身。

註6：此處所謂的芬恩人係指古挪威人稱謂薩米人的譯音，有別於芬人民族 (Finnic)。順道一提的，對於今日瑞典人而言，「Finnar」一詞指的是芬蘭人，古瑞典語將薩米人稱為拉普人 (Lapper)。

註7：原文誤植為「Vagnhofth」。

引1：日譯文摘自谷口幸男譯本。

山巨人

　　北歐約頓巨人的族群中，有一支
稱爲山巨人的亞種。

　　相對於霜巨人與女巨人經常扮演
諸神諮詢對象的角色，山巨人多半被
描述爲與眾神對立的一方。身爲戰士
與工匠的他們，並不擅長約頓巨人共
通的變身術，令人好奇的是他們只懂
得「與對方身體接觸的魔法」，除此
以外一竅不通。施展變身術時，必得
仰賴魔法物品的法力。

▌巨鷲夏基與青春的蘋果

　　以史諾里的詩學入門典籍《新愛
達經》爲例，第二部「詩語法」的第
2～3章提到一則主神奧丁、詭計之神
洛奇與祭司霍尼爾〈Hönir；Honir〉
出行的故事。三人在途中捕獲一頭牡
牛，就地挖洞烤起肉來，經過好一陣
子，始終沒有烤熟。三人就這樣反覆
燒烤牛肉，過了許久還是同樣的結果。

　　此時飛來一隻巨大的鷲鷹，歇息
在橡樹梢上。鷲鷹說道：「分給我一
些牛肉，就告訴你們烤熟的方法。」
飢腸轆轆的眾神答應牠的請求，鷲鷹
隨後卻連肩帶腿攫去泰半牛肉飛走。
此一行徑激怒了洛奇，他抓起一根巨

大的木棍追擊大鷲鷹，棍頭卻黏在鷲
鷹的尾部，連人帶棍拖向半空中。洛
奇深怕胳膊和身體就此分家，便向鷲
鷹求饒，巨鷲卻說道：「把伊敦和她
的蘋果帶來，我就放過你。」

　　伊敦是負責照料「青春蘋果」的
女神，眾神年歲增長後，只要食用這
種蘋果，便得以恢復青春。隨後洛奇
哄騙伊敦來到一處森林，巨鷲立即現
身抓走了女神。事實上這隻巨大的鷲
鷹，正是山巨人夏基（þjazi〈英
Thiazi；Thjazi〉，即是）的化身。

　　由於看管青春蘋果的伊敦被擄
走，諸神的髮際憑添了許多銀白，轉
瞬間變得十分蒼老。眾神把一切罪責
歸咎於洛奇，他只好向美的女神芙蕾
雅借來「鷹羽衣」，化成一隻鷹隼，
隻身潛入了巨人國·約頓海姆。趁夏
基外出不在的期間，他將伊敦變成一
顆樹果，抓著它逃之夭夭。

　　夏基返家後發現伊敦失去蹤影，
也取來自己的「鷲羽衣」化身爲巨
鷲，緊追洛奇不捨，變成鷹隼的洛奇
險些喪命，好不容易才逃回諸神的國
度·阿斯嘉特。眾神隨即以木屑柴薪
堆起一座小山，緊追在後的巨鷲一時

閃避不及，直接撞進了木屑堆中，最後夏基就這樣活生生被點燃的烈火焚身，死於眾神的撲殺之下。

山巨人族的淵源

山巨人的起源至今依然不詳。

「Berg」的本意為「石頭」或「岩石」。山巨人又稱為「Bergbúi」（住在岩石的人），瑞典語稱為「Bergelmir」（化為岩石者）或者「Rese」，法羅語〈丹føroyskt mál；英Faroese〉[註1]稱為「Risin」，相當於德語的男巨人〈Riese〉。

由於「risi」另有「巨大」的含意，也因此「Bergrisi」可以譯作「石巨人」。事實上戰神提爾〈Týr〉的父親修米爾（Hýmir，巨蝦）[註2]的頭部比任何岩石還要堅硬，從他曾經將一只玻璃杯撞擊得支離破碎，根本無從復原的事蹟看來，可以窺知其硬度相當於切割玻璃用的鑽石。

約頓巨人最強大的戰士隆尼爾（Hrúngnir〈Hrungnir；Rungnir〉，賜予手環者）[註3]的頭顱與心臟都是由岩石構成，心臟還長著三支角。魯納神諭符文〈þ〉～這個代表巨人「þurisaz」的三角記號，就是以隆尼爾的心臟外觀為原型創造出來的。

最強大的山巨人戰士‧隆尼爾

根據「詩語法」第24章所述，有一天主神奧丁造訪了巨人隆尼爾的宅邸，乘坐八足駿馬‧斯萊普尼爾翩然到來的他，誇耀自己的坐騎是良駒之最。隆尼爾一聽火冒三丈，誇說自己的愛馬‧葛爾法克西（Gullfaxi，黃金的馬鬃）才是天下第一。他那足以「巨人之怒」（Jötunnmóðr)的慣用語形容的駭人怒火，讓奧丁倉皇失措策馬逃走。

隆尼爾緊追在奧丁之後，一路殺向了阿斯嘉特（Asgarðr〈Asgard〉，眾神圍籬之地）。適巧守護神索爾外出，諸神一時窮於應付，只好張羅酒宴安撫憤怒的約頓巨人。

隆尼爾仗著幾分醉意，揚言要帶走女神芙蕾雅，殺掉其他神祇。就在此時，索爾及時出現，他和隆尼爾發生了口角，兩人決定數日後進行一場決鬥。

這一天隆尼爾手持防身的巨盾，扛著自己充作武器的磨刀石，盛氣凌人地來到戰場。索爾雖然能征慣戰，不難猜想仍有一番惡鬥，然而戰局卻在轉瞬之間立見勝負。原來索爾的人類隨從夏爾菲〈þjálfi；Thialfi；Tjalve〉誘騙隆尼爾說道：「你不該採取這種防禦態勢，索爾主子會從地下攻擊你。」約頓巨人誤信此言，於是將巨盾平放在地，踩在盾牌上擺出攻擊的架勢。

索爾見機不可失，使出渾身的神力（Ásmegin），將硬如鋼鐵的雷神之鎚〈Mjöllnir〉奮力一擲；隆尼爾也發出巨人的炎然怒氣，投出磨刀石應戰。只見磨刀石與神鎚在空中猛烈撞擊，登時一分為二，一半墜落地面，

巨鷲夏基

一半筆直地擊中索爾的頭部，索爾經此一擊不支倒地，但傷勢並未致命。

隆尼爾的額心也遭到雷神之鎚擊中，顱骨當場粉碎，龐大的軀體因此轟然壓倒在因傷無法起身的索爾身上。

此時索爾與女巨人雅恩沙克莎（Járnsaxa，鐵七首）出生不過三天的兒子馬格尼（Magni，力量）見狀跑上前來，關心父親安危的他不費吹灰之力，一舉挪開了巨人的屍體。索爾喜出望外，於是將隆尼爾的金鬃駿馬葛爾法克西送給馬格尼。儘管已經坐擁神駒斯萊普尼爾，主神奧丁還是十分惱恨索爾未將此馬獻給他。

鐵匠與公馬史瓦第菲利

引發這場決鬥的駿馬斯萊普尼爾與山巨人之間，原本就有深遠的淵源。

根據《新愛達經》第一部「受欺惑的吉爾菲」第42章所述，諸神還居住在密德迦（Miðgarðr〈Midgard〉，中心內圍）這處祥和之地的某一天，有一個鐵匠（smiðr〈smith〉）不請自來，聲稱要協助眾神建造一道堅實的城牆，不過事成後，必須將太陽、月亮與美的女神芙蕾雅送給他做為報酬。

主神奧丁渴望得到城牆，又不願割捨任何一切，經過一番算計之後，他提出一個絕不可能完成的期限，要求鐵匠在半年內獨力完成整個工程。鐵匠對此心知肚明，不過他依然表示同意，只是希望能夠使用一匹馬協助

施工，做為交換條件。一旁的洛奇便慫恿道：「不過是瘦馬一匹，能起多大作用？」經此一說，奧丁才答應鐵匠的條件，與對方達成了協議。

豈料這匹貌不驚人的瘦馬史瓦第菲利（Svaðilfœri〈Svadilfari〉，時運不濟的行旅者）卻是個扮豬吃老虎的狠角色，牠日以繼夜地工作，眼看一道厚實堅固的城牆轉眼間就要完成。驚慌失措的眾神認定責任在於洛奇，威脅他要設法阻止，否則便要拿他血祭。

雀屏中選的倒楣鬼洛奇只好搖身一變，成了一匹風情萬種的母馬，前去勾引公馬史瓦第菲利，一時春風驟起，了無盡期。

眼看馬兒不聽使喚，根本無法及時完工，鐵匠史密斯大為光火，不慎爆發巨人之怒，現出了山巨人的真面目。

索爾見巨人現形，反射性地祭出雷神之鎚擊殺了史密斯。奧丁也認為對方既是巨人，自無履行承諾的必要，也就沒有責怪索爾。眾神平白取得一道接近完工的城牆後，將城內稱為神界・阿斯嘉特（Asgarðr〈Asgard〉，眾神的圈地），倚仗城牆據守於此。

密德迦從此變成人類居住的凡間，唯有通過虹橋〈Bifrost；Bivrost〉才能前往諸神所在的阿斯嘉特。然而諸神未能遵守約定，卻為日後種下禍根，最後招來諸神與巨人族之間的最終戰役～諸神的黃昏。

至於曾經化身母馬的洛奇，也因為懷了公馬的愛種，生下一匹八足的幼馬，牠就是奧丁的坐騎・斯萊普尼爾。

▌斯律姆的婚禮

此後巨人對於芙蕾雅求歡索愛的糾纏依然持續不休。根據《老愛達經》的「斯律姆之歌」〈þrymskviða；The Lay of Thrym〉所述，斯律姆（þrymr〈Thrym〉，嘈雜吵鬧）暗中偷走索爾的雷神之鎚，逼他交出芙蕾雅，做為取回武器的代價。

索爾天生神力，然而失去雷神之鎚，畢竟無力保衛諸神的國度。他費盡唇舌試圖說服芙蕾雅出嫁斯律姆，卻換來房舍也為之搖撼的震怒。

索爾出於無奈，只好借來芙蕾雅的衣裳，男扮女裝混入敵方的陣營，令人訝異的是斯律姆竟然對索爾的喬裝渾然不覺！

且說雷神之鎚不僅用於殺敵，也用於新婚的祝福。當索爾一眼望見自己珍愛的武器出現在祝福席上，立即拋下倍感羞辱的女裝，毫不留情地殺死斯律姆在內的所有巨人，這才回到諸神的國度。

▌難纏的敵手哈提與其女赫琳格德

根據《老愛達經》的「休瓦茲之子赫爾基之歌」〈Helgakviða Hjorvar-þssonar；The Lay of Helgi Hjorvarth-

sson〉所述，挪威王子赫爾基率領艦隊，與棲息於哈提峽灣〈Hatafjord，英文為Hati's fiord之意〉的山巨人哈提（Hati，憎恨）交戰。

哈提被視為「巨人族中最難纏的對手」[引1]，他闖入各地的人類民宅強擄婦女，後來死於赫爾基之手。

哈提的妻子橫臥在峽灣的灣頭，本欲伏擊赫爾基艦隊的船首，使其葬身魚腹，結果反倒被一槍刺死。

哈提的女兒赫琳格德（Hrímgerðr霜雪的原野〈英 Hrimgerd；Hrimg-erth〉）也是一名女巫，曾經在海上作法溺斃赫雷斯瓦茲〈Hlöðvarð；Hlothvarth〉英勇的子息們。由於赫爾基的未婚妻史瓦華〈Sváfa；Svava〉等27位女武神上岸護衛赫爾基的艦隊，赫爾基也使出絕技，施展魯納神諭文字致命的魔力，赫琳格德因此為之膽寒，無從下手一洩血恨。

即便如此，赫琳格德依然僥倖生還，要求與赫爾基共度一宿，以此抵償殺父之仇。

赫爾基反倒推薦起洛丁（Loðinn〈Lodin〉，使人成長的）這個以智慧、脾氣暴躁知名的巨人，直說他才是赫琳格德最相配的對象，以此婉拒她的提議。忠心的部下亞特力〈Atli〉也與對方周旋長談，雙方尚未獲得共識之前，晨曦的陽光業已到來，瞬間將赫琳格德化成一尊石像，眾人這才明白這支巨人族原來是夜行性生物。

民間傳說中的倖存者

處於神話時代的山巨人，向來被視爲頭腦簡單、四肢發達的一群，民間傳說中的他們，顯得更爲愚昧無知。許多的山巨人甚至被聰明的少男少女所騙，失去寶貴的生命。

從前有一戶座落山麓的農家，育有三個女兒。他們平時飼養雞群，但其中有一隻母雞只要到了下蛋的時間，就會不知去向，長女於是尾隨在母雞後頭，想要一探究竟。

看著母雞進入一處山腰的洞穴，長女也跟著走進山洞，才發現原來這是巨人的住處。巨人當場抓住少女，但是放走了母雞。

隔天二女兒也在同一過程下，被巨人捉住。

最後連小女兒也同樣落入巨人的手中。然而巨人卻愛上了小女兒，愛得骨軟筋酥欲罷不能，決心娶她爲妻。

小女兒於是利用這個機會，慫恿巨人說道：「你這有不少家當，我們家很窮，如果你肯送些給我母親，她一定會很高興的。」當然這番舉動爲的是要將姊姊藏在裝有巨人家當的布袋中。

巨人就這樣言聽計從，帶著布袋出了家門。來到半途的他覺得有些動靜，正想打開布袋察看，卻聽到不知來自何處的女子叫聲，不許他打開袋子。巨人當是遠在家中的新娘子瞧見自己所爲，不禁稱讚妻子有一副通天

眼。事實上這聲叫喚卻是來自布袋中的長女，巨人平日少與女性接觸，因此無法分辨口音的差異。

如此這般地，長女與二女兒陸續平安地回到了家中。

最後小女兒自己也躲進布袋。不過在此之前，她已經事先準備一具替代自己的稻草人，把一張布花擱在它的腿膝上，同時叮囑巨人說道：「今天我要縫製新娘的裝飾，不可以和我說話。」

渾然不覺地將三姊妹送回娘家的巨人，終於回到了家中。他試著呼喚自己心愛的妻子，對方卻看似專注地縫製衣飾，最後他終於發現那不過是一具稻草人，頓時醒悟自己深受三姊妹的愚弄，怒不可遏之下，竟全身爆裂化成了一堆碎石。

在這一則例子中，巨人雖然未能圓滿成就一樁姻緣，不過人類與巨人之間，還是可能生下混血兒。擁有雙方血緣的結晶，就稱爲「半山巨人」（Hálfbergrisi，或縮寫爲〈Hálfrisi〉）。

根據收錄在丹麥學者克里斯汀‧摩爾貝克所著《民間故事選集》〈*Udvalgte Eventyr og FortAllinger* (1843), by Christian Molbech, 1783～1857〉的一篇「桌布與麵包」所述，有一個王子被女巫以魔法變成巨人，王妃和其他臣子僕從也一併被變成白鵝。有一天王妃發現一個裁縫以堅定的毅力戰勝魔法的誘惑，於是帶領他引見了王子。

裁縫以木棒敲打王子的額頭，化解了施加在身上的魔法，非但如此，王妃與臣子們也都恢復原來的模樣。為了酬謝裁縫，王子賜給他一面只要許願就會變出豐盛大餐的桌布。

取得寶物的裁縫立刻在路上試用，適巧有12個巨人途經此地，因為飢餓難耐，被迫以一件可以叫出軍隊的寶袋和裁縫交換了桌布。豈料裁縫馬上從寶袋喚出軍隊殺死巨人，再次取回了桌巾。

■ 新生代的山巨人

眾神與巨人的紛爭不斷擴大，隨著同伴逐一死去，山巨人也開始懂得謹慎。有的為了自保，甚至事先取出自己的心臟加以藏匿，即便遭到砍殺，依然得以活命。然而一旦藏匿心臟的地點被人發現，巨人就會當場死去。

新生代的巨人中，也逐漸培育出一批性情穩重、遠離爭端的族群。為了維護彼此之間的和平共存，甚至積極地幫助人類。

許久以前，瑞典當地有兩個農夫，一個是富有的農戶，一個是潦倒的貧農，兩人共有一塊牧草地。富農覬覦這片草地，亟思將它據為己有，於是來到貧農的家中下戰帖，規則是誰能在一天之內割取最多的牧草，牧草場就歸屬該人，落敗的一方不得再使用草地。貧農本想拒絕這個挑戰，奈何對方威脅如果不從，就要將他趕走，他只好向富農的威逼低頭。

數日後富農僱用了大批人手，準備和貧農一決勝負；至於窮困的農夫，自然僱用不起任何一人。眼看事情演變到如此地步，貧農心中頓時有了死心的念頭。只是一想到今後餵養牲畜的飼料沒有著落，日暮途窮的他不禁悲從中來。

就在此時，眼前忽然出現一名巨漢，問起貧農悲傷的緣由。貧農將始末告訴對方之後，巨漢留下「只要說三聲『大個子救難爺』，我就會來幫你」這樣一句話，隨即消失了蹤影。

到了約定的這一天，有備而來的富農找來30個幫手，比賽一開始，就見到牧草不斷被快速割除的光景。貧農看著眼前的景象，驚恐得不知所措，隨後突然想起巨漢的叮囑。抱著姑且一試的心態，貧農說了三聲「大個子救難爺」，話才說完，一個手持大鐮刀的巨人忽然現身，來勢洶洶地揮舞鐮刀橫掃牧草地。看著巨人驚天動地的氣勢，在場者無不目瞪口呆，轉瞬間巨人就割除了泰半的牧草。

眼看局勢逆轉，富農登時惱羞成怒，不由得走到巨人身後踢了一腳。然而這一踢猶如螻蟻撼樹，巨人絲毫不覺痛癢。倒是富農的腳竟因此黏在巨人身上，如何也不能脫身（中了山巨人擅長的連體魔法）。富農於是卯足了氣力，又是一腳踢向巨人，結果也黏在巨人身上動彈不得。

巨人割完草地後，就這樣帶著富農不知消失何方，貧困的農夫從此擁

有整片牧草地。

順道一提地，聞名世界的《格林童話集》〈德 Kinder-Und Haus-Marchen : Gesammelt durch die Bruder Grimm, 1818 Republished；Children's and Household Tales〉第64篇「金鵝」〈德 goldene gans；英 golden goose〉也承續了「黏住身體」這個主題。篇中涉及此一魔法的角色雖然是一個小矮人（指 Männchen），然而矮人與巨人之間事實上具有親緣關係，這一點將另闢專章於第三冊中詳細論述。

法羅群島的山巨人

英國遙遠的北方，有一處丹屬法羅群島。島上棲息著一種人稱「力辛」(Risin) 或「史克林斯里」（Skrímsli〈Skrymsli〉，怪物）的巨人，他們善於魔法，經常從地下現身，與農夫比賽較量。

《史克林斯里之歌》〈法羅語 Skrímsla；英 The ballad of Skrimsli〉這首詩中，提到一個農夫在森林中遇上一個力辛巨人，以腦袋和性命做為賭注，要求他下一盤「塔伏棋」(talv)。那是一副以象牙製成白色棋盤，使用數個金骰子（英譯又作棋子）的棋類遊戲。

適巧農夫身上有一副勝利手套 (sigurshandskar)，一輪猛攻之下取勝了對方。力辛巨人只好提議：「只要能保住腦袋，我願意給你應得的代價。」農夫於是向他索求享用不盡的酒肉、以精美華麗的大理石和象牙建造的城堡、以鳳凰羽毛製成被褥的一張床，還有一處可以治癒所有疾病的魔法泉水。

巨人雖然怒火中燒，還是耐住性子履行了承諾。隨後農夫歡天喜地走出家門，巨人卻趁機折斷農夫的腿骨，打得他肚破腸流後，才心滿意足地離去。

親朋友人將看似氣絕的農夫運往城堡後，經由魔法泉水的力量，農夫終於甦醒康復。此後與妻子生兒育女，度過了幸福的一生。

在《洛奇傳說之歌》〈法羅語 Lokka táttur；英 The Loki's Tale Ballad〉這一首詩中，提到一個農夫和力辛巨人進行某種較量後落敗，不得不交出自己的兒子。農夫和孩子向大神奧丁（Odin〈法羅語 Ouvin〉）祈求相助，奧丁將農夫的孩子變成麥穗，藏身在一片麥田裡。由於巨人將麥穗割得一乾二淨，農夫的兒子拚著一死才逃回家中。

接著父子二人又向眾神的祭司霍尼爾〈法羅語 Höner；丹 Hønir〉祈禱。霍尼爾將孩子變成一根羽毛，服貼在天鵝的頭上。巨人又悉數捕捉天鵝，打算一併吞下肚。

農夫的兒子狼狽不堪地逃回家後，和父親一同向洛奇（法羅語 Lokki）禱告。洛奇要農夫建造一個船艙，並且在船艙開啟一面設有鐵欄的窗口，接著就將孩子變成一條大比目

魚的卵。巨人於是又划船出海垂釣，隨即釣上了那條大比目魚，挑揀魚卵數了起來。

農夫之子倉皇逃走，躲藏在洛奇身後[註4]，隨後見機跳上海灘，衝向父親建造的船艙，巨人見狀也追趕上來。就在孩子穿過鐵柵欄進入船艙的瞬間，尾隨的巨人一頭撞進了柵欄的狹縫，一時無法掙脫。

隨後趕來的洛奇趁機砍斷巨人的雙腳，但巨人卻在轉瞬之間接合起來。洛奇於是再次揮刀斷足，趁著傷口癒合之前，在斷腿之間放置石塊與樹枝，無法接回斷肢的巨人因此死去。

從此農夫和兒子生活在一起，再也沒人能拆散他們。

▌食石族

德國作家麥克‧安迪撰寫的《說不完的故事》中，有一種名叫食石族（德Felsenbeisser，咬噬岩石者）的巨人，或許與山巨人也有著親緣關係。他們在好萊塢翻拍的電影《大魔域》中稱之為「食岩怪」（英Rockbiter，吞食岩石者），劇中還安排了一個蹣跚學步、模樣可愛的幼兒登場。

食石族以灰色岩石構成的軀體高達3米，臉孔有如風化後的石塊，強健的體格會發出咬碎石頭般喀拉喀拉的聲響。讓人不禁聯想到齧齒類的一副門牙，猶如並陳的鋼鑿羅列在外。

一如其名，他們平日以攝食岩石為生，舉凡家具、衣裝乃至代步的腳踏車，都是以岩石製成。一個名叫皮勇固 (Pjörnrachzarck) 的食石族，為了通報家鄉遭到「空無」侵襲的危機而前往象牙塔，途中卻經不起腹中陣陣襲來的空虛感，索性將座下的腳踏車吃個精光。

原本食量就不大的他們，一口岩石可以抵上幾週乃至個把月的飢餓。但即便如此，自古便棲身在異世界幻想國 (Phantásien) 的這支種族，由於始終定居在同一地區，當地的山岳因此呈現坑坑洞洞的奇特光景。

此外總人口數並不多，幻想國爆發戰事時，全體動員參戰的男子也不過58人而已。

■ I ■

註1：法羅語是丹屬法羅群島上使用的語言。

註2：一般而言，奧丁被視為提爾的父親，由於母親莎嘉 (Saga) 是修米爾之女，修米爾因此相當於提爾的外祖父。然而根據《老愛達經》的詩篇「修米爾之歌」(Hymiskviða) 的敘述，提爾的祖母是一個有九百個頭的女巨人，她同時也是修米爾的母親，因此修米爾有時也被視為提爾的父親。作者採用父親的說法，應該是根據這個典故。

註3：Hrúngnir 的瑞典語稱為「Rungne」。由於字首「H」的發聲，為一介於「h」與「k」之間的擦音，後來逐漸去化，有了「Rungnir」這樣的說法。本社出版的《西洋神名事典》譯為「芬葛尼爾」，省略了「R」音，故更譯為隆尼爾。採英譯時，可取用英化的隆納 (Rungner)。像這樣以「H」為字首，隨後緊跟著流音「R」時，常使得「H」的發聲被去化，也是北歐語的一個特色。

註4：洛奇隨著巨人出海，以便危急時能夠幫助農夫的孩子。

引1：日譯文摘自谷口幸男譯本。

另剆巨人

在德語圈中，北歐山巨人（Berg-risi）的後裔稱為「另剆」〈漢音作Lìzé〉。他們的力量強大，一拳足以碎岩裂石，甚至能夠擊倒死神〈德Tod，死亡〉。

一處曾經棲息另剆巨人的利希騰堡〈Lichtenberg〉城寨中，有一塊常人根本難以搬動的巨石。位於萊比錫的庫頓〈Kuhturm〉一帶的道路旁，可以見到一塊六根指頭形狀的岩石。方伯〈Landgraf〉山的山巔上，還有一處據說是另剆巨人坐在山上用餐時，掉落湯匙所形成的「石湯匙」遺跡。米爾騰堡〈Miltenberg〉以及克萊寧·毫巴哈〈德Kleinen-Haubach，湍急的小溪〉附近，也可見到巨人為了在緬茵河上架橋而折彎的九根有如把手的巨人石柱〈德Riesensäulen〉，此外德國各地還有許多相傳是巨人投擲巨岩、踩踏地表後留下的痕跡。

另剆巨人如此可怕的力量，同時也在戰場上展露無遺。有個名叫愛因海爾（德Einheer，一支軍團）的巨人，就曾經發揮他人如其名，不亞於整支軍團的戰力。

斐列筆下的傳說

根據作家奧根·斐列的《德意志傳說》〈德 Sagen aus Deutschland, 1962, by Eugen Fehrle〉所述，棲息於山中的另剆巨人身軀龐大，伸出手臂後可與毗鄰另一座山岳的族人握手。他們憑著巨大身軀的條件，只需行走數步便可抵達遙遠的彼方，如果有路人中途遇上他們，甚至可以請求坐在巨人肩頭，搭上一程順風車。巨人非但很少拒絕，而且大多對人們十分和善。

反倒不發一語，逕自和巨人們擦身而過，會帶給自己莫大的危險，只要一個漫不經心，嬌小的人類很可能就被誤認為玩具，直接讓巨人抓進口袋或圍裙裡。在另剆巨人的眼中，山崖的落石如同砂礫一般，他們使用的刀叉十分沉重，絕非人類能夠使用。至於巨人的住家，自然相當的寬廣高大。

曾經有一個另剆巨人，打算在奈德林根〈Neidlingen〉山谷對面的瑞森斯坦〈Reußenstein〉建造一座城堡。由於巨人出手闊綽大方，人們都樂於為他效力。後來巨人發現城堡最高的一處樓塔中，有一扇窗戶少打了一根

釘子，他要求人們打上釘子，否則不願付出酬勞。

在場者任誰也不敢挺身而出，只有一個因為出身貧窮而受到女方家長反對婚事的鎖匠，自告奮勇接下這份差事。他冒死爬上樓塔，眼看就快構著窗戶，巨人卻拎起鎖匠的領子，將他放在窗口上，同時給予一筆鉅額的金錢嘉獎他的勇氣。拜此所賜，鎖匠才得以隆重地完成婚姻大事。

位於德國西南部、靠近德法邊界的洪斯呂克〈Hunsrück〉地區，曾於5世紀遭到匈人〈Huns，或稱匈奴族〉的入侵，當時有一個喜歡投擲岩石與狩獵的男魟巨人，就棲身在特萊澤蕭克〈德Treiser Schock，行路驚魂〉。他會強迫遇上的來往行人陪他狩獵，拖著他們東奔西跑，直到精疲力竭才肯罷休。

有一位住在蕭克瓦德〈德Schock-wald，驚森林〉盡頭的隱士，身上持有一塊能夠制服男魟巨人的石頭。一位少年向隱士借來一用，卻在經過巨人的面前時，過於驚恐而遺落了石頭。不過石塊依然發揮了效用，喜好狩獵的巨人登時安分老實起來，自行躲進一處山洞，最後讓人們封住了洞口。

後來人們和隱士就在原地建造了一處名叫「哥德斯赫夫」（Gotteshof〈亦作Gotteshaus〉，神的宮殿）的神廟。

位於德國西部薩爾州的恩斯海姆〈Ensheim, in Saarland〉附近有一座

高塔，相傳有一名叫克瑞茨曼（德Kreuzmann，十字架怪人）的食人男魟曾住在塔中。後來當地的民團趁著巨人入睡之際，引火焚燒了這座高塔。

盛怒的巨人效法戰力最為強大的先人隆尼爾（Hrungnir，賜予手環者），舉起磨刀石奮力一擲，但因為力道過大，磨刀石竟飛過民團的上方，筆直地插在河流對岸的砂堆裡。眼看一擊不成，克瑞茨曼頓時心生動搖，就在赤手空拳擊殺民團之際轟然跌倒，因此昏死過去。

最後終於有人鼓起勇氣，上前殺死了克瑞茨曼，將他的屍體深埋地下，並以石塊堆成一座小山。這座小山從此被稱為「巨人之墓」〈Riesengrab〉，名為「大長靴」〈Großen Stiefel〉的一處高山頂上，至今還留下一塊人稱「巨人之桌」〈Riesentisch〉的大石板。

順道一提地，北哈茨〈Harz〉山地的丘陵上有一塊岩石，上頭有一處看似巨大馬蹄印的凹陷。關於「馬蹄印遺跡」的由來有著眾多的說法，相傳這是男魟巨人族的一位公主為了逃避族人的求婚，騎著巨馬逃走時，躍過深淵所留下來的，由此可見曾經存在某種足以匹配男魟巨人的巨馬。

▍奧伯菲筆下的軼話

相較於北歐的祖先，民間傳承中的男魟巨人顯得更為思慮單純，往往吃虧上當在人類狡黠的機智之下。

如果撞見男魟巨人們爭奪寶物，

不妨試著對他們說道：「我幫你們看著寶藏，你們大可來一場賽跑，看誰跑得快。」等到兩人跑得老遠後，就可以大搖大擺地取走寶物。有人還曾經因此取得許多令人驚奇的寶貝，例如隱身斗蓬、許願就能前往目的地的許願帽，還有一支斬首劍，只要說聲「除了我，其他人頭都落地」，周遭的人就會身首異處。

夏洛特・奧伯菲的《瓦爾德克的地方故事》(1970)〈*Märchen des Waldecker Landes, by Charlotte Oberfeld, 1915～1998*〉第17篇「綠兔」，提到一個7頭另劌巨人，有一雙跨出一步就能走得老遠的鞋子。另劌巨人把一位公主囚禁在自己的城堡，後來有個以砍柴為生的白髮小矮人慫恿一位王子前來搭救。

另劌巨人提出幾個要求，做為王子帶走公主的條件。他要求王子用一個沒有桶底的木桶舀空整個池水；必須在二天內用木斧砍劈，讓一整座山崩塌；還要他徹夜不眠、不斷地吐口水，聽到巨人呼喚就必須回應。王子起先愁眉不展，後來接受公主的勸說，假寐在她的裙襬上，然而就在這段期間，一切難題竟不知為何迎刃而解。

隨後王子帶著公主交給他的一把另劌巨人的寶劍，砍下了巨人的首級，穿著另劌巨人跨出一步就能走上2哩路的靴子，帶著公主逃走。巨人住在附近的弟弟雖然穿著1步3哩路的長靴隨後追來，然而為時已晚，兩人最後還是逃出了巨人的領地。

第35篇「誅殺巨人」也提到一則另劌巨人王三兄弟的故事，其中兩人分別在熟睡之間、取用泉水解渴之際，逐一遭到襲殺。剩下的第三個巨人也因為鐵棒揮擊落空，摔倒後整個人卡在地上動彈不得，最後被主人翁收拾，把巨人的顏面都丟到家。

▌格林童話的故事

《格林童話集》第20篇「勇敢的小裁縫」〈德 Das tapfere Schneiderlein；The Brave Little Tailor〉這則故事中，提到另劌巨人和一個腰帶繡有「一次打死7個」字樣的小裁縫比力氣。事實上小裁縫一次打死的是7隻蒼蠅，卻被另劌巨人誤以為一次殺死7人。

起先巨人將石塊擠碎到流出水滴的程度，小裁縫見狀也緊握一塊乾酪，捏得冒出了乳汁。接著巨人把石頭丟得又高又遠，小裁縫轉身也丟出一隻小鳥，還自豪地說道：「我丟出去的東西是不會掉回地面的。」巨人於是又和他較量扛大樹，小裁縫假意分擔，卻大刺刺地坐在大樹的枝頭上。後來小裁縫被反彈的樹枝彈上天，為此他還編出逃避獵人射殺才跳過樹頂的歪理搪塞，眼看巨人無法同他一樣跳過樹頂，於是宣告巨人落敗。

隨後巨人帶著小裁縫到自己的山洞過夜，打算趁他熟睡時，將他一棒打死。然而身材短小的小裁縫卻睡在床鋪的角落，平安地躲過一劫，隔天清早巨人見到小裁縫好端端地站在自己面前，驚駭之餘不由得拔腿狂奔。

咢前巨人

故事中還提到一對燒殺擄掠、無惡不作的另蒯巨人搭檔,小裁縫趁他們入睡後,分別以石頭丟擲二人,讓巨人誤以為是對方所為。兩人因此拔起大樹鬥毆,最後同歸於盡。

根據第90篇「年輕的巨人」〈德 Der junge Riese;The Young Giant〉的說法,一個拇指大小的孩童,吸食另蒯巨人的母乳後,成長至巨人般高大的體型。連續喝上六年後,長成的少年力氣之大,甚至能一舉連根拔起樹圍粗大的橡樹。只是狂吃猛喝的食量,卻也變得和另蒯巨人一模一樣。

第121篇「無所畏懼的王子」〈德 Der Königssohn, der sich vor nichts fürchtet;The King's Son Who Feared Nothing〉提到一個意圖加害他人的另蒯巨人。話說有一個王子力氣十足,竟玩得動巨人喜愛的木球遊戲,巨人於是央託王子,希望為自己的未婚妻找來渴望已久的生命樹果。王子長途跋涉歷經艱辛才找到生命之樹,然而果園前卻有獅子看守,而且必須將手臂穿過懸掛在樹上的吊環,才能取得樹果。王子總算克服一切困難達成目的,不但從套住自己臂膀的圓環獲得驚人了力量,同時帶回一頭順從於他的獅子。

豈料巨人將樹果送給未婚妻後,女子卻表示除非有那只圓環,否則不能證明這是巨人親自所為。為了從王子手上奪走圓環,巨人和王子扭打在一起,卻不敵王子的力氣。

巨人於是心生一計,誘騙王子到河中沐浴,趁機偷走王子脫下的臂環,不過隨後就讓忠心的獅子叼回。

接著巨人又趁王子更衣之際,由背後偷襲王子,挖去他的雙眼,將他帶往一處岩石的頂端,一心等待王子失足落崖,獅子卻拖回王子救了他一命。

就在巨人再次將王子帶上高崖,置其生死於不顧之際,卻被飛身撲來的獅子撞下山崖,登時粉身碎骨,摔成了一團肉泥。

第183篇的「巨人與裁縫」〈德 Der Riese und der Schneider;英 The Giant and the Tailor〉也呈現巨人容易受騙的一面。

有一個愛吹牛的裁縫(又是個裁縫!)到森林裡遊玩,遇上一個另蒯巨人,巨人問裁縫為何而來,裁縫隨口答稱自己只想找份差事好填飽肚子。

巨人要他打桶水來,裁縫卻回應道:「為什麼不乾脆把整口井帶回來。」巨人心想裁縫肯定不是個泛泛之輩,於是有了戒心。

接著巨人又要裁縫砍幾捆柴回來,裁縫誇口說道:「為什麼不一口氣把整座森林的樹都砍倒?」

巨人聽了這番話,開始對裁縫有了幾分懼意。隨後巨人要裁縫打幾頭野豬回來下廚,裁縫又大言不慚地說道:「為什麼不乾脆殺個一千頭回來?」

嚇出一身冷汗的另蒯巨人趕緊打消主意,直說希望早點就寢。事實上

巨人一夜未能成眠，心裡老盤算著如何才能打發裁縫。

隔天巨人要求裁縫坐在柳樹上，想要瞧瞧他壓彎柳樹的樣子。裁縫坐上柳樹後，果然壓彎了柳樹，卻在鬆口氣的瞬間，被回彈到九霄雲外。此時巨人內心的喜悅，當然是自不待言了。

第191篇「強盜與他的兒子們」〈德 Der Räuber und seine Söhne；The Robber and his sons〉則重現了英雄奧德修斯與獨眼巨人的劇幕。

在一處距離人類國度有32公里之遙的兩座山谷之間，住著一群藏有金銀財寶的另類巨人。有一天強盜頭子帶著100名部下前去竊取這筆財富，卻讓10個另類巨人逮個正著，就這樣一天一個祭了巨人的五臟廟。

最後只剩下強盜頭子，他假稱有一副藥能夠醫治巨人視力不佳的眼睛，趁機以滾燙的毒藥潑瞎巨人的雙眼，打算混入羊群逃離虎口，最後卻未能得逞。強盜又百般嘗試脫逃，並不因此死心，巨人假意稱讚他的勇氣，送給強盜一只指環。豈料這卻是一個圈套，強盜戴上指環後，便不由自主地脫口而出「我在這裡！」

強盜只好咬斷手指，從指環的魔咒中脫困，卻在奔逃的途中，再次誤闖一處看似猿人的食人巨人家中。當時樹上吊著三具竊賊的屍體，只有一對母子還活著。入夜後，強盜把本該下鍋烹煮的孩子藏在樹後，改以一具竊賊屍體下鍋，做為李代桃僵之計。

從外頭拖回另一具屍體的巨人，將戰利品囫圇下肚後，正想飽餐一鍋肉湯，卻察覺烹煮的不是小孩。巨人頭目打算從懸吊的死屍割些肉來比對燉肉的鮮度，強盜於是趕緊吊在樹上，讓巨人割下一塊肉來。這人肉嚐來自然鮮美可口，巨人便打定主意拿強盜開刀。就在這時候，突然颳起一陣強風，伴隨著轟隆作響的巨雷，把巨人們嚇得鬼哭神嚎，爭先恐後地奪門而逃。

生性怕雷可說是來自北歐祖先的一種遺傳，原來雷神索爾祭起自豪的雷神之鎚擊殺山巨人的那種恐懼，也感染了他們的後代。

相傳萊比錫附近的耶那〈Jena〉曾有一個不聽管教的巨人之子，犯下毆打母親的忤逆罪行，最後也被五雷轟頂，埋身在崩落的土石堆中。

毗鄰德國的各國傳說

從某種角度說來，棲身在今日德國鄰邦的巨人與住民之間，有著比較和諧平穩的關係。

根據奧根‧斐列的《德意志傳說》所述，鄰近丹麥國界的弗爾島〈Insel Föhr〉居民決定在島上建造一座教堂，並選定一個和各村莊同等距離的建地。然而白天辛辛苦苦蓋好的部分，入夜後就被兩個另類巨人破壞，巨人把石材運到舒德蘭黛〈Süderende〉南邊的荒地，按著自己的意思建起了教堂。就在教堂即將完工的前夕，巨人

之間起了爭執，最後兩敗俱傷死去。兩人被埋葬在教會東側的土丘，人稱「巨人之床」（註1）。當島上居民蓋好教堂，從各村莊測量到教堂的距離時，才發現還是巨人選定的地點最公平。

波蘭位於波羅的海沿岸的濱海省，波摩熱〈波 Pomorze；英 Pomerania，波美拉尼亞；德 Pommern；Pommerellen〉也曾經有過另崥巨人的蹤跡，他們對當地人大多抱有敵意，尤其厭惡居民興建教會。

有一天村民決定在札倫汀〈Zarrentin〉建造教堂，另崥巨人一怒之下，決心全體遷往波羅的海沿岸。然而臨去前，巨人們卻一時起意，想要以投石砸毀薩森〈Saßen〉村教堂的高塔。首先他們聚集在斯特拉爾松〈Stralsund〉，從族人中挑出三人，每天分別供應牛、羊、豬肉給三人食用。

最後食用牛肉的巨人投出的巨石擊中了高塔，巨石甚至一路滾到札倫汀村。至今仍保存在當地的這塊岩石上，還可見到巨人五根手指留下的凹痕。

立陶宛的庫利舒尼林〈Kuhrische Nehring〉曾經住著一個名叫妮登〈Nidden〉的女巨人，她有個情人住在雲登堡〈Windenburg〉一處泥濘不堪、難以行走的砂嘴地帶。為了改善土質，使地面變得更為堅硬，妮登請求惡魔運來一整袋礫石，自己則以圍裙盛著海沙，開始了改造工程。然而惡魔卻未能察覺袋子有個破洞，礫石因此掉落了大半。女巨人也因為抓不住圍裙的兩端，讓海沙倒了一地。兩人將彼此的過錯歸罪到對方頭上，因此大吵一架，結果道路還沒完成，就這樣提前收工。

根據葛哈德・艾克的作品《失去的家鄉流傳的故事》〈德 Sagen der verlorenen Heimat, 1959, by Gerhard Aick〉所述，波羅的海三國中的拉脫維亞首都里加市〈Riga City〉，相傳是以另崥巨人留下的財富建立起來的。有一個來自不萊梅的商人在海上遇到風暴，漂流來到此地，他和當地隸屬芬族一支的利夫人〈芬 Livno；英 Livs；Livonian〉（註2）交易時，運貨途中飽受水流湍急的渡河之苦。就在此時，一名自稱葛羅瑟・克里斯多夫（Große Christoph，偉大的救世主）的另崥巨人出現在眾人眼前，答應以廉價的勞力，扛著貨物和人們過河。

有一天晚上，克里斯多夫在一個男孩的央求之下，讓他坐在肩上無償渡河。兩人來到對岸後，巨人先安頓男孩就寢，這才安心地入睡，豈料隔天一早醒來，卻不見男孩的蹤影，原先男孩睡過的一席樹葉，悉數變成了黃金。

克里斯多夫去世後，人們決定以這筆無人繼承的財產做為建設里加市的基金。為了紀念他，還塑造了一尊克里斯多夫肩上坐著男孩的雕像，而這個男孩，據說就是基督的化身。

根據格林兄弟《德國傳說集》〈德

Deutsche Sagen I-II, 1816～1818；英 *German Legends*〉^(註3)的一篇「馬蹄印與惡魔深淵」〈德 Der Roßtrapp und der Kreetpfuhl〉所述，流經捷克波希米亞地區的波德河〈R. Bode〉附近有一座高山，住著一個名叫波多 (Bodo) 的夘鹵巨人，他在前往波蘭西里西亞〈波 Ślask；英 Silesia 或 Schlesia〉地區的巨人山 (Riesengebirge)，向「山女王」艾瑪（Emma，一切）求婚的途中不慎失足，連同獻給艾瑪的王冠一齊滾落波德河。據說從此以後，波多就化身爲一頭黑犬，始終守護著這頂王冠。

不過根據德國詩人亨利希・海涅《流放的諸神》〈德 *Die Götter im Exil：Elementargeister,* 1853, by Heinrich Heine, 1797～1856；英 *The Gods in Exile*〉^(註4)一書的說法，夘鹵巨人的人口逐年減少，今日早已不復存在。

有許多山岳曾經都是夘鹵巨人的棲息地，仔細尋找還可以發現他們的骨骸。但如果刻意破壞巨人的墳墓，就會聽到好像一連串鑰匙碰撞的聲響。

法國也有一種和夘鹵巨人同類的伊索勒巨人〈法 Géant Ysoré〉^(註5)，據說即便死後入土，還會要求侵入者撫平他們受到打擾的憤怒。

如果不想滋生事端，還是別吵醒他們的好。

註1：以往德文中的「床」也代表墳墓，取其「死者長眠之地」的意思。
註2：指居住於利沃尼亞一帶的少數民族，屬於芬族・烏戈爾族的一支。
註3：格林兄弟於 1816 年發行第一冊，內容以地方傳說爲主；1818 年發行的第二冊偏向歷史與神話的範疇。
註4：原文將《流放的諸神》出版年份誤植爲 1835。日譯本標題作《流刑の神ヤ々・精靈物語》（1980）。
註5：因時點的不同，尚有 Issoire, Isoire, Isoere, Isoré 等說法。

貅猊巨人

另謂巨人在德國還有另一「貅猊」的別名。它的原意正是「巨大」，相當於英文的「Huge」[註1]。

根據格林兄弟的《德國傳說集》第326篇「巨人之血」〈Das Hünenblut〉所述，哈凱爾山〈Hackelberg〉附近有一處水色朱紅、名叫巨人之血〈Hünenblut〉的積水窪地。相傳有個貅猊被其他巨人追趕，讓一座古塔絆倒，他一頭撞在巨岩上，鼻梁登時斷裂流出血來，從此遺留至今，而這灘來自貅猊巨人的血水，始終不曾乾涸。

根據另一種說法，巨人是在嬉戲時跳過村莊上空，被塔頂劃破腳拇指，才留下這池血水的。

相較於「Riese」一詞，「Hüne」在民間傳說中使用的頻率格外偏少[註2]。因此為了將德國英雄史詩中強大的巨人，與矮化於民間傳說中的另謂巨人做一區隔，本書特別將貅猊巨人彙整於本節。

在英雄史詩中，大多可以見到這些因為力氣驚人而獲得賞識的巨人被派駐為城堡的守兵。也有一些巨人會穿上光彩奪目的鎧甲，竭力與入侵者生死搏鬥，致力於使命的完成，不過他們魯莽粗暴的舉動，卻常給雇主帶來困擾。

另有一些巨人會據山為王，脅迫人們繳稅納貢，甚至驅使山中的矮人族〈德Zwerge〉從事粗重的勞役。

傳說中有一位名叫狄崔希・馮・伯恩〈Dietrich von Bern〈Dietrîch von Berne〉〉的英雄，他是以公元471～526年間登上東哥德王寶座的真實人物～維洛那國王狄奧多里克〈Theodoric, King of Verona〉為藍本塑造出來的人物。寫於13世紀初的《英雄詩篇》〈德 Das Heldenbuch 或 Der Helden Buoch；英 Book of Heroes〉收錄了數篇以狄崔希為主角的史詩，他所面對的敵手清一色是巨人。

稍後冰島人將這些詩篇拾遺補闕，編成一本散文，也就是完成於1254年的《伯恩的希德瑞克傳奇》〈冰 þiðreks saga af Bern；The Saga of Thidrek of Bern〉。主角正是標題中的希德瑞克〈þiðrek〈þjóðrekr；Thidrek〉〉，不過與德國的傳承相較之下，細節上有若干相異之處。

接下來就讓我們以《英雄詩篇》為主，輔以《伯恩的希德瑞克傳奇》做為

必要的說明，為各位細說這段史詩。

威克蘭與13名巨人組成的軍團

根據《英雄詩篇》的「狄崔希的初旅」〈德 Dietrichs erste Ausfahrt〉所述，手持鐵棍駐守於茅特城〈Mauter〉的巨人威克蘭〈德 Wicram，中古德 Wikram；Wikeram〉，從背後偷襲迷途的英雄狄崔希，看上贖金的他甚至俘虜對方，警告狄崔希三緘其口，不得將他使用卑鄙手段的情事告訴他人。隨後城主獲悉威克蘭搶走俘虜食物的惡行，威克蘭為此挨了一頓斥責，因此銜恨起狄崔希來。

威克蘭之子‧格蘭德哥魯斯〈德 Grandegrûs〉本想一棒殺死手無寸鐵的狄崔希，卻被投石競賽用的巨石撞及胸膛，當場氣絕身亡。

接著強大的巨人胡雷〈德 Hülle〉被傳喚前來助陣，所幸在城主胞妹的協助之下，狄崔希總算得以武裝自己應戰。由於胡雷的鐵棍擊中狄崔希的護盾時應聲折斷，同時身被12處重創，深信勝券在握的狄崔希因此大意起來，反被胡雷一棍擊中，不過他隨即返身一劍，將對手劈成兩半。

就在大批援軍趕來解救狄崔希之際，過去飽受巨人招來無數災難與恥辱的城主，終於棄巨人於不顧。畢竟抵抗敵軍，非但可能失去領地，更可能因此喪命。

由於再次遭到臨走前的城主破口大罵，11個巨人積壓了滿腹憤恨，於是和騎士們捉雙廝殺起來。

阿戴爾蘭特〈德 Adelrant〉的鐵棍與伊米安王〈德 König Immian〉的寶劍交迸出熾烈的火花，他先一棍擊落伊米安王的戰盔，卻被對手刺中下腹而死。

菲倫華特〈德 Fellenwalt；Vellenwalt〉與傳說中的四臂戰士海魅〈德 Heime；中德 Hama；冰 Heimir〉交手，被一劍劈開天靈蓋，傷口長及唇齒。

沃夫蘭特〈德 Wolfrant；Wolferant〉與傳奇鐵匠‧韋蘭德〈德 Wieland；冰 Velent；英 Wayland〉之子韋提各〈德 Witege；Wittich；冰 Viðga；Vidga〉對陣，他使出渾身一擊打得韋提各屈膝跪地，卻被對手逆勢反刺，一劍斃命。

菲爾森斯托斯〈德 Felsenstoß〉發出了駭人的怒吼，那地動山搖般的咆哮，瞬間震撼了戰士沃夫哈特〈德 Wolfhart；英 Wolfhard〉，卻在撲身上前之際，被一劍貫穿身軀而死。

摩瑞安〈德 Morean〉甩動長鬚一度絆倒了狄崔希，最後也人頭落地。

緊接著阿斯普利安〈德 Asprian〉、摩萊因〈德 Morein〉、迦列蘭特〈德 Galerant〉、瓦德布蘭〈德 Waldebrant〉等巨人，都逐一死於戰士之手。

至於俘虜狄崔希的威克蘭，與全副武裝、騎著戰馬的狄崔希經過漫長的生死搏鬥之後，終於力竭戰死。

碩果僅存的瑪梅洛特〈德 Mamerolt）也被狄崔希的師傅‧老將希爾德布蘭（德 Hildebrand〈冰 Hildibrandr〉，女戰士的烙印；同時也是戰士沃夫哈特的伯父）奮力擊殺。

「矮人王勞林」〈Laurin〉該篇中提到矮人王勞林〈德 Zwergenkönigs Laurin〉於山洞中擒獲狄崔希等人後，派出手下的五名巨人與俘虜格鬥。面對手持鋼棍前來挑戰的巨人，挺身迎戰的是狄崔希、希爾德布蘭、希爾德布蘭的侄兒沃夫哈特、狄崔希麾下的騎士狄特萊夫〈德 Dietleib；冰 þéttleifr；英 Thetleif〉，以及鐵匠韋蘭德之子韋提各等擊殺過巨人的猛將。單打獨鬥的結果，瞬間勝負立判，一時血流成河，血水竟深及腳踝。

▌巨人格林與希爾姐夫妻檔

「席格諾」〈Sigenôt〉一篇中描寫了巨人們強大的戰力，讓人意想不到如此驍勇的巨人，竟然會委身在人類的旗下。

英雄狄崔希捉住一個以狡獪奸詐知名的矮人歐普利斯〈德 Alpris，別稱 Alberich；Elbegast；冰 Álfrekr〉，並從這個惡名昭彰的盜賊口中，得知一對名叫格林〈德 Grim〈冰 Grímr〉，醜陋的〉與希爾姐（德 Hilda〈冰 Hildr〉，女戰士）的巨人夫婦擁有一筆巨大的財富。格林一人之力能抵12人之眾，妻子希爾姐更為剽悍，兩人的性情都十分凶狠暴戾。

狄崔希逼迫歐普利斯將他一手打

造送給格林的寶劍納格靈（Nagelring；〈冰 Naglfringr；英文作 Nail-ring，釘環劍之意〉）偷來，做為放他一條生路的條件。隨後狄崔希與師傅希爾德布蘭立即動身，前往巨人夫婦所在的洞穴，雙方隨即展開一場廝殺。

順道一提地，在《伯恩的希德瑞克傳奇》中，這對巨人夫妻在各地作亂為禍，使伯恩飽受戰火的摧殘。換言之，雙方的爭鬥並不只是單純的遭遇戰，而是一場國土的保衛戰。事件發生的當時，希德瑞克不過12歲，這也是他的初征與首役。

且說失去納格靈寶劍的格林，隨手舉起一株猛烈燃燒的大樹從容應戰。希爾姐也縱身一跳，將希爾德布蘭壓倒在地，她那足以讓人噴出血霧的一雙魔爪緊緊扣住對手的臂膀，同時轉動膝蓋猛力擠壓希爾德布蘭的胸口。聽到希爾德布蘭瀕臨死亡的呼救，狄崔希一劍砍斷格林的腦袋，再回身一擊將希爾姐攔腰截斷！

然而希爾姐隨即施展專精的魔法，接合並復原分斷的軀體。狄崔希雖然補上直劈的一劍，從背脊以下一分為二，還是同樣的結果。最後在希爾德布蘭的指示之下，狄崔希再次腰斬對手，一腳阻斷在希爾姐的上下軀體之間，這才解決了下半身。一息尚存的她心有未甘地埋怨起丈夫格林，如果採用和她同樣的戰術對付狄崔希，兩人不會落敗，說完就這樣抱憾死去。經此一戰，狄崔希不但取得巨人的金銀財寶，同時獲得矮人毛普利

貅猊巨人

安〈德Malpriant〉打造的一頂堅硬無比、熠熠生輝的戰盔，取名爲「希爾德格林」(Hildegrim)。

所向無敵的席格諾

後來就連格林從未嚐過敗績、能耐遠勝過他的侄兒席格諾（德Sigenot〈冰Sigenóð，勝利的痛苦〉）也向狄崔希挑起一場大戰。相傳席格諾是當時身軀最爲龐大的巨人，他的全身覆蓋在一層淋過龍血的角質下，滑膩的皮膚能夠瞬間滑開刀劍。手足堅硬如石，雙眼血紅似火，入睡後的氣息足以撼動林木。手中持有一把光可鑑人、四個棍角猶如利刃的鐵棍，頭戴一頂光彩耀眼、足以照亮森林的頭盔。

與狄崔希不期而遇的席格諾，得知對手便是殺害叔父格林的狄崔希後，立即揮動鐵棍、拔起大樹開啓了戰端。起先狄崔希的劍只能揮及席格諾龐大身軀的腰際，然而就在膠著漫長的格鬥中，怒上心頭的狄崔希溫熱的氣息，逐漸軟化了對手角質化的皮膚〔據說狄崔希曾與惡魔（一說魔法之神奧丁）交易，因而獲得此一能力〕。席格諾即刻回到森林裡，取來一面原本懸掛在樹上、角質化的表面覆蓋一層厚鋼、大小有如倉門的巨盾，再次延燒了戰火。

經此巨盾猛烈一撞，狄崔希不支倒地，乍看之下似已氣絕，席格諾認爲勝負已分，便朝著身體側面一踢，豈料翻滾了幾下的狄崔希卻活力依舊，他順勢翻身而起，一擊粉碎了巨盾。

原來狄崔希來到這處森林的途中，解救了矮人巴爾頓〈德Baldung〉，從而獲贈一顆不會感到飢渴、隨時保有體力的奇石。

兩人鏖戰了三天之後，巨人總算終於成功地壓制住狄崔希，將他的手腳牢牢綑住。然而席格諾並未遵守騎士之道，痛快地了斷對手，反而解除狄崔希的武裝，將他丟入自己飼養的蛇龍〈德Lindwurm，長蟲〉棲息的巢穴，打算餵食這群寵物。席格諾稍後以青苔、麻屑裹傷，對於自己從未遭逢如此驍勇善戰的騎士，不免感觸良多咋舌不已。

不久希爾德布蘭也一路追蹤狄崔希而來。席格諾即刻迎戰來將，他一手抓住希爾德布蘭的長鬚，以皮繩綑了起來。然而希爾德布蘭極力掙扎，席格諾唯恐皮繩支撐不住，回頭想要取來一副更堅固的鐵圈，卻讓希爾德布蘭趁機逃脫。

席格諾後悔莫及，只能以手中劍迎戰取得狄崔希裝備的希爾德布蘭，最後被寶劍納格靈砍下首級，狄崔希也因此從蛇龍洞中平安獲救。

由於獲贈自矮人的小石子，也具有一種免於蛇龍侵害的力量，狄崔希才能夠倖免於難。

法索特三兄弟與倫澤家族

《埃克之旅》〈德Ecken ausfahrt，另有「埃克之歌」Eckenlied, Ecken Liet〉這篇詩歌，是由科恩〈Kern〉

的巨人勇士三兄弟談起狄崔希的豐功偉業揭開整個序幕的。話說長兄法索特〈德Fasolt；Vasolt〉嫉妒勇力過人的二弟埃克〈德Ecke；冰Ekka，刀刃〉，總是在他的面前不斷讚美狄崔希。年方二十的埃克於是有了較量之心，他即刻啓程尋找狄崔希，要和對方一決高下。如此一來卻正中法索特的下懷，因爲只要埃克一死，他就能接手埃克的遺產。法索特心念一動，嘴角不禁泛起了一抹微笑。

唯獨么弟埃本洛〈Ebenrot〉扶著埃克的肩膀罵道：「狄崔希趁人熟睡之際，殺害了葛林和希爾妲，是個手段卑劣的小人！」

科恩女王賽柏格〈德Seburg〉得知此事後，也想親眼見識這位名聞遐邇的狄崔希，於是就把一套經過矮人精雕細琢、浸泡過龍血的金鎖堅甲「歐特尼〈德Ortnit；英Ortnid〉」賜給埃克，囑咐他務必將狄崔希生擒來見。除此以外，賽柏格又賜予他兜鍪護盾、一把收在黃金劍鞘的寶劍‧埃克薩斯〈德Eckesax〈冰Ekkisax〉，刀之劍〉，親手將它們交給埃克著裝披掛。女王原本還打算賞賜戰馬，埃克認爲世上沒有馬能承受他龐大的身軀，於是婉拒了這番美意。

懷抱著任務完成後能與女王溫存浪漫的滿心期待，埃克踏上了尋找狄崔希的旅程。他一路以光芒四射的戰盔希爾德格林做爲搜尋標的，終於找到了狄崔希。

起初埃克以「殺死我，就能取得這一身華麗的裝備」等說詞挑釁對方，然而稍早狄崔希曾與萊茵四勇士有過一番激戰，疲憊不堪的他實在找不出理由和素昧平生的埃克交手，於是拒絕了挑戰。最後卻讓對方辱罵爲懦夫，情非得已之下，不得不干戈相見。

由於當時天色已晚，只能憑著彼此甲冑返照的餘光，和交鋒時四濺的火花，展開你來我往的辨位戰。隨後果真印證早先的疑慮，狄崔希的體力已耗損至極，他只好提出休戰至明晨的請求。事實上埃克也一路不眠不休地尋找狄崔希而來，他接受此一提議，雙方決定以一睡一醒交替輪睡的方式，休息至明日清晨。

就這樣埃克先行入睡，接著由狄崔希補眠，然而埃克卻耐不住獨自的等待，天色尚未啓明，狄崔希就被一腳踢醒，戰火因此再起。後來埃克改以雙手緊握埃克薩斯的全力一擊，應聲劈開了狄崔希的護盾。面對躲藏於林蔭間、伺機反擊的狄崔希，埃克展開勸降的攻勢，狄崔希非但不從，更且趁機刺向埃克，將對方壓倒在地。

雙方的廝殺一時轉爲肉搏戰，狄崔希忍住對手剝開傷口的痛楚，奮力騎上了戰馬。他二度向埃克勸降，埃克卻回應道：「我寧可一死，也不願投降於你！」眼見對手抵死不從，狄崔希出於無奈，只好成全埃克。

經過這場戰鬥後，狄崔希的裝備已經殘破不堪，便悉數接收了埃克的裝備。看著眼前不合身的過長鎧甲，

狄崔希試著砍斷下襬，但是徒勞無功。隨後改用埃克薩斯，才一舉切斷多餘的下緣。接著又卸下希爾德格林盔上的寶石，鑲入新取得的戰盔。為了傳達埃克之死的真義，他將埃克的首級繫於馬上，一路朝著科恩挺進。

途中有一水精治癒了他的傷勢，狄崔希還收服了埃克的兄長法索特。然而懷恨在心的法索特卻哄騙狄崔希，故意引導他來到巨人勇士瓦利希〈德 Walrich；Wallreich〉的家中。

適巧瓦利希為了替死去的埃克復仇，帶著所有部下外出尋找狄崔希的行蹤，家中只有法索特的堂兄弟·埃克諾（Eckenot，刀刃帶來的痛苦）留守。當狄崔希表明殺害埃克的人正是自己後，埃克諾隨即舞動長矛一輪猛刺，最後被狄崔希以埃克薩斯一劍穿心。

眼看此計未能收拾狄崔希，法索特又趁著狄崔希夜宿於泉水旁之際，悄悄地就近趕往女巨人倫澤〈德 Runze；Runse〉的城堡，以「埃克入睡後遭人襲殺」等謊言搬弄是非。倫澤於是全體動員，帶著兒子澤雷〈Zere〉、韋德利希〈Welderich〉，與卡列希、露澤〈Rütze〉等女巨人，來到狄崔希的跟前將他喚醒。

面對輕易揮動鐵棍來襲的倫澤，好夢難圓的狄崔希始終手下留情，不願傷害眼前的女流之輩，然而聽到對方咒罵自己是個「襲取熟睡者性命的無恥之徒」，狄崔希一時怒髮衝冠，先是斬斷倫澤一腳，繼而砍下她的首級。

為了替母親報仇，澤雷立即殺上前來。雙方一直鏖戰到日暮時分，才由狄崔希勝出。

看著兄長死去的韋德利希旋即投降，同時感謝狄崔希為他殺死過往一直虐待自己的母親和兄長。繼任為新城主的他，盛情款待了狄崔希，同時嚴命另外兩名女巨人不得侵犯嘉賓。非但如此，狄崔希還從他身上得知法索特以謊言鼓動倫澤的背後真相，最後索性一劍劈死法索特，任其曝屍荒野。

就這樣狄崔希一路來到了科恩，他拋下埃克的首級，任其滾落在呆若木雞的賽柏格女王面前，感嘆地說道：「因為你們無知的慈恿唆使，才失去了埃克這位偉大的勇士」。

《伯恩的希德瑞克傳奇》同樣提到這段故事，內容卻明顯大異其趣。

故事中的賽柏格是雄踞「龍岩山」（Drekanfels，龍之岩）的女王，育有九個女兒的她是埃克的妻子。釘環劍和埃克薩斯這兩把寶劍，也並非出自矮人之手，而是人稱「精靈王」的傳奇鐵匠韋蘭德（德 Wieland〈冰 Velent〉）一手打造。時值十八歲的埃克與希德瑞克之間，經過了漫長的對決，依然不見勝負，最後希德瑞克勒緊馬韁，讓坐騎法爾克（德 Falke〈冰 Fálka〉）踹斷了埃克的背脊。

法索德（德、冰 Fasold）的戰力

更勝埃克，一記重擊就讓希德瑞克倒地不起。法索德認定希德瑞克已經斷氣，便置之不理未加檢視（或許是因為過去從未有人經此一擊，還能僥倖生還的緣故），然而見到恢復意識的希德瑞克再次前來挑戰時，此刻的他也不禁躊躇起來。在希德瑞克一聲懦夫的辱罵之下，法索德被迫出手，他在希德瑞克身上留下 3 處傷口，自己也受創 5 處，眼看勝算無多，索性臣服於希德瑞克，立下永結盟好的誓言。

前往「龍岩山女王」根據地途中遭遇的對象也不再是巨人，而是看似巨象的猛獸，希德瑞克與愛馬法爾克齊心協力，終於打倒了對手。

接著一行人又遇上巨龍的攔阻，希德瑞克與法索德並肩作戰，救出叼在巨龍嘴下的騎士辛特蘭〈德、冰 Sintram〉，而辛特蘭正是希德瑞克的師傅希爾德布蘭的侄兒。

最後「龍岩山女王」的九個女兒，分別下嫁希德瑞克、法索德等騎士為妻。法索德則繼死去的埃克之後，統治整個龍岩山。

法索德與希德瑞克兩人的友誼，始終堅定不移。希德瑞克與日耳曼代表性的另外一位英雄席格德（冰 Sigurðr〈德 Siegfried，齊格飛〉）旗下的騎士競技時，法索德也獲選為參賽的 12 名勇士之一。隨後卻在比賽中被席格德麾下騎士輕易擊敗，綁在樹幹成了人質。希德瑞克旗下 12 勇士之一

的亞美隆（德 Amelung〈冰 Amlungr〉）與希德瑞克之間其實有著血緣關係，由於他的勝出，才得以換回人質法索德。

席格德效忠的國王伊頌（德 Isung〈冰 ísungr〉）與鄰國交戰時，也曾經前來邀請法索德參戰。法索德一口允諾，繼而與敵軍主將赫德尼（德、冰 Hertnit）二世交戰，最後光榮戰死。

威奇能家族

《伯恩的希德瑞克傳奇》還有一個《英雄詩篇》沒有的特點，就是收錄了威奇能 (Wilkinen) 這支巨人家族的故事。

威奇能之子諾第安王（Nordian 北方）遭到赫德尼 (Hirtnit) 一世的猛攻，從此歸順了對方。赫德尼一世崩逝後，將國家分別交由王子奧森崔斯 (Osantrix) 與瓦德瑪 (Waldemar) 二人治理，當時諾第安選擇跟隨奧森崔斯。諾第安去世後，其子阿斯皮里安 (Aspilian) 與三個弟弟依舊出仕奧森崔斯。

後來奧森崔斯向匈族的公主歐姐 (Oda) 求婚，匈族王梅利亞斯 (Melias) 始終不願首肯，奧森崔斯於是帶著巨人四兄弟潛入匈族的都邑，來到匈族王梅利亞斯的跟前，隱名改姓的他數度低頭請願，希望匈族王收他為帳下騎士。

巨人兄弟中被譽為戰力之最的「棍棒・威道夫」〈德 Widolf mit der

Stange，或作 Widolt；冰 Viðólf mittumstanga〉見到自己的主子向他人卑躬屈膝，一時火冒三丈。以往威道夫始終被銬在枷鎖之下，由另外兩位巨人兄弟亞汶特洛（德 Aventrod〈冰 Aventroð〉）與艾德格（德 Etger〈冰 Eðgeirr〉）以鐵鍊左右牽制。然而此時的鐵鍊卻只是單薄地繫在匈人都邑的城牆上。

威道夫猛力掙脫枷鎖後大開殺戒，將周遭一帶夷為平地。奧森崔斯沒想到會在這個節骨眼上開戰，但既已挑起戰端，也只有接受眼前的事實。國王梅利亞斯落荒而逃後，奧森崔斯送給歐妲一隻金靴和銀鞋，據說歐妲就這樣接受了求婚。

後來奧森崔斯與匈族的阿提拉〈德 Etzel；冰 Atli；英 Attila〉大帝、希德瑞克二人聯手的同盟大軍全面對決，當然「棍棒・威道夫」也終於從束縛中解脫，大顯了一番身手。就連巨人後裔的騎士韋提各（德 Witig〈冰 Viðga〉），也被威道夫一擊落馬，成了階下囚。

為了救出韋提各，希德瑞克麾下的騎士「野熊・維德貝爾」（德 Wildeber〈冰 Vildifer；Vildiver〉）披上內著鎧甲的整隻熊毛皮扮成熊的模樣，潛入奧森崔斯的王宮。希德瑞克的宮廷詩人伊頌（Isung〈有別於伊頌王〉）則冒充「馴熊師」，和維德貝爾表演馴獸的戲碼，博得觀眾熱烈的喝采。

一旁觀賞的奧森崔斯看得心血來潮，下令放出獵犬和熊廝殺起來。如果只是一兩隻獵犬，倒也容易應付，然而在獵犬群起圍攻之下，維德貝爾也不得不站起身來，一把抓住獵犬充當棍棒，頃刻之間橫掃了群狗，暴露出人類才有的舉動。

此時才發覺中計的奧森崔斯，立即拔劍衝上前去，刀劍卻無法傷及熊皮與鎧甲的雙重保護。眼看事已至此，維德貝爾索性露出原形，奪下敵劍接連殺死巨人之最的「棍棒・威道夫」、亞汶洛特兄弟，以及奧森崔斯眾多的部下。韋提各也趁亂逃走，與維德貝爾等人會合之後，終於平安歸來。

然而韋提各心中始終難忘自己落敗於巨人之手的恥辱。有一天眾人為了參加競技，途經巨人兄弟的倖存者・艾德格盤據的森林，韋提各自告奮勇前去收服，一舉達成了使命。

他割下艾德格的舌頭，將湧出的鮮血塗在自己的臉上，跟蹌地回到同伴跟前，遺恨地說道：「我快死了，巨人殺了我……」嚇得一群人四散奔逃，唯獨希德瑞克識破他的演技，兩人相視一陣後放聲大笑。經過這件事後，韋提各終於洗雪了污名。

有一天為了擴張地盤，巨人兄弟中碩果僅存的阿斯皮里安殺入一間修道院。豈料傳說中的四臂騎士海魅（德 Heime〈冰 Heimir〉）就隱居在修道院中。一生功勳顯赫，從而獲得希德瑞克親賜「釘環劍・納格靈」的他，再次手握寶劍，一舉擊殺了阿斯

皮里安。

此一英勇的事蹟，使得海魅再次歸建在希德瑞克的旗下，後來卻在討伐一個無名巨人時，敗死於巨人的洞穴。日後為他復仇的，正是海魅的主子希德瑞克。

■ 瓦德家族

巨人家族的始祖威奇能，還有一個和諾第安同父異母的兒子瓦德（德Wade〈冰Vaði〉，徒步涉水）。相傳瓦德的母親是個水精，因此瓦德族人和水有很深的淵源。

身軀龐大的瓦德徒步渡過海峽時，海水只淹到他腰帶的下緣。

瓦德有個名叫韋蘭德 (Wieland) 的兒子，他把韋蘭德託付給矮人，預付整整一年的學費，讓他學習冶煉鍛造的技能。到了第二年，心折於韋蘭德一身巧藝的矮人甚至退還學費，將他留在自己的身邊。

然而生性反覆無常的矮人馬上就後悔了，他向瓦德提出一個條件：「如果一年後不來接走韋蘭德，就要砍下他的腦袋」。

到了期限前的第三天，瓦德依約前來迎接自己的兒子，前往矮人山岳的洞口卻尚未開啟。就在等待開山的這段期間，鼾聲睡息足以震動大樹的他過於沉睡，竟被活埋在一場夾帶豪雨的地震引發的山崩之下。

即便來到今日，山中還有居民不時聽見瓦德的鼾聲，甚至指稱瓦德翻身時，整座山都會跟著搖晃，相信瓦德至今還活著。

且說韋蘭德得知父親的死訊後，憑著一己之力逃出了矮人山，為平凡的世間塑造了無數精良的神兵利器與傑出的子息韋提各。

韋提各無意和父親同樣走上鐵匠之路，只希望自己一如往昔跟隨希德瑞克，成就崇高的騎士之道。直到有一天，韋提各被迫要殺死希德瑞克的親弟弟，陷入進退兩難的困境，唯恐招來怒責的他選擇逃走，一路出亡來到湖邊，據說此時水精突然現身，庇護了走投無路的韋提各。

■ 提洛女王維吉娜與巨人的傳說

蘇格蘭作家唐納·麥肯錫的著作《日耳曼神話傳說》〈Teutonic Myth and Legend (1912), by Donald Alexander MacKenzie, 1873～1936〉，也提到許多狄崔希和巨人之間趣味盎然的故事。

奧地利提洛山〈Tirol；英Tyrol〉的耶拉斯本〈Jeraspunt，又作Garaspunt〉有一位維吉娜〈Virginal〉女王，她靠著王冠上魔法寶石的力量，將矮人與巨人邦國治理的安和樂利。有一天巨人奧基斯〈Orkise〉突然帶著自己的咒術師兒子亞尼巴斯〈Janibas〉襲擊了此地，每到新月時分，就會要求女王獻上一名侍女，將她生吞活剝。

狄崔希與師傅希爾德布蘭聞訊後火速馳援，卻中了疑似奧基斯手下的

矮人詭計，兩人因此失散於途中。希爾德布蘭隨後就在森林遭遇奧基斯，還有帶著一群黑狗、一身黑衣裝束的亞尼巴斯，他奮勇殺死奧基斯，救出了本該活祭的侍女。遠在另一端的狄崔希雖然也陷入奧基斯手下巨人部隊的包圍，最後巨人還是逐一倒在他的劍下。希爾德布蘭對此毫不知情，唯恐主君有失，便放過了眼前的亞尼巴斯，逕自馳援狄崔希而去。

狄崔希師徒二人來到奧基斯的大本營後，於城門前遭遇手持巨棒的眾多巨人激烈的抵抗。就在逐一解決巨人的同時，一身黑衣的亞尼巴斯悄然現身，唅唅有詞唱起了咒語，轉眼間又從地下冒出更多的巨人。

抱著抵死不退的決心，師徒二人悉數解決了巨人，緊接而來的卻是無以名之的爬蟲與飛龍。就在艱苦對抗這批對手的期間，太白揭曉驅散了夜色，等到二人察覺時，已經不見亞尼巴斯的蹤影。師徒入城後發現三名侍女，順手救出了三人。

一行前往耶拉斯本的路上，滿腦子只想見到維吉娜的狄崔希，離開隊伍獨自前行，途中遇上一個巨人，便問道索途了起來。巨人坦率地告知去路後，卻在狄崔希迴馬離去的瞬間，從背後一棍擊昏了對方。

巨人的主子叫尼提格公爵〈德Duke Nitger，中德Neitiger〉，狄崔希被巨人一路拖回駐守的穆特城〈德Burg Mûter，同Mauter城〉[註3]後，就被尼提格公爵打入牢中。所幸尼提格有個妹妹，細心看護著狄崔希的傷勢。

且說希爾德布蘭抵達耶拉斯本後，才知道主君已不知去向，心急如焚的他從故鄉伯恩緊急召來勇士沃夫哈特、韋提各與海魅，一舉攻入穆特城，橫阻於眾人眼前的，則是12名巨人守將。隨後趁亂逃出的狄崔希也加入戰團，合力攻陷了穆特城。尼提格公爵本該步上巨人伏誅的後塵，經由心地善良的妹妹出面求情，才得免一死。

然而此時亞尼巴斯的軍隊（巨大的黑犬部隊、不知底細的怪物、巨人等），卻趁機包圍了耶拉斯本。眼看坐鎮在後方的亞尼巴斯又對著手中的小鐵板施法，狄崔希當機立斷縱馬直奔，迎面上前就是一劍，連人帶板劈開了亞尼巴斯。正當此時，提洛山中轟隆作響有如天雷鳴動，撕裂的冰河引發雪崩，瞬間掩埋了所有怪物。

終於得與狄崔希一見的女王維吉娜，最後捨棄王權成為狄崔希的妃子，拋下妖魔肆虐的耶拉斯本，一起回到了伯恩。

不誠實的巨人庫貝蘭

德語圈中，只有英雄齊格飛（Siegfried，勝利的和平）能與狄崔希相提並論。根據完成於13世紀初的奧地利史詩《尼伯龍根之歌》〈Das Nibelungenlied〉第3章第94節所述，齊格飛曾經收服矮人族尼伯龍根（Nibelunge，霧族人）[註4]的700名戰士，同

時以寶劍巴爾蒙（Balmung，岩石的凹陷）斬殺了尼伯龍根手下的12名巨人。

史詩全篇對於巨人的敘述僅止於此，不過一篇完成於1530年左右的詩歌《硬如堅角的賽飛》〈中德 *Der Hürnen Seyfrid*；德 *Der Hörnerne Siegfried*〉，倒是提到一個名叫庫柏蘭（Kuperan，銅、或不正直誠實的）的巨人，扮演齊格飛勁敵的他，有著許多令人憎惡的演出。庫柏蘭的麾下坐擁千名巨人 (Ryse)，另有上千矮人 (Zwerge) 奴隸供其驅使。他與飛龍 (Trach) 結盟，持有一把能夠開啟飛龍棲息於中空洞穴的入口鑰匙。

英雄賽飛（Seyfrid，即齊格飛）前來解救遭飛龍擄走的公主時，庫柏蘭立即揮舞巨鐵棒前來迎敵。

面對矯健敏捷的賽飛，庫柏蘭沒多久便負傷，他隨後改穿一副龍血浸泡的黃金堅甲，頭戴閃亮的鐵盔，配備巨人專用的銳劍，手持大如倉廩的巨盾，和一把四個棍角利如剃刀的鋼棍，全副武裝重新應戰，結果依然盾碎甲裂再次負傷，他只好哀聲求饒。

賽飛不但饒恕了巨人，甚至為他包紮傷口。

庫柏蘭帶著賽飛一路來到飛龍洞前，內心其實恨意難消，就在賽飛進入瀑布後方一處洞穴，頓失視線的一瞬間，庫柏蘭一陣拳打腳踢，將他打得奄奄一息。

所幸曾經獲得賽飛幫助的矮人王歐格爾（Eugel，眼睛），悄悄跟隨在二人的身後前來，他以霧色頭巾（nebel kappen，霧氣般的頭巾）隱去賽飛的身影，這才救出了他。

清醒後取下霧色頭巾的賽飛，對於歐格爾挺身相救感激不已，隨即雙手舉劍，殺向虛偽不實的巨人。

庫柏蘭眼看又快性命不保，便以賽飛如果殺死他，將永遠找不到飛龍穴鑰匙為由，總算再一次逃過死劫。

不久一行終於抵達洞窟深處的一扇門前，賽飛亟思拯救的公主，就在庫柏蘭開啟的這扇門內。

看著昂首闊步走入洞內、打算獨自面對巨龍的賽飛，庫柏蘭忽然喚住他，透露了一把能夠殺死巨龍的寶劍所在。然而就在賽飛前去取劍的途中，庫柏蘭再次飽以老拳，賽飛經此重擊，一時撲跪在地，旋即返身抱住巨人，使其無法施展自己可怕的武器。接著又將手指深入先前重創對手的舊傷，使勁扳開了傷口，迫使庫柏蘭再次求饒。

等到尋獲此行目的的公主後，賽飛終於忍無可忍，他抓住庫柏蘭的臂膀，將他拋下山崖，庫柏蘭登時粉身碎骨，死於當場。

內容幾乎相同的一本出版於1657年的大眾散文《永生不死的齊格飛驚奇動人的故事》〈*Eine Wunderschöne Historie von dem gehörnten Siegfried*〉中也寫到了庫柏蘭，此時的他被改

寫為巨人‧沃夫格蘭貝爾（Riese Wolfgrambär，狼‧怨恨‧熊）。沃夫格蘭貝爾不但統領巨人和矮人，更且逼迫被俘的人類騎士服從效命，要求他捉來5名騎士，做為獲釋的條件。

是以齊格飛前往巨人盤據的山砦之前，必須先擊敗這淪為俘虜、全副武裝的騎士。面對眼前強勁的對手，齊格飛的手中劍頓時失去溫情，最後不慎殺死這位無名騎士。

騎士臨終之前，透露了事情的始末以及巨人來自西里西亞 (Cilicia) 的出身背景，將一身裝備轉讓給齊格飛之後，永別了人世。

▌沃姆斯的玫瑰花園

如果有一天，日耳曼的兩大英雄～狄崔希和齊格飛全面對決，不知會是什麼光景？關於這段德國與冰島分別闡述的傳說，細節上有著微妙的差異，唯一不變的是雙方都動員了12名騎士進行集團戰，巨人則成為過程中的犧牲者。

收錄於《英雄詩篇》的「沃姆斯的玫瑰花園」〈Der Rosengarten zu Worms〉，提到齊格飛旗下有四個巨人。其中巨人普索德〈Pusold〉一馬當先揮劍衝向敵陣，瞬間就將狄崔希麾下的騎士沃夫哈特撞向玫瑰花園。身為參謀的伯父希爾德布蘭立刻挺身解圍，沃夫哈特才得以再次奮起，以驚人的氣勢展開反撲，一劍砍下正待逃走的普索德首級。

普索德之弟奧爾吞〈Ortwin〉立誓要為兄長手刃寇讎，隨即衝向騎士齊格斯塔〈Siegstab；Sigstab〉。齊格斯塔以盾牌抵擋對手猛烈的攻勢，一路處於挨打的局面，最後抓住對方的破綻，一舉擊殺了奧爾吞。

目睹兩個巨人接連死去的伯父史楚山〈德 Struthan〉，心中的憤恨無以復加，他將傳說中的四臂騎士海魅轟向了玫瑰花園，霎時血花飛濺，殷紅染滿了四周。希爾德布蘭見狀，再次殺出解圍，海魅於是逆勢再起，掄動寶劍納格靈衝向對手，巨人史楚山因此蒙受了等同海魅的重創。在這沙塵混雜著血霧的戰場上，兩人的意識同樣陷入一片朦朧，直到釘環劍再一次的重擊，成了分隔生死的藩籬。

雙手持劍的阿斯普利安是四巨人中的最後一人，也是號稱戰力之最的巨人。起先狄崔希旗下無人敢挺身一戰，狄崔希便回頭說道：「只要你願意，先前獻給我的勳鳴〈Schimming〉這匹絕不棄主而逃的戰馬就還給你。」經此激勵，鐵匠韋蘭德之子韋提各才應允出戰。

然而阿斯普利安雙劍的輪番揮擊，卻逐步逼使韋提各來到退無可退的田地。此時希爾德布蘭忽然叫喊道：「難道你不想從狄崔希主公手上取回勳鳴了嗎？」韋提各聽聞此言，立下一鼓作氣擋住攻勢，更奮力砍下阿斯普利安的一隻手臂。齊格飛的妃子見情勢逆轉，便以勝負已分，要求點到為止。既然愛馬歸來已成定局，韋提

各登時意氣風發起來，充耳不聞的他乘勝追擊，最後殺死了阿斯普利安。

緊接而來的自然是一連串以牙還牙的血腥殺戮，最後終於由雙方的主將齊格飛與狄崔希出場對決。遺憾的是本書的主題並非英雄傳奇，若想知道戰事的結局，也只有請讀者細細去玩味這經典的原作（或其譯本）了。

■ ▮ ■

註1：「Hüne」的複數作「Hünen」，在歷史學的領域中，意指匈（奴）人。

註2：「Hüne」一字大多使用於中古世紀的西伐利亞地區，常見於德國的英雄史詩之中。

註3：唐納・麥肯錫的這篇作品，取材自另一則描述狄崔希冒險旅程的詩篇《維吉娜女王》(Virginal)。從文中提到的穆特城(Mûter)與茅特城(Mauter)發音相近，暗算狄崔希的巨人同爲威克蘭（本文未提起，詩篇作 Wikram 或 Wikeram），同時有至少 12 名巨人參戰等描述看來，此一淪爲俘虜的過程和《狄崔希的初旅》(Dietrichs erste Ausfahrt)講述的是大致相同的故事，只是起承轉合不同罷了。

註4：原文誤植爲「Niberunge」，應是外來語還原後的筆誤。

芬肯巨人

根據阿洛伊・皮辛格〈Alois Pis-
chinger〉編著的《奧地利的傳說》
〈Sagen aus Österreich, 1949～1950〉與
其續作所述，德國南方毗鄰奧地利的阿
爾卑斯山脈一帶，棲息著許多巨人。

位於奧地利西境福拉爾貝格省的
山岳河谷，尤其是蒙塔豐與克勞斯特
谷地〈Montafon and Klostertal, in Vorar-
lberg〉之間，曾經存在一種人稱「芬
肯」（〈奧 Fänggen, Fenken, Fenggen,
Fanggerln〉，又稱滑溜的芬肯
〈Rutschifenken〉，或野放的芬肯
〈Wildfanggen〉）的巨人族。他們全身
滿是毛髮，生性狡猾而機敏靈巧，知
曉山中的祕密，非但不會加害人類，
有時還會幫忙打點工作。他們生來長
壽，不過如果砍伐一株樹齡和他們相
同的林木，芬肯巨人就會大發脾氣，
指稱這會讓他們不知道自己的年齡。

有一天，一個名叫漢尼斯〈Han-
nes〉的男子把一片木楔打進樹裡，
正打算砍伐原木時，眼前突然出現一
個芬肯女巨人〈Fenkin，與男胴女巨
人 Riesin 同樣的語法〉不斷地糾纏男
子，問起他的姓名種種。男子不勝其
擾，於是回應道：「我就是自己
〈Selbst〉！」漢尼斯轉眼就厭煩這不速
之客，隨後趁女芬肯把手伸進樹縫的

瞬間，一把抽走了木楔，讓她的手夾
在樹縫裡。聽到女芬肯的哭聲後，有
個男芬肯驚慌地趕來，問起誰幹的好
事，從女巨人身上得到的答案卻是
「自己」。男芬肯登時笑了起來，就這
樣任由女芬肯哀嚎到天明。

▌眼皮沉重的哈德

奧地利南方克恩滕省的布格比爾
〈Burgbühel, in Kärnten〉當地，曾經座
落著一處哈德 (Had) 巨人族擁有的城
堡。哈德的眼皮重如橫樑，必須用手
指撐住才看得見。與愛爾蘭的佛摩爾
巨人王・邪眼巴羅爾 (Balohr)，以及威
爾斯的巨人族長・伊斯巴札頓〈Ysba-
ddaden Pencawr〉，有著相同的特徵。

有一天，哈德巨人來到一個住在
卡茨谷地的萊奧本〈Leoben；Katschtal〉
附近的農夫面前，央求農夫說道：「我
的手成天撐著眼皮，實在痠痛的很，
能不能請你牽著手帶我回家？」農夫
於是讓哈德抓著木杖的另一頭，帶著
他一路回家，隨後哈德帶著農夫來到
一處隱匿在繁茂杜松下的洞口前。

第一個山洞空無一物。

第二個山洞可以見到堆積如山的

芬肯巨人

鞋子，有的即將完成，也有已經完好的。

為了取來贈禮酬謝農夫，巨人讓他在外頭等待，一時不見了蹤影。由於始終不見巨人回來，農夫便自言自語說道：「這裡有那麼多鞋子，給我一雙不就行了？」話才說完，哈德巨人突然現身說道：「你要不開口說話，我還打算全部給你的。」最後只給了農夫一顆紅寶石，還有一雙「不論穿上幾年都不會磨損的鞋子」，還特別叮囑他「不可以穿著鞋子走進墓地」。

臨別之際，哈德巨人又說道：「把手指伸出來，我想試試人類的力氣。」滿懷不安的農夫於是將包著一層鐵皮的杖頭呈遞過去，結果就像奶油一樣，瞬間被哈德巨人擰成一團。農夫變賣紅寶石後，發了一筆橫財，卻穿著那雙鞋子參加了朋友的喪禮，結果回到家中才發現，一雙鞋子只剩下一層破爛不堪的皮裹在腳上。

有一位少女在利瑟谷地〈Liesertal〉放牧，為了找尋走失的羊而不慎迷途，為了安慰哭泣的少女，一個女哈德送給她一團「用不完的毛線球」，並且告訴她毛線的效力能夠永久持續，只要不說「找不到線頭」。後來少女雖然年華老去，成了一個老婦人，但還是一直使用這團毛線。然而有一天，老婦人卻一個不留神說出了禁忌，最後她的一生就這樣隨著毛線走到了盡頭。

無法成婚的巨人族

除此以外，奧地利當地還有不少這種奇特的巨人，具有類似德國男崩

巨人的特徵。正因為兩國相鄰，或可將他們視為同一族群。

同樣出自科恩滕省的傳說中，提到一個住在某個村落的年輕巨人，力大無窮的他，拜訪了一個能夠目視千里的矮人，懇請他成全自己求親的心願。矮人交給巨人一朵野玫瑰，囑咐說道：「穿過森林後，前往一處農場並抓走農家女。經過一晚後，以野玫瑰碰觸農家女的胸口，如果沒有任何變化，就可以娶她為妻。」經過漫長的旅程，巨人來到指定的農場，成功地擄走了農家女，隔天又試著以野玫瑰碰觸少女的胸口，野玫瑰卻變成蕁麻，顯然少女並非巨人的理想對象。然而巨人卻愛上了少女，不顧一切與她成親。相傳此舉招來了天譴，整個村子因此淹沒在地底，成為今日的聖雷雍哈德湖〈Sankt. Leonharder See〉。

有一個住在提洛省～格倫蓋澤〈Glungezer；Glungetzer〉當地的巨人，向四位公主求婚被拒，怒不可遏的他推落整座山尖，城堡因此隨著滾落的山頭沉入威爾德湖〈Wildsee〉，當時湧落的餘水形成一處湖泊，因為色澤漆黑而稱為「黑泉」(Schwarzenbrunn)。

巨人感嘆自己殺害了許多無辜的人們，最後因為過度悲傷，變成一個全身佈滿膿瘡，狀極可憐的小矮人。然而幾位公主並未因此死去，她們化身為人魚，每到月圓之夜，就會在湖中現身。變成小矮人的巨人看著她們，不由得伸出手來，人魚的身影卻消失在霧裡，小矮人悲痛欲絕，就這樣失足湮沒在湖水中。

同樣位於提洛省的吉勒格隆〈Zillergrund〉住著一個女巨人，她和一個具有巨人血緣、力氣過人的農夫訂有婚約，卻在親吻擁抱時過於激情，男方因此窒息而死。據說女巨人也因爲悲傷過度而死，當地的巨人族就這樣從此絕跡。

巨人悲劇的下場

誠如前文所言，奧地利的巨人並不善於談情說愛，給人一種每到關鍵時刻，便有依賴他人之心的觀感。然而此一性情心念，終究無法獲得幸福的人生。若非遭到好戰的人類斬草除根，便是自絕其路，下場不一而足。

上奧地利省的克里本斯坦〈Krippenstein, in Oberösterreich〉原本是一處百花盛開、綠草豐沛的牧場，同時也是巨人克里本（Krippen，飼料桶）的領地。巨人有一眼盲的女兒，然而富有的他始終無法治癒女兒的眼疾。

巨人於是求助山中的精靈，聽取他們的建議，並取得一卷奢華的灰色卷軸。精靈告訴巨人，必須在第三個滿月的夜晚前往牧場，如斗蓬般將卷軸披在肩上，和女兒一齊等待日出東山。然而絕不可口出惡言，甚或心存惡念。但是到了那一天，突然出現一個名叫戴默林（Däumling，拇指）的騎士，想要奪取卷軸上的寶石，克里本不由得咒罵起來，抓起石子就要丟向騎士。就在此時，山崖伴隨著雷聲坍塌而下，落石悉數掩埋了牧草地，克里本父女和騎士也在瞬間化成了石頭。

格林兄弟的《德國傳說集》也有同樣一則故事。

第234篇「修特夫人」提到一個住在今日提洛省，名叫修特夫人（Frau Hütt，山間小屋的夫人）的巨人女王，因爲糟蹋糧食、暴殄天物，遭到天打雷劈化成了巨石。

像這樣死於雷殛的結局，大多是來自北歐山巨人（Bergrisi）的一種傳統，讓人聯想到索爾祭起雷神之鎚令人喪膽的一擊。

也有一些巨人深受世人的崇敬與仰慕，他們的事蹟常能溫暖我們的心。根據第138篇「溫德堡的巨人」〈Riesen aus dem Untersberge〉所述，薩爾茲堡〈Salzburg〉南方的溫德堡（Wunderberg，奇妙的山）住著一個勇猛巨人，信仰堅定的他來到附近的格瑞迪希〈Grödich〉教會向居民傳教，希望他們能夠每日自我省思，不忘成爲言行良善的基督徒。

第140篇「巨人海姆」〈Riese Haym〉，難得提到了一個巨人自立的故事。

有一個住在茵斯布魯克一帶、名叫海姆（Haym）或海蒙（Haymon）的勇猛巨人，爲民除害殺死了附近一頭惡龍，受到人們莫大的景仰。後來他爲人們造橋鋪路，受洗爲基督教徒後，更興建了一座修道院，因此死後被葬在一座巨墳中，墳上豎立著一尊身穿甲冑的木雕人像。

巨人一生的事蹟也從此化爲墓誌碑文。

乂丁巨人

　　蘇格蘭當地的方言，將一種具有數顆頭顱的食人巨人稱爲乂丁（Ettin〈漢音作àiding〉）[註1]或乂頓 (Etten)。

　　這個字起源自北歐的約頓巨人（Jötunn，吞噬），他們狂暴的性情與身形，則似乎承襲自約頓派生的亞種・山巨人。

　　1549 年出版的一本《蘇格蘭的嘆息》〈The Complaynt of Scotlande, by Robert Wedderburn〉提到「巨人轉眼間就吞噬了一個人」。

　　順道一提地，即便同屬於蘇格蘭語，隸屬凱爾特語系的蓋爾語卻將巨人稱爲阿哈赫 (Athach) 或丘哈赫 (Ciuthach)，兩者同樣只有一個頭顱。

　　英國民間故事「巨人剋星傑克」(Jack the Giant Killer) 雖然也提到幾個擁有數顆腦袋的巨人，不過都來自威爾斯，因此另行解說於〈攻爾巨人〉（第5章第4項）一節。

▌紅髮乂丁巨人

　　1528 年被正式列入記錄的一則著名的蘇格蘭民間傳說～「紅髮乂丁巨人」(The Red Ettin) 指稱紅髮乂丁是來自愛爾蘭巴利岡 (Ballygan) 的侵略者，生有三顆頭顱。他們率領人類兵士，坐擁一處畜養無數綿羊、山羊和豬的牧場，還豢養一種兩顆頭顱長著四根角的神祕怪物，爲他們守護莊園。

　　乂丁巨人的嗅覺敏銳，只要有生人躲藏在附近，就會馬上嗅出他們的氣味。捕獲人類時，經常威脅對方要挖出他們的心臟，和著麵包一起吃掉，不過只要正確回答以下三個問題，就放對方一條生路。

　　「什麼東西用不完？」
　　「什麼東西越小越危險？」
　　「告訴我什麼情況下，死的東西載著活的東西？」

　　如果答不出這些問題，就會被巨人以榔頭一敲，登時變成石柱。

　　有個少年爲了解救變成石柱的兄長，帶著母親給他的一塊經過祝福的麵包，一路前往紅髮乂丁巨人的所在處。

　　途中遇到一位老婆婆，懇請少年分給她一點麵包，樂於助人的少年答應了她的請求。精靈化身的老婆婆隨後送給少年一根魔杖，告訴他即將面

臨的未來。

抵達乂丁城堡的少年，和兄長一樣被問及三個問題。他照著老婆婆的指示，依序回答「碗」「橋」「船載著人渡海時」等答案，巨人全身旋即失去了力氣。

少年接著就拿起乂丁巨人持有的斧頭，砍下他的三個腦袋。

當時蘇格蘭王馬爾康（Malcolm聖科倫巴〈St Columba；蓋 St Colm Cille〉的門徒）的愛女，以及許多貴族的女兒也被關在乂丁巨人的城堡。少年不但救出她們，還以魔杖解救變成石柱的兄長。後來少年和公主結為連理，兄長也和貴族之女成親，過著永遠幸福快樂的日子。

九頭怪物

根據 1963 年 3 月唐諾・麥當諾〈Donald Archie MacDonald, 1929～1999〉於北尤伊斯特〈North Uist〉島上採訪麥菲爾的一則「九頭怪物」所述，曾經有個九頭乂丁出沒在某個城鎮。他威脅居民每天提供一個人供牠食用，否則要將鎮民趕盡殺絕。

有一個長年流浪外地找尋多位失散兄長的少年，當了鎮上鐵匠的學徒，由於天資聰穎，少年的技藝突飛猛進，不久便能親手打造刀劍。

就在鎮上的公主即將獻祭的那一晚，腰繫配劍的少年跨馬帶犬，一路奔向了巨人的所在。

趁少年的狗從背後襲擊乂丁巨人、轉移注意力的瞬間，少年一躍而上，砍下巨人的 3 顆首級。乂丁巨人感受到一股從未有過的劇痛，立刻逃往海上。

少年將砍下的 3 顆乂丁首級以繩索綑綁交給公主後，旋即離去。

第二天還有第三天晚上，少年都分別取下乂丁的 3 顆首級，最後這強大的對手終於伏誅。

後來少年和公主成親，不久又找到自己的兄長，迎接故鄉的母親前來，從此一家人過著祥和富足的生活。

拉脫維亞類似的傳說

拉脫維亞的芬人有一則「島國的新娘」傳說，也提到同類的巨人。這些巨人很可能同蘇格蘭一樣，都是來自北歐這鄰近地域的約頓巨人後代。

有一個漁夫出海打魚數日卻苦無漁獲，當時有一艘載著九個人的船逐漸靠近他的漁舟。然而仔細一瞧才發現，來者是一個九頭巨人。

九頭巨人恫嚇漁夫說道：「再這麼下去，恐怕你一輩子都休想抓到魚。」接著又提出一個協議：「不如交出你的長子當我的長工，保證你的漁獲堆積如山。」

漁夫返家後煩惱終日，不知該不該將孩子交給怪物，長子反而說服了父親，自行來到巨人的跟前。

九頭巨人載著漁夫的長子，來到

紅髮乂丁巨人

近海的一座島上後，一語不發地離開，旋即消失了蹤影。男子在島上漫無目的地走著，沒多久便發現一扇銅門。敲門後，卻見到一個美麗的少女前來開門。他向少女問起九頭巨人的去向，少女答稱就在門內歇息。不僅如此，少女還告訴他殺死九頭巨人的方法。

男子按著她提示的方法，向九頭巨人誇口說道：「請您一早就讓我上工。」九頭巨人隨即以可怕的力道，拳打腳踢默默承受一切的漁夫長子，最後卻疲累得睡著。

少女以草藥汁為漁夫之子療傷，叮囑他明天同樣得堅持下去。

第二天和第三天，漁夫之子又被打得遍體鱗傷，然而每經藥草汁療傷一次，就覺得渾身的力量不斷增強。

到了第五天，少女交給漁夫之子一把劍，要他和九頭巨人交手。同時囑咐說道：「如果巨人吐出火焰，就以藥草汁滅火，必須砍下他所有腦袋，不能半途而廢。」

他便趁巨人熟睡後下手偷襲，一舉砍下他3顆首級。狂怒的巨人暴跳如雷，從其他頭顱噴出了烈焰，拜少女的藥草汁所賜，漁夫之子並未遭到致命的打擊。

就這樣雙方展開了拉鋸戰，隨著時間的流逝，巨人的體力逐漸消耗，漁夫之子趁機砍下他剩下的6顆首級。就在此時，眼前本該是一座高山的地方，出現了一座氣勢宏偉的城市，原來巨人給島國下的咀咒終於解除。

據說漁夫的長子後來和島國的公主成親，從此過著幸福的日子。

■ I ■

註1：「Ettin」一詞常被解讀為「雙頭巨人」，然而雙頭不過是一種形貌，而非普遍存在的絕對特徵。關於「雙頭」印象的由來，可以回溯到80年代早期的電腦遊戲（如「Ultima」系列），當時礙於電腦解析度過低，繪製乂丁巨人時，只能以代表性的雙頭做為「多頭」的具體象徵，也似乎從此被認定為乂丁巨人的常態特性。相關奇幻書籍的插畫當然也有推波助瀾的效應，甚或繪製者本身對於乂丁的背景可能也是一知半解，在這種經年累月的慣性認知下，國外也逐漸習於這種雙頭的形象。

　　私以為創作世界中提到此一巨人時，呈現的若是雙頭的特徵，不妨中譯為雙頭巨人；但若有數顆頭顱，還是以音譯或譯為「多頭巨人」為宜。

第4章

北歐山精類

Troll／トロール

〔日耳曼巨人族的後裔〕

北歐山精 ・ 丘儸

　　來自古北歐語的「Troll」，原本只是代表「怪物」「妖精」的一般名詞。《老愛達經》的「女先知的預言」詩篇中，以「化身爲『Troll』的形貌」，描述天狼史蓋爾（Sköll，噪音）現身末世，一口吞噬太陽的過程。史諾里於詩詞學入門典籍《新愛達經》第二部「詩語法」第67章中，引用老詩人布拉基（Bragi，9世紀的挪威詩人）的詩歌時，也提到「Troll吞沒了天日」。

　　山精原本是潛伏在黑暗中，猶如鬼魅般的生物，其眞正實體爲何始終不詳。他們常發出令人毛骨悚然的叫喊，有時環繞在人類身旁糾纏追趕，有時附體背負在人類身後，甚至擄走被他們引誘至身前的人類。有時候孩童將玩具丢入壁爐的這種不經心的惡意舉動，也被解讀爲「山精作祟」。從過去人們將魔法稱爲「山精的審判」，可知女巫和巫師具有一種類似山精的屬性。

　　然而諸神世紀終結，開啓了人類時代之後，「Troll」（北歐五國中唯獨丹麥稱爲「Trold」）(註1)卻從此成爲一種妖精種族的代名詞。

　　是以在此，我們將此一名詞區分爲代表北歐怪物總稱的「精怪」，以及北歐民間傳說中提到的「山精」種族。此外以托爾金爲首創造的近代奇幻文學中所描述的這種可怕的怪物，也依照慣例記述爲「巨魔」。

約頓巨人的後裔

　　民間傳說中的「山精」，屬於神話時代的約頓巨人後代。史諾里的《新愛達經》使用的就是互換於巨人與山精之間的一種語言（例如上述的「詩語法」第67章）。事實上，天狼史蓋爾正是出身自約頓巨人族。

　　有別於其他北歐系統的怪物，山精也棲身在並非日耳曼體系的芬蘭。他們的棲息地和疑似約頓巨人起源的薩米人所居住的地區（即所謂的拉普蘭）大致上是重疊的。

　　說起山精的特徵，從粗壯的手臂便可想見他們十分孔武有力。經由特殊飲水的攝取，山精也能夠將力量傳給人類，不過人類也會從此感染他們驚人的食欲。他們平時以棍棒、斧頭、弓箭等做爲主要的武器，有時也會拋投巨石。

　　根據英格麗與艾格・多萊爾夫婦

山精

詳細描繪山精生態的作品《山精的故事》(1972)〈d' Aulaires' Trolls, by Ingri & Edgar d' Aulaire〉所述，山精大多其貌不揚，有副大鼻子，山精姥姥的鼻子尤其既長又紅，嗅覺十分遲鈍，經常使用一根攪拌用的棒子。他們的皮膚呈現棕綠兩色，雙腳矮短，手臂像原木般粗大。頭髮似有若無，有時候甚至長滿頭蝨。身旁常環繞著一群蒼蠅飛蛾，小草樹枝有時就直接長在身上。他們的背後長了一顆大瘤，臀部還有一條像牛的尾巴。山精們習慣在尾巴打結，或繫上蝴蝶結等裝飾。儘管將尾巴打結頗為痛苦，然而尾巴上的裝飾越多，代表自己的身份越高，因此山精都願意忍受。至於他們棲息的每座山頭，都有一位國王治理這群山精。

■ 安徒生童話

《安徒生童話》〈總稱 Fairy Tales of Hans Christian Andersen〉也描寫了幾則與山精有關的故事。

「雪后」〈丹 Sneedronningen, 1844；英 The Snow Queen〉中提到的那面「不會映照出美好的事物，只會加倍影射醜惡一面」的魔鏡，就是山精打造的。

「精靈山丘」〈丹 Elverhøi, 1845；英 The Elf Mound〉則提到一個盤據在挪威中部多夫勒山的山大王～多夫勒·托羅 (Dvore Trold) 的故事。這個山大王本性並不好酒，生來就是挪威人的氣質，有一副從不矯飾的好口才。坐擁許多山砦與優質金山的他，

曾經以住在波羅的海一處梅恩島〈Is. Møn；Möen〉上的斷崖王 (Klinte-kongen) 之女為妻。

妻子身故後，山大王走訪了「精靈山丘」的結義兄弟精靈王 (Elver-konge) 的領地，想要替自己的兒子們討房媳婦。然而兒子們卻不守禮數，並未依照約定前來相親，不願吃虧的山大王，索性替自己找了一個續絃的對象。

順道一提地，整篇故事提到的山精全是左撇子。

「堅定的錫兵」〈丹 Den stand-haftige Tinsoldat, 1838；英 The Steadfast Tin Soldier〉提到一個以錫塊鎔鑄成的獨腳玩具兵，被一個山精作弄使壞。午夜時分，玩具們正興高采烈地嬉戲，到了 12 點整，忽然有個嬌小的黑矮精（丹 Sortetrold）從一個鼻煙盒外型的彈簧玩偶匣〈英 Jack-in-the-box〉跳了出來。

山精要錫兵站在窗口，趁機開窗讓風吹進屋內，錫兵就這樣被吹落在街上。

經過一連串的冒險，錫兵終於在命運的安排之下，再次回到家中，然而孩子卻不知為何將他放在火爐上熔掉，想必這個結局也是來自山精的作怪。

「約翰的同伴」〈丹 Reisekammer-aten, 1835；The Traveling Companion〉提到一個山精擁有許多的部下，除了小家精 (Smånisser)、火人 (Lygtemand) 與動物之外，他還施展魔法為頂端包

著甘藍菜的掃帚注入生命，將它們精心打扮成官員的模樣。就連住在城裡的公主也受騙於他的魔法，對他言聽計從。

有一天公主爲了提出一些難題，讓前來的追求者〈即約翰〉知難而退，動身前往山精的住處求助。她披上白色的斗蓬，裝上一副疑似借自山精的黑色長翼，一路遨翔來到了目的地。兩人最後決定以「三次猜出心中所想的事」做爲難題，山精同時還面授機宜，慫恿公主應該設想何事。兩人說好只要求婚者無話可答，就要砍下他的腦袋，山精還向公主提議：「如果一切進行順利，務必將對方的眼珠帶來給我，做爲斬首的證明。」

然而求婚者的幫手老早一路跟隨在公主身後，偷聽了兩人的對話，等到公主離去後，又順道砍下山精的腦袋。

在這群幫手的協助之下，求婚者通過了前兩道難關。由於山精早先要公主以「猜出山精腦袋裡想的事情」做爲第三道難題，因此面對第三個題目的求婚者，當場遞上了山精的首級。

山精的法術就這樣瞬間破解，兩人終於踏上紅毯的另一端。

貝斯寇的繪本

在瑞典繪本作家～艾爾莎・貝斯寇 (Elsa Beskow, 1874 ～ 1953) 的作品中，山精並不是使壞心眼的類型，也不像安徒生筆下那樣詭詐。

《森林的小矮人》〈瑞 *Tomtebobarnen,* 1910 ； *Children of the Forest*〉提到一個令人害怕的老山精，一張臉圓滾滾的，面色卻像石頭一樣鐵灰。平時披散著一頭青苔般的綠髮，住在小矮人〈Tomte〉森林住家附近的山裡頭，見小矮人的孩子經過，就會突然露出臉來，「哇」的大叫一聲驚嚇對方。看著孩子們落荒而逃，也只會引以爲趣地開懷一笑，從未做過更壞的勾當。

《橡樹果小孩的冒險》〈*Ocke, Nutta och Pillerill,* 1939〉提到一個棕色山精，全身長滿胡桃果般的皺紋，擺出一副難以討好的臉色。下巴留著一抹白色鬍鬚，還帶著一把有刺的樹帚。

山精住在一株針葉樹種的圓柏樹洞中，如果有人在他心情不好的時候敲門，馬上就會翻臉。不過對待女孩子好像客氣一些，榛樹精靈努塔〈Nutta〉見山精來開門，嚇得一溜煙逃走時，山精倒也沒從後追趕，隨即躲進自己的老窩。

收錄在《科洛卡博士的發明》〈*Doktor Klokamundus Uppfinning,* 1919 ～〉這本童話集中的一篇「交換記憶的國王」〈丹 Kungen som bytte bort minnet〉提到一個山精王。人稱「灰濛山大頓王」的他，是個統治七哩方圓的森林之王，手下有 77 個山精和 51 頭野熊。森林裡的一塊岩石上，綑著一本以鐵鍊鎖住的魔法寶典《山精之書》，山精王因爲記不住咒語，所有法術都學得半生不熟。

難得有一身凌駕人類的魔法能耐，卻不能全力施展，只能每天悶悶

不樂地窩在森林裡，這對於大頓王而言可說是一大恥辱，同時也成了他最大的煩惱。

不忍心看著丈夫愁眉不展的妃子，就建議他寫個便條幫助記憶，最後大頓王終於學會了一種法術，那就是交換記憶的魔法。

大頓王於是打定主意，要強佔「記憶王國」以記性超人一等而知名的國王・波力克納的記憶力。他擄走漫步林中的公主，以人身安全做為交換的條件，施法調換了波力克納國王和自己的記憶。

從此大頓王變得記憶超群，能夠記住大小事物，他又進一步要求所有山精，必須鍛鍊自己的記憶力。對於山精的孩童尤為嚴厲，每天施以猶如拷問的特訓，山精孩童因此日漸衰弱。

至於波力克納國王則因為失去記憶力，面臨施政困難的窘境。公主於是隻身潛入山精的森林，打算從山精王身上取回父親的記憶。她在一群討厭讀書的山精孩童的協助下，前往森林中找尋魔法寶典，卻在途中讓山精王妃撞見。然而王妃原本就同情孩子們被迫讀書的現狀，於是放走了公主。

隨後公主就這樣找到解除魔法的咒語，成功地對調了波力克納國王與大頓王的記憶，七哩森又恢復昔日的平靜。

強大的多頭山精

在山精類的族群中，也有獨樹一格、具備祖先約頓巨人多頭橫生的外貌者。

出自麥克・安迪筆下的德文創作《說不完的故事》文中，就提到一個三頭巨怪 (Dreiköpfige Troll)。

此外還提到一個脖子伸得老長，四張臉分別朝著四個方向的四分之一巨怪（vier viertel Troll，4¼的精怪），名叫情緒吾弟（Temperamentnik，情感豐富的人）。臉上的表情分別代表開心、生氣、悲傷與睏倦，把符合需求的表情轉向正面，就可同他人溝通。後來情緒吾弟的領主也加入了勇士巴斯提安 (Bastian) 這個一心要成為異世界・幻想國帝王的征服之旅。

收錄在摩爾貝克所著《民間故事選集》的一篇「遭到踐踏的田園」，提到一個住在琉璃山中、統治「所有地上昆蟲」的三頭山精；他的弟弟是住在距此 7,000 哩外、統治「所有水中游魚」的七頭山精；兩人還有一個么弟，是個住在 12,000 哩外另一處琉璃山上、統治「所有空中飛鳥」的九頭山精。三兄弟都十分和善，遇有人類問路時，還會召集動物前來指點迷津。

多萊爾夫婦的作品《山精的故事》中，也提到一個長著十二顆頭顱的山精。他的身軀魁偉巨碩，有其他山精十二倍大，坐擁一處生長黃金樹葉的森林，遇有他人前來盜取金葉，若非死於當場，就是被他目光一瞪，變成喜歡的動物。他的力氣也是尋常山精的十二倍，不論砍下幾顆頭顱，只要

保有最後一顆意識清楚的腦袋，澆上魔法泉水就會恢復原狀。

不過山精的心中也有缺憾。只有一雙手的他，常為了進食而弄得精疲力竭。一旦十二顆頭爭吵起來，山精往往頭痛得無法思考。

有一天，多頭山精捉來了身為公主的 12 個人類姊妹，打算娶她們為妻。有個青年喝下山精的飲水，頃刻間暴增一身神力，他一舉砍下山精的所有首級，消滅了對手。接著又使用魔法泉水，讓變成動物的人們恢復原形，最後與最小的公主成親，度過永遠幸福的一生。

山精的行為與特性

山精棲身在山崗或丘陵（陵塚），因此也被稱為「山丘人〈或可稱之為丘儸〉」(Haugfolk)。他們常把金銀財寶藏在住處，甚至住家、家具和寢具，有時也是以財寶打造而成。據說他們會驅使和自己有親緣關係的地侏儒～諾姆（〈Gnome〉，相當於挪威當地對小家精倪刕〈Nisse〉或童忕〈Tomte〉的說法）[註2]，挖掘礦藏和寶石。

山精平時躲藏在黑暗的角落，出沒在有人煙的地方時，大多選擇夜間活動，一旦暴露在陽光底下，就會當場死去。死後若非化成石頭，就是全身龜裂，或者變成碎裂的石塊。因此住家的大門，都是以不透光的岩石製成。

芬蘭作家伊美琳・利留斯編著的《圖列王的故事》〈芬 Kuningas Tulle；瑞 Kung Tulle，1972，by Irmelin Sandman Lilius，1936～；英 King Tulle〉第一部第 2 章中，提到一個山精因為食用黑麥烘烤的麵包，竟然腹痛而死。或許是因為取食了這種不常食用的發酵食物，引起腸胃不適所致。

不過對於釀造啤酒，山精倒是十分擅長，釀成的醇酒質地極佳。

身為異教徒的他們，同樣對十字架感到畏懼，即便是啤酒桶上的十字印記，山精也不敢碰觸。他們討厭教堂的鐘聲和雷鳴，聽到這些聲響就會逃之夭夭。或許是因為祖先約頓巨人曾經被索爾以雷神之鎚擊斃，所以十分厭惡雷聲。

收錄在摩爾貝克所著《民間故事選集》的「山精與雷鳴」一文中，提到一個畏懼閃電的山精，甚至不敢出門參加自己的教子舉行的慶生宴會。原來前一年的夏天，山精曾經遭到雷殛而折斷腿骨，為此休養了很長一段時間。

山精也有飼養動物的習性，根據多萊爾夫婦所著《山精的故事》一書描述，山精飼養的動物大多一身黝黑，軀體比人類飼養的禽畜更龐大，而且性情凶猛。光是貓就像人類孩童的大小，一匹馬可以坐上 13 個成人，鼻孔還會噴出火來。

同樣出自多萊爾夫婦之手的《可怕的山精巨雞》〈英 Terrible Troll Bird，1976〉就寫到一隻啼歌道晚於日暮時分的山精公雞，搞得鄰近雞飛狗跳的

故事。巨雞的體型大到雙腳可以跨足在相鄰的兩棟房宅上，鼓動翅膀就會捲起狂風，如果使用的是非銀製的武器，根本無法傷其分毫。

一般而言，山精予人智能不高的印象，不過這畢竟是在許多童話與民間故事的鋪陳之下定型的結果。

且說有三隻大小不同、種類互異的山羊住在某個地方。這一天最小的山羊在過橋途中，被一個現身自橋下的山精攔阻，打算將牠吃掉。小山羊便告訴對方：「接著還有更大更美味的山羊經過。」

山精採信了牠的話，旋即放過最小的山羊。接著體型中等的山羊經過橋上，也提出和先前小山羊同樣的說詞，於是山精又放走了牠。

等到最後一隻大山羊來到橋上，山精立刻撲上前去，然而大山羊卻靠著雙角和巨蹄擊退了山精。從此、山精再也走不出這條河來。

▌變身的能力

並非所有山精都具有施法的能耐，他們或有預知能力，或以魔力祝福他人，當然也有下咒迷惑對方的能手。其中最具普遍性的，就是傳承自祖先約頓巨人的變身能力。

有的山精甚至會褪去外表隱藏本性，化成他人的模樣，耐心地埋伏在路旁，等待路人或動物經過，縱身一跳騎在身上，驅使他們四處奔跑。

挪威的一則民間傳說中，提到一個三頭山精，把自己變成一整片森林。有位公主來到森林裡，摘下一片樹葉，山精隨即現身在她的眼前。

波爾·安德森描述精靈與山精兩大種族爭戰的作品《斷劍》〈Broken Sword, 1954, by Poul William Anderson, 1926～2001〉，將精靈塑造為魔力強大的一方，山精則描寫成武力強大的部族。尋常的山精並無使用魔法的能力，唯獨山精王·易爾力〈Illrede〉能夠化身為飛鷹。

丹麥詩人朱斯特·提雷〈Just Mathias Thiele, 1795～1874〉所著《丹麥民間傳說》(註3)系列中的一篇「春日山丘的牢騷山精」，提到農夫普拉特〈Plat〉家中的紅貓，其實是一個山精。他原本和一個患有皮膚病，經常把家中搞得天翻地覆的老山精·克努瑞莫瑞〈Knurremurre，愛發牢騷的〉同住在春日山丘〈Bröndhöi；Spring-hill〉，後來和老山精年輕的妻子走得太近，老山精威脅要取他性命，只好逃離家園。

有一天，普拉特路過山丘附近時，有個山精要他代為傳話，牠對農夫說道：「告訴你們家那隻貓，就說克努瑞莫瑞已經死了。」就在農夫返家和妻子談起這件事的時候，紅貓突然挺直後腳站起身來說道：「什麼！克努瑞莫瑞那老傢伙嗝屁了？那我得趕緊回家才行。」說完就飛也似地衝出了農家。

在「龍達訥〈Rensdyrjakt ved Rondane〉獵鹿記」這則挪威的民間

故事中，山精也充分發揮了這種變身能力。

從前有一個名叫皮爾金 (Peer Gynt) 的獵戶。有一天他帶著獵犬出外狩獵，眼看天色暗了起來，便想回到自己的小屋。就在此時，腳下忽然撞上某種物體。一經觸摸，發覺物體既冷又大，摸起來滑膩膩的感覺。皮爾金忍不住問了起來：「你是誰呀？」對方旋即回答：「我叫柏格（Boyg，彎曲）。」

皮爾金沒有搭理對方，正要繼續前進的時候，不知又撞上什麼。於是又問起相同的問題，換來的還是同樣的答案。

由於此一不知名的物體圍繞著整個小屋，皮爾金便開了兩槍。柏格卻說道：「再開一槍試試。」此時皮爾金才發覺柏格是個山精，如果再開槍射擊，流彈可能會傷及自己，於是就和獵犬合力拖著山精遠離了小屋。

此後山精又不時化身為野熊、狐狸，現身在皮爾金的面前，戒慎恐懼的他，隨即射殺對方逃之夭夭。

到了聖誕節慶那幾天，皮爾金來到一戶農家。由於每年一到聖誕夜，山精就會來到當地為非作歹，答應趕走山精的皮爾金，就帶著自己馴養的家熊，留宿在農夫家中。皮爾金用豬皮縫製一隻巨鞋，並以粗繩索取代細繩，將豬皮鞋由外牢牢繫住，精心加工得足以假亂真。

聖誕夜當天，一群山精終於到來，他們開始大啖聖誕美食，手舞足蹈起來，不久便發現了大皮鞋。有個山精想要試穿這隻鞋子，不料才把腳伸進去，皮爾金就立刻拉緊繩索，將一夥山精困住。接著放出熊來合力亂打一氣，狠狠修理了山精一頓。山精們難以招架，最後落荒而逃，從此再也不敢到農夫家來。

山精不但能自我幻化，還具有讓人類變身的能力。

收錄在斯文德・格倫特維所著《丹麥口述傳說集成》〈*Danmarks Gamle Folkeviser I-IV*, 1853～1883, by Svend Grundtvig, 1824～1883〉的一篇「磨壞十二雙鞋子的少女」提到一個山精，住在一處大湖對岸的城堡，必須穿過三處花草樹木分別由白銀、黃金、鑽石變成的森林，才能抵達這座城堡。山精每天晚上都會引誘王國的公主前來同餐共舞、盡情玩樂，公主因此磨壞了十二雙金鞋。

對愛女的舉止感到憂心的國王便貼出告示，要將女兒和一半國土賜給查出真相的人。

隨後有一個高舉手杖就會隱身的年輕人，前來挑戰這個任務。被派駐在公主臥房門外守護了三天的他，前兩晚都被一個前來迎接公主，穿著一身白衣裝束的少女以金針刺中，渾然不覺地睡著。到了第三晚，他佯裝睡著，讓金針刺中預藏在衣服下的皮袋，接著一路尾隨公主身後。他在經過森林的途中，折斷了白銀、黃金、鑽石變成的樹枝，又從山精和公主共餐的餐桌上偷走金製的刀叉，並取走

經過十二次舞會後完全磨損的12雙金鞋，將它們做爲提列的事證，揭露公主過去所爲的眞相。

就在依約成婚之前，年輕人向公主借來一只戒指，潛入山精的城堡，並以金針刺入對方的心臟。隨後又在公主的指環滴上3滴血，山精立即死去。血滴同時破除了金銀鑽石森林的魔法，原來所有花草都是由人類所變，眾人恢復原形後，一時之間竟出現三個王國。此時的公主也掙脫山精魔法的束縛，和榮登三國王座的年輕人結爲夫妻。

▌食人山精

同樣出自格倫特維筆下的「照料雞舍的愛德蘭」，山精卻成了吃人的妖怪。

少女愛德蘭自從母親過世後，在雇主家中照料雞舍，有一天主人要愛德蘭去找來三樣寶物，分別是「不需蠟燭也能照明的燭台」、「腳上繫著鈴鐺，不論走近或遠去，都能得知所在的馬」，還有「任意切除身上的肉塊，隨時又會恢復原狀的豬」。原來愛德蘭有兩個姊姊，嫉妒她平日認眞勤快、深得雇主賞識，便從旁慫恿主人如此這般。

持有這三樣物品的是遠在一處島上的山精，在顯靈的母親指引之下，愛德蘭順利取得山精的寶物，卻一時不愼誤殺了山精的父母。

愛德蘭答稱願意交出兩人代替自己，補償怒不可遏的山精遭竊的損

失，就此返家與主人成親。兩個姊姊羨慕不已，隨後就坐上愛德蘭的船前往山精的島嶼，卻讓山精逮個正著，煎煮炒炸吞下了肚。

關於山精吃人的傳聞，還有其他的說法。

凱托海因〈挪 Kjetil Høng〉(註4)是位於挪威北部海格蘭〈Hålogaland；Helgeland〉的拉福尼斯塔島〈挪 Hrafnista，又稱 Ramsta〉領主・哈爾伯恩的兒子，爲了解救歉收的故鄉，隻身出海一路北航。

最後他終於望見一處不斷有炊煙自煙囪升起的小屋，進入屋內卻發現空無一人。打開儲藏的地窖一看，發現有人肉混在鯨魚、海豹和熊等肉塊之中，於是他便埋伏在大門後。小屋的主人是個山精，一進門就被他砍下腦袋。凱托隨後住進這間小屋，直到整艘船裝滿漁獲才返回故鄉。

翌年夏天他再次前往小屋，取得豐盛的漁獲。不料才經過一個晚上，所有魚都不翼而飛，凱托便打定主意徹夜守候。隨後發現原來有個叫卡卓尼〈Kaldrane；Kaldrani；Kaldrana〉的山精，前來偷取漁獲。就在卡卓尼背著重重一袋戰利品，正要走出門口之際，凱托舉起慣用的斧頭，迎向山精就是一記，不想斧頭卻應聲折斷。凱托一路尾隨負傷逃走的卡卓尼身後，不久便來到一處有其他山精生火等待卡卓尼歸來的洞窟。

趁著卡卓尼向其他同伴索藥療傷，山精們離開取藥的當頭，凱托悄悄地潛

入洞穴，給予卡卓尼致命一擊，隨後滿載漁獲，回到了拉福尼斯塔島。

易子代養

山精有時也會擄走人類的小孩，相對地拋下自己醜陋的孩子，讓人類撫養。這種惡行被稱為「易子代養」〈changeling〉。

有一對住在湖畔的夫妻，原本育有一子，卻被山精暗中抱走，還必須代養山精留下來的孩子。山精的小孩幾乎每天都會爬到牆上，甚至爬上屋頂尖聲叫喊。對於飲食從不挑剔，卻永遠食不知足，夫妻倆的生活因此越來越艱難。兩人雖然一直試著趕走山精小孩，卻往往徒勞無功，孩子終究還是會回來。

終於有一天，一個聰明的少女向兩夫妻伸出了援手。少女趁著山精小孩外出撒野的空檔，殺了一頭豬。隨後將豬皮、豬毛零零總總全都塞進一個黑布丁裡。等山精小孩回到家，就讓夫妻倆拿出黑布丁給孩子。山精向來不挑食，隨即一如往常吃得津津有味。

沒多久，山精小孩的手忽然停頓下來。他瞅著布丁好一會，忽然尖聲大叫：「裡面有皮！有毛！還有眼睛和腳！這裡一定有惡魔！」說著就轉身奪門而逃，頭也不回地跑得無影無蹤。從那天起，山精小孩再也沒回到這個家。

順道一提地，即便只是痛罵代養的山精小孩一頓，有時候山精母親也會感到不捨，前來領回自己的孩子。

此外人類的小孩一旦被山精擄走，從此就對山精的法術免疫。

不過偶而也有山精願意幫助人類。根據多萊爾夫婦的作品描述，大多數山精身上都長有蝨子這樣的寄生蟲，如果願意替他們抓癢，有時會幫人們實現願望。

註1：茲將北歐與德語圈對於「Troll」的慣用語比照如下。中高德文稱為 Trolle，日後演變為 Trulle，低地德文稱為 Droll，今日的德國、波蘭均稱為 Troll。挪威、瑞典、芬蘭稱為 Troll，意指地妖（Goblin）之類的地精；冰島的發音雖相同，但記為 Tröll。鄰近的西歐國家荷蘭也有類似的說法，稱為 Trol。

註2：「Gnome」為一身材與矮人族（Dwarf）相當的種族，隸屬地精類，坊間或意譯「侏儒」，或音譯「諾姆」。礙於一般名詞的「侏儒」（midget；midge）已廣為人知，為了避免賣藝的「midget」與種族的「Gnome」出現在同一創作中，以致讀者或讀者產生混淆，私以為或可將「Gnome」視為「侏族」，稱為「地侏儒」或「地侏」。

如此亦可因應伴隨奇幻世界演化而生的「火侏（儒）」(Fire Gnome)、「山侏（儒）」(Mountain Gnome)、「水侏（儒）」(Water Gnome) 等新族群。

註3：整個系列的前身為「*Danske Folkesagn I-IV*, 1818～1823」，日後又據此擴增內容改寫為「*Danmarks Folkesagn I-III*, 1843～1860」。

註4：茲將凱托海因在北歐國家、英美當地的說法彙整如下，僅供參考。瑞 Kettil Häing；冰 Ketil Hæng, Ketill haengr；英 Kettle Haeing (Hæing)。順道一提地，挪威語「Kjetil」源自瑞典語「Kettil」，係「鍋、壺」之意。

4-2 Trollkona・トロールコナ

女山精・丘儸女

女山精 (Trollkona) 也帶有「山精女巫」的含意。她們是曾經誘惑諸神的女巨人 (Gýgr) 之後，常憑著一身的智慧與魔法，隨心所欲地操控人類。

在瑞典作家艾爾莎・貝斯寇的作品「交換記憶的國王」一書中，提到女山精的智能優於男山精，與經常訴諸武力的男山精相較之下，兩者可謂相異其趣。

航向薩普米

話說位於挪威北部海格蘭的拉福尼斯塔島，有一位領主名叫哈爾伯恩，這天爲了拯救歉收的家鄉，領主之子凱托海因大無畏地展開三度的北航之旅。

轉眼間到了秋天，凱托已來到北方的薩普米（即所謂拉普蘭）。到了晚上，停泊岸邊本該繫住的船身突然劇烈搖晃起來，一時驚醒了好夢正甜的凱托。起身一看，才發現有個女山精抓著船緣，前後猛力地搖晃船隻。他連忙砍斷船纜出海，一頭疑似先前的女山精所化身的「人眼鯨」，卻掀起濤天大浪攔阻於前方，船隻最後因此擱淺。此後凱托在一個名叫布魯涅〈Brune〉的山精照顧之下，學會了射箭的技能。他還娶了布魯涅之女・瑞文希德〈Ravnhild〉爲妻，妻子的體格十分壯碩，光是臉就有60厘米寬。

返鄉的途中，凱托殺死一個強而有力的薩米獵人古瑟〈Guse〉，取得他精良的弓箭與擊靈劍・德瑞梵戴爾〈Dragvendel ; Dragvandel〉。然而兩人回到故鄉後，身爲山精的瑞文希德卻飽受冷淡的對待，最後拋下和凱托生的孩子格林・洛登欽〈Grim Lodden-kinn(d)〉，獨自回到了薩普米。

三年後，瑞文希德再次歸來，然而凱托已經在這段時間繼承領地，同時和另一位人類女子結婚，傷心欲絕的她於是又返回薩普米。有一年夏天，凱托帶著兒子格林來到遠方的薩普米，當時有個山精埋伏在路上，打算擄走外出取水的格林。由於格林曾經學過強大的咒語，總算擊退了對方。後來凱托再次遭受荒年的打擊，他一路遠航抵達北方，卻遇上一個站在海角的山精女巫佛厄特〈For-at〉。她渾身閃耀著瀝青般黝黑的光澤，穿著一件簡短的皮毛衣，刺眼的陽光使得她不住地眨眼（也有一說認爲白夜的陽光不是很耀眼，山精對此並不在意）。她一面威脅要將凱托拿來下鍋，一面逐步逼近，凱托順手就將古瑟的銳箭破空射出，佛厄特大吃一驚，化

布魯涅之女・瑞文希德

成鯨魚就往海裡竄，但還是被一箭射中背鰭下方，痛得拍浪翻滾不住哀嚎，就這樣消失在白波碧濤之間。

隨後靜下心來的凱托，就在附近打起漁來。有天晚上，森林裡傳來一陣喧鬧的聲響，凱托就近一瞧，見到一個披頭散髮的女山精，似乎正吟唱著某種咒語。她告訴好奇的凱托，近海的一處島上有山精的聚會，隨即縱身一跳，渡海而去。事實上這處島上一整晚都進行著某種儀式，由於凱托不以為意，對方也似乎無意加害於他，因此確保糧食無虞後，最後離開此地回到了後妻的身邊。

凱托死後，他的兒子格林繼承其後，有一次荒年歉收，格林又依照往例出海北航。抵達薩普米後，遭遇風雪襲擊的他找到一處漁屋棲身。有一天早上，屋外忽然傳來一陣高聲大笑，原來有一對女山精姊妹，正抓著船身前後搖晃破壞漁船。格林抽出傳承自父親的古瑟箭，一箭射殺了姊姊，見妹妹隨即撲上前來，格林又舉起斧頭，迎面砍中女山精的肩頭。

女山精經不起這記重擊，轉身逃往一處山洞，隨即消失了蹤影。洞內的雙親，正燃起火堆等待姊妹倆的歸來，見到的卻是力竭氣絕的女兒。就在格林接著砍下山精父親的首級之際，山精母親見狀衝上前來。經過漫長的廝殺，最後扳住對方的下腰猛力一摔，終於殺死了女山精。日後格林還救出一個被魔法變成女山精的少女洛普霍娜〈Lopthøna〉，進而娶她為妻。至於這段始末，容稍後解說於「半山精」一節。

異族通婚成功的罕見傳承

像人類和山精這樣的異族通婚，往往必須面對複雜的難題，不過順利解決的也大有人在。

有個年輕人旅途中躲進一處山洞避雨，他將糧食分給住在洞裡的一個小孩，隨後山洞後方跟著出現孩子的母親，這才發現原來母子二人都是山精。身為母親的女山精為了感謝年輕人，送給他一捲釣線。使用釣線垂釣後，釣上的魚竟多如一座小山。從此以後，年輕人便過著富裕的生活。

在另一則民間故事中，提到一個年輕鐵匠聽說有戶人家的女兒出落得很美，於是登門拜訪向對方求親，然而事實上少女卻是一個以幻術化身的女山精。鐵匠發現真相後正待逃走，卻被撞個正著，懾於山精可怕力量的他，迫於無奈迎娶了對方。

此後兩人一直過著平靜的生活，不過鐵匠卻打心底嫌棄這位山精妻子。自從見過她難以恭維的容貌後，心中始終揮之不去當日的陰影。從此逐漸厭惡妻子，乃至愈發憎恨。有一天為了給馬安上馬蹄鐵，年輕鐵匠打起鐵來，卻怎麼也不順手。一旁的妻子見狀走上前來，看似扭鉛塊一樣，輕而易舉地徒手折彎了馬蹄鐵。

回想起自己和妻子吵架時，從來也沒見過她使出山精這樣的蠻力來。如果她真的有心，一定可以擺平自己。想到這點，一絲甜蜜的愛意不禁湧上心頭。從此以後，年輕鐵匠終於懂得疼愛這位山精妻子。

巨魔

托爾金作品的日譯本將此一來自北歐神話「山精」的後裔，翻譯爲「トロル〈Tororu〉」或「巨鬼」。基於尊重日文版譯者・瀨田貞二所做貢獻的考量，在此將托爾金與受到托爾金影響的著作中提到的此一怪物，稱爲「巨魔」。(註1)

誕生自岩石的背景

在托爾金的世界中，巨魔是瓦拉主神馬爾寇（Melkor，以力量興起者）爲了對抗植物女神雅梵娜（Yavanna，賜予果實者）塑造的樹人 (Ent)，而由岩石中化育出來的一種巨人。精靈共通的語言辛達語〈Sindarin〉稱之爲「Torog」，複數型態爲「Tereg」，黑暗語則稱爲「Olog」。

他們的體內奔流著黑色的血液，岩石構成的外皮成爲天然的護甲，精靈以外的武器，幾乎難以傷其分毫。不過巨魔也有弱點，他們非常害怕陽光。如果身體暴露在陽光底下，外皮的石化現象甚至會深入體內，一旦擴及全身就會死去。因此平日大多棲息在地下或洞穴的深處。

巨魔高達3米以上，和他們可怕的力氣相較起來，智力相對極低，平常甚至不懂得說話，只有少部分能說上幾句。

天性嗜血而喜於生食，一旦發現獵物，就會襲殺對象當場吞噬。巨魔的慾望很深，他們將獵物吞食殆盡後，還會把獵物持有的物品帶回自己的巢穴藏起來。每每在不瞭解物品本身價值的情況下，收藏著堆積如山的財寶。

巨魔的國度位於中土北部的伊頓河谷 (Ettendale) 與伊頓荒原 (Ettenmoors)。小說人物之一的亞拉岡二世 (Aragorn II) 將伊頓荒原這個地方稱爲「巨魔岩地」(Trollfells)。事實上「Etten」一詞，便是由父丁巨人 (Ettin) 此一具有北歐山精血緣關係的蘇格蘭巨人而來。

有時候這塊地域僅僅棲息著巨魔，有時候巨魔會在這個淪爲獸人 (Orch) 據點的地方，專事蠻力得以發揮的工作（護衛與搬運巨石等）。

因爲棲息地的不同，他們又可分爲山巨魔、丘陵巨魔、洞穴巨魔、雪巨魔等族群。

此外還有一種人工化育的高等分支，稱爲「強巨魔」。

強巨魔

原為黑暗之神馬爾寇部屬的索倫，在建造自己的王國時，為了克服巨魔的弱點，經過多次改良與研究，最後創造出巨魔派生的亞種·強巨魔（Ologhai，強大的巨魔）。此一怪物是否曾與其他種族合成，雖然不得而知，不過也有人將其視為巨獸人（Giant-Ork）。

他們暴露在陽光下非但不會死去，甚至具有頗高的邪惡智力。外皮較岩石更為堅硬，以鉤爪和尖牙做為可怕的武器。蠻力驚人且行動敏捷，生性極為凶猛。瞭解黑暗語的他們，只知忠實服從索倫的命令。

其棲息地大致位於環繞黑暗國度魔多〈Mordor〉的群山，與北方的幽暗密林〈Mirkwood〉南部。

山巨魔

山巨魔 (Mountain Troll) 有結群成黨共同行動的習性。

鎮守中土西北部的登丹人〈Dúnedain〉酋長亞拉德 (Arador)，就是遭到山巨魔的圍捕而死。他的孫子正是日後構築了中土最大版圖的剛鐸王亞拉岡二世。

《魔戒》三部曲「王者再臨」〈The Lord of the Rings：The Return of the King〉第 5 章第 4 節提到邪惡的一方動員了山巨魔，負責操作 30 米高的破城鎚葛龍德 (Grond)。

丘陵巨魔

同樣第 10 節也提到棲息於葛哥洛斯山脈（Ered Gorgoroth，恐怖的山脈〈Ered，辛達語的山脈之意〉）的丘陵巨魔 (Hill Troll)，被組織成索倫旗下的大軍。他們的身軀較人類高大，厚實的胸前有一層混合角質薄板的網狀皮膚（或者穿著此類形狀的護甲），配備巨大的金鎚與黑色的圓盾。

生來具有一種邪惡的習性，慣於殺死敵人後，以利爪拾起對方的屍首，撕咬開整個喉嚨。

哈比人皮瑞格林·圖克（Peregrin Took〈暱稱皮聘 Pippin〉）曾經在古墓岡〈Barrow-downs〉發現一把魔法短劍，憑藉此劍才殺死丘陵巨魔的首領。

洞穴巨魔 (Cave Troll)

綿延於西薩格勒〈辛 Hithaeglir，迷霧山脈〉地底的一處廢棄的摩瑞亞（Moria，漆黑的深坑）巨大礦坑中，棲息著至少兩頭巨大的洞穴巨魔 (Cave Troll)，他們是獸人的警衛，有時也搬運巨石負責架橋的工作。黑灰色的外皮長著青苔，巨大的雙腳扁平而無指。

《魔戒前傳：哈比人歷險記》〈The Hobbit: There and Back Again〉提到湯姆 (Tom)、威廉哈金斯 (William Huggins)、伯特 (Bert) 這三個洞穴巨魔。身為巨魔的他們有著令人驚訝的智力，儘管說起話來訛音嚴重，他們還是能以共通的西方語進行溝通，遇有爭議時甚至採取多數決。

有一天，3個洞穴巨魔在精靈隱隱出沒的裂谷‧伊姆拉崔〈辛Imladris，即瑞文戴爾Rivendell〉東方一處名叫巨魔森林（Trollshaws〈中譯為食人妖之地〉）的山中生起火來。哈比人比爾博‧巴金斯〈Bilbo Baggins〉一行人適巧路過，被此一火光吸引而去，結果當場被巨魔生擒，眼看就要下鍋烹殺。

隨後巨魔中了埃斯塔力族人〈Istari，即巫師之意〉甘道夫的計謀，一時引發爭執，就在爭論不休直到清晨的當頭，瞬間被陽光化成了石頭。或許正因如此，《魔戒前傳》中的三個洞穴巨魔，又稱為石巨人〈Stone-giants〉(註2)。

成功逃脫巨魔之手的比爾博一行人，接著從牠們的岩洞巢穴中，取得了裝滿金幣的罐子，以及獸咬劍（Orcrist，誅滅獸人者）、敵擊劍（Glamdring，打擊敵人的重鎚）兩把魔劍。原來獸人將兩把劍稱為「咬劍」（Biter）、「打劍」（Beater)，對此十分畏懼。

順道一提地，巨魔的亡骸從此遺留該地，直到八十年後才再次登場於《魔戒》，骨骸甚至淪為為鳥類棲身多年的老巢。哈比人山姆衛斯‧詹吉〈Samwise Gamgee，暱稱山姆Sam〉見狀，即興哼起了一首「石巨魔」〈The Stone Troll〉(註3)的小調，嘲弄起牠們的下場來。

歌詞中的巨魔因為食性冷僻奇特，加以飢餓難耐，一時啃咬起同族的巨魔遺骨。

雪巨魔

關於雪巨魔（Snow Troll）的敘述，《魔戒前傳》如此寫道：「飽受飢餓與悲慟折磨的聖盔‧鎚手〈Helm Hammerhand〉變得瘦骨嶙峋，面容猙獰可怕。他獨自一人帶來的恐怖力量，等同於保衛城池眾多守兵發揮的威力。他常一身素衣白甲，不時單騎出城，猶如雪巨魔般踩踱著沉重的腳步，深入敵營徒手破敵。據信沒有任何一種武器，能夠殺死手無寸鐵的他。登蘭德人〈Dunlandings〉甚至謠傳他無以果腹時，曾經以人為食。」(引1)

從這位驃騎王國洛汗〈The Riddermark Rohan〉的人類雄主聖盔身上，我們僅能約略推想雪巨魔的真貌，面對這樣的物種，或許還是保持距離為宜。

小伙子派瑞和他的朋友

正面為敵時令人喪膽的巨魔，經由哈比人的傳頌之後，留下了其他語帶嘲諷的詩歌。

《湯姆龐巴迪歷險記》〈The Adventures of Tom Bombadil〉詩篇中的「小伙子派瑞」(註4)，提到一個孤單又寂寞的老巨魔，住在路遙丘（Hills of Faraway，遠方的山丘）的一處鎖眼石屋（Lockhole，鑰匙孔），從不為非作歹，也沒有任何朋友。他的同伴早已悉數渡海，離開了風雲頂（Weathertop〈看天丘〉）。

山巨魔

為了和鄰人相處融洽，他主動來到附近的布理村（Bree，山丘）和哈比人的夏爾莊園 (Shire)，想要同人們寒暄一番，豈料每個人都害怕得爭相出逃。

有一天，小伙子派瑞 (Perry-the-Winkle boy) 看著傷心流淚的巨魔，不禁好奇地和他攀談起來。巨魔十分歡喜，招待男孩到家中享用了一頓大餐，其中又以一種巨魔親手烘焙、看似壓縮乾糧克蘭餅的麵包 (beautiful cramsom bread) 最為美味。克蘭餅是矮人烘烤的一種隨身攜帶的營養補給品，吃來卻難以下嚥。類似的麵包還有熊人族比翁〈Beorn〉添加蜂蜜的點心，精靈燒烤的行路麵包蘭巴斯（辛lembas）等珍饈佳餚，想來巨魔烘烤的麵包也同樣美味，絲毫不亞於兩者。

消息傳開後，布理村的人們紛紛湧至巨魔的石屋前，卻悉數被巨魔給轟走。不斷享用可口麵包的派瑞身軀日漸茁壯，相形之下巨魔卻看似矮小起來。

派瑞長大後，開了一間有口皆碑的麵包店，有些顧客甚至會聞香渡海、遠道而來。對於自己烘烤的麵包並不如巨魔的來得美味，這點派瑞卻是心知肚明的，有時候總會想起那令人懷念的滋味。

或許「魔戒」熔毀後，得以從黑暗之王索倫的統治下獲得解放的巨魔群中，也存在如此心地善良的巨魔。又或許這樣的巨魔成為中土最後的倖存者也不可知。

哈利波特的世界

在北歐的傳說中，男女山精在特性上有所不同。然而受到托爾金影響的無數作品中，卻不分男女一律視為相同的巨魔種族。

在喬安・凱瑟琳・羅琳創作的《哈利波特》〈*Harry Porter*, by Joanne Kathleen Rowling〉系列中，巨魔族群可分為三大支系。

山巨魔 (Mountain troll) [註5] 體型最大，性情狂暴。牠的外皮像墓碑般灰暗晦澀，頭上光禿圓淨。

林巨魔 (Forest troll) 一身膚色淺綠，有些生有綠色或棕色的頭髮，稀稀落落地糾結在一起。

棲息於橋下的河巨魔 (River troll) 則生有兩根短角，與一身紫色的外皮，大致上還有些頭髮。

他們共同的特徵是身軀高大，約莫有3米6之譜，有的體重甚至超過1噸。相較於表面凹凸不平、矮胖巨大的軀體，他們的頭顱顯得相當小，予人一種頭部擺放在肩上的不協調感。面貌醜陋，眼睛細小，有一對尖長的耳朵。垂放的長臂看起來頗為異樣，以致手中的棍棒常拖曳在地。加上樹幹般並列的粗大雙腿相當矮短，走起路來就像拖著一雙滿是贅疣的扁平足。

性喜肉食，經常生吃動物與人類，或許因為如此，老遠就可以從他

們身上聞到一股劇烈的腥臭。

他們強大的力量與巨碩的身軀十分相稱，智力卻不如獨角獸中智能最低者，同時完全不具有魔力。平日以巨魔獨特的語言嗚嗚作聲，傳達彼此的心意，僅有少數同伴懂得人類的詞彙，還能說些簡單的對話。

多年前魔法師曾經召開會議，決定何種生物 (Being) 在魔法界的發言具有舉足輕重的地位。當時巨魔也參加這場盛會，中途卻舉起棍棒破壞了整個議場。接著其他的生物也開始躁動，整個會議最後在混亂中草草結束。

當會議重新召開時，規定「只有通曉人類語言，能夠明白傳達意念的生物」才能參與討論，地妖（註6）便在一旁出了個餿主意。幾乎說不出人類語言的巨魔，經背誦兩三篇文章之後，終於出席這次會議，卻再次大亂了議場。

後來在沒有地妖陪同出席的情況之下，巨魔代表被問及某個議題，當場顯露無法理解提問的窘態，從而遭到出局的命運。

小小巫師們就讀的霍格華茲魔法與巫術學院 (Hogwarts School of Witchcraft and Wizardry) 與巨魔之間，可說因緣匪淺。

其一、傳授「黑魔法防禦術」(Defence Against the Dark Arts) 課程的人氣作家吉德羅・洛哈 (Gilderoy Lockhart) 編著的《與山怪共遊》〈Travels with Trolls〉（註7）一書，被魔法學院採用為教材。相關內容雖然並未提及，不過從授課的方向推測，想來應該是傳授一些關於遭遇巨魔時，該如何剋制以及渡過難關的方法等等。

其二、霍格華茲學院嚴密看管「魔法石」〈Sorcerer's Stone〉的重重防衛機制中，有一處巨魔看守的房間，此一巨魔便屬於智力極高的特例。像這樣的個體都是經過訓練，才賦予守衛的任務。

據第三冊第8章所述，越獄的逃犯天狼星・布萊克 (Sirius Black) 一度侵入了霍格華茲，當時看守入口的胖女士 (Fat Lady)「活畫像」因此負傷。胖女士傷癒後要求加派警衛，這才回到工作崗位，當時受雇的警衛便是數名生性冷峻的巨魔。他們時而恫嚇周遭的人們，時而競相較量彼此的棍棒大小。強大的力量雖然值得倚仗，但畢竟還是一群危險的生物。

第一冊第10章還提到一個山巨魔〈中譯為山怪〉在邪惡的巫師放行之下，侵入了霍格華茲學院。當時一年級的小才女妙麗・格蘭傑 (Hermione Granger) 正躲在洗手間。同年級的哈利波特 (Harry Porter) 與暱稱榮恩的衛斯理（Ron，全名為 Ronald Arthur Weasley）一路查探校內騷動的起因而來，他們趁著山巨魔走進女生廁所的一剎那，悄悄地鎖上了門。

隨後聽到妙麗尖叫的兩人，趕緊又殺回現場。他們撿拾遭到山巨魔毀

壞的水龍頭等物品丟向牆壁，總算以聲響引開了注意，試圖讓妙麗趁機脫逃，妙麗卻因為過於恐懼，一步也動彈不得。眼看山巨魔走向榮恩，哈利不經細思，立刻跳上山巨魔的背部，緊緊地貼在身後。

天生觸覺遲鈍的山巨魔並未察覺到一雙小手正抱住自己的脖子，最後被哈利捅進鼻孔的魔法棒一攪，難以忍受地揮舞起手中的棍棒，想要將哈利甩下身來。榮恩立刻對著棍棒唸起飄浮咒〈Wingardium Leviosa〉，棍棒登時飄浮起來，緩緩轉了一圈後，擊中山巨魔的小腦袋，山巨魔經此一擊當場昏倒。

在校成績優異的妙麗，原本交不到朋友，打倒山巨魔的歷險，卻成為三人之間真摯友誼滋長的契機。

《魔法王國仙斯》中的崔斯坦

在皮爾斯‧安東尼的《魔法王國仙斯》系列中，「Troll」有著高瘦的體型。男女面貌都十分醜陋，生有一副硬如堅角的長鼻〈或可稱之為角鼻巨魔〉。(註8)

仙斯境內有一處巨魔棲息的島嶼，他們平日就生活在這塊區域。每到飢腸轆轆的時候，巨魔會集體出動襲擊人類的村落，他們捉來小孩後，一夥人隨即徒手撕開獵物柔軟的肉塊，當場分配起來。

生性殘忍的他們向來無所畏懼，但對於雄性巨魔而言，配偶是唯一的例外。原來有時候雌性會索性吃掉雄性巨魔，雌性巨魔甚至還會以「自然法則」的解釋自圓其說。

不過巨魔的所作所為，倒也不完全殘酷至極。有一天巨魔崔斯坦(Tristan)跟隨族人出外狩獵，遭到村人強大的抵抗，反而被追打得抱頭鼠竄。其間崔斯坦獨自闖入一戶民宅，成功地擄走一個小女孩。就在帶著女孩返回森林和同伴會合的途中，小女孩哭著向崔斯坦說起話來。

「爸爸媽媽只有我一個小孩，失去唯一的孩子，他們一定會傷心地死掉。」

看著小女孩可愛的面容，崔斯坦一時被她天真的模樣打動（這對巨魔而言，也只能說是缺點了），就和女孩說好，不許說出放走她的事情，隨即釋放了女孩。然而巨魔難以見容於人類，就如同人類無法接納巨魔。即便心知自己做了一件愚不可及的蠢事，事後消息走漏，讓全村的人瞧不起，崔斯坦依然不感到後悔。

或許是因為崔斯坦多年來引頸期盼，始終得不到上天的眷顧蒙賜一子，長久以來感到膝下空虛，加以過去一直將人類視為「一塊等著分食的肉」，卻在因緣巧合中，得知人類也和自己的族人一樣疼愛子女的緣故吧。

註1：托爾金名作《魔戒》系列中的此一怪物，中文譯爲「食人妖」（朱學恆譯）。由攝食習性來看，被精靈稱爲「Torog」的「Troll」確實以生食爲主，然而「食人」能否視爲它最足以表現整體印象的特徵，嚴格說來是可以討論的，例如「Ogre」也有食人的傾向，而且更明顯，那麼它能不能被稱爲「食人妖」？又如「Troll」可否譯爲「山精」？住在山中的精怪並不限於它，爲何它可以被稱爲「山精」？「Elf」爲何稱爲精靈？「精靈」爲何單指一族，而非衆多族群的統稱？這和「食人妖」與「食人的妖怪」之間的關係，是同樣的道理。一切根據全在譯者審時度勢後的一念之間，與發自精推細敲的一心。

　　過去國人的閱讀習性尙未廣泛涉及奇幻領域時，大多通過這一二十年來由電腦遊戲中獲得的認知，去槪觀設想一個符合自己心中形象的「代名詞」，這些代名詞旣未通過國立編譯館等審定機關的統一，也不見有鉅細靡遺的奇幻辭典正名，因此衍生了許多個人的說法。然而拜網路發達之所賜，「具有說服力的個人說法」，或經由網友比較，或透過市場力量逐漸脫穎而出。

　　當然，也會有勢均力敵的情形發生。正如同本書本章摘錄的《魔戒》與《哈利波特 (Harry Porter)》一樣，兩大系列同是奇幻文學國度的大作，「Troll」卻分別被譯爲「食人妖」與「山怪」。儘管論及影響力，《魔戒》向來在《哈利波特》之上，但基於順應本書譯文，不偏採二書任一譯名的想法，在此還是大膽地採用二書未有譯本發行前，在網路上有較高支持度，同時也與日譯本的「巨鬼」形象接近的「巨魔」一詞，做爲本章節代表「Troll」的「Torog」譯名。除此以外，非關章節獨立標題的專有名詞譯名，均以尊重二書譯文爲前提。

　　對於部分國人將「Ogre」此一生性食人的物種稱爲「巨魔」，「Troll」這種不僅生存於洞穴中的族群稱爲「洞穴巨人」，私以爲有商榷的餘地。其根據請參照本書其他相關章節。但若想避免意譯造成的爭議，或許也該正視音譯此一受人鄙視的做法帶來的好處，考慮在意譯的同時加入音譯的補充。

　　例如「泰坦」爲巨人之意，假使稱爲「泰坦巨人」並不讓人感到突兀，那麼「地妖哥布林 (Goblin)」、「地侏儒諾姆 (Gnome)」、「小家精童忒 (Tomte)」、「小矮人倪矞 (Nisse)」等添加種族屬性的說法，遲早也會融入吾人的生活。當然，這並不意味譯名必須完全採用此種模式，終究還是必須因時制宜。

註2：原文作「Stone-troll」，但細考《魔戒前傳》並無此一名詞，只有石巨人的說法。

註3：「The Stone Troll」收錄於《托爾金奇幻小說集》中，中譯本篇名作「石巨人」。

註4：「小伙子派瑞」同樣收錄於《托爾金奇幻小說集》。

註5：《哈利波特》系列的「Troll」中譯爲「山怪」。如果此處的山怪指的是「Mountain troll」，那麼系列作品中提到的「Froest troll」與「River troll」可能必須轉爲「林怪」與「河怪」之類的譯名，才能避免「林山怪」、「河山怪」此一邏輯不淸的名詞出現。爲此有些遊戲玩家採用了「河食人妖」等說法，想來應該是受到《魔戒》中譯本的影響。

註6：Goblin，類似小鬼 (Imp) 的妖精，屬地精小妖類。根據韋氏字典的解釋，中世英文稱爲 Gobelin，拉丁語爲 Gobelinus，希臘語則稱爲 Kobalos。原指懷有惡意或敵意的妖精總稱，後來獨立爲一支妖精族。面貌多醜陋猥瑣，生性邪惡。詳述請參考8-4「史那加」一節的註解。

註7：日文版爲松岡佑子所譯，書名爲《トロールとのとろい旅》；繁體中文版爲彭倩文譯。

註8：私以爲相較於巨魔予人體型龐大、魯鈍的印象，《魔法王國仙斯》的「Troll」瘦長的身形、食人的習性，反而較符合《魔戒》所述及的「食人妖」一詞予人的觀感。

引1：日譯文摘自瀨田貞二＆田中明子譯本。

樹矮精

保羅・史都沃與克利斯・瑞德攜手創作的《邊境大冒險》〈The Edge Chronicles, by Paul Stewart and Chris Riddle〉舞台中，有一種棲息於深邃林 (Deepwoods) 的樹矮人[註1]，平日以伐木爲生。

圓滾飽滿看似氣球的臉龐，怎麼看都覺得迷人可愛，頭上常豎起幾束辮子，以細繩綁住髮梢。膚色黝黑的他們個子矮小，成人的身高還不到人類少年的胸膛。肥胖的體態倒是四平八穩，有些人的力氣甚至非比尋常。

他們常活用本身的體型條件，不論枝椏如何低矮，挺著腰桿就能穿梭在森林之間，憑著粗壯有力的臂腕，揮舞斧頭砍伐林木。取得的木材各有奇妙的特質，樹矮人對它們的特性可謂瞭若指掌。

香木 (Sentwood) 燃燒時會散發一種香味，讓吸入香氣的人醋甜入夢。

血橡木 (Bloodoak) 是一種肉食性植物，想要取得這種木材，必須拿自己的性命當賭注。

當火焰環繞在安眠曲樹 (Lullabee tree) 樹幹時，它會發出一種難以形容的淒涼音調。

羅浮木（Lufwood，笑樹）燃燒時，會發出一種紫色的火光，給人帶來一種安寧的心境。

凡此種種都稱爲漂浮木 (Buoyant wood)，具有一種經過燃燒就會浮上天空的奇異特性。

至於樹矮人搭建在大樹枝幹上的住家，主要以羅浮木構築而成。

日常生活與森林樹木密不可分的他們，對於火抱持著一種深深的敬畏。遇有寒冷的天氣，就會燃燒漂浮木中的羅浮木與安眠曲木。由於具有高度的危險性，絕不在火爐以外的場所燃燒木塊。

樹矮人把這種生長於深邃林中的特殊木材，賣給駕駛著漂浮木製的飛天船、遨翔於四宇八方的飛天海盜，藉此換取現金。不過如果殺價殺得太過份，樹矮人就會扳起面孔索性不賣，一筆生意往往就這樣泡湯。

有時候他們也會將木材加工，帶著手工木製品與木籃子，和同住在深邃林的殺人族 (Slaughterer) 以物易物，交換一些肉類與皮製品。儘管殺人族是樹矮人最親近的鄰族，卻因爲看似渾身是血，受到樹矮人的鄙視。

對於他們而言，殺人族就有如「鍋底的殘渣一樣低賤」。樹矮人就是如此這般擁有另一張交易者的面孔，即便只是水果，也得仰賴他族的供應。

平日的飲食相當簡單，通常不會享用大餐，最喜歡吃的是一種黏稠而帶有臭蛋味道的醃絆人草 (Tripweed)。只有每年一度的樹矮人慶典 (Wodgiss) 當晚，才會按照慣例吃一頓塔德臘腸湯〈Tilder-sausage soup〉做為慶祝。

樹矮人的禁忌

樹矮人非常忌諱「離開正路」，唯恐在森林中迷途。因為代代相傳離開正路，「就會讓蟲髏魔（Gloamglozer 黃昏的騙子）抓走」。蟲髏魔並非當地的迷信，他會千變萬化，是一種以恐懼等情緒波動做為食糧的可怕妖魔。

樹矮人行走的道路有如一張撒開的網子，散佈在深邃林的各個村落之間。他們只會走在這些經過好幾世代祖先踏出小徑來的道路上，一旦偏離了這些正路，就會招來死亡的後果。

然而「絕不離開正路」卻也框限了樹矮人的視野。畢竟如此一來，他們將永遠無法走出一條嶄新的道路。「絕不離開正路」成了一種不成文的默契，繼而套用在一種看似籃球比賽，名為塔克球 (Trockball) 的樹矮人傳統運動之中。

比賽使用的球，是一種以家畜悍角獸 (Hammelhorn) 膀胱製成的塔克袋 (Trockbladder)。

參賽者分為兩支隊伍，只要帶球者跑上12步，就有資格朝中央場地的籃框射球。順利進球時，可以獲得兩倍於12步數的24分。當然，另一支隊伍不會輕易放行，必然會前來攔阻帶球者。

整片球場的形狀呈現一種奇特的光景。籃框所在的中央地帶較為寬敞，此外有數條小徑從中央延伸出來。小徑之間的草地形成障礙，絕不能走進草叢中（或者應該說從來沒有樹矮人走進草叢）。

事實上人類的棄嬰吐克（Twig，小樹枝）就曾經大膽地抱著塔克球跑出小徑之外，從小一起長大的好友哈德魯夫‧鼓碰瘤 (Hoddergruff Gropeknots) 卻為此翻臉，痛打了吐克一頓。

儀式

對於樹矮人而言，「命名儀式」是一生中最重要的大事。他們認為「人死去時如果沒有名字，就會淪為四處遊蕩的孤魂野鬼」，甚至還流傳著一句「無名之湯不可嚐」的格言。

樹矮人的幼兒在1歲半以前，只會趴在地上爬行，到了3歲才會牙牙學語。一旦幼兒說出某個字，父母親中的一方就必須在日出時來到一株綁椿樹〈Anchor Tree〉，將繩索綁在樹上，帶著另一端的繩子獨自走進深邃林，而這也成為「絕不離開正路」的唯一特例。

一旦手上的繩子拉到盡頭，就要使用特製的「命名匕首」〈Naming

knife）～一把孩子到了特定年齡就會給予的小刀，在距離最近的樹幹上削下一些木片來。

由於唯恐深邃林的怪物聽到削木片的聲響後，可能會隨時聞聲而來，因此整個動作必須依序快速完成。

樹矮人的父母親將木片帶回家後，先親吻木片兩次，再丟入火堆中，給孩子取的名字就會在火焰中慢慢浮現。

此外還有一項重要的「火葬儀式」。死者覆蓋在一張裹屍布下（註2），綁在稱為火葬臺的一座平臺上。接著全村的樹矮人會圍繞在死者的身旁，唱起陣陣的哀歌。隨後由生前與死者最親的人負責「點燃聖火」，在安置死者的平臺上點火，並如此叫喊。

「噢！伴隨那洪荒最初的閃電而來的天之火！」

「天之火，讓木筏伴隨火焰再次回到天際吧。噢！天之火！」（引1）（註3）

火葬臺採用的是漂浮木種的香木，轉眼隨著火焰浮上天際。在親朋族人的目送之下，死者宛如逆向升空的流星，逐漸消失在天際之間，永遠安息。

▌人類的保姆

第四冊（註4）提到聖塔玨城（Sanctaphrax）中有一位樹矮人威瑪・棘木（Welma Thornwood），擔任人類少女瑪莉（Maris）的保姆。雖然年紀老大，個性卻十分率直，對誰都毫不客氣。

如何成為瑪莉保姆的過程雖然不得而知，不過許久以前，威瑪就形同失去生母的瑪莉真正的母親。替代城內最高學者（聖塔玨城的首長）這位終日忙於工作的生父，盡心教育瑪麗的也是威瑪。此外她還傳授了慶典辛香烤餅等等烹調的方法給瑪麗。

瑪莉拋棄自己親生兒子吐克的背後，有著一段迫於無奈的經緯。吐克出生在飛天船迫降於深邃林之際，當時船長命令她拋下孩子。面對自己能否得救還在未竟之天的艱險處境，瑪莉和同在船上的丈夫最後下了這個苦澀的抉擇。

然而孩子被棄置的地方，正是瑪莉記憶中慈祥和藹的保姆出身的樹矮人村落，這或許也算是不幸中的大幸吧。

▌人類之子吐克的養父母

吐克從小被拿屈枝家（Snatchwood，搶奪森林）的老通（Tuntum，酒桶）和史珮達（Spelda，縫衣婦）夫婦一手養大。

從事伐木的養父老通的收入，泰半來自私下違法修理飛天海盜船的所得（因為修理船隻必須使用大量的漂浮木之故）。史珮達有一副橡皮球般的圓鼻，笑起來時臉頰會微微隆起，有著一雙灰黑色的小眼睛，皮膚看似發皺的熟皮，聲音雖然高亢，喉嚨裡發出的略略笑聲，聽起來卻很舒服。

夫婦兩人育有史諾皮（Snodpill，

樹矮人

圓圓的藥丸）、亨奇威（Henchweed，追隨的雜草）、波斯尼（Poohsniff，抽鼻涕）幾個孩子，由於年紀都超過成年的13歲，老早在外頭自力更生。此外還有一位斯耐特 (Snetterbark) 表哥住在別的村子，過世的爺爺名叫威茲 (Weezil)。

儘管是撿來的棄嬰，兩人對吐克的愛和親生孩子沒有兩樣。看著反應笨拙，讓人欺負得滿頭包回來的吐克，老通常對他叱喝，要他還以眼色；為了始終說不出半個字的吐克，史珮達還在他3歲的時候，破例進森林削取木片，為他舉行「命名儀式」。

到了獨立自主的13歲，吐克被飛天海盜一眼看上，認為是塊材料，史珮達唯恐他像哈波巴（Hobblebark，絆腳的樹皮）、哈渥特（Hogwort，豬草）等族人一樣讓海盜捉走，便要他「夜行曉宿」，一路前去投靠表哥斯耐特。然而人類之子吐克卻跳出樹矮人的傳統框架，離開正路擴展了視野，踏上一條前途寬廣的冒險之旅。

當吐克真正長大成人，再次回到村子時，適巧遇上了老通的喪禮，並從史珮達的手中，接下為老通「點燃天火」的棒子。看著即將再度踏上旅程的吐克，史珮達送給他一副護身符，並將老通使用的斧頭轉交給他。原來，這一直是老通生前的願望。

具有親緣關係的種族

在《邊境大冒險》的舞台中，尚有幾種類似的族群。

嘎巴矮人（Gabtroll，愛說話的矮精）是一種人如其名喜歡談天說地的族群，他們會把一對蝸牛般的綠色眼柱伸得老長，看似橡皮般搖擺著眼睛，語氣輕柔地閒話家常。不過臉上十分油膩，經常伸出長舌舔著自己的眼珠子，讓人看了很倒胃口。他們會張起色澤粉紅看似蝙蝠的一雙大耳，仔細地傾聽他人的談話，因此也是個好聽眾。

嘎巴矮人世代以種植蔬果，運往市集販賣為生。在一般人的印象中，他們是森林中對花茶效能最瞭解的草藥通。

第一冊提到一位嘎巴婦人噶芭蓂拉 (Gabmora)，她擺脫了既往的生活圈，駕著一輛篷車（Prowlgrin，徘徊的笑）在深邃林中四處旅行。自稱是藥師和花茶專家的她，將篷車染繪在一層森林的保護色下，車上滿是藥方。婦人同時也善於占卜，她還以迷心咒（註5）為吐克占上一卦，指出他的未來。

第三冊還提到一個身上滿是贅疣、身軀佝僂、低垂著一對粉紅色耳朵的嘎巴老婦人，是一位泡花草茶的名家，一眼就能看出對方的身心狀態，大力推薦各種花草茶。

添加毛田芥菜 (Charlock) 與橡蘋果（Oak-apple，沒食子）的花茶，能讓驚怵的心靈振作起來，橡蘋果也有治暈眩的效用。木聚合草 (Wood-comphrey) 茶能夠提神。鬃毛草（Bristleweed，焦躁草）茶則能喚回失去的記憶。

只有3根手指頭的粗皮矮人（Brog-troll，語帶訛音的矮精）有一副大鼻

子，爲一身軀高大、霸力悍血的種族。不過腦筋看似不太靈光，有時還會誤把火當成信號彈的火焰。

襲天號〈Sky Raider〉飛天海盜船長‧霹靂鋸嘴鷹的護衛酷鎖（Grimlock），平日總是穿著一身破舊的短衣，因此十分嚮往擁有一件溫暖鮮麗的華服。當吐克送給他一件華麗的外套後（實際上原本是鋸嘴鷹的衣服），二話不說立刻投靠了吐克。拉車矮人（Lugtroll）的鼻子十分發達，鼻根向上延伸至頭頂，給人一種鼻子從頭頂長出來的印象。體型或短小，或瘦長。有些從事和飛天船相關的事務，也有些從事買賣交易，不過從事拉車的運輸工作者好像多一些，只是不怎麼有力氣。

載著黑暗學教授一路來到石園的拉車矮人，由於畏懼棲息於園中的白鴉（White raven），不願踏進石園一步，回程時黑暗學教授要求載著吐克同行，拉車矮人索性哄抬車費，執意談妥價碼才肯動身。經過一番議價，拖車總算啓程，走在平地已緩如牛步，爬坡時更是上氣不接下氣。

小說中還提到下城的「血橡木酒館」住著一個以跳蛇舞爲生、四處爲家的女矮人（Lumpen she-troll）。

此外鋼木（Ironwood）森林裡，好像也住著一種吼叫矮人（Barktroll），不過書中並未提到細節。或許「Bark」並不代表吼叫，而是「樹皮」之意也說不定。

■ I ■

註1：關於樹矮人的原譯名，一開始讓人有種屬於「矮人」(Dwarf) 近親的聯想，然而兩者並無血緣的關連。此一種族與托爾金等奇幻文學中的「Troll」予人的印象全然不同，是一個子矮壯的族群，想來應該也是受到北歐山精影響而誕生的產物，或許也可稱之爲「樹矮精」。

韋伯等字典倒是替「Troll」下了這樣的定義：「一種斯堪地那維亞傳說中的生物，或爲「Dwarf」或爲「Giant」的形貌，通常棲息於洞穴或山丘上。」因此稱爲「樹矮人」，其實並不爲過。有趣的是一種名叫「南天竹」(Nandina domestica) 的灌木，別名就叫「樹矮人(Wood dwarf)」。爲了避免將來眞有此類名詞的生物出現在奇幻文學的領域，在此以「樹矮精」權充標題，至於其他相關族群，還是尊重原譯稱爲「○○矮人」。

註2：裹屍布採用林蜘蛛布，那是一種以林蜘蛛吐出的絲織成的布料，這種布十分堅韌，也用於風帆。

註3：中文版譯者爲王紹婷。

註4：第四冊標題爲《蠱體魔的咀咒》(The Curse of the Gloamglozer)。

註5：在地上劃上一個大心形記號，用指頭按住一支高度比腰際稍高的樹枝，將它豎立在記號中，放開指頭後任由樹枝倒地，樹枝就會指出占卜者該走的方向。不過主角吐克放開樹枝後，它卻筆直不動並未倒地。始終指向天際的這根樹枝，正暗示一個令人意外的未來。

註6：日文名詞或譯名上方有時會附上一行字體細小的讀音，稱爲振假名 (ruby text)，其目的在於以日文的慣用說法或外來語相對呈現該詞彙的雙義性。例如「Ironwood」的外來語爲アイアンウッド，譯名上方的小字就會用傳統日文寫著「テツノキ（鉄の木）」。諸如此類採用的是一種相輔相成的做法，就如同中譯時加上英文的中英對照。由於對照所呈現的意義相同，經中譯後僅需還原英文即可，因此省略於譯文中。

引1：日譯文摘自唐澤則幸譯本。

半山精類・半丘儸

　　據說山精和其他種族所生育的多數半山精人種，食量驚人且好鬥，十分難以管束。他們之所以會來到這個世上，自然有其不可抗拒的客觀因素，只不過強大的力量，卻也帶給人類、精靈等種族，乃至自己親生父母的山精莫大的威脅。

▍淪爲魔劍俘虜的安格林

　　根據《赫華爾與海德瑞克傳說》〈Hervarar saga ok Heiðreks；英 The Saga of Hervor & King Heidrek the Wise〉所述，挪威北部的海格蘭有個半山精叫安格林〈Arngrim〉，他在打家劫舍的途中，殺死主神奧丁的後人史瓦弗拉米王〈Svafrlami，又稱 Svavrlame；英 Sigrlami，席格拉米〉，奪走了魔劍提爾鋒（Tyrfingr〈Tyrfing〉，椴樹的手指）(註1)。隨後又強娶其女歐芙拉〈Eyfura〉，兩人育有 12 名子息，個個都成了狂戰士。

▍英傑之祖・格林洛登欽

　　海格蘭的拉福尼斯島領主・哈爾伯恩，同樣有「半山精」〈Halvtroll〉這樣的渾名。他的兒子凱托海因 (Ketil Hoeng) 前往薩普米（即所謂的拉普蘭）時，與當地的女山精瑞文希德結爲夫妻，度過一整個冬天。

　　兩人育有一半山精血統的獨子，名叫格林・洛登欽，但每遇荒年歉收、糧食不足時，父子就會遠征北方，殺害當地的山精，掠奪物資而返。

　　凱托死後，格林繼承領主之位，他向哈洛德〈Harald〉伯爵的女兒洛普霍娜求婚，然而母親瑞文希德並不中意對方，於是在洛普霍娜身上施法，將她變成了女山精。

　　爲了找尋失蹤的未婚妻，格林四處奔走尋訪，途中與 12 名阻撓者交手，最後身負重傷，瀕臨死亡的邊緣。

　　就在他無法動彈之際，有一約莫七歲孩童身高的女山精來到面前。一身膚色漆黑、既禿又胖的她逼迫格林說道：「想讓我救你，就得親我，睡在我身旁。」起先格林滿心不願，但心想好死不如歹活，最後還是答應對方的要求。女山精隨即爲他療傷包紮，動作十分嫻熟俐落。

　　隔日清晨，一覺醒來的格林卻發現睡臥在身邊的女子，竟是褪去一身女山精外皮的未婚妻洛普霍娜。他立刻燒毀女山精的蛻皮，決心不再讓她

變成醜陋的模樣，隨後返回故鄉舉行了婚禮。犯行敗露後，瑞文希德並未出席婚禮，據說她將風箱的軟皮披在身上，躲藏在一處巨岩之下。

日後從這位父祖的血統中，還誕生了詩人戰士埃吉爾·史卡拉格林森(Egil Skallagrimsson)等冰島的英雄豪傑。

■ 遊手好閒的皮爾金與其子息

挪威劇作家易卜生在歌劇《皮爾金》(Peer Gynt, 1867, by Henrik Ibsen, 1828～1906)中創造了一個終日無所事事，名叫皮爾金的主角，有一天他迷失在山精的國度龍德〈Ronde〉，花言巧語騙取了多夫勒（Dovre〈位於挪威中部的山名〉）山精王之女的芳心。（註2）

山精王對皮爾金說道：「你既和我的女兒成婚，將來自然要繼承山精王國，那麼你也必須成爲山精。」於是要皮爾金換穿短褲、裝上尾巴，讓他喝下蜜酒，同時對天立誓說道：「人類總說要懂得做自己，山精只知滿足於身爲自己，對此永銘於心。」

且說到了婚禮當天，看著原先貌如天仙的山精公主一席舞蹈和表演之後，卻彷彿見到了猶如豬牛的化身。山精王於是下令：「挖掉眼睛，一切看起來就同樣美麗了。」皮爾金只好沒命地逃走。順道一提地，山精的眼中有一種「倒刺」，可以讓一切看起來有種朦朧的美。

然而山精王之女卻已懷有身孕，不久便帶著半山精的孩子前來投靠皮爾金。只是這個孩子，卻有著一雙歪斜的雙腳和扭曲的思想。

皮爾金眼看大事不妙，再次倉皇逃走，此後獨身將近四十年，憑著三寸不爛之舌走遍世界各地，一度坐擁萬貫家財，卻在一夕之間破產，打回了原形。身無分文的他晚年回到故鄉，死神也緊隨身後而來，聲稱他的靈魂無濟於世人，要和其他無用的靈魂一起熔掉。（註3）

爲了證明自己的一生並非毫無價值，皮爾金四處找尋舊識，卻遇到窮途潦倒的山精王。原來他被皮爾金的孩子篡奪了王位，從此淪落街頭。

山精王批判說道：「皮爾金這數十年來，不過是個毫無價值的山精。」斷定皮爾金是個無可救藥的靈魂。然而自從在龍德王宮立誓「滿足於身爲自己」的那一天起，皮爾金確實過著一段自私自利的生涯。這正意味著不知曾幾何時，身爲「山精」的意識已經潛移默化在他的心中。

亨利希·海涅在《阿塔特洛：夏夜之夢》(Atta Troll: Ein Sommernachstraum, 1843)詩篇中以山精爲比喻，嘲諷此一毫無作爲的生存方式，其立意也是如此。主角阿塔特洛雖然是一頭熊，卻成了光說不練的庸俗之輩最佳的諷刺寫照。

且說一文不名的多夫勒山精王，睥睨著幡然領悟一臉愕然的皮爾金一

格林・洛登欽

眼後，爲了將自己和皮爾金一生的故事賣給劇院，頭也不回地走向了城鎮。

人類變質爲山精

漢斯與伊姐瑙曼夫婦所著《冰島的民間故事》〈德 *Isländische Volksmärchen*, 1923, by Hans & Ida Naumann〉一書中，也提到一則像皮爾金這樣活生生變成山精的故事。

某一天，有個入山採藥的男子被女山精迷惑，她站在冰河突出的一角，雙臂交叉置於胸前，做出擠弄酥胸的撩人模樣。男子受到蠱惑無法脫身，最後擺脫同伴的追蹤，投向了她的懷抱。

一年後有人見到男子，問起他信仰何人，得到了「唯一的主」這樣的回答。

過了二年後，男子的回答卻成了「誰也不信」，舉止已經和山精相去不遠。

到了第三年，任誰見了他都會視爲山精，他甚至表示「如今特倫特‧特倫特〈Trunt Trunt〉和山精族，才是我信仰的一切。」

聽到這疑似山精奉以爲尊的神祇之名，當地的人們驚恐之餘，據說有好長一段時間不敢上山採藥。

半巨魔

托爾金的《魔戒三部曲：王者再臨》第 5 章第 6 節也以英文提到半巨魔（Half-troll〈中譯爲半食人妖〉）或巨魔人 (troll-man) 這樣的生物。肌膚黝黑、白眼紅舌的他們看似人類，同樣也會避開陽光，但不同於一般巨魔，陽光並不會致之死地。

棲息於南方遠哈拉德 (Far Harad)、投向黑暗勢力的他們，攻擊光明勢力的根據地剛鐸王國。最後在剛鐸與盟友的圍攻下，遭到幾乎全軍覆沒的命運。

與精靈生下的混血兒瓦爾迦

波爾‧安德森的作品《斷劍》中，也出現一個和精靈混血的半山精。

精靈族的王子和女山精奴隸之間，生下一個血統不純淨的混血兒。精靈王族不知如何是好，於是將他和人類的嬰兒掉包。整個過程在精靈敏捷的身手與魔法的助力下完成，是以人類並未察覺自己的孩子遭人調換。

帶回精靈王國〈Alfheim〉的人類嬰孩取名爲史卡弗洛〈Scafloc〉。具有人類血統的他，不過十年的光景，就有一副強健的體格。然而對於十分長壽的精靈而言，十年的歲月卻可謂似有若無。看著轉眼間長大成人的史卡弗洛，撫養他的精靈女子莉亞〈Leea〉出於一番美意，給予他生活上許多的幫助。

且說被掉包至人類世界的棄兒，被取名爲瓦爾迦〈Valgard〉，明顯地展露出山精的特質。經人類撫養長大的他性情日漸凶暴，終於在殺死雙親與兄弟之後，得知自己真實的身份。

當時精靈與山精因故對立，終至引發全面的種族戰爭。常人眼中善於魔法且長壽的精靈，看似所向無敵，但卻存在一個弱點。原來只要接觸鐵器，身體就會燃燒起來。加以精靈在狹窄的空間無法施展靈活的身手，面對武力強大的山精，反而陷入苦戰。

兩軍鏖戰的期間，史卡弗洛與瓦爾迦也曾數度交鋒。就在山精族取得優勢，精靈族瀕臨潰決之際，歷經危難一路脫身而來的史卡弗洛，取得了精靈無法持有的魔劍。在史卡弗洛發揮所向披靡的戰力之下，精靈族逐漸重整旗鼓。

最後，史卡弗洛與瓦爾迦終於決一死戰。瓦爾迦趁隙奪下了史卡弗洛手中的魔劍，一劍刺殺了對手。然而沉浸在勝利喜悅中的他振臂高揚的魔劍，卻從鮮血凝滑的掌中脫手飛出，竄向空中反轉直下，插入瓦爾迦的頭部，寫下同歸於盡的結局。

這也不由得讓人萌生一念——切不可同山精生兒育女。

■ I ■■

註1：作者將Tyrfing拆解為古北歐語「tyri(fir)」+「fingr(finger)」兩字構成的複合字，有別於以往撕裂的解釋。也有一說法，將Tyrfing拆解為「Tyr」+「fingr」，意為「戰神提爾的勾爪」，這也使得此劍含有「戰神劍」的意味。無論如何，真正的意涵恐怕也只有下令鑄造此劍的史瓦弗拉米王與鑄劍的兩個矮人知情了，如果傳說屬實的話。

註2：皮爾金酒後搶親，帶著原本相識的新嫁娘英格麗 (Ingrid) 一路逃到龍德，儘管英格麗對膽大妄為的皮爾金頗為心儀，終日夢想成為皇帝的他，卻在見到美麗化身的山精公主後，謊稱自己是皇帝之子，進而獲得對方的青睞，反而拋棄了被他綁架的英格麗。順道一提地，山精王名叫布洛斯 (King Brose)，此外在這齣舞台劇中，山精又有山魔之稱。

註3：死神化身為鈕釦鑄造師，要帶走皮爾金的靈魂，鎔鑄成鈕釦。

史塔魯

　　橫跨斯堪地那維亞半島北方、挪威、瑞典、芬蘭，以及俄國西北方的科拉半島〈Kola Peninsula〉等地，棲息著俗稱拉普人（Lapps）的薩米人（Sápmelaš）。

　　薩米人的部落間流傳著一個薩米語稱為史塔魯（Stállu，碩靼虜Shídá-lǔ）的食人妖魔傳說。其真正實體被視為棲息於森林間的邪靈，經常化身為人類的型態。

　　同一體系的芬蘭語稱為史達羅（Staalo, Stålo），不過在芬蘭人眼中，他們並不完全是邪惡的。據說在庫塔莫〈kuutamo，月光〉這樣一個「明月當空、夜行無虞的晚上」，他們會保護孩童免於落入惡人之手。

　　人類學家皮爾斯・維特布斯基在著作《拉普蘭的薩米人》〈英 The Saami of Lapland, 1993, by Piers Vitebsky〉中提到一則故事。有個史塔魯混入薩米人之中，在結冰的湖面上玩起一種矇眼捕捉對手的遊戲。

　　史塔魯捉住薩米人後，想要吃掉對方的念頭不禁脫口而出。其他薩米人聽到後，引誘史塔魯跌入一處預先挖好的冰洞。

　　跌落冰洞的史塔魯連忙叫喚妻子：「快拉我起來，把他們全殺了！」史塔魯的妻子於是將一根奇特的管子含在口中，吸取薩米人的精氣。一旁的薩米人連忙將火苗塞入管中，巨精的妻子就這樣吸入火氣而死。

　　直到今日，當地還流行一種根據此一傳承演變而來的「薩米版」捉迷藏遊戲，由矇上眼睛的小孩扮史塔魯，捉拿其他逃開的小孩。

瑞典的史塔羅

　　《赫曼霍夫柏格從歷史學與民族史學觀點加註的瑞典民間故事》(1882)[註1]一書中，以瑞典語稱史塔魯為「史塔羅」(Stallo)。

　　在「史塔羅的新娘」這則故事中，提到史塔羅向一個家境富有的薩米少女求婚。

　　少女和父親無意答應這椿親事，但唯恐拒絕後，不知會招來力氣非比尋常的巨精何種報復，無奈之下敲定了黃道吉日，著手張羅婚事，甚至連做為嫁妝之用的馴鹿也準備妥當。

　　到了迎親的當天，少女的父親給一塊大小和女兒相同的木頭穿上新娘

史塔魯

禮服，將少女藏匿在馴鹿小屋的後方。巨精來到後，見了新娘一身喜氣的裝扮十分高興，隨後烹煮起嫁妝之用的馴鹿，打算和佳人共進晚餐。父親則趁機帶著少女，有如驚弓鳥脫網兔般逃進了山中。

史塔羅毫不知情，對著木塊說起話來，換來的自然是毫無回應的結果。正覺奇怪的他心念一轉，猜想新娘子必定嬌羞害臊，於是又一頭栽進菜餚的調理。

等到晚餐過後，正待春宵一度的史塔羅，終於發現被騙的真相。勃然大怒的他雖然緊追而去，卻再也尋不著父女的蹤跡，途中又遇上風雪，陷入雪地無法動彈。意識朦朧之中，他將天上的明月誤以為薩米人燃起的火光，為了靠近月亮而爬到樹上，最後因此凍死。

「狡猾的拉普人」一篇中，提到一個意外讓史塔羅捉住的貧窮男子，不願坐以待斃讓史塔羅吃掉，於是說動對方和自己比力氣。

規則是雙方以頭部撞擊粗壯的松樹，看誰撞出來的凹陷最深。起先史塔羅一頭撞向松樹，樹幹卻不見有任何凹陷的痕跡。男子見狀便說道：「明天再讓你瞧瞧我的實力。」半夜卻悄悄地在樹幹挖起洞來，再將樹皮填回去。

隔天男子朝松樹一撞，自然連頭帶耳一齊沒入樹幹。史塔羅看得目瞪口呆，便提議：「不如下回咱們比一比丟冰錐，看誰丟得遠。」

男子於是又心生一計說道：「也好，不過我可能會丟到九霄雲外。」史塔羅唯恐失去賴以維生的冰錐，不待男子投擲便俯首稱臣。

隔日男子又走進森林，佯裝搬走史塔羅收藏白銀的整間小屋。經過昨日的一陣比試後，史塔羅對男子的天生神力早已深信不疑，他急忙以裝滿帽子的白銀做為條件，向男子求饒乞降。

男子答應了他的請求，趁著史塔羅回小屋取來白銀的期間，在地上挖出一個很深的洞來，並將戳破的帽子倒放在洞口上，就這樣巧取了裝滿整個地洞的大量銀塊。

從食人與一身力大無窮的特質看來，史塔魯應可視為山精派生的亞種，因此多被劃分為邪惡的角色，然而綜觀每一則民間傳說，到頭來反倒是人類顯得特別毒辣，不知道誰才是真正的怪物。

註1：原書標題作「*Svenska folksägner samlade samt försedda med historiska och etnografiska anmärkningar af Herman Hofberg*」。本文將作者的姓氏「ホフベルグ」誤植為「ホフベリ」，或許是將「Hofberg」錯認為「Hofbery」所致。

匿人・胡覿

　　北歐山精的族群中，尚有一支型態與人類相差無幾的亞種，英語作「huldre」或「hulder」，有「隱匿的民族」之意。

　　胡覿〈漢音 Hú-dǔ〉男子常身穿灰色上衣，戴著一頂紅帽，帽子具有隱身的魔力。相傳只要將右腳下的沙土倒進自己的帽子，就可以看到現出原形的胡覿。

　　據說胡覿人的起源和基督教有關。

　　一日天主來到人間最初的女子夏娃的面前，想要探望她所有的孩子。

　　由於部分的孩子尚未洗浴，夏娃只讓天主探視已經沐浴的孩子。天主卻說道：「妳將孩子藏匿起來不讓我看見，那麼妳也將見不到這些孩子。」話才說完，這些尚未沐浴的孩子便消失了蹤影。天主見過的孩子成為日後的人類，尚未沐浴的孩子從此化為棲身在山林石岡中的匿人・胡覿。

▌隱身寶物

　　胡覿具有一種特殊能力，能夠在人前隱匿自己的行蹤。挪威的一則民間故事留下一個解開隱身之謎的線索。

　　有一位行旅商人受邀前往一戶農宅參加婚禮，途中發現一塊看似以母牛尾毛編織而成，用來過濾牛奶的棕色破布。商人心想這正可以交給妻子做為刷子之用，便拾起它走向了農宅。

　　來到婚禮會場之後，卻不見有人向商人寒暄問好，對他完全視若無睹不屑一顧，商人一氣之下就逕自回家了。

　　商人不曾察覺自己拾獲的破布，原來是胡覿具有隱身魔力的帽子。正因胡覿平時總是戴著這種帽子，常人因此無法看見他們。

　　這種物品在古北歐語中，就稱為「huldar-höttr（隱身帽）」、「huliðs-hjálm（隱身盔）」或另一種變化詞型「hlins-hjálm」。

▌胡覿女

　　根據英格麗與艾格・多萊爾夫婦編繪的《山精的故事》(1972) 所述，胡覿女子有別於一般的山精，大多出落得十分迷人。不過她們和山精一樣沒有魂魄，也長有一條像牛的尾巴。

　　平時穿著一身綠衣，放牧牛群於山間。有時候她們會揚笛引吭，吹奏

出魔法的旋律迷惑他人,使其隨之起舞。甚至哄誘人類的年輕男子,將他們帶往自己的國度。那是一處不需付出勞力也能生存的「無為天堂」,年輕男子常在不知不覺中失去自己的靈魂,死後灰飛煙滅。

相對地,如果將胡靚女帶回人間正式結為夫妻,在教堂鐘響的同時剪斷她的尾巴,胡靚女便可獲得靈魂。胡靚人不但會祝福這對夫妻,同時還會給予魔法等種種協助。

胡靚與人類生下的混血兒,不僅無懼於山精的法術,同時能夠洞察人類看不到的事物,具有同動物交談的能力。有時候他們也是才華洋溢的詩人。

▌迦納筆下的休德族

在艾倫迦納的小說《魔法寶石》中,休德族 (Huldrafolk)[註1] 被設定為具有矮人的血統。一般而言,北歐山精多半被視為約頓巨人的後代,因此這樣的設定或許讓人有匪夷所思之感。然而約頓巨人的真正面貌,確實與歐洲平均身高最矮的人種薩米人之間有所關連。

一如北歐神話中的法夫尼爾(Fáfnir,蜷曲者,英文稱法夫納),也被視為矮人或老巨人的化身,《老愛達經》的「艾爾維斯之歌」詩篇中,還提到矮人艾爾維斯 (Alvíss)「鼻梁兩側色澤青白,似有巨人之貌」。

如此推想,胡靚應可視為一種系譜與身高介於巨人與矮人(指 dvergr)

間的山精。

休德王剛德默(Gondemer,牧羊石人)之子杜拉索(Durathror,豐收之門)王子承襲了北歐人的傳統,外貌看似短小版本的維京人,一頭灑落雙肩的金髮,分叉的髭鬚修長及腰,頭戴飛羽鷹揚的戰盔,身穿板金加持的銅鎖甲,外披一襲雪鷲羽製的飛天披風‧瓦汗(Valham,英靈的身影)。聲如洪鐘的他,憑著智慧與鍾愛的丹雲劍(Dyrnwyn,白色握柄)迎戰敵手,每每自喜難禁。

丹雲劍是威爾斯傳說中高踞「不列顛13大寶藏」〈Thirteen Treasures of Britain〉之首的寶物,英文的讀音為「登雲」,此劍經由聖潔高貴者之手出鞘,常伴隨著炙熱的劍氣,然而幾乎無人能夠奈何劍身的熾焰。至於持有這把聖劍的杜拉索,則是萊歐斯‧艾爾法(The Lios-alfar,光明的精靈族)此一善良陣營的盟友。

杜拉索表達情感時,常以古老的形式向力量宏偉遠大的各種事物立誓。犯下無濟於事的愚行時,總說:「我向父親的髭鬚立誓!」歡喜時常道:「我向歐斯拉 (Osla) 的劍起誓!」[註2] 氣憤時便說:「我向歐爾蓋米爾 (Orgelmir) 的母牛起誓!」[註3] 亢奮時則吐露宿敵之名:「我以月犬的毛皮發誓!」[註4]

杜拉索有一名叫費諾迪 (Fenodyree) 的堂兄弟,喜稱自己為酒袋 (Wineskin) 或肥短鼻 (Squabnose)。平日待人親切和善,總喜歡聽人道長說

胡靚女

短。身高約莫1米2，雙瞳黑如野莓、眉毛濃密，垂落的長髮常束於一側，宛如熟皮的臉孔下蓄有一抹鬍鬚。

身穿灰色上衣，繫著一條以綠色漩渦紋樣滾邊的腰帶，下穿一件以皮繩繫緊下擺的短褲和一雙尖頭長靴，額頭貼有一輪小金圈，鍾愛的是一把名叫遺孀劍（Widowmaker，寡婦製造者）的寶劍。

隸屬鷹類的紅隼・風舞天（Windhover，盤旋於風中者）為其友伴，終日長相左右。

費諾迪的父親打造了通往魔法洞穴・方廳代屋（Fundindelve，棄兒的住處）的鐵門，因此費諾迪也熟諳開門的咒語。方廳代屋此地沉睡著140名騎士，他們是先人為了對抗預言即將復活的黑暗之王・納斯通 (Nastrond the Great Spirit of Darkness) 所預置的一批兵力，受到火之霜 (Firefrost) 又稱為火焰項鍊的魔法寶石・布理辛嘉曼 (The Weirdstone of Brisingamen) 強大的魔法保護。

然而「火之霜」卻在因緣巧合中遺失，以致方廳代屋陷入了一場危機。原來「火之霜」由具有巫祝血統的人類女子代代相傳，直到黑暗的魔法師格林尼爾（Grimnir，戴假面者）從身為後人的少女蘇珊 (Susan) 手中奪走。

根據紅隼風舞天的通報，得知格林尼爾隱沒在女巫摩莉根 (Morrigan) 的住處・聖母崖 (St. Mary's Clyffe) 之後，費諾迪與杜拉索立刻潛入此地。

趁著杜拉索砍擊魔法師格林尼爾、血屠一隻看守門前的盲獵犬 (Blind Hound) 之際，蘇珊與兄長柯林 (Colin) 搶回寶石「火之霜」，由此地底逃走。

身為休德族的兩人伏貼在地，聽到遠處傳來隆隆震響，隨即趕赴救援陷入危機的兄妹二人，一舉斬殺了黑精靈 (The Svart-alfar)。

接著費諾迪又帶頭領路，經由俄爾代溫（The Earldelving，貴族的住處）這處唯獨自己深知路程艱險的地道，帶著眾人逃離生天，隨行的杜拉索則保護孩子們一路斷後。

兩個休德族搭檔帶著蘇珊、柯林兄妹回到住處莫索克家中後，說服了二人的監護人高瑟・莫索克 (Gowther Mossock)，一同前往附近的行路緩 (Shuttlingslow) 山丘上。原來守護方廳代屋的魔法師・銀眉凱德林 (Cadellin Silverbrow) 早已在該地等候一行人。

由於摩莉根手下的女巫摩斯族 (The Morthbrood) 化身為所有形體，監視眾人的一舉一動，於是一行人隱匿行蹤，沒入森林沿著河岸潛行。途中雖然突破了凜魔煞（Rimthur，霜巨人）吹起的暴雪（fimbulwinter，大寒冬），隨後又讓女山精瑪拉 (Mara the Troll-women) 一路盯上。

就在此時，湖中仙女黃金之手・安格拉 (Angharad Goldenhand The Lady of the Lake) 發現了一行人，身為

光精靈一族的安格拉本是杜拉索的好友，她立即伸出援手，引導眾人來到自己的陣營。安格拉同時送給蘇珊一只手鐲‧佛拉的印記 (the Mark of Fohla)，做為路途上的守護之用。黑騎士蓋伯蘭基 (Gaberlumzie) 也在半途中帶領眾人前往目的地，最後一行人終於安然抵達行路緩山丘一帶。

眾人揮別蓋伯蘭基不久，就被摩斯族放出的一群包含烏鴉在內的黑鳥斥候發現蹤跡。牠們立刻俯衝而下，集中攻擊持有「火之霜」的蘇珊，杜拉索與費諾迪聯手砍殺近四分之一，才讓鳥群鎩羽而歸。

然而東方接著又出現一批為數超過500人的黑精靈，殺向精疲力竭的一行，眾人只好逃向摩斯族包圍圈最薄弱的西南方。攀上了宛如峭壁的山坡後，見到的卻是綿延不斷的山坡，此時除了杜拉索仍屹立不搖，眾人均已癱倒在地。

面對摩莉根手下緊追而來的兩頭獵犬、瑪拉、黑精靈，及類似虬妖的一群僕妖‧癩不辣（Lyblac〈Liblac〉）[註5]，杜拉索依然挺身斷後。就在兩頭獵犬猝死，瑪拉一把揪住蘇珊之際，蘇珊手腕上的「佛拉的印記」魔光乍現，瑪拉當場化成石像。杜拉索見機不可失，以此向摩斯族大軍威脅恫嚇，使其心生懼意不敢稍前。

此時光明一方的魔法師凱德林的身影終於驀入眼簾，然而摩莉根也同時抵達，摩斯族因此士氣大振。

杜拉索一行組成圓陣對抗，卻逐漸寡不敵眾。費諾迪的上半身也遭到黑精靈一記重擊而廢了右臂。

為了力挽狂瀾於既倒，杜拉索向蘇珊借得「火之霜」，藉著瓦汗披風的力量，獨自飛向凱德林。摩斯族宛如黑色冰雹的鳥群隨即一擁而上，杜拉索登時被捅成馬蜂窩，不待見到凱德林，便一頭栽進了毛櫸林中。為了搶奪杜拉索手中的「火之霜」，黑精靈與癩不辣群妖也火速逼近。

杜拉索以劍支地，艱難地站直了身子，為了不讓自己倒地，以皮帶將身體捆在附近的圓石柱上迎敵，任誰也無法跨越雷池一步，就連黑精靈的首領亞索各 (Arthog) 也身首分家。儘管鍾愛的丹雲劍此時遭到亞索各的石鎚劈斷，杜拉索依然揮舞斷劍，阻擋敵人欺身而來。當敵軍驚懼於此一猛烈反擊，為了重整態勢而退走之後，驍勇的杜拉索終於餘力盡失、頹然氣絕。

當時地面上的戰鬥業已結束，負傷的費諾迪四人悉數遭到摩斯族捕獲。就在此時，黑暗之王納斯通釋放的狼形黑雲‧馬納剛（Managarm，月犬）正遮天蔽日而來。見到不分敵我吞噬一切的馬納剛，摩斯族紛紛逃命而去。

黑暗魔法師格林尼爾雖再次奪回「火之霜」，遲來一步的光明魔法師凱德林隨即與格林尼爾展開對決，擊倒了對手。

就這樣在正義守護者凱德林施展手中「火之霜」的力量之下，終於逐退了黑暗勢力。然而杜拉索的遺體卻早一步讓月犬馬納剛一口吞噬，再也尋不著蹤跡。

■ I ■

註1：此書的中譯本《寶石少女》首度由大陸少年兒童出版社於 2005 年發行。

註2：收錄於《威爾斯民間故事集》(Mabinogion) 的「庫魯赫與歐雯」(Culhwch and Olwen) 提到了歐斯拉的這則典故。歐斯拉是熊人亞瑟王的盟友，亞瑟遭到敵軍追擊時，歐斯拉將巨大的配劍置於河上，形成一座劍橋，亞瑟與部眾才得以渡河逃脫。順道一提地，「Osla」之名來自今日的昔德蘭群島，爲北歐神話中的神聖之島·阿斯羅（Aslaug 或 Aslog）的蓋爾語。

註3：「Orgelmir」即「Aurgelmir」的蓋爾語，母牛係指供給乳汁餵養歐爾蓋米爾長大的創世聖牛·歐兹烏姆拉「Auðumla」。

註4：月犬的北歐語稱爲「Managarm」，爲「máni（月）」+「garm（犬）」的複合詞，他是巨狼芬里爾之子哈提的別稱（一說芬里爾育有三子，除了哈提與史蓋爾外，尚有一子月犬·馬納剛），名爲犬實爲狼。相傳棲身在鐵木森的約頓巨人之母，以陣亡者與曝屍郊野的人類屍體餵養月犬，滋生其力量與嗜血習性。當月犬一口咬碎月亮，鮮血由下顎飛濺在瓦爾哈拉神殿中的英靈戰士寶座上時，便宣告最終戰役～諸神的黃昏即將到來，也因此月犬被英靈戰士視爲死敵。

註5：一種巫術下的產物，或可視爲僕妖，原意爲一種魔法藥物。

馱儸精

這是一種棲息於英國北方昔德蘭群島、奧克尼群島的妖精。字源與北歐山精（Troll 精怪）相同，一如匿人胡靚 (Huldre)，屬於體型較小的山精系譜。男女均身材短小，穿著一身灰色或灰綠色的衣服，因此又叫做「灰色的鄰人」(the Grey Neighbours)。

根據蘇格蘭地質學家休米勒在著作《老紅沙岩》〈*The Old Red Sandstone* (1841), by Hugh Miller, 1802～1856〉的說法，馱儸精有騎馬的習性。不過「每匹馬都看似發育不良，渾身毛絨軀幹矮小，摻雜灰褐色的斑點。騎乘者也顯得發育不全，看似殘廢醜陋的畸形人，穿著一件流行於格子裝時代的短袖上衣，披著灰色的長袖外套，戴著一頂小紅帽，連梳子也刷不動的一頭亂髮，錯綜紛露於帽下，散落在額臉上。」[引1]

▌音樂與舞蹈

生性熱愛音樂，總是彈奏著小提琴或中世提琴〈fiddle〉，可說到了從不間斷的地步。奇妙的旋律既野性又甜美，輕快的節奏兼具蘇格蘭與愛爾蘭兩者的音樂特色。

他們還會跳著複雜的舞步，隨著音樂翩然起舞，圍成仙女環〈fairy ring〉。

其中一種叫扳腳族・亨奇 (Henkies) 的馱儸精，舞姿尤其別具一格。他們會緊緊抱住雙腿蹲在地上，跳著一種交互踢出小腿、上下彈跳的奇特鵝舞 (goosedance)。

順道一提地，昔德蘭的方言將扳著一隻腳跳舞的樣子稱之為「henk」。約翰・史賓斯在《昔德蘭民間傳說》〈*Shetland Folk-lore, 1899, by John Spence*〉一書中也有這樣一段描述：

「嘿！請問一下……」有一個馱儸娘子問道。

「有誰願意和我跳支舞？」
聽者回首張望四下，卻不見人影。
「那我只好一個人扳著腳跳了。」[引2]

此外學自馱儸精或偷聽自仙子山丘的旋律，又稱「仙子小調」(ferry tuns)。「ferry」一字應該是當地稱呼「fairy〈仙子、小精靈〉」的方言。

▌馱儸的特質

馱儸的家大多在滿地綠茵、日照

良好的山丘斜坡地下。通常有兩處出入口，分別用於一進一出。

內部的牆壁均以金銀雕飾，家具一向奇形怪狀（人們在山丘上跌倒時，偶而會發現他們的住處）。

不過衝著這些金銀，就想挖走馱儸精的住家，可不是一件明智的舉動。根據湯姆穆爾的《人魚新娘與奧克尼民間傳說集》〈*The Mermaid Bride and Other Orkney Folk Tales, 1998, by Tom Muir*〉一書所述，有個農場主人犯了這個忌諱，眼前隨即出現一個老人風貌的馱儸。一抹灰白的鬍子，一身破舊滿是補丁的衣裝，從頭到腳全是灰色的基調。手上拿著一頂帽子，看似馬革或牛皮製成的破鞋上還繫著皮繩。

馱儸精警告對方：「再挖下去，有6頭牛會死，接著還要死6個人。」想必是農場主人不從的緣故吧，不多久預言便應驗了。

只有在日落西山之後，馱儸才會到地面上來。運氣不佳的時候，即便太陽才露臉1秒，留在地面的馱儸精也會被陽光當場釘在原地，直到太陽消失蹤影才能行動，不過好像也不至於會嚴重到危及性命的地步。

夜晚最長的「冬至節」〈Jul，斯堪地那維亞對耶誕節的說法〉期間，馱儸精得以在地面上無拘無束地活動，因此特別留心此一意外發生。

順道一提地，馱儸出遠門時，常坐在風車草（莎草）上飛行。

聽到馱儸的交談，表示鴻運高照；然而看見他們，卻被視為霉運當頭。馱儸讓人瞧見時，會回瞪對方往後退走。此時若將目光停留馱儸在身上，馱儸精就會無法動彈。

運氣好的話，如果這時衣袋放有聖經，倒也能夠平安無事，否則就要在腳邊畫上一個圓並說道：「我以天主之名，命汝等不得靠近。」此外鋼鐵製的刀子、銀幣、祈禱詞等，都是有助於保護自己免於馱儸危害的方法，在胸前畫十字也是必不可少的。

孩童招惹馱儸時，做母親的必須向孩子都很健康的9位母親求來3種食物，讓自己的孩子食用。如果辦不到，孩子就會死去。

▌偷竊的癖好

馱儸精幾乎都不安分，凡是看上眼的東西就偷，尤其對白銀情有獨鍾。

有位酪農婦人撞見一個經常來到牛舍偷擠牛奶的女馱儸，酪農婦人畫起十字後，女馱儸驚慌而逃，留下一口外型奇特、從未見過的銅鍋。

當馱儸需要牛羊肉做為餐宴之用時，就會來到鎮上的牲畜交易所，以「妖精之箭」〈trow-shot〉(註1) 射倒看中的獵物。接著變出一頭與手中所竊者極為相似的牲畜，刻意安排成不知為何暴斃的模樣。正因為如此，死因不明的牲畜肉品往往令人質疑，還是不吃為妙。

根據湯姆穆爾的《人魚新娘與奧克尼民間傳說集》所述，位於奧克尼

駄儸精

群島中最大的主島西部的桑威克地區〈Sandwick, in Mainland〉，曾有一位農夫飽受湖馱儷作祟的困擾。若非烘乾穀物的灶火被弄熄，就是該派上用場的工具臨時壞掉。

怒火中燒的農夫躲在麥稈堆中等待，隨後發現有兩個馱儷現身，於是他舉起一束麥稈，出其不意地從背後襲向渾然不覺的馱儷精，據說受此驚嚇的兩人倉皇逃走，再也不敢接近此地。

在馱儷的價值觀中，擄走安產後躺臥在床不得起身的婦女、甚或尚未受洗的嬰兒，都不認為是一件有罪的事。他們擄來婦女做為乳母，嬰兒則視為己出親手撫養。有時候馱儷精會完全變成孩子的模樣，以「變易子」〈changeling〉的型態取代被擄走的嬰兒。

根據比歐‧愛德蒙斯頓與姪女潔西‧沙克斯比夫人合著的《一個博物學家的故鄉》〈The Home of a Naturalist, 1888, by Biot Edmonston & Jessie ME Saxby〉所述，一個名叫凱瑟琳‧福代斯〈Catherine Fordyce〉的女子生下頭胎後，朋友忘了為她祝福祈禱，結果讓馱儷擄走。她向鄰居的婦人托夢說道：「如果有人碰巧發現我，請無須驚慌，只須為我詠唱天主的聖名，我便得自由之身。」

經過許久後，有一名叫約翰‧尼斯比〈John Nisbet〉的男子，在凱瑟琳曾經住過一時的舊家附近一處位於谷地山腰的洞穴中，發現她坐在一張造型奇特的扶手椅上，聲聲嬌哄著孩子，身上還穿著原本是新娘裝的棕色衣裙。洞口設有一根鐵棒，使其無法走脫。

凱瑟琳表示：「我很健康，過得也很好，只是吃了他們的食物，再也離不開這裡。」約翰為她祝禱後，凱瑟琳的身影隨即瞬間消失。

禁忌

對於人類來說，馱儷毫無道德可言，不過竊取族人的東西，卻被視為罪大惡極。根據同樣是沙克斯比夫人編著的《昔德蘭傳說》〈Shetland Traditional Lore, 1932〉第10章所述，一個似乎來自安斯特島〈Unst〉的馱儷少年，一日動了貪念，偷走另一馱儷族的銀湯匙。他隨即被逐出馱儷的世界，注定在島上的僻野荒郊流浪一生。

穿著灰衣的少年總是悲傷地哭泣，徬徨在西岸地帶瓦拉菲〈Valla Field〉的小澤地〈Small Waters〉或蜿蜒於附近的河岸一帶。

只有在每年一度的冬至節 (Jul) 當天，少年才獲准回到馱儷的世界。不過此時必須將馱儷精給他的蛋殼放進嘴裡咬得喀嗤作響，並且挨人耳光，讓人拍打一下腰背。

與人類之間的互動關係

在馱儷精的族群中，也有一些是和人類相處得來的。

同樣收錄於《昔德蘭傳說》的一則故事「安斯特島的金髮少女」〈The Golden-Haired Girl of Unst〉，提到一個少女出生時，曾經被駝儺們施以祝福的魔法。人們相信駝儺給了少女特別的保護，因為和少女有關的所有人事，總是顯得平順如意。

少女長成後嬌美動人，有一頭碧波蕩漾般的金髮，那似乎並非來自人間的瑰麗，換來人們稱奇豔羨的目光。在當地人的習慣中，孩童或少女向來不讓頭髮自然垂肩，唯獨少女異於常人。每當她要束髮結辮時，髮絲總是掙脫指縫，自行緩緩解開，恢復原本自然的卷髮。這就是少女的秀髮為何總是飄逸在肩後的緣故。人們為此將她的金髮稱為「來自眷顧少女者的禮物」。

少女也從駝儺精身上獲得歌唱的能力。每當她走在路上輕聲哼唱，周遭的人們都為她的歌聲著迷，年輕男子更是聽得心蕩神馳。

後來有個女巫趁少女睡在乾草堆時，剪去她美麗的金髮。少女從此日益憔悴，她不再開口歌唱，眼中的神采黯淡無光，最後因為過度衰弱，死於十多歲的年紀。

不可思議的是少女死後，遺體又長出金髮，甚至蔓延開來遮住整個棺蓋，完全恢復了生前的美麗。

至於當時的女巫則受到詛咒，註定漂泊在駝儺出沒的世界。每當她就寢時，駝儺精就會發出奇妙的聲響，不讓女巫安穩入睡；到了白天的時候，女巫還受到邪惡的幻影附身作祟，最後終於被駝儺精帶離人間。

地方上的戀地精

有些駝儺會流連在人類居住的地方，促成當地的繁榮。

一種人稱布納（Booner，幫手）的駝儺會在天色昏暗後出現，於聖誕節期間幫助人們打麥殼。

還有一種布魯尼 (Broonie) 也與此相似，他們會將一束束收割下來的麥稈和乾草堆設法固定，以免讓狂風從晒穀場吹走。不過如果有人出言干涉，就會心情惡劣起來，把麥稈和乾草堆弄得一塌糊塗。

布魯尼曾經保護過某個村落，人們經常見到他從一處庭院來到另一處庭院，到處施法下咒的身影。見到身上只穿著一件灰色陋衣，任由冷冽冬風吹襲的布魯尼，村姑們十分同情，於是編織了外套和頭巾，放在他經常出沒的庭院。然而布魯尼卻將這份出自善意的餽贈視為侮辱，從此再也沒有出現。

不論從名稱或典故看來，此一布魯尼都看似知名的淘氣小精靈·棕仙不老倪（Brownie，棕色人）的另一變種。

湯姆穆爾在《人魚新娘與奧克尼民間傳說集》中，提到一個叫休柏〈Hughbo〉的布魯尼。現身在主島科平西〈Copinsay〉的他渾身赤裸，看

似模樣邋遢的人類，裸露的濕潤皮膚微微泛著藍光，好像鞣皮一樣。頭頂齊平光禿不毛，相對地頭部兩側長著海草。

休柏原本住在海中，後來厭倦啃噬人類骸骨的日子，想到陸地討生活，於是來到一處農夫的家中。

農夫見了休柏的模樣後驚恐不已，不待對方開口，隨手就拿起讚美詩集，在胸前畫起十字，並以剃刀畫了一個圓陣。

休柏本無加害對方的意圖，只是靜默以對，豈料農夫接著又將鋼鐵製的火鉗與撥火棒投擲過來。見到正是罩門所在的鋼鐵，消受不起的他輕巧地閃過一擊，然而農夫接著又取下吊鍋的鎖鍊衝上前來。面對軟鐵製成的鎖鍊，休柏結實地接住這一擊，順手將鎖鍊丟棄一旁，農夫隨即赤手空拳欺身而來。休柏迫於無奈，只好退出農夫的家。

雙方對峙不久後，農夫終於冷靜下來，眼看時機成熟，休柏刻意堆起了滿面笑容。農夫見狀，終於同意聽取休柏的說法。休柏表示願意每天為農夫挽石磨，只需換取一杯牛奶做為代價。農夫答應此一交易後，休柏確實做得十分賣力。

然而農夫結婚後，妻子卻不堪忍受必須成天面對赤身露體的休柏，於是做了一件帶有頭套的連身斗蓬送給了他。據說休柏收下斗蓬後，隨即哭喊道：「這裡已經容不下我！」從此再也不曾現身。

駄儸王的婚姻

根據《昔德蘭傳說》所述，駄儸也有國王階級。駄儸王（Kunal-Trow〈King of Trowland〉）的外貌與人類神似，性情卻憂鬱陰沉。曾經有人在太陽西下後，目睹駄儸王徘徊在人跡稀少的地方，時而放聲哭泣，時而振臂揮擊的情狀。

駄儸女王或王妃是不存在的。這是因為駄儸王與人類女子成婚後，母親生下駄儸的孩子就會隨即死去之故。按照慣例駄儸王是不能再婚的，這使得他們享受新婚生活的時間十分短暫。雖有絕望輕生的念頭，無奈孩子尚未長成，終究還是無法如願。

歷代駄儸王中具有見識者甚至認為只要不結婚，或許便能保有永久的生命，下定決心獨居終生。不過對於此一異乎尋常的做法，駄儸的世界自有應對之道。原來除非帶來人類的新娘，否則不婚的駄儸王就必須面對放逐的懲罰。

有位駄儸王無懼於茫茫未來，接受了放逐的刑罰，從此定居在一處化為廢墟的石砌圓塔〈Brochs〉。經過數個世紀之後，他成了各島嶼恐懼的來源。據說他唯一的食物是酷似魚鳥、嬰孩造型的土壤，吃來卻宛如實物一樣芳香美味。

遇有人類走近或攀談時，孤獨的他焉有不喜之理，然而喜好促狹的天性卻也惹人嫌惡，教人難以親近。後來有個想要挖掘駄儸國祕密的女巫，

三番兩次來到駄儸王跟前求愛。她以自己的魔法能夠免除駄儸畏懼的死亡為由，百般勸說駄儸王，終於讓對方同意娶她為妻。

據說兩人結合所孕育的結晶，分別是名為罡伏爾（Ganfer）與腓擬斯（Finis，終結）的怪物。

腓擬斯會化身為彌留者同樣的形貌，宣告他的死亡。

罡伏爾又名厄斯托（Astral，星曜的），是一種毫無肉身的靈體，他會長期潛伏在人類體內，伺機與其肉體結合。

後來女巫悄悄來到自己母親的住處，透露了許多祕密。其中還提到一種可以破解駄儸精以魔法引誘涉世未深的少女投懷送抱的方法。

據說這個既成定局的事實，隨後就在駄儸世界掀起了一場軒然大波。

▌棲身海中的族群

根據山謬‧希伯特博士在著作《昔德蘭群島手記》〈Description of the Shetland Isles (1822), by Samuel Hibbert, 1782～1848〉的說法，駄儸似乎又可分為陸生與海棲兩大族群。關於前者（陸駄儸）的部分，上文已有諸多解說。

海駄儸以海底做為自己的地盤，並以上等的海洋物產打造居家，過著一種呼吸特殊空氣的生活。想要到海上的世界時，就穿上水棲動物的皮衣，悠游自在於水中。大抵以魚皮裹住下半身，化身為人魚的形態。

他們尤其鍾意大型海豹這種水陸兩棲動物的皮革，上岸之後就會褪去外皮，以居住在海底時的同一形態四處活動。這種化身為海豹的模樣，又稱為塞爾奇（Selkie）。

由於這種變身用的皮革僅僅各保有一件，駄儸平日特別小心存放以免遺失。萬一不慎丟失，從此將被迫棲身在陸地上。

根據湯姆穆爾的《人魚新娘與奧克尼民間傳說集》所述，奧克尼群島的駄儸幾乎都住在海邊或湖濱。

▌德林筆下的阿甘

駄儸的身影也同見於小說中。查爾斯‧德林筆下的《少女賈姬的月露傳奇》〈Drink Down the Moon, by Charles de Lint〉(1990)（註2）中，絕大多數的駄儸都與人稱「惡精」(The Unseelie Court)（註3）的邪惡妖精聯手。

唯獨一個名叫阿甘（Gump）的駄儸不喜他們邪惡的手段，不願同流合污；但這也不表示阿甘與人稱「善精」(The Seelie Court) 的善良精靈之間相處融洽。為了適應現代的環境，他棲身在「善精」領地正中心的一座橋墩下，為了避免曙光照射而隱沒在石堆中。這處棲身之地同時也具有阻斷魔法的力量。

阿甘是個大塊頭，身高有2米1，說起話來聲音粗啞。垂落腰際的黑色

長髮看似雷鬼燙〈Dreadlocks，長髮絡〉，上頭纏繞著許多小樹枝和貝殼。一張臉好像石匠尚未出師的徒弟雕琢出來的模子，左右眼眶的大小不一，鼓著一個膨通通的鼻子，方正的國字臉配著一對超大的耳朵。相對於看似笨重的軀體，行動卻相當敏捷，引以為豪的一雙快腿，即便人類穿上繡有魔法符文的神行靴，也往往追之不及。

生性喜歡談笑，熱衷打聽各種小道消息，原則上雖然不喜歡動武，但是樂於見義勇為，必要時就會挺身而出。

事實上後來世界面臨危機時，阿甘還把遭到「惡精」首領杜雷汗(Droichan)追緝的少女賈桂琳‧伊莉莎白‧羅恩（〈Jacqueline Elizabeth Rowan〉，暱稱賈姬Jacky）藏匿在家中，進一步提供各種信息，甚至親自出馬，查探出杜雷汗的唯一弱點～心臟。

賈姬被杜雷汗擒獲後，即便心知不敵對手，阿甘依然和「善精」們前來營救少女，與杜雷汗決一死戰，頭部因此嚴重受創。

儘管最後殺死杜雷汗者另有其人，阿甘的傷還是算得上一枚榮譽勳章吧。

■ I ■

註1：又稱精靈之鏃 (elf-shot)，有麻痺的功能，因此又引伸作施打或射擊麻醉針之意。

註2：《 Drink Down the Moon 》是德林另一本小說《 Jack the Giant-Killer 》(1987) 的續作，稍後兩本短篇又合訂為《 Jack of Kinrowan 》出版。在德林的生花妙筆之下，《 Jack the Giant-Killer 》全然有別於同名的英國民間傳說，少女賈姬 (Jacky Rowan) 受到傑克幸運的祝福，與同伴凱特 (Kate Hazel) 消滅了許多巨人，被視為新傑克的化身。

註3：不列顛地區傳統上以二分法將精靈區隔為「善精」(The Seelie Court) 與「惡精」(The Unseelie Court)。「seelie」在薩克遜語中帶有「降福 (blessed)」之意，「court」則指一群類似軍隊的武裝集團。善精的性質為良善、受到祝福的光明族群；惡精則是邪惡、受到詛咒的黑暗族群。據說惡精為人類所深惡痛絕，群體活動於夜間的他們到處肆虐為禍，善精則緊隨其後，撫平人們受創的傷痕，恢復遭到破壞的建設。

引1：日譯文摘自井村君江譯本。

引2：日譯文摘自平野敬一譯本。

小矮精

「Småtrollen」在瑞典語中有「small troll」之意。芬蘭作家朵貝楊笙的作品《小矮精與大洪水》〈芬 *Muumit ja suuri tuhotulva* (1945), by Tove Marika Jansson, 1914～2001〉曾提到此一精靈。後來「Småtrollen」在日本改編為動畫，成為廣受歡迎的姆米托魯[註1]。

楊笙隨後又在姆米繪本《寂寞的克尼特》[註2]中，創造了小矮精克尼特（瑞 Knyttet〈英 Toffle〉）。他的外貌近似人類，有著黑色的短髮和眼眸，身上穿著整齊的西式衣褲，住在一間小房子裡。個性敏感纖細、容易感到寂寞，每到夜晚總是點上許多燭火，躲在被窩裡暗自飲泣。

直到拾獲一個名叫司克露（瑞 Skruttet〈英 Miffle〉）的小矮精少女寫的信，克尼特才鼓起勇氣動身尋找少女。或許對於小矮精而言，為了少女而振奮自我，是一種視為理所當然的心理反射吧。

「Troll」的族群存在此一嬌小體型的種類，當然不是來自楊笙的虛構。一如通過托爾金諸多作品而廣為人知的結果，巨魔或山精一向具有巨人的形象。

但如果從胡覦〈Huldre〉這支山精亞種來看，由於容貌與身高都與人類相近，事實上是可以和「小矮精」視為同一族群的。

以下就針對此一來自奇幻文學的小矮精，於「Smatrollen」專項中加以彙整解說。

《魔法王國仙斯》的世界

皮爾斯・安東尼的《魔法王國仙斯》系列作品中提到的「Troll」，一般都是高個子〈如角鼻巨魔崔斯坦〉。然而在「雙月世界」〈World of Two Moons〉這處與仙斯相通的異次元空間中，卻存在短小精壯的另一種小矮精。

有一天，一個連接仙斯與「雙月世界」的次元入口忽然形成，精靈少女珍妮（Jenny）為此誤闖仙斯而迷途。根據她的說法，此一小矮精與珍妮同樣只有四根手指。[註3]

《精靈王國的公主》篇中的路魯魯

唐西尼男爵在《精靈王國的公主》〈*The King of Elfland's Daughter* (1924),

by Lord Dunsany, 1878～1957〉中塑造的角色路魯魯〈Lurulu〉，也是一種小矮精。平日住在精靈世界的他，偶爾也會現身在人類的世界。

這一天有隻野狗撞見了路魯魯，驚嚇之餘發出怒吼，從後追趕而來。路魯魯隨即跑開，看似輕盈地彈跳著。他時而放慢腳步，眼看野狗就快追上，又加快了步伐。就這樣一路嘲笑，直到野狗放棄追逐。

不光是路魯魯，住在精靈王國的小矮精都懂得人類的語言，甚至可以和狐狸鴿子等動物交談，唯獨不懂得狗和老鼠說的話，畢竟小矮精也不是萬能的。

路魯魯遊戲人間一場後，回到了精靈王國。他向其他小矮精說起人類國度的種種，每個人都想跟著去一探究竟。最後組成了約莫50人左右的小矮精旅行團，發起了人間之旅。

▌《小鬼居留地》的淘氣小矮精

在克利佛‧西麥的作品《小鬼居留地》〈The Goblin Reservation (1968), by Clifford Donald Simak, 1904～1988〉[註4]中，「Troll」是一種具有魔力的小型種族，日文譯為「淘氣小矮精」（足立楓譯）。滿是皺紋的褐色臉上，生有一副尖牙利嘴，壽命遠遠超過人類。

然而他們真正的身份，卻是從舊宇宙滅亡的行星來到地球的外星移民！經由時空旅行者的證實，原來這些小矮精早在2億年前的侏儸紀，就已經棲身地球。此後他們一直和新誕生的人類保持距離，直到邁入未來世界，才在隔離移民生物的政策下，被收容在尷怖靈居留地（The Goblin Reservation)。

小矮精的近親之中，有一種棲息於廢墟的尷怖靈（Goblin，小妖），不過彼此相處不來。相較於和人類關係友好的尷怖靈，小矮精並未受到太多文明的影響。是以在移民生物群中，小矮精成為少數能夠施展古代魔法的種族之一。通過此一魔力，他們時而破壞飛機使其失事，時而從尷怖靈釀造的「十月酒」〈October Ale〉竊取魔力。然而小矮精性好戲謔、淘氣搗蛋，即便觸怒尷怖靈，仍不知道反省。非但如此，甚至變本加厲想要偷走尷怖靈收集的石塊，結果以失敗收場。從他們遭到追趕時作鳥獸散的光景看來，可知小矮精生性膽小，不喜歡短兵相接。

即便如此，小矮精後來依然大顯了身手。同為移民者的飛龍遭到凌空而來的外星人攻擊時，小矮精便施展獨到的魔法擊落敵人，成功地化解了飛龍的危機。

▌電影《隔離屋有鬼》

在約翰‧布奇勒執導的電影《隔離屋有鬼》〈Troll (1986), directed by John Carl Buechler；此為港譯，意為《公寓有鬼》〉中，他們是自然界的精靈。

淘氣小矮精

少女溫蒂〈Wendy Potter〉玩球時，在地下室遭到突然現身的小矮精襲擊。小矮精比人類的孩童更矮小，蹋陷的鼻子狀如鷹勾，指爪間發出令人嫌惡的刺耳聲響。

隨後兄長哈瑞波特〈Harry Potter〉前來找尋少女，小矮精利用戴在手上的一枚戒指的力量，完全化身為溫蒂的模樣，並以此形態四處為禍，陸續攻擊了住在同一棟公寓的居民。

遇害的人們身上長出了樹藤，整個房間變成森林一樣，同時又有數個小矮精因此誕生。就這樣小矮精將所有房間完全改造為符合自身世界的環境，想要進一步統治整個人類的世界。

就在哈瑞不知所措的當頭，住在公寓的一位老婦人克萊兒〈Clair〉適時給予了建言。原來克萊兒是個女巫，為了收服小矮精而留在人間數百年。後來克萊兒也被小矮精捉住，於是將一支能夠殺死小矮精的長槍託付哈瑞。

哈瑞進入小矮精一手改造的森林世界後，發現了一口關著溫蒂的透明櫃子。原來唯獨這深受小矮精鍾愛的小女孩沒有遭到毒手。哈瑞立刻以長槍敲破櫃子，救出了妹妹，一旁的小矮精卻趁機奪走了長槍。

隨後又出現一個身軀龐大、超出人類數倍的小矮精首領巨精王。正當巨精王行將殺害溫蒂時，奪走長槍的小矮精因為對女孩戀戀不捨，投出長槍殺死了巨精王。

失去首領的小矮精們，就這樣回到了原來的世界。

■ 1 ■
註1：姆米托魯原名為「Mumintroll」，日文外來語記為「ムーミントロール」，翻譯此作品的譯者似乎遷就日文（或出版社要求），逕自譯為姆米托魯，電視台則採用近似幼兒牙牙學語的發聲「嚕嚕米」，為此一卡通命名。儘管姆米托魯並非還原為「Mumintroll」的譯音，整體還是接近原音，因此下一篇章 4-10 論及的相關內文時，主角姓名均採用姆米托魯的說法。
註2：本書並無中文譯本，相關各國譯本摘要：瑞 Vem ska trösta knyttet？；英 Who Will Comfort Toffle？(1960)；日譯本《さびしがりやのクニット》(1991)
註3：見系列作第十三冊《Isle of View》。
註4：此書曾於 1981 年由江蘇科技以《戈勃林禁區》的標題出版，作者譯名為克里福·西梅克。日譯為《小鬼の居留地》，1977 年出版。

姆米矮精 ^(註1)

小矮精姆米首度描繪於瑞典裔芬蘭人朵貝楊笙的童話《小矮精與大洪水》^(註2)，後來此一系列不斷推出，成爲今日幾乎無人不曉的知名人物。

姆米一詞與造型的首度問世，是在這更早的時候。1934年朵貝就讀於同樣是父親維多〈Viktor Jansson〉母校的雅典娜藝術大學〈Ateneum University of Art and Design〉時，畫了一幅名爲「Det svarta mumintrollet（黑色的小姆米矮精）」的水彩畫。一如其名，畫中人物以黑色剪影的技法表現，長鼻子搭配著小耳朵，整體造型確實可稱之爲原型。

至於名字的誕生，要回溯到更早一些時候。當朵貝還就讀於母親席格妮〈Signe Hammarsten〉的母校斯德哥爾摩工藝專校時，曾寄住在當時擔任藥學教授的舅父埃納・漢默斯頓〈Einar Hammarsten〉^(註3)家中，每當夜晚飢腸轆轆時，就會到食物儲藏室偷吃東西。埃納爲了糾正這種惡習，故意嚇她說道：「那裡有一種叫做『muuumintroll』的妖怪，會從背後朝著妳的脖子吹氣。」研究姆米的高橋靜男推測這句話或許是「嗯～我的精怪

〈Mumm my-troll〉」的意思。此後這個名字就被縮短，套用在姆米托魯身上。

不過在1932年朵貝的塗鴉日記中，其造型卻被描繪成一隻沒有手腳，身上蓋著一張布的妖精，與現在的姆米全然不同。

因此提到姆米的外觀，還得回溯到更早的時候。當朵貝還是以畫家身份初試啼聲的十多歲年紀時，有一次和小她12歲的弟弟拉爾斯〈Lars〉（當時約莫4～5歲）鬧孩子氣，兩人大吵了一架，人在氣頭上的她在洗手間牆上畫了一個「怒氣衝天、醜陋無比的小臉」，據說這就是姆米的原型。或許正因爲拉爾斯日後成爲姆米漫畫的作家，姆米托魯才得以從楊笙一家充滿藝術氣息的溫馨環境中，以多元的面貌誕生在世人眼前吧。

▌外觀特徵

姆米矮精的身高約莫只有30厘米。身子長但雙腳短小、手也很短，身材胖胖的。鼻子出奇地大，整張臉看來就像下垂的茄子。身體表面有一層像天鵝絨般柔軟的白毛，行走時拖著一根長有尾穗、看似牛的尾巴。平

常沒有穿衣的習慣，為了讓自己好看一些（或者純粹為了好玩），有時穿著像泰山的破衣，有時戴上桂冠，有時穿著泳衣，或換上不同的帽子。雖有毛線衣之類的禦寒衣物，卻少有穿上的機會。因為姆米托魯的體毛長度會隨著氣溫改變，冬天外出的時候會伸展開來，好像披上毛皮大衣一樣。

若要以日常熟知的動物比喻這種可愛的生物，可拿兩腳行走、長有體毛的小河馬來形容，不過他們向來堅持自己並非河馬。依照作者的說法，他們真正的實體似乎是「Varelser」[註4]。根據日文版譯者之一的鈴木徹郎所述，所謂的「Varelser」「確實是存在的，但不知該如何形容。」換來的還是這種真相不明的答案。

這種討人喜愛的造型與來路不明的背景也影響了宮崎駿的動畫電影《龍貓》〈日《となりのトトロ》(1988)；英 *My Neighbor Totoro*〉。劇中的小女孩「小米〈Mei〉」誤以為龍貓就是曾經在畫本上看過的「Troll」，而將途中偶遇的森林守護者取名為龍貓〈Totoro〉。順道一提地，龍貓也屬於風精，具有一種混合貓、狸、狐、貓頭鷹的形象。

冬眠

就像野生動物一樣，姆米矮精也需要冬眠。春暖夏熱的季節，是他們最有活力的時候。由於芬蘭位於極地，他們熱愛的太陽到了冬天就會躲起來，一覺醒來往往毫無樂趣可言。

因此到了十一月後，就必須攝取營養價值高的樅樹或松樹葉，在暖爐裡燃燒許多泥炭，整個身子裹在小山似的麥稈堆或毛毯裡睡覺。或許是因為冬眠的緣故吧，姆米矮精向來比人類長壽許多。

不過偶爾也有冬眠不成的時候。在作者朵貝楊笙與胞弟拉爾斯合力創作的姆米漫畫中，就數次提到姆米一家人從冬眠中醒來，到野外探險遊玩的情節。

冬眠不成主要有幾個原因，有時候是因為心有牽掛難以成眠，有時候竟只是因為某人臨時起意而被叫醒。由於冬天能做的事情畢竟有限，到頭來也只能做些滑雪溜冰的冬季運動。偏偏姆米矮精腳生得短又不善於滑雪，一個閃失，往往就埋在雪堆裡。

到了四月後，姆米一家人就會隨著春天腳步的到來逐一甦醒。他們所居住的姆米谷〈又譯歡樂谷〉充滿著自然的風情，同樣有著分明的四季，和圍繞在我們周遭的環境並無太大的分別。作者朵貝似乎將瑞典的某座山谷與芬蘭的群島融合一起，創造了這處姆米谷。

不過以此做為理想的安身之地，卻存在著若干問題。時而火山爆發，滿天飄灑著火山灰；時而遭到洪水席捲，沖走了住家居民。更甚者，系列作第二集《姆米谷的彗星》〈新譯為《姆米谷的彗星來襲》〉還提到巨大彗星逼近姆米谷，海洋因此蒸發，大地

姆米矮精

熱得像沙漠一樣，甚至有人飽受缺水之苦。儘管最後只是讓彗星尾端的小隕石撞上，因此逃過一次大劫，卻也蒙受了鉅大的損害。

這樣的一片土地雖然說不上安全，居民們卻度過如此艱難的困境，在心靈上有所成長。事實上對於熱愛冒險的姆米矮精而言，住在一處不夠刺激的理想家園，反倒是毫無價值的。

▌姆米爸爸和姆米媽媽

接下來就為各位正式介紹劇中的姆米一家成員。整個系列提到的姆米矮精，包括姆米爸爸、姆米媽媽，還有兩個孩子。礙於此一種族名稱常與個人名字混淆，以下將種族稱為「姆米矮精」，個人稱為「姆米托魯」。

首先要介紹的是姆米爸爸（瑞Muminpappa）。平日戴著禮帽的他，給人一種紳士風采的觀感，私底下的他其實自尊心強烈，是個容易感到寂寞的人。這點和他出身棄嬰的背景有關，即便長大成人後，還是很討厭被人漠視遺忘。

第八冊《姆米爸爸出海去》〈新譯作《姆米爸爸的英勇出航》〉就提到他始終沒有機會展現自己的威嚴，家人又無視其存在，任意過著自己喜歡的生活，因此惱怒氣忿起來。為了讓家人倚賴自己，最後姆米爸爸竟做出帶著一家人移居荒島的失常舉動。對於司空見慣的日常生活感到厭倦時，甚至會出現丟下家人、獨自出外旅行的突發行為。

不過真正的他總是為家人著想。在姆米谷打造家園是姆米爸爸，拿著老獵槍守護家人的也必然是他。

出海後的姆米爸爸無法返航時，還是體貼的姆米媽媽 (Muminmamma)出船前來才獲救的。姆米媽媽對待他人一向自然流露，深受鄰近一帶居民的仰慕。腰上繫著圍裙的她，手提包從不離身，平日總是埋首家務。白天最喜歡澆花種菜這些園藝的事，性情十分溫和穩重。凡事均以軟性思考為訴求，時常針對各種事物的作法，是否有助於家人等議題提出適當的建言。從不強迫他人，只會以行動表達自己的愛。一家人移居孤島後，看著姆米爸爸費盡心力堆建起來的防波堤徒然讓海浪捲走，姆米媽媽還跑向冰冷的海水，依偎在呆若木雞的姆米爸爸身旁。

正因為姆米家的成員只要回到家中見到姆米媽媽，就會有一種安定的感覺，才能過著無憂無慮的生活。

▌小姆米

接著要提到可稱之為劇中主角的姆米托魯（瑞 Mumintroll〈另譯嚕嚕米〉）。他和姆米爸爸一樣，有著旺盛的冒險慾望。根據姆米漫畫所述，姆米很小的時候曾經獨自出外冒險而迷途，度過一段和爸爸同樣淪為孤兒的寂寞生活。姆米爸爸和媽媽為此十分傷心內疚，直到有一天兩人想起從

前，划著小船重溫約會的舊夢時，竟與姆米意外重逢，這才恢復今日幸福家庭的原貌。

或許是因為年幼時曾經有過這種野外求生的經歷，姆米常以過人的勇氣保護自己心愛的事物。《姆米谷的彗星》該篇中，姆米見到司諾克小姐〈瑞 Snorkfröken，又譯可兒〉遭到食蟲植物攻擊時，立刻奮勇持刀上前，砍斷許多觸手救出對方。為了找回出外尋貓的朋友，甚至不顧危險奔向野外。

然而即便擁有這樣的膽識，一旦見到姆米媽媽失望傷心，也會跟著難過起來，流露出孩童情感上纖細的一面。

珍妮姑媽

姆米漫畫系列還提到姆米爸爸獨居在遠地的珍妮姑媽〈芬 Jenni täti；英 Aunt Jane〉。平日戴著一副老花眼鏡和白帽的她，身上總是裹著一件黑披肩。或許是一手替代生母撫養姆米爸爸的緣故，見了姆米爸爸還是囉唆個沒完，每次來訪都會嘮嘮叨叨地狠刮一頓。有一回全家拜訪姑媽的家，非但被迫拖洗地板，還成了內外勞動的雜役。

其實姑媽十分富有，有錢到擁有私人直昇機的地步，向來經由花錢收買人心和各種情報，本質上雖然不是壞心眼的人，對於充滿冒險慾望的姆米爸爸來說，卻是個有點辛辣的人物。

此外珍妮姑媽好像還有一個酷似姆米爸爸的兒子，名叫艾佛瑞〈Alfred〉。

具有血緣關係的親戚

關於姆米矮精此一血統，還存在其他的親戚。例如住在居家壁爐下的「家居矮精」，自由自由地漂蕩在海上的「海矮精」〈sea-troll〉。從姆米矮精自行尋找土地，打造自己的家園看來，其居住習性可說介於上述兩種親族之間。

第六冊《姆米谷的冬天》〈新譯作《姆米谷的冬眠歷險》〉提到一種相當於姆米矮精老祖先〈瑞 Förfadern；英 the Ancestor〉的「山矮精」。毛茸茸的全身看似毯藻，同樣有著大鼻子和長尾巴。最喜歡躲在四周堆滿雜物的狹縫，由於沾滿灰塵的關係，全身都是灰色的。

根據該篇的描述，他被趕出原本棲身所在的衣櫥，從此落腳在姆米家中的壁爐下。看來姆米的祖先和「家居矮精」之間的血緣關係似乎相當濃厚。姆米矮精來到狹小獨立的地方（森林或草木茂密處）時，同樣也會產生一種安定感，足見即便來到歷經千年進化的今日，仍不可否認其血緣的關連性。

姆米漫畫則提到另一類型的「先祖」，不過並非姆米矮精這支種族的祖先，而是姆米家人這個系譜的祖宗。身子細長，住在一艘沉船中。從喜歡冒險的特質看來，應該是出自同一血統。

司諾克家族

姆米矮精還有一支名為司諾克 (Snork) 的近親族群。「Snork」一詞有指示、命令、驕傲自大者的意思。

司諾克首度問世於一本發行於1943年四月號的社會諷刺雜誌「Garm」。當時還是畫家的朵貝畫了一個胸前寫著「Snork」字樣、酷似姆米矮精的縮影，做為自己的簽名（《姆米托魯》公開發表的二年前）。此一「自以為是的司諾克」，便是朵貝自我諷刺的寫照。

司諾克家族的外觀和姆米托魯幾乎相同，不同的是長有頭髮。膚色會隨著情緒改變（姆米托魯一身都是白的，不起變化），高興的時候呈現黃色，焦慮的時候轉為綠色，恐懼的時候變成紫色。平時非常注重衣裝服飾與外觀打扮的搭配。司諾克兄妹首次與姆米家人的邂逅，是在《姆米谷的彗星》這則故事中。

兄長司諾克〈瑞 Snorken，又譯為阿諾〉博學多聞，得知彗星接近姆米谷後，隨即開會討論對策。由於只會指使別人光說不練，誰都不願認真聽取他的談話。不過對於司諾克而言，他所看重的是形式與程序，倒也並不因此隨意斥責他人，即便機會渺茫，依然執意推動自己的想法，往往陷入自以為是的處境。如此一來，胞妹司諾克小姐便成為他發洩不滿的對象。在卡通動畫中，她又稱為芙蘿蘭〈Floren〉，這個字眼純粹只是「小姐」的意思（註5）。

司諾克小姐是一個有別於兄長的行動派，一有念頭就會付諸實行難以制止。平時最喜歡以飾品花朵將自己打扮得漂漂亮亮，有一天遺失了套在左腳的金環，還獨自走進霧氣瀰漫的深山裡尋找。自從讓姆米從食蟲植物的魔掌下救回一命，兩人就成為一對情侶，這也似乎促成她更愛妝扮的結果。不時拿著梳妝鏡整理自己額前引以為豪的瀏海，成為她日常的課題。

即便如此美化妝點自己，姆米還是經常移情別戀，每每讓她陷入一種自厭的情緒中。在第三冊《快樂的姆米家庭》〈新譯作《姆米谷的快樂家庭》〉中，姆米愛上了裝飾在船首的女王雕像，司諾克小姐於是想把眼睛變成同女王一樣，求助於能夠為人實現願望的飛天魔 (Trollkarl)。

飛天魔的原意是「troll-man」，在此可譯為「使用魔法的人」（註6）（可以試著回想一下，其實魔法師也俱備山精那樣的屬性）。他的下顎長著一撮長長的鬍子，戴著一頂禮帽，一身看似紳士的風采。只要擺動披風，就能夠實現他人的願望，曾經在劇中讓姆米谷的每個人都說出他們的心願。

後來司諾克小姐的雙眼真的變成和女王雕像一樣，看起來卻十分詭異，反而讓人敬而遠之，最後兄長使用了自己許願的機會，才讓她恢復原狀。但沒多久，司諾克小姐又會重蹈此類吃足苦頭的覆轍。這種漫不經心

的特質，應可說是司諾克小姐的長處，同時也是她的短處吧。

不過在姆米漫畫中，司克諾小姐反而容易受到他人的吸引，經常可見到沮喪的姆米想盡辦法從中作梗的各種場面。只是姆米善良的個性常給自己倒添麻煩，非但沒有攪局成功，反而幫起了對手。

即便如此，這往往是一時意亂情迷的結果，兩人終究還是會合好如初。

▍姆米谷的生活

姆米谷還住有許多其他種族，他們自由自在地生活著，任誰都可以在此盡情揮灑人生，沒有人會在意教育、義務與名聲之類的瑣事。

姆米矮精私下總是抱持著「不需要爲人操心」的信條。然而這並不代表他們對他人漠不關心，而是必要時才會出面幫忙的意思。他們相信經由這樣的過程，既可讓對方享有充分自由思考的時間，同時也是一種自我良知的呈現（換言之，他們最不喜歡多管閒事）。

或許遠比人類更清楚孤獨的重要性，從而學會和孤獨相處融洽的此一哲學，正是姆米矮精的特質吧。

註1：關於「Mumintroll」一詞，台灣與大陸有著分歧的解譯。尤其台灣當地的電視卡通又與出版品有著截然不同的說法。由於本書主要著重在繪本內容的論述，因此以下僅以大陸與台灣出版物進行比較。

　　大陸將此一著作譯爲《木民矮子精》，私以爲「矮子」一詞帶有貶抑之嫌，不太適用於兒童爲主的消費市場。至於「木民」一詞則相當符合「Mumintroll」此一種族喜愛居住在森林花草這種大自然環境的習性，不僅結合音譯也表達了意譯。

　　台灣出版物以翻譯日文版爲主，譯名爲《姆米托魯》。由於中文版發行甚早，或許譯者在無法參考原有人名的情況下，遷就日文外來語發音，而將「troll」譯爲「托魯」。由於此一系列的作品起源自瑞典而非日本，即便動畫部分係來自日本的創作，仍應以瑞典語或目前通行世界的英文譯音爲主，更何況這些動畫銷售世界所使用的標題，也並非外來語的羅馬拼音「Muumintou-ru」。至於「姆米」一詞，讓人聯想到「拇指」「米粒」此等形容丁點大小的事物，也確實符合「短小」的特色與芬蘭語「Muumi-peikko（peikko 即 troll 之意）」的原音。

　　基於此一種族在本章「北歐山精類」系譜地位與此間民情的考量，在此採用「姆米」的譯名，同時延續前一節＜小矮精＞的脈絡並修飾大陸方面的說法，將標題譯爲＜姆米矮精＞，人名則順應台灣譯名，採用「姆米托魯」的說法。文中提到此一種族而非家族的部分，也均以標題之名爲主。

註2：礙於原名過長以及基於文脈連貫性的考量，本節中有關於朵貝楊笙的著作名稱（含中日英瑞芬書名），均彙整於索引。

註3：早在基因與核酸尚未獲得科學家重視的 1940 年代，就任於卡洛琳學院 (Karolinska In-stitute) 的埃納已是少數將目光投注於此的先驅，他的理論與研究鼓舞了日後瑞典的科學家，在基因學、生物學等範疇有著不可忽視的貢獻。

註4：在瑞典語中「Varelse」一詞有「生命」的意思，「Varelser」或指「生物」或「生命體」之意。

註5：關於姆米托魯系列的角色譯名，中文版譯本係根據日文版而來。而日譯本時而採用英譯本，時而採用瑞典語本，有人名混用的情形。例如司那夫金（瑞 Snusmumriken；英 Snufkin）這個譯名就是來自英譯本，其他大致上採用瑞語本的人名。此外在動畫中，司諾克小姐（小甜心可兒）的另一日文譯名爲儂儂 (Non-non, ノンノン)。

註6：日文譯名爲「飛行鬼」，中文卡通譯爲「飛天法師」，與本文作者思路不謀而合。

玄精・納卓拉

麥可・摩考克所著「永恆戰士」〈*The Eternal Champion*, by Michael John Moorcock〉系列之一的《紅袍王子寇倫》〈*Corum: the Prince in the Scarlet Robe*〉中，提到一種被視爲北歐山精族群、膚色淺黑面貌扁平的納卓拉族。其壽命長達千年以上，擁有百萬年的歷史，遠從類人猿進化而來，發展出統治半個世界的高度文明。

他們擁有透視、移動於數個平行世界的能力，與具備同一能耐的玄精族瓦德哈 (Vadhagh) 長年對立。原來瓦德哈人施展次元移動能力，同樣來到了納卓拉原先稱霸的世界。

兩族之間的爭戰歷史悠久，其間曾數度爆發戰事，最後卻形式化地轉爲一種等同運動的爭鬥。就連納卓拉與瓦德哈人也逐漸不能理解自己爲何而戰。

在這段百萬年的歷史洪流中，興起一支名爲梅不登 (Mabden) 的人類亞種。一向驕滿於自身能力的納卓拉，最後淪爲以手段殘忍快速崛起的梅不登人跟前的奴隸。原來在承平許久的歲月裡，他們幾乎遺忘了次元移動的方法與作戰能力，爲了尋求自保而不得不臣服乞降。

即便如此，梅不登人依然利用納卓拉人記憶中殘存的次元透視力量，展開對瓦德哈人的獵殺。原來梅不登人將瓦德哈與納卓拉人稱爲「血封豪」（Shefanhow，惡魔），唯有斬草除根才能感到心安。

梅不登人的暴行尚不止如此，甚至藉助守護神「無臉神」馬孛洛 (Mabelrode) 的力量，穿越異次元獵殺位於另一空間的瓦德哈族分支・埃爾隼人 (Eldren)。然而或許在這樣的過程中，納卓拉也受到梅不登人崇拜的「混沌」思維所影響，逐漸扭曲爲性情殘暴的族群。

如果編者的推想是正確的，此一產生質變的納卓拉，便是劇中稱爲軛戟人 (The Dharzi) 的種族。軛戟人如同瓦德哈人一樣，穿著一身特定顏色（黑衣）的服裝，騎馬作戰時必以長槍爲武器。這個形制應該是基於瓦德哈人與納卓拉人在百萬年的爭戰中、由雙方陣營決定的作戰法則演變而來。

覩戟人

後來在次元移轉的過程中，發生主客易位的變異，梅不登人反而聽命於覩戟人。原來沒有覩戟人（≒納卓拉人）的協助，梅不登人無法移動於次元空間。

他們來到埃爾隼人遭受「混沌」污染的後裔謬尼本人 (Melniboneans) 所在的次元後，發動了魔法戰爭，重現了遠昔納卓拉與瓦德哈激戰的醜惡一幕。

當時覩戟人還帶著一批名為覩戟獵犬 (Hungting Dog of the Dharzi)、有著鳥嘴和一對禽類前腳、外觀像狗的生物。事實上所謂「覩戟」指的就是此一獸類，納卓拉人日後之所以被稱為覩戟人，其典故也有可能來自這種獵犬。

這場以混沌諸神「劍騎士」阿琉驥（〈Knight of the Swords〉，Arioch 猛獅）[註1]為守護神的謬尼本人，與得到「劍王・無臉神」〈King of the Swords and The Faceless〉馬孛洛協助的覩戟人之間的戰事，最後終於隨著覩戟人的滅亡而結束。梅不登人因此解放獲得自由之身，這也成為梅不登人擴大勢力的礎石。

簡言之，純粹由結果看待此事，可知混沌諸神無論何時，總是站在人類梅不登人這一方。除了證明我等人類體內具有最為強大的混沌〈Chaos〉屬性之外，別無合理的解釋。

註1：Arioch 與 Mabelode 都屬於混沌諸神，此外尚有劍后姬璇霸 (Xiombarg, Queen of the Swords)，是個法力強大的女巫師，能夠開啟次元之間的通道自由來去，憑著一顆紅水晶球遙視遠方的一切。

靰戟人

第5章
佛摩爾巨人族群
Fomor／フォモール

〔凱爾特巨人族〕

佛摩爾巨人

　　佛摩爾巨人族來自愛爾蘭北方的極寒地帶「狂瀾之地・洛赫蘭（愛Lochlann〈威Llychlyn〉）」，又名佛沃爾[註1]或海盜幫 (Fomorian)。它是一個由掠奪 (fogh) ＋海 (mara) 構成的詞彙，由此可見他們曾因海盜的行徑而聲名狼籍一時。

　　大抵上，此一族群的外貌近似人類，也有不少羊頭馬臉、軀幹有缺陷的畸形怪物，因此有時被稱之為「似人非人的生物」。

　　約翰・葛雷格森・坎貝爾在著作《蘇格蘭高地與群島的迷信》〈*Superstitions of the Highlands and Islands of Scotland, by John Gregorson Campbell*〉(1990) 書中寫道：「精怪的身上通常可見到一處有別於人類的特徵。」暗指神話時代的佛摩爾巨人可能已經具備日後出現的妖精或惡魔等怪物的形象。

　　另有一說指稱他們是來自北歐的入侵者日爾曼蠻族的化身。蘇格蘭當地傾向此一說法，詹姆斯・麥佛森〈英James Macpherson；蓋爾Seumas Mac a' Phearsain, 1736～1796〉編纂的古詩集《奧西安》〈英*The Poems of Ossian, 1760～1763*；蓋*Bàrdachd Oiseanaich*〉[註2]也提到北歐王曾定居洛赫蘭。

　　事實上10世紀的北法蘭西教會與修道院中，經常可以聽到「主啊、請保護我們免於北方人的侵害」這樣的祈禱，足見當時人們將維京人的劫掠，視同妖魔鬼怪般真切地感到恐懼。一如當時的北歐，洛赫蘭也呈現邦連的國家形態，有多位佛摩爾王並立。這也不由得讓人聯想起北歐約頓巨人的棲息地，同樣以「約頓海默」這樣的複數形態表現。

　　不過也有一說指稱他們是非洲人。蒙茅斯的傑弗里在《不列顛諸王記》〈*Historia Regum Britanniae, 1136～38?*；英*The History of the Kings of Britain, by Geoffrey of Monmouth, 1100～1155*〉第6部第8章第2節中寫道：「愛爾蘭的巨石陣是巨人族遠從非洲運來的，因此又稱為巨石環〈Stone Circles〉或巨人之舞〈The Giant's Dance〉。」[註3]

　　不論如何，凱爾特神話中的他們被視為外來文化族群，是一群既凶猛又可怕的強敵。

伊哈平原之戰

遠在諸神尚未誕生的創世紀之前，世上有一處未曾開拓、僅有一片原野的處女島。包括神族在內的六支種族，陸續來到這處日後取名為愛琳（Erin〈海中的翡翠〉）或愛爾蘭的島嶼。後來有一支外敵向絕大多數的這些種族挑起戰端，這便是行徑宛如海盜、現身在愛琳北海岸的佛摩爾巨人族。

最早與佛摩爾人交手的是第二批移民愛琳的帕霍龍（Partholon，海浪）所領導的族人。就在屆臨移民300年紀念日的前夕，佛摩爾的無腿王奇豁（Cichol Gricenchos〈the Footless；蓋Cíocal Grigenchosach〉）率眾來犯。奇豁不但雙腳殘缺，而且沒有手臂，是個看似巨大肉塊的怪物，麾下的部眾也大多單腳獨臂，盡是一群讓人毛骨悚然的士兵。不過這場伊哈平原之戰〈Cath Maige Itha〉並未擊垮當時繁榮興盛的帕霍龍族人，佛摩爾人因此敗退，逃往北方的海域。

然而就在隔天，聚落卻爆發一種惡性傳染病，瘟疫逞凶肆虐之下，帕霍龍的族人逐一倒地，最後因此亡族。

類似這樣的事例，不斷在日後的歷史中重演。西班牙的新大陸征服者赫南·科爾特斯〈英 Hernan Cortes；拉 Hernándo Cortés, 1485～1547。西語讀音作「艾爾南」或「艾南多」〉入侵阿茲特克時，造成原住民迅速死去的主因並非他們引以為懼的西班牙騎兵，而是從舊大陸帶來的各種疾病。

先進國家開發非洲時，也受阻於瘧疾等熱帶性疾病，以致於移民計畫的進展不如預期。唯一成功的案例是氣候帶與歐洲幾乎相同的南非。

當兩種未曾交流的民族混居時，病毒與細菌也會隨之混種。對這些病害未能產生免疫力的一方，往往會逐一死去。

科幻小說之祖赫伯·威爾斯也是由此得到靈感，寫下了《世界大戰》〈*The War of the Worlds*, 1898, by Herbert George Wells, 1866～1946〉。且說火星人以壓倒性的軍事科技力量稱霸地球，卻在勝利的榮冠即將到手之際，感染了地球的流行性風寒，轉眼間兵敗如山倒。

病菌伴隨著殖民而來，可說是活生生的事實。果真如此，神話中敘述的這段過去，或許格外地真實也不可知。

奈維德族人與三族聯盟的共存

帕霍龍族滅亡的二十二年後，奈維德（Nemhed〈Neimhedh〉）與族人來到愛琳。他們開墾愛琳並建造了宮殿 (rath)。當時挖掘護城河的是4個佛摩爾巨人，僅僅一天的時間，佛摩爾人就完成整個工程，奈維德王對其能耐深感畏懼，因此殺害了他們。

兩個佛摩爾巨人王艮德 (Gend) 與森揚 (Sengand) 為此雷霆大怒，向奈維德族挑起戰事。雙方經過四次大戰後，巨人王雙雙戰死，佛摩爾全軍

敗逃。

就在此時傳染病卻再次發威，解救了佛摩爾一族，奈維德王也染病而死。頓失支柱的奈維德族人，再也沒有抵抗佛摩爾人的餘力。

佛摩爾人的征服王寇南・麥菲巴爾（Conann Mor mac Febar）首先在愛琳北岸的托利（Tory 高塔〈原名 Torach，懸崖之意〉）島上建造一座寇南之塔（Tor Chonain）做為進軍的基地，同時對奈維德人課以重稅，向他們徵收穀物、牲畜的乳汁以及三分之二的孩童。不過暴政於數年後便招來奈維德人的叛亂，寇南因此被殺。

從苛政中獲得解放的奈維德人又進一步圍擊另一個佛摩爾王～摩克・麥德拉（Morc mac Dela）率領的60艘艦隊，卻遭到摩克掀起的濤天巨浪淹沒，奈維德人幾乎滅族，只有30人倖存。最後他們放棄定居愛琳的念頭，從此移居島外。

第四批移民此島的是費爾柏格（Fir Bolg，皮袋族人）(註4)、費爾多南（Fir Domhnann，深淵族人）與迦利庸（Gaileoin，狂嵐）組成的三族聯邦，他們與佛摩爾締結姻親關係，彼此共存共榮，並未發生爭端。這次聯姻也為日後孕育了一位膚色淺黑的佛摩爾王～殷迪西（Indech mac Dé Domnann）。

▌不死王埃剌哈

第五批來到島上的是達奴神族（Tuatha Dé Danaan，女神達奴的子民）。起初雙方並無任何接觸，始終保持冷戰的態勢，隨後佛摩爾族人中卻有人起了聯姻的動念。

那是人稱不死王的埃剌哈（蓋爾語 Elatha mac Delbaeth；英 Elada）。他英俊挺拔身強體壯，膚色透白金髮垂肩。上著一件滿是黃金刺繡的金縷衣，一襲同樣以黃金刺繡的披風上，繫著一枚鑲上璀璨寶石的黃金別針，頸間戴著五副金喉環〈golden torc〉，腰上配著金柄劍，手持兩挺銀槍，渾身散發出王者之風。(註5)

在一個無風的夜晚，埃剌哈搭乘一艘銀帆船，悄然來到達奴神族的公主愛芮（Ériu〈or éri〉）所在的高塔，向她傾訴了愛意。愛芮接受埃剌哈的示愛，兩人共度了一宿，然而埃剌哈必須在破曉前離去。畢竟雙方仍處於冷戰的局面，自然不允許族人與敵對者往來。

埃剌哈確信愛芮已經受孕，便把戴在自己中指上的金戒交給愛芮並告訴她：「當我們的孩子成長到可以牢戴這枚戒指的時候，帶著他來找我。」

埃剌哈又對愛芮說道：「我在這裡的所見所聞，一切都是那樣美麗。」日後生下的這個男孩因此被取名為「布雷斯（美麗之意）」（Breas mac Elathan〈埃剌哈之子〉）。

▌第一次莫依圖拉之戰

愛芮隱瞞了生父的姓名，只坦承布雷斯的生父是佛摩爾人。布雷斯日

後以常人兩倍的速度成長茁壯，不久便成為一位傑出的戰士，深獲諸神之王努亞達（Nuadha）的信賴。他的雙眸如深海般蒼藍，金髮如陽光般輝煌，肌膚如霜雪般白晰，雙唇發散出呼喚熱吻般的風情。手持犀利的長槍，頭戴刻有歐甘魔法文字〈Ogam；Ogham〉的戰盔，身穿一件焊有青銅板的牛皮鎧甲，披著一襲繡有黃金紋樣的紅袍。

當身軀之高、毛髮之密、臂力之強號稱費爾柏格人之冠的戰士司崙（Sreng）來到達奴神族的領地偵察敵情時，布雷斯奉命前往阻止。兩人交換了樣式完全互異的武器後，和平地締結了停戰協議，同意將愛琳島一分為二，各自發展互不侵犯。

然而在雙方人口激增，無法有效控制棲息地變少的惡化情勢之下，終於爆發了第一次「莫依圖拉〈蓋爾語 Mag Tuired, Magh Tuiredh；英 Moytura，石柱原〉之戰」。身為指揮官的布雷斯參加了此役，一舉奪回曾與司崙交換的長槍，立下諸多功勳。

司崙也因為砍斷努亞達王的右臂而立下大功。

然而費爾柏格人卻失去尊王約希（Eochaid Garb〈Eochaidh Garbh〉），雙方遂於戰事的第六天談和。結果倖存的費爾柏格人只得到相當於愛琳五分之一面積的康諾特（Connacht）做為領地，其餘的土地一律劃歸達奴神族所有。

俊美的布雷斯

努亞達因殘廢而被逐出王座，取而代之的是戰功彪炳、相貌俊麗而深受族人喜愛的布雷斯。布雷斯本身兼具達奴神族與佛摩爾人的血統，也被視為可能有利於日後外交談判的條件。畢竟達奴神族經此一戰蒙受了重大的損失，如果佛摩爾人全軍武裝乘虛而入，勢必不堪一擊。因此期待布雷斯出任族王，或可促成圓滿的外交關係。

然而這位戰時的將才，並不具備治世的王格。

布雷斯以崇尚樸實為信條，視奢侈為洪水猛獸，排斥宮廷弄臣與吟遊詩人。他又將族人尊為「父神」而受到擁護的戴格達（Dagdha，善神）視為反對勢力，強迫他與胞弟奧格瑪（Ogma〈Oghma〉）從事粗重的勞役，企圖加以謀害。佛摩爾人更趁火打劫，以不平等條約前來脅迫。布雷斯為了繳交貢物給佛摩爾人，於是向族人課以重稅。

這樣的暴政一直持續了七年。由於暗殺戴格達的陰謀曝光，吟遊詩人四下散播不利於他的謠言，努亞達失去的右臂也得以復生（註6），布雷斯因此被趕下王座。

努亞達免除了絕大部分的重稅，即便如此，依然無法撤銷必須付給佛摩爾人的獻金。

此時愛芮終於為兒子布雷斯戴上

金戒，告知他的身世。布雷斯於是帶著母親以及身爲春日女神的妻子布莉吉妲（Brigit〈Brigid〉）與兒子魯亞丹(Ruadan)，試圖投靠佛摩爾。

佛摩爾人要求他展露過人的戰技，否則不會接受他的投奔。

經過了賽狗、賽馬與比劍等項目，布雷斯逐一擊敗了前來挑戰的佛摩爾人。最後與其正面交鋒的正是不死王‧埃剌哈。

埃剌哈認出布雷斯手上耀眼的金戒，一切隨即瞭然於胸，當場與兒子相認。父子二人爲此擁抱、潸然淚下。

然而詳細聽取來龍去脈後，埃剌哈卻對布雷斯的治理不當多所責難。之所以如此，也是出自他長久以來對佛摩爾人與達奴神族相互融合的一片期望。

不過身爲人父的埃剌哈協助骨肉的親情依然不變，隨後就帶著布雷斯拜會了當時的佛摩爾盟主～邪眼巴羅爾（Balor〈of the Evil Eye〉）。

面對主張開戰的布雷斯，手持德魯伊神杖、全身裹在黑袍之中的巴羅爾如此曉諭：「我們必須盡可能榨乾敵人的獻金，等待他們完全疲弊不振。」

布雷斯於是趁著等待的期間，將達奴神族打造裝備的方法與戰術，悉數傳授給佛摩爾人。此時其子魯亞丹也愈發成長。

邪眼巴羅爾

巴羅爾的左眼通常是閉上的（註7）。由於父親也曾經是德魯伊的一員，經由他調製而成的藥劑蒸汽進入巴羅爾眼中後，就會轉爲一股邪惡的力量。經此目光凝視後，任誰都難逃一死。

由於眼睛的殺傷力太強，平時甚至必須以魔法眼瞼覆蓋，保持闔眼的狀態。不過開啓這道宛如雷射砲塔的眼閘，需要數人利用滑輪或棍棒才能加以撐開。

然而即便擁有如此強大的力量，巴羅爾仍時感不安。原來身爲德魯伊的妻子凱賀琳（Caithleann〈Ceithlenn；即英文所謂的凱瑟琳〉）曾經如此預言：「你將死於自己的外孫之手。」巴羅爾唯恐預言成真，於是將自己的女兒愛赫妮（Ethne〈Ethlinn〉）幽禁在北邊托利島上一處琉璃塔（另有一說指她被監禁於一處名叫「巴羅爾監牢」的岩縫，而非高塔）。

愛赫妮就在這種不曾接觸男子的環境下長大，成爲一位楚楚動人的女子。

有一天巴羅爾將達奴神族的石匠哥梵塞爾（Gobhan Saer〈Gobhan Saor〉）與其子哥夫尼（Goibne〈Goibniu〉）（註8）召來托利島，要求二人在山崖上爲自己建造一處宮殿（事實上今日確實存在一處建造於鐵器時代，名爲「巴羅爾城堡」〈Balor's Castle〉的遺跡）。

布雷斯

由於哥梵父子建造的城堡易守難攻，巴羅爾決心不讓二人生離此地。畢竟讓假想敵達奴神族也因此獲得一座宛如銅牆鐵壁的要塞，將是佛摩爾人難以承受的結果。

或許是哥梵塞爾察覺了此一意圖，他來到巴羅爾的跟前表示：「由於作業上的疏失，不慎毀損了宮殿的屋頂，希望能返家取來修理的工具。」巴羅爾於是將哥梵塞爾留在身邊，派遣他的兒子哥夫尼前去，並讓自己的兒子（其名未載於史說）隨行監視。

豈料此舉未蒙其利反受其害，兒子因此成了對方的人質。巴羅爾不得不交出哥梵塞爾，同時付給達奴神族先前約定的酬勞。

隨後改由達奴神族的迦維丁哥（Gabhaidheachd Go〈英 Gavidjeen Go〉，危險的騙子）承包修理屋頂的工程。巴羅爾則展現慷慨大方的氣度，以一頭能夠每天擠出 200 樽牛乳的魔法母牛做為工匠的報酬。

只是若要母牛聽從，手上必須擁有一件魔法麤繩〈轡頭〉。由於巴羅爾故意不交出麤繩，沒多久母牛果然就一如預期回到了自己的身邊。

有一天岸邊附近某種閃閃發光的物體，吸引了巴羅爾右眼的目光。原來有人在此上岸，為了抵禦托利島的寒冷而生火取暖。佛摩爾人向來沒有用火的習慣，巴羅爾因此無法理解眼前的事物。為了了解其中的奧祕，隨後雇用一個自稱麒安（Cian，來自遠方者）的達奴神族男子為他「造火」。麒安就這樣為佛摩爾人引進了新的食物調理方法。

不久麒安又通過森嚴的戒備，出現在愛赫妮的眼前。

愛赫妮見到平生第一個男子，不禁怦然心動一見鍾情。一年後，兩人生下一個男孩，取名盧烏（Lugh，光）。

巴羅爾發現兩人之間的情事後勃然大怒，為了麒安的性命著想，愛赫妮勸說他逃離此地。由於臨行辭別尚有餘裕，麒安才得以抱著繈褓中的盧烏脫逃。

然而巴羅爾的追兵隨後便追上前來，將麒安圍困於海邊。就在此時，海神馬納南〈Mananán Mac Lir，Mananáun Mac Lear〉的瞬移舟「伏波」〈Scuabtuinne；英 Wave Sweeper，Ocean Sweeper〉[註9] 突然出現，麒安立即登船。

儘管巴羅爾隨即睜開魔眼，小船卻在瞬間移動到魔眼的射程之外。巴羅爾接著又召來狂風，但讓馬納南以反咒語平息。巴羅爾於是將周遭一帶悉數化為火海，在馬納南將火海變成土地的魔法之下，這道最後的魔法仍以失敗告終。[註10]

▌第二次莫依圖拉之戰

經過多年後，卓越長成的盧烏藉機殺死前來收稅的佛摩爾人，因此引爆了爭奪愛琳霸權的「第二次莫依圖

拉之戰」〈Cath Maige Tuired〉。

宣戰前夕，眾多的佛摩爾人齊聚一堂召開了會議。巴羅爾親人方面，有12名子息和自己的妻子斜牙‧凱賀琳 (Caithleann the crooked tooth)、血緣同樣來自巴羅爾祖父涅德（Neid〈Neit〉）的堂兄弟艾夫 (Eab) 與辛哈夫 (Seanchab，老嘴) 等人出席。其他的實力派人物，尚有大腳跟‧索達爾 (Sotal Sál mhol)、高個兒魯忽（Luaith，身輕如燕）、說書的魯忽、德魯伊‧洛瓦斯 (Lobais)、翠斯迦達爾都城偉大的提內 (Tinne Mór Trisghadal)、凸膝蓋的雷斯欽（Loiscinn Lomghluineach) 以及9位預言詩人兼哲學家等人聯袂列席。

決議開戰後，組成了一支由神力王殷迪西統率的大軍。

當時布雷斯也加入佛摩爾陣營，率領先遣部隊掃平了康諾特。

然而身為戰局關鍵的主帥殷迪西率領艦隊南下的途中，卻被自己膚色棕黑、秀髮烏亮的女兒愛娃 (Eba) 留住，耽擱了一個星期。原來愛娃迷戀上達奴神族的多情種子戴格達，聽信對方「牽制佛摩爾軍隊的進兵，就願意和她一起廝守」的說詞。如果當初布雷斯真的殺了戴格達，或許就不會有這樣的結果發生。

主力來遲成了致命的敗因，也使得盧烏率領的精靈騎士團得以趕來救援早先淪陷的康諾特。同為半佛摩爾、半神族血統的二人因此正面交鋒。

起先盧烏以咒語趕走佛摩爾人的牛群，布雷斯因此飽受糧食不足之苦。

雙方於戰場上短兵相接後，布雷斯軍先發制人擲出傾盆的槍雨，盧烏軍則高舉大盾全面抵擋，化解了絕大部分的攻勢。

接著盧烏將步兵組成ㄇ字陣列，開口朝後衝向敵軍，隨著戰局的進展，下令步兵開始後退，位於側翼的部隊（雙手持盾不做攻擊）則相對前進，形成了反方向的ㄈ字口袋陣形。等到圍困敵軍之後，立即封鎖開口發動圍殲。這便是努亞達發想出來的盾牆〈Shield Wall〉戰術。為了給予敵軍致命一擊，盧烏又以魔法喚來迷霧，使對手失去能見度。

布雷斯急忙召來隨軍出戰的德魯伊，喚來吹散霧氣的驟風與漫天冰雹，趁著盧烏軍退縮的空檔，下令原本待命於後方的騎兵隊發起衝鋒，深入敵陣搶救自己的步兵。他一馬當先立於陣前，前劈後砍左衝右突，終於擊退達奴神族的軍隊。

相對於此，盧烏迅速地集結部隊，親率精靈騎士團擋住佛摩爾的騎兵，同時調動再次組成盾牆的步兵團攻擊敵軍的步兵。由於騎兵隊不及相救，佛摩爾步兵的人數轉眼間急速銳減，布雷斯潰敗之下，不得不引軍退走。

短暫的勝利

從前哨戰敗下陣來的布雷斯，從

此與黑暗國主泰赫拉 (Tethra) 一同擔任托利島的留守部隊。泰赫拉有一把會說話的魔劍，劍身入鞘後能說出見到的一切。此外布雷斯的父親埃剌哈，也率領運輸艦隊於後方負責運補的工作。

前線則有主將殷迪西親自統率的騎兵隊，他將主力的步兵交由自己的兒子奧崔拉赫 (Octriallach) 全權指揮，由魔法統帥巴羅爾隨後押陣，統制德魯伊部隊。

進軍途中先是天降火雨，繼而群山鳴動引發了落石。面對敵人運用地利的此一魔法，巴羅爾的魔法部隊逐一採取相應對策，最後來到了決戰的石柱原・莫依圖拉〈Plain of pillars〉。

此時達奴神族軍再次以ㄇ字的盾牆陣形伸展開來。雙方的部隊接觸後，殷迪西火速帶領機動部隊展開側面攻擊，破壞敵軍的隊形。

起初敵軍前排的盾牆發揮了作用，佛摩爾軍只能由後排遞補不斷倒下的前排士兵。相互投擲長槍的結果也一如前哨戰，難以有效地打擊達奴神族，以致呈現一面倒的戰局，佛摩爾步兵不斷地死去。

然而在殷迪西縱兵強攻的命令之下，佛摩爾軍開始不顧一切突破盾牆。雙方一時陷入了混戰，任誰都無法動用遠距武器。就在盾牆全面遭到擊破之際，驍將奧崔拉赫舞動戰斧，奮勇擊殺了敵軍的指揮官（努亞達之子）。

在這第一天的戰事中，佛摩爾人付出莫大的犧牲代價，最後才以勝利收場，然而卻從此開始了一連串的悲劇。

起先士兵和戰馬飽受無法排尿的痛苦，接著熾烈的渴意不斷陣陣襲來。令人不解的是本該存在的河流泉水，此時卻遍尋不著，為此魔法部隊也再次全力投入而分身乏術。

▌刺客魯亞丹之死

戰事進入第二天後，又發生令人難以置信的情事。本該負傷的敵軍，竟毫髮無傷地兵臨戰場。不僅如此，配備的武器也悉數煥然一新。離奇的光景讓佛摩爾軍的士氣大受打擊，第二天的戰事就在雙方都並未取得優勢的情況下結束。不過獨臂百腳、四頭聳動的佛摩爾巨人馬塔 (Mata) 攻擊戴格達之際，反遭巨棍所殺，不可不謂重大的損失。

為了解開謎團，主帥殷迪西派遣並未參戰的魯亞丹暗中查探敵情。魯亞丹是布雷斯的獨子，擁有四分之三達奴神族的血統，他輕易地混入敵方的陣營，目睹三人一組的冶煉諸神～柯魯・卡列尼黑〈Colum Cúaléinech, Colum Cualleine (a) ch；英 Gods of the three new processes〉(註11) 接連不斷打造出兵器，以及醫神狄安凱特以泉水治癒傷患的景象。

殷迪西聽取了魯亞丹的報告後，命令奧崔拉赫填平敵軍作為醫療之用的

泉井，同時授命魯亞丹刺殺冶煉諸神。

魯亞丹再次走進鐵匠工坊後，請求冶煉諸神之長哥夫尼（即巴羅爾宮殿的建造者）為他打造一支長槍，接著以完成後的長槍當場刺穿哥夫尼的腹部。哥夫尼隨即拔出長矛，回敬魯亞丹一槍。

雙方都因此身負重傷，瀕臨死亡的邊緣，所幸醫神狄安凱特緊急處置，這才救回哥夫尼一命。魯亞丹則因傷勢過重，除了醫療泉井之外，別無痊癒的方法，然而當時泉井早已被奧崔拉赫一舉填平。魯亞丹最後氣絕身亡，死在母親布莉吉妲的臂彎裡。

神力王殷迪西戰死

戰事的第三天，達奴神族改變戰法佈下了圓陣，讓最外圍的士兵雙手持盾，形同龜甲一般，一味抵擋敵軍的攻勢。內圈則配置長槍部隊，以伸出盾牌縫隙所形成的槍林，逐一擊殺敵軍的步騎兵團。

殷迪西為此怒火中燒，他向奧崔拉赫下令攻擊右翼的戴格達部隊。自己騎著黑馬，帶領機動部隊突擊左翼，重創戴格達的弟弟奧格瑪，一時陷入了混戰。

就在此時，敵軍主將努亞達跨上黃金坐騎縱馬殺出，挑起了統帥的殊死戰。殷迪西自然全力迎戰毫不退縮，但還是讓努亞達一槍刺穿馬腹，翻身落馬壓倒在坐騎之下。自視甚高的殷迪西不願聽從努亞達的勸降，最

後選擇了佛摩爾統帥光榮戰死一途。

由於主將陣亡，當晚巴羅爾終於使出了看家本領。他從異次元召來龍神哥羅克魯赫（蓋爾語 Cromm-Crúaich〈 Cromm Cruich, Crom Cruach；英 Worm of the Mists，霧龍〉）攻擊努亞達，以致努亞達和三個妻子之中的兩人遭到生吞活剝。

巴羅爾與布雷斯的下場

第四天，雙方都失去了至關重大的統帥人物，戰局因此逐漸陷入泥淖之中。

就在這樣的過程下，奧崔拉赫死於奧格瑪之手，佛摩爾軍開始撤退。然而此舉卻含有泰半圈套的成分。原來人型砲塔魔眼巴羅爾正好整以暇埋伏在後方的山丘。

當敵軍盡入眼簾來到魔眼的射程時，盧烏翩然現身了。

巴羅爾立即撐開眼瞼，發散出魔眼的力量！只見一道宛如閃電的霹靂由眼眶激散四射，瞬間逐一擊倒達奴神族的士兵，竄向命中相剋的外孫盧烏。

眼看奔雷將至，盧烏也從手上射出一團通體燃燒的魔法光彈，兩道火光迎面撞擊，發出了震耳欲聾的爆炸聲響，天地隨之籠罩在一片白光之下。

巴羅爾從此再也沒有醒來。他被盧烏射出的光彈擊中，臉上留下一個窟窿。掉落在身後的魔眼發散出非比

尋常的高熱，熔解地面揚起了陣陣白煙，佛摩爾因此全軍潰散。

然而魔法光彈卻宛如具有意識的生命體，逕自飛行擊殺敗逃的佛摩爾人。

由於不敵盧烏壓倒性的戰力，原本待命於托利島的佛摩爾飛行部隊也緊急出動，火速飛往戴格達陣地，他們奪走能夠操縱天候與人類情感的魔法豎琴瓦德涅（Uaitne，柱子）後，便引軍而還。

即便如此，達奴神族追擊的攻勢依然不見稍緩。布雷斯與泰赫拉二人也體認到托利島的最後一戰勢不可免。

然而細作的腳步卻早一步滲透進來，他們正是盧烏、戴格達、奧格瑪三人。只見戴格達唸唸有詞唱起咒語，豎琴便自行飛向原主，絞殺了9個途中經過的佛摩爾士兵。戴格達緊接著又彈奏豎琴，悉數催眠守備部隊，使對手無法派出追兵。

托利島不久便完全遭到達奴神族的包圍。泰赫拉為奧格瑪所敗，魔劍因此被奪，布雷斯也淪落到向盧烏乞降的地步。

盧烏向布雷斯提出了談和的條件，卻是讓他喝完300樽牛奶。布雷斯竭盡所能解決這道難題，最後死於飽漲之下。

佛摩爾族就這樣冰消瓦解，從此被逐出愛琳，不得不全族撤往洛赫蘭。當戴格達豢養的一頭魔法神牛高聲一呼，原本隸屬佛摩爾人的牛群悉數渡海，來到了達奴神族的領地。

再次敗北於根據地洛赫蘭

後來布理安（Brian，強壯）三兄弟奉盧烏之命執行殊死任務，潛行來到當時盤據在北洛赫蘭山丘的佛摩爾王米翰 (Miochaoin) 的身前，一劍穿心殺死對方。米翰的三個兒子也在捉雙廝殺時，逐一遭到擊殺。布理安三度仰天高喊勝利的長嘯，隨之響徹整個洛赫蘭 (註12)。

由於故鄉也無法保障族人的安全，從此佛摩爾人的活動逐漸受制，僅止於海盜劫掠的行徑。

然而獲勝的達奴神族卻讓後來的新移民米利都人（Milesians；Miles，又稱米利族）擊敗，不得不躲藏到地下定居，建立一處「青春之國」(Tir-nan-Oge)。國力衰微的達奴神族從此變得越發矮小，終於變成了人稱「栩易」（愛Sídhi；Sídhe；英Shee，山丘）(註13) 的仙子。

至於米利都人，後來成了今日愛爾蘭人的祖先。

■ I ■

註 1：在蓋爾語中，「m」音有時也被視爲「w」。順道一提地，威爾斯當地也將巨人稱爲「Foawr」。

註 2：奧西安一字尙有其他拼寫方式，如 Oisin, Ossian, Ósein, Oisean 等，身爲吟遊詩人的他留下許多古代詩歌，然而《奧西安》詩集卻多被視爲解譯古詩的麥佛森改寫的僞作。

註 3：愛爾蘭的巨石環被視爲祭祀獨眼巴羅爾的宮殿遺跡，當地將此一遺跡稱爲「比爾泰納」(Bea-Itaine)，意爲「比爾之火」(Fire of Beal)，「Beal」即巴羅爾。

註 4：原文將「Bolg」誤植爲「Borg」。

註 5：佛摩爾族人的樣貌大多畸形醜陋，埃刺哈卻是個英俊健美的特例，和獨眼獨臂的同輩（堂表兄弟）魔眼巴羅爾相較起來，顯得更突突。排除神話誇大的敘述成分，佛摩爾人的畸形應可視爲遺傳，此一結果顯示佛摩爾人習於近親結合的可能性極高，又或生活環境潛藏著不良於基因的因素，例如飲水中含有重金屬（汞、銅、鋁、砷、鎵、鎘等）或硫化物等各種化合物的成分，以致影響了後代的外觀。然而以掠奪爲生的一支佛摩爾人移居愛爾蘭後，很可能因此逐漸改變這個遺傳結構。異族的聯姻與生活環境的改善，通常是直接或間接改變的主要因素，埃刺哈或許就是在這樣的情況下誕生的。

由於神話史並未記載其生母何人，當然也不排除埃刺哈的生母是擄掠而來的他族女子，早已懷有身孕的可能性，因爲相對於好戰的佛摩爾人，埃刺哈顯得愛好和平。即便埃刺哈是帶有隱性基因的純正佛摩爾人，從他與達奴女子愛芮結合後，培育的下一代（布雷斯）依然健康的結果看來，相對顯示出達奴神族似乎帶有強勢基因的信息。

註 6：在醫神狄安凱特 (Dian Cécht, Dianecht) 的醫術與工匠柯雷茲涅 (Creidne) 的巧藝之下，爲努亞達重造一副魔法銀臂，他的王位因此失而復得，同時換來「銀臂 (Airgetlám, Airgedlamh)」的稱號。

註 7：關於巴羅爾是否獨眼的爭議，目前大致有兩派說法。一派認爲巴羅爾應該具有雙眼，左眼以德魯伊調製的藥劑入毒後，以眼罩之類的物體遮掩，只有面對敵人時才會打開，發射致人於死的光束。因此看似只有右眼功能正常的巴羅爾，才有了獨眼的說法。相對於作戰用的左眼，右眼主要用於待人接物，戰時則用於定位，只需開啟左眼即可瞬間鎖定殲滅敵人。本段內文採用的便是形成此一觀點的傳說。

另一派說法認爲巴羅爾眼睛的功能除了殺敵以外，主要有震懾的功用。他的構造如同獨眼巨人（希 Kyklops）一樣，額間只有一隻巨眸，開眼之後凡是進入眼簾的生物將無一倖免。在古代的信仰中，眼睛多被視爲與靈魂溝通的窗口，因此眼睛才有了「靈魂之窗」這樣的說法。當敵人見到巴羅爾巨大突兀的眼睛時，立即受到印象衝擊與心靈震懾，再加上以訛傳訛的道聽途說所造成的恐慌效應，常使得唯恐遭到巴羅爾目光攝魂奪魄的他們尙未交兵便落荒而逃，也因此有學者認爲巨眼用於震懾對手的象徵意義大過實際的殺傷力。

註 8：許多版本的傳說將哥梵塞爾與哥夫尼視爲同一人，並未提及哥梵塞爾兒子的名字。在托利島當地的傳說中，哥夫尼被稱爲迦維達 (Gavida)，亦即下文中提到的迦維丁哥 (Gavidjeen Go, Gabidjeen Go)。或許是因爲身兼鐵匠（石匠）的他常扮演舉足輕重的角色之故，因此成爲凱爾特傳說中最受歡迎的人物之一，許多傳奇都可見到其身影，導致衆說紛紜的結果。順道一提地，哥夫尼「Gobniu」的字源似乎來自傳說中善於打造兵器的地妖 (Goblin)。

註 9：這是一艘擁有魔力的小船 (curragh)，能夠在瞬間將船上搭載的人傳送到任何地方。

註10：關於麒安與愛赫妮的邂逅，愛拉揚 (Ella Young) 在《Celtic Wonder Tales》一書中還有另一種說法。在這則傳說中，豐饒的灰牛 (The Cow of Plenty) 原本屬於鐵匠哥夫尼，每到清晨時分，乳牛就會環繞愛琳，供給家家戶戶鮮乳，直到傍晚才回來。巴羅爾覬覦這頭乳牛，於是派人偷走了牛韁頭。原來乳牛只認得擁有韁頭的主人，唯恐乳牛逃走的哥夫尼只好成天看顧，不勝其擾之下，一度交由前來請他鑄劍的麒安代爲監管。

麒安一時大意走失乳牛後，立即前往巴羅爾的領地尋找。途經黑水河時，得到海神馬納南化身的老船家協助才得以渡河，不過馬納南要求他回程時，必須將此行收穫的一半送給他做爲渡河的代價，臨行前並交給他一件隱身斗篷。

麒安來到巴羅爾跟前後，答應爲他開拓一畝相較於馬納南的蘋果樹島（蓋 Avilion；英 Avalon）毫不遜色的蘋果庭院，代價是取回哥夫尼的乳牛。巴羅爾滿口答應，卻將牛韁頭交給女兒愛赫妮保管。豈料麒安卻出於好奇之心，利用隱身斗篷潛入戒備森嚴的琉璃塔中，見到了宛如天人的愛赫妮。兩人一見傾心，日後又有了愛的結晶～太陽神盧烏 (Lugh)。愛赫妮心知紙包不住火，最後忍痛催促麒安帶著襁褓中的幼兒與韁頭逃走。

爲了不違背自己帶回乳牛的誓言，再次遇到馬納南的麒安，將此行所獲的另一半，亦即自己的兒子送給了老船家，馬納南隨即現出海神的原形，從此代麒安養育盧烏，成爲盧烏的 9 位養父之首。

註11：原文作「Colum Cuallemeach」，或許將「in」視爲「m」之故。冶煉諸神分別是鐵匠哥夫尼 (Goibniu, Goibhniu)、工匠柯雷茲涅 (Creidne, Creidhne)、木匠路赫塔 (Luchta, Luchtaine) 三兄弟，於熔鑄鍛造的過程中分工合作，共同打造武器裝備。

註12：本段敘述有誤。原文摘記如下：「その後、ルーから決死の任務を命じられたエクネ (Ecne) 三兄弟が、北ロッホランの丘に住んでいた王ミズケーナ (Midhchaoun) のもとへ潛入し、心臟を突いて殺しました。」意指：「埃涅（Ecne，智慧、知識）三兄弟奉盧烏之命執行殊死任務，潛入當時佛摩爾王米翰位於北洛赫蘭山丘的據地，一劍穿心殺死對方。」

問題是在愛爾蘭傳承中，埃涅非但沒有兄弟，而且是布理安（Brian，強壯）、魯哈爾 (Luchar)、魯哈瓦 (Lucharba) 三兄弟共同的兒子（細節不在此贅述）。事實上此一刺殺任務，應該是下達給埃涅的父親～布理安三兄弟。

葛列格里夫人著述的《諸神與戰士》(Gods and Fighting Men, 1904, by Lady Augusta Gregory) 指出達奴神族與佛摩爾巨人族交戰期間，布理安三兄弟殺害了立場不同的盧烏之父～麒安。後來盧烏似乎有意讓他們贖罪（其實是個詭計），交付了許多任務，其中一項便是命令三人前往洛赫蘭北部的米翰山丘刺殺米翰王 (Miochaoin)，並且叫喊三次。謹此對原文稍加修正。

順道一提地，米翰王的三個兒子分別是闊克 (Corc)、孔恩 (Conn)、艾伊 (Aedh)。

註13：「Sidhi」的發音爲「shee」，是一種調皮而喜歡惡作劇的仙子，身形嬌小而能夠飛翔，身體幾乎透明，據說能夠化身爲各種形狀。派生的族群繁多，有尋求人類男子眞愛的女精攔吻栩易（愛 Leanhaun Sidhe，讀音作「lan-awn shee」；英 Lianhaun Shee）；棲身荊叢、有時會調換人類的嬰兒、演奏的音樂能讓人們迷惑的栩易客（愛 Sidheog；英 Sheoques）；會預告人類死期將至的殯栩易（愛 Bean Sidhe；英 Banshee）；守護著黑刺李荊叢，如果有人在五月初一或萬聖節前夕（亦即愛爾蘭的諸聖節之夜 All Hallows Eve）前來折取樹枝，就會降災於他人的落難栩易（愛 Lunantisidhe，讀音爲「Loo-nan-tee-shee」；英 Lunantishee）；以及長相近似人類，在精靈集團中大多擁有貴族地位的吉納栩易（愛 Daonie Sidhe，讀音爲「thee-na shee」；英 Deenee Shee）。

另有一種近親族群稱爲噗卡 (Pookas；Pukas)，經常化身爲馬的模樣，引誘路人騎上來後，載著被害者在田野間狂飆，直到日落才能下馬。他們常出沒於夏末節（Samhain，讀音作「sow-in」，每年的 11 月 1 日）前後，攝取人們留在田裡的作物或食物精華，不合意的時候還會糟蹋洩憤。

費穆爾巨人

　　英國作家麥可・摩考克在「永恆戰士」〈*The Eternal Champion*〉系列之一的《紅袍王子寇倫》一書中，寫下了愛爾蘭神話的後續。

　　邪神費穆爾曾經穿越次元障壁，侵略寇倫等瓦德哈玄精所在的故國。最後瓦德哈人藉助過去曾經是巨人族一員的盟友栩易地精〈Sidhe〉的力量，總算渡過了難關。整個事件的發展，與神話時代的愛爾蘭（愛琳）所經歷的一切同步發生(註1)。這也表示費穆爾就是佛摩爾，栩易地精則相當於達奴神族。

與人類之間的戰爭

　　不過在小說中，本該死去的費穆爾等邪神領袖卻成了不死之身，他們被放逐到一處宛如寒冰地獄，名叫凜泊 (Limbo) 的遺世空間。經過了數個世代，他們奇特的軀體也隨著冰冷的凜泊界環境逐漸變異進化。

　　有一天次元障壁在一場意外中破損，費穆爾人再次從天而降來到地球。對於身體早已適應凜泊界，進而將該地視為第二故鄉的他們而言，地球成了一處過於酷熱的環境。成分不同的大氣造成了毒害，皮膚表面因此滋生膿疣與黴菌，罹患一種導致身體逐漸腐爛的疾病，許多族人因此失去性命。腐敗的過程歷經數千年的歲月，就連不死之身的費穆爾也真確地受到感染。然而回到凜泊界的通道已經封閉，始終尋不著回鄉之路。於是他們以寒冰封阻了附近一帶，試圖讓周遭環境接近凜泊界。他們平日棲身在東方盡頭的海底，上岸時經常伴隨一陣濃霧。霧中含有冷冽的寒氣，對於一般生物每每造成致命的影響。

　　超越了時代與死亡，再次現身地表的他們，巨大的軀體超過5米，手腳或長或短，外觀並不協調勻稱。智力也有不足之憾，幾乎完全以本能行動。由於憑藉一己之力無法來去自如，便以樹木搭建而成的巨型戰車做為代步之用。拖曳戰車的則是一種長相奇特、外觀像馬的生物。

　　費穆爾人隨後與人類發祥地倫安艾許 (Lwym-an-Esh) 的住民交戰，一舉將大陸沉入海底。不過攻打愛琳的進展，卻不如原先那樣來得輕易。原來人類從其他次元空間召來栩易地精。來自栩易次元界的金屬在對付費穆爾時發揮了致命的功效，人類取自栩易的贈禮也讓費穆爾飽受折磨。在本身疾病的侵蝕與栩易地精的夾擊下，到了最後第十次戰役，費穆爾人

的兵力已經銳減至僅有7人。

鹿角王凱雷諾斯

將費穆爾的殘兵敗將統合起來的是凱雷諾斯 (Kerenos)。他的頭部兩側長著一對像鹿的角，有一副狼形的面孔。

平日帶著一群有如幼馬大小的「凱雷諾斯獵犬」(The Hounds of Kerenos)。這些獵犬毛色白晰，唯獨耳朵鮮紅似血（這種顏色是精靈犬〈Cu Sidhe〉的特徵），生有尖牙利爪，生命力相當旺盛，即便受到對於普通生物而言相當致命的傷害，還是會猛撲而來。敏銳的嗅覺、對主人絕對服從的忠誠，使這群獵狗成為優秀的追蹤者，一旦被牠們盯上就幾乎很難脫身。使用「地精贈禮」之一的精靈號角，可說是唯一能夠化險為夷的方法。

這支號角對於凱雷諾斯手下負責操縱獵犬的種族骷僂 (Ghoolegh) 也同樣有效。凱雷諾斯本身也有一支號角，不過骷僂卻分辨不出凱雷諾斯號角與精靈號角的不同。每當號角聲響起，骷僂就會心生疑惑，因為這是代表停止攻擊的信號。倘若號角再次吹響，便帶有警告的意味。第三次響起時，原本不會死去的活死人骷僂就會支離破碎、全身瓦解。此時凱雷諾斯獵犬會自行回到主人的身邊。這原本是凱雷諾斯為了防範骷僂背叛而採用的機制，最後卻自取其害。

順道一提地，凱爾特神話中有一位長有鹿角的神祇凱倫諾斯（Cernunnos，長角者）與凱雷諾斯相對應。在重新詮釋愛爾蘭神話的畫家吉姆·費茲派翠克〈Jim Fitzpatrick〉的筆下，稱之為卡儂 (Carnun) 的該神祇是個象徵不吉利的人物。布雷斯的暴政尚未成形之前，他就曾經現身預言會有這麼一天。

置身寇倫所處世界的他，又變本加屬進一步成為費穆爾人的一份子。

魔眼巴拉爾

經由凜泊界力量的同化，巴羅爾的後人～魔眼巴拉爾 (Balahr) 能夠從獨眼射出可怕的冷凍射線。平時眼睛覆蓋在一層猶如腐肉的眼皮下，眼瞼鉤著鐵絲，兩條鐵絲通過腋下，綁在只有兩根指頭的手上。形成一種扯動鐵絲，就會拉開眼皮射出光線的機制。

瓦德哈族的「銀臂寇倫」與巴拉爾對決陷入險境時，就是鑽入對手的懷中，砍斷鐵絲封殺魔眼的。巴拉爾失去主要的武器後，只好以霧氣做為安全的屏障抽身而退。

七劍史瑞恩

「七劍史瑞恩」(Sreng of the Seven Swords) 人如其名，插著七把環繞腰際的巨劍，乍看之下有如劍裙。作戰時兩手各持一劍，以雙劍應戰。在擁有諸多特殊技能的費穆爾巨人族中，可說是最喜歡硬碰硬的正面作戰要角。

史瑞恩也可說是遠在1,000年前企圖征服世界的格蘭迪斯·阿克瑞 (Glandyth-a-Krae) 演化而來的結果。他是砍斷寇倫一隻手臂、挖出一隻眼睛的元凶，因此當他見到寇倫時，不禁遲疑了片刻。事實上寇倫也從史瑞恩的眼神中見到格蘭迪斯的影子。然

凱雷諾斯

而肉體與精神早已受到侵蝕的費穆爾人，如何也回想不起過去的事。

當寇倫看準史瑞恩的膝蓋窩發動攻勢，一舉奏功使其失去行走能力後，頓失平衡的史瑞恩卻壓倒在寇倫身上。面對龐大軀體帶來的重壓與惡臭，寇倫登時有了一死的覺悟。所幸當時栩易地精幽步雷（Ilbrec，精靈王）挺身相救，他以配劍「復仇者」(Retaliator)一劍貫穿刺殺了史瑞恩。

顯然此一史瑞恩便是砍斷達奴神族王努亞達右臂的費爾柏格戰士之冠～司崙。由於努亞達以銀製的義手取代失去的手臂，此後被稱爲「銀臂努亞達〈Nuadha Airgetlám〉」，反觀寇倫也裝有銀色的義手並戴上眼罩，這也似乎暗指努亞達與寇倫就是同一人。

死靈法師拉農

費穆爾人拉農 (Rhannon) 具有讓亡靈起死回生的能力。只要在死者的口中吹進一口冰冷的氣息，他們就會死而復生，成爲費穆爾人驅使的爪牙。相反地、如果將此氣息吹向活的生物，就會帶來必然的死亡。後來拉農被栩易地精豢養的牲畜「克里那訥斯公牛〈the Black Bull of Crinanass〉」一頭撞死。

女魔頭鬼姥 （漢音 Gǔi-mǔ）

女巨人鬼姥 (Goim) 也是令人畏懼的人物。外觀看似醜老太婆的她異常喜好男色。凡是落入鬼姥手中的男子，都會受到一番性虐的侮辱後慘遭

凍死，死後還會被切下性器。

阿雷客與不列士

剩下的兩個邪神阿雷客 (Arek) 與不列士 (Bress)，並沒有這樣的特殊技能（不列士也是退化者之一）。不過依然俱備足以讓人類致死的寒氣與臂力等費穆爾人的基本能力。

手下的怪物

光是一個費穆爾人的力量就足以讓人驚恐，更何況除了凱雷諾斯的骷髏與「凱雷諾斯獵犬」之外，他們還帶著一批名爲「松魔兵」(Pine Warriors)的驍勇戰士，藉此強化軍隊的力量。

「松魔兵」原本是血肉之軀的人類，因爲中了費穆爾人的魔法，血液改變爲樹汁，全身的肌膚也變成淡綠色。本是人類的他們依然保有先前的智力，同時俱備擊劍的技能。不過總體說來，堅韌的生命力才是他們最主要的武器。他們能夠長期作戰，不會感到疲憊痛楚。即使肢體已經殘缺不全，還能繼續活動。

寇倫曾以砍斷腳筋的戰法打倒這些對手，有一回松魔兵適巧碰到火把，這才發覺怕火是他們的弱點，因爲這會使他們全身瞬間燃燒起來。

後來寇倫藉助栩易地精的力量，費盡心血才將七個費穆爾人逐回了凜泊界。完成使命後的他，也再次回到自己所在的次元空間。

註1：麥可・摩考克採用如同鏡中人的平行空間理論，劇中角色遂成爲神話人物的投射。

佛爾巨人

愛爾蘭神話中的強大巨人佛摩爾雖然早已消逝在遠昔的他方，他們的子遺卻依然綿延流長，棲身在洛赫蘭的地底與周遭的群島。

蘇格蘭民間傳說中的巨人

收錄在漢娜・艾肯與露絲・米夏利茲・耶那所著《蘇格蘭民間小故事》〈德 *Märchen aus Schottland*, 1993, by Hannah Aitken & Ruth Michaelis-Jena〉的「洛赫蘭王的三個女兒」該篇中，提到佛摩爾人和一些似乎是巨人的住民，生活在作者推論為北歐斯堪地那維亞的洛赫蘭地下深處。

有一天洛赫蘭的三位公主忽然失去芳蹤。國王一籌莫展束手無策，便詢問起參贊的預言家。預言家回應道：「公主被三個巨人擄走，帶往地底的深處。想要救出她們，只有興造一艘海陸都能暢行無阻的帆船。」

國王於是在全國張貼告示，尋求能夠打造此船的能人巧匠，誰能完成任務，就將長公主許配給他。

有一位寡婦育有三個子息，兩個較長的兒子都嘗試造船，結果並不盡人意，最後么兒也決定試一試自己的運氣。帶著母親祝福過的麵包與烤雞，少年走進了森林。途中遇見一個水精，應對方的要求慷慨分享了自己的食物。水精便和少年說定：「一年又一天後再回到此地，到時候船就會建成。」

到了約定的當天，少年再次前往森林，一艘宏偉的大船已經完成。

不過出海時，卻有三個自稱和公主訂有婚約的貴族登船隨行。途中一行人又遇上不論水量多寡都能一飲而盡、不論多少牛肉都能囫圇下肚，還有任何聲音都逃不過一雙順風耳的三個男子，就這樣一起結伴同行。

在聽力過人的男子協助之下，眾人終於發現巨人的所在。他們來到一處很大的地洞，從地下深處傳來了聲響，於是打造一口大籠子降落到地底。

巨人們發現少年後，依照古老慣例和對方展開了一番比劃，先是較量喝水，接著又競食牛肉。由於各有所長的男子分別取勝，兩個巨人因此撐破肚皮而死。

碩果僅存的巨人便向少年說道：「如果你肯留下來當長工，為我工作一年又一天，我就放公主回去。」少

佛爾巨人

年於是答應對方的要求。

公主們就這樣平安回到王城，隨同歸來的貴族們卻自稱幫助公主脫險，搶走了少年的功勞。

過了一年又一天，少年本該經由一隻巨鷹帶回地面，卻由於巨人餵食不足，以致巨鷹無力帶著少年飛往地表。返鄉之日年復一年地延後，如此又經過了三年的歲月。最後巨鷹又前來帶走少年，眼看即將來到地面，巨鷹卻再次後繼無力，少年於是從大腿切下肉來餵食，巨鷹體力為之一振，終於展翅續航。

少年最後成功地回到地面的世界，巨鷹送給他一支笛子並告訴他：「遇有困難的時候，請用它呼喚我。」有了這支笛子，少年才得以向國王證明自己救出了公主。

三個貴族為此受絞，少年則與長公主成婚，據說全國還舉行了一場歷時許久的喜宴慶典。

即便來到今日，這些佛摩爾的後裔在愛爾蘭、蘇格蘭當地興風作浪的情事，依然時有所聞。

曼島的巨人

曼島人將佛摩爾的後代稱為佛爾巨人。

按愛爾蘭語發音的法則，「佛摩爾 (Fomor)」這個拼音中的「m」，有時候會轉為「w」。如此一來，就會變成「佛沃爾 (Fowor)」這樣的唸法，由於不易發音，隨著時代的變遷而演化為「佛爾」。

佛爾巨人延續了來自愛爾蘭的傳統，他們會投擲巨石、掠奪牛隻、非但沒有吃人的習性，而且相當懼怕人類。

收錄於朵拉・布倫《來自曼島的童話故事》中的一篇「查爾斯與佛爾巨人」〈Chalse and the Foawr, *Fairy Tales from the Isle of Man* (1951), by Dora Broome〉，提到一個演奏提琴的青年查爾斯讓佛爾巨人擄往自己的巢穴，後來查爾斯通過煙囪輕易地逃離此地。

華特基爾在《曼島翦影手記》〈*A Manx Scrapbook* (1929), by Walter Gill〉寫到一對住在格瑞那比〈Grenaby〉相處不睦的佛爾巨人夫婦。佛爾巨人經常以巨石丟擲自己的女巫老婆，附近因此形成一座岩石小山。佛爾巨人的妻子忍無可忍，終於負氣出走，丈夫也跟著追趕而去，鄰近一帶從此平靜下來。

此一佛爾巨人經常騎著一隻能夠暢行海陸的豬精「方腳丫・吉米」〈Jimmy Squarefoot〉[註1]，打從主子離開之後，獲得自由的吉米便過著怡然自得的日子。

蘇菲亞・莫里森的《曼島民間童話》有一篇「懶惰的婦人」〈The Lazy Wife, *Manx Fairy Tales* (1911), by Sophia Morrison, 1860～1917〉，提到一個懶惰的婦人面臨休妻的婚姻危

機，除非她能夠在期限內完成織線工作。於是她打定主意前往一處遠離人煙的山中，求助一個勤奮的佛爾巨人。佛爾巨人雖然答應她的請求，卻如此說道：「如果期限內猜不出我的名字，就拿不到完成的毛線球。」

婦人於是疲於奔命地到處查訪巨人的名字。當時曼島只有七戶佛爾人家族，所有人的名字都是以莫里爲首。他們分別是莫里瑞〈Mollyree〉、莫里律〈Mollyruiy〉、莫里維利迪〈Mollyvridey〉、莫里克利斯特〈Mollychreest〉、莫里佛瑞〈Mollyvoirrey〉、莫里瓦汀〈Mollyvartin〉、莫里卡萊恩〈Mollycharaine〉。然而設下謎題的佛摩巨人卻似乎是移居曼島的新住民，

因此沒有人知道他的姓名。

就在萬念俱灰的當頭，婦人的丈夫返家途中適巧經過佛爾巨人棲身的山區。眼看就快來到期限，佛爾巨人快活地唱起了織布歌，竟一時大意不愼唱道：「那婦人不知我叫莫蘭德洛。」(註2)

事後巨人爲此懊悔不已，取得線球的婦人則免於一場離婚的厄運。

從祖先的過去看待佛爾巨人，不免讓人有一種後人十分凋零衰微的落差感，同時也予人一種巨人黯然度日的觀想。或許讓人視爲「魯鈍」的表像，正是他們爲了存活下來所領悟的智慧也不可知。

■ ▮ ■

註1：原文記誤植爲「ジャック (Jack)」，應爲「ジミー (Jimmy)」。
註2：丈夫返家後將途中聽來的巨人歌謠告訴老婆，婦人因此得知巨人的名字。

攷爾巨人

　　威爾斯語的巨人一詞，稱爲攷爾
「Cawr」。它是將曼島佛爾 (Foawr) 一
詞的字首，由「F」轉爲「C」而成，
然而究竟是什麼因素造成這樣的改變？

　　大抵上凱爾特語系可分爲Q語支
(Q-Celtic) 與P語支 (P-Celtic)，兩者的
發音略有不同。P語支發音爲「P」的
字母，在Q語支的發音爲「K」。

　　從發聲的觀點來看，「F」是「P」
雙唇摩擦時弱化的結果，如果佛摩
爾、佛爾一詞爲P凱爾特語支，攷爾
屬於Q凱爾特語支，此一謎題便有了
解答。

　　只是這個假設卻存在一個問題。
原來實際上愛爾蘭語、曼島語隸屬Q
語支，威爾斯語屬於P語支，兩者的
情況是完全相反的（註1）。

　　這也使得謎底揭曉之前，又增添
了一道新的謎題。

　　然而仔細推想後便可發現，巨人
族與當地主要勢力之間經常處於敵對
關係，畢竟他們是來自異種文化的侵
略者。正如同Q語支將P語支視爲異
質體系一樣，反之亦同。如果是爲了
將這些異質性以一種能夠看出其相異
性的記號呈現，那麼採用非本國語原

有發音的做法，也就不足爲奇了。

其貌不揚的沙薩爾夫婦

　　傳說集成《威爾斯民間故事集》
的第二則「席爾之女布蘭玟」
〈Branwen the Daughter of Llyr〉，提到
了佛摩爾巨人如何渡海前來威爾斯，
演變爲攷爾巨人的一段始末。

　　愛爾蘭「大鍋湖」〈中威Llyn y
peir；英Lake of the Cauldron〉一帶曾經
住著一個面貌醜陋的橙髮巨人～沙薩
爾・塞斯蓋夫尼維（中威Llassar Llaes
Gyfnewit〈Llassar Llaesgyvnewid〉），其
妻卡蜜黛・卡曼沃斯（中威Chymidei
Kymeinuoll〈Kymideu Kymeinvoll〉）
身高是丈夫的二倍。愛爾蘭王馬索洛
赫 (Matholwch) 青睞於兩人的戰力，
於是僱用了他們。

　　經過了二年又四個月，夫妻二人
生育了不少子女。由於力量強大招來
嫉恨，同時對其他貴族魯莽不敬，迫
使馬索洛赫王面臨驅逐巨人家族，才
能保住王位的窘境。

　　馬索洛赫於是建造了一處大鐵屋
（中威ty hayarn〈the Iron House〉），
掩藏堆積如山的煤炭，同時準備豐盛

的山珍海味，招待巨人一家前來享用，等到他們酒足飯飽香甜入夢之後，立即點燃煤炭，命令那些從全國召來的鐵匠鼓動風箱，將整座鐵屋燒得熾熱通紅。

沙薩爾隨後以肩膀撞破鐵壁，卡蜜黛也緊隨在後脫逃，然而子女卻悉數葬身火窟。巨人夫婦渡海後，投靠了威爾斯的聖布蘭王（中威 Bendigeiduran uab Llyr〈Bendigeid Bran〉）。同時獻上一口復活大鍋（peir dadeni），據說「只要將死者置於鍋內，隔天就會復活，但從此不能言語」。

由於聖布蘭王本身也是巨人，因此賜予沙薩爾、卡蜜黛二人在國內通行無阻的權利。相傳兩人的子孫日後繁衍於國內各地，成為王國中最強大的武力。

▌巨人族長・伊斯巴札頓

同樣出自《威爾斯民間故事集》的第七則「庫魯赫與歐雯」中，提到三個被視為沙薩爾夫婦後代的巨人。

伊斯巴札頓（Ysbaddaden PenCawr，巨人之長・山楂）的眼皮異常沉重，平時總是蓋住雙眼，若要觀近望遠，必須召來部下以鐵爪撐開眼皮。他的權力十分強大，即便是阿斯爾（Arthur 熊人，英譯為亞瑟）王，也曾經一度是伊斯巴札頓的部下。

他住在一處被視為世界之最的巨大城堡中，由9個門衛與9頭獒犬負責看守警戒。根據日文版譯者中野節

子所述，該地似乎位於今日威爾斯中西部的普林里蒙高地〈Plinlimmon 或 Plynlimmon Hill〉。

伊斯巴札頓的轄領內住著卡斯坦辛・米諾埃吉克之子（中威 Custenhin Amhynwyedic，永遠遭到放逐者）[註2]與他的妻子。丈夫呼出的熱氣足以讓植物瞬間枯萎，妻子則擁有折斷圓木的神力。兩人原本育有子息24人，除了么兒以外，悉數遭到伊斯巴札頓殺害。

伊斯巴札頓交給卡斯坦辛一頭巨大如馬的獒犬，好為伊斯巴札頓放牧羊群。當時亞瑟王的堂兄弟庫魯赫（Culhwch，豬圈）帶領宮廷騎士前來，打算向伊斯巴札頓的女兒歐雯（Olwen，白腳印）求婚。原來庫魯赫的繼母對他下了一個詛咒，使他終生無法接觸歐雯以外的女子。

起先巫師梅努（Menw mab Teirgwaedd，矮人～三聲叫喚之子）悄然隱去眾人的身影，神不知鬼不覺地通過了獒犬。

接著由古希爾・夸爾史托・亞斯歐德（Gwrhyr Gwalstawd Ieithoedd，高個兒・善於各種語言的通譯）與卡斯坦辛交涉，同行的凱伊（Kei gwynn mab Kynyr Keinvarvawc，蒼白的凱伊～長鬚凱尼爾之子）[註3]則擔任護衛。

卡斯坦辛的妻子本是庫魯赫的姑母，為了成全外甥的姻緣，邀請歐雯來到自己的家中。少女有一頭深黃色的金髮，雙眸比鷹隼來得耀眼，潔白的肌膚更勝浪花，冶艷的朱唇連紅花

巨人族長・伊斯巴札頓

也爲之失色。全身包裹在火焰模樣的絹織紅袍之下，戴著一副鑲滿珍珠與紅寶石的赤金項圈。輕挪蓮步時，腳下就會綻放三葉草的白花。

儘管庫魯赫向歐雯示愛，歐雯卻表示：「這件事必須獲得父親伊斯巴札頓的首肯。如果你眞有心和我結爲連理，就必須立下誓言完成父親交付的所有難題。」庫魯赫自然當下應允，帶著騎士團啓程前往伊斯巴札頓的城堡。此外，卡斯坦辛碩果僅存、自小尙未取名的兒子也跟隨前去，一行人於途中斬殺了所有守衛與門犬。

面對庫魯赫的請求，伊斯巴札頓並未立即回應，只是表示三天後才會答覆。原來有人預言他將命中注定死於女兒成親之日。於是他便在矛頭上餵毒，每天都朝眾人的背後投擲一支石矛。

第一次讓使長矛的高手貝德維爾 (Bedwyr)（註4）抓住後反手回射，擊碎了伊斯巴札頓的膝蓋。

第二次被幻術師梅努回敬一槍，擊中胸部貫穿及腰。

回擲第三槍的是庫魯赫本人，由眼睛一槍穿刺後腦勺。

這三槍射入伊斯巴札頓的體內，矛頭便由石變鐵，象徵由石器時代邁向金屬器文明的一段歷程。

伊斯巴札頓原先認爲只要預言無法實現，便可免於一死，受苦於傷勢的他輾轉呻吟，翌日終於死心，給予

庫魯赫無數刁難的課題。不過在亞瑟王騎士團的奔走下，逐一克服了這些難題。

石堡巨人・烏爾納赫

首要目標是巨人烏爾納赫〈古體 Vrnach Cawr〈Gwrnach, Wrnach, Urnach〉〉擁有的一把「能夠殺死伊斯巴札頓的短劍〈cleddyf〉」。

烏爾納赫住在一座以石灰建造而成、號稱世上最大的石堡中，雇用一個3倍高大於人類的黑人爲他守門。平日秉持凱爾特諸王的傳統，唯有技藝專精者才會獲得他招攬入城的青睞。

凱伊登門造訪後，自稱是「世上最好的磨劍師傅」。烏爾納赫當然不樂見自己鍾愛的武器成了鏽鐵，於是召來凱伊試試他的手藝。凱伊用一塊黑白條紋相間的磨刀石精研短劍的一側後，又還給烏爾納赫檢視。

烏爾納赫對凱伊的手藝相當滿意，便問他：「你還認識其他擁有一技之長的朋友嗎？」凱伊於是又找來好友貝德維爾入城。

當時卡斯坦辛碩果僅存的兒子並不在受邀之列，見兩人先後入城，也大膽地穿越城門，一路潛入城堡的內部。其餘留在城外的夥伴們見此光景，不禁稱讚他是「鬚眉之最〈goreu，意指最好、最優秀的〉」，此後他就被稱爲哥瑞・卡斯坦辛之子 (Goreu mab Custenhin)。接著騎士們也緊隨在後，逐一潛入了城堡。

凱伊磨完短劍的雙面後，表示劍鞘不合劍身，劍刃因此磨損，希望重新整修一番。言聽計從的烏爾納赫交出劍鞘後，凱伊佯裝將短劍收入鞘內，卻趁勢刺向巨人的頭部，割下他的首級。

從此這把巨人短劍就交由哥瑞保管。

愛爾蘭的杜爾納赫

故事中還提到另一個巨人，他是愛爾蘭王奧德迦（Odgar mab Aed brenhin Iwerdon）的管事杜爾納赫（Diwrnach Wyddel），名字相當於威爾斯的烏爾納赫，出身則是佛摩爾人，持有一口「膾炙只爲英雄，不爲懦夫的大鍋 (peir)」。

伊斯巴札頓要求眾人必須取來這口大鍋，好爲女兒的喜宴辦伙。

當時杜爾納赫的主子奧德迦曾經協助亞瑟王解決另一件事（註5），他要求杜爾納赫交出這口鍋子。由於杜爾納赫斷然拒絕，貝德維爾逕自抓起大鍋，交由亞瑟王的隨從海格威（Hygwyd，簡易的知識）背走，因此引爆杜爾納赫與亞瑟王兩軍的全面戰爭。

亞瑟陣中有一出身愛爾蘭，後來被逐出蘇格蘭普利丹〈威 Prydein；英 Britain〉王國的戰士，名叫仙斯沃（Llenlleawc Wyddel〈Llenlleawg Wyddel〉）（註6）。他手持亞瑟王的斷鋼劍・卡烈圖赫（威 Kaletvwlch

〈Excalibur〉），振臂揮舞畫起陣陣圓弧，擊破了杜爾納赫全軍。

後來亞瑟王接收這口大鍋，做爲招待前來宮中謁見的英雄之用。貝德維爾則負責生火溫熱這口鍋子。

伊斯巴札頓的下場

且說伊斯巴札頓交付的試煉總計約莫40項，除了上述以外的課題，大致上可以歸納爲以下幾類。

❶ 至田間整地做爲舉行宴席之用，同時張羅盛放酒菜的食器。

❷ 張羅食物與音樂排場，寬慰伊斯巴札頓的心。

❸ 取得一把爲伊斯巴札頓理容修面的剃刀。

❹ 取得梳理伊斯巴札頓頭髮所需的剪刀、梳子。

❺ 以亞麻布製作歐雯的新娘禮服。

新郎伯庫魯赫原本親口承諾要完成所有的課題，然而或許是因爲代爲解決這些任務的亞瑟軍認爲「既然親事已成定局，伊斯巴札頓終須一死」的緣故，於是置 ❶ ❷ 類於不顧，待完成 ❸ ❹ ❺ 項目後，逕自殺向伊斯巴札頓的城堡。

保管剃刀的普利丹王卡烏（Kaw o Brydein〈即 Prydein〉）先是剃除了伊斯巴札頓的長鬢，繼而深可見骨地挖下皮肉，乃至割下他的雙耳。

牧羊人卡斯坦辛唯一倖存的兒子哥瑞接著揪住伊斯巴札頓的頭髮，拖

著他來到山丘上，以烏爾納赫的短劍砍下首級後，將它懸掛在城堡外牆示眾，他也因此取得城堡與領地。

伴隨著巨人統治的結束，庫魯赫與歐雯終於結為夫妻。

阿爾淮厄斯山的巨人雷托

根據蒙茅斯的傑弗里編寫於1136年的《不列顛諸王記》第七部第10章第3節所述，亞瑟王本身也曾與棲身在阿爾淮厄斯山 (Mount Arvaius) 的巨人雷托 (Retho)（註7）交戰。「阿爾淮厄斯」係座落於威爾斯西北部的亞羅恩 (Aruon) 一詞的拉丁文，相當於今日的斯諾頓〈Snowdon〉地區。

雷托有一嗜好，他會取下自己殺死的國王臉上的長鬚編織成斗篷。為了表達自己對亞瑟王的敬意，巨人說道：「只要主動交出鬍子，我會將它裝飾在斗篷上較其他鬍鬚更為顯眼的地方，同時饒你一命。」亞瑟王自然拒絕此一要求，雷托繼而說道：「那咱們就以鬍子為賭注，一較雄長！」說著便與亞瑟廝殺起來。

經過一番苦戰，亞瑟王終於擊敗對手，斬獲首級與長鬚，但仍不免咋舌感嘆：「未曾遭逢如此勁敵。」

伊斯巴札頓與雷托二人死去時，長鬚之所以遭人奪走，係來自人們過去對於留長的髮鬚具有魔力的一種思維。亞瑟王不願交出鬍鬚，並不是為了尊嚴，而是唯恐自己的力量為巨人雷托所奪。

對英格蘭的侵略

民間傳聞中的威爾斯巨人不僅盤據當地，也一度跨足東邊的英格蘭。

一個住在斯可摩〈Skomer〉島上名叫普羅賽洛的巨人，曾經在競投石環〈威coetan；quoit〉（註8）之際，一舉擊碎聖安娜海角〈St. Ann(e)'s Head〉。

有個巨人和舒茲伯利的市長吵架，為了一洩心頭之恨，興起淹沒整座城鎮的念頭。他挑著一擔打算倒入塞文河 (R. Severn) 的土堆走了許久，卻始終看不到盡頭。前往河川的路途之遙不僅超乎預期，更且酷暑難當，巨人因此精疲力竭。

就在此時，巨人遇上了一個抱著成堆送修鞋的修鞋行商。巨人向行商問道：「這裡到舒茲伯利還有多遠？」行商見了巨人背在身上的土山，直覺對方有不良意圖，於是告訴他：「舒茲伯利？我才打那邊過來呢，這位爺。這一路遠得很吶，您瞧我這堆鞋子全都走破了！」巨人對行商的說法信以為真，不禁說道：「真有那麼遠？這還是人幹的嗎！」說著就把沙土全扔在一旁。

相傳這些被丟棄的土石成了今日的里金山〈Mount Wrekin〉，巨人擦掉長靴上的泥巴後，形成了溫洛克山丘〈Wenlock Edge〉。

順道一提地，在英國民間故事「巨人剋星傑克」之中，威爾斯的巨

人給人一種「明裡表現出親切和善的態度，暗裡卻包藏禍心」的評語。

話說有巨人血統的傑克收服了故鄉康沃爾的巨人後，一路來到威爾斯。半途迷路的他為了找尋一處歇腳處，四下搜尋發現一棟大宅，於是敲起門來打算借住一宿。只見一個雙頭巨人前來應門，爽快地答應了他的請求。

然而就在傑克卸下行裝之際，卻聽到「今晚用棍棒打死他」的低語。

傑克於是找來一根替代自己的粗大柴薪，將它放在床上，自己則躲在幽暗的角落休息。到了夜半時分，巨人果然手持棍棒前來，使盡全力重擊床鋪五六下後，這才心滿意足地回到自己的房間。

隔天早上傑克裝出一副若無其事的樣子，故意稱謝一番暗中挖苦了巨人後，巨人隨即端出早餐。原來巨人給自己和傑克分別準備了盛滿4加侖（約18公升）容量的大碗布丁。傑克悄悄地將布丁塞進自己藏在寬鬆上衣裡的一件大皮袋，表示要展露一手精彩的絕技，隨即以刀子劃破皮袋，取出了布丁。巨人看著這副光景，自認也能辦到，結果剖腹而死。

傑克離開此地後，又遇上亞瑟王的兒子。他深受王子高尚的人格與言行所吸引，決定跟隨王子。豈料王子施捨窮人，將盤纏用得分文不剩，兩人連投宿旅店的錢都沒了著落。

此時傑克突然靈機一動，就近前往叔父的住處。叔父是個三頭巨人，傑克見了他劈頭就說道：「亞瑟王的兒子帶著大批人馬來殺您了！」這位巨人叔父一聽，嚇得全身發抖，趕緊將鑰匙交給傑克，自己躲到了地下。傑克和王子這才取得盤纏和過夜的地方。

隔天巨人叔父為了酬謝傑克化解了自己的危難，還送給他智慧帽、斬鐵劍、隱身外套、千里靴等4樣魔法物品。後來傑克施展這些寶物，解救了王子心儀的一位「受到惡魔附身的少女」。這個少女隨後成為王子妃，傑克也因為立下大功而受封為圓桌武士。

《哈莫農夫吉爾斯》述及的考魯斯·麥希穆斯

在托爾金的《哈莫農夫吉爾斯》〈*Farmer Giles of Ham, 1949*〉[註9]這個以中世紀英國為背景的作品中，主角吉爾斯（Giles，持盾者或資產家）居住的哈莫村（Ham，聚落）據推想就在牛津附近，從當地向西北延展開來的一片丘陵地（即威爾斯的寒武山脈），曾經住著一群巨人。對於人類而言，生性野蠻的他們是製造麻煩的族群，其中有個巨人特別愚笨，有一天外出散步，竟然就這麼迷了路。

作品中未提及姓名的此一巨人，在托爾金遺留的「續作構思」[註10]手稿中，稱之為考魯斯·麥希穆斯（Caurus Maximus，最龐大的巨人），順道一提地，「Caurus」亦即威爾斯

語「Cawr」的拉丁語 (註11) 。

巨人闖入吉爾斯的農場踩死了牛隻，就連榆樹林也如小草般連根拔起。

吉爾斯於是取出珍藏的喇叭槍〈blunderbuss，前膛式散彈槍〉伺候巨人，他很幸運地一槍擊中對方臉部，巨人隨即倉皇而逃，吉爾斯也因此成為村子的英雄。

巨人返家後走訪了親戚的住處，自豪地說起自己如何闖進「養有許多牲口的美麗土地」。由於並無其他巨人來過這處農場，此一說法因此傳遍各地，甚至傳到棲息於高山地帶的龍群耳中。

有一名叫克瑞索菲賴克斯‧戴夫斯〈Chrysophylax Dives〉的飛龍來到農場，同樣被吉爾斯擊敗，從此成為他的護衛。吉爾斯就這樣在哈莫一帶建立了一個小王國 (the Little Kingdom) ，不過話說回來，這一切可說全拜巨人考魯斯所賜。

在托爾金的續作構思中，吉爾斯之子喬治‧沃明 (George Worming) 王子與鄰國交戰之際，遇上考魯斯而被擄至一處洞穴幽禁起來，原來考魯斯對吉爾斯的恨意不曾一日或忘。

為吉爾斯養豬，同時也是喬治近臣的綏特（Suet，脂肪），隨後帶著飛龍克瑞索菲賴克斯‧戴夫斯前來，

考魯斯因此被捕，綁在木椿上處以極刑。

所以說，壞事這玩意是做不得的。

同樣出自托爾金筆下的《魔戒前傳：哈比人歷險記》第4章中，提到一個疑似此一巨人先祖的石巨人 (stone-giant) 。

巨人棲身在距離中土北方迷霧山脈不遠的一處高地，最喜歡拋岩投石於雷電交加之際。他們的本性並不邪惡，不過通常不太會留意比自己嬌小的生物，如果漫不經心地走近巨人，也許會被踩個正著，或者讓投石（在人類眼中卻是巨大的岩石！）擊中，甚至埋沒在岩石碰撞所引發的土流崩石之下。萬一被巨人發現，有時候甚至會當成球一腳踢飛。

不過巫師甘道夫在第6章倒是曾經說過：「既然如此，就得找一個明白事理的巨人商量，請他們幫忙堵住入口。」 (引1) 由此可知巨人並非不通情理。順道一提地，所謂「入口」係指通往獸人巢穴的危險通道。

《魔戒》二部曲第3章第7節寫道：「人們相傳昔日剛鐸正值盛世之際，海中諸王曾借助巨人的力量，在此就地興建一座要塞，這座城就叫號角堡〈Hornburg，古稱Súthburg〉。」 (引2) 可見巨人與人類之間，事實上曾經度過一段相互合作的時代。

■ I ■

註 1：以「鍋子 (Cauldron)」一字爲例，中古威爾斯語稱爲「peir」或「pair」；中古愛爾蘭語稱爲「coire」或「coiri」。

註 2：此姓氏又可寫爲「Amynwyedig」，由「ap, ab（之子）」+「Mynwyedig」組成。傑弗瑞・甘玆 (Jeffrey Gantz) 所著「The Mabinogion (1976)」與法蘭克・雷諾 (Frank D. Reno) 的「The Historic King Arthur (1996)」指卡斯坦辛 (Custenhin son of Mynwyedig) 爲康士坦丁 (Constantine) 的威爾斯語，然而事實上那似乎是栗樹（威 Castan (au)）之意，代表伊斯巴札頓（山楂）與卡斯坦辛兩兄弟的名字都取用了樹名。

　　　　另有一說（亞瑟王傳說）指稱他是伊斯巴札頓的兄弟，名叫卡斯坦寧・達夫尼吉克之子 (Custennin mab Dyfnedig)。由於前說中的伊斯巴札頓父親也是米諾埃吉克，加以後說亦指兩人爲兄弟關係，可見得「Dyfnedig」與「Mynwyedig」似爲同一人。

註 3：原文將「gwynn」與「Keinvarvawc」記爲「guin」與「Keinuarvawc」，或許是因爲中古英語系統的「v」與「u」經常被視爲一同的關係。「Kei」又作「Kai」「Cei」「Cai」，即亞瑟王傳說中的圓桌武士・凱伊爵士 (Sir Kay)。

註 4：即亞瑟王傳說中的圓桌武士・貝迪維爾爵士 (Sir Bedivere)。根據《 *Vulgate Cycle* 》一書所述，貝迪維爾與凱伊隨同亞瑟王出戰羅馬皇帝魯修斯 (Lucius) 入侵高盧的戰役，兩人同死於勃根第。

註 5：亞瑟王渡海抵達西愛爾蘭後，愛爾蘭王奧德迦協助他追捕一名叫古爾基・賽弗利 (Gwrgi Severi) 的男子，不過這並非伊斯巴札頓要求履行的約定之一。

註 6：即亞瑟王傳奇中的圓桌武士・蘭斯洛爵士 (Sir Lancelot)。

註 7：雷托即威爾斯民間傳說中的巨人王律塔 (Rhitta Gawr)，律塔死後葬於斯諾頓山（即阿爾淮厄斯山），此後該地又稱爲「律塔之墓」（威 Gwyddfa Rhitta）。

註 8：靠近威爾斯的潘布魯克郡 (Pembrokeshire) 海岸西南方，鄰近一帶如曼島、斯寇克霍爾姆島 (Is. Skokholm) 等地，均可見到人稱環石 (Quoit Stones) 的遺跡。

註 9：本篇收錄於中譯本《托爾金奇幻小說集》。同一譯者在《托爾金傳》譯本中作「漢姆的農夫蓋爾斯」。

註10：托爾金麾下《哈比人歷險記》後，便著手續作的構思，他擁有許多充滿宏觀的手稿，但一來缺乏更具血肉骨架的內容，二來出版商認爲當時的手稿不適合做爲《哈比人歷險記》的續作，因此難以獨立成書。此後花費了十年的時間，托爾金才完成鉅作《魔戒》，而所謂的續作構想，就充分展現在這集十年大成的經典系列之中。

註11：關於「caurus」此一拉丁文的解釋，原爲「西北風」之意，字源來自羅馬時代的西北風神可魯斯 (Corus)，與「cawr」是否相關，有待證實。由於同出蓋爾語系，受拉丁文化浸潤的古高盧語將歿爾巨人稱爲「cauaros」，以此推想拉丁化的結果，或許應該是「cauarus」。此外康沃爾語稱歿爾爲「caur」，倘若「caurus」另有巨人的含意，也不排除是由康沃爾語轉爲拉丁語的可能性。

引1：日譯文摘自瀨田貞二譯本。
引2：日譯文瀨田貞二＆田中明子譯本。

髮悍

愛爾蘭的佛摩爾巨人往往呈現肢體缺陷，或畸形的外貌，無腿王奇豁(Cichol Gri-cen-chos) 率領的就是一支單腳獨臂的部隊。疑似步兵的這支軍隊，平日使用的是連枷〈Flail〉這種轉化自農具的兵器。

道格拉斯・海德在《爐邊故事：愛爾蘭傳說集》〈*Beside the fire: a collection of Irish Gaelic folk stories,* by Douglas Hyde, 1890〉的序文中，又進一步詳繪了他們的後裔。

那是一幅毛茸茸的獨臂衍生自胸膛的圖像。支撐軀體的則是腳底長有厚繭、通體浮現血筋的獨腳。全身覆蓋在宛如捲曲鬃毛的長髮之下，黝黑的臉上只有一隻眼睛生於額間。

此一醜陋的生物以20條鐵鍊末端各自繫有50顆鐵珠的巨大鐵連枷做為武器。每一顆鐵珠都下了充滿恨意的詛咒。或許這便是承繼自祖先佛摩爾巨人遭到神族與人類滅亡的遺恨。

蘇格蘭高地一帶將此種怪物稱為**髮悍**〈Fachan，又可讀作 Fachen, Fachin〉，這個字含有「半身人」之意，與蘇格蘭蓋爾語的「Fuathan」（水魔狀噩〈Fuath〉的複數型態）、阿

哈赫（Athach，巨人）兩者之間，可能也有關連。

髮悍奇醜無比，胸口長出一隻手臂，另有一腿衍生自臀部，他們有別於祖先佛摩爾人，顏面中央宛如獨眼巨人，只有一隻眼睛。有的頭部兩側長有一對招風大耳，有的全身覆蓋著一層鱗片。

平日常出沒在休耕地或遭到泥沼淹沒的旱田。

約翰・法蘭西斯・坎貝爾在《西高地民間故事集》〈*Popular Tales of the West Highlands*, 1860～1862, by John Francis Campbell〉第四冊中提到的「棘鬣・古靈野棲」（蘇蓋 Dithreach Ghlinn Eithdh〈Direach Ghlinn Eitidh〉），可說是髮悍族群中最醜惡的一支。他們頭上長有一串頭髮，據說想要彎曲這些硬毛，其難度更勝移山。至於顏面中央，則長有一隻突出的眼睛。

順道一提地，「direach」一字來自蓋爾語，代表「荒野」之意，「Ghlinn Eithdh」為一地名，由此可知人們過去曾將此一生物視為荒野的精靈。

沒、沒、沒什麼

收錄於約瑟夫・雅各斯所著《英國民間故事》〈*English Fairy Tales, 1890*〉之中的一篇「沒、沒、沒什麼」，也提到一個單眼獨腳、善於魔法的巨人。

話說有一位國王前往一處遙遠國度的期間，王后為他生下一子。為了讓國王返國後正式命名，王后決定以「沒、沒、沒什麼」(Nix Nought Nothing) 權充小王子的名字。

但就在國王踏上歸途之後，路上卻受阻於一條泛起漩渦的大河而動彈不得。正當國王為此煩惱之際，一個單眼獨腳的巨人現身前來，主動表示願意扛著國王渡河。國王詢問巨人如何酬謝，巨人只是答稱「『沒、沒、沒什麼』是我想要的。」由於國王對於出國期間所發生的宮中情事全然不知，誤以為巨人一無所求，於是答覆巨人說道：「就按你的意思吧。」

國王返國得知王子權充的名字之後懊悔不已，但也無可奈何。巨人隨後便來到王宮，帶走了小王子。

王子在巨人的養育之下長大成人，同時和巨人嬌美的獨生女彼此愛慕。由於原文對少女只提到「嬌美〈bonny〉」一詞，想來應該不至於像巨人那樣有著單眼獨腳的外表。當然、少女也有可能並非巨人的親生女，又或許是巨人與人類生下的混血兒也說不定。

且說巨人無法坐視兩人情深意濃，於是提出了種種難題，威脅王子一旦無法達成，就要將他殺害。

第一道難題要求王子在隔天太陽下山之前，將長寬各有7哩（約11公里）的馬廄清掃乾淨。這處馬廄已有七年不曾打掃，縱使略經整理，隨後又會恢復成原樣。巨人之女得知王子有難後，喚來所有飛禽走獸，將原本置放在馬廄的雜物悉數搬出，打理得煥然一新。

第二道難題要求隔日傍晚以前，將長寬深度均為7哩的湖水完全汲乾。王子一早就起來提著水桶汲水，湖水卻絲毫沒有減少。就在他束手無策之際，少女又找來所有的魚，要牠們將湖水全部喝光，湖水這才轉眼乾涸。

最後一道難題要求王子爬上一株高達7哩、連一根枝椏都見不到的大樹，將樹頂上一窩鳥巢裡的7顆蛋完整帶回，不許打破任何一個。巨人之女砍下自己的手指和腳趾充當攀爬樹木的立足點，拜其所賜王子總算將鳥蛋帶回地面。但卻在鬆一口氣的當頭，摔破了其中一個。

王子與少女於是決定逃走。少女回到屋內帶走魔法燒瓶後，兩人隨即一溜煙逃離此地。巨人知情後，也隨後緊追而來。

每當巨人就快追上，少女就會使用魔法物品拉開和巨人的距離。她所拋下的梳子化成茂密的荊叢，髮簪形成一道長出銳利剃刀的圍籬。儘管或

髮悍

多或少延遲了行動，巨人依然無視阻礙一路窮追不捨，眼看伸出手來就要捉住王子。

就在此時，少女將僅剩的魔法燒瓶丟在地上，一陣大浪驀然湧現，轉眼間就吞沒了巨人，無法呼吸的他最後因此溺斃。

幾經波折之後，王子與少女終於結為連理，據說從此過著幸福的日子。

其他的各種旁支

薩摩塞特郡與得文郡〈Somerset & Devon〉邊境，經常可見一種俗稱「愚人之火」〈Ignis Fatuus 或 Ignes Fatui〉的獨腳鬼火（Hinkypunk，詭異的火源）(註1)。單腳的此一生物看似柔弱無害，卻是個扮豬吃老虎的角色。事實上它們常提著燈籠迷惑行人，使其誤入泥淖。

J.K.羅琳在《哈利波特》系列中也提到此一生物，日文版譯者松岡佑子解譯為「隨我來妖精」〈「おいでおいで妖精」，或可稱為來來妖〉。第三冊第16章描述小巫師們就讀的霍格華茲魔法與巫術學院 (Hogwarts School of Witchcraft and Wizardry) 舉行的一次黑魔法防禦術 (Defence Against the Dark Arts) 的試煉中，就提到此一做為障礙賽考驗的生物，於途中妨礙在校生們。絕大多數的學生都順利地通過難關，不過紅髮高個的榮恩 (Ronald Arthur Weasley) 卻為其所惑，一度掉入泥沼深陷及腰。

《威爾斯民間故事集》的第九則「歐文或靈泉仙子的故事」〈Owain, or The Lady of The Fountain〉一篇中，也提到一個酷似髮悍的巨人。

有一天亞瑟王（Arthur，熊人）想在晚餐之前小睡一番，他要求宮人們在他睡覺的時候，一面享用蜜酒，一面閒話傳承做為餘興。騎士凱農·克雷茲諾之子 (Cynon mab Clydno) 適巧入宮前來，便說起自己經歷的奇妙旅程。

且說凱農為了試煉自己的能耐，遠赴一處天地盡頭的國度。那裡矗立著一座光輝燦爛的城堡，城主慫恿凱農說道：「穿過不遠前的一座森林，一段令人驚奇的冒險正等待著你。」來到城主指引的地方後，發現一個單眼獨腳的巨人，手持一根費盡全力才能舉起的鐵棒。兩人對峙須臾之後，凱農察覺許多野生動物都聽從巨人的指示，在四周一帶吃草，這才發現巨人原來是這座森林的主人。

巨人得知凱農的來意後，如此說道：「前面不遠處的泉水旁有一塊石板，你就到那打水吧。」

凱農依照巨人的指示行事，結果引來一陣教人茫然失措的雷鳴與豪雨，隨後出現一個連槍帶馬遍體漆黑、包裹在全副武裝之下的騎士。一陣激戰之後，凱農墜馬落敗，不過騎士並未給予最後一擊，逕自揚長而去。

烏律恩（Uryen〈Urien〉）之子歐文（Owein〈Owain, Yvain of the white

hand〉，白手伊文爵士）聽到此一經歷後，一來自己與凱農有親戚關係，二來想要雪恥，於是踏上與凱農同樣的道路，展開一段奇異的旅程。由於情節與髮悍無關，內容就介紹到此。

像這種生息在威爾斯當地的髮悍，與其交談時儘管看似溫厚，持有棍棒的習性卻不免啓人疑竇。想來如果有人膽敢爲禍森林，只怕會落得難以想像的下場。單就此一寓意而言，

可知其本質與愛爾蘭凶暴的原生族群是相同的。

從身爲自然守護者的觀點看來，他們與蘇格蘭西高地的野精棘鬣也有相似之處。

棘鬣由於象徵荒涼的山野，其生性既危險又醜惡；反觀威爾斯的亞種則代表生命之源的森林守護者，其危險性或許會來得低一些。

■I■

註1：或稱「Hinkypank」。《哈利波特》中文版譯名爲「哼即砰」。「hink」一字讓人聯想到昔德蘭的方言「henk（扳腳跳）」，不過兩者意義卻不同，單腳的形象似乎純屬巧合。從東方的角度看來，獨腳鬼火有點類似日本「鬼燈籠」（Bakecyotin，化け提灯）與「傘妖」（Kasabake，傘化け）的合體。不過在其他國家的傳說中，「Hinkypunk」不見得都是獨腳的形象，例如在荷蘭當地稱爲「Zompelaar（zomp 爲沼澤的古荷語）」的這個相當於「Hinkypunk」的沼精，就是雙腳俱全。

波赫亞

　　埃利亞斯・蘭洛特編撰的民族史詩《卡列瓦拉》(1849) 提到一處位於大海另一端的土地波幽拉（Pohjola，北方的底部）。由於其字源波赫亞 (Pohja) 一詞兼具「北方」與「底部」的含意，波幽拉也因此籠罩在「極北冥界」的色彩下。

　　波幽拉的住民有時會自稱「波赫亞之子」，如此看來，波赫亞之名或許是代表他們先祖的一種專有名詞也說不定。

▌卡列瓦拉的英雄與北地少女

　　有一天魔法師維那莫依寧（芬 Väinämöinen，深邃遼闊的靜謐河流）從南芬蘭的卡列瓦拉 (Kalevala) 來到波幽拉(註1)。

　　人稱「北地夫人」〈芬 Pohjolan emäntä；英 Mistress of Northland〉的女巫蘿希（Louhi，裂縫）款待這位貴客，並且承諾道：「如果你能夠為我打造一具帶來富庶的魔法石磨桑波（Sampo，支柱），我不但會幫助你回到卡列瓦拉，還會讓我的女兒《北地少女》〈芬 Pohjan neiti；英 Maiden of Northland〉隨同出嫁。」（第7章）

　　維那莫依寧於是讓好友鐵匠・伊

爾馬里寧（Ilmarinen，天空）前往波幽拉，打造了桑波（第10章）。隨後伊爾馬里寧以石磨製造者的身份遂行權利，他向「北地少女」求婚，少女卻不願離開波幽拉而拒絕同行，伊爾馬里寧只好悵然地獨自回到了卡列瓦拉。

　　當時住在水濱的勇士雷敏凱寧(Lemminkainen) 與薩利（Saari，島嶼）女子姬麗琪（Kyllikki，充足）結為夫妻。然而姬麗琪卻違背她婚後不再到村裡嬉戲的誓約，雷敏凱寧於是前往波幽拉，尋找一位能夠替代元配的新妻子。

　　雷敏凱寧抵達該地後，吟唱咒語使蘿希的門犬無法出聲，隨後走進了屋內。只見除了蘿希之外，屋裡尚有多人在場，雷敏凱寧於是唸起咒語趕走他們，唯獨留下年老目盲的牧羊人馬卡哈圖（Märkähattu，濕透的帽子）。馬卡哈圖問他為何不將自己趕走，雷敏凱寧答覆道：「看你這麼悲慘可憐，犯不著我親自動手。」馬卡哈圖受此激怒，自行跑出了屋外。

　　當屋內只剩下蘿希與雷敏凱寧兩人後，他隨即開口索求「北地少女」，不過蘿希要求他必須先獵殺雪風魔・觑飆（Hiisi，惡靈）(註2)豢養的一頭鹿回來。雷敏凱寧借助森林之神塔皮歐

(Tapio)的力量，儘管自己的雪橇板因此毀損，仍以獵人的咒語達成了使命。

蘿希於是提出另一項條件，要求他給黠黠的馬套上彎頭。雷敏凱寧先以美言嬌哄，他既不御馬疾行，鞭策時也僅以絹布抽打，始終輕聲細語溫柔以對。等到黠黠的馬馴服之後，雷敏凱寧終於成功地套上了彎頭^(註3)。

緊接著蘿希又提出最後一項試煉，要求他前往托內拉（Tuonela，死亡國度）國王托尼（Tuoni，死亡）轄領的河域，射殺一隻天鵝。然而對於先前的侮辱懷恨在心的馬卡哈圖卻早一步埋伏在托尼河畔，放出毒蛇襲擊他。雷敏凱寧對於治療毒蛇咬傷的咒語一無所知，因此中毒身亡。落水後，身體甚至遭到托尼王的兒子支解。

雷敏凱寧的母親得知愛子的死訊後，以鐵爪打撈河川，找回所有遺骸。她以咒語連結血脈，又取得蜜蜂採集得來「造物主所創造的一種封住傷口的生命油膏〈magic balsam；ointment〉」，讓雷敏凱寧死而復生。

接著維那莫依寧也動了求婚的念頭（第18～19章）。伊爾馬里寧知情之後，追上維那莫依寧詰問一番，並提議兩人來一場光明正大的求婚之爭，維那莫依寧當下同意了這個提案。

兩人抵達波幽拉後，同時求見「北地少女」。蘿希得知兩位英雄前來，私下勸說女兒嫁與維那莫依寧，然而少女的一片芳心卻記掛在打造桑波的伊爾馬里寧身上。

只是根據古詩所述，當時蘿希主張女兒「應以伊爾馬里寧為婿」。承諾將女兒嫁給維那莫依寧的是蘿希的丈夫～無名的「北地之主」。

不論如何，蘿希最後採用雷敏凱寧求婚時的同一方法，給予兩人三大考驗，一是耕種毒蛇滿佈的荒田，二是給凶猛的熊狼套上彎頭，三是捕捉食人的大梭魚〈giant pike〉。在獲得「北地少女」的建言之下，伊爾馬里寧分別打造了鋼護脛、鋼彎、鋼鷹，成功地通過試煉，幾經努力終於得以成婚（第20章第1～516行）。

波幽拉的政權移轉

這場婚禮邀請了波幽拉與卡列瓦拉所有的居民，唯獨先前有過節的雷敏凱寧不在受邀之列（第20章517行～614行）。雷敏凱寧一怒之下，再次殺向了波幽拉（第26～27章）。一如所料，他來到酒宴後立即態度傲慢地吆喝：「把上好的啤酒和吃的全拿出來！」「北地之主」於是向雷敏凱寧要求決鬥，結果反遭割首的命運。

蘿希隨即以咒術召來一支千人的兵力，要取下雷敏凱寧的項上人頭，他趕緊一溜煙逃回自己的故鄉。就這樣蘿希首度掌握波幽拉的全權，此後以國家領袖的身份展開一連串的作為。

順道一提地，在《卡列瓦拉》前身的古詩中，雷敏凱寧此時的角色是由另外一位名叫考闊蔑里（Kaukomieli，迷惘於愛情漸遠的男子）的人物所飾。

沒多久雷敏凱寧發現一艘終日感

嘆無用武之地的「神奇戰艦」（第30章），下定決心邀來好友提耶拉（Tiera，踩踏得堅實的雪），一同搭乘戰艦攻打波幽拉。或許是因為蘿希察覺此一行動的緣故吧，她隨即召來冷冽的霜雪凍結戰船。雷敏凱寧靠著施咒禦寒才得免一死，他隨後丟下船艦逃往凍結的海上，終於返抵故鄉。

伊爾馬里寧的婚姻生活

「北地少女」下嫁伊爾馬里寧後，雇用了一個粗野魯莽的僕人庫勒沃（Kullervo）（第31～33章）。有一天「北地少女」起了捉弄的念頭，她在麵包裡放入石頭，交給出外趕牛的庫勒沃做為餐點之用。到了享用麵包的時候，庫勒沃拿起家人遺留下來的一把小刀順手一刺，正巧刺中石塊而應聲折斷。

憤怒的庫勒沃幾近瘋狂，他將帶來的牲口全部趕進沼澤，相對地以咒文強行帶回熊狼，將牠們關進牲畜的欄舍。毫不知情的「北地少女」隨後走進家畜欄舍，就這樣慘遭狼牙熊爪撕裂而香消玉殞。

痛失愛妻的伊爾馬里寧沮喪之餘打造了一尊「黃金新娘」（註4），藉以填補自己的空虛（第37章）。然而同床共枕的雕像卻沒能帶給伊爾馬里寧什麼，只是一味奪走他的體溫。伊爾馬里寧於是打定主意，再次前往波幽拉迎娶亡妻的胞妹（第38章）。然而此時所見到的，卻是波幽拉憑藉桑波的力量，換來永遠繁榮與富庶的景象。

蘿希責備伊爾馬里寧不該讓她的女兒如此早逝，堅決不讓他見上次女一面。伊爾馬里寧於是強行侵入少女的房內，為此招來一陣淋漓的痛罵，激動之餘順手就將少女夾在腋下，從蘿希家中飛奔而出。

由於一路疲憊，伊爾馬里寧途經某一村落時，睡得不省人事，少女於是趁機與村中男子共度了一宿。伊爾馬里寧知情後對著少女下咒，將她變成一隻海鷗，就這樣形單影隻地回到了卡列瓦拉。

桑波爭奪戰

維那莫依寧聽過伊爾馬里寧一番遭遇之後，兩人決心奪回石磨桑波（第38章287行～第43章）。途中又加入好戰的雷敏凱寧，一行人走海路前往波幽拉，與蘿希展開面對面的談判。

維那莫依寧揚言：「如果不交出一半桑波，我們只好訴諸武力。」蘿希自然無意交出桑波，隨即招來波幽拉的軍隊。

只見維那莫依寧手中的康特勒詩琴（kantele，芬蘭豎琴）悠然作響，包含蘿希在內的所有波幽拉住民，全都在轉瞬間渾然入睡（按古詩所述，使用的是催眠針）。一行人就這樣把桑波運上船踏上了歸途，然而雷敏凱寧卻得意忘形，一時歡聲高唱起來，因此喚醒了蘿希。

儘管維那莫依寧再次提出將桑波一分為二的共享方案，蘿希依然不為所動，更且化身巨鷹凌空襲來，維那

「巨鷹」蘿希

莫依寧見狀，立即揮舞船槳一舉擊落蘿希。就在此時，蘿希趁機抓住石磨，將它拖下了大海。

即便如此，桑波碎裂的破片依然被打上卡列瓦拉海岸，註定了當地的繁榮與富足，維那莫依寧為此欣喜不已。蘿希雖然威脅要消滅卡列瓦拉，維那莫依寧卻不以為意。最後蘿希自己也發現桑波的蓋子，這才歡歡喜喜地回到了波幽拉。

▌蘿希的反擊

不過蘿希並未因此罷休，接著又求助於瘟疫之母羅葳亞妲（Loviatar，來自裂縫的女子）（第45章）。羅葳亞妲滋生了劇痛、痛風、佝僂、腫瘤、皮癬、癌症、黑死病，將它們散播在卡列瓦拉各地。維那莫依寧吟唱咒語為人們治病，才化解了危機。

最後蘿希又將日月隱藏在「鋼山」之後，偷走家家戶戶的火種，試圖將卡列瓦拉封閉在永遠的黑暗中（第47～49章）。

至上天神烏戈（Ukko，老人）對於世界籠罩在黑暗下的景象感到不解，於是創造了鎔鑄新日月所需的火苗。維那莫依寧與伊爾馬里寧取得火種後，剛出爐的日月卻不知為何黯然無光。

經由占卜的卦象顯示，維那莫依寧發現原先的日月被藏匿在波幽拉的深處。他隻身潛入敵境，斬殺了半途伏擊他的「北地諸子」〈芬 Pohjan poika；Sons of Northland〉，最後終於抵達禁錮日月所在的「鋼山」，卻苦

於無法撬開山壁，只好回頭與鐵匠伊爾馬里寧商議，打算借用某種工具。

蘿希隨後化身為一隻「灰鷹」，她飛向伊爾馬里寧的打鐵舖，問他究竟打造何種工具。

伊爾馬里寧回應道：「我給蘿希打造一個項圈，只要套上脖子就取不下來。」蘿希心知在所難逃，於是主動釋放了太陽和月亮。

派翠西亞・索因〈Patricia E. Sawin〉在「蘭洛特偏好的卡列瓦拉女性圖像」(註5) 一文中，提到蘭洛特編纂《卡列瓦拉》時，將其中的女性形象區分為「順從男性的婉約少女」，以及「富於自主性、希望與男性地位對等的女子」兩種類型，又進一步論述後者經常扮演遭到收服的敵對角色。此一後者包括違背誓言、瞞著丈夫雷敏凱寧外出嬉遊的姬麗琪，極力與維那莫依寧等人平起平坐的蘿希。她們都是因為具備與男性對等的能力而淪為反派的角色，成為男尊女卑的象徵，本該展現出英雄色彩的女性自主形象卻受到毀棄無遺。

誠然、吾人不難感受到此一來自側面的觀察，然而身為一個落敗者，蘿希的身影依然充滿魅力，她所散發的絢爛光芒至今依然可見。而「傳說」一詞，又豈是人力介入刻意曲解，所能夠全然扭曲的？

▌佛摩爾與波赫亞

回顧《卡列瓦拉》這段環繞在波幽拉的故事，不免讓人驚訝於內容與

鄰近神話的相似性。登場於波幽拉的主要人物多為女性，她們幻化為猛禽的形象，近似北歐神話中富饒的華納諸神，這也讓人不禁聯想到石磨桑波同樣具有豐收的魔力。

然而相似度更高者，卻是愛爾蘭神話中的佛摩爾巨人。一如波幽拉之於卡列瓦拉，佛摩爾人就棲息在愛爾蘭相對的「北海底」。在此各位讀者不妨試著回想，波赫亞具有的「北方或底部」的含意。

至關重要的人物蘿希 (Louhi) 的拼音，也恰巧與佛摩爾人的故鄉洛赫蘭 (Lochlann) 相呼應。

此外華納 (Vanr) 神族、佛摩爾 (Fomor)、波赫亞 (Pohja) 等詞彙在發音結構上頗為類似這點，也令人感到詫異好奇。這些字首的 V、F、P 都是唇音（在日語的結構中，僅有在 Ha 行加上濁音或半濁音這樣的變化型態），緊接在後的 A 或 O 等開音亦即母音的拼音模式，也呈現唇型大開的共通點。

從神話的情節來看，蘿希與佛摩爾人同樣會散播疾病。

桑波爭奪戰與達奴神族（Tuatha Dé Danaan，女神達奴的族裔）取回佛摩爾人奪走的魔法豎琴瓦德涅（Uaitne，柱子）的過程，細節上也可謂一致。兩則神話都提到豎琴，更教人驚訝的是瓦德涅和桑波一樣具有「柱子」的含意。甚至深入敵境的也是三人，其中彈奏豎琴使敵人沉睡的正是相對於維那莫依寧的戴格達。

從這些觀點看來，吾人實難以忽視波赫亞的住民、佛摩爾人、華納神族同出一脈的可能性。如果能夠找出位於北海遠方一處距離芬蘭、斯堪地那維亞、愛爾蘭三地同樣遙遠的某一國度，或許便能解開這個謎團。

俯瞰地球儀上相對的附近一帶，只能見到分隔冰島、格陵蘭的整塊遼闊的北美大陸橫亙於此。當然、能夠證明這就是該一地域的證據依然少之又少，然而私以為將搜索範圍推想至此的這段過程，至少並不是毫無意義的。

註1：維那莫依寧並非自主性地來到波幽拉，他是被約卡海寧一箭射落大海，因此漂流到北地的。

註2：魟魟（xi-xi，不明的風）是北風與冰雪擬人化後的可怕巨人，棲息於拉普蘭之南、波幽拉之地，是當地種種帶來災禍不幸的惡魔首領，擁有眾多的僕從為他效命。

註3：雷敏凱寧給馬套上一副金轡銀彎，隨後騎著牠回見蘿希。

註4：《卡列瓦拉》第 37 章 79 行如此敘述。「Toivon kullaista sopua, hope'ista puolisoa.」意指伊爾馬里寧原本「希望打造一個調和黃金的白銀偶」。93～94 行則寫道「Itse seppo Ilmarinen ahjoa kohentelevi, pyyti kullaista kuvoa, hope'ista morsianta.」描述鐵匠伊爾馬里寧想美化視覺，捕捉一種黃金印象，打造白銀新娘。後來他所僱用的工人與僕人並未按照他的吩咐鑄造雕像，伊爾馬里寧只好親自動手，當頭部完成時，心折於滿臉銀白、髮辮金黃的頭像，繼而打造黃金的五官和四肢，改鑄為黃金新娘（芬 kultainen morsian；英 Golden Bride），因此實際說來它是一尊黃金混白銀的雕像。

註5：本標題摘自《芬蘭女性觀點下的民俗學》（芬 Kirjoituksia Kansanperinteen Naisista, by Aili Nenola etc.；日《ロウヒのことばく上》フィンランド女性の視角からみた民俗學》）的第 4 章。

第**6**章

巨人

Giant / ジャイアント

〔英國的巨人族〕

巨人

即便在今日，人們在英國的東薩塞克斯〈East Sussex〉還可以見到身高69米的巨人。他的雙腳與肩同寬、略微張開的雙手拿著一根齊身長棒，人稱威明頓山丘的長人 (Long Man of Wilmington)。

當然，這不過是一幅以白色輪廓呈現在綠丘上的地面圖像，但若想了解過去英國人對於巨人形象的宏大觀想，卻是一個極爲合適的典例。

在多塞特也可見到另一瑟恩亞貝斯巨人（Cerne Abbas Giant，身高54米）。他一身不掛，陽具勃興直抵肚臍，持有一根上有數顆突起的棍棒，完全符合巨人野蠻的形象。

不過仔細想來，愛爾蘭的男神戴格達（Dagdha，善神）向來以風流的多情種子知名，同樣持有一根上有八顆突起的的棍棒。出土於法國艾克斯・普羅旺斯〈Aixen Provence〉的浮雕上，也刻有手持突起棍棒的神像。或許所謂的巨人，便是昔日的眾神凋零後的身影。

「巨人」一詞的字源係來自希臘語的基迦（Gigas巨人）以及複數型態的「Gigantes」。經由拉丁語的「gigant」、古法語的「géant」或「géante」演變之後，轉化爲英語的「giant」。

順道一提地，藤子・F・不二雄的漫畫《哆拉A夢》〈日《ドラえもん》〉；繁體中文舊譯作《小叮噹》〉裡愛欺負人的技安〈日ジャイアン〉，他的名字就是採用詞尾子音不發音的法文語法，應用在英語的「giant」而成的。

巨石遺跡的建造者

昔日凱爾特人居住過的地域，往往留下許多諸如英國巨石陣 (Stonehenge)、愛爾蘭的紐格蘭奇巨石墓 (Newgrange)、法國的卡爾納克巨石列 (Alignements de Carnac) 等巨石遺跡。由於這些遺物很難讓人想像出自人類之手（事實上即便動用起重機等現代機械也難以達成），是以人們對於「是否曾經存在一種高聳入雲的巨人」的推想，顯得格外順理成章。不僅是遺跡，就連山丘、高岡和島嶼，也多半被視爲巨人的手筆。

有一天，昂首頂天大腳闊步的超級巨人哥爾姆（Gorm〈Goram〉）抱著一鋤份的泥土，想要橫越英格蘭。正當他四處遊走徘徊，不知將泥土棄

置何處之際，卻一個不留神讓科茲沃德丘陵〈Cotswold Hills〉的拱橋絆倒。原來哥爾姆過於高大，根本看不清腳下。

手上的泥土因此掉落阿文〈Avon〉(註1)河谷，形成了梅斯圓丘〈Maes Knoll〉。巨人以鋤頭撐住身體，一時茫然不知所措，龐大的噸位因此蹋陷地面，形成了萬斯溝〈Wansdyke〉。

阿文的領主文森〈Vincent〉(註2)感受到地面傳來巨響後，得知有巨人前來，立刻飛身上馬前往驅除。哥爾姆見到領主來勢洶洶，隨即倉皇逃走。豈料沒走幾步就被自己的腳絆倒，一頭栽進了布里斯托海峽，如何掙扎也無法上岸，就這樣活活溺斃。據說哥爾姆死後，巨大的骨骸化成了史提普霍爾姆和佛拉特霍爾姆〈今名Steepholm & Flatholm〉兩座島嶼。

歌革瑪各與12巨人

提到巨人的大本營，就會聯想到英國西南部的康沃爾。最早的文獻記載甚至可以追溯到蒙茅斯的傑弗里於1136年編著的《不列顛諸王記》。

根據第一冊第1章第16節所述，建立羅馬的埃涅亞斯之孫布魯特斯(Brutus)解放了原先飽受奴役的特洛伊人，於登陸康沃爾之後移居該地。當時山洞中棲息著許多巨人，首領歌革瑪各(Gogmagog)的軀體尤其巨大，有12英尺（3米6）之高，能將橡樹一分爲二，如同折斷榛木杖一樣輕而易舉。

榛樹是在冰河期後首次出現在原野上的樹種，接著出現的是橡樹。從傳說中提到這兩種最早的林木來看，正暗示巨人族的起源可以推溯至冰河期（本文第3章第2項〈霜巨人〉一節的「史諾里創世神話」中所提到的歐爾蓋米爾，就是誕生自冰霜）。在英國當地，榛樹與橡樹甚至被視爲「精靈之樹」或「聖樹」。

歌革瑪各與12個巨人發動襲擊，殘殺了許多特洛伊士兵，由於布魯特斯統御全軍得法，轉而逐一擊殺歌革瑪各以外的所有巨人。當時布魯特斯陣中有一位副將名叫柯林紐斯(Corineus)，最喜歡和強勁的對手角力格鬥，當場就和歌革瑪各捉雙廝殺起來。

歌革瑪各折斷柯林紐斯三根肋骨，柯林紐斯憤而抬起歌革瑪各，將他從斷崖絕壁丟下海，撞及暗礁的軀體因此四分五裂，染紅了鄰近海域。

且說歌革瑪各一字，係出自舊約聖經「以西結書」〈*Ezechiel*〉第38～39章的瑪各國(Magog)王子歌革(Gog)。他肩負了殲滅敵手以色列的宿命，從此被視爲「神的敵人」這樣的象徵。

新約聖經「啓示錄」〈*Apocalypse*〉第20章7～8節也寫道：「那一千年完了，撒旦必從監牢裡被釋放，出來要迷惑地上四方的列國，就是歌革和瑪各，叫他們聚集爭戰……」這也表示此時的歌革與瑪各，已經轉爲集團

的代稱。

英國受此影響，便將首領死後殘存下來的巨人稱為「歌革與瑪各」。威爾斯語之所以將瑪各解釋為麥歌革（mab Gog，歌革之子），或許就是將兩者視為巨人父子的緣故。

據民間傳說所述，歌革與瑪各被銬上鐵鍊一路帶往倫敦，成為國王的僕役。

為了紀念此事，倫敦市政廳還豎起了兩尊巨人的塑像。兩人都有一抹長鬚，身穿鎧甲、頭戴桂冠。歌革的頭上有一龍型額飾，兩手分持長槍與繪有鳳凰徽章的盾牌。瑪各的額飾則是一隻公雞，配備一支弩槍〈bowgun〉與一把握柄長度超出身高的流星錘〈morningstar〉。

■ 民間故事裡的巨人

或許是效法歌革與瑪各的緣故吧，民間故事裡倒有不少和人類相處和睦的巨人。

根據收錄於約瑟夫・雅各斯所著《英國民間故事續集》中的一篇「湯姆・希卡斯力夫」所述，劍橋郡的伊利〈Ely〉曾經住著一個小巨人湯姆・希卡斯力夫 (Tom Hickathrift)。他身高8呎（約2米4），一頓飯可以輕易吃光常人五六份的食物，但是生性懶惰，經常無所事事，待在暖爐旁消磨時光。

不過一旦動起身來，常能輕而易舉地搬運1噸重的麥程，扛起大樹行走時，還可以飆出等同6匹馬拖曳的貨車速度。這樣的力氣與腳力使得湯姆獲得賞識，受僱於威斯貝奇〈Wisbech〉一個啤酒釀造商。從此湯姆就這樣每天往來於30哩（約48公里）外的工作地點。

事實上當時還有一條捷徑可以省下一半路程，不過盤據著一個凶惡的巨人，經常襲擊路過此地的人們。湯姆得知此一情事後，毫不遲疑地走上這條捷徑。

緊接著一個身高12呎（約3.7米）、腰圍6呎（約1.8米）粗大的巨人現身了。巨人打量湯姆的個頭一番後，不禁發出冷笑，順手就拔起一株大小有如里程標的樹木充當武器，湯姆見狀也取下馬車的車軸迎上前去。

湯姆身手靈巧敏捷，有如連珠砲一般連番擊中凶惡巨人的面頰。在他飛快的攻勢之下，巨人只好求饒乞降。然而湯姆無意饒恕，他不斷攻擊直到對手躺下，進而砍下他的首級。

湯姆回到鎮上後，說起自己除掉將道路據為己有的巨人一事，鎮民們都為此歡欣鼓舞。隨後湯姆就在巨人的巢穴建造一間氣派的住宅，並且把巨人佔據一時的土地送給窮苦人家共有，自己則留下一部份做為種麥的良田，以便自己和母親能夠餬口。很快地、湯姆就成為鎮上最富有的人家，備受人們的景仰，從此度過幸福的一生。

得文郡的埃克斯穆爾〈Exmoor〉也有一個像山丘那樣大的巨人，不過完全不會傷害他人。巨人以善於捕魚

民間故事中的巨人凱雷諾斯

而知名，經常橫渡塞文海峽行經倫迪島〈Island Lundy〉，靠著雙手就能撈捕宛如一座小山的漁獲。此時漁船往往會聚集而來，捕撈從巨人手中掉落的漏網之魚。這些漁獲量對於巨人或許並不代表什麼，對於人們卻是一筆驚人的數目。

當有漁船遭到暴風襲擊，即將沉沒之際，巨人就會小心地托起船隻，將它們送回漁港。

巨人捕魚歸來後，常坐在葛瑞比斯特 (Grabbist) 山丘上，把包夾鄧斯特城〈Dunster Castle〉的兩腿一伸，清洗起穿越海峽時沾上的泥沙來，為了避免水花波及市場，總是小心翼翼不敢輕忽。

正因為如此，巨人備受村人的愛戴，自己也對此引以為榮。

康沃爾的卡恩迦瓦 (Carn Galva) 巨人，曾保護當地居民免於其他巨人的侵害。巨人有一位名叫屈恩〈Choone〉的人類朋友，有一天他想輕撫朋友的頭，不料指頭輕輕一推，卻讓朋友的頭部撞及地面，不慎殺害了他。

巨人沒多久也因為傷心過度而死。

由此可見，絕大多數的巨人本性並不邪惡。哥爾姆單方面受到人類的攻擊，歌革瑪各等傷害人類的巨人，其動機也只是為了保護自己的領土。

這也說明我等人類與巨人之間的關係，或許真有重新檢視的必要。

■I■
註1：康沃爾語為河流之意。或以化妝品牌之名譯作雅芳。
註2：原文似乎將「Vincent」誤植為「Vincet」。根據凱瑟琳・布里格斯編寫的《英國精靈傳承與文學》(*The Fairies in Tradition and Literature*, by Katharine Briggs) 一書所述，遭到阿文領主文森 (Vincent, Lord of Avon) 追趕的哥爾姆，溺斃在布里斯托海峽後，化為上文中提到的兩座島嶼（舊名 Steep Holme & Flat Holme）。此外在眾說紛紜的傳說中，文森被視為另一巨人，被指為哥爾姆的兄弟。

科摩蘭巨人

　　科摩蘭巨人又稱科麼蘭 (Cormiran) 或科麼斯坦 (Cormistan)，可說是英國最知名的巨人。其字源為何，目前尚難以界定，一說它可能是由威爾斯語的「cawr（巨人）」＋「mawr（龐大）」＋「-an（形容詞尾）」所構成。如此一來，詞幹便有「龐大的巨人」之意，那麼字源來自康沃爾 (Cornwall) 的可能性就很高，因為在蓋爾語系中，「m」有時候會轉為「w」的發音。

　　例如愛爾蘭的巨人佛摩爾（Fomor 海盜幫），又有佛沃爾的說法。佛摩爾人 (Fomorian) 一詞也有可能完全對應科摩蘭。

　　順道一提地，康沃爾一詞的字源被視為「角」(corn) ＋「山脊」(wale) 的組合，所指的是突出於不列顛島上的「似角的山脈」[註1]。

　　根據民間傳說所述，位於康沃爾半島西邊的聖邁可山〈Mount St. Michael〉島嶼，就是科摩蘭與科美莉安〈Cormelian〉這對巨人夫妻合力造成的。為了在這座山上築城，科摩蘭決定求助一位住在崔克羅本山丘 (Trecrobben Hill) 上的巨人朋友。起先

兩個男巨人輪流使用一支鐵鎚工作，然而就在科摩蘭打算交棒給朋友而將鐵鎚拋擲過去的時候，卻不慎誤擲科美莉安，當場擊碎她的頭骨。從此科摩蘭便一直過著寡居的鰥夫生涯，即便隻身一人，也足以造成鄰近居民莫大的威脅。

《精靈女王》中的科摩蘭

　　艾德蒙・史賓塞的《精靈女王》第 6 卷《卡利多爾爵士傳奇》〈The Legend of Sir Calidore, The Faerie Queen (1596), by Edmund Spenser, 1552～1599〉第 4 章第 26～37 節的篇幅中，提到一個終日生活在巨人科摩朗 (Cormoraunt) 恐懼陰影之下的貴婦瑪蒂妲 (Matilde)。這個名叫科摩朗的巨人，顯然就是科摩蘭。史賓塞經常使用法語的單字，因為法語單字詞尾的子音並不發音。

　　有一天瑪蒂妲信步走在森林中，對於自己膝下無子唏噓不已。當時凱勒派恩爵士 (Sir Calepine) 手中抱著一個先前從野熊爪牙下搶救下來的嬰兒，同樣徘徊在森林中，他不禁問起瑪蒂妲哭泣的緣由。

原來她的丈夫是一位名叫布魯因(Bruin)的爵士，曾在淺灘上三次擊破科摩朗，征服了該巨人的領土，為地方帶來和平，然而夫婦卻飽受無子之苦。此後科摩朗更是虎視眈眈，一直等待布魯因死去，收復失土的時刻到來。

事實上，曾經有人預言布魯因爵士「無緣生子，但終有天賜麟兒的一天。」預言又指稱「這個上天賜與的孩子能夠將附近的流水一飲而盡，消滅所有的魑魅魍魎。」

凱勒派恩爵士聽過這番話後，懷疑自己手中的嬰兒便是預言中的孩子，於是坦然告知瑪蒂妲自己的想法。瑪蒂妲聽過他條理分明的勸說後，歡喜之下接受了嬰兒，決心將他視為己出撫養長大。

巨人剋星傑克與科摩蘭

膾炙人口的民間故事「巨人剋星傑克」，似乎是上述這段故事的後話。

故事中的科摩蘭高18呎（約5米5），即便腰圍也有3呎（約2米7），相貌猙獰可怕。平日棲息於山中的洞穴，飢餓時就會下山，吃掉一路上遇到的任何生物。常能一口氣扛起5～6頭牛，把捉來的豬羊像一束蠟燭一樣塞在腰際間，帶回自己的老巢。

康沃爾的官府雖然也想過出示鉅額的花紅，招募勇士收服巨人，無奈財務緊絀，是以每年都會受到巨人的破壞危害，嚴重困擾人們的日常生活。

傑克是某一農夫的獨子，一日經過此地問起官員酬勞為何。官員答稱：「巨人的寶藏就是酬勞。」這也意味著除非消滅巨人，否則一無所得。儘管眾人並未寄予厚望，傑克依然自告奮勇前去。傑克不但富於機智，與巨人又有血緣關係，深知對方的弱點。他很有可能就是史賓塞筆下《精靈女王》提到的那位經人拾獲的棄嬰日後長成的化身。

傑克帶著號角、鏟子和鐵鍬，一路走向聖邁可山，於幽暗中發現科摩蘭的巢穴後，立即展開行動。

首先傑克在巨人必經的道路上挖了一個深度與直徑均為22呎（約6米7）的地洞（註2）。接著將木棒與蒿草平鋪在洞口上，並以沙土掩蓋，使其看似平地。

等到天色微明，傑克立即猛力吹響號角，好夢難圓的科摩蘭勃然大怒，飛身衝出老巢恨恨地說道：「我要把你當早餐吃掉！」結果就這樣掉進了地洞，竭力伸出手來卻搆不著任何施力點。

一直等到科摩蘭體力消磨殆盡，傑克才以鐵鍬擊碎巨人的頭顱。從此以後，傑克就被康沃爾人稱為「巨人剋星傑克」。

不久，傑克便又動身前往威爾斯探險。科摩蘭的兄弟布蘭德柏爾（Blunderbore，挫敗帶來的索然無趣）聽到傳聞後一路趕來，趁傑克熟睡之際捉住了他。

布蘭德柏爾還有另一位兄長，他

民間傳說中的科摩蘭

想找來兄長共食傑克，於是離開城堡。傑克趁機找來一條粗繩，打了兩個繩套，等到布蘭德柏爾帶著兄長回城，立刻將繩套丟向兩個巨人的脖子，接著將繩子拋過頭頂的橫樑上，先以槓桿原理吊起對方，再補上一劍殺死不能動彈的兩個巨人。

傑克救出被囚禁的3名貴婦之後，這才真正地踏上前往威爾斯的旅程。由於再次擊殺巨人，化解了亞瑟王之子的危難，因此被亞瑟王封為圓桌武士。

隨後傑克又向亞瑟王請命，希望消滅殘存的巨人，再次踏上了征程。他在威爾斯誅殺3個巨人，又如法炮製除掉善於魔法的法蘭西巨人·高力剛巨〈英Galligantua；即法語的高康大Gargantua〉，將他們的首級獻給了亞瑟王。

最後傑克帶著騎士與貴婦凱旋回到宮中，他過人的功勳讓亞瑟王龍顏大悅，於是出面為他說媒，傑克因此和解救自高力剛巨手中的公爵之女成婚，獲得富饒的領地與一座宏偉的城堡，度過了幸福的一生。

第十三個巨人

瑪莉諾頓曾經寫下這段民間故事的續篇《巨人是否滅亡了？》〈Are All the Giants Dead? by Mary Norton〉(1975)。

一如民間傳說中的典型，「巨人剋星傑克」總是先經過一段時間觀察對手的行動之後，採取全然有別的策略收拾12個巨人。然而面對第13個巨人時，這套模式卻不再管用。

最後的這個巨人臉上經常流露出杳無人性的冷酷表情，見了人類總是會泛起一絲讓人覺得邪惡詭譎的微笑。

他的臉就像自己指甲裂開的雙手一樣油污，整排黑牙暴露在外，披散著一頭鼠灰色的長髮，席地而睡時，看似枯草蔓生的野地。穿著一件東拼西湊滿是補釘的破舊皮衣，身上散發出一股濃烈的惡臭。

巨人原本動作遲緩，走在泥地時經常滑倒，自從捉住一隻身上鑲有寶石的魔蛙之後，不但動作敏捷得教人目不暇給，更且獲得刀槍不入的不朽軀體，即便是「巨人剋星傑克」，也一時無從下手。

傑克只好先炸毀棲身山崖的巨人必經的山路，使其無路可走。由於一陣轟然倒塌的聲響伴隨地震而來，人們遂以為巨人也一同炸死。

直到有一天，滿坑滿谷的垃圾從山崖上掉落下來，散發出陣陣腐臭，才知道巨人開始厭惡起住在山崖下的人類。

「巨人剋星傑克」得知此事後，從此過著一段悶悶不樂的日子。本想再次出馬誅殺巨人，卻因為爆炸導致岩石崩阻山道，再也走不到巨人的棲身之處，更何況自己也已屆花甲之年。

後來有一名叫詹姆斯的少年透露巨人其實並非刀槍不入，傑克才臨老

奮起。和「巨人剋星傑克」一同生活的「魔豆傑克」使用他珍藏的魔豆之後，終於得以攀上懸崖。令人感到諷刺的是巨人丟棄在山下的垃圾，腐敗後反而成爲魔豆上好的肥料。

被詹姆斯偷走魔蛙的巨人隨後遭到「巨人剋星傑克」的投石器一記重擊而倒地死去，老傑克當然喜不自勝，就這樣一手揮舞著投石器，一手拽著巨人油污的灰髮凱旋而歸。

▌德林筆下的巨人

在查爾斯德林以現代爲背景的著作《巨人剋星賈姬》〈*Jack, the Giant Killer*, 1987〉一書中，此等神話傳說又經過進一步的大膽改寫。

惡精 (The Unseelie Court) 的首領是 7 名聲如巨雷、人稱「大漢」(The Big Man) 的巨人，坐擁一座污黑髒亂的山砦，棲身在敵對的精靈・善精 (The Seelie Court) 與古魯亞迦 (Gruagagh，魔法師) 力量所不能及的一處靠近湖濱溼地的洞穴。

其中一個長有瘤鼻、高達 14 呎（約 4 米 2）的科摩蘭巨人，手腳如同樹幹一樣粗大，全身宛如一樽大酒桶。灰褐色的頭髮夾雜著銀白，垂落著一抹幾近胸膛的鬍鬚，還有一排淨是縫隙的巨牙突露在外。

被惡精捕獲身繫囹圄一時的少女賈桂琳・羅恩（〈Jacqueline Elizabeth Rowan〉，暱稱賈姬 Jacky）趁機逃出監牢時，正巧被此一科摩蘭巨人撞見。當時賈姬穿著一雙由「善精」霍伯 (Hob) 繡上魔法文字的神行靴，直接就從階梯上飛奔而下，朝著科摩蘭身上猛力一撞。科摩蘭經此撞擊仰面摔倒，少女趁勢騎在巨人身上，揪住他的鬍子充當疆繩，順著樓梯一路滑了下來。就在撞及下方地板的同時，伴隨著一陣可怕的衝擊與斷裂的聲響，巨人的頭蓋骨應聲爆開，鮮血與灰色的腦漿緩緩地流向四周的地面。

「惡精」的巨人首領名叫大旋風 (Gyre the Elder)，平日坐在一張位於洞穴最深處，直接鑿空山壁雕刻而成的王座上，他巨大的身軀與醜陋的外表，可說是名符其實的妖怪。油膩的頭髮下有一副直逼整張臉孔、大得出奇的鼻子。背上有一團高出首頸的肉瘤，手掌有如廚房天花板的大小，下巴鼻子滿是突疣，有些甚至長大到直徑 4 吋（10 厘米）之譜。眼神全然狂亂，同時流露出一種猶如黃鼠狼或溝鼠狡詐的目光。

順道一提地，巨人之弟小旋風 (Gyre the Younger) 身高 18 呎（約 5 米 4），頭部長度就超過 2 呎（約 60 厘米），寬度將近 1.5 呎（約 46 厘米），有一雙長達 3 呎的大腳支撐著宛如小山的軀幹。身形敏捷的他跨出一步，就足足有 3 碼長。

爲了奪取一支能夠任意操縱死靈獵手 (The Wild Hunt) 的魔法號角 (The Horn)，賈姬與夥伴們搭乘福斯轎車前往卡拉博吉〈Calabogie〉。

一行人隨後在半途遭到一張巨臉就有2呎寬（約60厘米）的桑戴爾巨人與惡精手下的伏擊，除了賈姬以外悉數被捕。附帶說明的是此一桑戴爾，便是民間傳說「巨人剋星傑克」中的雲巨人・桑德戴爾（請參照下一節）。

逃過一劫的賈姬隨後從敵方山砦的逃生通道潛入，由大旋風上空50呎（約15米）的高度縱身跳落在他的頭上，順勢以胸針刺進對方的眼睛。大旋風疼痛得暴跳如雷，一時失衡轟然倒地，龐大的身軀因此壓碎在震動引發的落石之下。

賈姬就這樣取得「魔法號角」，進而操縱「死靈獵手」攻擊剩餘的5個巨人，一舉消滅了對手。唯獨大旋風之女茉迪基爾 (Moddy Gill)，成爲此一巨人血統的倖存者，只是身高與人類相仿的她，卻有一副豚頭豬臉的外表。

即便歷經數個世代，科摩蘭和周遭的巨人依然不斷受到人類的驅除。私以爲這並非巨人長久以來飽受憎恨的現象，反倒是備受人們關愛的明證。

對於康沃爾人民而言，科摩蘭毋寧說是他們過去的民族英雄吧？或許是受到日後侵略者〈意指盎格魯撒遜人〉的抹黑，才被貶抑爲邪惡的一方。相信讀者懷抱此一可能，再次細讀上述傳奇故事之後，應可發現一道全然不同的地平線開展於眼前。

註1：康沃爾 (Cornwall) 是英文化後的名詞，威爾斯語稱爲「Cernyw」，康沃爾語則稱爲「Kernow」。根據《古條頓語正解》(Reallexikon der Germanischen Altertumskunde) 一書所述，康沃爾由康威勒斯 (Cornwealas) 一字演變而來。

　　從歷史沿革來看，盎格魯薩克遜人入侵英格蘭，佔領布立吞人這支凱爾特民族位於不列顛南部的棲息地之後，布立吞人從此被稱爲威勒斯人（盎格魯薩克遜語 Wealas，外邦人之意，即威爾斯人），位於威勒斯西端的康沃爾也因突出於不列顛西南的地理位置，被稱爲康威勒斯 (Kern-wealas)，意爲「似角地帶的外邦人」(Cornish Welsh)，「kern」一詞爲布立吞語，即英文的「horn」、威爾斯語的「corn」。

註2：據說地洞的所在位置就在今日的摩爾瓦 (Morvah) 一帶。

雲巨人・桑德戴爾

巨人桑德戴爾〈Thunderdell, Thunderdel，雷谷〉[註1] 一字源自雷電 (Thunder)，從這點就可以想像他發出怒吼時驚人的氣勢。他們與雷電相關、具有食人習性的特點，與希臘的獨眼巨人頗為相似，儘管桑德戴爾並非獨眼，有些傳說卻提到他的女巨人 (Giantess) 妻子只有一隻眼睛。

桑德戴爾是英國民間故事「傑克與魔豆〈Jack and the Bean Stalk〉」中的食人巨人，住在雲端的他因此換來雲巨人 (Cloud Giant) 的異稱。根據傳承的說法，他又叫歌革瑪各，可知這個康沃爾當地傳說的巨人之名，已成為巨人的代名詞。

▋「傑克與魔豆」傳說中的巨人

少年傑克與母親相依為命，過著貧困的生活。為了餬口，傑克不得不變賣家中僅剩的一頭牛，卻在半途被一位老翁說動，換來一種「能夠生長到天際雲端的魔豆」。稍後母親痛罵了傑克一頓，一氣之下就把魔豆扔出窗外。

隔天一早醒來，才發現魔豆真的如同老翁所言，一路高揚生長到九霄

雲外。傑克於是攀上了魔豆樹，來到天空的世界，沿著道路信步走去，最後發現一座巨大的城堡。

只見入口站著一位老婆婆，傑克向她致意說道：「能不能讓我吃頓早餐？」老婆婆心頭一凜，反倒警告起傑克來。「這可是食人巨人的城堡呀，趁主人還沒回來，你還是趕緊走吧。」不過傑克並未因此返家，和藹可親的老婆婆於是帶著傑克來到廚房，為他張羅了一頓餐飯。

就在傑克用餐之際，城堡忽然一陣一陣搖晃了起來，原來巨人已回到城裡，腰間還掛著3頭小牛，老婆婆見狀馬上將傑克藏進爐灶裡。

此時巨人問道：「這裡好像有生人的氣味？」老婆婆趕緊回應說道：「大概是昨天吃掉的小孩留下來的味道吧。」巨人用餐過後，拿出滿是金幣的兩個袋子，當場數了起來，數著數著卻鼾聲如雷地睡著了。

傑克接著躡手躡腳地走出爐灶，扛起一袋金幣後，飛快地逃回了家。

後來傑克又三番兩次來到巨人的城堡。第二次偷走了一隻會下金蛋的

母雞，第三次又帶走一支會自行演奏的豎琴。不料豎琴卻在半途叫著「主人、主人」，巨人因此驚醒過來。

巨人一路從後方追趕傑克，得知傑克爬下魔豆樹後，自己也跳上魔豆樹莖，承受不住重量的樹莖因此搖晃起來。

傑克回到地面後，急忙拿起斧頭砍倒魔豆樹莖，巨人就這樣活活摔死。

從此以後，靠著展示豎琴和變賣金蛋，傑克與母親成了非常富有的人家。

為什麼傑克會得到如此奇妙的魔豆呢？有一個版本提出這樣的說法。

原來傑克的父親本是精靈王國的騎士，後來被巨人桑德戴爾所殺，領地和寶物悉數被奪。這也表示整個故事其實是一齣復仇劇，老翁的真實身份是精靈，魔豆樹也是來自精靈國度的產物。

■ 驅除巨人的女中豪傑

可稱之為「傑克與魔豆」女性版本的「莫莉華比」〈Molly Whuppie〉提到了三姊妹中的老么前往巨人城堡的故事，憑藉著機伶過人的智慧，從巨人身上取得巨人的寶劍、錢袋和戒指。三姊妹也因為此一功勞，後來和三位王子成婚。

基本上，蘇格蘭的民間故事「凱蒂的功勞」(註2) 指的也是同一個故事。不同的是取得的寶物成了光之劍〈蘇·蓋爾語Claíomh Solais, Claimh

Solais；愛·蓋爾語Claidheamh Soluis；英 Sword of Light〉、銀鈴寶馬、鑲有寶石的被套，與小女兒結婚的對象也變成國王本人。

■ 巨人剋星傑克的功勳

另一個英國民間故事「巨人剋星傑克」，也同樣提到了巨人桑德戴爾。

立下無數功勳的少年傑克經亞瑟王冊封為圓桌武士後，並不以此自滿。他向亞瑟王請願，希望消滅巨人的餘黨，再次展開前往威爾斯的征程。

就在出發後的第三天，傑克看見一個巨人抓著一對騎士夫婦的頭髮，強行拖著他們趕路。傑克立刻披上具有魔法的「隱身外套」，從膝蓋下方一劍砍斷巨人的雙腳，巨人因此當場氣絕。

根據獲救的騎士所述，這個巨人還有一個更為凶殘的弟弟，正在洞穴的老巢等待兄長歸來。

前往該地察看後，只見巨人的弟弟身旁放著一根上有突起的鐵棍，坐在一株圓木上，火焰般的雙眼極盡可能地四下張望，等待兄長帶著獵物回巢。面目可憎的他，臉頰兩側好像附著一大塊豬腩的燻肉，濃密的鬍子酷似鐵絲編成的鐵鞭，一頭卷髮垂落在筋骨隆起的寬肩厚膀上，乍看下有如盤繞著骷髏的毒蛇。

傑克穿上隱身外套後，一劍砍向了巨人，卻失去準頭削下他的鼻子。

傑克與魔豆樹莖上的巨人

劇烈的痛楚讓巨人發出了震天雷吼，不由得揮舞棍棒亂打一氣起來。接著傑克又從巨人的臀部深深一劍刺入體內，痛得巨人漫天叫喊「肚子好疼」。過了一個鐘頭後，巨人就死了。

過去被巨人兄弟捕獲的人們就這樣悉數得救，傑克不但招待他們飽餐一頓，還將巨人的寶藏公正地平分給眾人。最後以運貨馬車載著巨人兄弟的首級，打算帶回宮中獻給亞瑟王。

傑克來到先前獲救的騎士住家後，騎士又為他舉行了一場盛大的表揚餐宴。然而就在賓主歡食暢飲之際，忽然傳來「雙頭巨人桑德戴爾逼近此地」的通報。原來桑德戴爾與死於傑克之手的巨人兄弟有著親戚的情誼。

傑克毫無懼色，只是說道：「各位等著欣賞桑德戴爾的末日吧。」隨即著手準備應付的事宜。

騎士的宅邸位於一處小島中央，外圍環繞著一條深30呎（約9米）、寬22呎（約6米7）的大壕溝，對外開放著一道開合橋〈Drawbridge〉。傑克將橋的兩端截斷後，只留下剛好足夠支撐壕溝上的中間部分。

接著穿上神行魔靴與隱身外套，突如其來地現身在桑德戴爾跟前，佯裝恐懼的模樣逃了開來。桑德戴爾跨起步來猶如城堡移動的光景，每走上一步就會地動山搖。傑克繞著壕溝四

周團團轉，極盡擺佈桑德戴爾之能事，等到宅邸內的賓主大開眼界之後，這才衝過開合橋。緊追傑克在後的桑德戴爾驚人的體重，自然壓垮了橋面，巨人也應聲落入水中。

傑克隨即以運貨馬車上的繩索套住並吊起巨人的兩個腦袋，等到他斷氣後，才砍下巨人的首級。

傑克就這樣輕易除掉了巨人，凱旋回到亞瑟王的宮中。

大體說來，魔豆傑克與巨人剋星傑克雖然被視為不同的兩人，但究其根源，應該是由同一體系的故事演化出來的結果。

「魔豆傑克的父親為精靈王國騎士」的傳說，以及史賓塞的作品《精靈女王》中影射巨人剋星傑克出身的該篇典故，基本上是重疊的。如果後者於篇中提到的巨人之名並非科摩蘭特，而是桑德戴爾，那麼整個背景條件也就跟著對應上魔豆傑克。

如果是同一人物，緊接魔豆傑克傳說之後的就是巨人剋星傑克的傳奇。只是如此一來，兩者提到的桑德戴爾就成了不同的兩個人。

即便不是同一人物，兩者也不見得毫無瓜葛。畢竟兩人失去的父親都與精靈世界有關，不論他們是否真的具有血緣關係，某種意味上是可以視為兄弟的。

■ I ■
註1：本項原標題為「Thunderel（日文外來語サンダレル）」，並不是正確的詞彙，疑為原文誤植或
編者沿用了取材典籍的錯誤資料。一說傑夫・羅文編著的《怪物百科》(The Encyclopedia of
Monsters, 1989, by Jeff Rovin) 就是將「Thunderdell」一詞誤植為「Thunderel」。若非
如此，成因的方向可能有二。一為外來語還原後的誤植，原字拼寫或為「Thunderer」；二為英
文字母的漏寫，原拼寫可能是「Thunderrel」，或「Thunderdel(l)」。

　　「Thunderer」一詞係雷神之意，他是立陶宛過去信奉的神祇珀庫納斯 (Perkunas)，同時
也是一個巨人，地位視同芬蘭的大神烏戈 (Ukko)，或斯堪地那維亞地區信仰的雷神索爾，三者均
俱備手持神鎚的形象，當然這與波羅的海鄰近北歐的地緣位置有關。中歐的內陸國匈牙利將巨人
稱為「óriási」，同樣兼具閃電的意味，「thunderrel」一詞在當地似乎是個隨著電玩遊戲
（如魔獸爭霸）出現的新詞彙（外來語），含有霹靂之意，似無確切代表巨人之意的關連。

　　至於「Thunderdel」則有另一類同性與出現頻度更高的同義字「Thunderdell」，舉凡百
年來出版的英語童話故事如《英國童話與民間傳奇》(English Fairy and Folk Tales, Edited
by Edwin Sidney Hartland, 1890)、約瑟夫・雅各斯所著《英國民間故事》(English Fairy
Tales, 1890) 等著作所介紹的「傑克與魔豆」一文，均提到巨人之名為「Thunderdell」或
「Thunderdel」。

　　由於本項解說的雲巨人源自不列顛的民間傳說與改編的童話故事，上述東歐與中歐的部分應
與本項無關，那麼「Thunderdel」或「Thunderdell」這兩個頻繁出現在民間故事與童話中的
詞彙，應該是最正確的解答。但如果外來語發音是正確的，就表示「Thunderdel」的第 2 個
「d」不發音，又與實際的情況不符，顯然外來語「サンダレル」也是跟隨誤植的英文解譯的結
果，因此外來語也一併更寫為「サンダーデル」。
註2：本篇日文作「キティの働き」，摘錄自三宅忠明譯的《蘇格蘭民間故事》（スコットランドの民
話），綜觀整個故事的來龍去脈，應該是改寫自「Maol a Chliobain」這則約翰・法蘭西斯・坎
貝爾收錄於《西高地民間故事集》(Popular Tales of the West Highlands, by John Francis
Campbell) 的傳說。

汎巨人類

英國民間故事裡的巨人，往往予人一種單純之感，不過在奇幻文學領域中，他們的面貌卻不斷呈現多樣的變化。接下來本節就要為各位介紹一群可稱之為「汎巨人類」的新時代巨人。

順道一提地，日本東寶影業製作的怪獸特效電影《哥吉拉的逆襲》(1959)於美國公開上映時的標題就是「巨妖～火焰怪物」(Gigantis the Fire Monster)。這說明了即便是哥吉拉，也曾經被納入汎巨人類的範疇。

《納尼亞傳奇》的巨人

克萊夫・路易士所著《納尼亞傳奇》〈*The Chronicles of Narnia*, 1950～1956, by Clive Staples Lewis, 1898～1963〉篇中的巨人族群身軀高大，能夠捏指拎起小小的人類，頭部更為巨大，完全和身體不成比例。相形之下，大腦顯得很小，最不善於深思長考、需要動腦的工作。加上其貌不揚，渾身散發出一種笨拙的氣息。

第二冊《賈思潘王子》〈*Prince Caspian*〉提到一個名叫「溫伯威風」〈Wimbleweather，會鑽洞的天氣〉的巨人，驍勇果敢宛如猛獅，卻因為忘記整

個作戰計畫，一味造成友軍的損失。巨人對於自己的愚昧感到自責，當天晚上不斷地啜泣，落下了斗大的淚珠。

第四冊《銀椅》〈*The Silver Chair*〉提到一段四五十個巨人在北邊的荒野裡排成一線的嬉鬧景象。他們的鬍髮看似鳥巢，平日總是坐在峽谷的底部，見了好天氣就會站起身來，將手肘倚靠在峽谷的上緣，遠遠望去看似趴在土牆上。接著拾起荒地裡的礫石，開始玩起一種朝著石堆丟擲石塊的遊戲。然而巨人的技巧十分拙劣，人們甚至取笑他們瞄得越準、丟得越糟。

事實上在故事裡，巨人確實怎麼也丟不中，最後還氣得冒火起了內鬨。他們拿起石槌互敲腦袋，頭骨卻堅硬無比，石槌不但反彈，連揮擊的手也震得發麻。好不容易收場的鬧劇，卻因為這些棲息荒野的巨人記性不大靈光，不到一分鐘的光景便又歷史重演，過了個把鐘頭，一幫人全都掛彩嚎啕大哭起來，震天的哭聲甚至響徹1公里外。

如果在荒野遇上這些巨人，千萬不能趕緊跑開（一跑巨人就會追上前來），只有視若無睹、安步當車，才

是明智的應對之法。

北方漫天暴雪的大地上，矗立著一座結構簡單、沒有城牆與護城河的堡壘，裡頭住著巨人王、王妃以及他的兵士。他的智慧似乎優於荒野的巨人，懂得分派乳母、獵人、廚師等工作給下人。然而巨人一旦擁有智慧，對人類而言肯定不是一件好事。巨人的菜餚配方裡，就有一道叫「人類」的佐料，配方上頭還註明：「這種體態姣好的小型二足動物，自古便以味美香濃而備受珍愛。」[引1]

在納尼亞的世界裡，有一位名叫「時間老人」〈Father Time〉的人物，遠比尋常的巨人還要來得碩大，始終長眠於地底的世界。氣質流露的面容端麗俊美，一抹白鬚伸展及腰，渾身閃耀著清新無垢的銀色光芒。他本是上界的一位君王，世界末日到來時就會甦醒。

第七冊《最後的戰場》〈The Last Battle〉描寫了時間老人醒來的一幕。他從幽冥的黑闇中巍然起身，噙吻手中的號角，吹奏出曼妙非凡的動人音色。天上的萬點星辰猶如收到此一信息，悉數墜落人間，唯獨太陽依然輝耀天際。時間老人伸出遙及千里的黑色手掌捉住僅剩的太陽，就像擰碎橘子一樣瞬間榨乾了陽光。整個世界因此化為無光的虛空，默迎終曲的響起。

摩考克筆下的霧巨人

麥可・摩考克所著《永恆戰士》系列中的霧巨人 (Mist Giant)，是一種非人的怪物。

身高約莫 2 米半，體寬也幾乎相等。頭部與軀幹無法識別，有四條看似手臂的肢體，沒有腳的它以類似爬行的方式移動。相當於顏面的部分生有一雙淺黃色的眼睛，下方為一類似裂縫、長有牙齒的開口。

遠遠望去，身體看似一種分不清黑白的顏色；走近一瞧，才知道那是種無以名狀的混濁色彩。敏銳地感受到某些事物時，還會呈現出黃綠橙三色混雜的奇特模樣。此外身上總是散發出一股屍臭與腐敗的味道。

霧巨人之名來自本身的造霧能力。如此便可遮掩住令人作嘔的外貌，達到欺敵的作用。由於本身與水關係密切，只能生存在河畔、沼澤與溼地等地帶。

主要攝食人類和獸類的血液與魂魄。它們會以四隻手臂捉住獵物，逐步消耗對方的體力，等到獵物虛弱後再予以吞食。具有人類無法抗衡的巨大力氣，一旦為其所獲就很難脫身。原來人類揮劍砍擊時，感覺上好像一劍劈在水面，轉瞬間傷口就會癒合。使用魔法武器也效果不彰，因為它們絲毫不覺痛癢，不因遭到攻擊而退縮。

《艾爾瑞克傳奇第三部：白狼的宿命》〈Elric Saga III：The Weird of the White Wolf, 1977〉提到一個名叫貝爾班（Bellbane，鈴的毒害）的霧巨人。玄精族艾爾瑞克擁有一把魔劍・風暴使者（Stormbringer，呼風喚雨者），尋常生物只消一劍便可取其性

命，砍在貝爾班身上卻不見任何痛苦的情狀，更且不斷攻擊而來。

艾爾瑞克被霧巨人的四隻手臂捉住後，向守護神劍騎士‧阿琉驥（Arioch，猛獅）求救，阿琉驥於是出手相助，削弱了貝爾班的力道。經風暴使者數度的猛烈砍劈之後，貝爾班終於化成一灘和軀體相同顏色的污水。

▌《綠野仙蹤》多樣的巨人

以《綠野仙蹤》〈The Wizard of Oz, by Lyman Frank Baum, 1856～1919〉系列知名的萊曼‧法蘭克‧鮑姆筆下的作品中，也經常可見巨人的身影。

第六冊《歐茲的翡翠城》〈The Emerald City of Oz, 1910〉提到了葛羅萊沃族（Growleywogs），他們巨大的身軀無與倫比，全身僅見皮骨與筋脈，事實上皮下還隱藏著肌肉，看似以結實的繩索緊緊綑住的模樣。即便是最弱小的葛羅萊沃人，也能夠輕易拾起一頭大象，將它拋到7哩（約11公里）外的地方。強大的力量也使得葛羅萊沃族養成自視甚高、待人冷漠、不愛搭理人的個性。即使面對的是同一族人，也終不改其道。

葛羅萊沃族平日棲息在自己位於邊境的領地。有一天地侏儒葛夫（Guph）突然來訪，隨後被帶到葛羅萊沃族首領迦利普（Grand Gallipoot）跟前的他說道：「我是地侏儒軍團的統帥，奉國王羅夸（Roquat）之命前來尋求盟友

協助，合力攻打歐茲。」葛羅萊沃族乍聽此言，就將葛夫一手抓起拋來遞去，待以輕蔑無禮的態度，即便如此，葛夫始終默默承受，甚至提出「一旦成功入侵，就獻上2萬歐茲人民」的條件。

葛羅萊沃首領於是命令手下將葛夫帶往牢中收押，趁著獄卒時而針戳、時而拔鬚，擺弄有如玩物的葛夫之際，召開了諮商會議。事實上，他的心中早已有了援兵攻打歐茲的盤算，會中主要討論的是如何瓜分戰後可能取得的俘虜與財寶。然而他們不僅覬覦歐茲，甚至打算一舉消滅地侏儒王國。

對此毫不知情的葛夫得知對方願意提供18,000名援軍後，可謂大喜過望，轉眼就忘了自己受到無禮的對待，放出監牢後還不忘向葛羅萊沃首領致謝，匆匆忙忙地踏上了歸程。

然而入侵行動最後卻以失敗收場。原來歐茲國的首都翡翠城（Emerald City）有一處禁泉（Forbidden Fountain），凡是喝下泉水的人都會失去所有記憶。攻入王宮的地侏儒與葛羅萊沃族，正是喝了這種泉水而遺忘一切，記性變得像嬰兒一樣，最後紛紛回到自己的國家。

第十冊《歐茲的林奇汀克》〈Rinkitink in Oz, 1916〉提到一個地侏儒驅使的巨人。身上一絲不掛，遍體長滿了紅色的堅硬毛髮。看似能夠輕易咬死10個人的大嘴裡羅列著巨齒，

《納尼亞傳奇》裡的溫伯威風

雙眼宛如燃燈火盆，隱約照亮著四周。

平迦瑞王國的英嘉王子 (Inga, Prince of Pingaree) 為了營救被地侏儒綁走的父母，潛入了地侏儒的岩洞。地侏儒國王得知此事後，唆使巨人前去攔阻。巨人以刺耳沙啞的語調挑釁說道：「如果你能把我轟走，就讓你通過此地。」

當時英嘉王子身上有一顆能夠給予持有者力量的藍珍珠 (Blue Pearl)。藉由此一神力，英嘉王子輕而易舉地將一根長達4呎（約1米2）的鐵柱連根拔起，勢如破竹地擲向巨人。巨人不過悶哼一聲，就倒地成了個大字型，發散自兩眼的光芒緩緩消失，四周逐漸籠罩在一片黑暗之中。

巨人從此生死未卜，王子則趁機潛入另一處岩洞，成功地從地侏儒手中救出了雙親。

第七冊《歐茲的縫補釘少女》〈The Patchwork Girl of Oz, 1913〉提到一個被人關在山洞裡，名叫尤普先生 (Mr. Yoop) 的巨人。這個被人類捕獲的巨人軀體之大，堪稱世界之最，身高有21呎（約6米4），體重達1,640磅（約744公斤），龐大的身軀裹著一件繫有銀鈕釦與銀色滾邊的粉紅色絨毛上衣和褲子，戴著一頂附有桃色鴕鳥羽毛的帽子。

歲數超過400的尤普先生有一副壞脾氣，性情狂暴而凶猛。食量也很驚人，喜食人類和橘子醬，不過已經有好幾年沒沾口。縱有吃些其他食物的念頭，也只能從囚禁自己的鐵柵欄縫隙，伸出圓木般粗大的手臂來取食。

尤普先生的妻子叫尤普夫人，出現在第十二冊《歐茲的錫人樵夫》〈The Tin Woodman of Oz, 1918〉。自從人類捉走尤普先生後，她就悠然自得地過著獨居的生活。原來尤普先生平日會打老婆，丈夫不在了，尤普夫人反倒落得逍遙自在。

尤普夫人繡著華麗花樣的銀色套裝上，繫著一條蕾絲邊點綴的圍裙。全靠了這條和一身華服毫不相稱的魔法圍裙，尤普夫人才懂得一套任誰也無法破解的變身術，成了強大的魔法師・幽谷狐 (Yookoohoo)。

她十分喜好享樂，曾經只因為一時興起，就把來到城堡裡的彩虹精靈波麗克瓏（Polychrome多彩的）和稻草人 (Scarecrow) 變成金絲雀和填充了麥稈的熊布偶。彩虹精靈們一氣之下，偷偷潛入尤普夫人的臥室，偷走了她的魔法圍裙。

氣急敗壞的尤普夫人本想追趕，到頭來卻沒走出尤普城所在的山谷外。原來尤普夫人生性膽小，沒有勇氣踏出自己的領地一步。隨後彩虹精靈們求助於歐茲的統治者歐茲瑪 (Ozma) 公主，這才恢復了原貌。然而幽谷狐的法力過於強大，即便化解一時，仍必須和其他替身代換魔咒。雀屏中選的尤普夫人成了替死鬼，最後自食惡果，被變成一隻綠猴子。

第十一冊《失蹤的歐茲公主》〈The Lost Princess of Oz, 1917〉提到的賀庫人 (Herku) 喝下一種能夠獲得非凡神力、名為「佐所佐」(Zosozo) 的藥劑，即便付出一身皮包骨的代價，最後終能藉由武力統治都城裡的巨人族。大帝維格 (Vig) 能把大理石一舉粉碎成土塊，就連服侍的巨人也曾經因為打斷談話，被他扔出了窗外。不過維格之所以選派巨人守護都城，其考量就在於避免力量過於強大的賀庫人傷害來自外邦的人士。

該國的巨人十分高大，十來歲的少女約莫只來到他們膝蓋的高度。他們生有濃密堅硬的鬚髮，有黑、白、紅、黃幾種髮色。輪班守衛的巨人穿著藍黃色的軍裝，手持樹幹般粗大的棍棒。頸間戴著以鉚釘焊死的金喉環，顯示其奴隸的身份，眼神卻相對平靜，對於眼前的境遇似乎並無不滿之處。或許對於巨人而言，服從在力量勝過自己的人物腳下，並不是一件可恥的事。

鮑姆的處女作《牟王國的魔法國王》〈The Magical Monarch of Mo, 1903〉中也有一個巨人，名叫哈提拉夫（Hartilaf 大笑）。他對人類十分友善，遇有人們造訪自己位於谷底的家時，夫妻二人總是欣然款待對方。

越過歐茲東南方的沙漠才能抵達的地方，有一處全國上下都是以糕餅糖果製成的牟王國 (Land of Mo)，王子菲多肯督（Prince Fiddlecumdoo，吱嘎響的提琴）厭倦了祥和太平的日子，於是出外旅行來到了哈提拉夫的家。哈提拉夫十分陶醉菲多肯督美妙的小提琴旋律，便想煮一道北極熊燉肉做為招待王子的晚餐，為此專程遠走了一趟阿拉斯加。原來以他大步行走的腳程，傍晚時分便可到家。

然而就在等待哈提拉夫返家的這段時間，菲多肯督王子竟一個不留神被捲進洗衣服的攪拌器裡，當場壓扁成了一張紙的模樣，當時正使用攪拌器的巨人妻子也因此大吃一驚。返家後的哈提拉夫見到王子的慘狀，卻是一籌莫展，不斷設想各種方法讓王子回到故鄉。

最後巨人將菲多肯督王子扁平的身體捲成紙筒的模樣，讓他從山上一路滾向牟王國的所在。

據說平安返國的菲多肯督王子數年後終於恢復了原貌，卻再也不曾去過哈提拉夫的家。

鮑姆的另一作品《聖誕老人的冒險傳奇》〈The Life and Adventures of Santa Claus, 1902〉一書中，也提到一個巨人。

年輕時候的聖誕老人 (Santa Claus) 總是製作許多玩具送給兒童，帶給他們幸福快樂，然而這樣的舉動卻惹惱了一向灌輸孩童敵對意識的邪惡化身敖颸族 (Awgwas)。敖颸族人於是搶走聖誕老人製造的玩具，做了許多令人嫌惡的事。保護聖誕老人的森林統治者亞可 (Ak) 以及守護世界的精靈仙子等永生的仙靈 (Immortal) 為此

和敖颸對立，進而爆發了戰爭。

　　敖颸從各地召來了無數邪惡的生物做為後援，塔塔力巨人 (Giants of Tatary) 也是其中之一。從字面上推想，或許和法國巴斯克地區的巨人塔塔羅有所關連也不可知。

　　來自塔塔力的此一巨人生有三隻眼睛，足以力抵千人以一當百，平日最喜歡的就是與人爭鬥。

　　與巨人族交手的是當時肩負使命，守護世上所有獸類的努克精靈 (Knook)。儘管他們身上配備著長矛，巨人卻認為沒道理會輸給這群矮小又彎腰駝背的努克精靈，從而看輕了對手，然而開戰後的景象，卻只能以驚駭來形容。原來矮小的努克擲出的長矛，輕易地貫穿了巨人分外厚實的肉盾。這一仗最後當然以敖颸軍的落敗收場，拼死逃過一劫回到塔塔力的巨人，據說不過數人。

　　凡此種種以巨人為題材的故事，告訴我們即便對手如何強大，也萬不可灰心氣餒的道理。或許吾人尚可運用智慧與其周旋，又或尋求他人的意見取得協助。唯有跳脫「戰無勝算」這種思維框架的束縛，才能覓得自救的生機。

■ 王爾德筆下自私自利的巨人

　　在奧斯卡・王爾德《自私的巨人》〈*The Selfish Giant, 1939, by Oscar Wilde*, 1854～1900〉一書中，名為自私的此一巨人，性情正一如其名恣意而妄為。

　　巨人住在一處小鳥們以蒐集來的無數鮮花綠葉打造成美麗庭院的家園。有一天、他到康沃爾的食人魔朋友家中拜訪，最後索性賴著不走了。這一住就是七年之久，直到再也無話可談，才又回到自己的家。

　　當他見到許多人類小孩在自己美麗的庭院中嬉戲的光景時，不禁感到錯愕。他當場吼叫起來，趕走所有的孩子，隨後在庭院四周圍起高牆，又立下一支寫著「入內者嚴懲」的告示牌。孩子們對於今後不能再到美麗的庭園遊戲，當然感到遺憾，但也無可奈何。

　　不久春天到來了，巨人的庭院卻依然凜冽如冬，鳥兒不再鳴聲歌唱，就連花草也因為見了告示牌，打消萌芽吐蕊的念頭，終於夏日和秋天也不再到來，庭院中見到的盡是一片漫天霜雪和北風吹襲的景象。

　　有一天，巨人又聽到許久不曾聽見的鳥鳴聲。他往窗外一看，發現一群鑽過高牆小洞的孩子，正攀坐在林木的樹枝上。花朵因此欣然盛開、小鳥也為此啼聲歡唱。

　　仔細一瞧，又發現一個因為年紀太小而爬不到樹上的小孩，他的四周依舊是一片冬天的景觀。即便那樹已經自行彎曲了樹幹，好讓他能夠攀沿而上，幼小的他還是搆不著枝幹。

　　巨人這才恍然大悟春天不願造訪家中庭院的原因。他隨即走到花園，

其他的孩子見了他都害怕得一哄而散，唯獨小孩哭得睜不開眼，沒見到巨人走來，所以沒有跑開。巨人捧起小孩將他放到樹上後，小孩隨即抱著巨人的脖子回贈了一記親吻，其他孩子見此光景，又紛紛回到庭院來。

庭院終於充滿了春天的氣象，巨人親手搗毀圍牆，從此和孩子們一同嬉戲在這處美麗的園地。然而不知為何，卻再也見不到那小孩的身影。

此後又過了數年，巨人上了年紀，身子骨變得孱弱起來，再也不能同孩子們玩在一起。只能終日坐在一張大扶手椅上，看望著那些如花似草、嬌豔美麗勝過庭院的孩子。

在一個冬天的早上，眺望庭院的巨人發現一株開滿美麗白花、生出金枝銀果的樹木。站在樹下的正是他衷心盼望再見一面的孩子。巨人振奮雀躍地跑向他，卻發現他的手腳留下遭人釘穿的傷疤，不由得激憤起來。

小孩告訴巨人，那是「愛的傷痕」，為了感謝巨人曾經讓他在庭院裡嬉戲，最後帶著巨人回到了天堂。

中午過後，來到庭院玩耍的孩子們發現了早已氣絕的巨人，蓋滿在他身上的，盡是一片純淨的白花。

引1：日譯文摘自瀨田貞二譯本。

布羅丁納

　　布羅丁納是愛爾蘭作家強納生·斯威夫特的作品《格列佛遊記》〈*Gulliver's Travels* (1726), by Jonathan Swift, 1667～1745〉提到的大人國居民。根據後來格列佛寫給堂兄弟辛普森的書信所示，正確的寫法應該是「Brobdingrag」(註1)，本文的記述仍採用廣爲流通的「Brobdingnag」一詞。

　　他們的身高足足超過60呎（約18米），眞正的高度大小不得而知。平日棲息在一處位於北美太平洋海岸的半島，一側面對著巨大的火山脈，另外三面環繞著波濤洶湧的大海。即便船隻體積再小，也出不了潮急浪高、滿佈暗礁的近海，以致長期與外界完全隔絕。

　　在大人國布羅丁納國內，不但人類高大，眼前所見的一切都在10倍以上。這也使得格列佛不得不和此等比例的老鼠、蒼蠅、蜜蜂等生物做生死搏鬥。淡水魚也同樣巨大，唯獨海中的魚類仍維持一般大小，但這樣的漁獲自然無法果腹，因此巨人幾乎都不出海打魚，倒是喜歡吃些經常撞死在岩礁的鯨類。

　　提到巨人，通常給人一種野蠻殘忍、粗暴而智能不高的印象，不過這樣的觀點並不適用在布羅丁納巨人身上。他們不但建立了王國，同時擁有火藥發明之前的生活水平。

來到大人國的格列佛

　　漂流至大人國的格列佛發現身旁盡是巨人環伺時，不由得大吃一驚。但就在他逃到至少有40呎（約12米）高的麥田裡躲藏時，巨人也適巧開始收割。最後他決定現身，務農的巨人卻錯把格列佛當作鼬鼠之類的小動物，將他一手拎起，等到發覺格列佛會說話，是個有心智的生物，又把他帶到首都公開展示，賣給了大人國的王后。格列佛因此通曉該國的學問、律法與內政。

　　巨人難得將知識保存於典籍中，即便是宮廷圖書館，藏書量也僅有1,000冊左右。書上的文體簡明易懂，讀來輕鬆愉快，詞藻並不華麗。這點也充分反映出布羅丁納族人敦樸率直、奉行現實主義的特性。

　　他們幾乎很少通過書上的知識獲得啓發，學習的領域並不全面且有所偏狹。主要的研習範疇集中在倫理

布羅丁納

學、歷史學、詩詞學、數學四大類，這幾項學識的表現都很傑出。其中數學又僅以農業、時鐘、機械等技術改良的實用目的做為發展的方向。

該國法律條文的字數，不超過本國使用的字母數～22個字。人民也不因為法條過於簡潔，而做進一步的詮釋。說得更貼切一些，應該說在這方面缺乏通融與彈性。只要任意對法律加上註解，就是死罪一條。

在軍事方面，為了防範偶發的內亂，採用平民組成的民兵制。

布羅丁納國王治理國家時，憑藉的是自己的常識、理智、公正和寬大。從來沒有想過要開疆闢土，或探險大海遠方的未知世界。國王與格列佛經過一番晤談之後，甚至認定人類是世上最令人厭惡的可怕害蟲。

從該國各地經常發掘出遠比當代巨人族還要巨大的骨骸碎片、頭蓋骨等事證看來，過去布羅丁納人的身軀應該更為巨大。然而縱使軀體逐漸變小，看在他們的眼裡，人類的存在還是極為渺小的。

■ I ■

註1：由於鉛字排版錯誤，「Brobdingrag」的「rag」音節誤植為「nag」，成了將錯就錯的典例，後來英文甚至引伸出「Brobdingnagian」一詞做為巨人之意。

半巨人

　　羅琳在《哈利波特》系列中寫到的巨人有 20 呎（約 6 米）之高，生性凶暴而好殺。19 世紀時，嗜血如仇的他們引發自相殘殺的爭鬥，幾乎因此滅亡。

　　後來倖存的少數巨人臣服在「不能直呼其名」（Who Must Not Be Named）、堪稱史上最凶惡的黑巫師佛地魔（Voldemort，死亡的飛翔）的旗下，他們也被認爲是麻瓜〈Muggle〉（不懂得魔法的人）大屠殺事件中的首要凶犯。佛地魔手下無數的巨人都死在以追捕黑巫師爲業的正氣師（Auror，袪除黑暗者）手中，數量又進一步地減少。巨人從此由英國銷聲匿跡，遷往國外的山間過著隱密的生活，不再和人類接觸。

　　佛地魔復活後，光明陣營的巫師爲了讓巨人也享有自由與生存的權利，避免他們重返黑暗的勢力，開始採取和巨人友好的行動。

禁忌森林的看守人海格

　　最後就連巨人也同人類結合，生下了所謂的半巨人。相當於英國最後一位巨人的傅污髮（Fridwulfa，背負宿命的母狼）就是一個例子，她和人類生下了孩子，數年後從此消失。霍格華茲魔法與巫術學院（Hogwarts School of Witchcraft and Wizardry）的禁忌森林（Forbidden Forest）看守人魯霸海格（Rubeus Hagrid）正是她的兒子。

　　海格身高爲常人的兩倍，體寬足以佔去兩人份的電車座位。他並不像人們畏懼的巨人那樣粗野凶暴，反倒深具憐憫的愛心。平日與朋友相處十分和諧融洽，只因無法預料半巨人的身份一旦洩漏，會帶來何種結果，即便面對好友，也始終刻意隱瞞自己的出身。

　　海格非常喜歡動物，尤其有豢養罕見或危險動物的傾向。第一冊第 14 章就提到他暗中孵育一種禁止飼養的龍。鍾愛的一頭趾高氣揚的鷹馬巴嘴（Buckbeak〈the Hippogriff〉，以喙衝撞）在課堂上傷害一個侮辱牠的學生後，海格便蒐集許多資料，出席危險生物處分委員會（Committee for the Disposal of Dangerous Creatures），打算以此拯救鷹馬。聽到處死的判決時，一度絕望至極，後來好友於臨刑前趁機放走了鷹馬，海格這才破啼爲笑。

憑著自己對動物的認識與熱愛，海格最後終於獲得賞識，第三冊第5章以後，開始傳授奇獸飼育學 (Care of Magical Creatures)。

美心夫人

有一天，一個來自歐洲其他巫師學校的代表團造訪了霍格華茲。當海格見到波巴洞魔法學校（Beauxbatons Academy，麗杖學園）的校長美心夫人（Madame Maxime，最巨大的婦人）的一瞬間，內心不由得起了劇烈的震撼。原來她也有著半巨人一樣的體型。

海格於是穿上他僅有的一件稱頭的衣服（品味挺低的倒是真的），又給蓬鬆凌亂的頭髮上油（上的好像是潤滑車軸用的黃油），串成一束馬尾，煞費周章地打扮了一番。然而馬尾卻紮不住，因此分成了兩半，朋友見了他的模樣，都難掩一臉錯愕的表情。

稍後海格在舞會上，終於問起美心夫人是否出身自半巨人。然而美心夫人也同樣深知在巫術的世界裡，人們會如何看待巨人，因此堅持自己只是「骨架粗大」的說法。事實上她正是一個半巨人，只是在特定的一群人中，形成一種早已察覺卻佯裝不知的默認罷了。

半巨人的命運

不幸的是預言家日報〈Daily Prophet〉的記者麗塔‧史磯〈Rita Skeeter〉偷聽到這番談話，半巨人的身份因此遭到揭穿（附帶說明，Skeet 一字帶有那種從唇齒間吐口水、令人生厭的人物之意）。此後海格便收到了許多咒罵他是巨人出身的信函。

不過海格的朋友與霍格華茲的校長阿不思‧鄧不利多 (Albus Dumbledore) 早有巨人並非全然有害的體認。熟識海格的學生、家長與畢業生也支持他說道：「如果他們要辭退你，我們就出面爲你說情。」

一度想要提出辭呈的海格，因此被眾人說服打消了去意。正因爲海格平日爲人善良，同時很幸運地擁有一群好友，才能夠留任在霍格華茲。

根據西元 2000 年 10 月 20 日播出的 CNN 電視節目《賴瑞金現場》〈Larry King Live〉的訪談，海格一字源自「Hagridden」這個帶有「深受恐懼困擾」之意的古英文。直到事實揭露的那一刻，海格才終於克服長久以來竭力隱瞞出身、唯恐他人得知真相的那種恐懼。

海格

第7章
食人魔族群
Ogre / オーグル

〔南歐的食人巨人〕

塔塔羅

位於法國、西班牙國界的巴斯克地區森林深處，曾經棲息一種人稱塔塔羅的肉食巨人。其字源或許來自泰坦神族被幽禁一時的塔塔羅斯（Tartaros，冥府），意味著他們是一群來自地獄的生靈。

同樣的例子，還有歷史學上將蒙古支系的游牧民族稱為韃靼(Tatar)的此一事實。這也代表這個古人心目中十分剽悍的異族被冠上了「地獄」的稱號。後來甚至從韃靼一字衍生出「韃靼菜」〈Tartar，生肉〉這個帶有馬賊生食之風的菜式。

那麼塔塔羅究竟有多凶悍？

有的塔塔羅孑然一身，有的懂得築屋而居。如果房宅很大，有時候還會雇用人類差來喚去。

身高在成人男子的倍數以上，由於一絲不掛，佈滿毛髮、堅實中帶有韌性的軀體經常暴露在外。一如外觀予人的印象，以擁有超凡的力量自誇，智能則相對欠缺，難以相提並論。或許是為了彌補此一缺憾吧，塔塔羅擁有種種魔法物品，例如穿上後跨上一步就有100法里〈lieue，1法里約4公里〉遠的魔法長靴等。然而說來卻也可悲，這些物品在民間故事中，每每反遭人類的利用。

塔塔羅厭惡基督教徒，生性喜食人肉，會吃掉侵入勢力範圍的人類。

只是最後總是被人類的謊言所騙，難得能夠飽餐美食一頓。或許正因如此，塔塔羅本身也有養豬之類的習性，藉以確保糧食無虞。

過於單純而換來悲慘下場的塔塔羅

收錄於堀田鄉弘編譯的《巴斯克奇聞集》〈日《バスク奇聞集》, 1988〉其中的一篇「塔塔羅、紅鬍子師傅和聰明的青年」，描繪了他們悲慘的下場，與《格林童話集》第20篇的「勇敢的小裁縫」，屬於同一類型的故事。

且說塔塔羅放養豬群的當頭，發現有一名男子走進森林而來。原來這個青年也是在鐵匠師傅的差使下，來這放牧豬群的。塔塔羅立刻走到青年的身前說道：「喂、小子，想不想比劃一下力氣？」臂力遠遠勝過人類的塔塔羅這番話，打的正是威脅對方和自己比力氣，只要青年落敗，就可以飽餐一頓的盤算。即便青年拒絕挑

塔塔羅

戰，只怕也會讓巨人吃掉。

不過青年卻一口答應了挑戰，並且提議說道：「就比一比石頭能丟多遠吧。」塔塔羅接受了提議，把一塊需要兩手合抱的巨石猛力一拋丟得老遠。接著輪到青年投石，他表面上拿出了石塊，事實上卻放出早已暗藏的小鳥。鳥兒轉眼就飛到遠處，消失得無影無蹤。這讓塔塔羅感到驚愕不已，比劃力氣向來信心十足的他，自然不願向區區人類低頭。

但是青年卻不知怎地，接著又說道：「不如摔破石頭，看誰的碎得厲害？」塔塔羅當然接受了這個提議，他把石頭使勁往下一丟，當場就碎裂成5、6塊。接著又輪到青年，他佯裝撿起地上的石頭，卻再次把藏在手上的乳酪用力一摔，乳酪登時摔成了無數的碎渣，連塔塔羅都不禁要懷疑起自己的眼睛。

青年接著又擺出一副繼續較量的模樣說道：「這回看誰先把四周的樹木拔個精光。」執意不肯認輸的塔塔羅於是又接下挑戰，把鄰近的林木逐一連根拔起。就在塔塔羅拚命使勁的當頭，青年從皮袋裡拿出線軸，用線圈住附近所有的樹。塔塔羅察覺此一舉動，就問起青年的用意。青年馬上對著他大聲吼叫：「你以為我會像你那樣一棵棵地拔嗎？荒唐！看著吧，我要一次將它們全數拔起！」塔塔羅聽青年這麼一說，害怕到了極點，只好含淚欲哭地俯首稱臣。

就在兩人比力氣的期間，彼此帶來放牧的豬群完全混在一起。青年於是對塔塔羅說：「凡是有兩只耳朵、一條尾巴這些特徵的豬，全是我的。」青年就這樣帶走所有豬隻，塔塔羅為了找回自己的豬，一路走向森林深處。找呀找的，始終沒發現豬的蹤影，最後塔塔羅才發覺自己受騙，回頭追趕青年。

當時青年來到森林的盡頭，發現有位婦人正在洗衣。他先殺了一頭豬並取出豬腸，放在婦人的身旁說道：「我想走得快一些，所以把腸子暫時放在這裡。」

過了不久，塔塔羅也趕到洗衣婦所在之處，問起婦人是否瞧見一個趕著豬群的男子。婦人老實地回答說：「是啊，才剛過去不久呢。他說什麼想走快一些，你瞧，就把自己的腸子擱在這了。」

塔塔羅一時著急起來，心想再這麼下去，只怕會讓青年溜走，自己也得取出腸子，以同樣的條件追趕才行。於是掏出一把大廚刀，真的開膛剖腹割下了自己的腸子。但就在塔塔羅跨步前行時，不過走了兩三步，就全身浴血倒地死去。

整個故事到頭來雖然突顯了塔塔羅的愚昧，然而純真的生存面貌卻稱得上世間難得一見。事實上他們的一切作為都是來自本能，餓了便取食，睏了就闔眼，遊興來了就玩樂。即便上當受騙，只要本人並不知情，又何

來不幸之有。如果他們的下場並非如此死去，這樣的人生毋寧說是令人羨慕的。

若說塔塔羅的性情如何，或可用「單純直率」一詞予以總結。正因為如此，經由施恩受惠形成主僕關係後，往往成為最得力的幫手。

塔塔羅在同書的「塔塔羅報恩記」篇中，便充分發揮了自身的能力。

塔塔羅報恩記

有一天，塔塔羅很不幸地被狩獵前來的國王與僕從發現行蹤，他被視為稀有動物而遭到捕獲，關在城堡的馬廄裡。

隔天、兩個小王子玩起一種把球丟向馬廄牆壁的遊戲，沒多久球就滾到馬廄裡，其中一位王子小喬治〈法 Petit Jorge ；Petit Yorge〉(註1)便請求塔塔羅，把球撿來還他。塔塔羅說道：「只要放我出去，就把球還給你。」小喬治點頭同意，塔塔羅即刻交還了球。然而王子們馬上又一頭栽進玩球的興致上，絲毫沒有放走塔塔羅的跡象。過了一會，球第三次滾進馬房，這回塔塔羅表示除非先放走他，否則不會把球交還。小喬治於是照著塔塔羅的囑咐偷來鑰匙，打開了馬房的鎖。塔塔羅臨去之前還對小喬治說道：「需要我的時候，就呼喚我的名字。」

然而沒過多久，小喬治就來求助塔塔羅了。原來國王本打算拿塔塔羅做為展示之用，發現馬房空無一物，不由得雷霆大怒。國王激動地叫喊：「哪個混球放走我養的畜生？我一定要吃掉他的心！活生生地咬，絕不沾鹽！」小喬治聽到這番話後，本想負荊請罪說明自己的動機，憂心的母親卻交給小喬治一大筆錢和一枚百合徽章〈法 Fleur-de-lys〉，要他趕緊從城裡逃走。

小喬治逃得遠遠的，不久便盤纏用盡，來到山窮水盡的地步。此時小王子想起塔塔羅的話，於是呼喚他的名字，很快地塔塔羅就現身前來（或許是穿上魔法靴的緣故）。

塔塔羅從此展開他獻身回報的行動。他對小喬治說道：「先到鄰近的城鎮，再到王宮討一份園丁的差事。」接著又說：「當了花匠之後，先把花園裡的植物全數拔除改種，隔天花草會變得更美。」

小喬治依照指示成了王宮的園丁，他重新改種了所有植物，隔天就見到甘藍菜和洋蔥長得前所未有的好，此外同樣還有一種沒見過的三葉花嬌豔地盛開著，小喬治於是把它們分別送給了王宮裡的三位公主。同時又聽從塔塔羅的建言，把最美的花送給小公主。

不久小公主愛上了小喬治，小喬治卻認為彼此身份有別，始終逃避著對方。就在這樣欲迎還拒的情況下，小公主不幸被一條「七頭蛇」擄走了。小喬治得知此事後，喚來塔塔羅

求教解決之道。

塔塔羅交給他一匹馬、一套精良的戰甲和一把劍，要他立刻趕往公主所在的地方，砍下七頭蛇的兩個頭來。小喬治依計行事，又從公主身上的七件衣服各自割下一部份，由砍下的蛇頭取下蛇信。這樣的行動反覆經過了三次，最後才砍下七頭蛇所有的首級，每一次小喬治都由塔塔羅手中獲得強大的物品。

公主隨後向自己的父王回報怪物已除，並提到那無時不刻為自己解危的男子（小喬治身穿威武的戰服，因此公主未能察覺那便是小喬治）。國王瞭解了來龍去脈後，貼出佈告表示：「只要能拿出剷除妖蛇的證據，就將公主許配給他。」隨後一個模樣寒酸的燒炭夫來到了宮中。公主雖然堅稱來者並非該名男子，燒炭夫卻帶來七顆蛇頭，國王便有意將公主嫁給燒炭夫。由於公主極力反抗，國王只好另謀對策。他命人將一隻鑽戒掛在吊鐘底下，聲稱誰能用劍刺落戒指，就把公主許配給他。

小喬治於是再次借助塔塔羅之力，穿上一身華麗的戰服，騎馬來到競技場。儘管擊退眾多競爭對手，成功地一舉劍挑了戒指，卻馬不停蹄地打算就此離去。國王誤以為他無意迎娶公主，惱怒之餘，順手就擲出一支長槍。這一槍刺傷小喬治的腳，即便如此，他還是帶著傷快馬離去。

隔天，公主見到園丁小喬治的腳裹著繃帶，任憑如何追問，小喬治總是回以無關緊要的答案，公主因此起了疑心。這件事不久傳到國王的耳中，他立刻傳喚小喬治解下繃帶檢視，眾人見到的自然是一道槍傷，國王更是難掩驚愕之情。

小喬治同時揭示了鑲在胸前的百合徽章，並請求國王召來最好的裁縫和屠戶各五人。

小喬治讓裁縫看過自己從公主身上取下的布料後問道：「這是不是公主身上穿著的布料？」裁縫們都異口同聲地表示：「的確如此。」

接著又對屠戶問道：「你們曾經殺過沒有舌頭的獸類嗎？」屠戶們同聲表示不曾殺過。此時小喬治要他們檢視七個蛇頭的口腔，屠戶們才發現蛇信都已被拔除，小喬治於是拿出自己一直藏在身上的七根蛇信。

國王目睹這一幕幕的過程後，終於完全折服，當下允諾將公主嫁與小喬治。此時小喬治卻對國王如此請求：「婚禮當天，我想請自己的父親前來，請您務必以國王的名義邀請他參加婚宴。同時為他準備一道生羊心的菜，不加鹽。」

婚禮當天盛大地舉行了一場喜宴，小喬治的父親卻十分不悅。原來從頭到尾只為他準備了一道生羊心的菜。此時小喬治翩然現身，並如此表明：「您曾說過誰放走塔塔羅，就不加鹽生吃掉他的心。不過您眼前看到的並不是我的心，而是羊的。獻

給您這道菜，爲的是讓您想起自己曾經說過的話，並懇求您能夠肯定我這個兒子。」

父子二人於是盡棄前嫌，做父親的最後幸福洋溢地回到自己的城堡。小喬治則在塔塔羅的效力之下，從此和年輕的妻子度過富足無虞的一生。

這個故事證明塔塔羅並不是一種只知訴諸武力的生物。能夠應聲現形、美化花草，甚至推知公主所在，凡此都是他俱備智力的明證，更遑論擁有利劍與寶馬等多樣的資產。

即便如此他們依然爲人類所騙，其原因或許就在於塔塔羅爲一終日接觸自然的生物。森林中盡是林木岩石，自然沒有明欺暗騙的可能，因此論起爾虞我詐的功夫，便要遠遜人類一籌了。

▌西班牙的巴薩豪恩

塔塔羅有時被視爲西班牙人口中的「巴薩豪恩」或「巴夏豪恩」(Basa-Jaun)，「basa」有森林之意。法文稱爲「羊人」〈法 Homme de Bouc；英 Goat-man〉(註2)。

巴薩豪恩平日棲息在山洞中，有飼養山羊、綿羊的習性，比巴斯克人更早從事小麥的耕種與鐵器工藝的製作。

相傳原先在農村傳教，建立法國最早一座修道院的聖馬丁〈St. Matinus, 4th〉，來到巴薩豪恩的住處偷走了小麥，傳授人們農耕之法。

儘管巴薩豪恩本該享有巴斯克人文化偉人的地位被聖徒取而代之，這段典故卻也告訴我們，人類的技術未必都是最先進的。

巴薩豪恩的妻子叫巴薩安卓（Basa-Andre〈Basa-Andere〉），據說她會梳理一頭美麗的秀髮引誘人類男子前來，再將他吃掉。

西班牙的「頭條新聞報」〈Periódico Arriba〉於 1968 年 2 月 27 日刊載的一篇報導指出，巴塞隆納附近的維洛比〈Vilobí del Penedés, near Barcelona〉有一種「全身毛茸茸的巨人」出沒。許多民眾目擊了此事，年齡層由老至少含括甚廣，巨人飲水時留在水池附近一處泥地裡的腳印據說長達 40 厘米。就在數日前，還有人聲稱見到他們拖著長臂、踩著看似疲憊的步伐穿越高速公路的身影，目擊者因此陷入極度的恐慌。但如果換了巴斯克人，說不定只會輕描淡寫地說一聲：「噢～～原來是那玩意啊（指巴薩豪恩）。」足見由古老傳統分隔開來的文明發展，也未必能爲人類帶來安全感(註3)。

■ I ■

註1：溫渥斯‧韋伯所著英文版《巴斯克傳說》(Basque Legends, by Wentworth Webster, 1877)的註解提到「Petit Yorge」即「Little George」之意，相當於法文的「Petit Jorge」。

註2：本段文字有幾處值得商榷的疑點，茲將原文與問題揭示如下，以利對照。

　　「タルタロはスペイン語ではバサハウンまたはバシャハウン (Basa-Jaun) とよびます。バ

サは足という意味です。フランス語ではオム・ド・ブー（Homme de Boug，汚い人）と呼ばれています。」

按原文所述，譯文本應如下：「西班牙語稱塔塔羅爲『巴薩豪恩』或『巴夏豪恩』，「basa」爲『腳』的意思。法語又稱『汙人』。」不過這段原文所揭示的部分卻有三處疑點：

一、塔塔羅是否等同「Basa-Jaun」？

二、「Basa-Jaun」是否爲西班牙語？

三、「Homme de Boug」查無出處，是否爲誤植？

《巴斯克傳說》提到當地傳承的三大怪物族群，分別是塔塔羅、巴薩豪恩、拉米那矮精 (Lamiñak)。前兩者都有巨人的形象，全身佈滿毛髮，巴薩豪恩甚至長可及膝。另外在某些傳說中，巴薩豪恩也有食人的習性，被視爲食人魔 (Ogre) 的一種；塔塔羅則被視爲獨眼巨人的化身，額間只有一隻眼睛。由於衆說紛紜，塔塔羅因此具有諸多形象，作者韋伯也認爲塔塔羅有時候可視爲西班牙人口中的「Basa-Jaun」，但並不是絕對的。

然而出自西班牙當地的「Basa-Jaun」一詞，卻不見於西班字典。根據《巴斯克語法》「A Grammar of Basque, edited by José Ignacio Hualde, Jon Ortiz de Urbina, 2003」一書的解釋，巴斯克語的「baso」有森林野外之意，用於合成名詞時，可沿用或轉爲「basa」，與「Jaun（主人、男子）」合併後，「basa-jaun」便有了「森林之主」或「野人」的意思。「Basa-Andre」則是與「andere（女子）」合併後形成的詞彙，有野女之意。足見這兩個字彙均源自巴斯克語。

儘管巴斯克地區在地理上分跨法國南部與西班牙北部，巴斯克語始終保持其獨立性，進而分別融入法語、西班牙語之中。受到語言融合的影響，「Baso」一詞甚至成爲西班牙姓氏「Basa」的字源（「Basa」一姓見於許多國家，今僅以西班牙的姓氏起源爲例）。或許是因爲「Basa」姓氏的存在，以及巴薩豪恩棲息地多在西班牙巴斯克地區境內，同時西班牙的巨人傳說中也含括「Basajaun」，因此被視爲塔塔羅的異國別稱，才產生該字爲西班牙語的錯覺吧？然而與其將「Basa-Jaun」視爲純粹的西語，不如說是來自巴斯克的新語來得恰當些。

按韋伯所著《巴斯克傳說》的說法，巴斯克當地作家習慣上將「Basa-Jaun」描述爲有如羊頭人身的羅馬牧神薩提洛斯那樣的型態，也因此換來「羊人」的說法。原文提到的「Homme de Boug」一詞，應該是將「bouc（羊）」視爲「boug」的結果，在誤認「boug」便是「bouge（骯髒）」一詞的情況下，進而解釋爲「汙人」。

基於以上來自地緣、語言、傳說等的考量，對原文略做修正。順道一提地，「Basajaun」的複數記爲「Basajaunak」，「basa」又寫爲「baxa」。此外按西語發音的特性，「J」「G」等子音爲「H」發音，是以「Basa-Jaun」作「巴薩豪恩」的讀音。一如美國大聯盟球員 Jorge Posada，讀音便近似「豪爾赫·波薩達」。

註3：本段原文將 Vilobí 的外來語誤植爲「ビオルビ」，應是錯看爲「Violbí」的結果，正確的日文外來語或爲「ビロービ」。「不見得能給人類帶來安全感」的結語，指的是處在現代文明環境中的人們一旦面對無法以邏輯常識理解的事物時，反而不如長期處在古老傳統教化下的人們（如巴斯克人）那樣平靜以對。

巨石怪・高康大

今日被視爲「龐然大物」代名詞的高康大，本是根植法國當地傳說的人物，即便形象已有若干改變，他們的故事依然傳頌至今。

古稱高康〈Gargan〉(註1) 的他們，在諾曼第當地又稱傑康大〈Jargantua〉。

民間傳說中的巨神

高康大有著一身高聳雲霄的巨體，身爲凱爾特巨神的他會一口飲盡即將氾濫的河水，防杜水患於未然，又或吞淨沼澤與湖水，以利於灌漑墾地。

英國西南部聞名於世的巨石陣、不列塔尼半島的卡爾納克巨石列，據說都是高康大投石而成，又或是他們搬運建築石材的途中掉落的遺物。

根據喬治桑所著《法國田園傳說集》的一篇「三個石怪」〈Les trois hommes de Pierre, Légendes rustiques (1858), by George Sand, 1804～1876〉的說法，位於法國中部的貝里〈Berry〉到處可見高康大的足跡。

一日高康大迷途於黏土性質的蒙勒維〈Montlevic〉平原上，當他甩落沾在木鞋上的黏土時，掉落的泥土瞬間形成一座聳立的山丘。

又有一次高康大跨足於西邊盡頭的克勒茲〈Creuse〉河谷，一艘載滿修道士的渡船偶然經過。就在修道士們搭乘的渡船正從他的跨下通過之際，高康大誤以爲他們是悠游水中的鱒魚，兩指一掐就拎起了渡船，轉眼一口吞盡。品嚐過修道士這道美味的佳餚後，還把渡船當成魚骨吐了出來。

保羅・塞比留的著作《民間傳說中的高康大》〈Gargantua Dans Les Traditions Populaires (1883), by Paul Sébillot, 1843～1918〉篇中，揭載了阿希勒・米里安〈Achille Millien, 1838～1927〉(註2) 提到的尼維奈省〈Nivernais，舊行省名，今稱涅夫勒Nièvre〉民間故事。

有一天高康大去打柴，連根拔起了數棵橡樹後，來到一位女子的家門前小憩一番。女子光是拾用他掉落的樹枝，就有七年的時間不需打柴。

又有一次高康大把嘴巴張得老大睡了起來，一群羊竟陸續地跳進他的嘴裡。他無意識地吃下這群羊，一覺醒來後口渴異常，於是大口喝下了海

水。隨後找來醫生診治，才發現喝水的時候，一併把船吞下了肚。當時醫生以蠟燭做為照明之用，不慎點燃船上載運的火藥，引發了劇烈的爆炸，高康大卻直說舒坦暢快，逕自打道回府。

■《巨人大年代紀》的高康大

如此形象的高康大首度扮演英雄的角色，是在弗朗索瓦・拉伯雷〈François Rabelais, 1495?～1553〉描寫的《巨人傳第二部》(1532) 一書中。不過此時的他還只是烘托主角龐大固埃〈Pantagruel〉的配角，直到一本作者不詳的《巨人大年代紀》於同年發表後，他才正式升格為主角(註3)。

一日大不列顛王・亞圖斯（Artus〈Roi de Bretagne〉，亞瑟王）的臣子默朗（Merlin，梅林）如此上奏：「值此外敵寇擾的多事之秋，我恐將受一女子背棄而身繫牢獄，請允許我預作應對之策。」經亞圖斯王首肯後，默朗帶著一罐裝有王后潔妮芙（Genievre〈Guinevere〉，即關妮薇）的指甲碎屑，與武士之冠蘭斯洛 (Lancelot) 血沫的瓶子，來到一處遠在日爾曼東方的深山。他在山頂擺下一張大如高塔的鐵床，配上三支大小相當的鐵鎚，隨後鐵鎚就自動搥了起來。

鐵鎚搗碎了雄鯨的頭骨與蘭斯洛的血沫，在太陽與鐵鎚的熱力下，一個體寬如鯨的男子誕生自粉末中。

摻雜了王妃指甲碎屑的雌鯨頭骨被搗成粉末後，又誕生一個和男子十分相配的健美女子。

接著一匹能夠輕易乘坐兩人的巨大母馬，也從一具母馬的骨骸中幻化而生。

男子見了女子，脫口叫了聲：「嘉樂美麗（Galemelle，大胃口）！」女子則回應男子叫了一聲「高朗哥傑（Grant-Gosier，大喉嚨）！」(註4)默朗不由得笑了起來，決定以此做為兩人的名字。

沒多久嘉樂美麗就懷了身孕。默朗預言這個孩子誕生後，將來必有助於亞圖斯王，於是對夫婦二人耳提面命說道：「孩子滿7歲的時候，帶著他還有能展示你們力量的一切東西，到亞圖斯王的宮廷去。」說完便逕自離去不知去向。

嘉樂美麗生下的這個孩子，自然就是高康大。作者還以「高康大是希臘語的動詞，有『生下貴子』之意」從旁註解，純屬一派胡言。

且說繃褓中的高康大如何餵養的問題，就有兩種說法。一是餵以嘉樂美麗囤積於乳房、足足有50樽容量的母乳；一是純粹以肉食餵養長大。姑且不論其真偽如何，無庸置疑地，這些都成為他日後長成龐然巨體所需要的養分。

高康大從小就喜歡一種單手抓起巨石，由山頂拋向山腳下的遊戲。那巨石比起三樽葡萄酒桶合圍的體積還

民間故事述及的巨神

要來得巨大。

見小鳥飛過，還會拾起大小超過兩個水車石磨的巨石，試著將牠們打下來。

高康大滿 7 歲時，高朗哥傑和嘉樂美麗各自在頭上頂著巨石，讓默朗創造的巨大母馬載運行糧，帶著高康大動身前往亞圖斯王的王宮。他們從故鄉出發後，途經日爾曼、瑞士、今日的法國洛林省、大香檳區，一路往海上而去。

途中高康大的腳小趾讓林木的殘株刮傷，一家人於是在不列塔尼的海岸歇腳為他治療。光是將繃帶纏繞在重達 200 里弗〈livre，1 里弗約 0.453592 公斤，200 里弗約 90 公斤〉的小趾上，就用去了長達 400 奧納〈aune，1 奧納約 1.2 米，400 奧納約 472 米〉[註5] 的布料。

一家人把行李家當從母馬身上卸下後，將一路頂來的巨石與食物合置一旁，覦覦珍奇而來的一群不列塔尼人，卻從岩石後方偷走了食物。

高朗哥傑火冒三丈，威脅他們如果不賠償偷走的東西，就要吃光當地所有的母牛。不列塔尼人只好獻上 2,000 頭母牛，做為和解的代價。

有鑑於巨石擋住了自己留意行裝的視線，高朗哥傑臨時起意，把專程運來的巨石就近拋棄。擱置在鄰近諾曼第海岸線上的這塊岩石，便是日後的聖米歇爾山〈Mont-Saint-Michel〉，至於被棄置在今日聖米歇爾山灣內的另一塊巨石，則成為日暮島〈Tombelaine〉[註6]。

然而此舉卻違背了默朗當年的忠告，兩人因此罹患了熱病，壯志未竟而死。高康大為此嚎啕頓足、悲傷莫名。即便如此，依然喚不回死去的父母。

由於默朗當年囑咐的對象並非高康大，重新振作之後，他便完全忘了默朗的交代，逕自前往絢爛的都城巴黎見識新穎的事物。來到巴黎聖母院〈法 Cathédrale Notre Dame〉之後，巴黎人看著他碩大的身軀，忍俊不住取笑起來。高康大一氣之下，就把巴黎聖母院的大鐘摘了下來，充當自己座下巨馬的鈴鐺。巴黎的市民因此驚慌失措，隨後獻上 300 頭牛與 200 隻羊，請求他歸還大鐘，同時獲得高康大不再踏進巴黎一步的承諾。

莫可奈何的高康大回到了海岸，父母的遺體卻已經不知去向，眼前見到的是厚葬了雙親、等待他多時的默朗。他聽從了默朗這位堪稱一手創造自己的主人對他的教誨，牽著巨馬打算渡過海峽，母馬卻驚懼於眼前的波濤，逃向法蘭德勒〈法 Frandre；Flanders，即法蘭德斯〉不見了蹤影。

默朗於是喚來一朵雲彩做為承載之用，兩人一路乘雲飛行，最後降落在倫敦附近的海岸。

當時大不列顛王國有一群全身配備石器武裝，人稱歌瑪各（Gos et

Magos 歌革‧瑪各）的部族向王國挑起了戰爭。高康大謁見亞圖斯王後，誇下豪語說道：「即便對手有 3 萬人，他們也休想碰到吾王一根汗毛。」亞圖斯王大喜，委任他說道：「只要拿出退敵的明證，保你享有俸祿，同時以公費支應你的伙食。」

一轉眼的工夫，高康大就俘虜了亞圖斯王口中「令人毛骨悚然」的歌瑪各，將他帶到亞圖斯王跟前說道：「吾王、從此您將高枕無憂。」話才說完，就攫住歌瑪各的衣襟，將他拋上高空，輕易地殺死了對手。

接著他又請人打造一根長達 60 皮耶〈pied，1 皮耶折合 0.3248 米，60 皮耶約 20 米〉的棍棒，手持長棍隻身殺入敵陣。面對那魔鬼般的力量，歌瑪各的戰士無不求饒乞降，然而高康大毫不留情，輕而易舉地殲滅了整支歌瑪各軍。

只見慶功宴上擺了一鍋以 400 頭份量的煙燻豬肉、200 隻份量的兔肉燉成的肉湯，還有 200 頭牛的肉片，以及 400 條各重 50 斤（約 22 公斤）的麵包，全是為了高康大一人準備的食物。近處一張大鉆板上，還有 6 個男丁不斷地揮舞庖刀，將牛切割成四等分。然而對於高康大而言，這四等分的肉塊卻不過是一小塊肉片罷了。

4 桶烤蘋果與 10 桶蘋果酒於稍後端出，做為飯後點心與餐後酒之用。

宴會結束後，又為高康大量身訂作衣服。

一件汗衫用去 800 奧納（約 944 米）的布料，光是縫製腋下襯頭的部分就用了 100 奧納（118 米）。襯衣上的衣領則用去 32.125 奧納（37.9 米）的天鵝絨，並使用 200.75 奧納（236.9 米）的紅布做為蝴蝶結之用，縫製短外套又用了紅黃布料共 900.125 奧納（1,062 米），就連外套的衣領也用去呢絨 1500.25 奧納（1,770 米）。

鞋子的主體用了 50 頭份量的牛皮，鞋底也用上 36 頭。

附有徽章的一頂帽子，用了 200 貫又 2.25 斤（約 760 公斤）的羊毛，羽飾用了 103.25 斤（46.7 公斤），此外還用上 300 貫又 10.5 匁（約 1,125 公斤）[註7]的黃金，打造了一隻金印戒，其中最大的一顆紅寶石就重達 130 斤（78 公斤），從這些裝飾品的重量來看，便可窺知高康大的力氣何等驚人。

不久，本是不列顛屬國的愛爾蘭與荷蘭相互呼應發起了叛變，派往兩國要求重新歸屬的使者，全被趕了回來。亞圖斯王於是以高康大為主帥，輔以默朗同行，發兵 2,000 人征討。

默朗召來一片黑雲，載運士兵和高康大渡海後，逕自回到了宮中。率軍進入愛爾蘭領地的高康大先讓軍隊紮營待命，接著獨自來到愛爾蘭的都城盧布桑〈Reboursin〉，威嚇愛爾蘭王前來。市民對於高康大的龐然巨體雖然感到害怕，但並不因此輕易屈服，愛爾蘭王隨後便帶領 500 兵馬出戰。

高康大完全不顧漫天飛箭，見了

士兵探手便抓，順勢就將他們攔進衣袖裡，總計俘虜了309人。只有一人合該遇著那喪門星，他被高康大排放的臭屁掃中，空翻了幾圈後一頭撞死在地上。

只是活逮了嘍囉卻跑了頭頭，高康大便又殺向都城。愛爾蘭人於是獻上200桶鹽漬的青花魚和2桶芥末，請求休戰十五天以便重整旗鼓。

高康大承諾此一條件，吃下貢品後睡得不省人事。205個盧布桑市民立刻發動夜襲，卻悉數掉落高康大的巨口。隨後高康大被一肚子鹽漬青花魚喚醒渴意，起身來到河邊將河水一飲而盡，盧布桑人因此全軍滅頂。不過盧布桑人並未因此得到教訓，隨後又有2,943人發動夜襲，溺死於高康大的口中，唯獨夾在齒縫中的3人逃過一劫。

愛爾蘭王氣得七竅生煙，隨後便同荷蘭王聯手調集20萬兵馬前來。高康大一聽到開戰的信號，立刻拿起棍棒隻身殺入戰場，轉眼間就屠殺了10萬210人。他將生擒得來的國王塞在腰帶裡，其他的王公貴族悉數塞進了蛀牙洞。令人驚訝的是蛀牙中竟然還有掌球遊戲〈Jeu de Paume，網球的前身〉[註8]那樣寬廣的遊樂空間，好讓俘虜能夠消遣打發時光。隨後高康大吹了一聲口哨，召來遠在3里外的自家軍隊，任由他們盡情搜刮了戰利品。

就在高康大凱旋歸國的途中，一個本是歌瑪各盟友，高達12腕尺

〈coudée，約6米〉[註9]的巨人擋住了去路。

巨人據稱戰力強大，高康大便有意將自己的俸祿分出一半給對方，說服他為亞圖斯王效命。巨人拒絕此一條件，舉起棍棒便是一記重擊而來，豈料非但沒有傷及高康大一絲分毫，反被12條繩索五花大綁捆得結實，塞進了高康大的腰巾，就這樣活活給悶死。

此後高康大為亞圖斯王效力長達二百年又三個月零四天，最後疑似被水精女王摩根（Gain la phée〈或稱Morgan-le-Fay〉）[註10]與蛇精美露姬娜（Mélusine）帶往人們視為仙境的亞瓦隆島〈法 Île d'Avallon，蘋果樹的島嶼〉。

追加於改訂本的新終篇

整部篇章到此為止，高康大的旅程也來到了終點。

不過隔年1553年出版的《巨人大年代紀》改訂本中，卻可明顯看出在劇情上刻意加工，使其與拉伯雷發表於前年的鉅作《巨人傳第二部》前後呼應的痕跡。

例如為了配合拉伯雷的主角予人龐然巨體、酒量驚人的印象，本該只有「10桶蘋果酒」的酒量，在《巨人大年代紀》改訂本中，數字卻翻上幾番，成了「啤酒100桶、蘋果酒30桶」。戰場上殺敵的人數，也三級跳倍增了幾位數。

此外被帶往仙境的結局也被刪除，改爲榮歸故里的劇情。

且說高康大向亞圖斯王告假，獲得50萬枚不列顛高額貨幣的賞賜後，渡海來到諾曼第海岸附近的奧熱〈Auge〉。在當地喝下1,500桶蘋果酒的高康大引發腹瀉，結果在拜約〈Bayeux〉一洩千里。

來到盧昂〈Rouen〉喝下50桶啤酒後，又再次腹絞狂瀉，排放至盧昂的污流穢物因此形成了一條人稱羅貝克〈Robec〉的小河，至今仍流經盧昂市間。盧昂市民告訴腹瀉不止的高康大說道：「不如你到小鎮拉羅謝爾〈La Rochelle，岩石〉，吃過那裡用葡萄酒浸泡過的溫熱麵包，就能治好腹瀉。」

高康大來到拉羅謝爾後，威脅鎮民交出500個各重26斤的麵包，否則就要搗毀港口和城牆。他將陸續運來的麵包浸泡在葡萄酒桶之中，轉眼間一掃而空。腹痛就這樣平息，酒足飯飽的他因此倒頭大睡起來。

不久一夥人數約在500的不列塔尼人和300個加斯科尼人〈Gascogne〉群聚而至，當場在高康大的腰巾裡搜刮起財物來。高康大察覺後，將這批盜賊悉數趕進自己的褲襠裡，群賊只好哀聲求饒：「只要能活命，什麼都願意幹。」^{（註11）}眼看對方如此哀求，高康大於是命令他們隨行。

就在高康大來到自己出生地的高山途中，遠遠見到了一座巨人城鎮，城中的巨人不知爲何，平均身高都在25邨得〈約12.5米〉。治理該城的是一位高達27邨得〈約13.5米〉的公主巴德貝克（Badebec，張口結舌），他的父王米奧蘭(Mioland)死於韃靼人（Tartarin，東方的游牧民族）與食人族(Cannibale)之手。

高康大得知此事後，索性罵起了巨人：「全是些膽小鼠輩，爲什麼不爲先王報仇？」巨人經此一說群情激憤，便有5,371人一擁而上。即便高康大如何驍勇，也不得不佯裝退走，再趁機回身一擊，摺倒了巨人隊長勃圖佛（Boutefort，勉力而爲）。失去了主將的巨人們頓時成了烏合之眾，全非高康大的敵手。一場慘烈的戰役下來，倖存的巨人竟不足百人，巨人城民無不震撼股慄，向高康大乞降。

不過高康大卻向巴德貝克公主求婚，表達自己鼎力相助的心意。巴德貝克公主起初還想逃走，隨後鍾情於高康大的紳士風範，終於首肯這樁婚事。巨人子民也因爲「有此勇武過人的英傑做我等之王」而歡欣鼓舞，一場婚禮就這樣盛大地舉行了。

高康大在位501年，育有一子龐大固埃（Pantagruel，萬物乾渴）^{（註12）}，與父親相較之下，其事蹟絲毫不遑多讓。不過作者並未在書中提及，畢竟劇情必須銜接在拉伯雷的《巨人傳第二部》之後，才能順理成章。

▌拉伯雷筆下的英雄

對於《巨人大年代紀》改訂本被

視爲自己作品的前篇，拉伯雷並不感到滿足，《巨人傳第一部・高康大傳奇》(註13)於是在隔年的1534年問世。不過主角的實體既非神祇，亦非創造自人類之手的生命體，只是一個軀體異常龐大的人類罷了。

在拉伯雷的筆下，高康大扮演的是法國的英雄。

高康大還在母親嘉佳美麗（Gargamelle，蝴蝶國公主）腹中時，較常人多停留了二個月，懷胎期足足有十一個月之長。在無法經由子宮產出的異常難產之下，被擠入大脈管的高康大通過了橫隔膜，最後由嘉樂美麗的左耳誕生，整個過程可謂荒誕至極。

他那與眾不同、叫喊著有如「想喝、想喝」的啼聲，更嚇著了接生婆和一旁的眾人。父親高朗古傑（Grandgouzier，蝴蝶國王）見了自己的兒子這副德行，不由得脫口說了一聲：「這小子喉嚨（意指胃口）還挺大的！(Que grand tu as)」從此他就被取名爲高康大。

雙親隨即帶著高康大去受洗，礙於當時哭聲驚人，只好將葡萄酒倒進嘴裡哄誘，沒想到轉瞬之間高康大便笑逐顏開起來。

從此以後，酒成了高康大不可或缺的必需品。他從小就大量飲用一種名叫「秋日漿」〈purée Septembrale〉的葡萄酒，曾幾何時光是聽到敲打酒壺或酒瓶的聲音，就足以讓他樂不可支。

即便如此，高康大畢竟還是嬰兒，需要大量的乳汁餵食，一次就需要17,913頭母牛擠出的牛乳（也有母親嘉佳美麗親自授乳的說法）。

長成爲幼兒後，開始爲他縫製內衣。尺度和《巨人大年代紀》一樣巨大，且描寫得更爲詳細。

短外套的邊緣繡有葡萄藤蔓的紋樣與酒壺綴飾，誇示那絕代酒豪的能耐。

鑲在白帽花的黃金外殼上，鐫刻著希臘語「愛就是不求己利」(註14)的格言，強調自己曾接受過基督教的洗禮。

在占星師的建議下，手套以據稱質地堅韌、刀槍不入的16張小妖魯宕〈Lutin〉(註15)與3張狼人〈法Loup-garou；英Warewolf〉皮革製成。

父親高朗古傑將這些服飾統一設計爲藍白兩色系，因爲他認爲白色代表「歡喜愉悅」、藍色則代表「至上者」之意。

年近百歲的高康大進入少年期後，爲了求學而負笈巴黎。市民們將他視爲稀有動物看待，他一氣之下當街小便起來，瞬間洪水氾濫淹死260,418人；拉伯雷又仿效《巨人大年代紀》，描寫高康大企圖帶走巴黎聖母院的樓鐘，因此引發了一連串讓人捧腹噴飯的劇情。

經過巴黎市民出面交涉，最後以照顧高康大的坐騎做爲取回樓鐘的代價，高康大一聽樂得開懷，胡鬧的行

為也跟著收斂許多。

隨著歲月的經過，高康大開始流露出一股英雄的氣質。他的大腦袋瓜裡蘊藏著常人難以相提並論的知識，不管是劍術狩獵等體技、游泳或操槳等技能領域，都絕難找到一位足以超越他的人物。

經由身心的淬礪與磨練，高康大終於成為一位出色的青年，當時鄰國勒納國王畢克羅壽〈Picrochole, roi de Lerné〉入侵父親高朗古傑治理的王國，他只帶領一批為數不多的兵馬便出征迎戰。

高康大決定先行偵察敵情，他見路旁有一株長得巍峨高大的樹木，順手將它連根拔起，摘除樹幹上的枝葉後，充作棍棒之用。

就在這段期間，高康大的坐騎排放的大量馬尿與7里外的淺水灘合流，引發了溪水暴漲，待命於途中的敵兵因此全軍覆沒在此一奔流洪濤之下。

高康大一路挺進來到敵城前，要求對方快快獻城歸降，突然有一敵兵冷不防開了一砲做為回應，精準地擊中高康大的右太陽穴，他卻絲毫不覺痛癢，誤以為讓人用葡萄籽擊中。接著敵兵陸續登上了城牆，一時火砲槍彈齊飛，總數射擊了9,025發以上，高康大卻回過頭來對同伴說道：「飛來了一窩蒼蠅，我都快睜不開眼了。」

當高康大的同伴告訴他漫天的蒼蠅便是砲彈後，高康大立刻舉起手中的棍棒一陣猛轟，轉瞬間城池就化成一堆瓦礫。稍後高康大以梳子刷起頭髮，掉落在地的彈丸就有7箱之多。

在武力與智能居於絕對優勢的高康大戮力奮戰之下，畢克羅壽軍節節敗退。不過高康大並未任意殺害敵兵，對於被俘獲的親王將領，也並未忘記應有的禮數。畢竟本國與鄰國勒納之間曾經有過敦睦的邦交，國王高朗古傑也強烈希望雙方能夠言歸於好。

高康大一舉擊潰畢克羅壽軍的主力部隊後，本想進一步囚禁畢克羅壽國王，以及煽動他出兵的高官，畢克羅壽卻早已聞風而逃，他在偷竊驢子時讓人撞見，被民眾打得半死不活，親王將領（當時以勞役苛刻的作風知名）則被課以勞動於印刷所的義務。由於高康大無意統治勒納王國，於是送還畢克羅壽的王子，讓他治理整個國家。

英國的高力剛巨

拉伯雷的作品有別於《巨人大年代紀》，並未讓高康大效命在亞瑟王的旗下。這或許是因為英法兩國之間長期以來紛爭不斷，是以拉伯雷無法坐視祖國的英雄高康大淪為英國人僕從的緣故。

英國的民間故事提到了高康大的晚年，被稱為高力剛巨〈Galligantua〉的他是個全然有別於法國原典的反派角色，同時與亞瑟王有著敵對的關係。

在「拇指湯姆」〈Tom Thumb〉某一版本的劇情中，身為亞瑟王宮中騎士的拇指湯姆，一日外出散遊。湯姆的座車是以半顆胡桃核製成的，下方有四顆鈕釦做為車輪，由四隻青頭肉蠅拖行。

值此同時，高力剛巨也驅馬遊走而來。他的座騎十分巨碩，高力剛巨本人更有著一身不亞於任何高塔的龐然軀體。

拇指湯姆問起巨人的姓名，高力剛巨答道：「我是這世上唯一的驚奇，人們恐懼的對象，也是馴服人類與野獸的主子。」

拇指湯姆於是反駁說道：「我不但為人所懼，而且受人敬愛，不但能馴服人類與野獸，甚至還能馴服你。」

高力剛巨聽了轟然大笑，地面因此動搖起來，拇指湯姆一時大驚失色，朝著肉蠅就是一陣抽鞭，一溜煙地衝上天。

高力剛巨見了拇指湯姆害怕的模樣便提議說道：「不如我們來聊聊，看誰的本事大吧？」拇指湯姆同意這個說法，於是停下了座車。

「小不點啊，我一口氣能吹倒高塔，撒泡尿就能淹沒整個城鎮，能吃上百人份的食物，吞下百人份以上的東西，遠比百來個人類搬運得更多，一次還能殺死百來人。我能辦到的就有這麼多，現在該輪到你說說自己有啥本事了。」

湯姆說道：「我能做得比這更好。任何鑰匙孔我都鑽得過，一眼便知道男男女女在私房裡做什麼，我還知道許多就算你明白也無可奈何的事情。我能坐在蛋殼裡划行在水面上，你就辦不到了。我能像鷦鷯那樣不吃東西，所以吃得很省。也能像麻雀那樣不喝水，尤其不是個酒鬼。我連一隻老鼠都殺不了，當然也不是個血腥屠夫了。像我這樣的能耐，可是經過所有人類公認的，比起你的本事可要出色許多。所以說大怪物呀，我才是本領高強的人呢。」

高力剛巨聽了這番話後惱羞成怒，便想一腳踹倒整片森林，將拇指湯姆埋沒在樹海中。

湯姆察覺了對方的意圖，立刻施展定身魔法讓高力剛巨無法動彈。高力剛巨就這樣單腳高舉在半空中，一直站到湯姆回到自己的家，完全無法逃脫此一萬分窘困的處境。

「巨人剋星傑克」的傳奇則提到了高力剛巨悲慘的下場。

亞瑟王的宮中騎士傑克以收服巨人而馳名，有一次他來到一座高山的山腳下歇宿。當時旅店的老翁告訴傑克說道：「魔法師高力剛巨把公爵千金變成了一頭白母鹿，還有許多人被變成動物。高力剛巨把解開魔法的方法寫在城門的後方，不過有兩頭鷲獅看守，誰都沒辦法靠近。」

傑克立誓要救出公爵千金以及歷劫的人們，於是動身啟程。他穿上隱

身外套，輕而易舉地穿過城門後，發現一支金喇叭，發現上面刻有「吹響就能解除魔法」的字樣。

然而傑克一吹響喇叭，高力剛巨便飛撲而來，舉起棍棒就是一記壓頂重擊。所幸此一猛擊擦身而過，傑克才能一劍砍下高力剛巨的腦袋。

公爵千金等貴婦以及騎士們，自然就這樣解開魔法，恢復了原貌。

■ I ■

註 1：「Gargan」一詞似乎來自高盧古語，由「gar（石頭）」+「gan（巨大的）」構成，意指巨石，加上「tua（人種）」之後，形成了「Gargantua」一詞，代表巨石人（法 Homme de la pierre géante）之意，象徵他們誕生自一塊巨石，「Gargan」+「tuata（部族，相當於愛爾蘭蓋爾語的 thuata）」，則成為複數型態的「Gargantuata（巨石族）」。

註 2：研究涅夫勒地方傳說的法國作家與民俗風土學者，著有《涅夫勒民間讚歌集》(Recueils de chants populaires du Nivernais) 與《涅夫勒的讚歌與民謠》(Chants et chansons du Nivernais) 等書。

註 3：《巨人傳第二部》的原書名為「Les Horribles et épouvantables Faits et Prouesses du très renommé Pantagruel」，《巨人大年代紀》則作「Grandes et inestimables Cronicques du grant et énorme geant Gargantua」。至於「Gargantua」在《巨人傳》（成鈺亭譯，桂冠出版）書中，為一國王之名，並非族群名稱。
　　《巨人傳》共計五部，第二部出版後，才有第一部《高康大傳奇》的誕生，後來這 5 部合訂為《巨人傳》(Pantagruel et Gargantua)。

註 4：關於高康大的父母，《巨人大年代紀》與《巨人傳》的記載略有出入，後者記為高朗古傑（Grandgouzier）與嘉佳美麗（Gargamelle）。此外有關《巨人傳》的人名或地名，以下皆採用桂冠譯本。

註 5：《巨人傳》桂冠本中註解為 1.88 米，應為 1.18 米的誤植。根據法國人於 1742 年對度量衡的歸整統制，一奧納為 3 皮耶（pied），1 皮耶不過 ⅓ 米。

註 6：「Tombe de Bélen（太陽神之墓）」之意。日暮島（日墓島）之名取自凱爾特族群的高盧人所信奉的神祇‧貝雷諾（Dieu Bélénos），他是凱爾特人崇拜的太陽神，原名來自希臘語「Belenos（羅 Belinus）」，後易稱為「Bélen」。人們見夕陽西下於此島，認為這便是太陽神休息之處。「tombe（墓）」同「grave」，古時也作床，取其「安息地」之意。

註 7：匁與貫均為日本重量單位，1 匁約 3.75 克，1 貫 =1,000 匁。

註 8：掌球最早流行於 13 世紀的法國宮廷，是王宮貴族消遣的一種球類運動。這種球以羊毛或碎布填充，環繞數層皮革於外，遠較今日的網球為重。玩者純粹以手掌或戴上手套擊球，因此名為掌球（「paume」即法文的手掌之意）。

註 9：一種用於古代法國，長度由手肘至中指尖的腕尺，相當於英文的 cubit，以成人的尺度計算，約莫 50 厘米（18~22 英吋）左右。原文將 12 郛得（coudée）記為 3.6 米，或許是將 1 郛得視為手肘至手腕的間距（約 30 厘米，合 12 英吋）。因此以下內文提及此一單位時，均改以 50 厘米（實際長度約 45.72 cm）計算。

註 10：「Morgan-le-Fay」是傳說中的亞瓦隆精靈女王，在亞瑟王傳奇中搖身一變成為他的姊姊，同時也是一名女巫，此外也有人認為她是湖中仙女（Lady of the Lake）。根據尼可拉斯‧曼恩在《亞瓦隆島》(The Isle of Avalon, by Nicholas R. Mann) 一書中的說法，摩根 (Morgan) 之名似乎來自愛爾蘭神話中的「大后摩莉根」(Morrigan the Great Queen)，她是一位水神或海神，統治著吉拉爾杜斯 (Giraldus Cambrensis, 1146~1223) 指稱為今日格拉斯頓 (Glaston) 的亞瓦隆島。「le Fay」帶有「精靈仙子的」(of the Fairies) 或「命運」（法 le faye；英 the fate）之意。

註 11：當時的褲襠和今日所見大有不同，它並不是和褲子一體成形，而是獨立分開套在褲子上的，可以隨時開闔。被擱進那大話晃盪又帶著騷味的地方，頭暈噁心的程度可想而知（嚴重者，可能會腦震盪或窒息）。

註 12：《巨人傳》原書指出「panta」為希臘語，代表一切事物；「gruel」一詞來自 Hagaréne 語，有乾渴之意。「Hagaréne」是一種盛行於鍊金術士之間的語言，桂冠本將該地名譯為阿嘎

萊納，相當於今日的茅利塔尼亞。此外《世界上最偉大的幾本書》(*The World's Greatest Books*, by J.A. Arthur Mee)也提到「gruel」為阿拉伯語這樣的敘述，或許一度流行於北非等回教世界的鍊金術祕語，曾經深深吸引拉伯雷的目光吧。

註13：原書名為《龐大固埃的父親：巨人高康大駭人聽聞的傳記》「*La vie très horrifique du grand Gargantua, père de Pantagruel*」或簡稱為「*Gargantua*」，儘管出版晚於第二部，仍視為《巨人傳第一部》。

註14：引用桂冠中譯本註解，此希臘語為中亞細亞的古國‧伊奧尼亞的文字（法 Ioniques）。全文為「ΑΓΑΠΗ ΟΥ ΖΗΤΕΙ ΤΑ ΕΑΥΤΗΣ」。

註15：魯宕是法國的一種小妖精，性喜作弄搗蛋四處遊盪。桂冠本的譯者解讀為棲息於山間的精怪「魖」，其根據或許來自晉人葛洪所著《抱朴子》一書，書中的〈登涉〉篇如此解釋：「山精形如小兒，獨足向後，夜喜犯人，名曰魖。」除了獨腳的形容有所出入以外，外貌心性的描述頗為符合。

龐大固埃

一如「乾涸萬物」之名所示，龐大固埃本是水中的精靈〈Panthagruel〉，每到夜晚就會到處惡作劇，將取自海水的鹽放進醉得不省人事的人們口中（註1）。正因為如此，人們才會感到異樣的口渴，以致任酒也好、是啥都行，一股腦地狂喝猛灌。

弗朗索瓦·拉伯雷在起自《巨人傳第二部》(1532) 延續至《巨人傳第五部》(1564) 的這部長篇史詩中，以此精靈之名做為巨人主角的名字。或許是因為當時的法國遭逢嚴重的乾旱與熱浪侵襲，給了作者這樣的靈感吧。

龐大固埃在作品中，也是誕生在一個旱魃肆虐的年代，有數十個月都見不到一絲雨氣。見到自己同樣可稱之為「渴望已久」的兒子，當時正值524歲的巨人父親高康大為他取了這樣一個應景的名字。

不過單字的拼音卻改為「Pantagruel」（註2），或許是因為作者刻意讓自己創造的巨人和傳說中的精靈有著微妙差異的緣故吧。

龐大固埃和父親一樣，胎兒期就有一身龐大的軀體，生產的難度之高自然可以想見。母親是一位名叫巴德貝克（Badebec，張口結舌）的女子，她在生下龐大固埃的過程中，發生了十分離奇的事情。

就在產婆正要準備接生的當頭，突然有68個趕騾人從巴德貝克的腹內走了出來，各自牽著一頭馱著鹽的騾子。隨後又走出9隻馱著火腿和燻牛舌的單峰駱駝、7隻馱著鹹鰻魚的雙峰駱駝，以及25輛載滿韮菜、大蒜的貨車，最後才輪到龐大固埃呱呱落地，只是乍看之下，卻像極了一頭渾身是毛的熊。

毋庸贅言地，先前出來的食物（淨是些吃了會口渴的）自然被端上慶生宴席一掃而空，同時還喝掉許多酒。然而在這樣艱難的生產過程之下，巴德貝克最後還是過世了。

順道一提地，根據作者不詳的《巨人大年代紀》改訂本 (1533) 的描寫，巴德貝克原本是一位巨人族的公主。這段未載於舊版本的追加劇情，正說明給予了拉伯雷莫大的影響。

龐大固埃的童年

即便是出生過程以外的每件事，龐大固埃也同樣不比父親遜色。他一

次要喝上4,600頭乳牛的牛乳，爲了訂製一口能夠大量煮飯的鍋子，甚至還動員了三個國家以上的鍋匠。

有一天，又到了該餵食牛乳的時刻，按往例龐大固埃會直接吸吮牛的乳房，但是那一天他卻一隻手捉住乳牛，將牠兩個乳房、半個肚子連同內臟一起吃掉。伺候他的人擔心任由他不管，改天又會吃掉乳牛，就拿著船上用的粗纜繩將龐大固埃捆了起來。

有一次父親高康大養的熊逃走了，龐大固埃見到闖進房間來的熊樂不可支，輕易地掙斷綁在身上的繩索，同樣把熊撕了個粉碎，可憐那熊暖烘烘的肉就這樣全祭了龐大固埃的五臟廟。

父親高康大得知此事後，擔心哪天孩子會因此受傷，於是命人打造了四條鐵鍊，把龐大固埃連同搖籃捆在一起。每一條鐵鍊都十分結實堅固，據說其中一條還被魔鬼拿去綑了墮天使之首路西菲爾〈Lucifer，英文讀作路西法〉。

又有一次，高康大擺下盛宴邀請宮中的王侯前來。上自高康大和執事，下至跑腿的僕從雜役，都爲了準備宴席忙得不可開交，全忘了龐大固埃的存在。

龐大固埃因此鬧起了彆扭，本想掙斷鐵鍊，無奈事與願違。於是他兩腿使勁一蹬，踢開了搖籃的一端，身體往下一滑，兩腳因此接觸了地面。接著他又使出渾身解數，背著搖籃站

起身子，活像直立的烏龜一樣走了起來。龐大固埃就這樣逕自闖進了宴會廳，汗水淋漓地伸出舌頭來取食。

高康大這才想起兒子還沒餵食，聽取了旁人如此這般有礙成長的意見之後，龐大固埃終於從鐵鍊和搖籃的枷鎖中解脫。

龐大固埃滿懷怨恨，隨後還打了搖籃一拳，將它打成50多萬塊碎片，這才解了心頭之恨。

青年時期

時光匆匆，同樣來到所謂青年期的龐大固埃，卻一日也待坐不住。

就在他遊歷各國，勤於修文習武之際，有人卻趁他父親不在國內的時候發動侵略戰爭[註3]。龐大固埃即刻由所在地巴黎返國，帶著同伴踏上征程，然而此時途中又發生了離奇的事件。

原來有一位同伴裝腔作勢豪氣地放了一屁[註4]，龐大固埃看了也想依樣畫葫蘆，豈料一陣響屁卻震撼了整個大地。更教人驚訝的是伴隨著這股臭氣，竟有53,000個小矮人誕生，隨後又有同樣人數的女矮人，從龐大固埃另一陣悶聲不響的屁裡現身。他將這群矮人取名爲矮人國民〈Pigmies〉[註5]，讓他們從此定居在附近的一座島上。

接著龐大固埃一行人就披掛上陣了。敵軍雖然號稱百萬兵，但自非龐

拉伯雷筆下的龐大固埃

大固埃的敵手。一如高康大的坐騎曾經幹過的好事，敵兵悉數被龐大固埃的尿水淹沒，加上同伴們對敵軍展開火攻，不過一轉眼的工夫，敵人便全軍潰散。

最後輪到龐大固埃和敵軍的狼人首領捉雙廝殺，由於對手也有一身毫不遜色的巨體，龐大固埃因此陷入了苦戰。更且狼人手上有一把魔法加持的鐵棍〈中譯為哭喪棒〉，只要挨上一記，任何東西都會完全粉碎。

龐大固埃的武器雖是一根取自帆船的桅杆，同樣被打了個稀爛。狼人見機不可失立刻撲上前來，反被踢中下腹，跌了個四腳朝天。說時遲那時快，龐大固埃馬上抓住牠的雙腳團團轉，轉得狼人呼天搶地直嚷著「穆罕啊～～穆罕默德！」

如此一來，狼人旗下原本在一旁觀戰的巨人全都一擁而上，圍住了龐大固埃（或許這些人全是回教徒吧）。龐大固埃簡直把狼人當成一根肉棒，一個個撂倒了欺身而來的巨人。龐大固埃的夥伴隨後又趕上前來，朝著暈厥在地的巨人喉部補上一刀。

環視戰場確認沒有一兵一卒生還之後，龐大固埃這才拋下殘破的狼人屍體，為整個戰役譜下休止符。

▌口中都市

作者弗朗索瓦・拉伯雷一日曾經走進龐大固埃的口中。起先他遇上的竟是一個種植白菜的男子，根據那人的說法，龐大固埃的嘴裡有好幾個城市，彼此之間有財貨流通的交易機制。

事實上，他的牙齒上建有無數遼闊的牧場與葡萄園，還蓋有幾間義大利式的別墅。

唇齒之間淪為不法地帶，就連拉伯雷也曾經被強盜洗劫一空。相對於牙齒的另一方，卻是一處空氣新鮮、十分怡人的好住所。

不過住在接近喉頭一帶的人們，卻常因為龐大固埃打嗝而死。口臭成了黑死病的來源，不過短短八天，龐大固埃的口中就有226萬又16人因此死去。想到龐大固埃吃了大蒜之類的菜餚，便要死去這麼多人，還真不是常人消受得起的。

與高康大相較之下，龐大固埃予人一種自由奔放之感。不過隨著進入《巨人傳第五部》的尾聲，龐大固埃卻逐漸失去巨人的個性，反倒成了哲學家的模樣，平日鮮少能說上一言半語。或許他也如同父親一樣是個擁有大智慧的人物，變得老成持重起來了吧。

■|■
註1：此一說法可參見《漫遊隨筆》(*Random Walks*, by David Solway) 一書。

註2：原文誤植為「Pantaguruel」，疑為外來語還原的筆誤。本段內文主要與文首提及的水精「Panthagruel」做一比較，此一水精名同時也是本文原先的標題，但顧及本節以食人魔族群之一的巨人龐大固埃為主，並非論述其字源，因此將標題更改為「Pantagruel」，而非「Panthagruel」。

註3：高康大被女神摩爾根娜（法 Morgane la Fée）請往神仙國亞瓦隆的期間，轄領的烏托邦遭到安那奇（希 Anarchus，無權勢與能耐者）統治的渴人國（法 Dipsodes；英 Thirsty people, Thirsty men）攻打。見第二部第 23 章。

註4：這個同伴便是龐大固埃整個故事中最重要的配角巴奴日（Panurge，精明狡詐、萬事皆通之意），是作者用來歌詠資產階級的一位代言人。對於巴奴日而言，「沒錢是無比痛苦的」，他甚至可以用偷搶拐騙等各種手段把錢弄到手，才能免受沒錢的恐慌折磨。

註5：「Pigmie (Pygmy, Pugmaloi)」一詞在希臘語中帶有「拳頭」的意思，本是一種丈量尺度，是以此一矮人族或可稱為「拳人」或「拳矮人」。在荷馬的史詩與赫丘士力（赫拉克勒斯）的傳說中，同樣可見到他們的身影。

貪食怪・沃爾寇

「沃爾寇」是義大利的食人魔，其名有「貪食者」之意。因此就字義上說來，他們與北歐約頓巨人同屬一個系統。

收錄於伊塔羅・卡爾維諾所著《義大利民間故事》〈義 *Fiabe Italiane* (1956), by Italo Calvino, 1923～1985；英 *Italian Folktales,* 1981〉中的一篇「普爾奇諾（小雞）」〈義 Pulcino；英 Chick〉提到7兄弟因故投宿在沃爾寇一家人棲息的巢穴。沃爾寇本想殺死他們飽餐一頓，在妻子的哄勸之下只好就寢，半夜卻心癢難耐，兀自起床砍了7人的腦袋，這才心頭落定睡了個好夢。

一覺醒來後，沃爾寇卻發現自己殺死的並非7兄弟，而是鍾愛的一群女兒。原來7兄弟的老么「小雞・普爾奇諾」發現貪食怪的女兒平時總戴著一簇花冠，便事先張冠李戴到自己兄弟的頭上來。

誤殺女兒的沃爾寇雖然憤恨難當，最後還是被7兄弟一刀刺死。

這個故事與查理・佩羅筆下的《拇指童子》〈法 *Le Petit Poucet*, by Charles Perrault, 1628～1703；英 *Little Thumb*〉同屬一個體系，暗示食人魔

「Ogre」此一法語係源自沃爾寇。

在姜巴提斯塔・巴吉雷的作品《五日談》〈義 *Il Pentamerone* (1637), by Giovan Battista Basile（英 *Giambattista Basile*），1575～1632〉[註1] 這部被視為歐洲最早的民間故事集成中，此類的沃爾寇傳說尚有諸多呈現。

第四天的第8講「七隻鴿子」〈拿 Li Sette Palommielle；英 The Seven Doves〉提到一個沃爾寇，許久以前曾經被一個女子趁他入睡之際弄瞎眼睛，此後便憑著手的觸感襲殺所有女子。

一日，沃爾寇在森林裡遇上7個遠途跋涉疲憊不堪的兄弟，他要求7兄弟像僕人一樣伺候他，以此換取每日所需。不久7兄弟的小妹也從故鄉來訪，他們深知沃爾寇的性情，於是偷偷將小妹藏匿起來。

沃爾寇隨後察覺到小妹的氣息，怒不可遏的他便要吃掉少女，然而目不能視的盲點卻被7兄弟利用，沃爾寇因此受騙，被帶到一處很深的洞穴慘遭活埋。

第五天的第7講「五個兒子」〈拿 Li Cinco Figlie；英 The Five Brothers〉提到沃爾寇抓走了高灣國（拿 *Auto*

Gorfo〈英Autogolfo〉）的公主，將她帶到一處偏遠的山崖上。

各自精通一藝的5兄弟隨後救出公主脫逃，沃爾寇立刻化身爲一片烏雲緊追而來。熟諳變身術的公主識破烏雲便是沃爾寇的化身，於是將此事告知5兄弟。老三是個百步穿楊的能手，沃爾寇的雙眼因此遭到射穿，落得墜海死去的下場。

■《五日談》中的威爾寇

同樣出自《五日談》的傳說中，提到有些地方將此一食人魔記爲威爾寇 (Uerco)。

第一天的第1講「食人魔的故事」〈拿Lo cunto dell' Uerco；英The Tale of the Ogre〉藉由傻瓜安托諾（Antuono，呆子）的目擊，如此描述威爾寇：「其貌不揚、身子畏縮，頭部大過印度南瓜（註2），額間長滿贅瘤，有副一字眉和斜眼，塌陷的鼻下有一對看似下水道的鼻孔，一張石磨嘴裡冒出兩根將近腳踝的獠牙，胸前滿是茸毛，臂如紡車、腿若蟹股（O型腿），還有一雙看似鴨子的扁平足。」（引1）

看著願意和醜陋的自己說話的安托諾，威爾寇登時有了好感，一喜之下送給他一隻能夠排泄寶石的驢子，一張展開後滿是金銀的桌布，和一根敲地杖。儘管這些寶物都在安托諾的旅途中陸續讓人騙走，威爾寇依然不捨不棄，提供安托諾奢華的生活，不論他遇上任何困難，必定出手相援。

第一天的第5講「跳蚤」〈拿Lo polece；英The Flea〉提到的威爾寇，外貌相當可怕，光看一眼就足以讓人毛骨悚然。威爾寇完成了奧托蒙特（Automonte，高山）國王提出的難題，將到手的公主帶往他位於森林深處、暗無天日宛如地獄入口的巢穴。

爲了討好公主，威爾寇遞給她許多自己平日喜食、剛宰殺的新鮮人肉，公主才看了一眼就作嘔起來，威爾寇的示愛顯然並不管用。

有一天公主厭煩了這樣的生活，於是同一位路過巢穴的老婦人商量，趁著威爾寇不在的時候逃離此地。威爾寇隨後追來，但因老婦人的子息們拔刀相助，最後被最小的兒子一箭射殺。

第一天的第9講「魔法母鹿」〈拿La Cerva Fatata；英The Enchanted Doe〉描述的威爾寇，能夠化身爲獅子、母鹿、驢子等各種模樣。泰牛的時候化身爲一頭母鹿，先引誘獵人來到森林深處，喚來傾盆大雨困住對方，再將之捕獲。接著將獵物丟進山洞裡的地穴，並以巨石蓋住，飢腸轆轆時才會掀開。

一日，威爾寇一如往常誘騙年輕人前來，原來這個年輕人聽說朋友被威爾寇捕獲，便打定搭救的主意。當他發現朋友被棄置在山洞的隨身物後，當下明白這便是威爾寇所爲，於是放出帶來的狗，轉眼之間咬死了對方。

第二天的第2講「維德普拉多王子」〈拿 Verde Prato；英 Prince Verde-Prato〉提到一對看似無害於他人的威爾寇夫婦。有一天威爾寇飽餐一頓後閒聊起來，對妻子如此說道：「有個叫維德普拉多（Verde prato〈The Green Meadow〉，綠草原）的王子和一個美麗的少女妮拉（Nella）暗通款曲了許久，卻在利用魔法往返的琉璃通道裡受了重傷，現在人就快死了。」妻子聽了還憤慨地說道：「那些大夫連這麼點傷都治不好，真該把賺來的錢都吐出來！」威爾寇馬上透露說道：「其實咱威爾寇的脂肪就是特效藥。」叮囑妻子一定要守住這個祕密。

不偏不巧地，四處打探拯救王子方法的妮拉正好聞知此事，她鼓起勇氣登門拜訪威爾寇，趁著夜裡給這對夫妻割了喉。

第三天的第7講「維奧拉提琴」〈拿 Viola；英 Violet〉提到一個投效某個國王的威爾寇，在庭院裡放了一個響屁，隨即聽到一陣來自少女的哭聲。原來這個少女是到庭院來撿拾失物的。

這時候威爾寇卻想起一個「風過後，馬懷珠」的諺語，誤以為自己一屁生下眼前的少女，於是全心全意地養育了她。

第三天的第7講「柯維托」〈拿、英 Corvetto〉提到一個性情格外野蠻凶暴的威爾寇，被人趕出了自己的棲息地。此一威爾寇以山貓、熊、狼、獅子等所有野獸為手下，凡是有害於

己的，必定讓牠們攻擊對方。

然而威爾寇後來卻被一個投效休莫拉哥（Shiummo Largo〈遼闊的河〉）國王的年輕人柯維托（Corvetto，骨折）奪走了家產，就連剛完產的妻子也慘遭殺害。盛怒的威爾寇最後掉進埋伏許久的年輕人事先挖好的土坑，遭到拋投而來的石塊擊斃。

第三天的第10講「三個仙子」〈拿 Le Tre Fate；英 The Three Fairies〉提到一個飽受繼母冷落、被迫攬下家事粗活的少女琪賽拉（Cicella，蜜房）。有一天琪賽拉一個失神，把裝垃圾的簍子掉落在山崖下，威爾寇適巧目睹了此事。

威爾寇「有一頭看似豬鬃、直達腳後跟的黝黑長髮，額間留著幾道看似鐵鍬挖過的皺紋，毛蟲般的眉毛下，是一雙堆滿眼屎的銅鈴眼，一抹弧線極度彎曲的嘴巴毫無遮攔，伸出兩根豬牙；胸前盡是突疣，長滿足以填充整件棉被的茸毛，背後馱著大瘤，挺著一個圓鼓鼓的肚子，還有一雙宛若短木棒的彎曲小腿。」[引2]可怕的模樣讓人見了都不由得以手遮眼。

聽到威爾寇「下來撿回去」的叫喚，琪賽拉一路來到了山崖下，但或許是不希望嚇著了琪賽拉的緣故吧，此時卻失去了威爾寇的蹤影。

若非具有食人的習性，威爾寇如此單純的形象，倒也讓人有種值得一交的感受，足見凡事都不該以貌取人。

《瘋狂的羅蘭》述及的歐爾寇

早在巴吉雷之前，沃爾寇一詞尚未受到認定之際，已有相似的怪物出現。

義大利詩人路德維科・亞力奧斯托發表於 1532 年[註3]的《瘋狂的羅蘭》〈義 *Orlando furioso*, by Ludovico Ariosto, 1474～1533；英 *Ludovico Ariosto's Orlando furioso*, 1591；又譯：憤怒的奧蘭多〉第 17 章第 28 節提到的歐爾寇（〈義 Orco〉拉 Orcus，死神、冥王）便是此一怪物。這也代表「Orco」一詞可能與「Uorco」來自同一字源。

據詩篇所述，身軀龐大的他動起身來宛如一座小山，但行動敏捷更勝疾風。額下的兩個眼窩旁，有兩塊菇褐色的瘤骨突起；一對豬牙掀露自口中，污濁的黏涎垂落於胸前。唯一可稱為弱點之處，在於一雙盲眼。縱然如此，仍不可掉以輕心，原來他生有長鼻，嗅覺異常靈敏之故。

詩篇裡提到一個故事，描述一艘厄運當頭的船遭到暴風襲擊，漂流到歐爾寇盤據的地帶。當時歐爾寇將鼻子貼著地面，嗅出了生人的氣味，他拔腿飛奔瞬間趕至，一舉捉住了抵達海岸的人們。40 幾個人之中，僥倖脫逃者還不到 10 人。遭到捕獲的人們夾抱在他的胸腹下，裝進了一口大皮袋，接著被一肩扛起，帶到岸壁上一處鑿開的洞穴中。

歐爾寇平日以放牧羊群打發時間，他將一舉捕獲的人們，悉數和羊群關在一處以巨石封住的山洞，隨後以氣味分辨是男或女。

原來歐爾寇只取食人類男子，一天要生吞活剝 4～6 人。女子雖然不在食物之列，卻淪為歐爾寇的奴婢隨侍終生。若有人企圖逃走，等待他們的若非活埋的命運，便是以鎖鍊銬住，曝曬在烈日下的處罰。

不過也有僥倖脫逃成功的。諾蘭狄諾〈Norandino〉國王得知妻子遭到捕獲後，潛入歐爾寇的巢穴，聽取一個服侍歐爾寇多年的女子提供的妙計，將羊膏油塗滿全身，同時披上了羊皮。歐爾寇將諾蘭狄諾錯認為羊，便放他進入山洞。

被捕獲的人們再次放出山洞時，全都用上了羊膏油和羊皮，唯獨諾蘭狄諾的妻子不願在身上塗抹散發異味的羊膏油，而被歐爾寇察覺。

即便如此，她還是很幸運地被兩個騎士趁著歐爾寇不在的時候救了出來。

《瘋狂的羅蘭》篇中的卡利哥蘭特

第 15 章第 51 節提到一個名叫卡利哥蘭特 (Caligorante) 的巨人。他身高超過 4 米，在尼羅河畔建蓋了一座巨大的屋宅。巨人自然以人類為食，更且吸食腦髓與血液。屋內到處裝飾著獵殺得來的人類肢體，壕溝溢滿人血，四周埋藏的盡是成堆的白骨。

卡利哥蘭特

卡利哥蘭特最喜歡設下陷阱坑殺人類，遇有他人路過棲身處，不分男女悉數阻殺。絕大多數的人光是聽到他駭人的吼叫聲，見到他異樣龐大的軀體，就已經魂不附體不知所措。

卡利哥蘭特在離家不遠處舖下一張以塵土掩蓋的網子，他總是將倉皇逃竄的人們追趕至此，對方越是慌亂，巨人就越容易捕獵得手。一旦通過這道陷阱上，網子就會彈起，網住人的手腳，即便如何掙扎也砍不斷網子。原來這張網子是出自冶煉之神伏爾坎（義 Vulcano，噴火口；即希臘的赫淮斯托斯）巧藝打造的精品。

據說這張網子大有來歷，曾經在伏爾坎之妻維納斯（羅 Venus，即阿芙蘿蒂媞）與戰神馬爾斯（羅 Mars，即阿瑞斯）偷情交歡時派上用場（見荷馬《奧德賽》第 8 章 272 行、奧維德《變形記》第 4 卷 169～189 行），墨丘利（Mercurius 即漢密斯）也曾經使用它捕捉花精〈Flora〉。它原本被供奉在位於尼羅河口的亞歷山卓附近的胡狼神‧阿努比斯〈Anubis〉神廟長達 3,000 年之久，後來在卡利哥蘭特焚城之後遭到洗劫。

即便如此，惡貫滿盈的卡利哥蘭特也有在劫難逃的時候。

這是騎士艾斯托佛〈Astolpho〉路過其巢穴時發生的事。卡利哥蘭特一如往常發出了吼聲，意圖驚嚇對手，然而騎士並無逃走之舉。原來艾斯托佛事前得知設有陷阱一事，早作提防而免於慌亂。反倒是卡利哥蘭特自己被艾斯托佛的笛聲所惑（除了吹笛者以外，聽到笛聲者都會在恐懼的驅使下神智異常），渾然忘我而自投羅網。

卡利哥蘭特就這樣遭到縛獲，一時幹起了搬運貨物的差事，不久又送給騎士桑索涅〈Sansonet〉充當奴隸，整個卡利哥蘭特的故事也到此結束。

註1：《五日談》係以拿坡里方言寫成，原書名爲《故事中的故事》》（拿 Lo cunto de li cunt；義 Ossia, la Fiaba delle Fiabe，爲義語版副標），作者每天講述 10 則流傳於歐洲各地的故事，以此完成整部作品，全書計有 50 則故事，給予創作格林童話的格林兄弟莫大的影響。最初英譯版根據此標題譯爲「The Tale of Tales」(translated by Sir Richard Burton, 1893)，但只是節錄本，僅收錄 30 幾則故事，與隨後印行的《五日談的故事》(Stories from Pentamerone, 2000) 節錄內容相同。

　　文中提到的「五個兒子」並未收錄於此二譯本，但見於日文全譯本《五日物語》（譯作「五人の息子」），以及收錄各地童話故事的「The Great Fairy Tale Tradition」(T＆E by Jack Zipes)。不過該書引用的版本係譯自班奈德托‧克羅齊編纂的「Pentamerone del Basile」(edited by Benedetto Croce, 1931)，發行於 1932 年的另一英譯本《巴吉雷的五日談》(The Pentamerone of Giambattista Basile, Translated by Norman Penzer)，篇名改譯爲「五兄弟」。

註2：印度南瓜（Cucurbita maxima，巨人的果實）又稱西洋南瓜，是南瓜種類中的巨人（俗稱 giant pumpkin），它並非源自印度，起先源自非洲與南美洲，後來輾轉傳入印度，按理此一品種應是由印度輸入我國時得來此名。

註3：初版爲 1516 年，1532 年出版的是修訂本。

引1：日譯文摘自三宅忠明譯本。

引2：日譯文摘自杉山洋子譯本。

食人魔（法德篇）

　　中世紀的法國傳奇舞臺中，可說必然會出現此一所謂「Ogre」的巨大怪物。起初純粹被視爲巨人，或稱爲可怕的食人妖怪。後來法國作家查理・佩羅在發表於1694年的童話《驢皮的故事》〈Le conte de Peau d'Ane〉一書的序文中，正式賦予「食人魔」之名。

　　事實上，收錄在喬治桑所著《法國田園傳說集》(1858) 的「三個石怪」中，也提到這樣的說法：「經由佩羅之筆躍然紙上的食人魔，等同於中世騎士消滅的巨人」〈引1〉。關於此一記述，原文將食人魔記爲「Ogre」，巨人則寫作「Géant」。

　　關於食人魔之名的起源，一般認爲來自羅馬神話中的冥王奧迦斯〈Orcus〉（被視爲等同希臘神話的死神塔納托斯〈Thanatos〉與哈德斯）、義大利的食人巨人沃爾寇，以及別名伊格（Yggr，牽掛）的北歐神話主神奧丁。

▌記載於傳承中的圖像

　　傳說中的「Ogre」具有近似人類的外貌。有的身高約略高於人類，也有高出常人2～3倍者。儘管屢屢被

譯爲「食人魔」，卻不像日本的魔鬼〈註1〉一樣頭上生有尖角。

　　平時以木製或鐵製的棒槌〈maul〉爲武器。不過食人魔的力量超乎尋常，即便手無寸鐵，其危險性依然無甚改變。原來徒手的他們會逕自走來，迅速地以雙臂抱住對手。若是尋常人等，必經不起這攔腰一抱，瞬間脊樑折斷而死。此外食人魔的外皮硬如鋼鐵，若非極爲鋒利的刀劍，難以傷其分毫。

　　不過基本說來智慧較低，腦筋並不靈光，很容易就上了聰明人的當。因此與食人魔對決時，只宜智取不可力敵。

　　反之人類若能在角力搏鬥中勝過食人魔，僅此便足以稱之爲英雄。憑藉智勇雙全的能耐消滅食人魔者，更可一舉斬獲諸多寶物。正因爲他們平日喜歡收集金銀財寶，住處因此埋藏著莫大的寶藏。

▌佩羅筆下的傳奇

　　前文提到的佩羅曾借用共同執筆的兒子皮耶・達曼庫爾〈Pierre Darmancour〉的名義，發表了一本

《穿長靴的貓》〈法 Le Chat Botté, 1695；英 Puss in Boots〉，令人驚訝的是書中的食人魔住在一座豪華城堡中，是個坐擁大片土地的權豪。

一日食人魔準備了一頓美味的饗宴，正等待友人（按理應該都是食人魔同伴）前來。就在此時，意外到來一隻如同標題之名的「穿長靴的貓」，希望食人魔能接見牠。原來這隻貓想讓自己的主人能夠取得一座奢華的城堡，便心生一計前來此地，食人魔心情正好，一時興起接見了不速之客。

穿長靴的貓暗自竊喜，接著借力使力，利用起食人魔的「百變魔法」。就在閒聊之際，穿長靴的貓面露疑思地問道：「你真能變成所有飛禽走獸嗎？」食人魔一聽突然就化身為獅子，讓貓大吃一驚。那貓嚇得差點跳上屋頂，接著又問道：「那麼你也能變成很小的動物囉，不過在我看來，你應該辦不到。」食人魔任由貓的花言巧語擺佈，馬上變成一隻遊走於地板的小白鼠，結果瞬間就被穿長靴的貓一口吞下了肚。

同樣出自佩羅筆下的「拇指童子」(1697) 提到7個被父母遺棄的兄弟，徬徨在森林中的他們來到食人魔的住處。起先食人魔的妻子暗中收留了他們，隨後卻被食人魔引以為豪的鼻子嗅了出來。在妻子好說歹說的哄勸之下，食人魔這才回床就寢，半夜卻再次醒來，一時心血來潮，砍了7人的腦袋。

當時食人魔和妻子育有7個女兒。等到一早天亮，食人魔才發覺自己誤殺了鍾愛的女兒們。原來她們的頭上向來戴著金冠，七兄弟的老么「拇指童子」發現這箇中妙處，於是事先偷來金冠，戴在自己兄弟的頭上。

憤怒的食人魔父親穿著跨出一步就能走上幾里路的「七里靴」〈法 Bottes de sept lieues〉隨後追來，最後卻疲累得睡倒在路旁。「拇指童子」趁機脫下食人魔的長靴讓自己穿上（原來長靴能搭配主人的尺寸伸縮自如），飛快地趕到食人魔妻子的面前，天花亂墜地如此說道：「妳的丈夫遇上麻煩，家裡能幫上忙的東西都給我吧。」就這樣一舉搜刮了無數的財寶。

相傳拇指童子憑著這雙長靴，經常擔任斥候或差使，後來發了大富。

在一則經由克勒茲當地的牧羊人於1912年講述的「金鬍子巨人」傳說中，提到食人巨人有三樣至寶，分別是「七里行金靴（一步7里）」「七里照弦月（可照亮7里）」「七里笑銀弦提琴（讓7里內的人發笑）」。「鬼靈精童子」逐一騙走了巨人的寶物，最後還拿起鑽石剪一刀喀嚓了巨人的金鬍子。巨人一氣之下，揮動粗鐵杖殺了過來，豈料「鬼靈精童子」早已設下陷阱，巨人因此掉入地洞，活活給沙土掩埋而死。據說「金鬍子」後來成了王國裝飾用的旗穗，「鬼靈精童子」則與公主成婚，過著幸福的日子。

關於巨人被取走鬍子並遭到殺害

的說法，威爾斯的巨人雷托（英 Retho〈威 Rhitta〉）和伊斯巴札頓（Yspydaden〈Yspaddaden〉）之間有著共通的模式，這點是值得留意的。

▌格林兄弟筆下的食人魔

《格林童話集》的第70篇a章描寫的故事，基本上講述的也是與此同一體系的「食人魔」（Okerlo）。所謂「Okerlo」就是「Ogre」的德語，一如本節內文所述，同稱為「食人者」（Menschenfresser）。

在一處盡是食人魔棲息的島上，一天漂來了一個金搖籃。食人魔的妻子拾起搖籃後，一看裡面躺著一位美麗的小公主，就打算讓她將來和自己的兒子成親，於是辛苦地將她暗中撫養長大，唯恐丈夫一旦發現會吃掉她。

公主長成後，卻和一個長途泅水至島上來，長得年輕俊美的王子相戀。後來食人魔之妻撞見此事，這也使得公主和食人魔之子成親的當天，王子將被吃掉。成婚的前一天晚上，公主、王子和食人魔之子同睡一間房裡，身為父親的食人魔按捺不住吃掉王子的渴望，於是半夜責令妻子將王子即刻帶來。

公主聽到這段談話，就將食人魔之子的金冠改戴在王子頭上。由於屋內昏暗無光，走進房裡的食人魔之妻一時摸索起來，最後把沒戴上金冠的人帶到丈夫的跟前，丈夫一晃眼就吞

下了肚，快得連眼睛都沒來得及看清。接著公主和王子又從食人魔家中偷來一步就能走上1哩路的靴子、實現任何願望的魔杖，還有一道裝有豆子、能回答任何問題的點心，帶著它們逃之夭夭。

兩人使用這三樣寶物，好不容易才擺脫緊追而來的食人魔妻子。到了最後，魔杖卻失去了效力，這也使得變成玫瑰的公主、化為蜜蜂的王子無力復原。

他們隨後來到公主生母的王后所在的花園，王后本想摘取玫瑰，卻被蜜蜂所螫，驚嚇之下傷害了玫瑰。看著玫瑰花莖流出鮮血，王后才發覺那是一朵施了魔法的玫瑰。王后於是召來女巫解開魔法，得知玫瑰便是女兒的化身後非常歡喜。

據說解開魔法的公主終於得以和王子成婚，舉行了一場盛大的婚禮。

▌中世紀騎士傳奇中的食人巨人

一如喬治桑所言，亞瑟王與查理曼大帝等傳說，乃至中世紀的騎士傳奇，經常可見食人魔的蹤影。大體說來他們多半棲息於山岳，偶爾會下山來擄走人類。

蒙茅斯的傑弗里在《不列顛諸王記》（1136）第七部第10章第3節中提到的該巨人可為代表。此一巨人來自西班牙，他擄走了不列塔尼公爵霍爾（英 Hoel〈威 Howel；Hywel，霍埃爾〉）的姪女赫蓮娜（Helena）與其侍

食人魔

女後，盤據在諾曼第的聖米歇爾山上固守。此後當然有追兵陸續發派前來，然而根本沒有出手的餘地。由海路追擊的船艦遭到巨石擊沉，由陸路攻堅的兵馬也在轉眼間潰敗，慘遭生吞活剝的命運。

亞瑟王是霍爾公爵的舅父、同時也是表兄弟[註2]，當時他只帶著親信凱伊（Kay，喜悅）與貝迪維爾（Bedivere）兩位爵士，於午夜二點悄悄趕往聖米歇爾山。亞瑟王望見山上有兩盞火光，便派遣貝迪維爾前去偵察，卻見到身為赫蓮娜侍女的老嫗就近捱著篝火，悲傷不已的光景。

尋問之下才得知赫蓮娜不過被巨人抱在臂彎裡，便引發心臟麻痺而死。巨人於是凌辱了侍女，將她視為鼓漲的慾望宣洩的出口。她之所以還能活著，是因為此地沒有其他女子。當時的她正一面痛哭，一面埋葬赫蓮娜。

聽取了貝迪維爾的回報後，亞瑟王即刻趕往山上另一盞火光的所在處。只見巨人正狼吞虎嚥地大啖數頭串烤的全豬，發現亞瑟王等人的蹤影後，一個反射就把手伸向原本夾在腋下的棍棒。那是根非常沉重、需要兩個成人才舉得起的武器。

亞瑟王分持劍盾迎戰，他試圖衝向巨人的下懷，然而為時已晚，棍棒已重擊在盾牌上，鏗然巨響頓時讓亞瑟王完全失去了聽覺。盛怒的亞瑟王一劍回擊砍中巨人的頭部，這一擊雖然並未造成致命的傷害，傷口的血液卻因此滲入巨人眼中，巨人於是將棍棒置於額前改採防禦態勢，接著衝向亞瑟王，意圖壓倒對手。

亞瑟王鼓足全力閃過一擊，接著就是一陣無的砍劈，讓對手毫無招架之力，最後洞穿堅硬的頭骨，一劍刺入巨人的頭顱。一聲淒厲的叫喊後，巨人猶如大樹轟然倒地，亞瑟王這才心滿意足地砍下巨人的首級，命貝迪維爾爵士運回設營處後，慨然說道：「自十五年前於威爾斯一戰擊敗巨人雷托後，還是頭一回遇上如此強敵。」

霍爾公爵隨後在山上蓋了一間禮拜堂，以告慰香消玉殞的姪女。

羅馬的巨人軍團

經由1220年代的散文通俗本《蘭斯洛・聖杯》〈法 Cycle du Lancelot-Graal；英 Lancelot-Grail Cycle〉[註3]等5部系列作品的流傳，這段出自聖米歇爾山的巨人傳說在一首寫於1360年的頭韻詩《亞瑟王之死》〈英 Alliterative Morte Arthure〉中，有了格局更為壯大的發展，同時變更了若干設定，以便提高與整體故事的關連性。

兩者最大的不同之處就在於巨人來自熱那亞〈Genova〉而非西班牙，這也成了稍後巨人軍團出場的伏筆。此外還改編了向人強索鬍鬚的威爾斯巨人雷托的傳說，不但生性變得更為殘忍，而且行為變態。

亞瑟王從街坊傳聞與聖堂騎士的口中得知，有一棲身在聖米歇爾山

的巨人，7 年間擄掠了科湯坦〈Contentin〉半島上的 500 名孩童，將他們囫圇下肚。

據說此一「熱那亞巨人」爲惡魔所生，身軀龐大得無馬可騎，醜惡無比的臉上生有一對宛如獵犬的尖牙。他穿著一條短褲，小腿以下顯露在外。頸粗肩闊，頭髮糾結在一起，垂落胸前的鬍鬚夾雜著些許銀白，上頭沾有肉汁。肥胖的軀體長滿黑白參差的堅硬體毛，全身皮膚粗糙，雙腳宛如鐵鏟。向兩旁延伸的大口濺出飛沫，歪斜著嘴唇。臉上淨是蝦蟆那樣的斑點，掛著一副鷹勾鼻。凹陷的雙眼散發出火焰般的目光，眉毛緊貼垂掩其上。

鄰近一帶的 15 位國王爲了保障人民的身家性命，本想進獻貢品給巨人，巨人卻只要求國王們交出象徵王者威信的鬍鬚。隨後就將得來的鬍鬚，給自己鑲滿寶石的披風鑲邊。這件披風完成於西班牙，曾經在希臘加工裝飾，上面覆蓋著整片毛髮（根據法文本散文所述，巨人還穿著一件刀槍不入的蛇皮甲）。巨人每次都要吞食 7 個男孩，同時也是色慾的邪惡化身，他不停地侵犯擄來的少女，任誰都會在一個鐘頭內死去。

當時霍爾公爵被巨人擄走的親人並非姪女，而是自己的夫人，她在飽受凌辱之後，被一刀劃至肚臍而死。詩中前去偵察敵情的也不是貝迪維爾，而是亞瑟王本人，可謂一人包辦全場的演出。

巨人棲身在一處經由山尖湧出的泉水所環繞的斷崖處，他在該地窩藏著掠奪得來的大批財寶。

隻身前來的亞瑟王潛行至山頂的近處後，發現巨人正享用著晚餐，捱著火堆烘暖自己一絲不掛的巨臀，看似津津有味地啃咬人腳，一旁還有三個美麗少女，被迫轉動一堆混雜人獸的串烤燒肉。

巨人拿起金棒做爲武器，將亞瑟王的頭盔破壞無遺。亞瑟王則由眉間一劍刺入巨人的腦髓，更且砍斷陽具、洞穿其腹。即便如此，巨人依然負隅頑抗，抱住亞瑟王意圖折斷其背骨，兩人因此扭打在地，由山坡翻滾而下。途中亞瑟王以短劍刺斷對手的三根肋骨，巨人終於斷氣，不過亞瑟王也一時暈厥過去。待命於山麓的凱伊爵士即刻趕來，解下主子的鎖子甲探視傷勢，得知並無生命危險後，這才放下心頭一塊大石，隨後又幫亞瑟王將金棒與披風運走。

亞瑟王甦醒後，命貝迪維爾爵士洞穿巨人心臟，砍下其首級後，獻給落寞失意的霍爾公爵。爲了補償過去受到掠奪等不幸遭遇的人們，又將巨人的財產悉數交由霍爾公爵發落。

後來亞瑟王等人組成的不列顛軍隊，又與一群由巫師統率的 50 名巨人集結的羅馬軍團交戰。巨人以鋼鐵棍棒擊碎無數騎士與戰馬的顱部（陣亡者中列舉了約拿塔爵士〈Sir Jonathal〉之名）。儘管詩中並未提到他們便是

「熱那亞巨人」，不過從出身地同為義大利，以及作戰手段的一致性看來，不免讓讀者產生一種來自同族的推想。

且說亞瑟王對付巨人早有一番心得，他擎出隨身的炬火劍・寇勃朗（中英 Collbrande，火炬〈同斷鋼劍，Excalibur〉）[註4]，將巨人迦拉帕斯（Galapas）[註5] 全無甲冑掩護的腿部齊膝砍斷後，斬下其首級。麾下 7 名騎士也在遵照此一戰法的指示下，最後以勝利收場。

湯瑪斯・馬洛禮爵士在《亞瑟王傳奇》[註6] 第二部《亞瑟王與羅馬皇帝魯修斯的故事》〈Noble Tale of King Arthur and the Emperor Lucius, 1470〉中，將原先的頭韻詩整理得更為淺顯易懂。

告知亞瑟王巨人一事的是當地的農民，而非聖堂騎士。巨人向亞瑟王索求的並非鬚髯，而是他美貌的妻子關妮薇。此外巨人串烤的對象也成為 12 名剛出生的嬰兒。

由於亞瑟王於擊殺巨人後，被對方壓倒在地，貝迪維爾爵士不得不前來挪開其屍體。

來自法國的騎士伯爾斯 (Bors) 爵士是知名的蘭斯洛爵士的堂兄弟，合兄長萊奧尼爾爵士〈Sir Lionel〉三人，都是由「湖中仙女」一手撫養長大，曾於遠征歐陸時擔任亞瑟王的貼身護衛。波爾斯爵士與羅馬軍交戰時，又一劍貫穿兩腋，斬殺一「熱內亞巨人」。後來還尋獲聖杯，成為榮歸鳳宮的唯一生還者。

順道一提地，馬洛禮對於聖米歇爾山的巨人與羅馬巨人軍團，均以「熱內亞巨人」稱之。

至於其他擊殺巨人的騎士，還具體列舉了凱伊、萊奧尼爾、蘭斯洛與其弟～馬利斯的海克特〈Hector, Ector of Maris〉[註7] 諸位爵士、安格爾西島的佩利亞斯爵士〈Sir Pelleas of Anglesey Island〉（湖中仙女妮慕珈〈Nimue〉之夫）[註8]、奧克尼的高文爵士〈Sir Gawain of Orkney〉、康沃爾伯爵卡多（〈Cador of Cornwall〉亞瑟王的諮詢對象與武器提供者）等人物之名。

印刷家威廉・卡司頓將馬洛禮的作品改編修訂後，以《亞瑟之死》〈Le Morte d'Arthur〉(1485) 之名出版，內容更為縮減，這也使得亞瑟王在書中的威望形象相對減色。

書中的巨人一開始就棲身於聖米歇爾山，並非來自熱那亞，山上也只有一盞而非兩盞火光。亞瑟王並未刺穿巨人的腦袋，僅於扭打時以短劍刺傷對方，甚至被待命於一旁的凱伊與貝迪維爾爵士救了一命。羅馬並無巨人軍團的編制，僅僅提到迦拉帕斯為亞瑟王所殺一事。

而此一濃縮版，便是日後成為全世界閱讀率最高的馬洛禮作品。

■ I ■

註1：日本的魔鬼有食人習性，「桃太郎」等著名童話中提到的青魔與紅魔（日文記作「青鬼‧赤鬼」）可爲代表，此一魔鬼的英文便是「Ogre」，青魔與紅魔也因此英譯爲「Blue Ogre」與「Red Ogre」。

註2：蒙茅斯的傑弗里在《不列顛諸王記》一書中，對於霍爾公爵 (Count Hoël of Brittany) 與亞瑟王之間的關係，前後記述有所不同。起先霍爾被視爲亞瑟王姑母之子，因此與亞瑟有著表兄弟的血緣關係，後來傑弗里又在書中提到霍爾公爵的父親娶了亞瑟王的胞姊，這也使得霍爾公爵相當於亞瑟王的外甥，不過多數作品仍以表兄弟的陳述爲主。

註3：《蘭斯洛‧聖杯》系列的內容主要包括《聖杯的故事》（法 L'Estoire del saint Graal）、與《梅林傳奇》（法 Estoire de Merlin）。所謂的五部作品還含括《尋找聖杯之旅》（法 La Queste del Saint Graal；英 The Quest of the Holy Grail, 1969）、《亞瑟（王）之死》（法 La Mort (de Roi) Artu）、《湖騎士蘭斯洛》（法 Lancelot du Lac；英 Lancelot of the Lake），這些作品據推測應該是出自 13 世紀初葉（1215~1230）的法國西篤修士之手。
一般俗稱的《亞瑟王傳奇拉丁文通俗本系列》(Arthurian Vulgate Cycle) 便是來自《蘭斯洛‧聖杯》系列的一部分～蘭斯洛散文 (Prose Lancelot, 1227)。

註4：在亞瑟王傳奇中，斷鋼劍扮演十分重要的角色，它在歐洲文化圈中具有著多重形象，其名稱也因時因地而異。西元 5、6 世紀時，斷鋼劍在今日被視爲亞瑟王傳奇發源地的威爾斯、康沃爾一帶稱爲破堅劍‧卡烈圖赫 (Kaletvwlch；Caledvwlch)，這是個由「calet（堅硬的）」+「bwlch（留下凹痕；破壞）」合成的文字，有無堅不摧之意。
隨著盎格魯薩克遜人逐步佔領統治不列顛，亞瑟王傳奇開始向外延伸，有了新的面貌。12 世紀初，蒙茅斯的傑弗里在《不列顛諸王記》等著作中，率先把凱爾特人口中的破堅劍轉譯爲拉丁語的「Caliburnus」或「Caliburno」。此字似乎來自拉丁語的「鋼鐵」(chalybs)，這使得「破堅」純粹轉爲「鋼鐵」或「斬鐵斷鋼」(cut-steel) 之意。
至於威爾斯語的「堅硬」一詞爲何會轉爲「鋼鐵」，對於亞瑟王傳奇文學研究深入的美國自由作家奧古斯特‧韓特 (August Hunt) 提出一種看法，他認爲鋼鐵的形容更勝硬物，用以強化此劍威力予人的印象。
12 世紀中葉時，諾曼裔英國人羅勃‧韋斯 (Robert Wace, 1100~1174) 將蒙茅斯的傑弗里的作品《不列顛諸王記》(Historia Regum Britannie, 1136) 翻譯爲《布魯特史話》（法 La Roman de Brut, 1155），在這部將亞瑟傳說正式改寫爲中古傳奇的著作中，首度提到圓桌武士的概念與「Escalibor」一詞，這便是今日斷鋼劍 (Excalibur) 的前身。此字係由「ex」+「caliburnus」合成，一說有重鑄鋼劍之意，其背景來自博龍的羅勃寫下的《梅林》(Merlin, by Robert de Boron) 詩歌，此時該劍被視爲石中劍，後來亞瑟王於征戰時折斷此劍，經湖中仙女洗鍊才得以重生，如此一來該劍本身也引伸出「鍛鋼」之意。另一廣爲人知且接受度高的說法，則是馬洛禮承襲自《梅林傳奇續篇》（法 Suite du Merlin）的說法，亞瑟自湖中仙女手中接過此劍時，被告知此劍與劍鞘必須俱全，唯獨用於正義才能發揮摧金斷鋼的威力。後來劍鞘被亞瑟王的姐摩根偷走後丟棄，不久亞瑟王便因此戰敗負傷。
14 世紀的頭韻詩《亞瑟王之死》出現了另一新義，亦即本文中的炬火劍‧寇勃朗 (Collbrande)，它似乎是由「coal (charcoal)」+「brand」構成的單字。「brand」一字同見於德英法文，承襲自北歐的「brandr」，有火炬或劍的含意。私以爲「coal」本身或可解讀爲「碳鋼」(carbon steel)，亦即打造出大馬士革刀那樣削鐵如泥的利刃時所需的物質，這或許是在十字軍東征後，從摩爾人的彎刀獲法上獲得的認識。「Collbrande」之名一方面暗示此劍形成的背景，同時形容出劍時亮如火炬的光景。

註5：巨人迦拉帕斯又作哥拉帕斯 (Golapas) 或哥羅帕斯 (Golopas)，此一現象來自於抄本文字的不易辨識，又或抄寫時的誤植。

註6：《亞瑟王傳奇》（英 The Tale of King Arthur；日《アーサー王物語》）是馬洛禮的《亞瑟王之死》第一部，日譯本沿用此名取代《亞瑟王之死》。該版本係譯自與卡司頓活印本相近的溫徹斯特抄本 (Winchester Manuscript)，相較於內容縮減的卡司頓活印本，1934 年發現於溫徹斯特大學的此抄本保留了較多馬洛禮手筆的原貌。

註7：海克特是蘭斯洛的同父異母兄弟，又稱埃克特，與亞瑟王的養父同名，故冠以出身地之名以區別。

註8：日文版原書採用了「Nimue」的訛字「Niniue」，而有外來語「ニニーヴ」的錯寫，是一個將「m」視爲「ni」的誤例，正確的日文外來語應作「ニムエ」。

引1：日譯文摘自篠田知和基譯本。

食人魔（英美篇）

　　法國的食人魔（發音爲歐格勒），英文讀音作「歐格」。

　　英國搖滾樂團・皇后合唱團在1974年發行的第二張成名專輯「Queen II」中，發表了一首描述此一怪物爭鬥時的樂曲「食人魔大戰」〈Ogre Battle〉。日本的遊戲廠商Quest由此獲得靈感與發想，進而創作了一款SLG「皇家騎士團（台譯）」（日「伝説のオーガバトル」）。此一「食人魔大戰」之名，與希臘的泰坦巨神戰爭、巨人戰役屬於同一系列。

　　美國的史提夫・傑克森遊戲公司〈Steve Jackson Games〉也曾將一輛創造於不久將來的要塞型自走坦克命名爲「戰魔」〈Ogre, the robot tank〉[註1](1977)，發行了一款與此同名的戰略遊戲。

　　Namco發表的格鬥對戰遊戲《鐵拳3》中，也可見到食人魔化爲雙翼惡魔這樣的奇異形態，朝玩者攻擊而來。

　　像這樣有別於法國原種的食人魔，可說清一色活躍在遊戲與各種創作舞臺，並不僅止於民間傳說之中。

《巨龍戰爭》篇中的黑暗爪牙

　　在戈登・狄克森的《巨龍戰爭》〈Dragon Wars, by Gordon R. Dickson〉系列中，食人魔淪爲「黑暗勢力」〈Dark Powers〉的爪牙。所謂「黑暗勢力」，是一群喜見世界混亂失序的邪惡一方。

　　世界的舞臺猶如蹺蹺板一樣，平時或起或伏於「命運」與「歷史」的兩端，受到某種外因影響而劇烈擺盪時，「黑暗勢力」見時機成熟，就會試圖壓制其中一方。局勢長久停滯在一端後，整個世界就會淪陷在失序之下。

　　「黑暗勢力」無法親手執行這一切，於是驅使半人半鷹的鳥妖〈Harpy〉、離群的人類和飛龍等等，企圖控制整個世界，其中最具危險性的就是食人魔。

　　身高12呎（約3.6米）的食人魔有著一身灰色的皮膚，沒有頭髮與頸部，正方形的寬肩上看似擺放著一顆孤伶伶的蘋果。眼珠藍而渾圓，鼻子不像人類那樣隆起，臉上只有空氣流通之用的兩個洞。顯露在血盆大口裡的牙齒，如鋸齒般尖銳。

　　從上下一樣粗的軀幹伸展出來的臂膀，更爲渾圓粗壯，看起來十分不協調。這也使得上臂與前臂同樣圓滾厚實，幾乎分辨不出手腕。

臂骨與腿骨粗大，並有渾厚的肌肉附著其上，行動時受到相當的限制。手肘的部分只能上下擺動，如果要左右揮擺手臂，勢必會牽動到肩關節。膝蓋也同樣如此，只要彎曲膝蓋，行動就會明顯受限。

身上總是穿著以獸骨、金屬碎片、鑲有小寶石的針縫縫補補而成的一件未經熟皮處理的粗獸皮。

外表看似笨拙，事實上敏捷得教人吃驚。綑綁著生鏽金屬的棒槌異常沉重，食人魔卻能輕易舉起。

此一壓倒性的武力所到之處，即便龍族也難以對付。有一龍族甚至800年間只擊殺過一隻食人魔，這個故事也因此成為流傳千古的奇談。

史瑞克

在威廉‧史泰格的繪本《史瑞克》〈英 Shrek! (1990), by William Steig, 1907～2003〉書中，史瑞克是個通體綠色的怪物，有一顆長滿細毛的蒜頭鼻(註2)，配上尖禿的頭，還有一對像喇叭那樣突出的耳朵。他能口吐長達百米的火焰，耳朵還會冒煙，甚至從雙眼射出熱線。渾身散發出來的惡臭，讓人畜、花草林木、風雨都為之退避三舍。向來抱持著「醜陋至上」的審美觀，見了美麗的事物就會大倒胃口。

史瑞克歷經千辛萬苦，娶來了一位相貌醜陋的公主，原本過著幸福的生活，直到生平被導演安德魯‧亞當森〈Andrew Adamson〉改拍為電影《史瑞克》，他的私生活才被公開在世人面前。

《哈利波特》中的三根掃帚酒吧

在羅琳的《哈利波特》系列中，食人魔與人類較為親近，並不是那麼惹人嫌惡。

小巫師們就讀的霍格華茲魔法與巫術學院 (Hogwarts School of Witchcraft and Wizardry) 規定，只有獲得監護人同意的三年級學生，才可以在週末前往只有巫師能夠居留的活米村 (Hogsmeade)。

小才女妙麗 (Hermione Granger) 初次前往活米村歸來後，對得不到監護人同意而留在學校的好友哈利波特 (Harry Potter) 說道：「我猜我們大概見到食人魔了，所有種族都聚集在三根掃帚酒吧。」

順道一提地，三根掃帚 (Three Broomsticks) 雖然名為酒吧，卻以提供孩童的一種泡沫熱飲～奶油啤酒 (Butterbeer) 知名。

《魔法王國仙斯》裡的沒有魂魄的怪物

皮爾斯‧安東尼的《魔法王國仙斯》系列中，提到仙斯大陸北部有一處棲息許多食人魔的地帶。一身龐然巨體與蠻力，生性凶殘而好鬥，原來此地的食人魔並沒有靈魂。

食人魔

這股蠻力便是食人魔的魔法，比之他人毫不遜色。據說還有地妖曾經惹惱了食人魔，因此被拋上月亮（此一說法並非虛言，因為仙斯世界裡的月亮與地面的距離要比想像中來得近。能夠飛行的有翼獸，有時候還會自行飛上月亮）。至於食人魔彼此之間的爭戰，也成了仙斯大陸規模最大的衝突而為人所知。經過他們的戰事洗禮後，戰場上的一切往往無法復原。

食人魔非常愚笨，一次只能留意一件事情，對此他們卻引以為榮，甚至所有食人魔都將愚蠢之最視為值得驕傲的一件事。他們從不感到恐懼，然而這只能說是腦筋的反應過於遲鈍的緣故。

凡是外表容貌越醜陋的，在他們看來越有吸引力。一頭蓬鬆的亂髮看似從未梳整過，成了陰蝨寄生的好處所，幸而有一層堅硬厚實的頭皮，所以食人魔從不引以為意，反倒以「越醜越有魅力」而沾沾自喜。如此一張醜臉只要眉頭使勁一皺，就足以讓牛奶為之凝固。

談情說愛的方法也是世間一絕，在我等人類的眼中，簡直就是暴力的行為。女食人魔會賞對方一巴掌取代親吻，威力之大，縱然是身軀龐大的男食人魔也會被一掌擊飛。男方為了回應愛意，抓住對方的頭髮和一條腿，往樹上猛砸頭部兩三回後再拋到地上，接著舉起大石壓住其頭部，趁對方無法動彈之際強行交歡。這種純粹有別於人類示愛的方式，對於食人魔而言，卻是理所當然的（對於女食人魔〈Ogress〉而言，自然也是如此）。

《龍槍》中和善的艾達人

在瑪格麗特・魏絲與崔西・希克曼〈Margaret Weis & Tracy Hickman〉合作的《龍槍》系列中，食人魔也同樣走在截然不同的歷史長廊上。

在那段人稱「夢的年代」〈The Age of Dreams〉的創世期間，龍、精靈、人類、侏儒地精〈Gnome〉以及歐格族〈Ogre〉等，均創生於此時。當時的歐格族相貌端正，具有高度的智慧，被稱為最美麗的種族。身長與人類同高，卻從不知老之將至，與人類有著極大的分別。

他們同樣具備魔法的潛能，不過此一體系與今日的人類或精靈施展的魔法相比，基本上有所不同。一般說來，不論是法力如何高強的魔法師，都必須默記咒語、經由合適的媒介引導，才能施展法術。然而歐格族完全不需要這樣的過程，憑著簡易的魔法語言，便能生出火焰或催眠他人。

原本如此優越的歐格族，卻萌生了「我等魔力凌駕於神」的驕傲心態。驕矜自大乃至覬覦更多力量的他們，終於在黑暗之后塔克西絲(Takhisis)的誘惑下自取其敗。塔克西絲如其所願，賜予其強大的臂力，歐格族為此付出的代價卻是換來一身滿佈突疣的泛黃皮膚，與不勻稱的龐然巨體。智能弱化，高貴的情操也轉為

邪惡，徹底成為一介低俗的野蠻人，昔日的光榮從此化為泡影。

今日的食人魔就這樣誕生了。這也被視為一種警告，暗示「人類如果也同樣漫不經心驕傲自負，便與禽獸等同無異。」

然而並非所有歐格族都成了怪物，其中有部分皈依在善神帕拉丁(Paladine)之下，依然保有昔日的面貌。

他們被稱為艾達人 (Irda)，是一群被人們視為滅絕的種族，已然成為傳說中的族群。時至今日，只要提到有關艾達人的一切，人們就會口耳相傳道：「捉住他們，就會為你實現任何願望。」然而這樣的道聽途說，卻讓艾達人深以為懼。原來只要有人企圖將艾達人壓倒性的力量用在邪惡的方向，世界就會捲入混亂的渦流之中。

艾達人因此斷絕與外界的一切聯繫，悄然棲身在沒有他族同住的地方。然而由於他族不斷地擴張棲息地，無法長居久安於一隅的他們，經由尋找安身之地而浪跡天涯的過程，逐漸散佈在大陸的各個角落。各聚落的年輕個體數隨之減少，以致難以傳宗接代。

憂心此事的長老於是制定了「娃林」(Valin)。以人類的語言來說，「Valin」一詞具有「終生伴侶」的意思，它是一種尋找同族進行繁衍，帶有魔力的定習。不論當事人接納與否，「娃林」都會自行降臨，當事人更無法拒絕它選定的配偶。經此選上的兩人在接納彼此之前，勢必會感到極大的痛苦。此外在「娃林」施行的期間，男女若有一方先行死亡，本該存活下來的一方也會死去。

只有當女方懷孕時，「娃林」才會結束。此後將由男女其中一方養育孩子，一旦決定由誰撫養後，兩人就此分離，不再同住一起。

絕大多數的情形下，經由「娃林」交合的男女之間並不存在愛情，這也帶給艾達人的男女莫大的精神打擊，以致大多數的艾達人終生不再有性行為。

然而相傳只會降臨在艾達人之間的「娃林」，有一次卻發生在人類身上。關於此事，容後述於「半食人魔」一節。

■ 1 ■
註1：「戰魔」起初發表於蘋果電腦，日後曾移植為 PC 版，是一款人工智慧頗高的戰棋遊戲。
註2：電影版中的史瑞克拿掉了滿是毛髮的特徵，取而代之的是圓淨的大鼻子。

《龍槍》的世界

　　《龍槍》系列是由瑪格麗特・魏絲與崔西・希克曼共同創作的奇幻小說。儘管以對話型RPG《龍與地下城》（以下稱D&D）為基礎發展而來，其通俗性卻使其躍上舞臺而受人矚目。

　　《龍槍編年史》〈英Dragonlance Chronicles〉倍值紀念的首部曲是以《秋暮之巨龍》(*Dragons of Autumn Twilight*) 為題，由TSR〈Tactical Studies Rules〉公司發行的。由於頁數龐大，出版於1987年的日譯本甚至以「廢都の黑龍」與「城砦の赤龍」兩冊發行。接著發售的《冬夜之巨龍》(*Dragons of Winter Night*)又分「冰壁の青龍」與「尖塔の青龍」；《春曉之巨龍》(*Dragons of Spring Dawning*) 也分為「聖域の銀龍」與「天空の金龍」兩冊。

　　冒險的舞臺設定在一處名為克萊恩 (Krynn) 的異世界。除了人類以外，尚有眾多的亞種族發展出獨自的文明。

　　遠在夢的年代 (Age of Dreams)，眾神創造了人類、精靈、龍與歐格族。

　　大約4,500年前，人類創造了地侏儒，接著又由地侏儒遞生了矮人〈Dwarf〉、坎德人等矮人族群。當時爆發了「第二次巨龍戰爭」，在人類英雄修瑪 (Huma) 與善龍的奮戰下，邪龍被驅逐到另一處世界。

　　人類在緊接而來的力量的年代 (Age of Might) 達到繁盛的頂峰，進而驕傲自大起來。掌握全世界權力的教皇 (the Kingpriest) 向眾神要求賜予神力，此舉觸怒了眾神，一座噴出岩漿的火山從天而降，這便是大災變（The Cataclysm大變異）的開始，整個世界因此遭到毀滅性的打擊。人們雖然求助於牧師與僧侶，然而具有神力的僧侶早在大災變降臨之前，便讓眾神召回天上。具有神力的各族僧侶因此消失，人們認為人類已見棄於神，於是興起了虛偽的宗教信仰。

　　大災變一直持續到克萊恩元年，此後稱為絕望的年代 (Age of Despair)。

　　時間來到小說起點的克萊恩351年，崇拜邪神塔克西絲 (Takhisis) 的多位龍騎將 (Dragon Highlords) 展開宰製整個世界的行動。然而此後經由10位「長槍英雄」〈Heros of the Lance〉的努力，真實的信仰得以復甦，塔克西絲因此遭到驅

逐。這10人分別是……

❶ 半精靈坦尼斯 (Tanis Half-Elven)
　坦賽勒斯 (Tanthalas)
❷ 坦尼斯的情人同時也是精靈公主的羅拉娜 (Laurana)
　羅拉娜塞拉莎・卡南 (Lauranalanthalasa Kanan)
❸ 老矮人佛林特・火爐 （Flint Fireforge，打火石・火爐）
❹ 坎德人泰索何夫・柏伏特 （Tasslehoff Burrfoot，骰子的希望・帶刺的腳）

以及人類的……

❺ 騎士史東・布萊特布雷德 (Sturm Brightblade)
❻ 巨漢戰士卡拉蒙・馬哲理 (Caramon Majere)
❼ 卡拉蒙脆弱的魔法師胞弟雷斯林・馬哲理 (Raistlin Majere)
❽ 「最後歸宿旅店」(The Inn of the Last Home) 的店家女，後與卡拉蒙結為夫婦的
　提卡・維蘭 (Tika Waylan)
❾ 具有神力的僧侶，同時也是蠻族女王的金月 (Goldmoon)
❿ 金月的情人河風 (Riverwind)

　　關於《龍槍》系列的日文版，富士見書房譯本發行了總數26卷，除了最早
的《龍槍編年史》6卷以外，尚有《龍槍傳奇》〈英 DragonLance Legends〉6卷、
短篇《龍槍外傳》〈英 Dragonlance Tales〉6卷，以及《龍槍序曲》〈英
Dragonlance Preludes〉5卷，可惜目前均已絕版。

　　此後《龍槍》系列在發源地美國依然人氣不衰，陸續發行了諸多新刊與短
篇小說。為了讓讀者也能在D&D體驗《龍槍》世界的樂趣，此外也發行了角色
資料與戰役設定集。

　　在此一潮流的推波助瀾之下，日本也終於在西元2002年5月由Enterbrain重
新發行作者與友人追加詳細註解的經典版（註1）。

　　《～戰記》〈即編年史〉的標題因此悉數改為《ドラゴンランス》〈即龍槍〉，至

於《～伝説》〈即傳奇〉等作品除了注解以外，基本上與富士見書房譯本相同，原本未翻譯的續集《夏焰之巨龍》〈英 *Dragons of Summer Flame*〉也因此得以發行。此外又從《～英雄伝》〈即外傳〉摘錄重編了《龍槍傳承》〈英 *The Second Generation*〉，增添新的資料設定集，使其成為銜接《龍槍傳奇》與《夏焰之巨龍》的橋樑。

《靈魂之戰》〈英 *The War of Souls*〉(註2)與描述前傳的《雷斯林傳奇》〈英 *Raistlin Chronicles*〉，將視目前系列銷售的情況決定翻譯與否，對於今後的發展，吾人當抱以熱烈的期望。

■ I ■

註1：目前日文版《龍槍》系列多為安田均等合譯，由 Enterbrain（エンターブレイン）公司所發行的版本，即便是二手的富士見書房譯本，坊間也難得一見。台灣版首見於第三波出版社譯本，目前由奇幻基地取得版權，譯者同為朱學恆。

註2：本書日文原版刊行時尚未翻譯的《靈魂之戰》日譯本，已於 2005 年發行；《雷斯林傳奇》則尚未有日譯本。奇幻基地已於 2007 年初出版繁體中文版，《雷斯林傳奇》預計 2008 年 2 月出版。

半食人魔

食人魔〈Ogre〉一詞係指雄性，雌性的英法文均作女食人魔 (Ogress)。女食人魔的外貌有別於邋遢醜陋的雄性，大多生來美麗，但心地如同食人魔一般。

喬治・麥克唐納在《仙遊奇譚》〈英 *Phantastes* (1858), by George Macdonald, 1824～1905〉（註1）的第8章中，提到一個住在幽暗的教堂裡，滿口都是白色尖牙的女食人魔。蒼白的臉上流露著險惡的表情，額頭高而寬，雙眸透出深沉的黝黑。她說道：「一切事物都是來自黑暗，人不能排斥黑暗而獨活。」並對篇中的主角警告：「不要開啓眼前的門。」

主角自然無視於她的警告，結果被門後飛撲而來的「黑影」附身。

《睡美人》中的女食人魔

查理・佩羅在《森林的睡美人》〈法 *La belle au bois dormant*；英 *Sleeping Beauty in the Wood*〉中，描述王子和甦醒自百年長眠的睡美人成婚，他的母親（亦即王后，相當於睡美人的婆婆）便是個女食人魔。原來當初王子的父親看上女食人魔的財富，所以娶她爲妻。

女食人魔平日始終克制自己的食人慾望，兒子接替死去的丈夫繼任國王後，她便趁兒子出征不在國內的當頭，打算吃掉自己的孫子和睡美人。後來御廚靈機一動，改以烹殺的動物讓女食人魔進食。

然而此一計謀不久便敗露了。就在女食人魔尋獲睡美人母子，要將他們丟進滿是毒蛇鑽動的桶子以取其性命之際，繼承王位的兒子卻在此時提早返國，出乎女食人魔的預期。眞面目爲愛子所知的女食人魔因此發狂，轉身投向裝滿毒蛇的桶中自盡。

倘若此一傳說屬實，按理救出睡美人的王子便有半食人魔的血統，只是王子非但並不邪惡，反而擁有高遠的志向與純潔的人性，足見並未遺傳食人魔在能力與天性上的基因。

不過在英語圈的奇幻小說中，半食人魔仍被視爲具有特徵的生物。

《龍槍》中的艾爾達混血兒

在魏絲與希克曼筆下的《龍槍》世界中，食人魔雖有怪物般的外觀，

但由於本身原是一支接近人類的種族，因此仍有生育混血兒的可能。不過這樣的半食人魔，幾乎都不是在你情我願的背景下誕生。多半是對人類女子施暴後，造成對方懷孕的結果。

其中最知名的半食人魔，便是單腳裝上鐵製義肢的鋼趾〈Steeltoe〉(註2)。他率領著一支泰半由流浪落魄的騎士組成的數十名強盜集團，對其施以一貫的恐怖統治。

「鋼趾」從食人魔身上繼承了強健的體魄，並由人類身上獲得靈敏的身手與智能。他的義足有如強力的鐵鎚，能夠將對手橫掃在地。但這樣一個毫無弱點的戰士，最後還是被千錘百鍊的人類劍士卡拉蒙‧馬哲理(Caramon Majere) 所殺。義足陷入泥淖是戰敗的致命主因。

僅有一次，半食人魔是在經由愛情而非暴力的過程下誕生。

對於卡拉蒙的胞弟雷斯林‧馬哲理(Raistlin Majere) 這位身受魔咒，以致眼中所見盡是呈現衰亡之象的魔法師而言，生命凌駕了時間印記的女子安柏莉 (Amberyl) 卻十足充滿著吸引力（正確說來，該人種仍有壽命的上限，只因爲過於長壽的緣故，外觀幾乎不受歲月的影響）。原來安柏莉並未受到黑暗之神〈指塔克西絲〉的誘惑，是個保有亙古美貌的歐格族〈食人魔的前身〉～亦即艾達人 (Irda)。

安柏莉對於擁有強大魔力、有別於常人的雷斯林，也同樣抱有濃厚的興趣。當時艾達人爲了繁衍族群所制定的魔咒定習「娃林」(Valin) 就這樣降臨在兩人身上。

相傳安柏莉離開雷斯林之後，生下一個「遺傳父親一雙金瞳的女兒」。然而根據小說所述，安柏莉不耐分娩之苦難產而死，就連雷斯林也對此毫不知情。

這個半食人魔被取名爲鄔霞(Usha)，由艾達人撫養長大。生性善良的艾達人對於外貌不如族人美麗的鄔霞並未另眼相看，反以猶有過之的濃情厚愛，對待具備人類豐富情感的這個女孩。鄔霞就這樣在防止所有災厄危害部落的「保護者 (protecter)」的庇護之下，度過了少女時期。

一日信奉黑暗之神的塔克西絲黑暗騎士團，踏上了艾達人居住的孤島。艾達人的保護者便想利用鑄造之神‧李奧克斯 (Reorx) 所創造的混沌之石～灰寶石 (Gray-gem)，築起一道魔法力場(註3)。

然而艾達人無法獲知身上流有人類血統的鄔霞，能否抵抗寶石的魔力。原來這顆寶石能夠讓接近它的所有艾達人以外的種族，悉數投身在墮落的深淵，成爲強烈慾望的俘虜。

爲此艾達人不得不將鄔霞送往條件苛刻的外界，交代她「投靠雷斯林的弟子～黑精靈達拉瑪 (Dalamar)」。

不料築起魔法力場的儀式終歸失敗，萬物與虛無之父‧混沌之神

《睡美人》中述及的王子

(Chaos) 因此復活。對於封印自己的諸神，混沌之神難掩心中怒火，亟思引發旱災、地震、飢荒等所有的大災難，一舉毀滅眾神創造的此一克萊恩世界，於是他便燒毀整個艾達人的聚落，做為一切的起點。

唯一倖存的鄔霞經由結識達拉瑪、雷斯林的姪兒帕林 (Palin)、李奧克斯所化身的杜根‧紅錘 (Dougan Redhammer)，以及視為父親的雷斯林這樣的過程，逐漸瞭解到身處動亂中的自己必須完成的使命。

鄔霞在帕林身上發現一種和自己同樣感情纖細、容易受傷的相似之處，以及情同父母的「保護者」那樣強大的力量，因此一見鍾情。

後來帕林為了解救無辜獲罪的表兄弟～黑暗騎士史鋼‧布萊特布雷德 (Steel Brightblade)，置身在黑暗騎士團的武力之前，當時鄔霞只在一人陪同之下潛入黑暗騎士團根據地〈指大法師之塔〉，由此便可窺知鄔霞熱愛帕林的程度。隨後鄔霞還想進一步說服重視騎士榮耀的史鋼棄暗投明。

不論是鄔霞或帕林，都因為身為雷斯林的近親而一度對這「禁忌的戀情」感到焦慮煎熬。

然而初次現身在鄔霞面前的雷斯林卻告訴她：「妳不是我的女兒，妳的母親也不是艾達人，她是人類。」「有一天妳的父母被抓走，他們成了奴隸，在航海途中遇上船難，漂流到艾達人居住的島上。從此妳的雙親和艾達人一起生活了好一陣子，但是不久就有了回到故鄉的念頭。艾達人深怕他們存在的祕密會因此外洩，所以殺了妳的父親。當時妳的母親已經懷有身孕，她在生下妳之後，也因為過度哀傷死去的丈夫而投海自盡。艾達人為此受到良心呵責，所以才養育了妳。」

剛開始吾人不免懷疑此一說法的真實性，然而心念一轉，卻想起熟知世界的過去與今日一切的知識之神吉立安 (Gilean) 所化身的阿斯特紐斯 (Astinus)，曾經肯定地將鄔霞稱為「艾達人之子」。

即便到了今日，此一說法依然真偽難辨，甚至在讀者之間引發熱烈的討論。不過鄔霞和帕林的戀情卻因此如願以償，得以開花結果。或許是雷斯林為了促成這段姻緣，才編出此一謊言也不可知。

且說為了拯救世界，唯有利用破碎的「灰寶石」，再次封印混沌之神一途。為此杜根‧紅錘將鄔霞送進盜賊公會，讓她習得一身技藝。拜此磨練所賜，原本對於使用金錢購物都一無所知的鄔霞，終於融入人類世界的生活，完成了迎接未來一戰的準備工作。

值此同時，克萊恩的人們正在對抗混沌之神由虛無中召喚而來的怪物與飛龍組成的大軍。

另一方面眾神也陸續披掛上陣，奔赴異次元無底深淵 (Abyss)作戰，他們或因此戰死，或逃離克萊恩而去。

鄔霞等人於是趕往無底深淵為眾神助陣，與混沌之神直接對決。當時鄔霞肩負取得混沌之神的血液、將混沌之神封印在寶石內的重責大任。看著摯愛的帕林與史鋼逐一倒地，鄔霞並未因此絕望，她把握住眾人犧牲換來的最後機會，終於封印了混沌之神。

經此一戰，「諸神的時代」結束了，這使得借助神力的魔法從此消失，月亮與形塑出諸神的眾星也從天上消逝無蹤。封住混沌之神的寶石一路飛昇，於竄向高空後爆炸，在宇宙間化育出新的星辰與蒼白的月亮。死後飄盪至神界的英雄們則來到李奧克斯冶煉之處，他們在熔爐內生起爐火，火焰隨即化為閃耀在空中的紅星。

「人類時代」的序幕就這樣揭開了。此間鄔霞與歷經艱辛才存活下來的帕林結為連理，生下女兒林霞·馬哲理 (Linsha Majere)，不過這已經是另外一個故事。

《魔法王國仙斯》的史麥許

在皮爾斯·安東尼的《魔法王國仙斯》系列中，有一個奇特的食人魔家族，住在人類國王所在的路格納城 (Roogna Castle) 附近，他們從不加害人類，同時還與人類建立了友誼。

最早和人類接觸的是一個名叫克朗奇（Crunch，咬嚼作響），以素食為主的食人魔。身為食人魔卻不吃人，已經讓人感到匪夷所思，更何況克朗奇還討了一個屬於人類支系、擁有異能的咒魔族人 (Curse Fiend) 為妻。

咒魔族棲身在一處位於仙斯西部食人魔湖 (Lake Ogre-Chobee)（註4）底的通關城 (Gateway Castle)。他們視表演戲劇為無上的喜樂，若有人阻撓或打斷演出，必毫不留情地向對方下咒。

一日漫遊林中的克朗奇來到「食人魔湖」，他見到劇中那打扮成女食人魔、狀極醜陋的咒魔族後，不禁一見鍾情，當場擄走這個女子。咒魔族人便咒罵克朗奇說道：「老天爺會咀咒你的，你這個吃人連肉帶骨的食人魔！」然而這一番咒罵卻對素食的克朗奇起不了任何作用。

且說早已厭倦咒魔族生活的該女子，對於食人魔奔放的人生產生了共鳴，就這樣與克朗奇結為夫妻。兩人育有一子，名叫史麥許（Smash，粉碎）。

史麥許身為半食人魔，卻擁有人類（咒魔族）的知性與靈魂。起初他以身為食人魔而自豪，一味否定埋藏體內的人性，直到和混有水精〈Nymph〉與人類血統的譚迪 (Tandy) 偕伴同遊的途中，才逐漸瞭解人類智慧與遼闊眼界的必要性。自我靈魂的覺醒，讓他察覺到自己擁有一種幻化人類或食人魔的魔法能耐，從此兼具了人類的智慧與食人魔的蠻力。

化身為人類的史麥許日後與譚迪結為連理，婚後生下了四分之一食人魔血統（同時也擁有四分之一水精血緣）的孩子。這個名叫埃斯基耳 (Eskil) 的少年，外觀上與人類無異，

能夠施展一種人類特有的魔法能力。然而每當他流於情感、陷入極度不安的時候，就會使出等同食人魔的力氣。

或許這正代表只有當一個人能夠接受內心的光明與黑暗面時，才能讓自己的力量揮灑自如吧。

■ 貝希斯坦的「失魂魔」

如果以人性中有一半成分屬於食人魔的意義來看待「半食人魔」，那麼或許就有必要一讀收錄在德國作家路德維希·貝希斯坦〈Ludwig Bechstein, 1801～1860〉創作的《貝希斯坦童話集》了（註5）。

曾經有一個力量十分強大的食人魔，因為沒有靈魂而被稱為「失魂魔」〈德Seelenlos，英文為Soulless之意〉，深為各國所懼。他讓18歲以下的少女抽籤，進而吃掉中籤者，最後就連公主也不幸抽中了籤。國王向對方懇求，希望用金銀財寶換取女兒的性命，然而「失魂魔」喜食少女鮮肉之外，其次最愛的便是「平等」的信條，是以並未首肯。畢竟籤原本就是無關家世地位，一視同仁的東西。

國王於是貼出告示：「只要有人能夠救出公主，除了讓公主下嫁予他，同時分贈一半的國土。」隨後便有一名小兵應募前來，從國王手中受領一大筆費用，以及一把切肉的大庖刀後，啟程前往食人魔的城堡。

小兵在途中遇上了獅子、熊、老鷹和蒼蠅爭食驢子屍體的場面，他以大庖刀將驢子切割成數份，分配得皆大歡喜，老鷹於是送給小兵右邊翅膀的一根羽毛。只要旋轉這根羽毛，無論何時都能化成鷹的模樣，此外以削尖的羽毛筆書寫時，文字絕不會褪色。

同樣地蒼蠅也送給小兵一個口器和尾端同時湊上來的親吻。只要觸摸被吻的地方，便能無數次化身為蒼蠅，唱起歌來更是動聽。

獅子原本伸出前腳，打算賜予強大的力量與權力；熊則表示想給小兵一個擁抱，貼吻他的臉龐，小兵卻害怕得婉拒了兩者。

小兵變成老鷹飛抵「失魂魔」的城堡，一時恢復人類模樣並潛入公主的居室。公主先是吃了一驚，得知對方是救兵後，透露了「失魂魔」的祕密。

原來「失魂魔」本是人類，讓邪惡的魔法師奪走了魂魄，成了食人的惡魔。他的靈魂被禁錮在一個上鎖的小金箱，放置在一處漂浮於紅海中央的琉璃石上。被咒化為「失魂魔」的他，從此被迫以嗜食少女為生。不過只要能夠取回魂魄，他就不會吃掉少女，只會賞心悅目地看待她們。

小兵搖身一變成了老鷹，飛往四處風城，從「風母」手中取得一頂能夠如風遨翔的魔法帽，同時獲得東風與西風的協助飛向了紅海岸。為免掀起波浪，眾風來到海岸便停下行腳，讓一尾大鱈魚取來琉璃石上的小箱子。

帶著小箱子回到「失魂魔」城堡

的小兵打扮成寶石商的模樣，入城提出交易公主的提議。

「失魂魔」答應了交易，將公主放出房外後，竟溫和地敦請公主坐上沙發。原來拜那回到近處的靈魂力量所賜，「失魂魔」開始逐漸恢復人性。只見一道魂魄從小箱灌入喉中，魔法登時立解，再次為人的「失魂魔」喜極而泣，一時擁住了小兵。但由於人性已經完全恢復，自然不好與公主相擁而克制了自己。

從此「失魂魔」與二人結為好友，成為普天下的騎士之冠。

■|■

註1：「phantastes」一詞出自希臘語，有遊行、自吹自擂者之意。《仙遊奇譚》尚有一副標，題為「給成年男女的仙靈傳奇」(*A Faerie Romance for Men and Women*)。

註2：日版原書誤植為「Steelfoot」，謹此更正。

註3：灰寶石之所以又名混沌之石，是因為寶石本身囚禁了混沌之神，艾達人對此一無所知，破壞灰寶石也使得整個克萊恩大地的神人萬物陷入一場劫難。關於本段敘述，請參見《夏焰之巨龍》。

註4：皮爾斯‧安東尼創造仙斯世界時，取材了許多美國地名。例如「Lake Ogre-Chobee」的靈感就是來自美國的「Lake Okee-Chobee」。在佛羅里達的印地安（塞米諾人）方言裡，「Okee-chobee」有「大水」之意，這也代表「Ogre-Chobee」有「魔水」的含意。

註5：《貝希斯坦童話集》（德 *Ludwig Bechsteins Märchenbuch*, 1853）原以《德意志童話集》(*Deutsches Märchenbuch*) 之名出版於 1845 年，後改為今名。

格蘭德爾

　　格蘭德爾是英文古詩《貝奧武夫》〈古英 Beowulf，蜂狼，意指熊。台灣電影名作「貝武夫」(2006~2007)〉提到的怪物。此一名詞帶有研磨者 (Grinder) 的含意，其字源也同樣來自古英文的「Grund」，代表水底或湖底的意思。在詩篇中多次被喚作海魔 (niceras)（註1）、巨人（thyrs〈即þyrse〉）、亡靈 (gæst)（註2）、夜魔〈nihtbealwa〉（註3）、地獄魔精（feond on helle〈即fiend of hell〉）、惡魔（deofol〈即devil〉）等稱謂。

　　就血統淵源而言，格蘭德爾的祖先是亞當和夏娃的長子～因嫉妒而殺害胞弟亞伯〈Abel, brother of Cain〉的該隱，牠相當於古英文的食人魔・父丁巨人（eoten〈即ettin〉）、精靈（ylfe〈即ælf, elf〉）、海魔類 (orcneas)（註4），以及反抗天神的巨人 (gigant) 族群之流。根據猶太人的傳說，該隱的後代悉數流落在計有七層的冥府第一環「逆倫之地」〈Tebel〉（註5），那裡有狀似父丁的雙頭巨人流連徘徊。

　　或許格蘭德爾的巢穴便是通往此一逆倫之地也不可知。通過遠離人煙、野狼出沒的山徑，越過了風勢強勁的海角後，可見一處林木突出於水面的沼澤。在那水質或可視為鹽水的

沼地深處，蜥、蟒、海蛇四下遊走，入夜後尚可見到燐火（fyr on flode，漂浮的火）飄盪。即便是遭到人類趕出棲息地的野獸，也斷不會接近此地。

英雄貝奧武夫與沼澤巨怪

　　《貝奧武夫》的內容大致可分為兩部。第一部講述的是英雄貝奧武夫大戰惡魔格蘭德爾與其母，乃至險勝的內容。第二部則歌詠身為人王的貝奧武夫與火龍（〈Fyra-〉draca）惡戰，因此殞命的故事。

　　話說丹麥的舒爾德族國王・荷洛斯加〈Hrothgar, King of Scyldings〉建造了一處名為雄鹿〈Heorot〉的金殿，夜夜擺下宴席。此舉卻惹惱了格蘭德爾，原本在沼澤深處過著平靜生活的牠，不堪其擾之下襲擊了金殿，進而一擊得逞，一夜便有30名戰士遭到殺害。或許是讓人肉的滋味喚醒了飢渴，此後每到夜晚，必於雄鹿殿一帶攻擊百姓。

　　格蘭德爾的外貌近似人類，蓄有一頭長髮，戴著龍皮(dracan〈fellum〉)製成的手套（glof〈即glove〉），總在夜色的掩護下行動，雙眼透著一股邪

格蘭德爾

氣，是個軀體龐大的巨人，常以銳利如鋼的勾爪撕裂人類，繼而一口吞下，一晚能吃掉15位戰士，不費吹灰之力就能扛走15名戰士的屍首。

荷洛斯加國王的此一心頭大患經人傳頌爲歌謠，最後也傳到了南瑞典的英雄貝奧武夫的耳中。貝奧武夫打定主意要協助荷洛斯加國王，於是渡海來到丹麥，並且在戰前的宴席上宣示徒手搏鬥的決心。此一立意看似爲了與不善於使用兵器的格蘭德爾來一場公平的對抗，事實上卻是因爲貝奧武夫的力氣驚人，刀劍經常鏗然折斷，徒手反倒更能發揮實力的緣故。

深夜時分，格蘭德爾再次來到雄鹿殿。貝奧武夫全賴徒手與對方搏鬥，以此證明自己的力量更勝格蘭德爾。貝奧武夫的侍從們也群起圍攻，砍向格蘭德爾，卻無法傷及一絲分毫。原來食人魔格蘭德爾是個半人半獸的怪物，身上施有免於刀劍所殺的咒語。

當力抵30人的貝奧武夫扯斷格蘭德爾一隻臂膀後，格蘭德爾旋即逃回自己的老巢。

宮中一時恢復祥和平靜的光景，不想格蘭德爾竟還有一個「女妖」(註6)母親。

爲了復仇，女妖劫走荷洛斯加國王的大臣艾許赫瑞〈Æschere；Aeschere〉，並帶走兒子格蘭德爾的手臂。

循著女妖的足印一路追蹤，來到湖畔便失去蹤跡，只見到艾許赫瑞的首級。

借得寶劍赫倫汀〈Hrunting〉的貝奧武夫隨後潛入湖中，卻讓女妖攫住腳拖往湖底。

湖底有一處寬闊無水的空洞，貝奧武夫與女妖在此展開生死搏鬥。無奈貝奧武夫的寶劍無法傷及魔法護體的女妖，一時轉爲徒手的對決。面對女妖十足威脅的蠻力，貝奧武夫逐漸陷入困境，全靠鎖子甲抵擋住女妖的短劍刺擊。就在千鈞一髮之際，貝奧武夫瞥見裝飾在洞中的一把巨人闊劍。

於是貝奧武夫鼓起最後的餘力，舉起闊劍洞穿了女妖的喉部。原來這把傳自遠古的巨劍，是一件足堪貝奧武夫的勇力、又能奈何女妖法力的寶物。即便如此，巨劍最後還是融化在女妖具有毒性的血漬之下。

貝奧武夫同時取下死於洞內多時的格蘭德爾的腦袋，這才返回地面。從此真正的和平終於降臨北國。順道一提地，據說格蘭德爾的首級既重又大，動用四名戰士才能抬走。

▋活躍於創作世界的點滴

古英文史詩《貝奧武夫》篇中的格蘭德爾雖已死去，其類屬仍以各式各樣的形貌活躍在諸多領域中。

在Atlus公司發行的「真女神轉生：惡魔召喚師」〈Shin Megami Tensei: Devil Summoner〉與「惡魔召喚師：靈魂駭客」〈Devil Summoner: Soul Hackers〉之中，格蘭德爾被描繪成一個赭銅膚色的人形怪物，形象與

原著頗爲相近。軀體看似以某種金屬串連合成，長髮一變成了鎖鍊，垂擺於腰際。透著邪氣的雙眼，由髮際之間凝視向前。力量強大且善於肉搏，能夠撞開對手的近身攻擊，因爲具有吟唱聖咒的能力之故。

在 Square Enix 公司的「勇者鬥惡龍5：天空的新娘」〈Dragon Quest V-Bride Of The Air〉與「勇者鬥惡龍怪獸篇1」〈Dragon Quest Monsters: Terry's Wonderland〉之中，牠是一個相貌似牛、狀極醜陋，有著人類外型的惡魔。或許從早年敗給貝奧武夫的祖先身上記取了教訓，劍盾鎧甲等武裝一應俱全。

同一公司發行的「太空戰士8（台譯；中譯爲最終幻想）」〈Final Fantasy VIII〉之中，牠成了一頭出沒林間的龍。其典故或許是來自祖先戴著龍皮手套的淵源。本身善於雷擊、火焰、冰封等魔法，擊倒時豐收可期。（註7）

在發行自同公司的另一作品「復活邪神2」〈Saga Frontier II〉之中，卻又成了一隻巨蟹，長有一對大鉗爲其特徵。這點則是來自格蘭德爾水陸兩棲的海魔色彩。

葛拉漢貝克執導的《戰狼》〈Beowolf, directed by Graham Baker, 1999〉片中，格蘭德爾成了半人半魔的怪物，是由攻陷敵城的人類英主，與本是大地精靈、棲身該城附近的女妖交合所生。其外形一如常人，皺紋滿佈、膚色晦暗的外皮堅若甲胄，具有融入周遭背景的隱身能力，與一擊必殺尋常人等的過人力量。

至於女妖平日則以冶艷的姿態呈現於人前，一旦吸取兒子格蘭德爾殺害的落難者精氣，就會搖身一變成爲狀如甲殼類的巨妖。

爲了宣示自己才是原先的土地所有人，格蘭德爾逐一殘殺全城的士兵。就在國王有了全軍覆沒的體認之際，受那妖氣吸引的貝奧武夫翩然到來。原來片中的貝奧武夫也是個具有魔性的人類，精通多種兵器，是以敢於挑戰格蘭德爾與身爲其母的女妖。

在賴瑞尼文與傑瑞・波奈爾、史提芬・巴恩斯合著的小說《雄鹿殿的遺產》〈*The Legacy of Heorot*, by L. Niven, J. Pournelle, S. Barnes, 1987〉篇中，同名的此一怪物出現在距地球（註8）有10光年之遙的亞瓦隆行星。亞瓦隆的殖民者起初過著平順的生活，直到屢屢發生牲口遭到殺害的事件。在瞭解該事件的元凶係亞瓦隆的原生肉食獸之前，人們付出了莫大的犧牲。殖民者將怪物取名爲格蘭德爾，從此展開了一場攸關人類與格蘭德爾存亡的物種戰爭。

該格蘭德爾爲一身長超過一米的兩棲生物，幼年期看似尋常的魚類，長成後卻會生出帶有棘突的尾巴，與長有蹼爪的四肢。綠色的皮膚帶著灰色調，有一對金黃的眼珠，慣以碩大的下嘴顎捕獲獵物。其智能彷彿黑猩猩，嗅覺敏銳、性喜肉食。可怕的是身上有一器官，能在血液中注入特殊的混合物。如此一來，格蘭德爾的體

能便可瞬間陡升至超乎尋常的境界，能以超越百米的時速奔馳，輕易地攀上幾近垂直的懸崖峭壁。

在續作《貝奧武夫的子孫》〈*Beowulf's Children*, 1995；日《アヴアロンの戰塵》, 1998〉篇中，又出現了進化型態。格蘭德爾原本隻身行動，此時卻衍生了雪中合獵的模式，形成水獺築壩般致力於繁衍後代的類型。其中最重要的角色，是一位具有知性、堪稱女后的老格蘭德爾。遠比尋常的格蘭德爾來得長壽，富有累積自經驗的智慧，最後達成與殖民者對話的使命。本該互相殘殺的兩批勢力，因此對彼此有了初次的理解。

對於人類渾然不覺之中踏入不可侵犯的領域，格蘭德爾正意味著一種來自大自然的警告。他們是自然的代言人，同時也是受害者。

人類夜夜饗宴，必定帶給鄰近者困擾，若能審度節制，不亦可乎？畢竟無論身處何地，都必然存在格蘭德爾之故。

■ I ■

註1：「niceras」為古英文「nicor」的複數型態，「nicor」是一種棲息於水濱，類似河馬或鱷魚的海妖 (sea-goblin)，日後演變為中古英文的「knucker」～一種棲息於薩塞克斯 (Sussex) 的水怪。

註2：根據古英文辭典在文學上的詮釋，《貝奧武夫》書中描述格蘭德爾時 (wæs se grimma gæst Grendel haten) 提到的「gæst」又作「敵人」或「外來者」解譯。

註3：本文作「nihtmœre」，然而《貝奧武夫》原文並無「nihtmœre」一詞，該字似乎是編者將「nihtbealwa」一詞視為夢魘「niht mære (nightmare)」的結果，是以原文記為「夢魔」。「nihtbealwa」由「night」+「bale (balo)」構成，指活動於夜間的惡魔。

註4：本段文字敘述見於《貝奧武夫》112 以下兩行。原文揭示如下：「eotenas ond ylfe ond orcneas swylce gigantas, þa wið Gode wunnon lange prage……」，一般多翻譯為「乂丁、精靈與獸淫此類，便是對抗神的巨人族群」。乂丁巨人與精靈的解釋同見於諸多論述《貝奧武夫》的著作，本文作「海魔」解釋的「orcneas」一詞較具爭議性。關於這點，本書第 8 章的獸人・奧克一節還有進一步的論說。

羅賓森氏 (Fred C. Robinson) 在著作《貝奧武夫與其同位語文體》*(Beowulf and the Appositive style)* 一書中提出這樣的看法。他認為「orcneas」有「地獄惡魔」（來自死神 Orcus 的觀念）或日爾曼古語的「活屍」之意。根據後者的說法，「orcneas」被視為「orc」+「né (corpse)」的複合詞。此外愛爾蘭的古默里氏 (Francis B. Gummere) 於 1910 年的《貝奧武夫》譯本中，解譯為邪靈 (evil-spirits)。

至於本文以「海魔」(sea-monster) 解釋，應是根據自拉丁文「orca」而來，此字代表海洋生物學名的鯨目，俗稱殺人鯨的虎鯨學名便是「Orcinus orca」。在一份出版於 1933 年的劍橋大學期刊中，懷亞特氏 (A.J. Wyatt) 將此字拆解為拉丁文「orca」+古英文「eoh (horse)」，如此一來，這個字就成了「海馬」，但在綜觀《貝奧武夫》的文脈之下，他認為象徵邪靈的意義更為強烈。

註5：「tebel」為希伯來語，聖經英文版作「混亂、違性」(confusion) 解。《利未記》*(Leviticus)* 篇中曾二度提到此一字眼。一是「不可與獸淫合、玷汙自己。女人也不可站在獸前、與他淫合，這本是〔逆性〕的事。」（18：23）二是「與兒婦同房的，總要把他們二人治死，他們行了〔逆倫〕的事，罪要歸到他們身上。」（20：12）

註6：根據《貝奧武夫》原文的描述，格蘭德爾的母親又稱之為「湖底母狼」(grundwyrgenne) 這個由「grund」+「wyrgen」組成的古英文。

註7：遊戲中的格蘭德爾雖屬小型怪物，但十分耐打難纏，特別是兩隻同時出現時。擊倒後可獲得龍牙或龍皮等上等合成材料。

註8：正確說來，應該是類地球的行星陶塞提 (Tau Ceti)。

第8章

獸人類

Ork / オーク

〔托爾金創造的邪靈〕

獸人・奧赫

「Orch」[註1]是托爾金 (J.R.R. Tolkien) 在作品《精靈寶鑽》〈The Silmarillion〉中提到的一種感染黑暗習性的邪惡精靈族，是精靈共通的辛達用語，複數型態爲「Yrch」。

由於托爾金喜愛的古英文史詩《貝奧武夫》中，精靈〈Elf〉又稱「Ylfe」，可知此一近似「Orch」複數型態的古英文正暗示精靈與獸人之間，有著令人驚駭的關連。

根據「精靈寶鑽爭戰史」〈Quenta Silmarillion〉所述，在至上神〈Eru〉創造的生物中，沉淪之神馬爾寇（Melkor，以力量興起者）最厭惡美麗優雅的精靈～這支最早甦醒的種族。他搶在瓦拉諸神〈昆雅語 Valar，Vala 的複數型，共 7 男 7 女〉之前來到阿爾達〈昆 Arda，精靈口中的地球〉，或百般利誘、或深植恐懼於其心而將之捕獲，囚禁在自己的地盤烏塔莫（昆 Utumno〈深邃的幽谷，源自深谷 tum 一字〉）的地牢中，施以駭人的刑求。

不及得享瓦拉諸神的護佑、不識對抗馬爾寇之法的精靈們就這樣沉淪墮落，搖身一變成爲面目可憎的獸人。對於此番傑作，馬爾寇自然志得意滿。

反觀獸人們卻也打從邪惡的內心深處，厭棄了扭曲他們心性的馬爾寇。

附帶一提地，根據收錄在《未完成的故事》〈Unfinished Tales (1980), edited by Christopher Tolkien〉一書中的「督伊頓〈The Drúedain〉」篇所述，這不過是諸多獸人起源論中的一派說法，也有人類所創這樣的論說。

天魔王馬爾寇的軍隊

將獸人的歷史稱之爲黑暗魔王史，其實並不爲過。因爲他們常在作戰中擔任魔王的步兵。

第一位黑暗魔王〈Dark Lord〉，自然是一手創造他們的主子馬爾寇。在馬爾寇與瓦拉諸神的早期爭戰中，獸人的數量並不充足，馬爾寇於是在沒有獸人從征的情況下，向瓦拉諸神挑起了戰端。馬爾寇落敗後，爲瓦拉主神所獲，幽禁了很長一段時間。

獸人失去了創造主，此後便在黑暗的烏塔莫中不斷增生繁殖，最後終於脫離該地，悄然地逐步西侵展開掠奪。他們來到臨海眺望眾神之國・瓦

林諾〈Valinor〉[註2]的貝爾蘭（辛達語Beleriand，宏偉的大國）之後，與當地的精靈以及盤據在構成貝爾蘭東境的伊瑞德隆〈辛Ered Luin，藍色山脈〉一帶的矮人族發生衝突。

馬爾寇不久便從禁錮中獲釋歸來，他在貝爾蘭北部建造了要塞安格班（辛Angband，鐵的禁錮），部署獸人於其中。除了賜予更強大的力量與殘酷的心性，馬爾寇又激起獸人心中追求破壞與死亡的渴望。

經此改造，獸人變得彎腰駝背，體色介於黑白之間的灰色調，血液也暗沉為墨黑色，有著火焰般閃爍的赤眼紅睛，寬大的口中掀露著獠牙，犀利的鉤爪延伸自指尖，濃密的茸毛竄生於耳際。雙腿短小而強壯，能夠在全身配備黑羽弓箭、寬刃長槍、黑刃彎刀、鐵盾與鉚釘鞋等裝備下挺進，走起路來一蹦一跳。

不需太多睡眠而能日夜兼行，夜視力佳而善於夜襲。最喜歡一路踐踏花草、砍擊林木。每當獸人進軍時，馬爾寇必召來雲層為其掩護。

原本獸人的養成背景就是做為兵卒之用，除了給予姓名之外，同時附上編號加以管理。他們每逢戰事必高舉軍旗，隨著軍鼓的節奏進擊。生性殘暴而勇猛，奮力作戰時往往不顧自己的性命。原來相較於眼前的敵人，獸人更害怕戰敗後，忍辱偷生會招來主人的不快。

生性雜食，任何生物都能下嚥。

見到他人落難遭殃，總是齜牙咧嘴地大笑。

幾乎所有獸人都不善於通過思考採取行動，情願盡可能地跟隨能夠發號施令的主子，藉此滿足眼前的欲望。

痛恨正義、秩序、美好的事物，稱得上體現這些特點的精靈族，是他們不共戴天的仇敵。報復心強，若有殺害獸人首領者，必追殺至天涯海角。

手藝出奇地精巧，喜歡研究齒輪與機械構造。時而發想出大量的殺人器械，時而打造兵器和刑具，挖掘地道的功夫甚至不亞於矮人族之外的其他種族。有時還會極度奴役捕獲的俘虜，讓他們製造器具。平日的休閒娛樂，便是好整以暇地刑殺囚奴。

獸人的繁殖力遠勝於精靈，整體數量以驚人的速度在地下要塞中繁增。可怕的是他們和精靈一樣，似乎不具壽命的上限。儘管獸人的歷史與生態不太為人所知，但畢竟不曾有過老者壽終正寢的記錄。稍後登場於《魔戒前傳：哈比人歷險記》〈The Hobbit: or There and Back Again〉劇中的獸人王阿索格〈Azog〉的年紀至少也有百來歲，卻看不出一絲老態。

即便如此，他們卻難以無限增殖，這是因為獸人常置身在仇恨與鬥爭之中，動輒戰死沙場，導致數量不斷減少之故。

活躍於精靈寶鑽爭奪戰中

且說馬爾寇對貝爾蘭發動的侵略

作戰，曾經多達六次。這些戰事總稱為貝爾蘭戰役〈Wars of Beleriand〉或「精靈寶鑽爭奪戰」。

在第一次會戰中，獸人軍團由安格班要塞南下，由東西兩路分兵進擊。

起先東路軍一路劫掠十分平順，於通往奧斯蘭德〈辛 Ossiriand，七河之國〉的邊境上，擊殺了綠精靈〈昆 Laiquendi；英 Green-elves〉之王迪耐瑟〈辛 Denethor，哀傷的河流〉。隨後卻遭到由西北前來的精靈王～灰斗蓬‧庭葛〈辛 Thingol；英 Greycloak；昆 Sindicollo，縮寫為 Singollo〉率領的灰精靈〈昆 Sindar，Sinda 的複數型〉軍團發起於後方的衝擊，退路也遭到伊瑞德隆的矮人軍截斷而全軍覆沒。值此期間，灰斗蓬‧庭葛加強戒備，與出身邁雅〈昆 Maiar，Maia 的複數型，力量亞於瓦拉的次級神〉的妻子美麗安合力在自己定居的森林多瑞亞斯〈Doriath〉佈下魔法力場〈即美麗安環帶 Girdle of Melian〉。

西路軍則朝西南方火速進擊，迫使造船者瑟丹〈辛 Círdan，造船工人〈The Shipwright〉〉率領的海岸精靈節節敗退，進而包圍海岸都市伊葛拉瑞斯特與布里松巴[註3]。

▌星夜之戰

第二次會戰被精靈稱為星夜之戰〈辛 Dagor-nuin-Giliath，星辰下的戰役〉，因為當時的天空只有星辰此等天體。戰役的對手是來自西方瓦林諾〈昆 Valinor，諸神之國〉的高等精靈〈High Elves〉。

費諾〈辛 Fëanor，火焰的魂魄〉率領的諾多精靈〈昆 Noldor, noldo 的複數型，博學、智者之意〉於面向海岸的米斯林湖〈Mithrim〉[註4]上岸後，獸人軍隨即在馬爾寇的命令下發動奇襲。儘管兵力上佔有優勢，獸人軍還是在具有神力的諾多精靈施展可怕的力量之下全軍潰走。

原本包圍了伊葛拉瑞斯特與布里松巴的獸人軍獲悉戰情後，立刻趕往救援。不過費諾的第三子凱勒鞏〈辛 Celegorm〉[註5]早已料到此事，他埋伏在西瑞赫沼澤〈Fen of Serech〉，殲滅了這支援軍。

不過被視為一敗塗地的這場戰役，最後卻得報一箭之仇。原來敵將費諾一路深追，竟來到了安格班。獸人軍的殘兵於是以己方的要塞為後盾，穩住陣腳背水一戰。馬爾寇隨後敞開要塞大門派出炎魔〈Balrog〉，一舉擊殺了費諾。

就在此時，瓦拉諸神創造了高懸天際的日月。一陣陣恐懼如波浪般瞬間席捲這些被迫在地底的黑暗中質變的獸人。他們在陽光下幾乎不能動彈，雖然不至於像巨魔那樣猝死，但即便是晨曦餘暉，都足以讓他們汗水淋漓。

陷入癱瘓的馬爾寇軍不得不休兵罷戰，為星夜之戰帶來和談的契機。從此以後，馬爾寇總在安格班上空籠罩一片烏雲。

獸人・奧赫

光榮之戰

第三次會戰稱為光榮之戰（辛 Dagor Aglareb，勝果輝煌的戰役），自始至終戰局都在精靈的掌握之中。

為了讓安於祥和平靜的精靈一記重擊，馬爾寇引爆了火山，使滾滾岩漿流向南方，同時雙管齊下派出獸人軍。

不過早已有人預見此事，那便是費諾的異母弟芬國盼（辛 Fingolfin，掩蓋頭髮的芬威人）與費諾的長子梅斯羅斯（辛 Maedhros，張開雙手的浪花）。他們由東西兩側夾擊，窮追猛打敗逃的獸人軍來到安格班要塞門前，殲滅了敵手。同時與其他精靈族合圍安格班，決定以此監視該地，一場包圍下來，竟持續了400年。

眼看正攻法征戰不利，馬爾寇又派遣少數獸人成功地迂迴敵後，擄來精靈族人，藉此探取精靈軍的情報，並將一部份精靈留作奴隸與奸細之用。即便如此，這批精靈卻並未淪為獸人之屬，原來當時精靈族早已信奉瓦拉諸神，馬爾寇本身也不復存在讓他們產生質變的力量。

經過百年的圍城後，馬爾寇派遣獸人由封鎖線的空隙突圍，襲擊芬國盼駐守的希斯隆〈辛 Hithlum；昆雅語舊稱 Hísilómë〉盆地。這回他們又遭到芬國盼的長子芬鞏〈辛 Fingon，毛髮多的領主〉伏擊，悉數被趕下海，不過這場戰役並未列入會戰之中。

驟火之戰

自此又經過300年，為了對付安於承平而大意起來的精靈圍城部隊，馬爾寇引發規模更勝從前的熔岩巨流，一時空氣中瀰漫著毒氣，將附近一帶的精靈毒殺殆盡。黑壓壓的獸人軍團同時緊接在火龍‧格勞龍〈Glaurung the（昆）Urulóki〉、熾焰沖天的炎魔部隊之後大舉進兵。第四場會戰～驟火之戰（辛 Dagor-Bragollach，頃刻間戰火蔓延的戰役）就這樣展開了。這是一場壓倒性的勝利，徹底解除了長達400年的包圍。

在格勞龍的大肆踐踏與獸人軍的掃蕩之下，幾乎完全壓制了東線戰場。眾多精靈王子若非戰死，便是逃之夭夭，唯獨梅斯羅斯一人得以站穩陣腳。

灰斗蓬‧庭葛佈下魔法力場的多瑞亞斯森林以北的中央地帶也完全淪陷。

西線的希斯隆則在芬國盼與新興勢力的人類〈辛 Edain；昆 Antani〉結盟之下，成功地守住攻勢並未失陷。然而芬國盼自己卻來到安格班之前辱罵黑暗魔王馬爾寇，要求單打獨鬥。從結果看來，芬國盼的戰死使得這場勝利歸於馬爾寇，不過馬爾寇本人也身負七傷，更慘遭鷹王‧索隆多〈辛 Thorondor；英文為 Eagle Lord 之意〉撕開臉頰而破相，獸人軍見到這樣的光景，都不禁為之啞然。

即便如此，從戰爭的角度看來，這場勝利是無庸置疑的，也使得獸人

得以大搖大擺地遊走於貝爾蘭境內。他們四處劫掠、捉拿精靈，隨後護送回安格班。

眼看大事底定，曾幾何時已經枝繁葉茂的人類卻逐步擴張勢力，與精靈的餘黨相結，不厭其煩地由多瑞亞斯滋擾西南一線。另外有幾位重要的精靈王子，於掙脫馬爾寇的魔掌後，消失無蹤不知去向。

基於這些教人難安的因素，馬爾寇將獸人的主力部隊召回安格班，全力運作冶煉鑄造廠，以備勢將到來的下一次作戰。

▌希斯隆作戰

第四次會戰七年後，獸人大軍被派往失去芬國盼的希斯隆作戰，斬獲敵將甚多，就在即將佔領該地時，西方的海上出現了瑟丹的海岸精靈艦隊。

精靈的弓箭隊窮追不捨，一路追擊敗逃的獸人軍來到安格班。

當時敵軍中有一支由人類巴拉漢（辛Barahir，高大的熊）率領的部隊，曾經在第四次會戰中負隅頑抗，馬爾寇於是要求擔任副手的邁雅索倫（昆Sauron，受忌諱者）找出巴拉漢。索倫用計誘出對方後，派遣旗下的獸人將巴拉漢部隊悉數殺害。獸人隊長並砍下巴拉漢的手腕，以此向獸人們炫耀。

豈料巴拉漢之子貝倫（諾多語Beren〈中古英文作「熊」解〉）僥倖生還，他殺死獸人隊長並奪走手腕，從此遠遁他方。

馬爾寇勃然大怒，他以重金懸賞貝倫的首級，獸人們卻畏於貝倫殺死獸人隊長的精湛武藝，任誰也不敢追緝貝倫。

當時貝倫曾與芬國盼之侄費拉剛（諾Felagund，劈開洞穴者）一行人為伍，他們伏擊了一隊獸人，取走裝備打扮成獸人的模樣，企圖潛入安格班。

索倫識破此計，將他們打入地牢。費拉剛後來死於該地，貝倫則藉助瓦林諾的神犬胡安〈Huan〉超自然的變身魔力，於重創索倫之後脫逃。

▌淚無盡之戰

第四次會戰十八年後，獸人的死敵梅斯羅斯率領精靈、人類、矮人的聯軍，悉數驅離了原先駐紮於貝爾蘭的獸人軍。這便是第五次會戰～淚無盡之戰（辛Nirnaeth Arnoediad，淚流不止的戰役）的開始。

馬爾寇從他早已撒出多時的眾多細作身上得知安格班即將遭到東西兩路的夾擊，於是讓臥底的人類奸細散播不實流言，使東路軍的梅斯羅斯耽擱了行程。

西路軍的將領是希斯隆的芬鞏，相對於此，馬爾寇讓全身穿著暗褐色偽裝的獸人部隊前去迎擊。然而行軍許久，依然不見芬鞏軍有任何動靜，獸人隊長於是將淪為俘虜多時的精靈王梟首示眾。如此一來，始終隱匿行動的精靈軍再也無法克制，全軍一

擁而上，轉眼間殲滅所有獸人，乘勢殺入了安格班。

豈料安格班要塞之中尚有獸人主力軍坐鎮，芬鞏軍於要塞內的狹路遭到各個擊破，造成無數的死傷而被迫撤退。獸人軍隨後殺出，包圍了這支部隊。

芬鞏之弟特剛〈辛 Turgon，統治者〉立即率軍來救，一舉突破獸人的包圍。值此前後，梅斯羅斯的東路軍也終於趕抵戰場，獸人軍因此陣腳大亂，甚至引發自相殘殺的景況。

就在此時，馬爾寇發動最後一波攻勢。他讓火龍‧格勞龍殺向東路軍，同時經由持續不斷的密約協定，東路軍中有一部份人類部隊自行撤離，一部份倒戈殺向梅斯羅斯軍，以致梅斯羅斯最後不得不棄戰而逃。

為了對付西路軍，馬爾寇出動炎魔，致使芬鞏戰死、特剛敗逃。經此一戰，除了美麗安環帶守護的多瑞亞斯以外，貝爾蘭再次淪為獸人昂首闊步之地。

翌年獸人軍二度南下，圍困了臨海都市伊葛拉瑞斯特與布里松巴，這回他們終於攻陷兩地。瑟丹率領的海岸精靈死傷過半，殘存部隊逃往南方的巴拉爾島〈Isle of Balar〉。

戰事結束後，馬爾寇命獸人收集屍骸與兵器，於安格班要塞前堆成一座「陣亡者的小山」，精靈們見此都為之淚下。

掃蕩戰

馬爾寇並未因此緩下腳步，他依舊派人搜捕行蹤不明的精靈特剛等人，以及列為懸賞要犯的人類。

一支獸人部隊就是因為接獲密報，捕獲一個名叫圖林〈Túrin〉的人類英雄。但就在他們夜宿於臨近安格班的營地時，放哨的狼群悉數死於精靈的射殺之下，圖林也被劫走。獸人本待急起直追，無奈日出東山，只得打消主意。

隨後精靈的藏身處逐一曝光。獸人首先驅逐了居住在多瑞亞斯西北一處名叫貝西爾（辛 Brethil，山毛櫸）森林中的人類。接著火龍‧格勞龍與獸人大軍侵入圖林所在的精靈地下碉堡‧納國斯隆德〈辛 Nargothrond，防衛納洛河 (R. Narog) 的堡壘〉，一舉掃平了此地。他們將作戰兵員屠殺殆盡，俘虜婦孺以做為奴隸，可謂竭盡燒殺擄掠之能事。圖林本待與獸人軍廝殺，卻讓格勞龍目光一瞪，中了定身魔咒而動彈不得。

獸人部隊就這樣帶著斬獲班師凱旋安格班，但就在途中，貝西爾倖存的男丁發動了襲擊。獸人唯恐斬獲為人所奪，索性殺害所有俘虜，反而因此擄獲這批貝西爾的男丁。值此同時，遭到格勞龍魔眼定身的圖林脫困趕來。獸人們畏於圖林手中的魔劍，狠下心來拋下一切逃走。此後圖林就鎮守在貝西爾森林，獸人始終不敢越雷池一步。

同樣在獸人的追捕下，有位失去

記憶的女子一日來到了森林。她正是圖林的胞妹，然而兩人對此渾然不知，相戀的結果竟使女子懷有身孕。

三年後，獸人部隊再次奉命進犯貝西爾森林，在圖林的指揮奮戰之下，獸人全軍覆沒。格勞龍進而與圖林直接對決，雙方同歸於盡。圖林之妹因此恢復了記憶，最後也投水自盡。

不久馬爾寇俘獲特剛的侄兒梅格林（辛 Maeglin，目光銳利、觀察敏銳的），因此逼問出特剛藏匿在最後一處精靈的隱密都市～貢多林〈辛 Gondolin，隱藏的岩石〉的確切所在。經過充分的整備後，獸人、狼、炎魔與龍群全體出動，轉瞬之間便攻陷貢多林，特剛也與此共亡。

當時負責監視的獸人部隊發現一批打算由祕道逃走的精靈，就在合力與炎魔即將圍殲精靈之際，鷹王索隆多半途殺出壞了好事。索隆多將獸人悉數拋下山谷，精靈因此死裡逃生，為日後種下一大禍根。

憤怒之戰

精靈的倖存者中，有一位名叫埃蘭迪爾（昆 Eärendil，熱愛大海者、海之僕）的半精靈。埃蘭迪爾長成後，無畏地航向長久以來被視為禁地的瓦林諾，他向瓦拉主神投訴，希望祂們解救受到馬爾寇與獸人蹂躪的中土。經過一番商議之後，瓦拉主神這才挺身而出。這便是貝爾蘭的最後一戰～「憤怒之戰」(War of Wrath) (註6) 的開端。

瓦拉、精靈、人類與巨鷹組成的聯軍火速襲擊了安格班，即便馬爾寇投下所有戰力，依然毫無勝算。無數獸人軍化成灰燼，甚至連貝爾蘭也在激戰之下沉入海中。最後馬爾寇自己淪為階下囚，遭到放逐遠離了人間。

在熾烈的熱流中，無數的獸人若非灰飛煙滅，便是捲上天際而死。只有少數生還者逃向遙遠的東方盡頭，在西薩格勒（辛 Hithaeglir，迷霧山脈）最北端的剛達巴（可能為凱薩德語，Gundabad）(註7) 山中打造了一處隱匿的巢穴。

失去貝爾蘭後，眾多精靈渡海來到鄰近西方瓦林諾的一處島嶼～伊瑞西亞島（昆 Tol Eressëa，孤島〈英 the Lonely Isle〉）。其中也有一群移居至中土東方者，他們沿著藍色山脈這條新近形成的海岸線興築了林頓（Lindon，歌聲之國）(註8)，一部份往東移動，分別在迷霧山脈以西的伊瑞詹（辛 Eregion，刺桂之國）與山脈以東的巨綠森 (Greenwood the Great) 建立了森林王國。

原本棲息在藍色山脈‧伊瑞德隆的矮人，也大多遷往迷霧山脈的都城凱薩督姆（凱 Khazad Dûm，矮人的居所），與伊瑞詹的精靈建立了協防體制。曾經協助精靈作戰的人類，則大多移居至一處新近形成於伊瑞西亞島與中土之間的島嶼，建立了努曼諾爾（昆 Númenor，西土）帝國。

作為劇中背景舞臺的中土第 1 紀元至此告終，第 2 紀元於焉展開。

註1：長久以來，中文對於「獸人」或「半獸人」一詞的定義始終混淆不清，私以爲可從托爾金的原文加以推敲整理，使其更具邏輯性。從《魔戒》系列、《精靈寶鑽》等作品中，可以發現一個等式，亦即「（辛）Orch」＝「（昆）Urko」＝「（英）Orc」或「Ork」，假設這來自不同族群的稱謂一律翻譯爲「半獸人」，那麼英文的「Half-orc」經由等式加乘之後，中譯的結果便成爲「半·半獸人」，從語言的邏輯來看，這是不適切的語法。

中文之所以對於「Orc」有「半獸人」的說法（始見於徐政棠、高文麟等翻譯之 Apple II 遊戲「創世紀」(Ultima) 系列中文手冊，1984～），或許是來自此一生物「類人似獸」的理解，基於「半人半獸」的著眼，賦予半獸人的解釋。原則上奇幻創作的領域中，加諸種族名稱之前的「半」字，通常意味此爲混有兩種血統的種族。如果托爾金的作品中確有「Orch 係人類與其他物種混血而成的生物」、「Orch 等同 Half-Orc」等論述，那麼中譯爲「半獸人」一詞並無不當。

然而正如本文所述，獸人的起源存在許多說法，即便堪用「半獸人」的語譯，面對「Half-orc」一詞時，恐怕也只能以「混血半獸人」稱之了。只是既然已有「半」做爲「混血」的語譯法則，縱使「半獸人」爲可通融的「Orc」語譯，仍有縮減爲「獸人」的必要，以求翻譯名詞邏輯上的統一。

綜觀西方對於「Orc」的描繪，多半呈現獠牙突露、面貌猙獰的豬臉模樣，若非「獸人」一詞在此間的電腦遊戲範疇中逐漸定型，很可能使此一物種流於「豬怪」、「豚妖」之屬的說法。因此基於徐政棠、高文麟兩位對於奇幻詞彙中文化的貢獻，以及翻譯邏輯的整合考量，本節標題仍採用去化「半」字的「獸人」一詞。

順道一提地，在獸人的體系中，尚有白袍薩魯曼將索倫親手哺育的「Uruk」改造而成的強獸人 (Uruk-hai)，由於這支獸人類的高階族群係經由混血而成，某種程度上也意味著他們可歸屬於半獸人，此時稱強獸人爲半獸人族群，反倒是名符其實的。

註2：《精靈寶鑽》中譯本作「維林諾」（鄧嘉宛譯）。

註3：海岸精靈（辛 Falathrim）中的「fala」一字源自昆雅語的海岸「falassë」。伊葛拉瑞斯特（辛 Eglarest）意爲「精靈河流經的溪谷」；布里松巴（辛 Brithombar）則是「沙沙作響的河流所在」之意。

註4：原文將米斯林湖「ミスリム」誤植爲「ミスルム」。

註5：「Celegorm」有「匆忙起身行事的急性子」之意，他的昆雅名爲「Turcafinwë」，意爲「強壯的芬威」。本文作「怒銀（怒れる銀）」解釋。

註6：又譯作「怒火之戰」；日文作「力量之戰（力の戦い）」。

註7：原文將「Gundabad」一詞解釋爲「斷道」。此字似乎來自矮人族的語言～凱薩德語 (Khuzdul) 中的「gundu（地下廳洞）」或「gunud（挖掘地下）」。

註8：此地原名奧斯蘭德 (Ossiriand)，日後經移居此地的綠精靈更名爲林頓，這也使得該字被視爲南多語 (Nandorin)。一說此字源自「Lindân-d」一詞，意爲「音韻的國度」，因爲處處可聞潺潺水聲與啾啾鳥鳴，想來作者應是採用了此說。

獸人・奧克

　　本是語言學家的托爾金之所以創造出「Ork」此一種族，發端於他在大學講授的古英文史詩《貝奧武夫》對於篇中食人巨妖・格蘭德爾 (Grendel) 的描寫。原文敘述格蘭德爾的形體時，曾以巨人、精怪、惡魔等相提並論，稱之爲海魔類 (orcneas)。

　　海魔原本是以鯨魚、虎鯨的圖像爲藍本塑造出來的怪物。從棲息於鹽水的沼澤這點看來，格蘭德爾確實呈現海魔的特徵，但他畢竟是人型的巨人類屬。這也代表鯨狀的海魔是在夾雜人型的格蘭德爾之下，轉化爲人型怪物「獸人」的。

　　海魔一詞又源自巴比倫的母豬女神波姬斯〈Phorcis〉(註1)與羅馬的死神奧迦斯 (Orcus)，由於語感上有似豬〈porky〉的味道，使得以往一般人抱持的印象多偏向似豬的人型怪物。也有人認爲海魔和沃爾寇〈Uorco〉、食人魔〈Ogre〉這些被推論爲語出同源的怪物之間，存在著類緣關係。

　　事實上在托爾金的《魔戒》二部曲第3章第3節中，混有人血的半獸人・強獸人〈黑暗語Uruk-hai〉就是把自身以外的其他獸人輕蔑地喚爲「豬玀」(swine)。此外在三部曲第6章第1節中，即使同爲獸人，對於所屬單位不同的夥伴，也是採用豬玀這樣的說法。

　　其次「orcneas」這個單字也可視爲蘇格蘭外海的奧克尼群島，或島上的奧克尼人 (Orkneys)。其實奧克尼一詞是由拉丁文的「Orcades」亦即「海豚或虎鯨群」而來。英文的語尾詞-ey有「小島」的意思，「Orkney」也就代表「虎鯨的小島」之意。

　　兼具北歐人與凱爾特人血統的奧克尼人大多是驍勇果敢的戰士，亞瑟王宮中首屈一指的騎士高文爵士可爲代表（順道一提，托爾金也曾出版中古世紀的英文詩篇《高文爵士與綠騎士》〈Sir Gawayne and the Green Knight〉的現代英譯本）。後來由於法國騎士蘭斯洛爵士一派的加入，激發了奧克尼人的對抗意識，亞瑟王朝因此走上滅亡之途。

　　是以獸人形成的背景，可視爲具有壓倒性破壞力的怪物格蘭德爾與豬、死神，乃至於驍勇善戰卻帶有毀滅性的奧克尼人多重圖像的組合。

　　托爾金於發表代表作《魔戒》之

後，有鑑於自己創造的「獸人」每每與「海魔」混為一談，也曾經考慮將「Orc」的拼音改為「Ork」。事實上他曾解釋「獸人翻譯為德語系時，應記為「Ork」」，轉為形容詞「Orkish（獸人的）」時，尚留有「k」的餘韻。但由於「Orc」的拼寫方式已經膾炙人口，最後打消了念頭。

本書在斟酌托爾金的初衷原意之下，為了避免與海魔一詞混淆，因此將獸人記為奧克「Ork」。

▌黑暗魔君索倫的軍團

獸人奧克相當於曾經在中土第1紀元與精靈族不斷展開生死搏鬥的獸人·奧赫〈Orch〉的子孫。從第1紀元的精靈寶鑽爭奪戰中倖存下來的他們在新打造的隱匿巢穴剛達巴（Gundabad，可能為斷道之意）重新繁衍，將他們的影響力逐步伸展向南方與東方，從此被人類喚作獸人·奧克。

早先黑暗魔王馬爾寇（昆Melkor以力量興起者）的副手索倫（昆Sauron，受忌諱者）始終蟄伏隱匿，經過500年後再次現身，並招攬獸人併入麾下。從此繼承黑暗魔君之名，在瓦林諾以外的所有地域施展其影響力。

索倫在對付冥頑的精靈時，依舊遭到棘手的阻礙，他便著手展開行動，企圖將容易沉淪的人類積極地納入旗下。為此他在能夠遠眺眾多人類定居的中土東南的一處火山地帶興建魔多（辛Mordor，黑暗國度），並建造了路

格柏茲（黑暗語Lugbúrz，黑暗之塔）做為首都（第2紀元1000～1600年）。

且說獸人常任意扭曲精靈語和人類語，稱為獸人語做為溝通之用。方言之間因此有了顯著的差異，若非定居在同一地域者，即便同為獸人也往往語言不通。這樣的獸人語乍聽之下，常予人充滿憤怒之感。聽來有如不斷重複一段滿是憎恨與輕蔑語氣的句子。

為了解決此一窘態，索倫自行發想了黑暗語，藉此統一全軍。然而獸人並不熱衷語言的學習，指揮官等級以外的獸人根本無法學成。迫於無奈，只好以人類使用的西方語（註2）權充共通的語言。

▌伊利雅德入侵作戰

眼看一切準備皆已就緒，索倫便化身為一面容姣好的精靈，欺瞞精靈王國伊瑞詹（辛Eregion，刺桂之國）的國王凱勒布理鵬（辛Celebrimbor，白銀般的拳頭），傳授冶煉的技術，讓他打造「權能之戒」（〈力量之戒，Rings of Power〉9只給人類、7只給矮人、3只給精靈），自己則在魔多的火山中鑄造一枚能夠統御所有魔戒的「至尊魔戒」〈The One Ring〉，將自己的生命灌注其中（1200～1600年）。

到了1693年，索倫終於露出本性，他組織一支由獸人與人類混成的軍隊，發動與精靈的全面戰爭，於1697年毀滅伊瑞詹，俘獲了凱勒布理

獸人・奧克

鵬。儘管索倫已經取得所有人類與矮人將近全部的戒指，凱勒布理鵬始終拒絕交出精靈魔戒。為此索倫於嚴加拷打之後，命獸人將他射死，並將屍體吊在木樁上做為旗幟。

就在追殺伊瑞詹餘孽的期間，索倫軍遭到來自背後的凱薩督姆（凱 Khazad Dûm，矮人的居所）矮人軍的襲擊。當時西薩格勒（辛 Hithaeglir，迷霧山脈）的東南方有一處出身與綠精靈〈昆 Laiquendi〉相同的古老精靈族建立的森林王國・羅瑞安（南 Lorinand 黃金谷〈即羅瀲 Lorien〉），他們也和矮人軍協同作戰。

等到索倫軍轉向正待進討時，矮人又再次躲進凱薩督姆，完全緊閉了大門。伊瑞詹的餘黨因此逃過一劫，對此索倫總是引以為恨，下令魔下的獸人「一定要無時無刻折磨那些矮人」。

1699 年索倫攻佔了伊利雅德（辛 Eriador 孤獨之地）(註) 全土，那是一處介於西薩格勒與西海岸伊瑞德隆之間的平原。

但由於林頓（南多語，Lindon，歌聲之國）王吉爾加拉德（辛 Gil-galad 光芒四射的星辰）與努曼諾爾（昆 Númenor，西土）人類艦隊於 1700 年攜手來犯，索倫不得不棄守伊利雅德。

自 1800 年後，努曼諾爾人移民至中土，僅此一處便壓縮了索倫的勢力空間。2280 年他們在魔多西南方的昂巴（辛 Umbar，窪地中的住所）構築要塞，2350 年又在佩拉格（辛 Pelargir，

王船的中庭）興建海港，此等舉動都讓索倫無法坐視。為了對抗此一情勢，索倫完全收編了賜予九枚魔戒的人類（包括三個努曼諾爾人），完成一支由最強大的指揮官・戒靈〈黑 Nazgûl；英 Ring Wraith〉組成的部隊（2251 年）。

與努曼諾爾之間的對抗

然而面對努曼諾爾於 3262 年進犯而來的龐大艦隊，就連身邊的近侍隨從也拋下索倫逃走。索倫自己更成了階下囚，被帶往努曼諾爾帝國。

此後索倫使出渾身解數，憑著三寸不爛之舌欺瞞努曼諾爾歷代的君王，慫恿他們向瓦拉眾神挑戰。努曼諾爾因此觸怒瓦拉諸神，於 3319 年遭到大水淹沒。索倫的肉身雖然隕滅，靈魂卻早已注入「至尊魔戒」之中，因此得以靈體的姿態安然返回魔多。

隨後努曼諾爾的倖存者在伊蘭迪爾（昆 Elendil，熱愛星辰者、星之僕）的帶領下移民中土，分別於北方的亞爾諾（辛 Arnor，王者之地）與南方的剛鐸（辛 Gondor，石之國）建立起兩大王國。其中尤以剛鐸與索倫的魔多接境，一直持續著你來我往的小規模戰爭。從此中土的人類將這支努曼諾爾的後裔稱為登丹人（辛 Dunedain 西方人〈英 Westernesse〉），獸人則將登丹人喚作塔克（獸人語 tark）。所謂塔克，係由高等精靈語的塔希爾〈昆 Tarcil or Tarkil〉〈尊貴之人〉(註3) 一詞納入西方語而來，獸人卻在不解其

意之下予以簡化使用。

達哥拉之役

索倫於3429年取回肉體後，動員獸人部隊攻打剛鐸的東塔‧米那斯伊希爾（辛Minas Ithil，月之塔）。

登丹人、精靈與矮人有感於危機到來，於是聯手組成強大的同盟，於3434年在魔多北方的達哥拉（辛Dagorlad，淪為戰場的平原）平原上進行決戰。

戰事展開之前，索倫派遣了一支直屬部隊直奔西薩格勒，他們的身上漆有「宛如熾焰燃燒的無瞼紅眼」印記，負責指揮當地的2,000名獸人軍，目的在於攔阻敵軍的增援部隊。豈料由西方越過迷霧山脈而來的敵軍兵力遠比想像中龐大，以致於伏擊部隊無法發動奇襲。

達哥拉之役就這樣開始了，戰事經過數月，鄰近一帶都為之屍橫遍野、骨填溝壑。「森林王國」的精靈王‧奧羅費爾（辛Oropher，偉大的領袖）與羅瑞安王‧安姆迪爾（辛Amdír，上位者）伴隨手下過半的士兵一同戰死。不過靠著手中的神槍伊洛斯（辛Aeglos，冰錐），林頓王吉爾加拉德也堆起了累累屍山。伊蘭迪爾宛如太陽閃耀的聖劍‧納希爾（辛Narsil，火焰的光輝），更讓獸人軍陷入恐慌。

眼看形勢不利，索倫只好躲進路格柏茲塔中死守。經過七年的攻防後，索倫終於殺出城外，一舉斬殺了

吉爾加拉德與伊蘭迪爾為首的諸多英雄。儘管聖劍納希爾已經碎裂，伊蘭迪爾之子埃西鐸（昆Isildur，愛月者、月之僕）仍以納希爾劍柄上殘留的斷刃砍下索倫戴著至尊魔戒的手指。索倫因此失去了實體，更且全軍潰決，路格柏茲魔塔也完全崩解。

中土第2紀元於是告終，從此進入了第3紀元。

格拉頓平原之禍

第3紀元第二年，埃西鐸認定黑暗勢力已經消退，於是只帶領200人的兵力出行。就在此時，一直埋伏在西薩格勒森林中的索倫直屬部隊齊聲吶喊，襲擊了這支寡兵，這便是世人所說的「格拉頓平原之禍」〈Disaster of the Gladden Fields〉。

這支獸人部隊對於戰爭已經結束一事毫不知情。然而埃西鐸持有的「至尊魔戒」還殘留著索倫的意志，獸人軍在無意識之下受此感應，決心殺死埃西鐸以洩其憤。

他們先是射出漫天箭雨，繼而動員衝鋒隊突擊前來。怎奈埃西鐸部隊佈下的防禦隊形無懈可擊，甚至有人將伊蘭迪爾之星（昆Elendilmír，星之僕的寶石）[註4]戴在額前，發出令人恐懼的白光，獸人軍只得改變戰法。他們運用兵力優勢予以包圍，為了對付一名敵兵，先讓體型較大的數名獸人一擁而上，再由其他獸人以利爪給予致命一擊。此一人海戰術雖然讓兵

力喪失泰半，卻也幾乎瓦解了敵軍。

正當此時，繼奧羅費爾之後即位的「森林王國」之王瑟蘭督伊（辛Thranduil〈可能為橫渡長河者之意〉）親率大軍來援，獸人軍因此撤退。

不過當時埃西鐸早已憑著「至尊魔戒」的魔力，連同伊蘭迪爾之星消失無蹤。為了擺脫尾隨氣味與腳印一路追蹤而來的獸人部隊，埃西鐸涉水走進安都因河（辛Anduin，大河），藉此消除身上的氣味。然而此時「至尊魔戒」卻湧現索倫的意識，自行脫離埃西鐸的手指。

行蹤既已暴露，獸人的追兵自然毒箭齊發射死埃西鐸，為主子報得一箭之仇。然而戒指與伊蘭迪爾之星卻從此消逝在江流河底，經過漫長的歲月始終不曾再次現身。

復活於多爾哥多

由於「至尊魔戒」並未遭到破壞，索倫遂於1050年以不具實體的形態復活。他在「森林王國」巨綠森(Greenwood the Great)南部的多爾哥多（辛Dol Guldur，黑魔法山丘）建立據點，從此化身為死靈法師〈necromancer〉，擴大了含括獸人在內的己方勢力，曾幾何時這處森林也因此改稱為幽暗密林（英Mirkwood〈辛Taur-nu-Fuin〉）。

他並派遣數量倍增的獸人軍沿著迷霧山脈南下構築據點，正式向矮人族發動戰爭。

當時登丹人的北方王國亞爾諾早已因為眾王子失和而分裂（861年）。與此相較之下，索倫研判此刻不宜與堅強的剛鐸開戰，於是派遣戒靈之首前往北方，以巫王的姿態君臨安格馬（辛Angmar，鐵造的住家）王國，那是一處中央部含括獸人都城剛達巴，地跨迷霧山脈東西兩側的土地。

自1409～1975年間，獸人部隊在「安格馬巫王」〈The Witch-King of Angmar〉的命令下，參加了多次入侵亞爾諾的戰爭。其中一大收穫便是發現伊瑞詹的精靈餘孽建立的隱匿城市伊姆拉崔（辛Imladris，裂谷〈即瑞文戴爾Rivendel〉）。儘管未能順道消滅伊姆拉崔，但由於北方王國業已滅亡，索倫遂將軍隊撤離伊利雅德，接著將目光朝向南方。

強盛軍容於魔多

1980年索倫返回魔多。可怕的「魔苟斯的炎魔〈Balrog of Morgoth（辛：黑暗大敵）〉」也與此呼應，出現在長年來教人切齒痛恨的矮人所建立的都城～凱薩督姆（摩苟斯即一手創造獸人的馬爾寇別名）。矮人族棄守都城後，改由來自迷霧山脈的獸人入主此地。此後該地就被易名為摩瑞亞（辛Moria，漆黑的深坑〈英Black Pit〉）。

羅瑞安的公主寧若戴爾（辛Nimrodel，棲身在白色洞穴的女子）對於摩瑞亞的淪陷倍感痛心，於翌年

的1981年帶領族人逃往南方。繼安姆迪爾之後即位的安羅斯（辛Amroth，向上飛濺的水花）王也因爲愛戀寧若戴爾而隨其出走，從此不知去向。

索倫本想趁此機會，擬定計畫讓獸人軍一舉攻下羅瑞安，最後卻回到原點。原來生於上古時期的諸多精靈公主‧凱蘭崔爾（辛Galadriel，戴著閃亮花冠的女子）與夫婿凱勒鵬（辛Celeborn，銀樹）來到此地，佈下了強大的魔法力場。（註5）從此羅瑞安更名爲羅斯洛立安（辛Lothlórien，花開並蒂的金冠）。索倫也不甘示弱，全心致力於魔多國力的強化。

2002年戒靈部隊再次攻下剛鐸的東塔‧米那斯伊希爾，並易名爲米那斯魔窟（辛Minas Morgul，黑魔法之塔）。

此後直到2475年，索倫將大獸人（黑Uruks）（註6）此一經由混種研發而成的強大新獸人配屬於米那斯魔窟，位於剛鐸最東端的地域伊西立安（辛Ithilien，月之地）幾乎完全在其控制之下。

綜觀此時的獸人族群，也逐漸形成各種分支。

棲息於剛達巴、摩瑞亞等山脈地底者，似乎爲了適應狹窄坑道的隱匿生活，演變成矮小的小型亞種。

至於黑暗國度魔多當地，並無蟄伏地底的必要，大獸人於是變得體型高大。通過黑暗語，大獸人將小型種稱爲史那加（Snaga，奴隸），西方語慣稱爲蛆（maggot），人類則同樣以蛆或地妖（Goblin，小妖）稱之。

以此推想，小型亞種與大獸人之間，應該存在其他層級的獸人。以下篇幅便是以一般認爲仍保有古獸人奧赫面貌的中間亞種爲主，將之視爲獸人奧克所做的逐步解說。至於其他的分支，請參見本章其他的項目。

▌迷霧山脈一帶的戰事

2480年索倫終於取回實體，親臨前線指揮作戰。爲了阻斷敵對勢力的通行，他將獸人位於摩瑞亞與迷霧山脈的所有據點構築爲要塞，派遣大獸人佈防當地。獸人於是四下搜刮矮人族留下的寶藏，將其中的絕大部分獻給了索倫。這批寶物還包括一些利用唯獨矮人能夠精鍊的魔法金屬‧祕銀（辛Mithril，灰色的光芒）所打造的器具，索倫因此大喜。

且說索倫最初的一大收穫，來自於2509年。那便是裂谷王‧愛隆（辛Elrond，星辰的居所）的王妃，亦即羅斯洛立安的凱蘭崔爾與凱勒鵬夫婦之女～凱勒布理安（辛Celebrían，銀色的贈禮）。一日她由伊姆拉崔出行，通過摩瑞亞南方的山峰卡靠拉斯（辛Caradhras，紅角）山徑，前往羅斯洛立安。就在此時，獸人部隊發動奇襲，一擊得逞擄走對方。儘管經過嚴加拷打，逼問出有關精靈的種種情報，凱勒布理安本人卻被兩個兒子救走。從此這對雙胞胎手足～伊萊丹（辛Elladan，可能爲星之谷的鐵匠之意）（註7）與伊羅何

（辛 Elrohir ，星之馬）就發誓與獸人周旋到底。

在此之前，索倫也曾唆使隸屬人類族群之一的東夷〈Easterling〉，數度攻擊剛鐸。翌年 (2510) 爆發「凱勒布蘭特平原之戰」〈Battle of the Field of Celebrant〉，索倫又從西薩格勒派遣獸人大軍進兵，以此確保勝利無虞。豈料剛鐸軍獲得北方伊歐西歐德〈昆 Éothéod，馬族〈精靈口中的 Rohirrim 祖先〉〉的增援，獸人軍不得不收兵。伊歐西歐德人經此一戰，得以在剛鐸北方不遠處建立驃騎王國洛汗（Riddermark〈辛〉Rochand〈Rohan〉），因此成為索倫攻擊的新目標。

此後 200 餘年間，索倫一直致力於繁殖獸人，以應付各國的情勢。等到 2740 年萬事皆備後，這才動員獸人大軍攻打伊利雅德。然而這次攻勢，卻屢屢受到愛隆王的孿生子與人稱遊俠〈Ranger〉的北方王國遺民等登丹人的頑抗。甚至在 2747 年的「綠原之戰」〈Battle of Greenfields〉意外地遭到哈比人的英雄～班多布拉斯‧吼牛‧圖克 (Bandobras Bullroarer Took) 的擊退。

2793 ～ 2799 年間，索倫又對矮人發動戰爭。以往一盤散沙的矮人各部族因此聯手攻打迷霧山脈的獸人據點。摩瑞亞決戰一敗塗地後，獸人分別往南北逃竄。

北逃者集結於獸人的古都剛達巴。

南逃者橫越洛汗國土，落腳於伊瑞德尼姆拉斯（辛 Ered Nimrais，白色山脈）。然而此舉卻激怒對方，以致從 2800 ～ 2864 年爆發與洛汗之間的戰爭。當時洛汗王布理塔 (Brytta) 徹底地打擊國內的獸人，獸人族只好蟄伏於伊瑞德尼姆拉斯，等待時機的到來。

就在這段期間，多爾哥多要塞的獸人與狼群追蹤寡兵出行的矮人王索恩二世 (Thráin II) 並予以捕獲，將他持有的最後一隻矮人魔戒獻給了索倫 (2845)。

伊瑞德尼姆拉斯的獸人也利用通過山路時的大意失察，於 2851 年設陷殺害了繼布理塔之後即位的瓦達王（Walda，掌握者）。

繼位的洛汗王佛卡 (Folca) 受此激怒，以「洛汗境內的獸人一日未除，一日不出獵」為誓，鍥而不捨徹底掃蕩，獸人遂於 2864 年全面棄守伊瑞德尼姆拉斯的山砦。

值此前後，已有獸人悄悄地回到摩瑞亞等位於西薩格勒的據點。愛隆王的孿生子察覺此事，便邀約北方遊俠之首的亞拉松 (Arathorn) 一同討伐獸人，亞拉松卻於 2933 年遭到獸人一箭穿眼而死。

2941 年爆發了一場造成北方獸人死去四分之三的「五軍之戰」〈Battle of Five Armies〉。當時獸人原本計畫在東北的孤山 (Lonely Mountain) 與矮人族作戰，卻因為敵方與精靈、人

類、巨鷹軍團聯手，並藉助巫師甘道夫（北方語Gandalf，手持魔杖的精靈）、善於潛行作戰的哈比人、能夠化身爲巨熊的比翁（Beorn，熊）等各方的力量，形成一場語必淚灑的大屠殺（詳細內容請參考《魔戒前傳：哈比人歷險記》）。從此以後，獸人與狼群都不敢接近比翁的勢力範圍（介於迷霧山脈與北部幽暗密林之間的平原）。

與此同時，身爲矮人的索恩二世之子的索林二世 (Thorin II) 也在孤山復興了「山下王國」〈The Kingdom under the Mountain〉。

▌舉兵於魔多

索倫因此有了一種必須讓自己的力量更爲強大的體認，於是在2951年拋下死靈法師的身份，以自己的名義公開行動，於魔多集結大軍，並重建都城路格柏茲高塔，完全掌握多爾哥多要塞。

爲了與此抗衡，身爲埃斯塔力之首的薩魯曼（北方語Saruman，具有巧藝者）將位於洛汗西境的艾辛格（洛汗語Isengard，鐵要塞〈辛Angrenost，安格林諾斯特〉）要塞視爲己有，著手召集南方人[註8]、獸人與狼群做爲自己的爪牙。又將獸人與人類混種，創造出所謂強獸人(Uruk-hai) 的半獸人。

2954年，索倫再次引動魔多中央的歐洛都因（辛Orodruin，赤焰山〈又稱Amon Amarth；英Mount Doom

末日山脈〉〉火山爆發，一時暗雲密佈湧向四方。此一闇影蔓延開來，甚至於3000年侵入洛汗，使獸人無需承受太多痛苦，便得以在光天化日之下出兵劫掠，尤其搶奪喜食的黑馬。

同年薩魯曼對同族甘道夫的嫉妒，使其內心受到蠱惑，最後也落入黑暗魔君索倫的掌心。由東西夾攻洛汗與剛鐸的戰略準備因此展開。

值此期間，歷經「五軍之戰」生還歸來的矮人巴林 (Balin) 帶領部眾再次遷入摩瑞亞 (2989)。受到「五軍之戰」的影響，獸人此時的數量並不充足，更且在陽光下逐一死去。就連身爲首領的大獸人，也死於矮人佛洛伊〈Floí〉[註9]之手，不過獸人同伴隨後便將之射殺。即便如此，巴林還是佔領了摩瑞亞的幾處廳洞，稱王一時。

此後獸人一直等候時機的到來。終於在五年後，趁著巴林獨自外出的機會，發動伏擊射殺了對方。立下此功的獸人事後慘遭矮人軍折磨至死，但獸人軍隨後便大舉進犯，終於消滅了這批矮人 (2994)。

▌魔戒聖戰的展開

3018～3019年，爆發了終結第3紀元的魔戒聖戰〈War of the Ring〉。（詳細內容請參見《魔戒》）。戰事發展得如此之快，本非索倫的預期，只道情勢有變。

原來曾經有一名叫德戈 (Déagol)

的哈比人從安都因河底撈起「至尊魔戒」。比鄰的友人史麥戈 (Sméagol) 見此後貪念驟起，不計一切要將戒指據為己有，最後殺死德戈，逃入迷霧山脈的山間小徑躲藏。一如「魔戒」將人類質變為戒靈的過程，史麥戈也逐漸改變為咕魯 (Gollum) 此一狀似巨蛙的生物。

後來有人從咕魯身上偷走這枚「至尊魔戒」。咕魯並不因此死心，四處打探的結果，竟不慎闖入了魔多。索倫命獸人將咕魯捕獲，施以嚴刑拷打。咕魯最後吐實，指稱係遭到來自「某某莊園」的「巴金斯」所盜，然而僅此一絲線索仍顯不足。於是假意讓咕魯水遁逃走，藉此監視其一舉一動 (3017)。

豈料咕魯卻在稍後為宿敵所獲。他們是巫師甘道夫、繼亞拉松之後成為北方遊俠首領的亞拉岡 (Aragorn)，以及「森林王國」的瑟蘭督伊王與精靈族一干人等。

3018 年，索倫一面動員戒靈攻打剛鐸，同時對迷霧山脈的獸人大軍下令：「不計咕魯生死，都要從敵人手中搶回。」獸人於是透過細作將此事告知咕魯，看準時機對「森林王國」發動奇襲，敲響了「魔戒聖戰」的戰鑼。

待精靈重整旗鼓進行反擊時，獸人部隊已經帶著咕魯撤走。表面上任務看似圓滿達成，然而咕魯再也不相信索倫，趁機隱匿了行蹤。

▌摩瑞亞的激戰

翌年 3019 年，整幅拼圖終於在摩瑞亞湊齊全貌。

當時獸人棲息於東側，咕魯正是由此一東口潛入摩瑞亞。他悄然隱密地藏身於此，卻因為無法偷取足夠的糧食而艱困一時。

正當此時，於瑞文戴爾組成的九人「魔戒遠征隊」〈the Company of the Ring〉由西口潛入了該地。那是包括「至尊魔戒」持有者佛羅多・巴金斯 (Frodo Baggins) 的 4 名哈比人、巫師甘道夫、北方遊俠之首亞拉岡、剛鐸攝政王的繼承人波羅莫 (Boromir)、幽暗密林的勒苟拉斯（Legolas〈正式的辛達語寫作「Laegolas」，綠葉之意〉)、金靂（古北歐語 Gimli，火護符：巴林的侄兒，也是同在索林二世座下效力的葛羅音〈Glóin〉之子）等教人恨之入骨的一夥徒黨。

原來「魔戒遠征隊」暗中謀畫將「至尊魔戒」投入歐洛都因火山口予以熔毀。摩瑞亞的獸人得知他們的行蹤後，動員洞穴巨魔〈Cave Troll〉前來，領隊的大獸人卻遭到殺害。甚至在出動炎魔，報以箭雨的攻勢之下，依然讓對手兔脫。

由於守門隊長戰死時，業已日正當中，獸人一時無法立刻追擊，便在日落後出動一支百人追兵。不料這批追兵也在魔戒遠征隊消失於羅斯洛立安境內後，遭到精靈的襲擊而覆沒。

數百追兵隨後動員而來，自是無庸贅言，畢竟獸人生性執迷之故。不過這回來的大多是小型的史那加。

當時追擊魔戒遠征隊的獸人，並不僅止於這批史那加。黑暗魔君索倫也從東方的魔多派出直轄的長臂曲腿獸人〈詳述請參見【8-3】〉部隊。西方的艾辛格則動員巫師薩魯曼的戰鬥部隊強獸人。豈料這兩支部隊卻引發了主導權之爭，不幸遭到洛汗騎兵隊襲擊而悉數敗亡。摩瑞亞的史那加萬般艱難地逃走，掌握「至尊魔戒」重要關鍵的一干哈比人也趁機逃脫。

巫師薩魯曼犯下的過失尚不止如此。他出動以半獸人〈即強獸人〉為主的一萬兵力，攻打驃騎王國洛汗的要地「號角堡」，卻悉數敗逃覆滅。拜此無能的巫師所賜，黑暗魔君索倫因此失去西路軍的倚仗。

索倫於是出動主力軍攻擊剛鐸，同時唆使他的人類盟友東夷 (Easterling) 攻打北方的人類與矮人族，動員多爾哥多要塞的獸人軍攻擊精靈。

帕蘭諾平原之戰

與剛鐸軍交戰的「帕蘭諾平原之戰」〈Battle of Pelennor Fields〉，是一場以「安格馬巫王」為主帥的總體戰。索倫預先將黑雲送達上空，使獸人軍得以在白天的作戰中免除後顧之憂。

首先他由米那斯魔窟出動戒靈這支以跨坐凌空飛獸的巫王為中心的部隊，讓它和南方的人類盟軍哈拉德人（辛 Harad，南方）會師，蹂躪剛鐸的舊都奧斯吉力亞斯（辛 Osgiliath，眾星的堡壘）。接著命軍隊渡過安都因河，攻打新都米那斯提力斯（辛 Minas Tirith，瞭望塔、防衛之塔），摧毀都城的環狀外牆‧拉馬斯安澈 (Rammas Echor)，進兵帕蘭諾平原。

位於魔多首都路格柏茲的獸人主力部隊也與此呼應，帶領東夷攻下位於進軍路上的島嶼凱爾安卓斯（辛 Cair Andros〈綿延浪花中的島嶼〉），與戒靈部隊會合。

此時安格馬巫王將預備部隊交由米那斯魔窟的副指揮官葛斯摩（昆 Gothmog〈憎恨之王〉）統率，親自指揮主力部隊。他以戒靈為先鋒，發散恐懼潰退敵兵，又讓獸人步兵手持火把，出動人類騎兵進逼米那斯提力斯的內牆。

情勢一時轉為攻城戰，包圍內牆的獸人工兵開始挖掘壕溝，充斥其間的盡是魔法火焰。接著以巨型投石器朝城內拋送火焰彈、烙有索倫赤眼紅印的敵人首級。

等到敵人士氣渙散，又動員哈拉德的姆馬克巨象（Mûmakil〈剛鐸人用語，單數作 Mûmak；哈比人稱為猛瑪「Oliphaunt」〉），推來 30 米高的破城鎚葛龍德 (Grond)，由巨魔操作、獸人進行細部調整（其間有數人遭姆馬克巨象踩死）。就在擊破內牆的城門，巫王大軍正待一舉殺入米那斯提

力斯城內之際……

暗中進發的洛汗騎兵穿過環狀外牆的破洞，擊潰途中的獸人衝鋒而來。適巧風向改變，一時黑雲退散，陽光直射而來。索倫全軍因此陷入恐慌，路格柏茲的獸人甚至一路退至安都因河。洛汗王希優頓（古英Théoden，族長）一馬當先衝鋒陷陣，帶領部下攻擊哈拉德的騎兵，一舉擊殺了首領。

安格馬巫王於是將矛頭轉向。他瞬間擊殺了希優頓，自己卻也遭到洛汗公主伊歐玟（古英Éowyn，愛馬者）（註10）與哈比人梅里雅達克・烈酒鹿（Meriadoc Brandybuck〈暱稱梅里〉）反擊而死。

眼看主帥安格馬巫王戰死，副指揮官葛斯摩立刻投下所有的預備兵力。包括米那斯魔窟的獸人軍、手持戰斧的東夷騎兵隊、哈拉德的步騎巨象混成軍、遠哈拉德的半巨魔部隊，以及一批凶暴猙獰、棲息於魔多東南之地侃德（Khand）的維瑞亞人（Variag），局勢因此彼消我長。

當時與索倫結盟的昂巴海盜艦隊正沿著安都因河逆流而上，打算給敵軍最後一擊。然而就在葛斯摩確信勝利在望的瞬間……

這支艦隊卻揚起了亞拉岡的旗幟。原來遊俠首領亞拉岡早已暗中穿越南方的捷徑，攔截奪走了這批船艦。葛斯摩軍因此失去後方的倚仗而腹背受敵，最後全軍瓦解。

東北方的戰役

正值「帕蘭諾平原之戰」進行的同時，一支東夷分遣部隊參加了「河谷鎮之戰」〈Battle of Dale〉。經過三天的激戰，鄰近的河谷鎮居民都逃入「山下王國」，戰事因此轉為城池攻防戰。這一戰讓兩國都失去重要的人物～「河谷鎮」的國王布蘭德（Brand烙印）是斬殺惡龍史矛革〈Smaug〉的建國者巴德（Bard，吟遊詩人〈有神射手「the Bowman」之稱〉）之孫；「山下王國」的國王丹恩二世（Dáin II Ironfoot)則是博得「丹恩鐵足」之名，擊殺過大獸人的猛將。

多爾哥多的獸人軍攻打瑟蘭督伊王的「森林王國」，無數的林木都在戰火下化為灰燼。這便是「幽暗密林的樹下之戰」〈Battle under the trees in Mirkwood〉。由於精靈的堅強防禦，經過漫長的交戰，始終未能攻下該地。

然而這支部隊並非主力軍，羅斯洛立安才是多爾哥多主力部隊的目標。早先他們發起一波攻勢但終告失敗，獸人軍於是將矛頭轉向洛汗，進兵南方的高原。豈料樹人早已等候於該地，獸人軍最後落荒而逃（順道一提的，樹人將獸人稱為「無的砍伐林木者」〈Burárum，中譯為「布拉魯」〉）（註11）。

獸人並不死心，一再由多爾哥多發兵包圍羅斯洛立安，讓外圍的樹林枯死。但由於凱蘭崔爾女王防衛不

懈，最後守住了該地。

摩拉南之戰

另一方面，剛鐸的敵軍於「帕蘭諾平原之戰」戰後乘勝追擊，進軍索倫的根據地黑暗國度魔多。其數約莫七千，不過魔多還保留十數倍於此的兵力。

索倫起初派遣少數獸人與東夷軍埋伏於途中，對此發動奇襲以爲暖身。儘管敗下陣來，剛鐸軍卻因戰況過於激烈，以致有千人戰志全消逃散而去。是以這次佯攻作戰可謂圓滿達成。

殘餘的剛鐸軍來到黑暗國度的摩拉南（辛 Morannon，黑門）門前之後，索倫特意展示懸殊的兵力，昭告剛鐸軍毫無勝算並予以勸降。然而身爲統帥的巫師甘道夫與遊俠領袖亞拉岡等人，竟愚蠢地拒絕降服。

「摩拉南之役」〈Battle of Morannon〉就這樣開戰了。

索倫首先出動一支來自魔多、以大獸人爲主力的龐大獸人軍團，將埋伏多時的東夷與侃德部隊投入戰場。並指派一批經過整編的丘陵巨魔部隊負責攻擊敵軍的指揮官，讓跨坐凌空邪獸的戒靈部隊殺入敵陣。勝利可說就在眼前。

然而就在此時，戰情卻發生了大逆轉。原來敵方的潛入者抵達魔多的歐洛都因，將「至尊魔戒」丟入火山口予以熔毀。

索倫原本灌注在魔戒上的生命之火因此消滅，魔塔路格柏茲也同時崩塌了。主帥陣亡的衝擊如波浪般席捲了魔多全軍。

東夷和南方人或逃向故土，或當場投降。

獸人與巨魔這些經由索倫的黑暗氣息呵護而成的生物陷入了狂亂狀態，他們一股腦地逃竄，試圖躲入黑暗之中。未能如願者，若非以刀劍自戮，便是自投深坑而死。

布蘭德之子巴德二世 (Bard II) 與丹恩之子索林三世‧石盔 (Thorin III Stonehelm) 得知路格柏茲攻陷的捷報後，由山下王國殺出城外，擊退東夷軍。

羅斯洛立安的凱勒鵬見時機到來，也率軍攻打多爾哥多。凱蘭崔爾毀壞要塞的城牆，地下巢穴悉數曝光，杜絕了獸人的生息。

中土第 3 紀元就這樣結束了，除了藏身在迷霧山脈的矮種分支史那加之外，獸人可謂完全滅絕。

如此想來，原來所謂的獸人，不過是一個只知道爲自己不甚喜愛的主子盡忠至死的可憐種族。

註 1：原文誤植爲「希臘的母豬女神 Porcis」。波姬斯後來演變爲希臘的豬臉海神福耳庫斯（希 Phorkys；拉 Phorcys, Phorcus, Porcus），「Phorcys」一詞爲雄性用字，「Phorcis」因此成爲福耳庫斯的雌性用字。

註 2：阿登奈克語（Adûnaic 亦指地處西方的努曼諾爾人，「Adun」有西方之意）爲努曼諾爾王國使用的語言，日後演變爲通用的西方語。

註 3：原文誤植爲「tarkir」，應爲外來語還原之誤。「塔希爾」亦爲人名，他是亞爾諾第六任國王。

註 4：原文誤植爲「Elendirm」。

註 5：原文將凱勒鵬誤植爲「Cereborn」。所謂魔法力場，係透過凱蘭崔爾持有的戒指「南雅」（昆 Nenya，水之戒）形成的魔法防禦地帶。

註 6：原文誤植爲「Urk」，應爲「Uruks」，此爲複數的英文統稱。本文作者將「Uruk」與「Uruk-hai」視爲不同的分支，前者直轄於黑暗魔君索倫旗下，後者隸屬於白袍巫師薩魯曼，有別於過往人們將兩者視爲一同的看法。由於體型高大，又稱爲「Great Orcs」，儘管中譯本亦視同爲強獸人，基於本文作者的考察，在此譯爲「大獸人」。關於兩者的異同，詳述於第 8 章第 5 節「大獸人」與第 6 節「半獸人」等篇幅。

註 7：原文解譯爲「星之谷的鐵匠」，係根據「el（星）」＋「lad（谷）」＋「dan（鐵匠）」此一組成而來。

　　　「dan」一字在辛達語中涵蓋的意義甚廣，它可作努曼諾爾人、登丹人等人類（Edain）解；又或代表領主、王者，乃至金匠、鐵匠等具有藝能者，是以「Elladan」又可拆解爲「el（星，表精靈）」＋adan（人，表 Edain），即「精靈人」之意，表示此人爲精靈與人類的結晶。由於其父愛隆王爲半精靈，其母爲精靈公主，這對孿生兄弟各有 ⅔ 精靈、¼ 人類血統的淵源逐突顯出此一解釋的合理性。

註 8：即夏爾莊園的哈比人口中的史臥丁人 (Swerting)。

註 9：原文誤植爲「Flói」。

註10：「Éowyn」一詞由古英文的「eoh（馬）」＋「wyn（歡喜）」組成，因此有「愛馬者」的解釋。原文作「蒼白騎士（白き騎士）」解，或許是採用了娶她爲妻的法拉墨著眼於她「蒼白的美」，情不自禁脫口而出的說法：「洛汗的蒼白女子 (White Lady of Rohan)」。

註11：原文在還原外來語時，誤植爲「Brárum」。

長臂曲腿獸人

　　黑暗魔君索倫爲了從以往的獸人中創造出強大的新種大獸人 (Uruk)，過程中誕生了許多介於其間的亞種。出場於《魔戒》二部曲第3章第3節的「長臂曲腿獸人」可爲代表。

　　寬闊的肩膀、幾可垂地的長毛手臂，予人一種大型的大獸人之感，不過有別於大獸人的是身材較矮、雙腿彎曲。或許是手長的緣故，生性善於泅水。

　　索倫曾經擁有一隻注入自己生命的「至尊魔戒」，爲了破壞此戒，敵對勢力組成魔戒遠征隊。

　　獲悉魔戒遠征隊的位置後，索倫即刻由魔多（辛 Mordor，黑暗的國度）首都路格柏茲（黑 Lugbúrz， 黑暗之塔）出動一批由數十名長臂曲腿獸人組成的直屬部隊，嚴令他們「生擒哈比人，其他同行者格殺勿論」。

　　隊長名叫葛力斯那克 (Grishnákh)，說起話來一副軟調子，卻又不懷好意。索倫同時派出一名跨坐凌空邪獸的戒靈，做爲這支葛力斯那克特遣隊的前導。

　　做爲劇情舞臺的中土，有一條由北向南奔流的安都因河（辛 Anduin，大河）。戒靈由上空發現魔戒遠征隊

正順流而下後，便打算射箭警示葛力斯那克獸人隊。豈料魔戒遠征隊中的精靈勒苟拉斯（Legolas〈辛 Laegolas，綠葉〉）[註1] 卻以精準無比的弓箭射下邪獸，戒靈隨之墜地，魔多的直屬部隊因此失去遠征隊的行蹤。

　　即便如此，他們依然拚命追趕，將無法涉水的戒靈留在岸邊後，葛力斯那克特遣隊由拉洛斯（辛 Rauros，吼叫的水花）瀑布前方的不遠處渡河。

　　正當此時，由東北摩瑞亞（辛 Moria，漆黑的深坑）要塞前來追趕魔戒遠征隊、隊中以小型亞種史那加爲主的獸人隊，以及來自東南方艾辛格（洛 Isengard，鐵要塞）、由巫師薩魯曼派遣而來的半獸人～強獸人部隊也一同抵達。葛力斯那克於是傳達魔君索倫的命令，共同商討擬定周密的襲擊計畫。

▊周密的計畫

　　首先他們將全體兵分兩路。

　　一路軍採行人海戰術，由人數多的摩瑞亞獸人組成（爲了嚴守「生擒哈比人」的指令，想來葛力斯那克特遣隊必然在一旁監控）。

二路軍是以強獸人為主體、加上摩瑞亞與葛力斯那克獸人隊的菁英所組成的精銳部隊。

首先由一路軍主動遭遇魔戒遠征隊，經過激烈的抵抗，落得四下逃散。然而此一結果早在預料之中，趁對手鬆懈警戒之際，二路軍的精銳隨後發動了奇襲。最後擄獲哈比人的，竟是最為精壯的強獸人。

如此一來，強獸人成了三路人馬的總指揮，更以「如此大軍，無暇渡過安都因河」為由，執意將俘虜送往艾辛格，而非路格柏茲。接著將看管哈比人與斥候的工作，交由階級最低的摩瑞亞部隊負責。

對於此一舉措，葛力斯那克心懷疑慮，便在途中宿營時詰問道：「薩魯曼該不是懷有貳心，想要利用強獸人獨佔功勞吧？」摩瑞亞部隊也應聲而起，拔刀相向，強獸人於是當場格殺摩瑞亞徒眾5人以為效尤。葛力斯那克在刀口下躲過了一劫，帶著夥伴望東而逃。

隨後與戒靈會合並向上層請示，仍換來「跟隨強獸人，務必奪回俘虜」的指示，於是又帶領40人加入強獸人的行列。

強獸人一方也因為120名人類的洛汗（Rochand）騎士逐步逼近，憂心己方兵力不足，遂與對方盡釋前嫌，答應結伴同行。至於為何兵力不足，

肇因於途中趕走內心不平的數百名摩瑞亞部隊，畢竟這般烏合之眾根本無濟於事。

然而葛力斯那克部隊終非強獸人，日間行軍急遽地消耗體力。他們一度急起直追，卻在不知不覺之間脫隊殿後，逐一遭到騎兵射死。拼著一死回敬返射，也因為過度疲憊、步不如騎，難以一箭中的。

當時隊伍中還有數十名體型較大的摩瑞亞部隊同行。他們在入夜後部署於山丘上，卻遭到洛汗騎士團的包圍，這支摩瑞亞部隊最後也耐不住性子，朝著故鄉西薩格勒（辛 Hithaeglir，迷霧山脈）森林的方向突圍而去，最後悉數被殲，只有3人生還陣中。

怎奈騎兵隊四下游擊，殺死數名獸人後，便又撤退隱沒在夜幕中。強獸人以外的其他獸人，因此有了事已至此的覺悟。

當時葛力斯那克的心中抱有「取得至尊魔戒」的邪念，趁著強獸人應付騎兵而疲於奔命之際，將俘獲的兩個哈比人挾在腋下，企圖暗中突圍。

豈料手中劍卻在炬火的映射下微光返照，洛汗騎兵一個反射就放弓勁射、投槍猛刺，策馬飛蹄將葛力斯那克踩得粉身碎骨。哈比人因此趁亂逃走。

這一幕便是「長臂曲腿獸人」敗退的一刻。

■ ︱ ■
註1：原文誤植為「Legoras」。

長臂曲腿獸人

史那加

生來便是獸人菁英的大獸人與強獸人族群，總是輕蔑地看待其他出身卑下的獸人，或以西方語稱之爲蛆（maggot），或以黑暗語稱之爲史那加（snaga，奴隸）。此二詞大致相互通用，即便在《魔戒》二部曲第4章第7節中提到哈比人的觀點時，也以「魔多的蛆」記述。

根據冰島詩人史諾里所著詩詞學入門典籍《新愛達經》第1篇「受欺惑的吉爾菲」第14章的敘述（13世紀初葉），諸神殺死最早的巨人伊米爾後，其屍體滿佈蛆蟲。伊米爾的骨肉雖然融爲大地、化成岩石，眾神卻賜予蛆蟲人類般的形體，傳授了知識與技藝。

在北歐神話中，這個說法本指矮人族（〈Dverg或Dvergr〉即英文的Dwarf）形成的背景，或許托爾金就是將此一圖像投射在獸人身上的。

「蛆」或「史那加」等詞彙，相當於《魔戒前傳：哈比人歷險記》中提到的地妖（Goblin，小妖）。根據巫師甘道夫的說法，可知此一族群除了地妖自身之外，尚有大地妖 (Hobgoblin)（註1）共兩種類。

從書中提到他們的先後順序，以及其他托爾金作品關於地妖〈Goblin〉（註2）一詞的用法來推敲，純粹的地妖應該體型較小。如此看來，《魔戒前傳：哈比人歷險記》中的「Hobgoblin」，應可視爲《魔戒》系列中最普遍可見的獸人。

追蹤者

地妖是最小型的獸人，或許是爲了能夠在山中的狹小坑道快意地生活，才適應出此一體型。不過他們的腦袋也不靈光，總是受到身材高大的獸人宛若奴隸的對待。例如《魔戒》三部曲第6章第2節就提到擔任奴隸監工的兩個大獸人，朝著嫌惡的矮小獸人一陣鞭打，驅趕他們上戰場。

他們同時長得身形輕巧，經常被指派爲偵察的尖兵，每每在驅使下成了執行任務的消耗部隊。同一章還提到一群鼻孔大露、膚色黝黑的追蹤者 (Tracker)，一路嗅著氣味獵捕敵人。全身只裝備最低限度的弓箭，穿著有如爛衣破布。

收錄在《未完成的故事》的「格拉頓平原之禍」〈The Disaster of the

史那加

Gladden Fields）有一段追殺至尊魔戒的持有者～人類埃西鐸（昆Isildur，愛月者、月之僕）的敘述，文中提到「獸人在黑暗中憑著嗅覺追蹤逃脫的對象，不須借助視力」[引1]，這段話也暗示此一追蹤者的存在。

至於為何有此一說，也是因為綜觀托爾金的其他作品後，並未發現「獸人皆以嗅覺見長」的描述之故。

狼騎士

地妖群中有一支戰術上相當重要的騎兵隊～狼騎士 (wolf rider)，又譯為狼騎兵。對於其他體型高大的獸人而言，騎乘是他們效法不來的。順道一提地，或許因為生性無法相處的緣故，所有獸人（包括半獸人族群的強獸人）從不騎馬。

從身高介於90～120厘米之間的哈比人假扮為獸人卻無人起疑的敘述看來，想必地妖也是這般矮小的身材。畢竟狼的體長最多不過160厘米，超過此一體型的地妖便無法騎乘。

黑暗勢力中尚有一名為座狼 (warg) 的大型狼種，或許是心高氣傲的緣故，從不讓獸人騎在背上。牠們之所以經常與獸人結伴襲擊，只是為了取食獸人殺死的敵人（或者被敵人殺死的獸人）屍體罷了。

「狼騎士」的機動力足與馬匹相比，做為急行追蹤之用時，同樣深受器重。巫師之長薩魯曼（北方語Saruman，具有巧藝者）曾將同袍甘道夫（北方語Gandalf，手持魔杖的精靈）予以軟禁，對方逃脫後，就是基於機動力的考量，派出狼騎士追捕的。日後的戰役中，薩魯曼同樣利用「狼騎士」做為機動部隊與傳令。

地妖城

為數眾多的地妖就群聚在南北縱走於中土中部的西薩格勒（Hithaeglir，迷霧山脈）地下，其中以地妖城 (Goblin town) [註3]這處聚落最為知名。他們在山脈的東西兩側開鑿了祕密洞口，做為出入之用。遇有獵物宿營於附近的山洞時，便掩兵而來予以捕獲。

《魔戒前傳：哈比人歷險記》第4章中提到6個地妖對付一個矮人，另外2個負責一個哈比人，要將他們扛到地妖王的跟前。途中遭到巫師甘道夫的閃電法術襲擊，有數人因此死去，地妖卻毫不在意。他們笑鬧地唱起歌來，或拍手擊掌、或齊步踩地、或揮鞭抽打俘虜，欣喜若狂地鼓譟而去。

此情此景不由得讓人想到與托爾金的處女作《地妖的腳步聲》(Goblin feet, 1915) 這首精靈詩歌似曾相識。詩中的地妖與地侏儒 (Gnome) 便是如此高聲豪唱、手舞足蹈。原來他們難以筆墨形容的腳步聲具有一股魔力，總讓人百聽不厭。

且說君臨地妖城的大王，是個名叫「大妖王」(Great Goblin) [註4]的大獸人，後來死於巫師甘道夫的打劍 (Beater) 這把魔劍之下。

疾行者

地妖們平息首領被殺的混亂後，立刻派出追兵，卻畏於甘道夫手中的打劍與矮人王索林 (Thorin) 手中揮舞的姊妹劍・咬劍 (Biter)，委實難以出手。

於是他們派出了疾行者 (Runner)。這幫徒眾置身漆黑之中依然眼尖耳利，腳下穿著軟鞋，只發出不過蝙蝠大的聲響，速度猶如暗夜裡的鼬鼠〈weasel〉。

《魔戒》二部曲上卷第3章中，強獸人的隊長烏骨陸〈Uglúk〉便提到迷霧山脈的地妖們「唯一可取的地方，在於一雙黑暗中能夠看得一清二楚的眼睛」。足見此語同指地妖的疾行者。

然而或許是魔法的作用吧，眼看疾行者就要逮住跑在最後的哈比人，那哈比人卻在瞬間消失無蹤。再次追上時，洞外已是白晝。一如獸人懼怕陽光般，地妖也不例外，只好暫時打消追捕的念頭。

眼下之計，一面將大妖王的死訊通報給坐鎮於北方都城剛達巴（Gundabad，可能為斷道之意）的獸人首領波格 (Bolg)，一面擬定下個對策。

地妖大突襲

地妖群聚的迷霧山脈與東面羅馬尼安（辛 Rhovanion，大荒原）之間的山地，棲息著數百隻與「地妖城」勾結的狼與座狼。一如往常地，原本當晚已經計畫對鄰近的村落發動「地妖大突襲」〈great goblin-raid〉，地妖這一方卻由於大獸人被殺而陷入混亂，會合因此延誤。

領頭的灰狼等得十分不耐，就在此時，眼前出現了不速之客，他們正是甘道夫、矮人與哈比人一行。狼群隨即一擁而上，攻擊途經此地的一夥人，一行於是攀爬到松樹上避難。灰狼心想地妖遲早會趕到，於是打定主意守候在該地。畢竟地妖既能爬樹，也能砍倒樹木。

豈料甘道夫卻點燃了松果，信手拋下樹來，包括灰狼自己在內的同伴們因此成了一團團的火球，在地上到處打滾。即便如此，狼群還是留在原地毫不死心。

持槍戴盔的地妖部隊不久便來到現場，見了狼群一身狼狽的模樣，不由得大笑起來。隨後就在甘道夫一行人躲藏的樹下點火，圍成一個大圈又唱又跳。

且說迷霧山脈的巨鷹一向十分厭惡地妖。地妖當然也想趕走巨鷹，奈何鷹巢築在高處，始終無法下手。

巨鷹見森林竄出火苗，不知發生何事，急忙飛下山來打探一番。他們在途中就分散開來，一批抓起甘道夫等人，將他們帶往安全的地方，另一批則撲向惡狼與地妖。在此猛烈的攻擊之下，狼群與地妖潰不成軍四下逃竄。總而言之，當晚的「地妖大突襲」

只能被迫中止。

不過牠們可不會就這麼忍氣吞聲。隔天晚上，地妖和惡狼再次聚集於松樹林尋找蛛絲馬跡，卻尋不著飛向空中的巨鷹們一絲半點的蹤跡與氣息。

於是就在附近一帶查探是否有人窩藏一干人等，最後發現一群正在東南方的森林開墾的人類，就這樣打定主意襲擊這幫人。

█ 五軍之戰

且說「地妖城」以東原本住著能夠化身為熊，名為比翁（Beorn，熊）的人類。這一族原先住在迷霧山脈，但自從獸人與地妖到來後，就被趕出棲息地。因此對地妖一直深以為恨，其情更甚巨鷹。

就在地妖正待襲擊森林的拓荒者之際，一群巨熊集團卻由東方到來，這正是比翁的族人。

地妖和狼的混成軍與比翁族人之間的這場戰役持續了一天一夜。由於地妖單方死傷慘重，最後不得不撤軍。

當然，地妖並未就此死心。原本打算發兵追擊報此寇仇，北方的都城剛達巴卻在此時傳來了召集令，意外地要求牠們與矮人決戰。

地妖就這樣加入了「五軍之戰」的作戰行列。其中尤以「狼騎士」最為光榮，獲選為第一線的突擊前鋒。

起先戰事的進展看似順利，隨後卻因前鋒過於突出而遭到側翼的夾擊，一時箭雨傾盆而來。望後奔逃時又彼此衝撞，狼群與地妖因此牙刃相向、撕咬起來。經此自相殘殺，失去了無數的生命。

艱難之下重新站穩陣腳，卻又殺出矮人王索林的一夥徒黨，最後「五軍之戰」便是以地妖軍的大敗做為收場。

█ 魔戒聖戰

即便在後來的「魔戒聖戰」之中，地妖同樣扮演著多樣的角色，或為大獸人的奴隸，或為斥候與狼騎士。

「地妖城」南方有一處同為西薩格勒的山中要地摩瑞亞（辛 Moria，漆黑的深坑），此地同樣棲息著多種獸人。首領大獸人慘遭反抗魔君索倫的魔戒遠征隊殺害後，數十名獸人與數百地妖隨即動員組成一支追兵。

牠們在途中與來自其他據點的獸人及強獸人會合，但因取得指揮權的強獸人主張「帶走俘虜留下活口」，以致地妖們無法為首領復仇。再則思及抗命不從將面臨的刑罰，也不得不聽命於人。

一個大好良機就在隨後到來，原來牠們聽到了疑似魔戒遠征隊員的呼叫聲。兩個哈比人（梅里與皮聘）在毫無防備之下，闖入埋伏於森林的摩瑞亞部隊攻擊範圍，眾人於是齊聲吶喊一擁而上。

其中一個名叫梅里的哈比人拔劍抵抗，砍斷數人的手足，緊接著又出

現高大的人類戰士波羅莫 (Boromir)，地妖們紛紛拔劍應戰，奈何體格相去懸殊，一場肉搏戰下來，著實難以招架。

倉皇退走之際，又遭到精靈勒苟拉斯 (Legolas) 的弓箭與矮人金靂（古北歐語 Gimli，火護符）手上戰斧的襲殺，眾多地妖因此死去。

就在地妖付出如此重大犧牲的同時，強獸人殺死波羅莫，生擒梅里與皮聘。全軍再次會合整編後，奉命看守俘虜的便是生有一口黃牙，手持黑色鋸刃長刀的摩瑞亞地妖。

但由於強獸人過於霸道，地妖遂於途中宿營時拔刀抗拮。結果包含此一滿口黃牙的地妖在內，總計有 5 人遭到處死。

此外也有地妖被指派為斥侯。當他帶來「發現一名人類騎士」的回報時，還挨了強獸人一頓怒斥，責怪他為何不射死對方。

隨後摩瑞亞部隊（註5）就被調至前軍，無分晝夜地受到催趕，原來稍有耽擱，人類的大軍就會追殺而來。

眼下已非惦掛著復仇的時刻。與強獸人經過一番激烈的爭執後，地妖們終於獲准脫隊，返回故鄉摩瑞亞。

不過同樣來自摩瑞亞的一批體格較為高大的獸人，不樂見強獸人獨佔功勞，於是留了下來，結果留下來的這夥人悉數敗亡。

黑暗魔君索倫於不久滅亡後，其他獸人也逐步衰亡。然而唯獨最弱小的地妖這支本該境遇悲慘的種族沒有完全滅絕，一直存活到今日。後來他們愛上火藥，將之視為玩物，更且創造出火砲來。

聖誕老人的來信

根據托爾金每逢耶誕節就會寄給孩子的書信編輯而成的書簡《聖誕老人的來信》〈Letters From Father Christmas, from 1920～1943〉（註6）所述，今日的地妖就棲身在北極的地底（或許就在北都剛達巴的近處），時而大量繁衍。牠們會從自己的巢穴開挖一條隧道通往聖誕老人的家，偷走原本要送給孩童的禮物，或者大肆破壞為非作歹。

相當於精靈後裔的紅侏儒 (Red Gnome) 為其天敵，西元 1453 年地妖數量暴增時，就是被他們擊退的。

地妖的坐騎也因時點而異。繼難以推心置腹的野狼之後，他們改養一種狀似臘腸狗的北歐短腿馬（古北歐語 Drasill，馬）。不過這些馬也在愛德華四世在位的期間（1461～1483），遭到地侏儒〈Gnome〉消滅殆盡。

迫於無奈，只好馴養蝙蝠做為騎乘之用。

有關地妖的種種，聖誕老人如此形容：「看起來像肥滿的大老鼠，不過更難對付，因為實在太狡猾了！」（引2）在托爾金描繪的圖畫中，他們外貌黝黑，看似站直身子的狗，高度不到一

米，全身一絲不掛。不知道出於何種緣故，極討厭雪。

今日的地妖已經懂得使用象形文字，有時會在穴居人描繪的洞穴壁畫上信手留下自己的塗鴉。

後來與聖誕老人同住的北極熊卡爾胡（Karhv〈即Karhu〉）將這些象形文字整理成表音文字，稱之為地妖文〈Goblin Alphabet〉。《聖誕老人的來信》結尾便收錄一封以地妖文寫成的「北極熊的來信」，對解謎有自信的讀者不妨挑戰一番。

註1：在北歐國家的觀念裡，英文中所謂「Hobgoblin」或「Gnome」等地精類，就相當於挪威的倪杊（Nisse，小矮人）或童忒（Tomte，家精），具有一種身形矮小、好捉狹的狡黠形象。龍槍系列中的「Hobgoblin」譯為「大地精」，其譯名或許來自「Hobgoblin」相較於「地精」「Goblin」來得體型高大的緣故。

然而地精是個龐大的族群，舉凡「Goblin」「Gnome」「Shee」「Kobolt」都是類屬，按理不應以總括此族群的「地精」一詞諸加於「Goblin」。取用地精一詞，不外乎便宜行事，唯恐譯名過於艱澀難懂，以致影響閱讀的理解性，純粹就文學解讀的立場，這樣的解譯是可理解的。

早年國內並無專門深入奇幻名詞探討的工具書，相對於此，國外奇幻名詞普及度常高於此間，以致譯者著手翻譯諸如《妖精市場》(Goblin Market) 等著作時，經常掙扎於「譯名究竟該符合通俗性或確切性」，基於讀者認知不足與拓展閱讀普及層面的考量，每每選擇通俗而非真確的解譯。

在此一合乎市場心理的前提下，譯名便失去了獨立性，脫離該內容後，遇有難以成立的情境時（例如同時出現其他地精類），便得轉為另一譯名。然而進入字典辭書、電玩遊戲等範疇時，卻衍生出細分族群這樣更進一步的譯述需求。

在托爾金的《魔戒》系列中，「Hobgoblin」的體型較民間傳說者來得高大，生性更為邪惡，傳承中嬌小淘氣的模樣全然不見，托爾金也表示自己的作品顛覆傳統的印象。而這種反傳統的描繪，正如「北歐山精」之於「巨魔」，連帶影響爾後的現代奇幻小說。這也代表吾人必須由傳承與現代奇幻文學這兩大範疇的角度分別看待「Hobgoblin」這支地精類屬。

如此看來，貼近民間圖像的「淘氣鬼」譯名，便不適用以《魔戒》為首的現代奇幻領域。但若「淘氣鬼」與「大地精」等譯名均無法圓滿詮釋現代奇幻舞臺中的「Hobgoblin」圖像，那麼必得追溯「Goblin」的由來以了解其演化，畢竟在此一領域中，它被視為大型的強化「Goblin」。

根據《韋氏文學大百科全書》(Merriam Webster's Encyclopedia of Literature) 的解釋，「Goblin」一詞似乎來自古法文的「Gobelin」，又或來自中文拉丁文的「Gobelinus」，與希臘語的「Kóbalos（地痞、流氓，拉丁語作 Cobalus）」有高度的淵源。民間傳說中的他被視為一種醜陋詭異、行為邪惡，時而流露淘氣搗蛋一面的精怪，詭邪的行徑不一而足。

蒙丘爾·康威在《魔鬼信仰與惡魔學》第一冊 (Demonology and Devil Lore, Part I, 1881, By Moncure Daniel Conway) 中指出，「Gobelin」是 12 世紀時為禍埃甫勒 (Évreux) 當地的鬼怪之一。後來聖托林 (St. Taurin) 驅魔成功，將他逐出作怪的月神殿 (Temple de Diane)。只因鬼魂應對有禮，聖托林並未將他打下地獄，從此鬼魅依舊魔戀人間，日後甚至高名遠播於不列顛。

提摩西·羅德里克在《巫誌：一年又一天》(Wicca: A Year m a Day, By Timothy Roderick) 書中則提到一個地侏王·高伯 (Ghob, the King Gnome)，指出此名與「Goblin」有所關連。據想此一說法係將高伯王的徒子徒孫以暱稱為「小高伯」(Ghob-lings) 的方式呈現，因此衍生日後的「Goblin」一詞，又或許這便是日文之所以譯為「小鬼」的典故。

此外，被視為字源的希臘語「Kóbalos」傳至日耳曼後，演變為「Kobold」一詞。這個帶有「邪惡妖精」之意的族群，經常被英譯為「Goblin」，這也表示兩者似可等同視之。根據韋氏文學大百科全書的解釋，銀礦與鈷礦偶有礦藏伴生的現象，在科學知識尚不發達的中古時代，人們總認為「Kobold」會挖走山中的銀礦，使其變易為有毒的鈷礦，殘害冶煉的礦工，德國當地遂賦予鈷礦「kobolt」之名，這也就是英文「cobalt」的由來。吾人或可給予「Kobold」一個「鈷妖」的意譯，然而其生性未必與「Goblin」完全吻合，即便具有其參考性。

日文對於「Goblin」也有獨到的看法。一般多譯爲「惡鬼」，亦即「邪惡的鬼怪」之意，大致相對於中文的「邪妖」。日人也經常將此字運用在解釋固有妖怪的英語上，如「天狗」譯爲「(long-nosed) mountain goblin」；「河童」譯爲「water goblin（或 water imp）」，凡此都以「鬼」這個相當於中文爲「妖」或「魔」的字眼來詮釋。或許因爲如此，魔法風雲會紙牌中文化後，將「Goblin」譯爲鬼怪，但若從「妖魔鬼怪」此一總稱看來，做爲獨立物種的譯名仍差強人意。

同樣一個「鬼」字，中日文的意境相差懸殊。中文多指人死後失去實體的飄渺魂魄，日文也有此意，但多表示具有軀體、形貌可怕且帶有特徵（蠻力、食人、施法作祟）的妖怪，這也解釋青鬼、赤鬼爲何不應直接取用其名，而該轉譯爲青魔、紅魔的緣故。沿用就容易帶來「青面紅臉的鬼魂」這樣的語感，或與佛學中稱之爲「赤鬼」的牛頭馬面、責罰地獄那些罪人的「青鬼」混爲一談。

綜觀上述，「Goblin」起先似乎爲一鬼魅之名，又或地侏儒的暱稱，日後逐漸發展成爲一支人們眼中「棲身地下、生性邪惡的小妖族群」。因此根據其邪惡的本質與類屬，將之解釋爲「妖邪的地精」或「地中的小妖」，從而縮減爲「地邪」或「地妖」，並據此將「Hobgoblin」解譯爲「大地妖」。

註2：《前傳》第1章首次出現「Goblin」一詞是在「…有惡龍、有半獸人、巨人，以及幸運的寡婦之子拯救公主的故事（見 p.6.14，原文作……about dragons and goblins and giants and the rescue of princesses and the unexpected luck of widows' sons？）」這一段叙述。

《魔戒首部曲：魔戒現身》第2章首次提到「Orcs」一詞，則是在「半獸人又再次肆虐於群山間（見 p.72.16，原文作 Orcs were multiplying again in the mountains.）」」（以上中譯部分，均以聯經本2001年初版的內容爲基準）

凡此種種，包括《魔戒前傳：哈比人歷險記》在內的《魔戒》系列中譯本，都將「Orc」與「Goblin」視同「半獸人」，亦即本書裡譯的「獸人」。

儘管托爾金筆下同屬「獸人族」的這兩支種族被一視同仁譯爲「半獸人」，在族群的解釋上並無不可，但進一步細部區分時，還是有各取其名的必要。或許是因爲「Goblin」一詞在此間始終沒有較契合文學意涵與大衆市場的貼切譯名，所以才會被納入獸人族群而視爲一同吧。

註3：《魔戒前傳：哈比人歷險記》（2001年版）譯爲「半獸人的城鎭」。

註4：《魔戒前傳：哈比人歷險記》（2001年版）譯作「高大的半獸人」。

註5：由於摩瑞亞部隊來自北方，因此在原作中又稱爲「Northerner」。

註6：《托爾金傳》（聯經本，莊安祺譯）作《聖誕老公公來鴻》。

引1：日譯文摘自山下なるや譯本。

引2：日譯文摘自瀨田貞二譯本。

大獸人

根據巫師甘道夫（北方語Gandalf，持魔杖的精靈）的說法，獸人依體型可區分爲三大支系。原來《魔戒前傳：哈比人歷險記》第7章提到：「除了地妖〈Goblin〉和大地妖〈Hobgoblin〉，還有一種難以言喻的邪惡獸人，對付起來很是棘手。」(引1)

關於第三種「邪惡的獸人」，第5章中如此述及：「即便是山中大型的食人魔〈此處係指Ork〉也能彎下腰來，以兩手幾乎貼近地面的姿勢快速地奔跑。」(引2)此處提到的日文譯名「食人魔」，或許是來自法國食人魔〈Ogre〉的一種聯想，然而實際上獸人是無所不吃的。「他們既吃大馬小馬也吃驢子，無論何時總是飢腸轆轆。」(引3)

甘道夫在《魔戒首部曲》第2章第5節形容牠們是一群「高大又邪惡、來自魔多的黑色「Uruk」」(註1)。事實上「Uruk」體色漆黑的程度似乎遠勝其他獸人，因此人類一度稱他們爲黑獸人(black ork)或大獸人(great ork)。

同樣地，二部曲第4章第10節中可確認爲大獸人之一的隊長夏格拉(Shagrat)在三部曲第1章中，有這樣一段形容：「此一大型獸人擁有一雙長臂，彎下腰來奔跑時，兩手幾可及地。」

換言之，《魔戒前傳：哈比人歷險記》中提到的「邪惡大獸人」這個分支，便是《魔戒》中黑暗語提到的「Uruk」。足見《哈比人歷險記》與《魔戒》在術語的運用上有著些微的差異。

綜觀上述，可知大獸人較一般獸人膚色黝黑、霸力悍血、身手敏健、體格高大，一雙手臂比例上顯得較長。

其他篇章亦曾提到大型獸人，形容他們頭部巨大。大抵上此一型態的獸人，或可視之爲大獸人。

大獸人在臂力、凶暴性與智慧方面，均非以往的獸人所能及，也唯獨大獸人能夠學會黑暗語，有時他們也被稱爲「戰獸人」(fighting ork)。

創生自黑暗中

一如甘道夫「來自魔多」這樣的敘述，大獸人可說是黑暗魔君索倫（昆Sauron，受忌諱者）以魔多爲最後根據地時創造的一種較新銳的物種。

據托爾金的歷史年表記載，大獸人首次奔赴戰場是在第3紀元的2475年。

當時索倫動員戒靈部隊攻下人類建立於南方剛鐸（辛Gondor，石之國）王國的東塔・米那斯伊希爾（辛Minas Ithil，月之塔）（時為2002年），易名為米那斯魔窟（辛Minas Morgul，黑魔法之塔）。隨後在此地配屬「力量強大的黑獸人～大獸人族群」，身上漆著一個「狀極醜惡、以死者慘白的面孔為造型的月亮印記」[引4]。

索倫將這支魔窟部隊派往剛鐸的舊都奧斯吉力亞斯（辛Osgiliath，眾星的堡壘），一把火將一切化為灰燼，並於剛鐸援軍趕到後佯裝撤退，預留伏兵於鄰近一帶，展開了一場遊擊戰。

在索倫的軍事構想下，大獸人便是如此這般由魔多派往外地的據點、以南北縱走於中土中央的西薩格勒（辛Hithaeglir，迷霧山脈）為主的周遭地域，讓他們擔任指揮官或就地為王。

迷霧山脈的摩瑞亞坑道（辛Moria，漆黑的深坑）一度是矮人族的都城凱薩督姆（凱Khazad Dûm，矮人的居所），同時也是東西的交通要地，蘊藏珍貴礦源的摩瑞亞因此成為索倫勢在必得的據點。

1980年凱薩督姆遭到甦醒自地底的「摩苟斯炎魔」一手摧毀，此後索倫在改造大獸人的同時，由魔多出動一支獸人軍佔領摩瑞亞（2480年）。原來炎魔曾經與索倫共事一主，於是

組成了聯合陣線。

順道一提地，獸人以黑暗語〈black speech〉稱炎魔為「火焰」(ghâsh)，對此十分敬畏。

格蘭山的高耳夫裘王

迷霧山脈北部的西面有一處巨魔生息的伊頓荒原 (Ettenmoors)，西端有一處格蘭山（古英Gram，憤怒），這處山中同樣駐守著一支獸人王高耳夫裘（Golfimbul，可能是大棍棒之意）[註2]統率的獸人軍，於2740年前後與迷霧山脈的獸人一同為禍於周遭一帶。

2747年，高耳夫裘親率大軍攻打哈比人的莊園，這便是俗稱的綠原之戰〈Battle of Greenfields〉。當時哈比人的英雄班多布拉斯・吼牛・圖克 (Bandobras Bullroarer Took) 隻身殺入大軍中，一棍擊飛了高耳夫裘的腦袋。頭顱因此飛出百米之外，掉入一處兔穴裡。為了紀念此事，才有了高爾夫球的競賽（換言之，Golfimbul因此成為高爾夫球的字源）。

大獸人王阿索格

到了2790年，矮人王索爾 (Thrór)攜同一名部下那爾 (Nár) 來到摩瑞亞，打算復興凱薩督姆。索爾王對於此地棲息著獸人一事毫不知情，他讓那爾守候在門口，快步走向坑內。

當時統治摩瑞亞的是大獸人阿索格 (Azog)。根據《魔戒三部曲～王者再臨》的附錄一之III所述，阿索格為

一「身材高大的獸人，頭上蓋著一層鐵皮，行動敏捷、力量強大，身邊跟著一群相同模樣的獸人，都是護衛他的戰鬥兵員。」[引5] 因此包含貼身護衛在內，或可一律視爲大獸人。

阿索格立刻捉住索爾，將他身首分家，還在額頭刻上自己的名字。隨後將屍首丟在等候多時的那爾身前，大放厥詞道：「再有其他矮人敢來復國，就是同樣的下場。」見那爾想要帶回索爾的遺體，又將一包不值幾文的錢袋丟在他身上並說道：「把屍首留下來，這是賞你的跑腿錢！」將他趕了回去。接著命部下將索爾的屍體大卸八塊，餵食了群鴉。

面對這樣的羞辱，矮人族由各地集結成軍，發起對獸人的戰爭（2793年），群起攻打迷霧山脈所有的獸人據點。逃出該地的獸人轉進摩瑞亞後，終於展開了決戰（2799年）。

那是個不見太陽的日子，獸人從山上一股勁地放箭射擊腳下的矮人，於開戰後不久取得了優勢。

因此索爾的侄兒耐恩 (Náin) 揮舞著丁字鎬，要求與阿索格單打獨鬥。然而應此要求放棄置高點的優勢，卻是一個錯誤的決定。

阿索格與大獸人組成的貼身護衛一同走下山來，攻擊耐恩的部隊。面對早已疲憊的耐恩，經驗老到的阿索格一擊斷頸，絲毫不費吹灰之力。

然而值此同時，頑強的矮人族卻發動白刃戰，幾乎將護衛隊砍殺殆盡。耐恩之子「丹恩・鐵足」(Dáin Ironfoot) 更掄起紅斧，殺向急待躲入門內的阿索格。

阿索格遭到丹恩砍斷的首級最後被插在木椿上，嘴裡還塞著那包不值幾文的錢袋。

縱然如此，矮人還是放棄了復興凱薩督姆的夙願。原來丹恩從摩瑞亞的門後深處，見證了通體燃燒的怪物～炎魔的身影。對於喪失泰半戰士的矮人族而言，那是終究難以取勝的對手。

索倫並未因此停下侵略的腳步，接著他又派遣魔多的直屬部隊攻下剛鐸西境的伊西立安（辛 Ithilien，月之地）（2901年）。順道一提地，這支直屬於索倫的大獸人身上有一「熾焰燃燒的無瞼紅眼」印記。

同時他也不忘將大獸人爲首的獸人與巨魔，再次隱密地佈署於除了炎魔以外早已形同一座空城的摩瑞亞。

地妖城的大妖王

《魔戒前傳：哈比人歷險記》第4章也提到一個如同阿索格一般「頭部異常巨大的可怕」大妖王 (Great Goblin)。此外「有眾多身穿鎧甲的地妖環伺身旁，個個手持戰斧以及地妖使用的弓箭或曲折的刀劍。」[引6] 若以此比照阿索格的例子，此一大妖王與約莫三四十人的護衛隊便可能是大獸人。

大獸人

大妖王是位於迷霧山脈地底的「地妖城」大王，君臨於石砌王座之上。平日給予部下較多的行動自由，也曾與少數邪惡的矮人結盟一時。

有一回巫師甘道夫與矮人等一行迷途闖入「地妖城」，大妖王於是命令部下將他們捉來。就在盤問的當頭，他發現矮人王索林 (Thorin) 手上持有的正是上古精靈打造的魔劍‧咬劍 (Biter)，於是認定對方將要加害於己，跳下王座衝向索林，下令「對他們用刑，然後丟到毒蛇洞裡殺死」。

豈料甘道夫身上還藏有咬劍的姊妹劍‧打劍 (Beater)，大妖王因此慘遭一劍刺死（2941年）。

▌阿索格之子波格

《哈比人歷險記》第17章則提到阿索格之子波格 (Bolg)，文中形容「波格的禁衛兵是一隊手持鋼鐵彎刀的高大地妖」，從體型看來，他們應該也是大獸人。

且說波格在摩瑞亞的決戰中僅以身免，他安全地逃離戰場，一度來到獸人位於北方剛達巴山地底的都城，打算捲土重來。

此時卻傳來「地妖城」的大妖王被殺的不幸消息，當場喚醒他心中對於矮人的恨意。波格於是火速傳令，集結了北方的獸人軍，大設冶煉場打造兵器鎧甲，以備勢將到來的戰爭。

值此同時，棲身於孤山 (Lonely Mountain) 的惡龍史矛革 (Smaug) 也遭到殺害，矮人佔領該地取得了寶藏。波格因此更堅定決心，要從矮人手人奪回該地。

他先研判天候，接著在雷雲的掩護下進兵。為了防範太陽露臉，同時讓一群蝙蝠飛行於上空以備萬一。

就在抵達戰場附近之際，他發現殺死父親阿索格的仇敵「鐵足丹恩」正率領一隊矮人奔向孤山。波格於是尾隨在後，發動了一次完美成功的奇襲，揭開「五軍之戰」的序幕。

然而很不幸地，當時人類與精靈的軍隊正為了寶藏分配不均一事與矮人爭執於該地。在波格的大軍當前之下，他們盡釋前嫌團結一致地殺向前來。

高舉著象徵剛達巴軍的「紅黑雙色旗」的獸人軍，巧妙地對抗三族聯軍的攻勢，雙方形成一場拉鋸戰。就在此時，殺死大妖王的索林率領一隊矮人衝向波格。大獸人組成的波格禁衛隊與麾下的座狼逐一擊殺這支堅強的矮人軍，最後給了索林一記致命傷。

但就在波格確信勝券在握的瞬間，巨鷹這支飛行大隊卻從天而降，加入敵軍的戰團。即便如此，獸人依然奮力抵擋。怎奈化身為巨熊的比翁接著又以令人驚恐的氣勢奔殺而來，禁衛隊遭到擊潰，波格猝死於熊爪的撕裂下，他稱霸北方的野心也隨之破滅。

事實上為了這場「五軍之戰」，北方獸人就失去三分之二的數量（2941年）。

摩瑞亞的無名首領

北方軍勢的衰退也迫使索倫必須加緊牽制人類位於北方的勢力，為此他多次派遣迷霧山脈的獸人與魔多的大獸人劫掠剛鐸北方的驃騎王國洛汗（Riddermark Rochand）東部（3000年）。

駐防於洛汗東部的統帥伊歐蒙德（古英 Éomund，護馬者）就是在一次追擊獸人小隊的行動中落入圈套，遭到大獸人率領的部隊伏殺的（3002年）。

不過到了3019年，大獸人卻讓當時為了摧毀索倫的「至尊魔戒」而組成的魔戒遠征隊百般戲弄。

《魔戒首部曲》第2章提到一個摩瑞亞的大獸人首領。面色黝黑、臉部平闊，眼舌有如燃燒的煤炭般火紅（註3）。約莫人類身高的軀體包裹在一件由頭頂延伸至指尖的黑色冑甲中，一手堅持獸皮大盾，一手掄動著巨大長槍。

大獸人起先調動洞穴巨魔〈Cave Troll〉攻擊魔戒遠征隊，卻讓對方兔脫，只好帶領護衛隊親自上陣。他一槍刺中持有魔戒的佛羅多‧巴金斯（Frodo Baggins），卻被隨從山姆衛斯‧詹吉（Samwise Gamgee）砍斷槍柄。他旋即拔出彎刀，但又讓人類的勇士亞拉岡（Aragorn）搶先一步劈開了腦袋。

米那斯魔窟的哥巴葛隊長

二部曲第4章第10節以及三部曲第6章第1~2節提到一個米那斯魔窟的隊長哥巴葛（Gorbag），帶領的部眾在80人以上。

魔多的外圍環繞著伊菲爾杜斯（辛 Ephel Dúath，闇影山脈），隔著這道山脈與米那斯魔窟相對的是高塔西力斯昂哥（辛 Cirith Ungol，蜘蛛山口）。由於隸屬魔多，該地的軍隊都漆有一枚紅眼印記。

擔任西力斯昂哥塔中戍衛隊長的是「聲音沙啞、粗暴冷峻」的夏格拉，他帶領一批為數至少40人的部下（人數或許與哥巴葛大致相當），大多數是大獸人。

這兩座高塔本身是要塞，同時也是收容俘虜的囚牢。連接雙塔的山路上除了供正規軍進兵之用的「魔窟大道」〈Morgul-road〉之外，還存在一處通道。通道中棲息著人稱屍羅〈Shelob〉的大蜘蛛，曾與魔君索倫結盟一時。由於通道位於西力斯昂哥轄內，夏格拉也因此肩負著餵飽屍羅的重責大任。部下烏夫塔克（Ufthak）不幸被屍羅捕獲時，夏格拉就曾經視而不見。

沉淪的哈比人咕魯（Gollum）曾被視為掌握「至尊魔戒」所在的重要關鍵，淪為階下囚後（3017年），索倫命令夏格拉「任由他泅水逃走」。咕魯帶

著魔戒遠征隊的兩名隊員回到這處通道時（3019年），卻發生一齣悲劇。

哥巴葛與夏格拉同爲大獸人，過去似乎曾在他處（或許是迷霧山脈的某個據點）討了份閒差事，如今卻身負重任，自然累積相當大的壓力。當時哥巴葛說道：「要是能逮到機會，咱倆就開溜，帶幾個信得過的小夥子另起爐灶，就近找個既能搶到好東西，又沒有頭兒管的地方。」夏格拉則回應道：「就跟從前一樣。」(引7)。

就在此時，哥巴葛的部下發現被屍羅毒素麻痺的魔戒遠征隊員佛羅多・巴金斯。夏格拉遵照索倫的命令將佛羅多囚禁在自己的塔內，並打算將其隨身物送往索倫所在的路格柏茲（黑暗語Lugbúrz，黑暗之塔）。

然而哥巴葛卻來要求他視爲應得的一份報酬。原來佛羅多身上竟持有一件以貴重的魔法金屬祕銀打造的軟甲。爲了爭奪所有權，兩人翻臉成仇，乃至演變成同袍相殘的慘劇。

當時夏格拉部隊中有一獸人（此獸人應非大獸人，因其被喚爲史那加）甚至將哥巴葛的部隊譏爲「魔窟的鼠輩」(Morgul-rat)、「哥巴葛的豬玀」(Gorbag's swine)。

稍後夏格拉派遣一名大獸人去追查手中握有祕密的的咕嚕下落。大獸人爲了達成任務，由通往路格柏茲途中的一處獸人堡壘〈orc-hold〉徵調一個嗅覺發達的矮小獸人（或許是地妖）擔任追蹤者。最後大獸人卻被這個無視命令、大發牢騷的追蹤者一箭穿眼而死。

且說哥巴葛的一名手下突破夏格拉部隊的包圍，趕往路格柏茲通報。夏格拉也命令部下拉格夫 (Lagduf)、馬斯蓋許 (Muzgash) 同往，二人卻被哥巴葛的部隊射死。接著又強令瑞德伯 (Radbug) 前去，但由於瑞德伯貪生怕死拒絕傳令，夏格拉於是挖出他的眼睛殺死了他。眼看唯一能夠支使的部下也無法成行，只得親往路格柏茲。

此時哥巴葛卻當面阻撓，撕裂夏格拉的臉頰，並以短刀刺傷其手臂。夏格拉雖然勒昏了哥巴葛，不過隨後他便清醒過來，拿起長矛打算刺殺對手。夏格拉反以細長的紅色小刀刺中其咽喉，將他千刀萬剮百般踐踏，繼而強忍身上的痛楚奮力前行，總算將佛羅多的所有隨身物安全地送達索倫的跟前。

德桑城堡的奴隸隊長

遺憾的是「至尊魔戒」並不在這批隨身物之中，原來佛羅多的隨從山姆衛斯・詹吉早將它藏在身上。

山姆殺死塔中倖存的史那加，救出佛羅多後，兩人無懈可擊地喬裝成矮小的獸人，一路潛入魔多的核心地帶。

一度有兩名身軀高大的凶暴大獸人盤問兩人。他們是隸屬於監視魔多西北端的德桑城堡（辛 Durthang，黑暗的壓迫）(註4)部隊，很自然地將佛

羅多與山姆視爲奴隸獸人（史那加，亦即地妖），於是一路鞭策他們東行，趕赴即將到來的決戰。

但就在一行來到戰場入口的卡拉其安格南（辛Carach Angren，鐵頸）之際，一批來自東方路格柏茲的大獸人重兵也同時抵達，強行穿過德桑塔部隊的行列。原來摩拉南之戰〈Battle of the Morannon，又稱黑門之戰〉已經開打。

佛羅多與山姆並未錯過這個混亂的機會，從而巧妙地隱匿了行蹤。由於他們的滲透行動，黑門之戰最後以索倫軍的大敗告終，大獸人從此由歷史舞臺絕跡。

■ I ■

註1：原著敘述：「There are Orcs, very many of them, 'he said.' And some are large and evil: black Uruks of Mordor……」

註2：「大棍棒」的解釋應來自作者將「Golfimbul」拆解爲「golf（棍棒）」＋「fimbul（大的）」的組合。據悉「golf」一詞來自中古荷蘭語的棍棒 (colf)；「fimbul」則來自古北歐語，有「盛大」「強力」「極度」的寓意，此處取用的是《老愛達經》提到的大寒多 (fimbul-vetr) 同樣的形容詞意。

儘管托爾金並未留下隻字片語加以解釋，據想「Golfimbul」也可能是「gol」＋「fimbul」的組合。一說「gol」來自古北歐語「喧囂、吼叫 (göll)」，那麼「Golfimbul」便有「大吼」之意，與原意爲「怒山 (gram，來自古北歐語的 gramr)」的格蘭山頗有相得益彰的旨趣。無論如何，將此獸人王與班多布拉斯・吼牛・圖克之間的淵源鋪陳爲高爾夫球的緣起，也只能說是老托爾金風格的黑色幽默了。

註3：關於大獸人外貌的這段文字，中日雙方的譯文出入極大，中譯本如此描寫：「他的臉孔黝黑、雙眸如同黑炭一般，舌頭則是鮮紅色的……」（朱學恆譯本）茲摘錄《魔戒》原文：「His broad flat face was swart, his eyes were like coals, and his tongue was red……」從原著的敘述可知問題出在「coal 究竟是未燒紅的煤炭或火炭」的認知上。

私以爲日文版譯者可能受到紅色意涵的「暴力、血腥」等指標性印象所影響，所以將一般的煤炭解讀爲火炭。如果老托爾金係以「like coals of fire」這樣的字眼詮釋，結果自然顯而易見，遺憾的是吾人無從體察現狀，除非還有其他關於大獸人的描述可供對照。然而縱使出現其他「紅眼」的描述，能否代表全體以及該大獸人隊長，卻是個未定之數。畢竟即便只是細微的不同，個體還是可能呈現出異於群體的特徵。

註4：原文作「黑暗之牙（暗い牙）」解釋有誤。按《精靈寶鑽附錄》(Silmarillion Appendix) 的解釋，辛達語的「牙」爲「carch」，「Durthang」一詞係由辛達語「dûr（黑暗）」＋「thang（壓迫）」組成。

引1、3、4、6：日譯文摘自瀨田貞二譯本。
引2：日譯文摘自山本史郎譯本。
引5、7：日譯文摘自瀨田貞二＆田中明子合譯本。

半獸人

根據托爾金的著作《魔戒》所述，巫師薩魯曼（北方語 Saruman，具有巧藝者）受到黑暗魔君索倫（昆 Sauron，受忌諱者）所惑，屈從於黑暗的勢力，從此無所忌憚地埋首於研究南方人與獸人（或許是大型的大獸人）的混血實驗中。

身為黑暗軍隊主力的獸人生於星光僅見的時代，一向在地底的黑暗中繁衍，是以存在畏懼陽光此一致命的弱點。後來薩魯曼在他常駐的高塔歐散克（辛 Orthanc，分叉的高點）[註1]所在的艾辛格（洛汗語 Isengard，鐵要塞）這處位於迷霧山脈南端的據點完成獸人與人類的合成實驗，克服了此一缺憾，只不過夜視能力也因此變得差強人意。

經由此一成果完成的半獸人，大抵可分為2種類型。

近似大型獸人亦即大獸人者，黑暗語稱為強獸人 (Uruk-hai)。

看似人類者稱為薩基的手下 (Sharkey's Men)[註2]。

▌戰鬥部隊・強獸人

過去許多研究者並未將大獸人

〈Uruk〉與強獸人加以區分，然而檢視《魔戒》文中所有強獸人一詞後，可知該字僅使用於提稱薩魯曼的獸人部下。事實上作者托爾金在自己預留的原著索引中，大獸人與強獸人也是分類在不同的項目中。

分別檢視兩者的特徵後，可知雙方雖有體色漆黑、身軀高大等共通點，然而唯獨強獸人不畏日照，也唯獨大獸人在比例上顯得頭部巨大、手臂較長。換言之，強獸人大抵上雖可歸類於大獸人的類屬，事實上卻是一支有著細微差異的分支。

從歷史的淵源加以考察，此一演化是顯而易見的。

起先黑暗魔君一世馬爾寇於第1紀元扭曲精靈的心性，創生了獸人奧赫〈Orch〉。

第2紀元獸人奧赫雖易名為奧克〈Ork〉，但本質不變。

第3紀元中期，黑暗魔君二世索倫將獸人大型化，創造出大獸人〈Uruk〉。到了第3紀元末期，將索倫視為勁敵的薩魯曼繼而將大獸人與人類混血，完成了強獸人〈Uruk-hai〉。

強獸人遂因為軀體高大，具備人類相仿的身高，同時智力發達，從而活躍於指揮官的位置。他們的眼角上提，手腳的肌肉渾厚粗壯。在薩魯曼個人偏好下，全身穿著近似人類、簡直全然有別於其他獸人的裝扮，配備寬刃的短刀、同樣使用於人類的紫杉弓〈bows of yew〉與長箭。盾牌上漆有「白掌」的印記，鐵盔[註3]前刻有白色金屬鑲嵌的神諭古文S，亦即「⟨」。那是象徵他們的創造者薩魯曼的標誌。薩魯曼並餵食人肉，使強獸人馴服於己。

由於強獸人的體色接近漆黑，他們遂把人類喚作「白皮膚的傢伙」（Whiteskins，白皮佬）。

他們自稱「善戰的強獸人」（fighting Uruk-hai）[註4]，遠比人類或其他獸人更為力量強大且狂暴。根據《魔戒二部曲》第3章第3節所述，他們以「沾滿血污的髒事就交給我等強獸人」一事自豪[註5]，總以豬玀（swine）蔑稱大獸人以外的獸人。當然、平日也將蛆〈maggot〉與史那加（snaga）等一般字眼掛在嘴邊。

其他種類的獸人對於強獸人，決不敢使用上述輕蔑的字眼。僅有一次「長臂曲腿獸人」的隊長葛力斯那克（Grishnákh）曾將強獸人的隊長烏骨陸（Uglúk）喚作「猴子」（Ape，猿猴），揶揄的或許是他們混有人血一事。烏骨陸聽到這番嘲弄也不甘示弱，隨後便以「路格柏茲的猴子」〈apes of Lugbúrz〉一詞反諷葛力斯那克部隊。順道一提

地，路格柏茲（黑暗語Lugbúrz，黑暗之塔）是黑暗魔君索倫位於魔多（辛Mordor，黑暗國度）的首都名。

白掌的烏骨陸部隊

強獸人的代表人物包括先前所提「聲音低沉」的指揮官烏骨陸〈Uglúk〉，與其副手[註6]陸格達（Lugdush）。彼得傑克森執導的《魔戒》片中也有一名強獸人隊長路茲（Lurtz），後來被登丹勇士亞拉岡所殺。

當時各地的獸人部隊接獲「生擒半身人〈即哈比人〉，其他人格殺無論」的命令。原來黑暗魔君索倫已經查明「具有統治世界魔力的「至尊魔戒」藏在某一哈比人身上」一事。

就在下令攻擊「魔戒遠征隊」的同時，獸人由來自個別的三個勢力組成一支混成部隊。

其中一方是由迷霧山脈地底要塞摩瑞亞一路追擊「魔戒遠征隊」而來，卻不知為何追殺對方，只想趁早回到摩瑞亞的部隊。或許是為了盡快追上對手的緣故，除了數十名獸人外，由短小的數百名地妖構成。

另一支數十人組成的魔多直屬部隊均為「長臂曲腿獸人」，相當於獸人戰士的大獸人似乎不在此內。或許是因為魔戒聖戰方酣的緣故，索倫並未將寶貴的戰力分撥至該部隊。然而這個決定卻成為日後命運的歧路。

最後一支是約莫百人組成的艾辛格部隊。烏骨陸等人既是強獸人，自

然在獸人族群中位階最高，成了三路人馬的指揮官。

只因為四名同伴死去，強獸人便對著兩名哈比人（梅里與皮聘）的頭部飽以老拳令其暈厥，接著射殺保護兩人的人類戰士波羅莫，朝西方的艾辛格逃走。

這對於本想中途望東折返魔多的「長臂曲腿獸人」而言，可說是一大失算。事實上薩魯曼早先曾對烏骨陸部隊面授機宜，指示他們不可將哈比人交給魔多，務必帶回艾辛格。原來薩魯曼打算藉此與魔多的索倫抗衡，做為他交易的籌碼。不過這番舉動卻引發「強獸人謀反」此一來自背後的指控。

一番爭論後演變成刀劍相向，為使不滿份子順從聽命，烏骨陸親手砍下兩名摩瑞亞獸人的腦袋。烏骨陸的部下本想砍殺「長臂曲腿獸人」，見對方早已逃走，還是肆意殺死一名摩瑞亞成員。此時烏骨陸見機喝令眾人收起武器，由於摩瑞亞部隊依然不願就範，又有兩人遭到斬殺。

兩個哈比人不久醒來，烏骨陸親自為他們塗抹傷藥並灌食恢復精力的藥劑，使其得以行走。為了不讓哈比人彼此交談，兩人相距約莫在12人等以上，各有3名守衛看守，其中一人持有長鞭，凡此種種採取完善的防範措施，為的就是要安然帶回俘虜。

一行於途中遭到120人左右的洛汗（辛 Rochand〈驃騎王國〉）騎士追及，當時早有一支由毛赫 (Mauhúr) 帶領的艾辛格分遣小隊埋伏於附近的森林中。這支小隊隨後發動奇襲，戰事因此演變為全面衝突。

強獸人部隊雖然殺死15名洛汗騎士與12匹馬，不過整個獸人混成部隊卻被日後成為洛汗王的第三元帥伊歐墨（Éomer〈the Third Marshal of Riddermark〉）(註7) 殲滅，兩個哈比人也趁著兵荒馬亂逃之夭夭。

最後伊歐墨下馬與烏骨陸捉雙廝殺，將他親斬於劍下。所有獸人的兵器盔甲悉數遭到剝除堆成一座小山，烏骨陸的首級就插在中央的一根木樁上。

號角堡之戰

且說薩魯曼坐擁一批半獸人，將自己長住的艾辛格構築成一處要塞。他們將地下挖空後大設冶煉場，並砍伐鄰近一帶的樹木做為燃料之用。但由於獸人性喜為惡，他們開始濫伐森林，僅以枯死林木為樂。

當地附近一直棲息著守護林木的古老種族～樹人〈Ent〉。然而薩魯曼早有了如意算盤，心想等到耐性十足的樹人發現該採取對策時，自己的計畫早已完成，於是竭盡所能地利用他們打探森林的底細，此後便無視其存在。然而此一做法卻為日後留下一大禍患。

薩魯曼一方面派遣烏骨陸奪回魔戒，同時身兼黑暗魔君索倫的西路軍，展開行動攻打驃騎王國洛汗的號角堡 (Hornburg)。他動員自己旗下無分強獸人或薩基手下的半獸人以及獸人軍

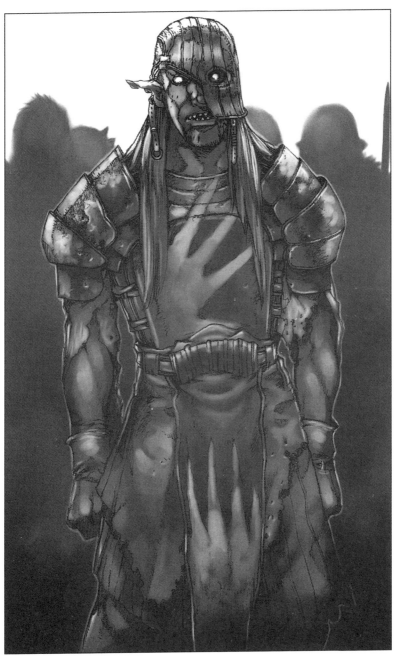

強獸人

組成的所有部隊，加上結爲盟友的登蘭德山丘野人〈wild〉（Hillmen），投入總數超過1萬人的兵力。

起先他們不斷地放箭威嚇守兵，企圖以兩支巨大的破城鎚撞開城門，但未能得逞。於是派遣工兵迂迴至背後爆破溝渠，一舉殺入城內。

洛汗軍因此據城死守。然而本該是一場漫長的攻防戰，卻因爲洛汗王希優頓（洛汗語Théoden，族長）於黎明時分親率騎兵殺出城外，巫師甘道夫（北方語Gandalf，手持魔杖的精靈）帶領的援軍也勢如破竹地衝殺而來，迫使艾辛格部隊不得不鳴金收兵。

豈料本該是平原的後方，此時卻形成一片蒼鬱的樹海。半獸人與獸人們不明就裡地跑向這片森林後，從此音訊斷絕。

原來這是能夠走動的胡恩〈Huorn〉，樹人們引導胡恩前來，以致艾辛格部隊慘遭吞噬。

就連薩魯曼的根據地艾辛格也遭到樹人親自攻打而殘破不堪。薩魯曼因此失去他親手建立的所有軍事力量，不得不喬裝改扮流浪各地。

不過這並不表示他的手上已經沒有棋子。

▌薩基的手下

早先薩魯曼就曾經派遣「薩基的手下」前往中土打探「至尊魔戒」的下落。順道一提地，「Sharkey」一詞係由黑暗語的「Sharkû（老人）」演變而來，意指薩魯曼本人。

他們的眼神邪惡，面帶灰黃的土色，狀似南方人，有些地方看來卻像獸人。

其中有個「眼神邪惡的南方佬」就常住在哈比人定居的布理（Bree，山丘），爲的就是徵收薩魯曼喜愛的菸葉。他還釋出特權，收攏那些住在布理和鄰近夏爾莊園的貪婪份子（在戒靈的威逼下，他曾經一度擔任魔君索倫的雙面諜）。

索倫滅亡後，薩魯曼在哈比人的莊園定居下來，唆使200多名「薩基的手下」爲禍於周遭一帶。他們蓋起磚造屋，並且打造武器，破壞那些看不順眼的建築或樹木，又將污水排放至河川。

就在此時，四個哈比人回到了故鄉。

薩魯曼起先派遣六個「薩基的手下」來到一度持有魔戒的佛羅多・巴金斯（Frodo Baggins）與山姆衛斯・詹吉（Samwise Gamgee）的老家臨水路（Bywater）。他們各個手持棍棒，腰際間還插著一支通報夥伴之用的號角，本欲威脅四人聽命於己，見皮聘帶頭拔劍，梅里與山姆也拔出寶劍威嚇，於是吹著號角逃走。

有鑑於此，山姆便與村中的鄉親士紳聯手組織了起義軍。先前逃走的薩基手下帶回總數20人的同時，臨水路的起義軍也達到200人之譜。

即便如此，領頭的薩基手下仍執意頑抗。他雙手分持刀棍，企圖衝出包圍，終究還是死於箭下，餘黨悉數被俘。

隔日清晨一群約莫百來人的薩基手下來勢洶洶引爆了最後一戰。不過漏夜奔走的皮聘早由鄰近的圖克老家帶來百名族人，不僅戰力 3 倍於敵人，更且哈比人佔有地利，終於擊敗薩魯曼一夥徒黨，其他的殘兵餘眾也四下逃散而去。

中土的哈比人歷史最後就在這樣的光景下落幕。

■ I ■

註1：此字有兩種含意。以精靈使用的辛達語而言，係由「oro（高度）」＋「thanc（分叉的）」組成，指的是歐散克塔的外觀。根據洛汗語的解釋，「Orthanc」為「心智靈巧」的意思，此字源自古英文的「orþanc」，意為「智慧、巧藝」，與薩魯曼 (Saruman) 此一北方語的含意呼應，老托爾金建構語言的巧思由此可見一斑。

註2：「Sharkey」是薩魯曼混血的這些介於人與獸人之間的僕從對他的暱稱，當時正值薩魯曼佔領夏爾之際。

註3：原文記作「鉄の鎧（鐵鎧）」有誤，應作「鉄の兜」。茲揭示原作敘述：「……on the front of their iron helms was set an S-rune, wrought of some white metal.」

註4：本段文字的原文為「みずからを戦闘部隊 (big fighting-ork) と称する」，意為「自稱大戰獸人」，其敘述並不恰當，綜觀《魔戒》全書，僅在三部曲第 6 章第 2 節「魔影之境 (The land of shadow)」提到「big fighting-orc」一詞，該人便是上一節中提到的那名慘遭追蹤者一箭穿眼射死的大獸人。原作敘述：「The other was a big fighting-orc, like those of Shagrat's company, bearing the token of the Eye.」

　　二部曲第 3 章第 3 節「強獸人 (The Uruk-hai)」提到的烏骨陸，以及第 7 節「聖盔谷 (Helm's Deep)」的強獸人攻城部隊倒是曾經自詡「We are the fighting Uruk-hai !」，或許本小節標題所示「戰鬥部隊強獸人」便是據此而來。由於「big fighting-orc」的形容出自作者對於夏格拉某一大獸人手下的描述，而非強獸人的自述，故將戰鬥部隊一詞更譯為「善戰的強獸人」(fighting Uruk-hai)。

註5：本文提示為「汚れ仕事は自分たちに任せろ」。關於這個骯髒的工作究竟為何，線索有兩個方向。一是烏骨陸見到葛力斯那克去而復返後欣然誇下的豪語。原作敘述摘要：「……in the meantime the Uruk-hai of Isengard can do the dirty work, as usual.」底線部分中譯為「……艾辛格的強獸人這次可以像以前一樣替大家收尾」（朱學恆譯本）。

　　二是先前面對逐漸逼近的洛汗騎兵與內訌，強獸人趕走來自摩瑞亞的地妖部隊時撂下的狠話。原作敘述摘要：「Let the fighting Uruk-hai do the work, as usual. If you're afraid of the Whiteskins, run! Run!」底線部分中譯為「讓善戰的強獸人收拾一切」。

　　兩者暗示「消滅敵人（此處指洛汗騎兵）為一血腥骯髒的工作，除了意指作戰殺敵便是強獸人的天職與本性之外，同時也顯露出其他獸人的無能，以致於強獸人必須經常扮演中流砥柱與收拾爛攤子的角色。

註6：陸格達被視為副手，主要來自兩個出處。一是烏骨陸與葛力斯那克內訌而分道揚鑣後，命令全隊跟隨陸格達往西偏北的方向行進一事。原文摘要：「'Now straight on!' shouted Uglúk. 'West and a little north. Follow Lugdush.'」

　　二是烏骨陸一行於入夜後遭到洛汗騎兵圍攻，泰半獸人因此戰死時，命令陸格達派人看守皮聘與梅里一事。原文摘要：「You, Lugdush, get two others and stand guard over them! They're not to be killed, unless the filthy Whiteskins break through.」

　　由烏骨陸二度指名陸格達行事看來，可知其位階僅次於烏骨陸，副手的推想由此而生。此外，文中還提到一名帶領分遣隊的小隊長毛赫 (Mauhúr)，從獨立作戰的角度推想，其位階或許與陸格達相當。

註7：原文將「Éomer」解譯為「騎士的分け前（騎士分得的封賞）」。按古英文解釋，「Éomer」可拆解為「Eoh（馬）」＋「maére（知名）」；一說洛汗語的「mer」為「珍愛」之意，如此一來伊歐墨 (Éomer) 與伊歐玟 (Éowyn) 便同有「愛馬者」的意思。

飛邪・敖颰

　　鮑姆在《聖誕老人的冒險傳奇》(1902) 書中提到的飛邪・敖颰向來以滋擾人類爲樂，從性格上加以分析，似乎介於傳說的食人魔〈Ogre〉與托爾金創造的獸人〈Ork〉之間。托爾金自己也著有《聖誕老人的來信》，由此可見影響所及的程度。

　　敖颰既不像人類生死有命，亦非永生的仙靈 (Immortal)。

　　所謂「永生的仙靈」，此處係指肩負著守護世界使命的仙子與精靈。夾處於人類與永生者之間的敖颰一向仇視兩者。敖颰不具任何良知，不僅以邪惡的行徑爲樂，且具有灌輸惡念於人心的能力。他們的身軀高大，面貌醜惡且能夠飛行，想要爲非作歹時，就會飛離滿佈岩石的山中巢穴。

　　大體說來敖颰有一統治全體的族王。誰能想到最可怕的主意就能獲選爲王，其餘敖颰必須服從此一族王的命令。即便如此，族群之間仍不斷發生內亂，激烈的爭戰之下，不少族人因此喪命。

　　長久以來，敖颰成就了無數的邪念惡行，「煽動孩子內心強烈的怒火」便是他們的消遣之一。經此改變的孩子不再聽話，他們和朋友吵架而且不遵守父母的教誨。見孩子爲此所苦、受到父母責罵，敖颰就會開懷大笑。

與聖誕老人之間的戰爭

　　不過有人卻剝奪了敖颰的樂趣，那便是聖誕老人 (Santa Claus)。聖誕老人還在人稱「克勞斯」〈Claus〉的年輕時代，就開始送給孩子們自己製作的玩具。獲得這些玩具的小孩會變成好孩子，不再跟隨敖颰灌輸的惡念起舞。

　　有一年，一個提議「讓克勞斯遠離孩子身邊」的敖颰獲選爲族王。敖颰立刻付諸行動，入夜後綁走還在睡夢中的克勞斯，將他棄置在遙遠的森林埃索普 (Ethop)～一處有可怕野獸出沒的叢林。

　　一早醒來後，克勞斯毫不驚慌。原來克勞斯過去和女樹精 (Wood Nymph)、仙子 (Fairy) 等永生的仙靈交情深厚，能夠借助他們的力量。只聽到一聲口哨，克勞斯便喚來守護世上所有動物的努克精靈 (Knook)，帶著他回到自己的家。

　　從那天起，樹精女王澤萊恩

敖魖

(Zurline) 與永生者就在克勞斯的門窗貼上具有法力的咒印，使敖廲無法登堂入室。

隨後敖廲又在運送玩具給孩子們的途中襲擊克勞斯，這回他們將克勞斯丟進自家的山洞，而非有機會借助努克精靈力量的森林。

豈料克勞斯即刻呼喚交情一向很好的仙子前來，再次安然返家。

敖廲這下終於明白要對永生者和他們的朋友克勞斯下手並非易事，即便如此他們仍不死心。這回他們從克勞斯身上搶走玩具，見到孩子們前來探望克勞斯，又故意扭曲小徑任其迷途。

克勞斯起初還能忍受這些令人嫌惡的作為，最後終於忍無可忍，因此拜會了世上所有森林的統治者亞可 (Ak) 尋求解決之道。亞可來到敖廲棲身的山中後，希望他們別再阻撓克勞斯。飛邪王不但拒絕，更且揚言要在 3 天內殺害克勞斯。得到這樣的答覆，亞可只好向敖廲宣戰。

飛邪王畏懼亞可陣營的力量，於是號召全世界的敖廲前來，並召集一批邪惡的生物。包括 300 隻亞洲火龍 (Asiatic Dragon)、塔塔力三眼巨人 (Giants of Tatary)、黑魔神 (Black Demon) 以及銳爪妖 (Goozzle-Goblin)。

相對於此，亞可率領的永生軍團包括努克精靈、樹精、仙子，以及花精芮兒 (Ryl) 此一盡是身軀嬌小的群體。

不料開戰後，飛邪王便在亞可掄斧一擊之下一分為二。其餘的敖廲則在樹精施展手中白蠟樹枝的魔力之下，殺得片甲不留，悉數變成土塊。至於敖廲以外的邪惡生物也遭到永生者徹底擊潰。早先淪為戰場的草原上，因此留下敖廲最後下場的壘壘土丘。

第9章

野人類

Savage / サヴェジ

〔野生人種〕

野猴

　　野猴（註1）是斯威夫特在《格列佛遊記》(Gulliver's Travels, 1726) 中提到的類人變種，身上有一股不確定是鼬鼠或狐狸之類的某種臭味。

　　他們的臉部既扁又寬，留著一把山羊鬍子，生得塌鼻厚唇，有一副大嘴巴。前後腳都長有銳利如鉤的堅實長爪，從小就身手矯健，能輕而易舉地攀上爬下，輕盈地縱身飛跳，泅水時並能潛入水中多時。

　　雄性的頭部與胸脯長有濃密的捲髮，背脊與腿腳的前方則覆蓋著整片長毛，臀部無毛也沒有尾巴，僅有肛門周圍有些短毛。其他的部位光溜溜的，只見到黃褐色的皮膚。雌性的個頭較雄性小得多，頭上的毛髮生得又長又直，除了肛門與陰部以外，其他地方長有一層茸毛。乳房垂掛在前腿之間，走起路來總是快要落到地面。毛髮有褐、紅、黑、黃各種顏色。紅毛種的不論雌雄都很好色，性情乖僻、生來狡猾，臂力與活動力都在其他野猴之上。

　　野猴是一種具有智慧、名叫慧駰的馬族家畜，平日飼養於慧駰住家不遠的小屋中，圈住脖子繫在橫樑下。原來他們得搬運慧駰收割下來的燕麥，拖行因傷不便行走的慧駰所乘坐的專屬雪橇。此外還有一群任其生息的放養野猴。他們會用爪子在丘陵等地形的側面挖出一個很深的坑洞，好在洞內休息。雌野猴的洞大一些，為的是能夠再容納兩三隻幼野猴。

　　沒有任何一種動物比野猴更難以調教。只要稍不留意，他們就會殺貓取食，糟蹋燕麥和牧草，幹盡無數的惡行壞事。有一回格列佛試圖哄誘一隻3歲大的雄野猴（註2），結果束手無策。畢竟調教他們拖運和扛東西，就已費上九牛二虎之力。

　　不論是驢子、狗、魚、黃鼠狼、野鼠，或傷病而死的牛肉、腐敗的獸肉、野草、樹根、腐爛的水果等等混在一塊的東西，他們總是隨手團圇下肚一概不分。與其取用慧駰給的上好食物，他們情願到大老遠的地方去偷搶。若將50隻份量的肉扔給5隻野猴，他們絕不會分而食之，反倒爭得你死我活，想要全部獨佔。一旦有牛隻傷病而死，附近的野猴馬上就會群起搶奪。只要有食物可吃，必竭盡所能飽餐一頓，即便消化不了，據說吃了某種草根就會拉得一乾二淨。還有一種很難找到的草根，對野猴而言有如酒的功效，會讓他們酩酊大醉。

野猢

在慧駰國當地，除了野猳以外，其他的動物都幾乎不會生病。慧駰國把象徵疾病的代名詞稱為「赫尼・野猳」〈hnea-yahoo〉，亦即「野猳的罪過」之意。原來野猳生病是因為不愛清潔、生性貪食的緣故。治療這種病的方法，就是將他們自己的糞尿混在一起，強行灌入喉嚨。對於治療暴食等各種疾病具有驚人療效，就連格列佛本人也十分推崇，不過各位應該看得出這是一種反諷。不光是身體的問題，野猳也經常罹患心理的疾病。有時候他們會瑟縮在小屋的角落，一會兒呻吟一會兒嚎叫。如果有其他野猳靠近，馬上就會被一腳踢開。唯一的療方就是強迫他們不斷工作，馬上就能痊癒。

該國的某些野地可以找到各種五光十色的石頭。不知出於何種緣故，野猳總把這些沒用的東西收集起來。遇有部分露出地面的這種石頭，便要花上一整天的時間用爪子將石頭刨出來。帶回小屋或自己的窩後，還會小心翼翼地提防，以免讓其他野猳偷走。如果在埋藏的地點找不到石頭，就會大聲哭喊，對周遭的同伴又抓又咬。此後便日漸憔悴、廢寢忘食，甚至也不幹活。

一旦找回石頭，便又恢復精神，心情愉快起來，接著把石頭改藏到另一處更難發現的隱密地點。因此能夠找到這些發光石的野地上，經常爆發野猳之間激烈的地盤爭奪戰。

每個地區的野猳總是成群結隊，不斷找尋機會趁其不備攻擊另一地的對手。有時候即使毫無動機，一個地區的野猳也會突然攻擊另一區的野猳。如果襲擊的計畫失敗，就會引發內部的爭鬥。縱使對方是雌野猳，雄野猳一樣會出手。

雌野猳經常站在土堆或灌木叢的陰暗處，等待年輕的雄野猳經過。此時如果雄性對雌性有一絲好感，雌野猳就會施展渾身解數引君入甕。若有陌生的雌野猳來到某一群體之中，此時會有三四隻雌野猳圍上前來，品頭論足打量一番。此外即便懷有身孕，雌野猳還是會主動接近雄野猳。野猳生性固執好強，狡猾歹毒，多疑且報復心強。身體看似精壯強健，內心卻膽怯傲慢、卑鄙殘忍。

儘管格列佛竭力辯駁人類與野猳截然不同，慧駰卻不以為然。原來他們認為人類與野猳本性相同，甚至更為卑劣。縱使具有語言能力，擁有卓越的學問、政治與技術，一個徹底腐敗的人類社會與野猳的世界相較起來，又有什麼分別。

▋波赫士筆下的野胡

豪爾赫・波赫士在《布羅迪博士的報告》〈西語 *El informe de Brodie,* 1970；英 *Doctor Brodie's Report*, by Jorge Luis Borges (1899～1986)〉一書中也提到「Yahoo」。

位於北非某地的國家穆克〈Mlch〉住有一支名叫穆克的種族，主角布羅迪博士稱他們為野胡族〈Yahoos〉。

他們的語言難以理解，除了國王、王后與巫師以外，族人向來居無定

所，生性雜食。族群中尚有人稱「詩人」的身份者，人們憎恨此一令其恐懼的對象，多半會殺死他。（註3）此外他們天性喜歡住在不乾淨的地方。

根據慧駰國的傳說，野猢並非當地的原生物種，有一天他們突然出現在該國的山上，從此異常繁殖起來。這也許是退化的穆克族漂流到慧駰國來的結果。

「Yahoo」後來被改造爲電子軀體，終日徘徊在都市網絡之間。

在未來的世界中，他們被更名爲「亞僕」，作家沼正三在《畜人亞僕》（《家畜人ヤプー》，1970，都市出版社）一書中描寫的便是他們遭人差來喚去、受到的對待遠不如牲畜的身影。（註4）

■ I ■

註1：關於「Yahoo」一詞，大陸與台灣的解釋大相逕庭。大陸版多譯「野胡」。若以普通話看待「野」字，其讀音雖與「yá」略有不同，但符合河洛語的發音，同時近似客語「野」字的「gyǎ」，形義上與本節所提「野人」不謀而合。

「胡」字向來意指中國北方或西北方的異族，即便習俗較隨性奔放，也遠勝文化體系全無的野人。或許是因爲主角格列佛在書中被視爲「Yahoo」的同類，甚至與其交合而育有後代，久而久之就連格列佛自己也把人類當成「Yahoo」，視爲一種粗鄙卑劣的物種，以致於給人一種「與人類同格」的感受，進而升格爲「胡」這樣的解譯。但推敲斯威夫特的原意，「Yahoo」是作者爲了諷刺人類的種種作爲所創造的生物，採用「胡」字這樣的「人類同位格」似乎過於抬舉。

台譯本作「犽猢」解釋。就進化的觀點而言，「猢」爲低等的靈長類，相較於「胡」更爲矮化，符合作者假借「Yahoo」的諷喻以宣洩他那視人類的心理投射。「犽」字的發音符合「yá」，按辭海的解釋，犽的外貌似獲且長有尾巴，與「Yahoo」沒有尾部的生理特徵並不相符。

據《格列佛遊記》所述，「Yahoo」身上確實有一種不知是狐狸或鼬鼠的體臭，然而能否將同屬鼬科的獲與古人所說的「犽」劃上等號已經有待商榷，更遑論「犽」是否體味惡臭。這說明「犽」純粹是一個採用犬字旁的同音字，爲的是與獸類產生聯繫，形成一種人與獸之間文化落差的觀想。

是以推敲兩者的解釋，並參考大陸的《格列佛遊記》經濟日報出版社譯本，取用合乎形義的「野」與「猢」二字做爲「Yahoo」的譯名，以傳達「人類不過是一群行爲粗鄙的野猴子，長久以來人類追求的烏托邦世界，竟然在畜生～馬所統治的國度誕生」這樣一個來自作者的反諷。

註2：原文誤植爲「三歲児的雌（三歲大的雌性）」，玆摘錄原著敘述如下。「……I once caught a young male of three years old, and endeavoured, by all marks of tenderness, to make it quiet……」

註3：正如「MIch」一詞，穆克族的語言並無母音。不過有人利用一種罕見的方法來發聲其中幾個奇妙的詞彙，有此本領者便稱爲「詩人」。族人畏懼此一具有操弄文字語能耐的人物，任誰都得以殺之，是以詩人總過著逃亡的生活。

註4：《畜人亞僕》以二千年後的未來世界爲背景舞臺，描述當時世上只剩下白人、黑人，以及淪爲「亞僕」的黃色人種日本人（其他黃種人業已減絕）。白人建立了女尊男卑的百陽帝國（The Empire of Hundred Suns，縮寫爲EHS），並由擁有至高權力的白人女性統治全世界。

據貴族安娜‧天照的解釋，一日她乘坐時光機器來到過去的日本列島上空，並將亞僕釋放於當地，從而繁衍了日後的日本人，這也解釋神話中的天照大帝便是安娜‧天照。爲了壓制黑奴與亞僕的反抗，帝國採行許多巧妙的手段與機制，將亞僕改造爲寵物、活傢俱、人體便器等「電子生體」便是手段之一，此外更以近親交配的實驗改良亞僕，將他們視爲一種具有智慧的家畜。

原本是一對儷人的男女主角一日與百陽帝國發生事故的飛碟遭遇，結果被帶往未來世界，一夕之間踏上命運截然不同的道途。身爲白人的女主角成爲貴族，出身日本的男主角則淪爲女主角的亞僕。事實上「プー(pu)」的發音，似乎有排泄穢物的暗示，亦即「亞僕」不過是一種自發或被動的宣洩工具。

這部連載自1956年的小說，可謂日本戰後最受爭議的文學創作，充斥懸穢(mysophilia)、受虐(masochism)等挑戰倫理道德的觀念，續作更一度遭到日本右派的非議。創作的背景或許來自美軍佔領期間形成日人的一種自卑情節與文化反動，作品除了影射西方文明帶來的文化衝擊，也點出人類天性容易自我沉淪於官能享受的缺陷。

在《布羅迪博士的報告》一書中，野胡族同樣喜歡住在航髒不堪的環境，並以剖出眼珠、去勢、全身塗穢的方式表達對於國王的崇敬之意，或許因爲同樣具有懸穢、受虐癖等行爲，「亞僕」因此被視爲「野胡」的另一演化。

橡林毛怪・飛諾得力

「Phynnoderee」〈英 Fenoderee〉是介於不列顛與愛爾蘭之間的曼島上具有代表性的精怪，其字意為「橡樹林的長毛人」。他們身軀高大，全身毛髮濃密，擁有一身媲美龐然巨體的力氣。

據說此一精怪原本是身高不過3呎（約90 cm）、人稱飛綠芯（Ferrishyn）的尋常仙子。飛綠芯後來愛上了人類的少女，為了與少女共舞，無故在秋天祭典上缺席。受到良心苛責的他搖身一變成了全身毛茸茸的橡林毛怪，從此被逐出仙子的國度，直到最後審判日的到來。

然而橡林毛怪並未忘記當初愛戀少女的熱情，也並未失去關懷人類的慈愛，只要有人需要自己的幫助，往往不計個人好惡，一律接受請託。

艾倫迦納的小說《魔法寶石》(1960) 提到的費諾迪（Fenodyree）一詞，便是使用在矮人的姓名上。樂於助人、親近人類的身影，同樣讓人聯想到古老傳說中的曼島仙子・飛綠芯。

▋戈登農場的善心巨人

橡林毛怪勤勉而善良的個性，也充分表現在蘇菲亞・莫里森所著《曼島民間童話》收錄的一篇「戈登農場的橡林毛怪」〈The Fynoderee of Gordon〉之中。

他曾在拉德克利夫家〈Radcliffes〉的戈登農場工作，農場的人們和橡林毛怪共度許多時光，因此建立了深厚的情誼。

每到日暮時分，農場的人們就會來到穀倉把麥稈高高堆起，鬆開一束束麥稈上的繩子。入夜後橡林毛怪會來磨麵粉，拿著連枷打起麥稈來。如果麥稈的繩子沒有鬆開，即便只是一束麥稈，橡林毛怪也不會動它。到了夏天，還會前來幫忙曬草割麥。

有一晚，橡林毛怪遇上正要回家的鐵匠，便要同他握手。鐵匠沒伸出手來，倒是迎面推出手上的鐵製犁刀。橡林毛怪就像握住一塊黏土一樣，將犁刀捏成了廢鐵，並且有感而發地說道：「在這曼島上，強壯的男人還是有的。」

又有一晚，橡林毛怪見磨坊燈火未熄，便由門外往屋內探頭一瞧，發現女主人正篩著麥子。女主人見了橡林毛怪的大腦袋，先是吃了一驚，

隨即鎮定下來，把篩子遞給他並如此說道。

「拿著它打些水來，就幫你烤個蛋糕。水打得越多，蛋糕就做得越大。」

橡林毛怪跑到河邊奮力地打水，不過想當然爾，怎麼也打不上來。最後橡林毛怪死了心，把篩子丟在一旁。

趁著這個空檔，女主人早已逃開。

橡林毛怪見到人們對著自己的手呵氣取暖，或對著熱燕麥粥吹氣降溫，同樣感到不痛快[註1]。由於自己從不感到是冷或是熱，總是光著身子過活。

農場的人覺得無衣可穿的他十分可憐，便自作主張織了一件特大號的褲子和外套送給了他。橡林毛怪收下禮物後，卻如此說道：

「外套壓得我背痠痛！
汗衫穿得我肚子疼！
褲子禍害了我屁股！
戴上帽子我昏沉沉！」

話一說完就扔下衣物，跑到了農場外。

此類軼事在約瑟夫・崔恩所著《歷史與統計上的曼島記述》〈*Historical and Statistical Account of the Isle of Man*, 1845；by Joseph Train, 1779～1852〉第二冊中也同樣可見。橡林毛怪能動員所有石匠都抬不動的白色大理石塊與石材，由海邊搬到建築工地。打算用它們蓋一棟房宅的紳士十分歡喜，將一套上好的服裝送給了他。然而一如前文所述，橡林毛怪

同樣唱起歌來，淚灑當場離去。

除此之外，崔恩還提到了一則農場主人以「草地沒割乾淨」為由刻意刁難，橡林毛怪因此怒火中燒的故事。他一氣之下，從此不再協助任何農務，甚至跟在農場主人後頭，將他腳下走過的草連根拔除。由於來勢洶洶，農場主人走起路來都險象環生。

且說跑出戈登農場的橡林毛怪隨後來到定居在拉申峽谷〈Glen Rushen〉的朱安・莫亞・克里瑞〈Juan Mooar Cleary's〉家中工作，有時在牧草地上割草，或者挖些泥炭、幫忙牧羊。

在一個暴風雪的晚上，朱安正要去巡視羊群，橡林毛怪忽然來到窗外說道：「我已經把羊都趕進織布小屋〈曼島語cogee house〉，但是有一頭剛生下來的鼠棕色綿羊（〈loaghtan〉，曼島特有的棕色種）[註2]把我整得好慘。」隔天早上朱安來到織布小屋，發現有一頭被短繩套住的野山羊混在羊群之中。原來橡林毛怪把野山羊誤認為曼島棕羊。

後來橡林毛怪討了一房來歷不明的媳婦，一同住在巴魯爾〈Barrule〉山頂。一日夫婦倆大吵一架，他拿起岩石丟向妻子，據說這塊岩石至今還留在曼島上。

曼島的自然象徵

華特基爾在《曼島剪影手記續集》〈*A Second Manx Scrapbook*, by Walter Gill〉（1932）中英譯了一首曼島詩歌

橡林毛怪

《矯捷的割草人》〈The Nimble Mower〉，這首詩描寫了橡林毛怪朝氣十足揮舞大鐮刀的身影。

事實上許多人相信橡林毛怪的註冊標記就是割草用的大鐮刀。橡林毛怪不過用了破曉時分的一個鐘頭，就能剷平農夫花上一天才能割完的草地。然而只要能獲得做為謝禮的一罈食物，就感到心滿意足。

書中還提到早在農場主人刻意刁難之前，橡林毛怪就已經是個格外勤奮的好幫手。不光是割草，還會收割麥子、將麥稈成束堆高起來、以連枷打麥殼、放牧牛羊、移除雜物和石塊等等。唯獨不是很擅長放牧牲口，有時候驅趕過頭，還會把其中幾頭趕下山崖。遇上這樣的情況，就會抓幾隻野山羊或野豬回來充數。

平時總趁著大半夜完成這些工作，白天就躲到溪谷或無人知曉的地方睡覺。這暗示他們原先的棲息地正是自然界，而非有人煙的地方。

近來由於自然的破壞與開墾，橡林毛怪逐漸失去他們的棲息地，為此當地的人們總說：「正因為橡林毛怪失去了家園，這世界不再是一塊樂土。」

註1：橡林毛怪見過一個農夫對著自己的手呵氣取暖，又對著燕麥粥吹氣冷卻，對於農夫一口氣便能決定冷暖感到無法理解，因此心裡老不痛快。

註2：又作「laughton」或「loaghtyn」，該字由曼島語「lugh（鼠）」+「dhoan（棕色）」組成，是一種百年前混種成功的棕色（曼moorit）多角綿羊，最多可生有六支羊角，祖先推斷是來自不列顛各地或昔德蘭群島的短尾綿羊。從外觀與產地的關係以及字意加以推敲，或可稱之為曼島棕羊。

森野人

「Woodwose」有「森林的孤兒」之意，都鐸王朝（16世紀前後）時期稱爲「Woodoses」（註1），是一群外貌似人，棲息於森林中的奇妙生物，不聰明但力氣驚人，手中總是揮舞著棍棒。

徽章學採用此一圖像，稱之爲「Woodhouse（儲木屋）」，做爲支撐在盾形徽章〈coats-of-arms〉左右兩旁的動物之一。大抵上多半以全身毛髮濃密的男子形象呈現，胯下覆蓋著一枚大樹葉，讓人聯想起亞當被逐出伊甸園後的模樣。

由於身上蓋有葉片，每每與綠人〈Green Man〉混爲一談，兩者也因此同被視爲野人 (Wild Man)。事實上如果讓森野人全身蓋滿樹葉，乍看下確實難以分辨。

蘇格蘭高地還有一種不確定是綠人或野人的白樺仙子・黑僮（Ghillie Dhu 或 Gille Dubh），字意爲「小黑子」〈英 Merry Black Lad〉，其名由來自他們的黑髮。他們身上穿著綠葉或青苔製成的衣服，棲身於白樺樹林。曾經有一位少女迷途，黑僮終夜守護細心照料，並於隔日送她返家。18世紀末有貴族上山狩獵，打算射殺黑僮仙子，

不過當時已經尋不著他們的蹤跡。

他們在曼島當地稱爲丘人（曼 Hog-men〈英 Hillmen〉）（註2），每到萬聖節〈Allhallowmas（11月1日）〉當晚，丘人就會離開老巢換個新窩，人們大多以水果敬獻，留在家中度過這一天。

類似野人且意指森野人的用語，尚有源自法語的野蠻人 (Savage Man) 一詞。

根據記載，1575年英國詩人喬治・蓋斯柯因〈George Gascoigne, 1534?～1577〉於凱尼爾沃思〈Kenilworth〉城堡向伊莉莎白女王獻上他的詩歌時，就是打扮成野蠻人的模樣，其實他只是把長春藤纏繞在身上。

1392 年法國國王查理六世〈Charles VI〉曾與五名貴族裝扮成野蠻人（法 Sauvage）。事實上由於服裝係以亞麻布、瀝青（pitch，類似柏油〈asphalt〉的物質）製成，十分易燃，四人因此燒死，國王也受到嚴重的灼傷。同年查理六世發狂引發國內分裂，隨後法國便遭到英軍入侵。

此外每逢慶典或化妝遊行，也常見到人們打扮成森野人的模樣。

《精靈女王》中的荒山野夫

艾德蒙・史賓塞的《精靈女王》(1596) 第 6 卷《卡利多爾爵士傳奇》〈The Legend of Sir Calidore〉第 4 章第 2 節以下，提到一個由「savage man」的中古法語型態演變而來的詞彙「saluage man（荒山野夫）」。

附帶說明的是「savage」「sauvage」「saluage」等語詞皆源自拉丁語的森林 (silva)，換言之，野蠻人的原義便是「森人」。

荒山野夫無所畏懼，他幾乎不會說話，只由唇間發出不具意義的聲響。既不知兵器為何，作戰所需的裝備也付之闕如，除了一副血肉之軀，別無合宜的蔽體衣裝。然而其軀體十分強健，即便受到刀槍砍刺，也絲毫不覺有蒿草撲打之感。原來早在胎養之際，他便授得一身魔法，因此刀槍不入。

野夫見凱勒派恩爵士 (Sir Calepine) 慘遭特爾派恩爵士 (Turpine) 痛擊危在旦夕，激憤之下怒不可遏地殺向特爾派恩。特爾派恩挺槍迎敵，卻無法傷及對手分毫，野夫又攫住盾牌不放，特爾派恩只得拋下劍盾逃走。怎奈野夫從後方快步追趕，頃刻間便追上特爾派恩，只見他忽覺飽以老拳亦無濟於事，再則一陣倦意襲來，於是拋下對手離去。

回到原地見到瀕死的凱勒派恩爵士與同行的貴婦瑟琳娜（Serena，平穩的），荒山野夫一聲長嘆，便待治療傷者。他採來療傷之用的野草，將汁液倒在傷口，不消片刻便已止血。

他將二人帶回自己位於森林深處的老巢，一處休說此等生人、便是野獸也不曾涉足的匿所，隨後作狀示意以表歡迎。原來他平日就睡在白苔繁生的土床上，向來以森林的果實為食。

野夫每日採來草藥為二人治療，自己的行為舉措若合其所好便雀躍不已。

就這樣凱勒派恩的傷勢終於痊癒，瑟琳娜卻因傷及體內不見好轉。

凱勒派恩於林中迷途一去不返後，荒山野夫安撫瑟琳娜，真誠地服侍左右。瑟琳娜決心出外尋找凱勒派恩時，野夫也穿上除卻凱勒派恩隨身寶劍的一副裝備陪同前去。

不久兩人遇上日後稱王的亞瑟與其隨從提米亞斯 (Timias)。提米亞斯對於這對美女與野獸的組合感到不甚自然，便思奪走荒山野夫身上的騎士裝備，結果遭到激烈的反擊。亞瑟出面調解並聽取事件的經緯，為了導正特爾派恩的行為，決心與奇特的二人同行。

將瑟琳娜與提米亞斯交由途中偶遇的隱士療傷後，荒山野夫便跟隨了亞瑟。即便亞瑟如何勸說喝叱，都無法阻止他隨行的堅定意志。

兩人抵達特爾派恩的城堡後，野夫先以爪牙撕裂無禮的城門衛兵，開

始屠殺特爾派恩的兵眾。他昂然踩踏在屍首之上，依然追擊不休，取來身邊敵人的兵器左劈右砍，猛烈地追殺倖存的殘兵。直到亞瑟示意他平息憤怒，這才恭順地聽從此議。

亞瑟後來擊敗一名喚狄士登（Disdain，輕蔑）的巨漢，救出婦人米拉貝拉 (Mirabella) 時，野夫也從旁助陣，以爪牙狠狠修理了狄士登的同夥司孔（Scorne，嘲笑）。

形象如此野蠻，卻比那般騎士更熟諳騎士之道的荒山野夫，其存在無時無刻提問著我等人類「應有的騎士風範何在」。

▌盧梭的野蠻人論說

法國思想家盧梭曾於1754年發表《不平等論》〈法 Discours sur l'inégalité, by Jean Jacques Rousseau, 1712～1778；英 Discourse on Inequality〉，於不斷參酌動物行為、野生兒的記錄、探險祕境時發現的未開化人的同時，仍以人類觀點為出發，假設了獨自的野蠻人 (homme sauvage) 論說。指稱野蠻人是遠離我等「文明人類」具有的社會惡習、極為親近自然的幸福的一群。

獲贈複本的文學家伏爾泰〈Voltaire，本名 Francois Marie Arouet, 1694～1778〉於謝函寫上「拜讀大作，使我萌生四腳行走一念」，此一美談遂不脛而走〈1761〉，不久它便成為「回歸自然」的口號而流行一時。

盧梭本人在書中明白寫道：「吾

人既不可能成為野蠻人，亦不曾擁有這樣的過去。」那麼盧梭假定的野蠻人不過是類似柏拉圖所倡言的一種理念〈idea〉，並不存在於現實之中。況且野蠻人並不具備哲學思考的能力，也不懂得建構人際關係之法，由此可見，當時盧梭本人並無「回歸自然」這樣的思想。

不論如何，從遠在150多年前史賓塞便已成為盧梭思想的先驅看來，作家的思考能力還是不容輕視的。

此後瑞典的植物學家林奈同樣根據自己以拉丁文訂定的植物分類法，將出版於1758年的《自然系統》〈Systema Naturae, by Carl von Linné, 1707～1778〉書中的動物進行了分類。除了我等一般人類之外，當時他還在分類學上增加**畸人類** (homo monstrosus)、**野人類** (homo ferus) 兩個人種。

到了1846年，菲尼亞斯・巴納姆〈Phineas Taylor Barnum, 1810～1891〉又發想出「Homo selvaticus（森人）」一詞，然而當時已經存在森人的概念，意指靈長類的**紅毛猩猩**（Orang-utan〈學 Dongo Pygmaeus〉），而非人類的分支。事實上「Orang-Utan」在當地馬來語中便有「森人」之意，英語所謂「wild man of the woods」，指的就是紅毛猩猩。

由於此處已經涉及真實的生物學範疇而非奇幻領域，下文還是回到原先的話題。

托爾金筆下的督盧人

托爾金在收錄於自作《未完成的故事》一書的「督伊頓森林」篇中，對於自稱督盧人〈（Drûg）哈拉斯人沿用此語，(pl) Drughu〉[註3]的沃斯人做了這樣的解說。

他們是人類的一支，身高約120厘米前後。身軀略胖、臀部肥滿，生有一雙短腿。外觀上具有臉部寬大、眼睛凹陷、扁鼻大口此等特徵，即便是刻意恭維，也稱不上俊美。膚色與眼睛同樣黝黑，乍看下不易分辨眼部的位置，因此很難從臉部的表情窺知其心理狀態。倒是生氣的時候，整張臉會脹紅起來。

除了頭上稀稀落落的細直毛髮與眉毛之外，身上並無體毛。不過有極少數人下巴生有稀疏的短鬚，對此引以為豪。他們的頭部堅硬如角，彼此寒暄問候時，總是蹲跪下來以額觸地。穿著上最多在腰間繫上一件短蓑衣。

其規模約莫數百人，棲息於森林中，以擊鼓做為傳達訊息至遠方的手段。他們會在大樹下搭蓋帳棚或小屋，以此生活起居。平日以山洞做為倉庫，遇上惡劣天候或嚴冬便蟄居於此，不過對於其他種族而言，此地儼然是一處隱密的地點。

平時生活儉樸，吃的既不奢華，喝的也僅止於水。遺憾的他們的壽命較其他人類來得短，不過沃斯人並不以此為苦。當他們沉浸在哀傷之中，專注於冥想沉思或守望警戒時，可盤坐不動長達數日之久。

生來善於追蹤，只要不曾下雨，憑著數週前的氣味便能找到目標。即便雲層籠罩，依然能夠感受到太陽的昇起。他們與自然共生，來到另一處土地安身時，必定著手調查周遭的動植物，細分至可否食用的地步。

督盧人擅長雕刻木石，尤其善用植物性顏料彩繪上色。他們習慣在邊界放置「守望石」〈watch-stone〉或者豎立一尊以自我形象為造型，名為魔人 (Púkel-man)[註4]的石雕。據說沃斯人能夠將自己的力量加諸此一魔人石像，藉此監聽動靜。

以督盧人阿格漢 (Aghan) 為例，他在出門前預先放置了「守望石」，並將自己部分的力量注入其中。獸人發動夜襲時，「守望石」不僅出聲警告鄰近一帶，並且踩熄獸人點燃的火焰，就連獸人本身也被趕跑或擊倒。

即使人在遠方，阿格漢還是從自己睡夢之際雙腳竟遭火吻一事，得知事件的若干始末，原來這是因為「守望石」傳來了它所經歷的感覺。

督盧人把捕捉他們、動輒刑求的邪惡獸人稱為「哥剛」（Gorgûn，〈可能是膿糞之意〉）[註5]，對此極為厭惡。

他們喜歡石器，不太使用金屬製品。一般認為督盧人最主要的武器是餵了毒的吹箭，事實上它只用於夙敵獸人。這是因為他們向來敬重生衍不息的世間萬物之故。

督盧人

獸人同樣憎恨督盧人，以黑暗語稱之爲「Oghor-hai（可能是強人之意）」(註6)，對此相當提防。獸人十分懼怕魔人石像，除非在事態緊急或人數眾多的情況下，否則絕不會越過魔人石像進入督盧人的土地。

一說此種敵對關係「或許肇因於獸人與督盧人同出一族，以致於同性相斥」。不過精靈族認爲「督盧人的歡聲笑語，能帶給周遭的人幸福」，據此斷言他們與獸人截然不同。

順道一提地，在精靈的共通語言～辛達語中，「Drûg」的複數型態爲「Drúin」或「Drúath」，單數型態爲「Drúadan」或「Drú」(註7)。

督盧人與獸人的爭鬥一度讓獸人的創造主～黑暗魔王馬爾寇感到煩惱。由於獸人與馬爾寇均爲精靈的夙敵，精靈嘉許督盧人的勇氣，便贈與「edain（人）」此一人類的尊稱。此後督盧人的辛達語就更易爲「Drúedain」。順道一提的是昆雅語稱之爲盧人（〈複數形〉Rúatani）。

督盧人於中土神話的第1紀元現身在遙遠的南方，被視爲人類的他們，首次由中土中央流貫南北的安都因河（辛Anduin，大河）西渡，來到中土南方呈東西走向的伊瑞德尼姆拉斯（辛Ered Nimrais，白色山脈）附近一帶定居。

其中一支又從當地移居西北，與貝西爾（辛Brethil，山毛櫸）森林的灰精靈領地比鄰而居。精靈敬重督盧人獨特的各項技藝，對他們大表歡迎。督盧人因此接觸了文字，然而除了本族獨特的符號以外，從不使用文字。

他們還從當時與精靈結盟的矮人族手中獲得金屬器物與其用法，從而施展在擅長的木石雕刻上，打造出動物、自己本身以及作逃命狀的獸人等栩栩如生的雕像。

史稱黑暗世紀的第2紀元爆發了諸神之戰，貝西爾一帶沒入海中，逃過一劫的督盧人因此分別移居至東西方。

西行者來到一處由瓦拉諸神庇佑的人類所建立的島國努曼諾爾（昆Númenor，西土）。努曼諾爾人青睞於督盧人奇異的預言能力，對此十分器重。然而督盧人早已預見努曼諾爾人日漸墮落，終將觸怒眾神而沉淪大海的未來，於是陸續回到了中土。

位於中土白色山脈中央犀角山(Starkhorn)附近的高原登哈洛（Dunharrow，山丘上的聖殿）或可稱爲督盧人的大本營。登哈洛通往哈洛谷（Harrowdale，聖殿山谷）(註8)的下坡路段上有一條曲折的彎道，每一個轉角處必定放有魔人石像。登哈洛的內部是個鉢形的盆地，前方不遠處座落著整片丁禍（古英Dimholt，隱密的森林），形成一處絕佳的匿所。

登哈洛往東的棲息地，計有白色山脈北方的督伊頓(Drúadan)森林一

處。所謂「Drúadan」便是「Drúedain」的單數型態。由登哈洛往西，計有白色山脈西南端的安德拉斯（辛Andrast，長岬）半島、北方的平原督亞威治瑤爾（辛Drúwaith Iaur，古督盧人〈之地〉）、伊寧威治（辛Enedwaith，中間的人民〈土地〉），以及西北的愛雲沃爾（辛Eryn Vorn，黑森林）（註9）。

第2紀元中葉甫過不久，督盧人便遭到山民 (Men of the Mountains)（註10）襲擊，失去了聖地登哈洛。督盧人的土地於第3紀元悉數遭到北方王國亞爾諾、南方王國剛鐸吞併後，可堪確認其存在的地域，只剩下安德拉斯、督伊頓森林與督亞威治羅爾等地。

不過從語言學或人種的觀點上，都可看出伊寧威治附近海岸的漁民具有督盧人的血統。

根據《魔戒三部曲》所述，當時共通的西方語將督盧人稱為森林野人 (Wild Man of the Woods)。驃騎王國的洛汗語稱之為「Rógin」（註11）或沃斯人（Wose森林老人），而「Wose」一詞正是源自「Woodwose」，取用「森林」之意的型態。

當時登哈洛的山民也已經滅絕，該地因此被剛鐸接收，後來又出讓給洛汗。洛汗人於登哈洛倚山建城，並於哈洛谷的出口興建都城伊多拉斯〈洛Edoras，宮廷〉。剛鐸也在督伊頓森林闢開一條走馬奔行的道路。

剛鐸與洛汗人曾經屢次進入督伊頓森林，視同野獸般捕殺沃斯人。為了自我防衛，沃斯人也設陷以對，雙方一度處於極為緊張的關係。

第3紀元末葉，對抗獸人的決戰「帕蘭諾平原之戰」爆發後，洛汗騎兵團由登哈洛出戰，火速急奔東方的剛鐸首都・米那斯提力斯。當時督伊頓森林的沃斯野人便似乎一直利用登哈洛的魔人石像，監視該地的動靜。就在此時，過去始終為獸人所惱的沃斯人大酋長剛布理剛 (Ghân-buri-Ghân) 終於下定決心協助洛汗。

那是一個下巴粗糙不平，長有乾苔般鬍鬚的野人，他的笑聲聽似發自喉嚨的奇怪聲響。隨著剛鐸勢力的消退，督伊頓森林被切割開來的道路一度被人遺忘。但為了及時趕上米那斯提力斯的防衛戰，剛布理剛引導洛汗騎兵團穿行了這條密徑。

此外早先攻打巫師薩魯曼（北方語Saruman，具有巧藝者）坐擁的艾辛格（洛汗語Isengard，鐵要塞）要塞時，棲身於督亞威治瑤爾山洞的沃斯人也曾經出戰，消滅當時企圖南逃的獸人與登蘭德山丘野人組成的薩魯曼軍隊。亞拉岡登基成為統治剛鐸的新王後，根據這些功勳立下了誓約，從此以後不再侵擾剛布理剛等沃斯人的土地。

註 1：「Woodwose」一字似乎來自晚期的古英文「wudewâsa」這個由「wudu（林木）」＋「wâsa（被拋棄者）」組成的複合字。根據老托爾金的《魔戒名詞導覽》(*Guide to the Names in The Lord of the Rings*, 1975) 所述，「wudewâsa」在都鐸王朝時期一度演變爲「Woodoses」，進而誤寫爲「Woodhouse」。

托爾金認爲他們其實是不法之徒，或遭到入侵而失去家園，不得不棲身野林的流浪者。《魔戒》提到的野人·沃斯人（洛汗語 Wâsan，森林老人；英 Woses），其發想便是源自此一物種。

註 2：「Hogmen」一詞由古英文的「hogh（山丘）」＋「man（人）」而成，是曼島上最具威脅性的精怪之一。人們不願意在萬聖夜外出，爲的就是求得平安，以免在半途遇上遷移遊走的丘人。

註 3：由古老的昆雅語以及日後演化的辛達語看待「Drûg」，可知一名詞均環繞在「rú」的字根上。不過精靈是在第一紀元接觸該種族後，才將「Drûg」融入辛達語的體系，以相近的讀音「Drú」表示。

關於「Drûg」這個名詞，老托爾金並未解釋其字源。一說它來自威爾斯語的「drwg」，有「邪惡」「壞」的意思，此處則象徵「野生與未開化的惡」，也使其有了「野人」的聯想。

註 4：「púkel」來自古英文的「púcel」一詞，有「妖怪、惡魔」之意。《魔戒》中譯本作「普哥人」解。

註 5：儘管老托爾金對於「Gorgûg」一詞的字源並未加以解釋，據想此字似乎由古英文的「gor（糞汙）」＋「gund（爛膿）」而來。

註 6：日文作「強き人間」解釋。相對於原意不明的「Oghor」，若「Oghor-hai」爲一「比較級」的用法，即便督盧人爲人類族群之一，也不意味「Oghor」必定代表人類，畢竟綜覽《魔戒》系列作品後，並未發現此字意指「人類」的例證。何況有一派主張「hai」純粹只是「部族」之意，如此一來等同「Drûg」的此一「Oghor」族，就更難解其原意了。不論如何，由獸人畏懼督盧人的魔力（守望石的力量）此一事實看來，「Oghor」也可能具有「巫人、魔人」的含意。

註 7：原文所述「その単数形はドルフ (Drughu) またはドルー (Drú) の說法を誤る」，「Drughu」並非辛達語的單數型態，而是督盧人的複數自稱。茲摘錄《未完成的故事》部分叙述如下。

「It is stated in isolated notes that their own name for themselves was Drughu (in which the gh represents a spirantal sound). This name adopted into Sindarin in Beleriand became Drû (plurals Drúin and Drúath), but when the Eldar discovered that the Drû-folk were steadfast enemies of Morgoth, and especially of the Orcs, the 「title」 adan was added, and they were called Drúedain (singular Drúadan)……」

這正說明「Drughu」的尾音爲一介於「胡」與「赫」之間的擦音，送氣輕微時，構成尾音的擦音不易聽辨，長久以往便可能轉化爲「Drûg」的讀音。此外該種叙述還提到「Drúadan」爲「Drúedain」的單數型態，是以據此更譯部分的原文。

註 8：原文誤寫爲「丘の谷（丘陵谷）」，「Harrowdale」係來自古英文「hearg（聖殿）」＋「dale（山谷）」；登哈洛的「dún」字才是古英文的山丘。

註 9：督哈威治瑤爾由辛達語的「Drú（督盧）」＋「gwaith（人民、土地）」＋「iaur（古代）」而成；伊寧威治係由「enedh（中央、核心）」＋「gwaith」組成。至於愛雲沃爾則是由「eryn（樹木）」＋「morn（黑暗）」的轉音而來。

順道一提地，「都亞威治羅爾」的譯名應是誤解，「iaur」的字首並非「L」的小寫「l」，而是「i」的大寫「I」。

註10：《魔戒三部曲》中譯本作「山中的子民」解釋，後來他們成了亡靈，出沒在與登哈洛接壤平行的丁默山 (Dwimorberg, The Haunted Mountain)，於接受亞拉岡的徵召後，襲擊了昂巴海盜艦隊。

註11：「Rógin」爲純正的洛汗語，代表複數，單數爲「Róg」。

也許是語言上的一種巧合吧，從（昆 Rú）、（辛 Drú）、（洛 Róg）等拼音看來，似乎成了「盧」字反映在普通話、河洛語的翻版。如此看來，語言學造詣高深的托爾金，或許對於東方語言略知一二也不可知。

若非如此，除了個子較爲矮小以外，督盧人的形象、習性與印度的苦行僧（如盤腿冥思、刻苦節食）、未開化土著（如吹箭）、回佛等宗教信徒（如以額觸地）也有若干相似處，可知督盧人代表的是一支「非西方人」的亞非人綜合體。

日耳曼野人

英語的野人〈Wild Man〉於德語稱之爲「Wilde Mann」。他們是棲身於森林的野靈 (wilde Geist)，同樣被視爲力量強大的一群。據說棲息在阿爾卑斯山脈的族群尤其性情凶暴，體格也特別巨大。

好比霍恩堡〈Hohenberg〉的森林中，就還留著一塊從前野人曾經把握過的掌痕石以及凹陷的石凳。

麥克・安迪的作品《說不完的故事》提到一個扛著大棍棒，雙腳長滿節瘤的樹妖（德 Waldschrat〈英 wood-goblin〉），這也是個全身毛茸茸、滿佈皺紋的林精，或可視爲野人的別稱。

當時他們正參加一個競技大會的選拔，爲的就是組成一個尋找救世主巴斯提安的探險隊。

《英雄詩篇》中的野人

13 世紀《英雄詩篇》的一篇「席格諾」〈*Sigenôt*〉提到此一野人，性情十分野蠻，每個月都要從人口一度達到千人以上的矮人族捉來至少百人予以絞殺。

英雄狄崔希・馮・伯恩 (Dietrich von Bern) 某日途經森林之際，適巧遇上正待由前方疾走而過的野人，他的肩上扛著一根棍棒，上頭吊著矮人巴爾頓〈德 Baldung〉。由於巴爾頓出聲求救，狄崔希於是擺出劍勢提議說道：「這是剛捉到的母鹿，同你交換那矮人，如何？」

話才說完，野人就丟下矮人，舉起巨棍迎面襲來。其臂力起碼也有男莮巨人的一半。

狄崔希當下應戰，卻無法傷及野人毛髮濃密的軀體一絲分毫。

一旁的矮人巴爾頓於是出了一個主意。原來野人的皮膚使用某種藥草，因此刀槍不入。矮人請求狄崔希爲他鬆綁後，找來一種使其無效的草根，將它交給了狄崔希。只見取得草根的狄崔希雙手握劍破空劈下，野人身軀的一處登時分家，最後人頭落地。

同樣出自《英雄詩篇》的「矮人王勞林」〈*Laurin*〉一篇中，野人與矮人的立場卻完全置換。此時的野人淪落到慘遭勞林此一力量強大、足與百人鏖戰而不敗的矮人王下令驅逐的田地。

日耳曼野人

狄崔希的師傅～老將希爾德布蘭（德Hildebrand，女戰士的烙印）為了尋找下落不明的公主而行經森林途中時，遇上此一野人。野人心生膽怯便待逃走，結果還是為其所獲，只得向希爾德布蘭求饒。透露公主與勞林的情事之後，這才免於一死。

輪圈鐵匠格林肯・施密特

格林兄弟的《德國傳說集》第157篇「打輪圈的鐵匠」提到一個有名有姓的野人。他住在距離穆恩斯特〈Mönster〉3個鐘頭遠的戴特堡〈Detterberge〉山中，名叫格林肯・施密特（Grinkenschmidt，打輪圈的鐵匠），向來憑著自家的爐子打造出堅固的鎖來。遇有婚禮，農夫們就會來向他商借燒烤用的鐵叉，相對以烤肉做為回謝的贈禮。

但如果沒歸還鐵叉，後果就會不堪設想。有個農夫就是因為借了鐵叉沒打算歸還，氣得鐵匠厲聲大叫：「給我當心點，別讓我逮著機會拿走你家的烤肉！」結果農夫才回到家中，就發現自己的愛馬讓人撕去一條腿。原來格林肯・施密特早拿去烤了肉吃。

根據其他的傳說，格林肯・施密德（Grinkenschmied，就是格林肯・施密特）本是生於科倫〈Köln〉的家居矮人・小家精（Heinzel-männchen），被趕出棲息地後，從此落腳於霍恩豪斯〈Höhenhaus〉附近一處樹林附近（其中的某個山洞）。原來他似乎是個虔誠的基督徒，從那一處地方正可遠眺自己喜愛的科倫大教堂。

為了答謝衷心接納自己的霍恩豪斯住民，於是為他們協助收割、打造鐵輪圈〈Grinken〉（運貨馬車的車輪所用的鐵圈）。

如今在霍恩豪斯教會開設於創辦紀念日的大市集上，格林肯・施密德已經成為其守護神。 1979年他的銅像就豎立在開市的鄔帕廣場〈Wuperplatz〉。

鐵漢斯

《格林童話集》第136篇「鐵漢斯」〈德Der Eisenhans；英Iron John〉與第136篇a章的「野人」〈德De wilde Mann；中、英文版未收錄〉篇中都提到一個被人施法成了野人的人類國王。他全身的膚色有如鐵鏽般赭褐，滿頭的長髮甚至垂落至膝蓋。他常侵入果園耕地，又將獵戶和獵犬拖入棲身的沼澤內，身邊累積了許多金銀財寶。

有一天野人終於被人捕獲，他被帶到某處城堡後，趁機抓住王子逃走。野人很喜歡王子，將他當成自己的骨肉撫養了好一陣子。但由於王子並未聽從野人的囑咐（或勸誡），最後流落至另一處城堡討了一份差事。

後來王子決定從軍出征抵禦外侮，不料借來的卻是剩下三條腿的一頭瘸馬，他只好向野人求助（或許馬腿就是讓野人吃掉的）。

野人借予王子一支精銳部隊，協助王子立下首功，使其得以安然生

還。王子因功娶得王城的公主為妻，最後魔法破解的野人也以國王的原貌來到他的面前。

順道一提地，丹麥作家安徒生〈H.C. Anderson, 1805～1875〉將三條腿的馬稱為地獄馬 (Helhest)。這正暗示野人是一支與地獄有關的勢力。

巴塞爾的節慶活動

總而言之，最為明智的方法就是避免與野人為敵。只要不主動與他們敵對，野人是不會自行攻擊的。即便以「席格諾」一篇為例，若非矮人的呼救聲喚起了狄崔希・馮・伯恩的注意，按理野人本該不加理睬逕自通過。

足見我等現代人實有必要拋除中世紀以來的偏見，重新認識他們。瑞士北部城市巴塞爾〈Basel〉所舉行的節慶活動，或許便是一個很好的例子。

每年的元月，當地都會舉行一種乘坐木筏順著萊茵河而下的活動。此時扮演野人的男子會包裹在一身樹葉的裝扮下，一面舞動連根拔起的樅樹，一面在船上跳舞，統領著左右兩旁的獅子與鷲獅。

抵達城市後，他們會走在遊行隊伍的前頭，隊伍後方還有更多人隨行。不知各位讀者是否感到怦然心動，也想走上一遭？

日耳曼野女

從野人（德 Wilde Mann，野生男子〈英 Wild Man〉）這樣的總稱看來，可發現出沒在歐洲荒林中的野人幾乎清一色爲男性。

不過在阿爾卑斯山麓的奧地利一帶，也可以見到野女這樣的存在。一說她們出落得很美，也有一說她們其貌不揚，又或可說她們經由魔法變幻於兩種形象之間。如果你眞能遇上她們，絕不想再過著同以往一樣的人生。

奇妙的野女們

格林兄弟的《德國傳說集》第50篇「溫德堡的野女」〈德 Die wilden Frauen im Untersberge〉提到一群野女於 1753 年由薩爾茲堡〈Salzberg〉南方的溫德堡（Wunderberg，奇妙山）下山入鄉。

溫德堡是一處另有巨人與矮人共同棲息的中空山岳，內部建有瑰麗的宮殿、金銀打造的庭園，還有教堂、修道院等。由此可見這群野女正是虔誠的基督徒。或許因爲如此，她們才會慷慨大方地將麵包送給那些在格拉尼克〈Glanegg〉谷地的山洞附近忙活的牧羊人，遇有麥作收割時，便一早下山來幫忙，直到日暮時分結束這一天的農務。晚間若有人邀約用膳，也總是婉謝好意逕自返家。

然而有一位農夫最小的兒子卻險些讓野女帶走。追問其理由後，得到她們這樣的回答。「只要他肯來，我們一定會妥善照顧，讓他幸福快樂。一個乖巧的好孩子，我們是不會讓他吃苦受罪的。」由於當時農夫抓著兒子緊緊不放，野女們最後才淚眼婆娑地離開。

又有一次，溫德堡附近的庫格爾穆勒（德 Kugelmuhle，〈抛光打磨大理石用的球磨坊〉）還有庫格爾鎮（德 Kugelstadt，〈圓球鎮〉）當地，放牧羊群的牧童讓野女抓走。一年後，有人在溫德堡見到孩子穿著一身綠衣坐在殘株上，後來母親雖然前來尋找，他卻二度消失，再也尋不著他的蹤影。

溫德堡附近的亞尼夫村〈Anif〉也有一個挖地洞做爲棲身之處的野女，長達腳踝的秀髮十分美麗，有位農夫因此愛上她。終於有一天，農夫鑽到她的睡床上，兩人不發一語，並未發生越軌情事。到了第二天晚上，野女問他是否已經成親，農夫謊稱自

日耳曼野女

己尚未娶妻。豈料妻子跟蹤徹夜未歸的丈夫前來，發現野女竟與丈夫同睡在野地裡。

當時做妻子的只是讚美野女的秀髮，倒是農夫見了妻子大吃一驚。野女責怪農夫說謊，明知農夫將來恐怕守不住忠於妻室的戒律，還是勸誡他說道：「如果剛才夫人把恨意怒氣發洩在我身上，只怕你沒法活著回去。今後你不能再來了，把這金靴帶回去吧，希望你們永遠恩愛。」

德國鄰近一帶的野女

位於德國中部的弗蘭肯與圖林根〈Franken & Thüringen〉以及地跨瑞士的斯瓦比亞地區〈Swabia〉當地，總是對淘氣不聽話的孩子大聲叱喝道：「安靜！要不然『野伯姐』（wilde Berta）會來抓你。」此一野女又稱為「Bildaberta」、「Hildaberta」或「鐵伯姐」〈eiserne Berta〉。(註1)

每到年夜（除夕）當天，如果紡紗女未將自己那一份亞麻完全紡織成線，全身毛髮濃密的野伯姐就會故意弄髒她的紡紗桿〈distaff〉(註2)。此外這天必須吃些糰子和鯡魚，否則會被野伯姐開膛破肚。野伯姐會掏出人們剛吃下的食物，改以菅草塞入腹內，並且用犁頭〈plowshare；ploughshare〉與鐵鍊縫合切口處。

由於懼怕荒林野女（wildbann Frau）的存在，義大利的維洛那與維琴察〈Verona & Vicenza〉當地的獵人甚至在十二月中旬到元月中旬這段期間，都不進入狩獵區。牧人也不讓牲口走出戶外，只教自己的孩子到水井提水回來給小屋內的家畜飲用。婦女們會把一束頭髮捲在紡紗桿上，將它丟入火堆之中。據說這麼做可以安撫荒林野女。

每逢節慶的前夕，人們會在馬廄等房舍的通氣孔（排煙管）附近撒灰。根據踩在灰上的腳印位置、大小與朝向，可了解她們是善或惡，做為判讀吉凶之用。

小野女

野女之中尚有一支軀體非常嬌小的族群。

根據格林的《德國傳說集》第169篇「戰爭與和平」〈德 Krieg und Frieden〉所述，1644年8月18日鄰近捷克的開姆尼茨〈Chemnitz〉這個德國西南部城市附近的森林中，出現了一名「小野女」（德 wildes Weiblein，荒野的小女子），身高約莫30厘米，除了臉部與手腳皮膚光滑之外，全身長滿毛髮。

小野女向捉住她的選帝侯約翰‧喬治一世〈Johann Georg I, The Elector〉宣稱：「我是為貴國預言並帶來和平的使者。」

由於選帝侯得知25年前也有一名體型相同的小野人被捕獲，預言將有內亂與戰爭發生，於是釋放了小野女。

麥克・安迪在《說不完的故事》書中提到一個全身都是金色毛髮的小野女 (Wildweibchen)[註3]。她們約莫只有 5 歲孩童的身高,臉孔長得像貓,整個身子包裹在捲毛下,同樣是為了傳達女王危機而來的特使,後來也成了救世主巴斯提安身邊的夥伴。

一如野人與綠人似乎有著微妙的關係,此等野女們與苔族〈德 Moosleute〉似乎也有某種關連。

■■■

註1:本段敘述參見《德國傳說集》第 269 篇「野女來了」(Die wilde Berta kommt)。

　　伯姐又名白莎 (Bertha;Bercha),在條頓語中帶有「光輝、火花」的含意。根據雅各・格林的著作《德國神話》(德 *Deutsche Mythologie*, 1835;英 *Teutonic Mythology; by* Jacob Grimm, 1785~1863)的敘述,「Bertha」一詞源自神聖羅馬帝國皇帝亨利四世在位的時代,當時他將此名賜予巴都亞 (Padua) 市民做為他們享有自由特權的象徵,此名所指便是皇后~莫里耶訥的白莎 (Bertha of Maurienne),做為自由象徵的雕像為一乘坐篷車的女子形象。

　　每逢主顯節的前夕,特勞恩斯坦(Trauenstein,今稱 Traunstein,位於上巴伐利亞,與薩爾茲堡相對)山區的人們會警告孩子不可淘氣,否則伯姐會割開他們的肚皮。當天家中會準備油膩的蛋糕,要求孩子將蛋糕吃掉。據說只要吃得肚子油膩膩的,伯姐下手時會一刀滑開。儘管格林心存疑問,他還是若有所指,認為野女之所以稱為「野伯姐(意指野蠻的)」與「鐵伯姐(意指鐵石心腸的,使用鐵製凶刃的)」,或許便是肇因於此。

　　按格林所述,「Hildaberta」一詞似乎是由荷姐 (Holda) 與伯姐 (Berta) 組成,相傳她會整夜巡視每戶人家,找出壞孩子將他撕碎。此外還提到「Holda」厭惡怠惰的紡紗女等習性,並暗示她與北歐的胡妮女之間有所關連。

註2:根據格林的《德國神話》所述,蘇黎世湖 (L. Zurich) 當地將伯姐或荷姐稱為「結人」(Chlungere,來自德語的「結」chlungel 一字),因為她會將紡紗女未完成的紗線打結。

註3:遊目族文化出版的中譯本作「金絲貓」解釋,其根據應該是來自英譯本的「blondycat」。

苔族

苔族生息於德國境內，尤其是東南部的荒野、雜樹林的林蔭處以及地洞中，他們在青苔上生活起居，是一群全身披覆青色苔衣的小矮人，在德國廣為人知，木刻與陶藝師傅常將他們製成人偶販售，因此或許可以在某些地方見到他們。他們是藥草專家，對於森林裡的植物藥效瞭若指掌，甚至包括那些具有超自然力量的植物在內。

位於德國與捷克邊境上的奧伯法爾茲〈Ober-Pfaltz〉地區曾有一位少女患有陣痛的毛病，收下苔族的一種藍色花草後，病情便痊癒了。據說她後來販賣此種花草，發了一筆大財。

在鄰近的圖林根當地，有個苔女曾向牧羊人討麵包吃。牧羊人答說：「可以，不過得教我治療病羊的方法。」苔女於是滿懷誠心地傳授他許多藥草。心滿意足的牧羊人隨後卻不屑地說道：「我才不給妳麵包呢！」苔女於是大笑起來，消失在樹叢中。

結果數天後，牧羊人的羊群全都患了病死得精光。

不過擁有如此本領的苔族也有天敵，他們常被「野獵人」(wilde Jäger) 視為獵物追逐終日，片刻不得安寧，唯有藉助人類的援手才能逃離野獵人的魔掌。

格林筆下的小苔女

根據格林的《德國傳說集》第47篇「小苔女」〈德 Das Moosweibchen〉所述，1635年有個農夫在鄰近捷克的薩爾費爾德〈Saalfeld〉雜樹林伐木，一個小苔女 (Moosweibchen) 走近他的身旁說道：「當你砍最後一棵樹時，記得在樹上刻 3 個十字，就會交好運。」但是農夫沒理睬她，隔天被苔女責怪了一頓。

「本來你要是肯聽我的話，對我們兩人都有好處的。野獵人日夜不停地追捕我們，只會在樹幹上刻有 3 個十字的樹下休息，而且不會離開那地方太遠。」農夫卻輕蔑地說道：「什麼十字記號，真有屁用嗎？」苔女一聽就跳到農夫身上使勁地掐他的脖子。農夫險些斷了氣，從此以後就對苔女言聽計從了。

第271篇「夜獵人與搖女」是一則敘述波蘭西里西亞（英 Silesia 或 Schlesia）地區一處巨人山（德 Riesengebirge）的野獵人與苔女的故事。兩人又稱夜獵人 (Nachtjäger) 與

苔族

搖女 (Rüttelweiber)。

只要坐在樵夫說過「天意所歸〈德Gott wael's，意指伐木一事是神的旨意〉」繼而砍倒的樹幹上，搖女便能覓得避風港。但如果說的是「順從天意〈德Wael's Gott!〉」，將「神」字置於語句的最後，這棵樹上就求不到安寧，還得繼續逃命，遠離夜獵人的追捕。

《英雄詩篇》中的苦女

收錄於13世紀《英雄詩篇》的一則「埃克之旅」〈德Ecken ausfahrt；又作埃克之歌Eckenlied, Ecken Liet〉提到英雄狄崔希 (Dietrich von Bern) 在森林裡遇上一個哭喊的苦女。當時追趕她的並非野獵人，而是當地的領主同時也被視為巨人的法索特 (Fasolt)所豢養的兩頭獵犬。

儘管經過先前一番苦戰，狄崔希早已浴血全身，他還是很快地綁住獵犬，棄之路旁。就在此時，穿著一身華麗鎧甲卻性情粗暴的法索特已然到來。他的旗下統領著巨人與矮人，唯有整個森林的勢力都臣服於己，才能感到滿足。也許正因為如此，無法容忍一向來去自如的苦女。

然而或許是法索特還抱有一絲慈悲之心的緣故吧，見了負傷的狄崔希竟說道：「這回放過你，下次再遇上，絕不輕饒！」撂下狠話後便逕自離去。苦女當時經過森林，她立刻找來藥草，擠出汁來滴在狄崔希的傷口上。不過轉眼的工夫傷口便已癒合，

看似不曾負傷的模樣。苦女另外帶來具有滋補強壯等療效的藥草給予狄崔希的坐騎，就連馬也完全恢復一天的疲勞。即便如此，疲憊困頓的狄崔希還是酣然睡去。苦女於是不眠不休地看護在狄崔希的身旁。

日出東山後，法索特再次帶領獵犬前來。就在險些遇襲的片刻前，經苦女數度搖動的狄崔希終於醒來，與法索特展開對決。法索特將林中大樹連根拔起一陣揮擊，狄崔希則以矮人打造的寶劍埃克薩斯〈德Eckesax，刃之劍〉格擋開來。最後法索特盔裂血流，只得求饒乞降。

狄崔希要求他立誓不再迫害森林中的苦女，隨後釋放法索特。然而此時法索特卻請求狄崔希告知他過往的英勇事蹟。無視於苦女的勸阻，狄崔希不慎透露自己殺死先前鏖戰的對手埃克，取得他的寶劍與裝備一事。豈料埃克正是法索特的胞弟。

由於法索特早已盤算要在埃克死後接收他的裝備，得知裝備為狄崔希所奪，胸中怒火頓起。然而再次交手的結果，不過是平添更多的傷口，只得再次求饒，獲得狄崔希的寬恕。法索特撤回自己的住處後，苦女又為狄崔希治療新傷。狄崔希原本希望苦女也能同往伯恩（義大利的維洛那），不過苦女最後選擇與自己的姊妹自由地生活在森林中。

至於法索特與狄崔希兩人，尚有一段因緣未了，關於此一敘述，請參閱猍猊巨人一項（第3章第7項）。

第10章
植物
Botanic

〔樹木與蔬果類精怪〕

樹精

樹精是棲身在林木上的女精〈Nymphe〉，複數型態爲「Dryades」。希臘語幹的「dry」與英語的「tree（樹木）」字根相同，本爲「橡樹〈日：楢木〉」之意。

一般說來，此樹本是英語稱之爲「oak」的樹種，卻常誤譯爲「櫟樹〈日：樫木〉」。然而所謂的「櫟樹」只有亞屬，歐洲並無此樹種。此外相對於常綠喬木的櫟樹，橡樹屬於落葉喬木。（註1）

橡樹會掉落營養豐富的橡實（櫟樹不會掉落此種果實）。此一橡實帶有澀味，食用前必須敲碎，再沖水去澀。除了飢荒時期，歐洲人一般並不食用，不過到了秋天，人們總把不嫌棄這種味道的豬放養於橡林中，以橡實餵飽豬隻。維吉爾在《牧歌》〈羅 Eclogae；Eclogues〉第10首「高盧人」〈拉 Gallus〉第15行以下便寫道：「養豬人也隨著步履蹣跚的豬群來了，用於多天飼料的橡實浸潤著滴水。」（引1）

橡木非常堅固耐用而且木紋美麗，過去在家庭用途上，常做爲建材、傢具與酒桶之用，軍事上則用於製造盾牌、車輛與軍艦，受到各方的重視與喜愛。

即便需求如此殷切，橡樹卻有別於其他樹木，至今仍無法以人工育種培植。賈德・戴蒙榮獲普立茲獎的人類史著作《鎗、病菌、鋼鐵》〈Guns, Germs, and Steel, 1997, by Jared Diamond〉列舉其中幾項因素，指出橡樹生長緩慢，10歲以上才會結果；松鼠會把橡實散播在森林中，因此無法進行人工隔離選育；橡實的澀味受多種遺傳基因的控制，難以生成不具丹寧〈Tannin〉的個體。

儘管橡樹的用途如此廣泛，卻不任由人們改變它自然生長的面貌。由於樹身高大，生長得枝葉繁茂，每每遭到人們視爲天神降臨的落雷擊中。經由凱爾特人稱爲德魯伊（Druid，橡樹賢者）的祭司長年的祭祀，日後更備受英國人的禮遇而成爲「皇家之樹」，從此用於貴族的棺木。相傳亞瑟王的御用術士梅林便是封閉在橡木中結束一生的，不過這也成爲他具有古代德魯伊血統的佐證。

既然「橡樹誠爲樹中樹」的信仰從此奠定，希臘語的「dry」一字遂由

「橡樹」轉變成代表「所有樹木」之意的詞彙，樹精也因此被視爲所有樹木的仙子。

不過嚴格說來，棲身在橡樹以外的其他森林女精還是另有稱謂的。

▋柏樹精與白臘樹精

柏樹精名爲哈瑪督利亞（希 Hamadryad），主要棲息於諾那克里斯山〈希 Nonacris，位於阿卡迪亞 Arcadia〉。

柏樹與橡樹雖然同屬殼斗科落葉喬木，但耐火性強，常在森林大火之後歷劫餘生，因此又名「長生橡樹」。

柏樹皮可以萃取大量的丹寧，常做爲天然防腐劑、鞣皮、染色催化劑、墨水的原料。

質地同樣堅硬，過去常做爲地基、枕木與船材之用。船舷以柏木打造的美軍驅逐艦憲章號〈USS Constitution〉雖屬木造船艦，卻曾因船身彈開了英軍的砲彈而博得「老鐵舷」(Old Ironside) 的暱稱 (1812)。

生存在如此背景之下的柏樹精中，以愛格莉亞〈希 Egeria〉與席琳克斯（希 Syrinx, the pine hamadryas）最爲知名。柏樹精（尤其是愛格莉亞）向來被認爲與流水有關，也因此常被視爲泉精〈Naiades〉。

事實上包含柏樹、橡樹在內的山毛櫸科樹木，始終扮演著保存水資源的重要角色。朝天際生長的葉片向內傾斜的角度與葉脈能夠確實地將雨水引流至樹幹，筆直地掉落至根部。牢牢伸展向大地的樹根伴隨腐質土所儲存的大量水分，轉由地下水流向河川。

此外經由發散作用，吸收的地下水分可從葉片蒸發。以樹齡達百年的山毛櫸爲例，全株共計有 25 萬枚葉片，每日可供給多達 50 公升的水氣至大氣中。霧氣瀰漫、充滿神祕氣息的森林便是如此形成的。

河水若來自一處能夠如此隨意操控自然界水資源的山毛櫸科森林，河水必然不會枯竭。林相、河貌與動植物群落的分佈相對豐富，肅然莊嚴的氣氛下，若非感受遲鈍，任誰都能真切地感受到這是一處「眾神的森林」。

根據奧維德的《變形記》〈Metamorphoses〉第 1 卷 680 行以下所述，柏樹精席琳克斯 (Syrinx) 一度受到羊神薩提洛斯（希 Satyros）的糾纏，由於她信奉女神阿提米絲〈希 Artemis；英 Diana〉，崇尚處女之身，總是四處逃避其追求。

有一天牧神潘望見剛從呂凱歐斯山〈希 Lykaios〉歸來的席琳克斯，她卻一味逃走，不願傾聽牧神潘求歡索愛的話語，最後受阻於拉頓河，只好懇求自己身爲水精的姊妹將她變成其他的模樣。

就在牧神潘以爲捉住席琳克斯的瞬間，手中卻變出一束生長於沼澤的蘆葦。牧神潘不禁長嘆起來，蘆葦因此發出了淒涼的聲響，心生感動的牧神於是將長短不一的蘆葦編成蘆笛

(pan-pipes)，從此它便稱為西林克斯笛〈syrinx〉。

白蠟〈梣〉樹精名為梅利亞（Melia,〈Meliae；英the Ash Nymph〉）。根據赫西俄德的《神譜》185行所述，天神烏拉諾斯被克洛諾斯以鐮刀去勢後，血液為大地母神蓋亞所承接，因此誕生了梅利亞。與梅利亞同時誕生的同胞手足，尚有基迦巨人與三位復仇女神。

順道一提地，德魯伊持有的法杖與北歐神話中矗立在世界中心的神木伊格德拉希爾（古北歐語Yggdrasil，奧丁的坐騎），都屬於白臘樹。由於材質具有彈性，能夠緩衝撞擊，現代多用來做為農具握柄、網球拍木框與棒球木棒的製造材料。除此以外，樹皮還有解毒的功用。

包括柏樹精與白臘樹精在內的所有樹精，都是隨著樹木同生共死，因此十分懼怕咬嚙木材的鼠類。

某種程度上，他們還是能夠離開本體所在的樹木移動至他處。根據阿波羅尼奧斯的著作《阿爾戈船英雄記》〈Argonautica〉第2卷470行以下的敘述，一名男子在提尼亞〈Thynia〉（博斯普魯斯海峽位於歐陸的一側）的森林砍伐山上的林木。當時出現一名樹精，懇求他別砍伐與她同樣年齡的橡樹。男子卻氣憤起來，將林木砍倒。拒絕請求的男子與兒子帕萊比歐斯〈希Paraibios；拉Paraebius〉，都因此遭到樹精毀滅性的咀咒。

男子有一位盲眼的預言家好友名叫菲紐斯（Phineus），他為樹精搭建祭壇，獻上犧牲破解了此一咒語。從此帕萊比歐斯便極盡忠誠追隨菲紐斯。

冥府的歐律迪凱

維吉爾的《農事詩》第4卷《蜜蜂》455行以下，提到相當於養蜂始祖的亞力斯泰歐斯〈希Aristaios；拉Aristaeus〉追趕樹精歐律迪凱（Eurydike，廣大的正義），結果在奔逃的途中，歐律迪凱遭到水蛇咬死，她的樹精族人於是在山頂嚎啕悲泣，哭聲傳遍了群山。

歐律迪凱的丈夫是托拉基亞〈希Thracia；英Thrace，色雷斯〉詩人奧爾菲斯（Orpheus），他撩動琪塔拉琴絃唱著悲曲，令冥府眾神為之動容。冥后波瑟芬妮〈希Persephone；羅Proserpina〉於是恩准他將歐律迪凱帶回人間，但不許他在歸途中回首（亦即不光是人類，仙精死後也會來到地府）。但就在見到來自人間的一線光芒之際，奧爾菲斯耐不住衝動回顧了愛妻。

霎那間三道雷聲響起，歐律迪凱轉眼就被命運女神捉住拖往冥府。她幽怨地嗟嘆丈夫的莽撞，隨後化成了黑影煙消雲散。即便冥府眾神如何慈悲為懷，再也不接受奧爾菲斯的懇求。

根據《變形記》第10卷所述，奧爾菲斯哀慟之餘，拒絕接觸女子長達三年之久（據說他相對愛上了年少的

樹精

男子）。在這段期間，每當他彈奏琪塔拉琴〈希 Kithara〉，先前提到的女精、人類所化身的林木就會圍攏過來，如癡如醉地聽著曲子。

另外根據《農事詩》的第 4 卷《蜜蜂》第 520 行以下的描述，奧爾菲斯受到托拉基亞當地眾多女子的追求，卻依然想念亡故的歐律迪凱，堅決不接受示愛，最後因此被大卸八塊。他被砍斷的頭顱滾入河流中漂走時，還呼喚著歐律迪凱的名字。

牧人亞力斯泰歐斯得知此一始末後，聽從母親古利奈〈希 Kyrene or Cyrene〉[註2]的教誨，宰殺牛隻做為犧牲，分別向樹精與奧爾菲斯夫妻獻祭，並且將一束「遺忘的罌粟」〈英 Poppies of Lethe〉獻給了奧爾菲斯。

或許是這些作為起了效果的緣故吧，《變形記》第 11 卷提到奧爾菲斯與歐律迪凱重逢於冥府，他們如影隨形忽前忽後，快樂地漫步在一起。此時的奧爾菲斯終於可以毫無顧忌地回首凝望。

酒神巴克斯（羅 Bakchos；即希臘的狄奧尼索斯）對於奧爾菲斯生前曾經對他歌頌一曲以示崇拜，感到惺惺相惜，於是將托拉基亞的女子悉數變成樹木，一個也沒放過。

《五日談》中的樹精

姜巴提斯塔·巴吉雷在《五日談》(1637) 中提到數名與人類相戀換來幸福的樹精（拿 Fata，妖精）。

第一天第 2 講的「桃金娘」〈拿 La mortella；英 The Myrtle〉談到一名孕婦意外地產下一株桃金娘（拿 mortella）的嫩枝。夫妻倆於是將生下來的嫩枝種在精美的花盆中，全心全意地栽培它。

王子馬奇歐尼（拿 Cola Marchione，印記）一眼愛上了這株美麗的桃金娘，他以至誠的心意說服對方出讓，親手照料不假他手。

有一天晚上，王子察覺有人走近床邊，醒來後發現有位非常美麗的少女佇立在身旁。她便是桃金娘仙子，王子倏地一把將她摟抱過來，終夜互訴了愛意。

這樣的情事持續了一段時間，先前受寵不斷的妃子們開始懷疑王子在外頭有了新歡，於是趁王子不在時溜進了屋內。她們發現桃金娘的盆栽後，撕裂其樹葉做為洩憤，見桃金娘仙子現身，更群起毆打將她殘殺得肢體不全。

奉命照料桃金娘的僕人發現慘劇後驚恐不已，他將桃金娘的殘骸蒐集起來放入花盆內，佯裝一副不知情的模樣，就這麼一溜煙逃到了國外。

王子歸來後哀傷欲絕，從此一病不起。然而桃金娘仙子卻因為肢體聚在一起發揮了功效，再次長出新芽死而復生，抱住憔悴至極的王子來慰藉他。

馬奇歐尼轉眼間便恢復了元氣，他從桃金娘仙子口中得知一切始末

後，給予妃子們應得的懲罰，召回了無罪的僕人。後來王子與桃金娘仙子成婚，度過幸福的一生。

第五日第9講的「三顆香櫞」〈拿 Le tre cetra；英 The Three Citrons〉談到托雷隆加（拿 Torre Longa，長塔）的王子錢茲洛（拿 Ciommetiello）在旅途中從一位婆婆手裡獲得3顆香櫞（拿 cetra）。老婆婆告訴他：「切開香櫞後，會出現美麗的仙子，如果她向你討杯水，你得趕緊遞水過去，這麼一來就能如你所願娶得美嬌娘。」

錢茲洛二度嘗試均告失敗，第三次終於讓對方喝了水。眼前隨即出現一名美麗的女子，讓人看了都會從頭到腳神魂顛倒。錢茲洛看著她的美傻眼了一陣子，最後將香櫞仙子獨自留了下來，好回國準備迎娶她的親事。

香櫞仙子留下來後，躲在一處小廟裡，卻讓一名前來汲水的女奴發現，一五一十地回答了每個問題，將至今發生的一切無心透露給對方。

女奴得知此一經緯後，想要從中奪走這份幸運，便將一根大髮夾筆直地插在香櫞仙子的頭上。香櫞仙子無法忍受，於是變成鴿子飛身逃走。

一切準備就緒後，錢茲洛終於回到此地，見到女子的外貌變化得如此之大，一時驚恐萬分，最後還是無可奈何地將這假扮的情人帶回國。

變成鴿子的香櫞仙子一路尾隨錢茲洛來到托雷隆加城，卻讓廚師一把捉住，羽毛給拔個精光，還下了鍋上了桌。

數日後，丟棄在窗外的羽毛長出香櫞樹，並且快速地發育成長。發現此樹的錢茲洛於是等到長出果實後，一如從前切開了香櫞。這才發現眼前的美女不正是自己一度認為消失的香櫞仙子嗎？從她的口中得知事情的始末後，錢茲洛立刻把說謊的女奴揪出來上了火刑。

也有一些樹精並未與人類結合，但能夠帶來幸運。第一天第6講的「灰頭土臉的貓」〈拿 La gatta cennerentola；英 Cinderella the Cat〉便是一則流傳於古代歐洲，類似灰姑娘的民間故事。

受到繼母與她的女兒聯手欺凌的賽卓拉（拿 Zezolla，最後一片），從父親購自出差地的禮物中獲得一株棗樹（拿 naurato）。賽卓拉細心地照料棗樹，就在棗樹成長到同人一般大小的時候，從樹上跑出一名仙子。

「妳有什麼願望嗎？」仙子問道。賽卓拉答說：「我想到外面去，但是不能讓姊姊們知道。」

等到節慶當天，看著姊姊們盛裝打扮出門後，不過一轉眼的工夫，棗樹仙子就將賽卓拉裝扮得像個王后一樣。賽卓拉來到宴會的場地後，大受各方的矚目，在宴會上度過了無比歡樂的時光。

適巧國王當時蒞臨了會場，初次見到賽卓拉的他命令隨從跟蹤打聽其出身，賽卓拉於是抓起一把金幣與珍珠，撒向尾隨而來的追蹤者。

棗樹仙子就這樣數次為賽卓拉盛裝打扮，並且扮演隨從，駕著華麗的馬車送她出遊。

在一次節慶的歸途中，賽卓拉從搖晃的馬車上掉落了一隻嬌美華貴的木鞋。國王決心要找出木鞋的主人，於是邀請國內所有女子前來參加慶典，藉此與木鞋比對，終於找出賽卓拉並迎娶為王后。

丹麥的樹精

樹精的傳說在過去曾經擁有大片森林地的歐洲流傳甚廣，並不僅限於希臘與義大利。

根據《安徒生童話》的「樹精」〈丹 Dryaden；英 The Dryad〉所述，1867 年正在舉行萬國博覽會的巴黎的某座廣場上，運來一株來自幾里外鄉下的七葉樹。七葉樹上住著一個嚮往都會的樹精（丹 Dryade）。打從她還在鄉下的時候，就對蝴蝶、鳥兒，還有村裡的神父告訴孩子們的時候聽來的廣大世界心動不已。

當她將這份憧憬視為終生的願望時，從月亮掉下一串火花，接著一具光輝閃亮的形體出現在她的面前。光芒表示樹精可以實現她的願望，不過將因此短壽，並且告訴她會失去樹精的本性，只能擁有一夜的生命。即便如此，樹精依然沒有放棄希望。

樹精棲身的七葉樹不久被人掘起，移植到巴黎的廣場上。在此度過數日後，樹精的渴望愈發強烈，終於下定決心以自己的一生換取一晚人的模樣。如願以償的她漫步在街道上，參觀了嚮往已久的萬國博覽會，卻因為過度疲憊，倒臥在一座小教堂的前方。

日出後，樹精的身體出現了繽紛的色彩，有如肥皂泡泡般破碎幻滅，消失得無影無蹤。

值此同時，七葉樹也跟著枝幹低垂、樹葉枯萎，樹精與七葉樹都在轉瞬之間付出了生命。

同樣來自《安徒生童話》的「接骨木的樹媽媽」〈丹 Hyldemoer；英 The Elder Tree Mother〉提到一株接骨木上住著一個樹精媽媽。她的模樣看似老婆婆，穿著一身有如接骨木樹葉般青綠的衣裳，上頭戴著一朵接骨木的白花。人長得很美，但是從後方看去，她的頭好像樹窟窿一樣空蕩蕩的。

她會守護那些關愛照料接骨木的人們，任誰危害接骨木都會加以報復，如果有人把樹砍倒，就會當場暴斃。

將接骨木製成搖籃或裝飾在牆上，並不是一件好事。接骨木的樹媽媽會無法忍受，進而拉扯嬰兒的腿或吸吮孩子的乳部[註3]，讓孩子睡不好覺。

如果庭院裡種有接骨木，每當日暮時分只有孩子在場時，據說她會在院子裡來回踱步，隔著窗戶窺探。

相傳在英國牛津郡的巨石遺跡～右旋石陣〈The Rollright Stones〉中[註4]，女巫也會化身為接骨木婆婆。

此外飲用這種接骨木花茶，據說

可以讓全身很暖和。

德語圈中的樹精

德語的樹精與丹麥語同一拼音，不過讀音不同〈丹麥語近似「督利亞德」，德語則聽似「督律亞德」〉。

根據里安德・佩佐特的《德國民族傳說》〈德 Deutsche Sagen, 1978; by Leander Petzoldt〉所述，有一名男子砍了樹，突然傳來一聲嘆息說道：「我的家沒了。」男子也不假思索就喊道：「只要你不使壞，可以住在我家。」說著就打道回府。

男子回到家後，妻子卻說：「好像有人到家裡搗亂，把碗盤扔得到處都是。」男子便安慰妻子說道：「放心吧，這事不會再發生的。」隨後就在樓梯底下的空間上方舖了木板，打上釘子。

此後似乎再也沒發生什麼事，或許樹精就這麼成了家精，在那安頓了下來。

阿洛伊・皮辛格的《奧地利的傳說 2》〈Sagen aus Österreich. 2, 1950〉書中提到雲杉〈德 Fichte；學 Picea abies〉與赤松〈德 Kiefer；學 Pinus sylvestris〉(註5) 這兩種樹精。

奧地利南部克恩滕省的海姆堡〈Haimburg〉通往狄克斯〈Diex〉的道路旁有兩株參天古樹，雲杉仙子就棲身在樹上。他總是以小雲杉 (Fichtling) 之名的小矮人模樣出現在人們的跟前。

住在雲杉下的農夫為了償還積欠的債務，當起了伐木工人，不過他卻斷然拒絕他人砍掉雲杉的要求。有一天，小雲杉出現在農夫的面前對他說道：「主顯節（1月6日）的當晚，記得把落葉收集起來。」農夫聽從他的叮囑行事，沒想到落葉悉數變成銀塊，從此農夫的生活再也不虞匱乏。

農夫始終將這件事埋藏在心底，最後留下遺言給兒子說道：「如果你缺錢用，就到雲杉那去。」兒子將父親留下的遺產揮霍一空後，在一個暴風雨的夜晚前來尋找雲杉仙子，聽到的卻只是從雲杉樹心傳來的嘲笑。

維也納〈德 Wien〉東北方的馬西費爾德〈Marchfeld〉當地有一株終年枝葉繁茂的赤松，樹上住著一位仙子，到了白天就會變成老婆婆的模樣在樹下乞食。

有一個孤兒出身的女僕每天都會跟在有錢的主人身後一路走過，見了老婆婆總是分些早餐的麵包給她。沒想到主人連這點麵包都吝惜不捨，每天都將女僕的麵包減少一定的份量，最後女僕連早餐也沒了著落。

有一天富人參加鄰村的婚禮，歸途中來到赤松所在的地方後，又受邀去一處富麗堂皇的豪宅參加盛宴。富人狂吃猛喝差點撐破了肚皮，還把桌上的珍饈佳餚打包回去，沒想到回家打開一看，全都變成了牛屎馬糞。他氣得直跳腳，一股腦就倒向女僕的圍裙裡，還惡狠狠地罵道：「拿去分給那個乞丐婆！」就在女僕正打算丟棄的當頭，糞便竟化成了金幣。

女僕歡喜地趕到乞丐婆婆的身旁，婆婆隨即恢復原貌成了一位美麗的仙子。赤松仙子將金幣送給女僕，並且將她變成了美貌的女子。拜其所賜，女僕後來同伯爵英俊有為的兒子結為夫妻。

英國的樹精

根據精靈學家凱瑟琳・布里格斯〈Katharine Briggs〉的說法，樹精在承襲德魯伊傳統的英國同樣稱為「Dryad」，人們對此是既愛又怕。托爾金更進一步把這些仙子棲身在林木的相關傳說運用在《魔戒》之中。

例如薩摩塞特郡的荒地就有一種來自樺樹的「白手精靈」〈英 The One With the White Hand〉出沒。每到黃昏，總是由樺樹、橡樹的矮叢中現身，跟隨在路人身後。他們的臉有如屍體般慘藍，骨瘦如柴的細長白手就像風中搖曳的細枝。人類一旦被這種精靈的手碰到頭部，就會陷入瘋狂，碰觸胸膛則帶來死亡，胸前還會留下白色的掌印。如果人類勇氣十足，可以撒把鹽驅走他們。

在《魔戒》中，沉淪的巫師薩魯曼所代表的印記便是「白掌」。在他旗下的獸人與強獸人，臉上都漆有白掌的記號，或許這便是托爾金風格的黑色幽默。

相傳柳樹會拔起樹根，在黑暗中喃喃自語，尾隨在路過的行人身後。

《魔戒首部曲》第1章第6節提到的老柳樹 (Old Willow) 顯然就是以這個傳說為藍本。

遭到砍伐的橡樹林所生成的雜樹林帶，棲息著憎恨人類的橡樹精 (Oakman) 或稱之為橡樹怪人 (Man in the Oak) 的精怪。

根據露絲・湯格《英國各州被遺忘的故事》〈Forgotten Folk Tales of the English Counties, 1970, by Ruth L. Tongue〉所述，橡樹精是森林動物的保護者。

在《魔戒》中，此一橡樹精相當於瘋狂殺進薩魯曼據點的樹人〈Ent〉。

碧雅翠絲・波特的《仙子商隊》〈The Fairy Caravan, 1929; Helen Beatrix Potter, 1866～1943〉一書中也提到橡樹矮精。體寬約莫與身高同等，戴著一頂紅帽子，兩人合力拉著雙輪車。到了冬天，野鹿會幫忙橡樹矮精拉雪橇。

普林哥森林〈Pringle Wood〉[註6] 有一處橡樹茂密的仙子丘陵，住著一群「紅鼻綠體的怪傢伙」，似乎是橡樹矮精的同類。他們經常躲在樹木的暗處窺視往來森林的路人，不是把紅通通的蟲廮〈日「蟲瘤」；英 gall〉丟在他們頭上，就是往身上拉扯或捏一把。由於普林哥森林到處是毒菇〈Toadstool〉這樣危險的植物，還是盡可能避開得好。

除此以外，還有許多千奇百怪的樹精。

榆樹到了晚上就會嘆息。

山楂是仙子們經常逗留的地方，據說也是最需要留神的樹木。

守護黑刺李的仙子是落難樹易 (Lunantishee)，若有人在十一月一日的萬聖節〈Allhallowmas〉或五月一日的五月節〈May Day〉這一天折取樹枝，就會向對方下咒。

果園裡的一株老蘋果樹上，住著一個蘋果樹精 (Apple-Tree Man)。據說有一個老實認真的窮光蛋，在聖誕夜裡拿著盛滿熱燙蘋果酒的啤酒杯，往蘋果樹上一澆，蘋果樹精就把埋藏寶藏的地點告訴了他。

即便只是獨自存在的單一樹種，都具有相當的危險性，如果兩種樹木的樹枝纏繞在一起，更有強化力量的加乘效果。尤其樹精主要活動於夜間，因此入夜後當地人都不會接近森林。

克萊夫‧路易士編著的《納尼亞傳奇》第七冊《最後的戰場》〈The Last Battle〉提到一個樹精見到人類即將砍倒自己棲身的山毛櫸，於是趕到納尼亞王的跟前。她的身體就像遭到斧頭砍劈一樣不住地顫動，眼看已經奄奄一息。就在她求救的當頭，突然砰然倒下，好像雙腳被砍斷一樣。樹精的身體在草地上存留了片刻，不久便瞬間消失得無影無蹤。

原來樹精的靈體與肉身直接相連，主體所在的山毛櫸被砍倒的剎那間，靈體也跟著死去。

據說樹精棲息於主體時，能夠驅使樹木在地上行走。樹根會輕巧地逐步滑動，就像地面是由水構成的一般。每次移動時，樹葉就會相互摩擦，發出清脆的聲響。一旦發生戰爭，樹精會隨著森林群體移動，搖落漫天的樹葉，撼動粗壯的樹枝襲擊而來。

然而具有如此力量的她們卻無法抵抗環境污染，一旦如此，所有的精靈們都會一同長眠。

樹精的特點會因為樹種的不同而產生微妙的差異，白樺樹上棲身的是銀色的仙子，山毛櫸上住的是性情沉靜、通體透明泛著淺綠色的仙子。

儘管這世上似乎也有男樹精的存在，卻並未提到其身形與外觀。

露西‧瑪麗亞‧波斯頓的著作《莉比見到的樹精》〈日《リビイガ見た木の妖精》(1996); by Lucy M. Boston, 1892～1990〉(註7) 一書中，提到小女孩莉比〈Libby〉前往她暑假期間結識的畫家朱莉亞的家。座落在倫敦郊區的那一帶，蜿蜒著清澈的溪流，是一處受到自然擁抱的地方。

抵達朱莉亞家的隔天卻下起大雨來，溪水因此氾濫，朱莉亞始終牽掛的一株生長在河畔的大樹，隨後就被沖倒在暴漲的溪流中。

就在那天晚上，莉比發現一個綠髮少女倒臥在地，這才察覺到她是個樹精。莉比讓精疲力竭的樹精睡在床上，為她梳理一頭綠髮，梳著梳著卻睡著了。

到了隔天，樹精已經不見蹤影。

莉比於是請教朱莉亞的弟弟，得知適合樹精棲息的樹木後，就用圖釘把一張寫著「已經預約」的貼紙連同原先留在梳子上的綠色髮絲釘在樹上。

原來並非所有的樹木都住有樹精，她們還是可以搬遷到沒有樹精的林木上。莉比所做的一切就是幫樹精找了一處新家。

■ I ■

註1：日本橡樹多為落葉喬木，歸類於殼斗科（山毛櫸科）橡樹亞屬；其櫟樹為常綠喬木，歸類於殼斗科紅櫟樹亞屬。

註2：原文誤植為「キルケー」，應作「キュレネ」。「Kyrene」的英文讀音近似「席蘭妮」，但由於本書採用題材出處的本國發音，因此英文僅供輔助之用。

註3：根據北歐的傳說，如果以接骨木鋪設地板或貼在牆面，接骨木婆婆會在半夜裡吸吮孩子的乳部，導致腫脹。

註4：物理學家牛頓的好友威廉‧斯圖凱利 (William Stukeley, 1687～1765) 將此一巨石遺跡稱為「Rowldrich（即Rollrich）」，似乎取自威爾斯語「Rhol（圓柱）」＋「Derwydd（德魯伊）」，亦即「德魯伊的環柱」之意。

註5：本文述及的雲杉係指德國雲杉，又稱歐洲雲杉；赤松應指歐洲赤松。

註6：「pringle」似乎轉自威爾斯語的「pren（木）」＋「gyll（或 cyll，榛）」，「Pringle Wood」便有榛樹林之意。

註7：此一日文版作品並非露西‧波斯頓的單行本。其內容收錄了《隻字未提》(Nothing Said, 1971)、《復活的蛇化石》(The Fossil Snake, 1975) 等短篇，本文提到的樹精故事係摘錄自前者。

引1：日譯文摘自河津千代譯本。

御林王精・瘣徙

過去斯拉夫的每處森林〈斯拉夫語 les〉必有一林精・瘣徙生息於此，不過近來似乎已經不如往昔。除了「Leshy〈俄 Леший；Leshij〉」之名，此一精怪尚有「Lesovoj」「Lesovik」「Lesnik」「Lesnoj」「Lešak」此等以「les」為語幹的其他名稱。

關於他們真正的實體，存在著多種說法。一說他們是天地創造時，百般阻撓天主的異教徒。

也有一說他們是被詛咒的人類。烏拉基米爾斯克縣〈Vladimirsk〉當地的瘣徙就表示「自己也是人類，因為受到母親的詛咒，身上沒有十字架〈飾物〉」。

另有一說他們是遭到天國放逐的天使，由雲端一個倒栽蔥掉入森林，從此成了瘣徙。

古代的斯拉夫人向來居住在四周環繞著森林的地域，因此拓荒者被迫面對瘣徙帶來的奇遇與禍行，可說是必然的結果。他們通常是看不見的，只聽得到來自森林的笑聲與喧囂。如果在森林裡聽到歌聲，表示瘣徙正在舉行婚禮。疾風掠過群木帶來嘈雜的聲響，則是瘣徙現身的前兆。有時候他們也被視為一支在月光下以樹皮編織草鞋的浪漫族群。

基本上他們有著人類的外型，由於身上流著藍色的血液，雙頰看似泛著藍色（但如果瘣徙是受到詛咒的人類亡魂所變，臉上會泛起紅色）。眼球相對鼓出，瞳孔與體毛均為綠色。眉毛密集生長，無法與頭髮分辨，下巴還生有長達膝蓋的鬍鬚。

根據民間的說法，他們長有山羊的角與腿，因此可能與希臘神話的羊神薩提洛斯（希 Satyros）有關。

不過話說回來，也有一身都是樅樹性質的。

耳朵短小，毛髮都梳往左側等等也被視為他們的特徵，只是一旦穿上衣服，卻又看似尋常的老農夫。

裝扮雖與農夫相近，卻戴著銅製的尖頂帽。有時左右反穿鞋子，有時將衣襟反搭，或者將衣服的右下擺往內摺，這些都是瘣徙的特徵。

百變的風貌

想要見識瘣徙的模樣（或識破實體），據說只要彎下腰從兩腿間望去

即可。原來精靈世界的景象與人間相反，人類倒過身子來也就能見到他們。

瘋徙沒有影子，身體能夠伸縮自如。有時候是比森林還要軀體龐大的巨人；有時候是比小草還要身材短小的老人，一會躲在樹葉下，一會又鑽出地底。

根據耶芬‧德魯契與亞力克斯‧蓋斯勒編著的《誕生自旅途中的童話與詩歌》〈俄 Сказки и песни, рожденные в дороге；*Skazki i pesni, rozhdennye v doroge,* by Yefim Druts & Alexej Gessler etc.〉(1985) [註1] 所述，有一群吉普賽人在諾夫哥羅德〈Novgorod〉的森林搭營，忽然間一個腰際捆著繩子而非皮帶的老人現身前來，兀自坐在最美麗的少女身旁，少女因此害怕起來，就在男人們正要推打老人時，占星婆婆出面阻止，將麵包與撒上鹽巴的蛋送給了對方。

老人收下後走入森林，他在消失前說道：「被人識破也只有認栽了。」隨即尖聲大笑呼嘯而起，整個身子就在轉眼之間急遽變大，甚至越過了林木的樹梢。只聽到傳來一聲口哨，他便消失了蹤影。

有時候他們會化成人類的模樣，利用幻覺使人誤以為植物、牲畜的糞便是可食的。一旦和人類打過照面，瘋徙也能變成對方的家人或親近的人，有時候也會化身為家畜以外的動物乃至於小小的香菇。

此外若有人類迷途於森林，有時

也會被他們變成動物。在一處名叫柯雷諾〈俄 Koleno，膝蓋〉的村子裡，有個瘋徙牽著一匹馬，據說坐上馬的人永遠下不來。或許這匹馬的實體便是人類也不可知。

伊莉娜‧卡爾納烏荷瓦的《北地的故事與傳說》〈俄 Сказки и предания Северного края；*Skazki i predanija Severnogo kraja,* 1934; by Irina Valeri-anovna Karnau(k)hova〉提到一個男子長期失業之餘竟脫口說道：「求求你們雇用我吧，就算是瘋徙也行。」話才說完馬上就出現一位雇主，男子登時狐疑起來，就到教堂取來一本祈禱書的抄本。

他同雇主一起來到湖邊後，有許多小惡魔丟擲石塊而來，雇主於是露出瘋徙的原形，命令男子還擊。只見他四下揮舞祈禱書，惡魔便一個個落荒而逃。

當對方問起男子想要什麼報酬，男子答說「只想回家」，於是獲得一匹老馬回到了家中。此時老馬忽然變成老翁，男子才被告知原來老人從小就被變成馬，一直讓人驅使至今。

▎御林王精

瘋徙為一林精，統治森林的所有生物，主掌獸性乃至於豐收。他們既好酒色又喜歡賭博，經常以森林的野獸做為打牌的賭注。獸群之所以會從一處森林遷往另一處森林，就是因為輸牌的瘋徙將野獸送往贏牌的瘋徙坐

瘣徒

擁的森林之故。

有時候他們會變成牧童的模樣驅趕獸群，在天然災害發生前，將野獸遷移到安全的地帶。因此瘋徙對人類的牧童有種親切的好感，鍾意對方時還會送他一條「任意驅使牲口的腰帶」。在北俄羅斯當地，人們在放牧前都會獻上一頭牛、蛋與牛奶，祈求瘋徙保護家畜。

一般說來，瘋徙會阻撓獵人捕殺森林裡的動物。不過在互蒙其利的條件下，有時候兩者之間會產生合作的關係。只要獵人不把瘋徙的真實面目透露給他人，瘋徙就會幫著獵人。為了表示敬意，獵戶們總是將一把鹽、菸葉擺放在殘株上，祈求瘋徙的庇佑。

根據奈歐妮拉‧柯里尼契那亞的《傳說、傳承、實話》〈俄 Легенды. Предания. Бывальщины, 1989; by【俄】Криничная Неонила Артемовна；Neonila Artemovna Krinichnaia〉所述，有個獵戶趁著日出之前出門捕獵雪松雞〈又名雷鳥〉，此時森林裡忽然傳來一陣嘈雜的聲響，隨即走出一個手持鞭子的老人，身後少說帶著30隻狐狸。

獵戶起先無法置信，發獃了半晌才回過神來，舉鎗作勢射擊，老人於是舉起鞭子作威嚇狀。

獵戶放下鎗後，毫不退縮地要求道：「給我一隻吧。」老人答說：「這些傢伙的去處已經定了。一個禮拜後再到這來，到時候給你兩隻。」

說完就匆匆離去。

獵戶依照約定來到原地後，隨即竄出獵物，果真獵到了兩隻狐狸。

足見瘋徙便是如此講情重義、堅守約定，以厚報他人的恩情。

同樣出自前述卡爾納烏荷瓦作品的一則軼話中，提到一名男子在森林烤火，吃著乳酪煎餅（〈俄 Сырники；syrniki〉一種添加乳酪的點心）。眼前忽然傳來了巨大的聲響，隨即出現狼、熊、狐狸與瘋徙。

瘋徙走向男子，要求分享一些乳酪煎餅。男子給他一半後，瘋徙便把它分成數份餵食了群獸，令人吃驚的是他手中的乳酪煎餅竟然分毫不減。

等到動物們飽餐一頓後，瘋徙向男子說道：「快回家去吧，如果遇上野狼要攻擊你，就說『你吃了我的乳酪煎餅，不許攻擊我』。」說完就掉頭離去，群獸也跟隨在瘋徙的身後，悉數消失了蹤影。

後來男子在途中遇上了狼，依照瘋徙交代的話說了一遍，野獸果然老老實實地自行離去。

對於住在自己森林地附近的人類而言，瘋徙提供的保護有時並不僅止於動物的侵擾，還包括其他森林瘋徙的危害。他們有時幫人類哄帶遺忘在林中的嬰兒，有時照顧牲畜，甚至於幫忙打柴。

厄娜‧波美朗契瓦在狄米崔‧巴拉索夫編輯的《白海特斯克沿岸的傳

說》〈俄 Сказки Терского берега Белого моря；*Skazki Terskogo berega Belogo morja*, 1970; edited by Dmitrii Balashov〉[註3] 一書中，提到一則夫婦帶著繈褓中的孩子去割草的故事。到了傍晚的時刻，母親帶著原先放牧的牛群走向森林。父親割了一陣子草後也回了家，卻把孩子給忘了。

急急忙忙回到牧草地一看，只見到一名陌生男子推動著嬰兒的搖籃。母親便央求說道：「如果您是位老爺爺，我就當是親生父親來奉養；如果是位老婆婆，就當是我的母親吧。」不過男子卻依然喃喃自語，繼續搖著籃子。

母親又說：「如果是中年男子，就讓我敬奉為兄長；如果是女子，就當是我的親姊姊吧。」但是對方還是無動於衷。

最後母親說道：「如果是姑娘，就當是我的妹妹；如果是個年輕人，就當做是孩子的教父吧。」男子一聽便歡喜說道：「帶回去吧，這教父我當定了！」說著便交還了孩子。

此後每到黃昏，這家人放牧的牛總是自行歸來，再也不需要家人操心煩憂。

根據斯密爾諾瓦的《大俄羅斯民族的故事選輯》〈俄 Сборник великорусских сказок архива русского географического общества, by Смирнова А. М.；俄 A. M. Smirnov(a)〉(1917) 所述，1903 年諾夫哥羅德也發生過相同的情事 [註4]。

■ 禁忌

除了保護森林裡的動物以外，對於破壞森林法則的人，瘋徙也會展現可怕的另一面來懲戒對方。

夜晚是不能到林中取水或沐浴的。即便是水也需要睡眠，因此不許他人打擾水的好夢。

不論何時，只要孩子們在森林裡喧鬧叫罵，同樣會引起瘋徙的不快。

仇視瘋徙的好意，尤其會觸怒對方。

收錄於芬蘭文學家札卡里亞斯・托佩利烏斯的作品《獻給孩子的讀物》〈瑞 *Läsning för barn I-VIII*, 1865-96；芬 *Lukemisia lapsille*；by Zacharias Topelius，或 Sakari Topelius, 1818～1898〉的一篇「搗蛋鬼克努特」〈瑞 Knut Spelevink〉[註5]，提到一個名叫「森林之王」、呈現樅樹外觀、看似瘋徙的角色。

少年克努特有一天在海邊撿到一支草笛。由於草笛有一種催眠他人的魔力，克努特平時總是寸不離身，十分珍惜。

有一回他正要去參加聚餐，由於肚子實在太餓了，於是走捷徑闖入妖魔出沒的森林，果不其然遇上了「森林之王」。統治七哩見方的「森林之王」詰問克努特說道：「為什麼到這來？」克努特答說：「肚子餓了。」

森林之王於是放話道：「那就拿松樹當湯匙，吃掉7匙的青苔吧。」克努特心想這樣的東西人類怎能下嚥，因此拒絕。

「森林之王」一怒之下，就把自己身體化成的枝頭上停留多時的一隻鷲鷹放了出去，克努特於是從懷中取出草笛吹奏起來。

「森林之王」轉眼就陷入沉睡，軀體整個罩住鷲鷹轟然倒地，克努特才得以脫逃。

瘋徙具有強烈的地盤意識，不會侵擾他人的土地，不過非常討厭自己的領土受到威脅。因此不可睡臥在瘋徙穿越森林的步道上，或搭建小屋堵住此一通路。

遇有獵戶或行旅者到森林深處探祕時，瘋徙總是讓對方迷路到處遊走之後，再將他們帶回原處（〈Ring-wanderung〉，原地打轉的現象）。到了冬天，瘋徙會消除腳印，使人無法得知來時路；其他的季節裡，還會利用幻覺讓人失去方向感。

若要脫離此一困境，必須先坐在迷路後首次遇見的圓木上，脫掉衣服反穿，或者利用反搭前襟（右襟在上、左襟在下），將右邊袖子放在左袖上，左右反穿鞋子等方法，便得以脫困（換言之，只要模仿瘋徙穿著的模樣即可）。由於瘋徙本性善良，縱然受害者不懂得這些方法，基本上瘋徙也不會取其性命。

在聖以利亞日〈俄 День Ильи Пророка；英 Prophet Elijah's day〉（七月二十日）等特定的節日當天，一律禁止進入森林，否則同樣會落得迷路的下場。

順道一提地，以利亞是舊約聖經提到的一位偉大的先知，人稱「提斯比人以利亞」〈俄 Тесвиецът Илия；英 Elijah the Tishbite〉，在東斯拉夫的民間信仰中每每與雷神沛隆〈俄 Перун；拉 Perun〉混為一談，成為雷雨的操縱者。換言之，他同時也是瘋徙的守護神。

過去人們認為以利亞會驅魔，因此總在聖以利亞日這一天射火箭。為免觸怒以利亞，即便在農忙之最的時期，人們也要休息一天。人們又認為惡靈唯恐遭到以利亞的攻擊，於是改變模樣潛入地底，因此不可置牲畜於不顧。

到了10月左右，平時溫厚的瘋徙也會逐漸變得心情不快，有時會發出野獸被逼入絕境或女子那樣的尖聲吶喊。冬天的森林有如死去一般，瘋徙也失去力量而進入冬眠，因此討厭這個時節。

家庭生活

瘋徙平日住在森林裡一間以獸皮覆蓋的大茅屋。

根據目擊者的說法，瘋徙的下巴沒有鬍子，平時披著農夫模樣的黃色上衣，戴著一頂紅帽子，同妻兒住在一起，甚至還養狗。瘋徙的妻子叫瘋

刹妻訶 (Leshachiha)，孩子則喚作瘦松歧 (Leshonki)。

在亞力山卓・阿法納謝夫編著的《斯拉夫人在詩歌上的自然觀》〈俄 Поэтические воззрения славян на природу ； *Poeticeskie vozzrenija slavjan na prirodu*, 1968；by Афанасьев Александр Николаевич；英 Aleksandr Nikolaevich Afanasev, 1826～1871〉一書中，提到一位農婦在小俄羅斯的森林裡，發現瘦徙的寶寶正聲嘶力竭地哭喊著。就在她以上衣裹住孩子哄抱的時候，出現一個女瘦徙，送給婦人一把溫熱的炭做爲謝禮便逕自離去。農婦回到家中後，炭卻變成了黃金。

此一女瘦徙若非遭到丈夫遺棄、喪失心智後迷途於森林的女子落魄的下場，便是讓瘦徙擄來的少女。有時瘦徙甚至會擄走繈褓中的女嬰，任其所好地調教她長大成人。

有個瘦徙就曾經化身爲某一少女亡父的模樣，與其共同生活，少女最後竟因此感染了野性。或許瘦徙也一如光源氏，原本就打著養女爲妻的盤算(註6)。

如此想來，瘦徙之子便可能是瘦徙與人類所生的混血兒。

根據翁丘可夫編著的《北方的故事》〈俄 Севернеые сказки；Severnye skazki, 1908; by Ончуков Николаи Евгеньевич；英 Nikolai Evgenevich Onchukov, 1872～1942〉一書所述，除了擄女爲妻以外，瘦徙還會因爲其他目的擄走人類。有一句罵人的話是這麼說的：「我咀咒你讓瘦徙抓走！」足見這句話在森林中具有相當的威力。

有位老婆婆出外採草莓迷了路，就這樣被帶往瘦徙的家。此後便照顧起瘦徙同樣擄自俄羅斯的妻子與兩人所生的孩子。

經過三年後，瘦徙的妻子不忍見到老婆婆落寞寂寥的模樣便說道：「從今個起，妳就別再進食了。」隨後又對瘦徙說道：「她再這樣下去會餓死的，就讓她回家吧。」藉此說服了丈夫。

少年吉洪〈俄 Тихон ； Ti(k) hon〉被瘦徙擄走後，聽從原本也是人類的瘦徙之妻的忠告，不再取用瘦徙家中提供的任何食物，也因此獲准返家。

《白海特斯克沿岸的傳說》提到一位女子被丈夫咒罵，希望她被瘦徙抓走，就這樣將她拋棄在荒山野林之中。後來她果真成了瘦徙的妻子，數年後瘦徙對她說道：「妳的前夫就要同他原本喜歡的女人結婚了。」妻子於是請求瘦徙讓她回去探望。

此一請求自然遭到拒絕，不過她還是趁著瘦徙移開視線的空檔，快步衝進了飛廉〈俄 Чертополох курчавый，鬈薊之意，中文又作蜚廉、大薊；學 Carduus Crispus〉茂密的樹叢中。瘦徙心有不甘，便將她的衣服撕碎

後才離去。

不過為了避免破壞丈夫的家庭，女子返家後便進了修道院。

▎對策與往來相應之道

一如上文所述，從瘦徙身邊逃開時，首要原則就是不可回顧。

其二、最好逃進薊類與柊樹〈刺葉桂花〉等帶刺的植物叢中。縱然是為了帶回自己的妻子，林精也不會砍伐薊木，這是因為天性使然的緣故。

除此之外，瘦徙尚有其他弱點。大致上他們害怕十字架、聖水、天主之名等屬於基督教的一切事物。也很討厭被人指名道姓地破口大罵。

瘦徙一身幾近刀槍不入，儘管無法以上述這些事物傷害或打倒對方，趁其退縮之際逃走，還是綽綽有餘的。

使用銅彈頭的霰彈，倒是可以造成傷害。在斯拉夫圈內，銅紅被視為異世界的顏色，因此能夠傷害泰半隸屬於異世界的瘦徙。同樣近似的物品中，鉛鈕釦也有一定的效力。將麵包塞進鎗管而成的「麵包彈」，可有效對付所有妖魔鬼怪，對於瘦徙也有效用（這或許與日本人立春前夕的撒豆驅魔，獻米佈施淪落於餓鬼道者〈日「施餓鬼供養」〉的作法相同，都是給予食物滿足對方來加以驅離）。

反言之，除此以外的事物對瘦徙是毫不管用的。正因為如此，瘦徙能夠彈開敵人射來的子彈，相傳因此保護了俄國士兵，同樣在戰場上大顯身手。

見到年輕人被送上戰場，有的瘦徙還會痛哭一場，撼動整座森林。

既然瘦徙也有站在人類一方的時候，有人便大膽設想出召喚瘦徙的方法。

據說只要在禮拜四這天爬上白樺老樹，大聲地叫喊三次：「森林之王、萬獸之王，快快現身！」瘦徙就會出現，告知一切祕密並預言未來。

又或者唱言道：「瘦徙大叔現身吧，既不是灰狼，也不是烏鴉，更不是棕色的樅樹，而是與我相同的模樣！」如此瘦徙也會接近而來。

不過根據1991年舊蘇聯官方「消息報」〈俄 Известиа（舊稱），Известия（今名）；Izvestia〉的一則報導指出：「一個長滿棕毛看似猿人的巨漢，將當時在森林遭遇野熊攻擊的 N‧亞留茨基〈Aleutskij〉博士解救脫險。」這個疑似「雪人」的謎樣生物，還把裝滿無數罕見野生蕈菇的草籠子就近拋在人們的野營地。

從遭遇的地點位於森林、全身長滿毛髮、更具備著統治森林的瘦徙恣意屈服凶暴的野熊這樣的能力，以及擁有無數珍貴的野菇等特點看來，此一「雪人」與瘦徙之間具有許多共通之處。

或許更讓人意想不到的是他們至今仍棲身在吾人周遭的近處也不可知。

註1：德魯契與蓋斯勒合著的出版物合集經曾譯為英文版，名為「俄國的吉普賽傳說」(*Russian gypsy tales*, 1992, translated by James Riordan)。書中收錄流傳於列寧格勒、諾夫哥羅德、莫斯科、西伯利亞等地鮮少人知的吉普賽傳說與歌謠。順道一提地，由於各國譯名不同，德魯契的名字有「拉 Jefim Druts」「瑞 Jefim Druts」「俄 Друц Ефим (Efim Druc)」等拼音，日文則以「Ｙ・デルーツェ」的縮寫表示。

註2：本文將作者誤植為「カルナウフォーク」。正確寫法為「カルナウホワ」（俄 Ирина Валериановна Карнаухова ），從發音與字形上判斷，或許是將「ワ」誤認為「ク」的結果。此外，由於日文暫譯的書名同為《北方の昔話と伝説》，因此將《北方的故事與傳說》視同另一位作家尼可萊・翁丘可夫編寫的《北方的故事》（俄 Северные сказки；Severnye skazki, 1908; by Nikolai Evgenevich Onchukov, 1872~1942），出版年份遂誤植為 1908 年，謹此更譯。

註3：厄娜・波美朗契瓦（俄 Померанцева Э.В；Erna Vasilevna Pomerantseva ）尚著有《俄國傳承中的神話人物》（俄 Мифологические персонажи в русском фольклоре；*Mifologicheskie personazhi v russkom fol'klore, 1975*）等書。

註4：或許是受到姓氏「Smirnov(a)」的影響，本文將姓名誤植為「Ａ・Ｓ・スミルノフ」。順道一提地，本書再版的書名為《大俄羅斯民族的故事集》（俄 Великорусские сказки архиьа Русского географического общесстьа. Сборник；*Velikorusskie skazki arkhiva Russkogo geograficheskogo obshchestva. Sbornik, 2003*）。

註5：日文版譯為「吹笛子的克努特」（笛吹きクヌート）。

註6：光源氏是日本平安時代的女作家紫式部所著《源氏物語》的男主角，一生糾葛在與女子間的情愛中。他原本愛上父親的寵妃藤壺，一度激情後遭到拒絕，從此寄情於偶遇的紫姬～這位身上流露出藤壺幾分神韻，當時不過十歲的少女，多年後終於將她調教成心目中理想的情人。著名的日本電腦遊戲「美少女夢工廠」(Princess Maker) 便是以這樣的訴求做為養成模式之一，吸引無數玩家的。

引1：日譯文摘自河津千代譯本。

綠人

　　綠人〈威Y Dyn Gwyrdd；蘇Fear
Uaine或Faruane〉是掌管樹木的綠色
精靈，主要棲息在以英國爲主的歐洲
各地森林。有時候他們也稱之爲野人
（Wild Man，野生男子），但如此一
來，與遠離文明生於荒野的森野人或
野生兒之間，便顯得難以分辨，因此
本文不採用此說。

　　綠人是一種人類與植物的混合
體，呈現全身佈滿莖葉的巨人外觀。
軀體爲一樹幹，乍看下與一般林木並
無分別。相傳他們將青苔當成衣服一
樣纏繞在身上，任由鬈曲的長毛隨風
飄散。平時總是把一株冒出新芽的活
樹當成巨棍拿在手上，藉由這樣的形
象與力量，試圖將危害森林的人類逐
出森林之外。

綠色的孩童

　　蘇格蘭的民間故事「智慧綠人」
提到一個好賭的綠人。話說主角傑克
前往一處所有生物都能言善道的魔法
王國，他在該國的旅店和一個全身綠
色的「智慧綠人」通宵打牌。成功打
敗綠人的傑克雖然一夜致富，對於奇
妙的綠人卻依然抱有無窮的興趣。

　　經由一名鐵匠的協助，傑克才得

以安然無恙地再次見到綠人，此時綠
人卻以魔法王國當地的種種難題來考
驗傑克。豈料傑克以鐵匠傳授的魔咒
讓「綠人的小女兒」愛上了自己。小
女兒於是幫助傑克，再次將綠人的黃
金據爲己有。

　　綠人自然不會忍氣吞聲坐視這樣
的發展，便打算在傑克返鄉的歸途
中，連同自己的小女兒一起殺掉。就
在傑克吟唱了小女兒教他的咒語後，
大地陷入一片火海，一道通往地獄的
入口於地面撕裂開來，綠人與兩個年
長的女兒因此摔死（註1）。

　　在這則故事中，綠人被描寫成一
種同時給予試煉與報酬的奇特存在，
亦即可視爲自然本身的一種體現。克
服自然的勝天者可獲得應有的報酬，
然而一旦過於輕視大自然，輕者傷、
重者甚至會失去性命。

　　且說傑克與綠人的么女最後永結
連理度過一生，只是這樣的異種聯
姻，不知會產下什麼樣的後代？

　　據說12世紀時，英國的薩福克郡
〈Suffolk〉曾發現全身綠色的少年和
少女。他們僅以蔬菜爲食，說著奇妙
的語言。少年於不久後死去，少女則
學習英語，並開始攝食其他食物，膚

色也不再是綠色，從此過著一般人正常的生活。

根據少女所述，他們住在一處永遠沒有日出的黃昏之國，當地的人類與動物都是綠色的。有一條遼闊的河流與外界阻隔，少女二人因為發現一處洞穴的祕道而來到了外界，後來卻再也尋不著原先的洞穴。或許他們正是人類與綠人的混血兒也不可知。

第八個綠人

在英國女作家格蕾迪絲・潘達維斯的《第八個綠人》〈*The Eighth Green Man*, 1928; by Gladys Gordon Pendarves〉這部短篇小說中，又進一步描寫人類與綠人之間令人可憎的關係。

探險家勞爾・舒里曼・達伯與來自美國康乃迪克州的友人尼可拉斯・柏克特〈Nicholas Birkett〉一同駕車來到柏克特家附近時，闖入一條綠意盎然的林徑。

森林中並無動物的氣息，只見一片翠綠。道路終點有一間名為「七綠人」的酒館，一旁種有兩排並列朝西的七棵樹木，修剪成人的形狀。人型樹有如巨漢般的大小，個個閉著眼睛，看似一副穿上無盔鎧甲的模樣。

達伯感覺到這些樹木並不尋常，身為現實主義者的柏克特卻斷言：「那不過是精心修剪的樹木罷了。」他們在店主人的慫恿之下，約定下週五的午夜再度前來此地接受考驗，以便了解能否加入祕密聚會「以諾之子」

〈Son of Enoch〉。歸途中兩人路過巴克特經常光顧的「褐鴉」〈Brown Owl〉酒店，聊起「七綠人」酒館發生的經緯，此時酒店老闆派斯頓老爹卻精神錯亂起來。這才得知老爹的兒子因為嚴重的精神耗弱而喪失心智，據說他的靈魂已經化成了第六棵人型樹。

經過一個禮拜後，柏克特與達伯於午夜依約前往「七綠人」酒館。入內後卻發現酒館內部成了一處不見牆壁與天花板、完全漆黑的異世界，等待他們的是七棵走動起來的人型樹。在「七綠人」酒館的店主人指使之下，人型樹從四周包圍達伯與柏克特，迫使他們參加入會儀式。達伯於是取出阿拉伯的神聖匕首砍向前去，一面吟唱他冒險多年以來習得的驅魔咒語，就這樣不自覺地再次置身在「七綠人」酒館之前。

然而柏克特卻失去蹤影，路旁則相對多出第八棵人型樹。精神耗弱的柏克特不久便從酒館內步履蹣跚地走了出來。此時達伯才驚覺招牌已經用綠色墨汁改寫成「八綠人」酒館。

原來人型樹是人類靈魂的聚合體，經此分離的肉體便成了一具空的軀殼。這也表示作品中的綠人具有雙重的意涵，亦即植物人之意。

歐洲各地遺留的原貌

綠人最古老的圖像是在德國密集發現的。

出土於萊茵蘭〈Rheinland〉的一

綠人

具鑄造於西元前 5 世紀後半的青銅斟酒器，握柄底緣上發現刻有人類的頭部，頭上刻著名為葉冠的兩枚合併的淚滴狀葉片。同一遺跡的一塊西元前 3 世紀的裝飾板上，也發現葉冠編排成女子髮型的圖樣。

一批出土於德國西部洪斯呂克山脈，年代早於西元前 4 世紀的方柱浮雕上，刻有戴著葉冠的人類面孔，植物的要素又進一步被強化。方柱四面的人臉上刻有三葉紋樣，它的周圍佈滿形制化的葉片與花朵。同樣的文物也出土於黑森州與海德堡〈Hessen & Heidelberg〉。這一切與蘇格蘭當地留下傳承的遺物，都被視為同出凱爾特人之手。

一度做為頭部雕刻的綠人，後來又被運用在教堂的建築上，其樣式可區分為兩大類型：一是顏面整個覆蓋葉片，一是嘴部與鼻孔伸出莖葉。它們洋溢的綠意象徵著無窮的生命力，構成部份軀體的草木既是它們衍生的結果，它們的本身也同時衍生自草木。如此循環的生命力，正是綠人的本質。

蔬菜加工食品的著名品牌「綠巨人」，命名的背後或許便隱含此一寓意。且說綠人的女性稱為綠女（Green-woman），儘管它們在歐洲各地的教堂上並不多見，綠女的雕刻畢竟還是存在的。

在波提且利的《春》〈義 *La Primavera*；英 *Allegory of Spring*（1482）；by Sandro Botticelli, 1445～1510〉這幅名畫中，女野精克洛莉絲（希 Chloris〈Khloris〉，黃綠色）也被描繪成綠女的模樣，可見到花朵綻開的樹枝伸展自她的口中。其典故來自奧維德的《節曆》第 5 卷《五月》〈拉 *Fasti*: Maius〉195 行以下關於春天的記述。據說塞菲羅斯（希 Zephyros，西風）初次遇見克洛莉絲便侵犯了她，他事後感到懊悔，於是將她變成春日女神芙蘿拉（希 Flora，花）。圖中描繪在克洛莉絲右方的便是慾火焚身的塞菲羅斯，站在左方的則是全身繡滿花朵，將薔薇灑落一地的芙蘿拉。

基督教與五月節

在基督教傳播開來之前，歐洲各地向來將自然神格化。由於視大地為母親的地母信仰、將樹木神格化的樹木信仰均密切關係著務農者的生活，即便基督教開始盛行，這些信仰依然沒有消失的跡象。

基督教的傳教士們於是將此等信仰導入基督教。大地母神成為聖母瑪麗亞，視為森林之神的綠人則遭到斬首，從此被雕飾在柱子的最上端。當時的人們認為建築物的支柱象徵樹木，因此綠人也被裝飾在尖塔、教堂等外觀細長的建築上。偏好以頭部做為裝飾的風習，來自凱爾特人的信仰。此一人頭信仰〈Head Belief〉認為人頭主掌靈感、洞察與遠見，透過這些能力，能夠帶來豐收或驅逐邪惡的力量。

人頭信仰與騎士的任命儀式也有關連。賜封者會在儀式中以劍用力拍

打受封的騎士雙肩。它代表「砍下首級消滅過往的肉體，授予騎士嶄新的生命」這樣的意義。

中世紀的英語文學傑作《高文爵士與綠騎士》〈Sir Gawayne and the Green Knight，約1360年，佚名〉提到一個全身覆蓋在綠色衣裝下的騎士。綠騎士縱使遭人砍下首級，依然挺立不死，即便在寒冬的森林中，仍可捕獲許多獵物。順道一提地，主角高文爵士 (Sir Gawayn) 的名字被視為源自威爾斯語的「五月鷹」(Gwalchmei) 一詞，與五月節有所關連。

從前的人們相信殺死象徵植物的綠人，反而能夠促進植物的生長發育。火耕農業便是此一思想的體現，由枯葉質變而成的腐植土，正是培育新作物不可或缺的優質土壤。

被視為綠人前身的神祇有希臘的阿多尼斯〈Adonis〉、腓尼基的巴力〈Ba'al；Baal〉、蘇美的杜姆茲〈Dumuzi(d)〉、巴比倫的塔模斯〈T(h)-ammuz；Tammūz〉、埃及的奧西里斯〈Osiris〉等等。他們都是死後來到地獄而重生的，這樣的循環成為四季的由來，豐收之神一死，森林也隨之失去生命力，冬日於是降臨；一旦復活後，春天便又造訪人間。

許多古代的國王都被視為豐收之神的一種體現。連年歉收時，身為神的國王往往被認為身衰體弱，於是儀式性地遭到殺害，重新選出新王。為了不使國王的生命力平白流失，繼而烹煮其肉，於饗宴上與眾人分享。綠人所在之處經常伴隨著大地母神，這是因為綠人被視為地母之子、情人或丈夫的緣故。

代表五月節主角的五月女王 (May Queen)，在綠林守護者羅賓漢的傳說中稱為瑪麗安 (Maid Marian)，她被視為羅賓漢的情人。表示五月之意的英文「May」一詞源自拉丁文與希臘語的豐收女神邁亞 (Maia)，由此可知五月女王便是森林、大地、豐收女神的具體象徵。至於穿著一身黃綠〈Lincon green〉的羅賓漢，則被視為林精・綠人的化身。即便來到今日，人們在五月節這天依然保有烘烤綠人造型的餅乾與大家分享的習慣。這正是來自過去人們分食國王血肉的典故。

耶穌在受釘刑前享用最後晚餐的席間，將麵包分給門徒並說道：「你們拿去吃吧，這是我的身體。」（摘錄自「馬太福音」第26章第26節）這正隱喻耶穌將如同綠人一樣被殺，同樣復活的意思。而這也就是為何早期的教堂建築偏好刻上綠人臉像的緣故。

綠傑克

然而工業革命興起後，科學至上的主義橫流風行，人心逐漸疏遠神祕色彩的事物，這也使得了解綠人寓意的人口逐漸凋零。在工業化的驅使下，自然與人類形成的共生模式不再盛行，綠人淪為純粹異教的魔神，再也無法融入教堂建築之中。

值此同時，自1780年以後舉行的五月節出現了綠傑克 (Jack-in-thegreen) 這樣的全新角色。人們打造圓錐形的木製框架，從頭到腳鋪上葉片與樹枝，罩住全身來行走。整體形象較綠人更接近樹木，有時候頭上還會戴著花圈。

在過去的五月節這一天，人們會豎起「五月柱」做爲象徵世界的樹木。那是一株只留下頂端樹葉、切除其餘樹枝的筆直樹木，全身纏繞或懸掛色彩繽紛的布條於頂端。此一「五月柱」擬人化後的形象便是綠傑克。環繞「五月柱」跳著莫利斯舞（一種舞者身穿飄揚的衣裳，下身繫著鈴鐺，展露曼妙舞姿與聲響的獨特舞蹈）向來是一項傳統。然而圍繞在綠傑克四周跳舞的卻是一群煙囪清掃夫(chimney-jack)，而非莫利斯舞者。原來圓錐形的木框象徵的便是煙囪。

順道一提地，「智慧綠人」的主角名爲傑克，或許也與此有關。而綠傑克的扮演者，大抵上都是少年。

舊時清掃煙囪的方法，一向都是讓頭部以下整個罩住布袋的孩童爬進煙囪。貧困的家庭甚至會把3～5歲的幼童送去當打掃學徒。自1875年後，此一作法被視爲虐童的行爲，禁止16歲以下的孩童清掃煙囪，儘管1895年將年齡的上限提升至21歲，仍可窺知當時驚人的景況。

早在1775年，英國的外科醫師帕西瓦爾・卜特〈Percival Pott〉就證明清掃煙囪的少年大多罹患陰囊癌，發現煤炭將他們的生命縮短至極限。

置身在過去此一物質社會底層的他們，之所以將同爲縱向結構的煙囪與樹木視爲一同，想要藉由森林而非煤煙來自我潔淨，就某種意味上說來，也是合乎自然的行爲。畢竟他們祈求淨化的對象並非天主，而是象徵自然的綠人。

如此過度的工業化經人們省思後，現代逐步成爲與地球環境共生的時代。

1990年於薩塞克斯郡的赫斯廷斯〈Hastings〉舉行的五月節，有數名綠人跟隨綠傑克遊行。偶爾綠傑克會將粉末撒向五月女王，不過此時會受到綠人制止。提到五月節，自然少不了莫利斯舞。慶祝活動的最高潮，便是舞者人手一支木劍刺向綠傑克將之打倒，繼而朗讀一篇肅穆的詩文，接著活動的參加者會上前摘取綠傑克身上的花葉，帶回家製成護身符。

由於同樣的慶典也舉行於羅徹斯特〈Rochester〉，如此想來應該是人們懂得再次傾聽自然的呼聲了吧。畢竟失去生命之源的地球，吾人又焉有幸福可言。

註1：本篇記述可參見三宅忠明的《蘇格蘭民間故事》第５篇「無所不知的綠人」（《スコットランドの民話》：ものしりのグリーンマン）。本文將「姊娘（年長的女兒）」誤植爲「末娘（么女）」，以致產生「綠人與兩個么女摔死」的結果，與下文所述「傑克與么女過著幸福的生活」一事產生邏輯上的衝突，謹此更譯。

樹人

「Ent」一詞源自盎格魯薩克遜語的「巨人」，與蘇格蘭食人的父丁巨人（Ettin，北歐約頓巨人的後裔）同出一脈。

根據傳承所述，他們是遠比人類更古老的種族，被放逐到一處位於四個海洋的遙遠土地，至今仍藏身在山岳、冰川、深海等人類無可觸及的深境奧域。

這支族群中，有的比諸神更為年老，他們手藝精巧，甚至具備睿智與法力，能夠施展神諭符文〈Rune〉而感到自豪，不過也有像牲畜那樣愚笨的。

身高一般不超過橡樹，最高大者卻足以遮天蓋地。

此一來自古英文的巨人後來被托爾金改寫成「半樹半人」的奇妙族群。托爾金以外的其他創作或遊戲為了強調樹木 (tree) 的意味，有時也稱之為樹巨人 (Treant)。

一般認為這樣的形象是從莎士比亞的悲劇《馬克白》〈*Macbeth*, 1606; by William Shakespeare〉開始定型的。

馬克白 (Macbeth) 暗殺蘇格蘭王篡奪了王位之後，尋訪三名女巫追問未來（第4幕第1場）。女巫們分別喚出自己侍奉的魔精，其中法力最強大的第三位女巫預言道：「除非遼闊的勃南森林〈Birnam Wood〉自行移動攻上丹辛安山丘〈Dunsinane Hill〉，否則馬克白不會落敗。」[引1]

對於此一預言，馬克白解讀為「必勝無疑」，於是據守丹辛安城，坐待敵人前來叩關。然而第5幕中，正統王位繼承人馬爾科姆（Malcolm，或作馬爾康）王子卻讓士兵們砍下勃南森林的樹枝，全軍手持偽裝一路進兵而來，魔精的預言果然一語成讖，馬克白因此敗亡。

莎士比亞的此一創作，或許是受到新約聖經「馬可福音」第8章第24節的影響。據說耶穌碰觸一名盲人後，那人便開眼說道：「我看見人了，見他們像樹行走。」

不論如何，向來討厭話劇的托爾金讀過《馬克白》後，認為「森林不能真的走動，未免無趣。」然而之所以有此一說，事實上也是因為托爾金早就知道一則樹木起身作戰的故事。

草木之戰

威爾斯的古代詩集《塔列辛之書》〈威 *Llyfr Taliesin*；英 *The Book of Taliesin*〉篇中的第8首，一般稱之為「草木之戰」（威 *Kat Godeu*〈英 The Battle of the Trees〉）。

詩中敘述的是一位6世紀的預言家，同時也是吟遊詩人的塔列辛（Taliesin〈Taliesyn〉）在亞瑟王的跟前講述自己目睹「草木之戰」發生的經過。由於詩歌係出自古文，因此有許多語意不明之處，不過綜觀前後文的脈絡之後，可知其內容大略描寫的是魔法師歸迪雍（Gwydion uab Don）祈求天主對樹林施法，使其拔地而起攻向敵軍（本節之後的專欄「草木之戰」譯述了全文，請參閱）。

為了說明此詩，又提到傳說中的歸迪雍冥界行。且說歸迪雍與其弟農神・亞邁松（Amaethon，偉大的耕作者）、其子光之神瑟烏・韶・吉菲斯（Lleu Llaw Gyffes，巧手之光）[註1]一同來到了冥界・闇奴雰（Annwuyn〈Annwfn〉內部的世界）。歸迪雍自先行打探敵情，見安全無虞後喚來二人。亞邁松接著下手盜走冥界的聖獸白鹿、幼獵犬與鳳頭麥雞〈Lapwing，小辮鴴〉。

冥王阿勞恩（Arawn urenhin Ann-wuyn）隨後便察覺此事並派出追兵，歸迪雍於是向樹林施法化為戰士，趁著混戰之際逃回了人間。

收錄在夏綠蒂・蓋斯特夫人〈Lady Charlotte Guest, 1812～1895〉英譯的《威爾斯民間故事集》的「庫魯赫與歐雯」篇中的解說，敘述了這場戰事的結果。

且說歸迪雍與那不識其名、毫無破綻的對手纏鬥至最後，終於一語道破其姓名。原來對陣的背後存在一種古老的咒術信仰，只要得知對方的姓名，便可任意操縱對手。此時亞邁松又藉助不列顛的守護巨神・步嵐（Bran，烏鴉）的力量，使用「輝煌的榛樹枝」取得了勝利。

獲勝的過程雖然不甚明瞭，不過愛德華・戴維斯〈Edward Davies, 1756～1831〉[註2]提出一個假設，認為「那應該是一場鬥法」。

凱爾特的法術向來由吟遊詩人與人稱德魯伊（Druid，橡樹賢者）的祭司主掌。他們施法時會使用一種刻寫於木石上、名為歐甘〈Ogam；Ogham〉的文字。

換言之，戴維斯所思考的「草木之戰」，或許便是在象徵性地表達刻畫歐甘文字於樹上一事。

但即便是這樣的說法也險些被托爾金評論為「只能視為象徵，還是無趣」。總而言之，接下來話題就回到這位托爾金先生自己創造的樹人種族的身上。

第三順位創造的物種

在一份被視為編寫於中土創成之際的古老列表上，開頭提到「四種自

樹人

由民」，《魔戒二部曲》第3章第4節如此謳歌：「三是樹人生於地，其歲古若山。」[引2] 順道一提地，一是精靈，二為矮人，四乃人類。

天地創造之初，匠神奧力 (Aulë) 不待造物主伊露維塔（Ilúvatar萬物之父）之子精靈族的覺醒，便逕自創造了矮人族。他僭越的舉動觸怒了伊露維塔，不過造物主最後還是原諒奧力，承認矮人族的存在。

只是整個事件並未因此落幕，原來奧力之妻雅梵娜（Yavanna，賜予果實者）是所有化育自大地者的守護女神，深怕矮人砍伐有苦難言的樹木充當柴火。

伊露維塔於是命令瓦拉諸神之長曼威 (Manwe) 在創造之歌中加入雅梵娜的夢境，使靈體得以附身在生物中的歐瓦（Olvar，根生於大地者），身為牧樹者 (Shepherds of the Trees) 的樹人因此誕生。

惡神馬爾寇繼而模仿樹人的形成，由岩石中創造了巨魔。然而巨魔畢竟只是仿冒品，一旦暴露在陽光底下就會還原為石頭。樹人長老樹鬍〈Treebeard〉便說：「我們比巨魔還要強大。我們孕育自大地的脊骨。我們能摧岩破石，如同撕裂樹根一樣。我們的心一旦洶湧澎湃，動起身來要比巨魔還快，遠遠更快。」（《魔戒二部曲》第3章第4節[引3]）

麥克・安迪在《說不完的故事》書中，也承襲了托爾金筆下樹人與巨魔之間的關係，提到一個名為樹皮巨人（德Borkentroll〈英Bark troll〉）的角色[註3]。

他們棲身在咆哮森林，不論男女都長滿樹瘤，有著大樹般的軀體。動起身來才知道生有樹枝般的手臂與狀似樹根的雙腿；然而佇立不動時，卻又看似真樹。儘管力大無窮，頂多只會捉弄一下迷途的路人，並不具有危險性。倒是會發出樹枝摩擦時嘎吱作響般的聲音。

樹皮巨人向尋找幻想國 (Phantásien) 救世主的奧特里歐 (Atréju) 提出警告，引導他見識了所謂「空無」的力量。

與其他種族的關連

在托爾金筆下的中土西部，曾經到處可見尋林木而居的樹人身影，然而隨著時代的變遷，他們若不是被砍伐便是遭到焚燬，絕大多數已經滅亡。

《魔戒首部曲》第1章第2節提到一則證言，據說有人在哈比人莊園北邊的沼澤地見到一個「榆樹般高大的巨樹人，走起路來一步就有7碼遠」。排除這些獨行的流浪者，位於中土中央地帶的廣大森林法貢 (Fangorn)，應可說是當時樹人唯一的棲身之地。

位於法貢森林以西的艾辛格（洛Isengard，鐵要塞），曾是沉淪的巫師薩魯曼的居所。早在《魔戒》整個故事的發端之初，薩魯曼就指使獸人們破壞森林，企圖進一步削減樹人的棲息地。

順道一提地，將這些「牧樹者」稱之爲「Ent」的說法，來自距離法貢森林不遠的驃騎王國洛汗的人民。洛汗語係以古英文（盎格魯薩克遜語）爲藍本構成的語言，或許是基於「外觀爲樹的巨人〈古英 ent；eoten〉」這樣的雙重意義，才如此稱呼樹人的吧？畢竟樹人的身高就有4米長。

在托爾金的世界中，「Ent」一詞來自精靈共通的辛達語「Enyd」，而此字又是派生自高等精靈的昆雅語・歐諾金（Onodrim，孕育自大地者）。

樹人原本生來無法言語，後來精靈賜予他們姓名並傳授了語言。由於在身體結構與性質上均有別於精靈，此後他們便參考精靈語，創造出適合自己緩慢交談的樹人語。以樹人語對話時，談話者所言聽來都是一串吟唱般的漫長音調，可以持續說上很長一段時間。

他們眞正的名字係以誕生至今的一切經歷所構成，因此樹人不會向他族自稱此一姓名，另有其他語言代表的簡短暱稱。

多樣的樹人面貌

一如所有樹木的形貌各自相異，樹人同樣具有多樣的外觀，並且保留著與生俱來的樹種性質。樹人大多是山毛櫸、橡樹等殼斗科，當然也有其他樹種。

在《魔戒》所處的背景年代，能夠活動於法貢森林的樹人，約莫還有50人左右。其中從上古時代存活至今的耆老，計有樹鬍・法貢 (Treebeard Fangorn)、樹皮・佛拉瑞夫 (Skinbark Fladrif)，以及葉叢・芬格拉斯 (Leaflock Finglas) 這三人，但眞正還在活動的只有長老「樹鬍」。

樹鬍身高超出4米2，全身覆蓋著一層綠灰色的樹皮，左右手（樹人自稱爲樹枝）與雙腳（樹根）各有七根指頭。褐色的眼睛有時閃爍著綠色光芒，流露出睿智與深思遠慮。樹幹本身是他的長臉，下半部隱沒在飄揚般的灰色長鬚之中，鬍鬚的根部是些細枝，末端看似苔蘚一樣。粗短的脖子似有若無，聲音有如木管樂器的音色般低沉而響亮。整體看來，這位「樹鬍」似乎屬於山毛櫸科。

順道一提地，其他還有三根或九根指頭的樹人，外觀體色各有不同。

「葉叢」當時正處於休眠狀態，全身幾乎已經化成樹木。他的頭部籠罩在樹葉下，下身埋沒在夏日高揚生長的牧草地，到了冬季才會甦醒過來，但由於過於昏睡，經常無法遠行。由此看來，其出身或許是橡樹人。

「樹皮」是花楸樹人，(註4) 身體遭到艾辛格的獸人砍傷，同伴也大多被殺，於是躲藏在自己最鍾愛的樺樹林中，再也不敢出來。

花楸不僅堅硬、不易燃燒，同時會長出神祕的紅果實，因此自古以來被視爲具有驅魔的效果。

與「樹皮」同族的樹人中，尚有

年輕性急的快枝・布理加拉德 (Quick-beam Bregalad)。「快枝」身軀高大、嘴唇紅潤，灰色的皮膚顯得相當光鮮亮滑。身體非常柔軟，能夠彎起身子來，就像搖曳在風中一樣。他在所有同伴中最爲性急，行走速度也最快。樹人會議 (Entmoot) 舉行期間，負責接待來自外界的哈比人訪客梅里與皮聘。除此之外，「快枝」還多次受命與人類幹旋交涉。

此外，還有許多形形色色的樹人。

栗樹人有著褐色的皮膚，手指張得老大，生有粗壯的短腿。

白臘樹人〈或可作 Ash Ent〉一身灰色，長有許多手指和一雙長腿。乍看下以冷杉〈樅樹〉最爲高大，其中也有讓人聯想到椴木〈菩提樹〉的。

樹人的特徵

樹人極爲強壯。來自手臂（樹枝）的奮力一擊足以碎岩裂鋼，曾經十分爲人所懼。

或許泰半屬於植物的緣故，樹人的性情穩重，面對任何局勢總是泰然自處。召開所謂「樹人會議」的大會時，少說也得花上數日的時間，就連決定一點小事也都極爲慎重。之所以不太與精靈以外的種族往來，其理由就在於樹人眼中的外人顯得過於「倉促匆忙」，交往起來總是糾葛不清的緣故。

不過對於破壞森林者，他們絕不饒恕，對於獸人（樹人語稱爲「無的

砍伐林木者」，布拉魯 Burárum）尤其憎恨。一旦激昂奮起，平日緩慢的行動也會變得靈活起來，即便人類也追之不及。

樹人的弱點在於害怕火與斧頭。他們憑藉長期硬化而成的外皮來保護自己，軀體本身不容易受到傷害。然而平日所關愛的樹木一旦遭到斧頭砍劈，就會受到嚴重的打擊，因此樹人十分痛恨持斧者。

儘管程度上不像獸人那樣嚴重，以斧頭爲主要武器的矮人也頗受樹人厭惡。根據「精靈寶鑽爭戰史」第 22 章所述，矮人戰士爲了奪取魔法石・精靈寶鑽，攻打灰精靈王國多瑞亞斯的都城明霓國斯〈辛 Menegroth，千洞〉，歸途中遭到樹人的襲擊而全軍覆沒。

火焰是一種能夠燒盡樹人堅固軀體的可怕武器。在樹人棲息的森林與鄰近的地域生火，會被視爲攻擊樹人的舉動。

樹人有別於人類，他們並不進食。相對於此，他們會攝取一種特殊的液體，乍看之下有如水分，卻閃爍著金色與綠色的光芒。喝下後有時會讓人感覺到一股芳香，有如森林般那樣清涼；有時是一種充滿焦土氣息的芬芳，感受十分多樣。液體中還含有促進植物生長的豐富成分。

對於所有生物而言，它都是一種滋養，其攝取並不僅限於植物。哈比人梅里與皮聘迷途於法貢森林，經「樹鬍」解救脫困後，進食時飲用了

些許該種飲料，結果身高急遽成長，不久便來到身為一個哈比人都會感到驚奇的地步。

樹人只會邁開大步行走，幾乎不彎曲膝蓋，測量距離時以所謂的樹人步幅為單位。

他們沒有坐的習慣，因為生來就是幾乎不會疲憊的體質，就連睡覺也是站著〈略微彎腰〉。雖然擁有床舖，卻是用來讓自己頭腦清醒，以免養分吸收得太快而產生睡意。因此樹人家中雖有桌子與床舖，但沒有椅子。

以石板製成的桌子，其高度約莫自地面算起180厘米左右。

床舖距離地面約略少於60厘米，上面舖著乾草與蕨類。

家中除了流水之外，必定備有飲水所需的容器。

在這處稱之為樹人屋〈Ent-house〉的簡陋住家中，伴隨清流的林木所圍拱的草地上，只擺放一塊長滿青苔的石頭。

具有意識的樹木胡恩

一如羊與牧羊人之間的關係，在樹人長期照料的期間，有些樹木會因此萌生意識，自行走動起來。這些移動的樹木雖然能夠理解樹人語，但不曾學習過其他語言，或與樹人以外的族群交談。他們依然保有樹的天性，有的心性善良，有的性情扭曲。儘管本性敦厚穩重，一旦發怒就無法控制，會飛快地給予敵人致命的一擊。

相反地，樹人也有活動力逐漸下降，終究化為樹木的一天。樹人曾經生息於世界各地的森林，其中大多數日漸孤立，最後與周遭的林木同化，斷絕了與外界的聯繫。

中土西北部的老林山丘上，有一株生自太古時期的柳樹精。為了捍衛領土，這株老柳樹 (Old Willow) 會以輕柔的搖籃曲引誘闖入森林的人走近身邊，予以催眠再將之殺害。

介於樹人與樹木之間的此等族群，稱之為胡恩 (Huorn)。經由樹人的誘導，胡恩會將自己隱藏在幽暗中，神不知鬼不覺地移動。除此以外的期間，他們只會留在原地，無時無刻看守著樹木。

追尋樹妻

這個世上並不存在歷經7,000年以上的歲月，最後還能以此壽終的上古樹人。儘管也有樹人長壽得出奇，不過還是有別於精靈，不代表他們不具壽命的上限。

他們的編年史是一段棲息地逐漸受到剝奪的歷史，帶領他們緩緩走向滅亡。

樹人覺醒於天上只有星辰的時代。

早在7,000年前太陽初昇，花草樹木開始茁壯成長之際，樹人便已經擁有名為樹妻 (Entwife) 與樹女 (Entmaiden) 的異性伴侶。樹妻喜歡找

些花草果樹等小植物，隨心所欲地營造花園，有別於喜愛森林、大樹、山岳等天然景觀的樹人。

當時樹人以故鄉法貢森林為起點，縱橫奔走於四面八方依然深邃的森林中。偶爾他們也會造訪樹妻的花園來孕育小樹人 (Enting)。

「樹鬍」也有一位心上人，名叫嫩枝‧芬伯希爾 (Wandlimb Fimbrethil) (註5)，是個步伐輕盈、嬌美的白樺樹女。

等到惡神馬爾寇於北方的勢力愈發強大之後，心生恐懼的樹妻們便離開法貢森林，東渡大河來到一處新天地，打造了自己的花園。樹人與樹妻相見的機會就更加減少了（當時發生矮人大量消失的事件）。

6,500 年前馬爾寇落敗，從此魔封於異次元，樹妻的新土地因此豐厚富足百花盛開，農作有了豐收。她們教導許多人類種植果樹，樹妻因此受到了崇拜。始終蟄居於森林中的樹人反倒成了人類心目中純粹的傳說。

當時「樹鬍」再次來到樹妻的國度與芬伯希爾相會。經過長年的勞動，此時的她彎腰駝背，外皮曬成茶褐色，頭髮像結實的玉米般金黃，雙頰有如蘋果般紅潤，看起來十分美麗。

3,500 年前，本是馬爾寇心腹的邁雅精靈索倫自稱黑暗魔君，與大海彼端的人類帝國努曼諾爾交戰，當時「樹鬍」又再次造訪芬伯希爾。然而她們的花園早已毀於鄰近的戰火，成了一處人稱「褐地」(The Brown Lands) 的荒土，樹妻們也遠走他方，再也尋覓不著。

此後樹人不斷四處找尋樹妻，卻始終不見她們的蹤影。當時法貢森林的所有樹人（即便是年輕的「快枝」）都是歷經數千年歲月的老樹男，其中的半數早已放棄與樹妻重逢的希望。

艾辛格之戰

除了吞噬歸途中對他們不敬的矮人軍隊以外，樹人向來便是如此生息，並不積極參與中土的歷史，頂多與森林精靈〈Silvan Elves〉談論彼此棲息地的近況。

然而前述的兩名哈比人（梅里與皮聘）帶來的消息，卻鼓舞他們慨然奮起。

原來過去荒蕪了樹妻花園的索倫軍隊正由東而來，沉淪的巫師薩魯曼也由西入侵，威脅包含樹人在內的所有中土的生靈。

「樹鬍」於是召開了一場歷經三天的樹人會議，最後決議傾全力攻打薩魯曼的根據地，決定性的關鍵就在於薩魯曼麾下的獸人軍團過去的濫伐（rárum，無的砍伐林木）。

超過 50 名以上的樹人發出「Hoom, Hom!」的齊聲吶喊，唱起伴隨著鼓聲與號角的進行曲，率領成千上百的胡恩一路進兵艾辛格，對著城門叩關起來。

防守的獸人部隊放箭回應，「樹鬍」等人因此略有怒意，約莫有十數

人捏碎城門的牆石，他們既拉又扯，不過五分鐘便瓦解城門。四散逃去的獸人若非遭到胡恩踩平，便是撕個碎爛。經過樹人盤問之後，其中的人類才得以獲釋放行。

當「快枝」發現薩魯曼的行蹤後，一路從後追趕並高喊著「砍樹者」，眼看就要手到擒來，卻讓他逃進艾辛格中心的歐散克塔。

隨後薩魯曼不知啟動何種機械裝置，從艾辛格谷地內的孔道中噴出了熾熱的液體與火焰，高大雄壯的「柏骨」(Beechbone) 等樹人因此通體浴火般燃燒了起來。

樹人們為此憤怒狂暴，他們發出震天吶喊，吹響了進軍的號角，將歐散克塔四面圍困。氣孔通道悉數遭到巨石堵塞，一排排豎立在廳堂的鐵柱逐一被折斷，儘管歐散克塔本身受到薩魯曼的魔法保護，無法造成任何傷害，但除此以外的一切幾乎無可倖免。

「樹鬍」接著又大興土木引來水源，淹沒了整個艾辛格。薩魯曼因此被禁錮其中，不得其門而出。此外樹人們還陸續淘清了污水，淨化周遭一帶。

▌號角堡之戰

就在此時，「樹鬍」的知交巫師甘道夫到來，請求援軍派往洛汗的號角堡。

「樹鬍」當下應允，留下最低限度的守兵於艾辛格後，帶領樹人與胡恩大軍向號角堡進發，於該地再次吞噬了數千名獸人與半獸人。

「樹鬍」許下承諾，邀約號角堡一戰擊殺 41 名獸人的森林精靈勒苟拉斯，與砍下 42 具獸人首級的金靂拜訪法貢森林，就此揮別了奔赴東戰場與索倫一戰的其他種族。

獸人軍隨後由東方幽暗密林的多爾哥多羅要塞出兵，對精靈王國羅斯洛立安發動三波攻勢。當時來自迷霧山脈摩瑞亞的部隊似乎也加入了這支獸人軍。

由於這批敵軍一度逼近法貢森林，「樹鬍」於是再次領軍，由艾辛格折回，悉數擊退了敵軍。經此一戰，洛汗王國免除了後顧之憂，才得以傾全力投入對抗索倫的戰事。

戰亂的時代結束了。「樹鬍」在艾辛格植樹造林，逐步改造為「歐散克樹園」(Treegarth of Orthanc)。

一度將艾辛格鞏固為要塞的環狀石牆完全拆除，內部栽植了果樹。兩株取代城門的樹木豎立其間，兩旁充滿綠意的小徑由此延伸向歐散克塔，清澈的池水上可見到歐散克塔黑色外觀的倒影。

「樹鬍」驅逐了失勢的薩魯曼，對於魔戒聖戰期間相識的夥伴們，倒是歡迎他們隨時造訪。當然如果有朝一日能帶來樹妻的消息，就更表歡迎了。

■ ▮ ■

註1：瑟烏並非歸迪雍的親生子，而是歸迪雍的姊妹所生，自小由歸迪雍撫養。其出生全拜那習慣將腳
　　放在處女腿上睡覺的歸迪雍舅父馬斯 (Math) 所賜。他之所以被稱爲光之神，是因爲被視爲愛爾
　　蘭的另一位光之神盧烏，然而事實上兩者並非同一人，一生經歷也大不相同。

註2：威爾斯的作家，以鑽研凱爾特文化爲主，有「凱爾特戴」的稱號。

註3：請參閱游目族之譯本第 3 章「老者莫拉」(Moria the Aged One)。

註4：「樹皮」被視爲花楸，源自《魔戒二部曲》第 3 章第 4 節對於快枝‧布理加拉德的描述。樹人們
　　召開會議時提到：「……beside them Bregalad spoke gently in their own tongue,
　　almost whispering; and they learned that he belonged to Skinbark's people……」
　　由這段叙述可知，經皮聘和梅里從旁觀察，了解「快枝」與「樹皮」屬於同一族群。
　　　　布理加拉德隨後又如此自述：「'There were rowan-trees in my home,' said Brega-
　　lad, softly and sadly, 'rowan-trees that took root when I was an Enting, many
　　many years ago in the quiet of the world.」這段話影射「快枝」出身花楸的天性，從而間
　　接讓讀者了解到「樹皮」的本質。事實上歐洲花楸樹俗稱就叫「Quicken Tree」，又作
　　「Quick(en)beam」。

註5：聯經中譯本（2001 年初版）作「風枝」，疑爲「Windlimb」的誤解。

引1：日譯文摘自坪內逍遙譯本。
引2、3：日譯文摘自瀨田貞二與田中明子譯本。

草木之戰

　　本篇呈獻給各位的是給予托爾金樹人此一靈感的起源～一首古威爾斯詩歌的完全解譯。詩歌本身完全參照威廉・斯金〈William F. Skene〉教授的研究著作（〈指《威爾斯四大古書 Four Ancient Books of Wales》〉，1868）轉譯而來。詩文的句尾原本押有韻腳，但翻譯後幾乎難以重現，因此譯為散文體，還請各位讀者諒察。

　　相較於電影《魔戒二部曲：雙塔奇謀》中的高潮戲，詩歌中磅礴壯闊的交戰光景可謂別具一格。

《塔列辛之書》第8首

曾經是變化萬千的形體，在我被視為定相之前。
曾經是一把斑駁的細劍，咸信我一度如此顯現。
我曾是大氣的淚水，晦暗的星群。
是書海中的詞藻，太初的青簡。
一度是方燈的流光，徐照一年又半載。
一度是跨河的巨橋，遙渡六十倍寬的江川。（註1）
我曾是那道途，亦是那翔鷹。
是浮海的圓舟〈古威 corvc, corwc；威 corwg；英 coracle〉，曾順從於饗宴。
我曾是驟雨的水滴，掌握的手中劍，是那堅盾處於爭戰。
曾經是豎琴上的一絲琴弦，喬裝隱藏了九年。
曾經是水下、泡沫、火中的海綿（註2），又曾是密林的樹偃。

戰事雖小，我卻不因此默歌罷言。
且聽我唱來細枝嫩葉的樹林搏鬥的壯觀。

主力驍騎與富豪的艦隊疾行開展，抗擊尊者於普利丹〈威 Prydein, or Prydain〉。
張揚闊頸的巨獸迎擊向前，百首鑽動於頂端。
牠的舌根下戰火點燃，牠的腦後引爆另一爭戰。
葡萄的黑蝦蟆派生百爪，斑蛇昂首高聳著肉冠。
百人的罪魂惡業盈滿，肉身將飽受苦果的糾纏（註3）。
爾時我駐足於九霄城〈威 Caer Nefenhir〉（註4），疾撥草木奔向彼方。
見吟遊詩人高唱，戰士們流離驚惶，布立吞人振奮激昂，全拜那歸迪雍的力量。

他向造物主與救世主歌頌呼喚，只爲正義公理而戰。

那喚聲不住地鳴響遙傳，直到永恆的主授與裁斷。
萬能的主回應了答案，通過語言還有自然。
菁英的林木爲其取用的外觀，羅列佈陣箝制了兵圍。
在這出乎預期的肉搏一戰，樹木受惠於魔咒法言，
在這意外遭遇的林襲之際，樹木張口發出了高喊^(註5)，

在這齊聲唱和的迴盪聲中，戰爭寫下了句點。
且讓長日冗談化簡說短，只道一女子平息了動亂。
她一身瑰美款步向前。親臨最前線的麗首，是那女子的容顏。
不眠的母牛優勢倚佔，橫阻不退其嬌蠻。
我等腿上潮來戰士的血瀾，飽嚐世間無比的錐心苦難。

某者於其中述及末日一談，教人馳想那滔天洪患。
又說救世主於十字架受難，指那審判日近在手邊。

赤楊〈威Gwern〉兵臨前線、立陣當先。
柳樹與花楸步履蹣跚、參戰來晚^(註6)。
李樹〈古威Eirinwyd；威Eirin〉向來罕見，卻不受人喜愛期盼。
歐楂〈古威Kywren；威Cerien〉精心打扮，成爲爭論的焦點。
薔薇花叢一身嬌刺，挺身迎向巨人的軍圍^(註7)。
木莓〈古威Avan；威Afan(en)〉樹叢行大局之最善，暴露己身於兵險。
水蠟、忍冬與長春藤置身前線，一如荊豆力戰，櫻桃樹激昂忿然^(註8)。
白樺〈威Bedw(en)〉士氣雖高，列陣卻嫌緩慢。
豈是彼等怯懦膽寒，實乃尊大自豪使然。
金鏈花克制情感^(註9)，異地的野性本質祕而不宣。
門廊前松樹根盤，身爲議論用的座椅^(註10)，教我倍覺矜喜於諸王之前。
榆樹〈威Llwyf(en)〉率領一班隨員，目光筆直徒步向前，但將殺入陣中奮戰，攻
　擊側翼與背面。
榛樹〈古威Collwyd；威Collen, Cyll〉被迫決斷，纍纍子實令其舉棋艱難。
水蠟喜樂於福到運轉，宛若公牛於戰場、化身主宰於世間。

○○與桑樹(？)於松林中博得勝戰^(註11)。

專欄

冬青〈古威Kelyn；威Celyn(nen)〉綠彩斑斑，是樹中的英雄好漢。
山楂〈古威Yspydat；威Ysbyddad(en)〉荊衣四環，予人棘手的痛感。
白楊〈古威Gwiwyd；威Gwiwydd〉高聳軀幹，衝鋒陷陣依然。
羊齒〈古威Redyn；威Rhedyn (en)〉遭到掠奪一番。
金雀花〈古威Banadyl；威Ban(h)adl(en)〉肩挑先鋒重擔，負傷於溝塹。
荊豆〈英Furze；Gorse〉並不善戰，儘管勢力周延圓展。
石南〈古威Gruc；威Grug〉凱歌高唱，敵兵欺來拒不退讓。
庶民看得如醉如狂，眾兵行進時沿途瞻望 (註12)。

橡樹〈威Derw〉行動敏捷，天地在眼前為之動盪。
他是奮勇作戰的門衛，英名遠揚四方。
藍鈴花結群成黨，掀起一陣恐慌 (註13)。
所向披靡無人敢當，餘者莫不穿體受傷。
梨樹〈威Pêr(en)〉是那翹楚鋒將，奔襲於平原的戰場上。
即便火冒三丈 (註14)，果樹〈古威Kastan；威Castan〉依然羞色怯相。

喜悅倏而大敵當前，黑玉色沉黯然，山岳曲折扭轉，森林陷入一片窘旱。
昔日生息於大海者，傳來彼等的叫喊 (註15)。

白樺將吾人覆蓋遮掩，一襲葉帽來自其上端，令我等形貌改變，褪去古色舊顏。
橡樹伸出枝椏攫住我等，於「邁爾德魯頌歌」(註16) 詠唱之間。

笑聲來自那大石旁，天主不為狂熱心浮氣盪 (註17)。
非由父母所生養，當我創造於世上，造物主授予我的，是幻化九形的力量。
造自眾果中的一果，元始之神於濫觴；
形自山丘的報春花〈古威Vriallu；威Briallu〉與百卉，群樹與嬌蕾綻放於灌木上；
來自大地諸道的一途，如此由是我形塑體創；
生自蕁麻〈古威Danat；威Dan(h)adl(en)〉的花朵、與那水來自第九道波浪。

曾受馬斯〈古威Vath；英Math〉的魔法束縛，早於我獲得不朽之身，
曾受歸迪雍的咒法解脫，那偉大的淨化者來自布立呑，
歐瑞斯〈Eurwys〉、優容〈Ewron〉、歐容〈Euron〉、摩德容〈Vodron；英Modron〉，五個大隊的智者、學者與馬斯的子孫，皆受其淨心潔身 (註18)。
曾受那統治者的魔法所賜，爾時其軀體浴火半焚，

曾受那智者施法予我，那來自太初的賢人。
爾時我曾化身爲某一存在，世上的軍伍莊嚴肅鎭，
吟遊詩人曾經受寵蒙恩，傾心於我是那讚歌詩文，誦我以巧舌饗之於君臣。
我謳歌奏曲於薄暮黃昏，酣然枕臥於王座紫宸[註19]。
誠然我魔戀於幻海浮沉，隨同狄藍〈Dylan〉那子息於波神。

或環伺身邊，或置身其中，或處於諸王的膝間，
散落的槍矛滯鈍失鋒，由我來自的天上，到那遼闊深遠的洪淵，
奔向沙場者，是那戰士八千，隨其心志兵團分建。
他們既非老弱亦非少年，我亦身處彼等的軍團。

由此誕生一驚異[註20]的百人隊〈古威Canhwr；羅Centuria〉，九百人中一人獲選。
爾時他也與我同在，隨我沾有血斑的手中劍。
來自天主，榮耀我所獲頒，祂的腳下予我庇護安全。
若令我置身豬屠之地，祂將構組、祂將拆解，成就那語言。

堅臂的輝耀者，是那人的姓名，伴隨閃光指揮著兵員，
他們如火花般飛散四濺，當我走向高點。

曾經是斑蛇於山岡，蝮蛇於湖間。
曾經是切口彎如鳥喙的勾鐮，是那長矛佈滿凶殘。

我身穿祭披〈古威cassul；英chasuble〉手持法缽，揭示並非凶象的預言。
八十倍陣陣揚起的塵煙，是每個人帶來的隨員，
五個大隊的軍團，將受制於我的刀尖[註21]。

較之黃毛飛駿六匹，百倍猶勝於此的，是我乳白色的坐騎，
快馳有如海鷗掠疾，牠將不會騰越，介於大海與沙灘之地。

豈非我卓然超群於殺戮血原？百名首領於我領先。

緋紅寶石的皮帶繫在我的腰桿，亮澄的黃金鑲在我的盾緣。
它們並非孕藏於溪谷，都是自行來到我的眼前。
唯獨葛隆威〈Goronwy〉，來自埃德里威〈Edrywy〉[註22]的河谷之間。

我修長的白指，較我身爲牧人時更長，

專欄

我曾周遊大地，直到習得淵博的學養。
我曾行腳遠走、巡迴四方，露宿於百處島嶼，旅居於百座城邦。

汝等睿智的德魯伊，應向熊人〈Arthur，指亞瑟王〉宣揚，
讓那夙聞舊事、古老於我的歌謠得以詠唱。

某者到來，教人馳想那滔天洪患，
思及救世主磔刑受難，還有那末日終點。

金玉中的黃金寶石，於我充滿輝煌燦爛，
爾時我將恣意揮灑於金匠的苦悶之間。

註 1：日文譯爲「三の二十倍以上の河を越えるまでは」。根據英譯本的解釋，此句作「Over three score Abers（威爾斯語的河口）」，基於 1 score＝20（相當於中文的廿），才有了 3×20＝60 的說法。

此外本詩文有若干晦澀不明之處，故參考另一位英國作家納許同樣寫於十九世紀的著作《塔列辛或吟遊詩人與不列顛的德魯伊》(*Taliesin or Bards and Druids of Britain,* by D.W. Nash, 1858) 一書中對於「草木之戰」的解讀做爲參考。基於納許的著作早於斯金的譯文十年之久，故視爲同時期的另一見解做爲比對之用。

註2：由於本文參考的資料來自 19 世紀，參考近日各方解譯後，難免發現諸多相異之處，本段的若干邏輯便顯得啟人疑竇。當然從吟遊詩人的角度看來，不合邏輯其實不無道理，畢竟創作原本就是海闊天空的發想。

以「曾順從於饗宴」一句爲例，原典作「bum darwed yn llat」，對此納許則解譯爲「曾經是戰場的指揮官」。事實上如果「曾順從於饗宴」是正確的解譯，可視爲「服侍於餐宴中的人或物」，舉凡餐具、食物、侍者等都在此列。

又如「水下、泡沫、火中的海綿 (yn dwfyr yn ewyn；bum yspwg yn tan)」亦有另解，納許譯爲「曾是水中的泡沫，熱焰裡的撥火棒」。「海綿」的威爾斯語作「ysbwng」，又可解釋爲「輕盈的一束毛（一簇樹叢）」，這也表示它可能是用於撥火的細小樹枝。

註 3：本句承接上述的百爪蝦蟆與肉冠斑蛇，意指百名罪人化身如此惡形惡狀，受到醜態陋貌的煎熬懲罰。普利丹即不列顛 (Britain) 的古稱。

註 4：日文作「ヴェヴェニル城」，其根據來自威廉斯金的英譯本「Caer Vevenir」。也許是威廉斯金當時參考了不同的十四世紀抄本的緣故吧，「Vevenir」此外又作「Fefynedd」或「Nefenhir」。由現代威爾斯語推敲，「Nefenhir」一字似乎由「nef（天）」＋「hir（高、長）」等元素構成，有「高天、天頂」之意，相當於中文古稱的「九霄、九天」。

其眞正的所在地已不可考，若根據其字面意義推想，此城或許建造於高處。美國作家奧古斯特・韓特 (August Hunt) 認爲「Nefenhir」應該是「Nefyn」＋「hir」二字所構成，有「Nefyn the Tall」之意，意指此城便是一度存在於威爾斯圭內斯郡內的奈文城 (Nefyn Castle, at Gwynedd)，只不過近日經報導披露指出，這處失落的遺址已經淪爲兒童遊樂的場地。

若從名字背後的含意著眼，「Nefyn」的英文作「Nevin」，意爲「接近太陽者」「高居天上者」，與「天頂、九霄」之意同樣相去不遠，畢竟都是由字根「天」衍生而來。不論如何，此城是否眞如韓特所言，只有留待更多證據來解開謎題。

註 5：納許對於下兩句另有一說，茲翻譯如下。（上接「樹木受惠於魔咒法言」）
　　　「他們的希望爲此點燃，打消周遭火焰的患念孳蔓。」
　　　「三人齊聲唱和更勝一般，衆樹自得其樂成一圓環。」
　　　由此以下至「我等腿上潮來戰士的血瀾」，計有八行語意不明，納許認爲其性質似乎是塔列辛擅長的葛德丁頌歌 (Gododdin Gwarchan(Gorchan))，對此並未加以解譯。
註 6：柳樹（古威 Helyc；威 Helyg(en)）；花楸（古威 Cherdin；威 Cerddin(en)）。
註 7：此句原文作「Ffuonwyd eithyt, erbyn llu o gewryt.」。納許譯爲「生於樹蔭下的豆樹（古威 Ffuon(wyd)；威 Ffeuen, Ffâen），爲一幽靈軍團。」
註 8：水蠟（古威 Yswyd；威 Yswydd(en)）；忍冬（古威 Gwyduwyt；威 Gwyddfid）；長春藤（古威 Eido；威 Eiddew）；荊豆（古威 Eithin(en)）；櫻桃樹（古威 Siryan；威 Ceiriosen）。
註 9：本句原文作「Auron delis bryt, Allmyr uch allfryt.」，其中「Auron」一字被解讀爲金鏈花。事實上威爾斯語的「aur」表「黃金、金黃」之意，加以金鏈花的花語爲「哀愁的美」，被形容爲「夕陽西下時燦爛的霞光」，或許正因爲如此，「Auron」這個威爾斯語意爲「神的沒落」的詞彙才被解讀爲金鏈花。不論如何，也許是難以確定語意的緣故，納許未加解釋便任其略過。
　　　順道一提地，金鏈花的現代威爾斯語作「Rhoden Felen（黃柳條）」，鄰近的蘇格蘭則稱爲「Hoburn Sauch（或 Awburne Saugh）」，兩者都是以柳樹相關的名稱形容這種木質堅硬、花朵金黃的有毒樹種。
註10：本句納許作「松樹（古威 Ffenitwyd；威 Ffynidwydd(en)）生於庭院，戰場上強大驍悍」。
註11：本句原文作「Morawc a moryt, Ffawyd ffynyessit.」，斯金英譯爲「Morawg and Morydd, were made prosperous in pines.」，日譯爲「モラウグとモラッズは、松林で成功を勝ち得る」。或許因爲艱澀難懂的緣故，斯金採用現代威爾斯語法，略加修改直接取用「Morawg and Morydd」，日文也直接以外來語的形式表現，並未加以解譯。納許將「moryt」解譯爲桑樹（威 Morwydd(en)；英 Mulberry），「morawc」則忽略未談。
　　　事實上「moryt」似可視爲「河口、海灣」(moryd)，「morawc」此一難以辨識的詞彙則看似訛字。由該角度省察之後，假設原文係以歐甘文字撰寫，那麼「十(a)」或可視爲「丄(h)」的誤植，「morawc」便可寫爲「morhwc」，對應現代威爾斯語的一種凶猛的海洋生物逆戟鯨（威 morhwch，海母豬），如此一來，原本被視爲描述植物的前句或可視爲強化後句的一種形容。
　　　再則關於後句的「ffawyd」，納許採用了看似正解的觀點，解譯爲山毛欅（威 ffawydd(en)）而非松樹（威 ffynidwydd(en)），「ffynyessit」則略同斯金的英譯，解讀爲「繁榮昌盛」（威 ffynedig），意指「取得輝煌戰果」。由於參照古文與納許的解譯，兩者相似度幾近完美，這也不禁令人懷疑應該參考過納許文章的斯金爲何仍取用松樹做爲解釋，難道 7 世紀前的威爾斯並不出產山毛欅，所以斯金才將該字視爲松樹？又或者斯金曾假想或臆測出該戰場之所在，經過勘查後做出這樣的解釋？
註12：本句原文作「Hyd gwyr erlynyat」，納許似乎將「Hyd gwyr」視爲一單字「Hydgwyr」，並且基於中世紀的「H」與「R」相通的緣故，將之解讀爲稠李（威 Rhuddwern；英 Bird Cherry），又由於歐洲稠李常與黑櫻桃 (Black Cherry) 混爲一談，納許遂將整句解譯爲「黑櫻桃正在追趕」，事實上黑櫻桃的威爾斯語應作「Ceiriosen Ddu」。
註13：本句原典作「Clafuswyd kygres, Kymraw arodes.」，斯金將「clafuswyd」解釋爲藍鈴花（威 Clychau'r Gog；英 Bluebells；學 *Hyacinthoides non-scripta*），納許則解讀爲瞿麥（威 Bulwg (yrŷd)；英 Corn Cockle；學 *Agrostemma githago*）。儘管並未指出樹種爲何，「clafuswyd」又可拆解爲「clafus（病懨懨的）」＋「wyd（樹種）」。

　　從斯金的譯文觀點看來，難免讓人不易聯想柔弱的藍鈴花擊潰敵人的景象，因此揭示納許的翻譯，對照如右：「瞿麥結群成黨，遍嚐受到火傷，餘者無不敗退，皆因軀體洞穿於戰場。」

註 14：儘管斯金並未加以解譯，納許似乎原文的「aches veilon wyd」拆解成「aches veil onwyd」，連接上句「Goruthaw kywyd」解讀爲「某者火冒三丈，是那殘忍陰沉的白臘（威 Onwydd）」，至於栗樹一句則見解相同。

註 15：以上六句納許如此解譯。「喜樂雲散烟消，闇影行將籠罩，群山隨之動搖，綠林化爲淨體的熔爐，率先襲來那亙浪洪濤，爾時將傳來四隅的哀號。」

註 16：「邁爾德魯頌歌」（古威 Gwarchan Maeld(d)erw 大橡樹之歌？；Gorchan of Maelderw，又訛作 Maeldrew）是一首收錄於《威爾斯四大古書》的葛德丁頌歌，是塔列辛抄寫的歌謠之一，相傳作者是七世紀的一位威爾斯吟遊詩人阿尼林（Aneirin；Aneurin），包含此一詩歌的其他葛德丁頌歌雖然被後人抄寫於 12～14 世紀，但眞正的寫作年代卻可上溯至 6、7 世紀。

　　葛德丁頌歌的體裁十分獨特，內含 363 行詩句，該數字爲此一頌歌的定數。原來曾經有 363 名來自葛德丁（布立吞人建立的國家，位置相當於今日的愛丁堡一帶）之勇士前往卡崔斯（Catraeth，今日北約克郡的卡特瑞克 Catterick），試圖從薩克遜人手中奪回這塊失土，三百多名戰士以寡敵衆，於擊殺 7 倍於己的敵軍之後，悉數戰死無一生還。阿尼林逐根據卡崔斯戰役（公元 600 年）壯烈的經過寫下一篇千行詩，名爲《葛德丁》(Y Gododdin)。此後詩人更以 363 做爲葛德丁頌歌的句數來紀念那些英靈。

註 17：本段後句原文作「ner nyt ystereic」，納許不作天主（nêr）解讀，卻譯作梨樹（pêr），私以爲或許是他所參考的英語抄本上的「n」字起筆太長，結尾有些內彎而視爲「p」的緣故。

註 18：本段除了馬斯與摩德容之外，原文提到的其他三人爲何人一槪不明。威爾斯傳說中的摩德容，一說是亞瑟王傳說中亞瓦隆的摩根（Morgan le Fay），不過也有學者將她們視爲不同的兩人。之所以被視爲同一人，是因爲不論在威爾斯或英格蘭當地的傳說中，她們的丈夫與兒子都是同一姓名，亦即烏律恩（Urien, Lord of Rheged；威 Vryen) 與歐文 (Owain, son of Urien；威 Yvain, Ewain)。

　　馬斯 (Math ab Mathonwy) 是歸迪雅的舅父，一度統治圭內斯城，相傳法力在歸迪雅之上，後來因爲歸迪雅的作弄，與閹奴奪生爭戰。淨化者或作指導者，意指歸迪雅曾經身爲歐瑞斯、摩德容等四人，與法師、學者、馬斯子孫等 50 人的指導者。「淨心潔身」一句本指受歸迪雅的淨化，另有一說譯爲「50 名法師、學者如馬斯者，形塑我元神」。

註 19：本句英文作「I slept in purple」，日文則作「人々の間で眠った」，或許是將「purple」視爲「people」的緣故。

註 20：本句日文譯爲「脅威たるカンフルが生まれた」，由於英譯本作「A wonder Canhwr are born」，「脅威」應該是來自「驚異」同音異字的誤植（兩者發音均爲「kyoi」）。

註 21：本句納許作「天使的百萬軍團，將站在我的刀尖」。

註 22：「Edrywy」眞正地點爲何不甚確定，不過位於彭布羅克郡的新港‧紐波特 (Newport, Pembrokeshire) 倒是提供一絲線索。

　　原來此地鄰近一處當地稱之爲埃德里威沙灘 (Traeth Edrywy) 的海邊，換來了沙灘鎭 (Trefdraeth) 的舊稱。附近的塩沼岬 (Morfa Head) 沙地還有一處名爲臭石 (Carreg Edrywy) 的觀光景點。因爲「Edrywy」中的「drywy」與威爾斯語的「臭」(drewi) 同音，因此有了此一稱謂。

　　根據《宗教信仰與倫理學百科》(Encyclopedia of Religion and Ethics) 的記載，Edrywy 河位於今日的南威爾斯一帶。瑪格麗特‧蓋靈在《不列顛城鎮等地名的沿革》(The Names of Towns & Cities in Britain, by Margaret Gelling) 一書中的「紐波特」(Newport, Pem Walse, p.135) 項目裡，也提到威爾斯西南角的彭布羅克郡有此河流經，不過她還指出卡迪根郡 (Cardiganshire) 另有一條同名的河川。

樹化者

人類與妖精之所以化身爲樹木，多半是受到詛咒懲罰的緣故。其目的就在於使其失去能夠自由行動的手足。奧維德的《變形記》中記載著許多事例，足可做爲代表。

根據第 1 卷 450 行以下所述，曾經射殺巨蛇畢頌（希 Pythos；Python，依附靈）的預言之神阿波羅，有一回對愛神丘比特〈羅 Cupid；希 Eros〉說道：「別搶走他人射箭的風采。」(註1)

丘比特爲此氣惱，於是將勾人熱戀的金箭射向阿波羅，又將疏情離愛的鉛箭射向泉水女精達芙妮（Daphne 月桂樹）。

拜其所賜，達芙妮對愛情不再關心，遇有男子示愛便躲得老遠，從此跟隨在保有處子之身的獵神狄亞娜（羅 Diana〈英文讀音爲戴安娜〉；希 Artemis）身邊，終日狩獵於林中深處，過著剝取獸皮的快樂生活。

她散落在玉頸間的亂髮約束在一條緞帶下，爍亮的眼神宛若星光，乍見那甜美的櫻唇時，不由得讓人喚起親吻的慾望。爲使行動自如，穿著一身露出雙臂的衣裝。

阿波羅就這樣一路追求惱於自身姿色的達芙妮直到天涯海角。達芙妮被追趕得走投無路，便央求身爲泰撒利亞河神的父親皮紐斯（羅 Peneios〈River-God of Thessalia；拉 Peneus〉）說道：「我不要這一身美麗，幫我改變它！」話才說完，達芙妮的腹部就覆蓋上一層樹皮，她的秀髮綠化成葉，頭部幻化爲梢，手臂延展爲枝，雙腳深植成根，搖身一變成了璀璨瑰美的一株月桂樹。

然而阿波羅的愛意並未因此稍減，他將月桂樹指定爲自身的神樹，自己的豎琴與箭囊都是以月桂木製成，並且定下勝利者戴上桂冠的傳統。

在英國當地，不僅在武藝上，文學方面也同樣保有這項傳統，經國家指定爲王家御用詩人者，習慣上稱之爲桂冠詩人 (a poet laureate)。

此外在古代的希臘羅馬，受阿波羅庇佑的樹木被視爲具有消災解厄的效用，因此住家的四周大多種有此樹。

女精庇提斯 (Pitys) 同時受到牧神潘與北風神伯瑞亞斯的追求，當時她選擇了牧神潘，遭到北風神吹落山崖墜死。大地母神蓋亞十分同情，便將庇提斯變成了松樹。

不過也有傳說指稱庇提斯一如達芙妮的境遇，是為了逃避牧神潘的追求才變成松樹的。不僅在日本，松樹自古以來也同樣被希臘人視為長壽的象徵。

第10卷提到諸神之母丘貝莉（羅Cybele〈英文作西貝莉，實為Kybele〉希Rhea）喜愛的少年亞提斯〈Attis〉拋棄人類的身份，化為一株松樹。

又提到英俊年少的丘柏瑞索斯〈希Cyparissos；拉Cupressus〉投擲長矛時，不慎誤殺女精們鍾愛的金角鹿，悲傷之餘變成了一株絲柏，至於改變他模樣的，也是阿波羅。

據第1卷及第10卷所述，身為太陽神女〈Helias〉的四姊妹見兄長費頓(Phaethon)自天上殞落，悼念其死而哀泣四月有餘，最後她們的腳逐漸樹化，竟成了一株株的白楊。

第4卷提到一個住在克里特島的伊達山上，因為生於月桂樹林而取名為達夫尼斯(Daphnis)的牧羊人，被由愛生恨的女精變成了一塊岩石。這位達夫尼斯同時也被視為牧歌的發明者。

根據式奧克里托斯的《牧歌》〈希Idylls, by Theokritos (Theocritus), BC310～?〉第一冊所述，達夫尼斯受到眾神與女精的喜愛，自己卻不愛任何人，因此觸怒了美神阿芙蘿蒂媞，最後苦於相思而死。

維吉爾的《牧歌》第5首「站在天國入口的達夫尼斯〈日譯名〉」〈Menalcas Mopsus〉則提到當時有許多女精們為之潸然淚下。達夫尼斯日後昇天加入眾神的行列時，牧神潘與樹精們還歡天喜地舉行了慶典。

▌義大利的地獄

承襲了希臘傳統的義大利當地，人們樹化後的境遇最為淒涼。

但丁在《神曲》第一部的「地獄篇」第13首中，提到一處位於地獄第7層第2環的「自殺者的森林」。

凡經由地獄大判官米諾斯〈義Minòs〉裁決後，自殺者一律送往此地，變成長滿樹瘤的樹木，發出苦悶的呻吟。樹枝上長有毒刺，不會結果，黑色的樹葉被築巢於林中的地獄鳥〈義Arpie；英Harpie〉摘食。

初到此地者在黑色的雌獵犬追趕下來到這處森林，於奔逃的途中折斷樹枝，折斷處流出黝亮的黑血，化為樹木的自殺者因此飽嚐身體折斷的痛楚。

自始至終目睹這一幕的但丁將折斷的樹枝接回原樹後，便往第3環前進。

順道一提地，據說當最後審判到來時，其他亡靈都能獲得肉體，唯獨自殺者因為擅自分離身體與靈魂，肉體將不會接受亡靈，魂魄因此懸掛在先前禁錮靈魂的樹上。

義大利詩人路德維科・亞力奧斯托在《瘋狂的羅蘭》(1532) 一書中也套用此一主題。騎士艾斯托佛(Astolpho)受女巫愛爾琪娜(Alcina)的迷咒所困，竟化成一株樹木。

《神曲》的「自殺者的森林」

所幸在本是堂妹情人的騎士羅杰洛（Rogero）與正義的女巫梅莉莎（Melissa）的指引下，終於恢復人類的原形，此後成就了英雄般的偉業。

《精靈女王》中的佛拉度比奧

英國詩人艾德蒙‧史賓塞編著的《精靈女王》（1590）第1卷《紅十字騎士的神聖傳奇》〈*The Legende of The Knight of The Red Crosse, or of Holinesse*〉第2章第31節以下的敘述，便是受到但丁與亞力奧斯托二人的影響。

在魔法師亞奇梅各（Archimago 大幻影）的計謀下，紅十字騎士聖喬治離開了「伊甸園仙子」尤娜（Una 唯一的），與女巫杜愛莎（Duessa，虛偽與恥辱之女）同行，為了編織花環獻給美麗的（變身所致）杜愛莎，他折下了一株綠枝，豈料折斷處卻流出血來。

原來那樹是男子弗拉度比歐（Fradubio，猶豫在兩種選擇之間的人）所變，他本是追隨貴婦人佛瑞莉莎（Fraelissa，脆弱）的騎士。一日兩人在遠行的途中遇上載著女巫杜愛莎的另一位騎士，為了保住女士各自的清譽，捉雙廝殺起來。弗拉度比歐最後獲勝，被拋下的杜愛莎只得順從於他，但沒想到隨後卻向他示愛起來（假意）。

弗拉度比歐受到兩位美女的眷戀，一時迷惘不已。得知他心生動搖

後，杜愛莎便施以魔法，將佛瑞莉莎變成醜陋的女子。弗拉度比歐誤以為自己一直受騙，一怒之下便要砍殺佛瑞莉莎，最後聽從杜愛莎的勸說，將她當場拋棄。

從此弗拉度比歐就跟隨在杜愛莎身旁很長一段時間，直到有一天撞見杜愛莎變回醜老太婆洗浴的模樣。

十分懊悔自己所為的弗拉度比歐自然而然地閃躲起杜愛莎來，杜愛莎察覺到真面目被識破，於是趁著弗拉度比歐熟睡時，將他丟棄在佛瑞莉莎的跟前，將二人變成了樹木。

根據其說法，唯有浸泡「生命之泉」才能化解他們身上的魔法。

聖喬治聽過弗拉度比歐的述說後，掬起一坯新土為他塞住傷口。杜愛莎自始至終看著這一幕，她急忙佯裝驚恐之餘失去神智的模樣，催促聖喬治離開此地，兩人隨即踏上了旅程。

其實聖喬治得知真相後，之所以繼續同行，就是為了要設法整治女巫。

類似的拉脫維亞民間故事

B‧契帕薩重新詮釋的「蛇新娘」〈原型為立陶宛的「雲杉蛇后」，Eglė Žalčiu Karalienė〉這一則來自波羅的海三國之一的立陶宛（註2）的民間故事中，提到自願變成樹木的母子。

有一名叫愛格莉〈立 Eglė，雲杉〉的少女在海邊遇上一條蛇向她求愛，迫於無奈答應了婚事。數日後，滿心

不願的她被前來迎親的蛇帶往海底的宮殿。此時出現在少女眼前的卻是鑲滿寶石的王宮，以及本該是一條蛇卻化身為俊美青年的丈夫。

愛格莉轉眼便忘記悲傷住了下來，經過九年後生育了四名子女。年紀較長的三個兒子分別叫亞佐羅〈立 Ažuolo，橡樹；Azuolas〉、奧西歐〈立 Uosio，白臘；Uosis〉、貝爾佐〈立 Beržo，白樺；Berzas〉，小女兒則取名為卓布莉絲〈立 Drebulės，白楊；Drebule〉，四人都備受呵護與疼愛。

有一天愛格莉起了歸寧的念頭，身為丈夫的青蛇本想攔阻，最後還是讓步，允許她回娘家，並且告訴她必需說出以下的暗語，才能返回海底宮殿。

「我倚賴的丈夫啊，如果你還活著，就冒出白色水泡；如果已經死了，就冒出紅色水泡吧。」[引1]

帶著孩子的愛格莉就這樣返回娘家。她的家人十分欣喜，但愛格莉的兄長們卻認為「不能讓雲杉一輩子淪

為蛇的妻子」，打算逼問愛格莉的孩子說出能夠讓蛇現身的暗語。

亞佐羅、奧西歐、貝爾佐三人堅決不透露半點口風，么女卓布莉絲卻屈服在舅父們的脅迫之下。

愛格莉的兄長們於是趁胞妹未加留意時溜出家門，一路來到了海岸，殺死依暗語現身的青蛇。

對此毫不知情的愛格莉帶著孩子打算回到丈夫守候的宮殿團聚，從而道出了暗語，豈料海面卻冒起了紅色水泡，接著傳來丈夫的聲音，訴說起自己如何遭到殺害的經緯。

愛格莉得知一切後萬分悲傷，請求天神將兒子們變成俊拔英挺的大樹，自己則化身為綠意盎然的雲杉，立誓守護兒子。隨後她又請願，希望將卓布莉絲變成一株終日膽怯、震顫不已的柔弱樹木。

這就是為何辜負父親的白楊，至今仍顫抖於風中的緣故。

■Ｉ■

註1：意指弓箭不是你該玩的，留給那些更具本領的人吧。

註2：原文指「蛇新娘」的故事來自拉脫維亞或為誤解。根據出版於 1975 年的季刊《立陶宛藝術與科學之旅》春季號 (Lithuanian Quarterly Journal Of Arts And Sciences) 中的一篇解析民間傳說型態的「地緣類型與民間信仰的研究」所述，與此相近的故事，在拉脫維亞與立陶宛兩國流傳甚廣，有十數種過程或結局相異的版本，然而變成樹木的說法僅見於立陶宛，拉脫維亞版本的結局若非變成鳥，就是化為石頭。

引1：日譯文摘自宮川やすえ譯本。

觸手樹

　　皮爾斯‧安東尼所著《魔法王國仙斯》書中的觸手樹受人畏懼的程度，足與龍、食人魔並稱。事實上就連好鬥的龍也會避免與觸手樹一戰。因為縱然取勝，也必定會蒙受莫大的傷害。

　　即便只是一株大小在一般水平的觸手樹，也具有等同食人魔的力量。如蟒蛇般粗大的百來隻觸手強韌有力，一旦捉住獵物絕不鬆手。深綠色的觸手一旦捕獲可及範圍內的生物，就會張開樹幹的大嘴一口吞食。

　　如果發現觸手樹的蹤跡，獵物們也會害怕得敬而遠之，相對於此，觸手樹顯得棋高一著。一旦獸徑通往自己所在處的事實為獵物所知，觸手樹就會改變四周的地形。雖然不曾有人目睹整個變化的過程，但可以確定觸手樹是通過魔法加以改變的。據說經過改造的地形共通點，在於觸手木周圍會出現一塊寬敞的空地，通往該處的路徑同樣平坦，一旦獵物鬆弛戒心踏入此一空曠處，觸手樹就會瞬間捉住他們。

　　因此仙斯經驗老到的行旅者常把一句話掛在嘴邊：「越是寬廣好走的路越是危險；越是狹窄難行的路越是安全。」

　　除了觸手樹以外，仙斯國度中還存在其他奇異的植物。由於具有獨特的生態與魔力，多半具有危險性，因此仙斯大部分的地方都還是未開墾的地域。

　　以「平靜松林」〈Peace-pines〉為例，森林中的樹木深怕遭到砍伐，於是合一己微弱之力佈下「平靜咒」〈peace spell〉。受此魔咒影響者會氣力全失，躺臥在地直到死去，即便該人並無砍伐林木的意圖也無關緊要。對於林木而言，確保所有入侵者中此魔法，以免樹木的性命為其所害，才是最重要的。

　　不過這並不代表所有植物都有危險性，也有許多像啤酒桶樹 (Beer barrel Tree)、麵包果樹 (Breadfruit Tree)、傘樹 (Umbrella Tree)、鞋樹 (Shoe Tree)這樣的植物，能夠創造出生活必需品來，是以人類和這些植物向來都是和平共處的。

《哈利波特》的危險植物

　　羅琳的《哈利波特》系列中，也

提到幾種危險的觸手樹。

魔鬼網 (Devil's Snare) 是箇中翹楚，它是保護小巫師們就讀的霍格華茲魔法與巫術學院 (Hogwarts School of Witchcraft and Wizardry) 收藏的「魔法石」所使用的無數機關之一。

性喜陰暗與濕氣，繁殖於陽光照射不到的潮濕地區。總是以長藤蔓網住靠近的生物，獵物愈想掙脫，纏繞得就愈緊。

不幸被捉住時不可慌亂，只需照以火光，藤蔓受此驚嚇就會癱軟無力、縮成一團，如此便可擺脫其糾纏。

栽培於霍格華茲三號溫室的毒觸手 (Venomous Tentacula) 也不可掉以輕心。那是一株長滿赭紅色尖刺的植物，同樣生有細長的觸手，並且長有牙齒。

種植在霍格華茲庭院中央的渾拚柳（Whomping Willow，啪的一聲重擊而來的柳樹）更為凶暴。靠近它的人，都會被它宛如巨錘般長有節瘤的粗大樹枝打得稀爛。一旦不慎闖入其攻擊範圍便難以招架，唯有碰觸樹幹上的樹瘤，才能制止其行動。因此可利用體型小的動物或長棍棒，突破它狂風暴雨般的攻勢。

如此狂暴的渾拚柳之所以種植在校園中，為的就是鎮守樹底下的祕道。

第二冊第 5 章中提到額頭有一道閃電疤痕的哈利波特 (Harry Potter) 與好友榮恩‧衛斯理 (Ronald Arthur Weasley) 乘坐具有意識的「飛天車」，一頭撞上了這株渾拚柳。渾拚柳將車子打得凹陷，幾乎成了一塊廢鐵，引擎蓋都冒起煙來。

「飛天車」一氣之下，就拋下哈利兩人逃走了。後來名人作家吉德羅‧洛哈 (Gilderoy Lockhart) 與傳授藥草學的芽菜教授 (Sprout) 還用繃帶到處纏繞渾拚柳身上的樹枝來治療它當時受創的傷口。

《歐茲王國》的食人植物

萊曼‧鮑姆的「歐茲王國」系列中也提到植物型的怪物。

第一冊《綠野仙蹤》〈*The Wizard of Oz*〉提到歐茲通往南方奎德林國 (Quadling Country) 的途中有一片深邃的森林，入口處矗立著一棵「鬥樹」(Fighting Tree)，枝葉極盡地向外伸展，只有在鬥樹的根部附近才看得清穿越森林的道路。

稻草人 (Scarecrow) 首次經過此地時，鬥樹彎曲樹枝將他纏住後拋了出去。一身都是乾草的稻草人並未受傷，倒是著實吃了一驚。稻草人於是小心翼翼地走向另一棵樹，但事實上那也是鬥樹，稻草人因此又被丟了回來。

與稻草人同行的錫人樵夫 (Tin Woodman) 於是舉起斧頭砍斷鬥樹的樹枝，這一砍鬥樹就像感到疼痛一樣全身搖晃起來，一行人才趁機通過了此地。

第一冊日後搬上了大螢幕，這便

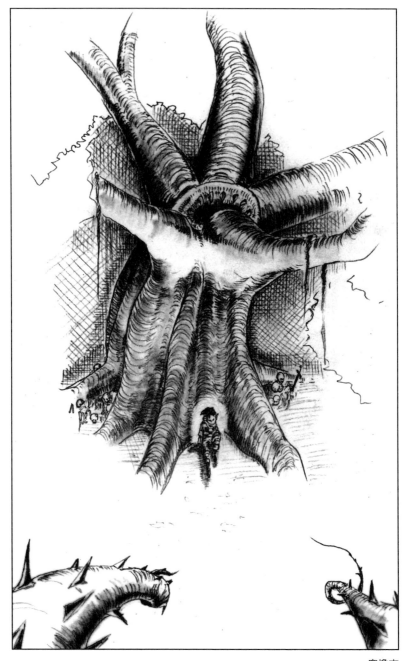

血橡木

是維多‧佛萊明〈Victor Flemming〉執導的同名電影《綠野仙蹤》(1939)。由茱蒂‧迦倫主演的堪薩斯少女桃樂絲‧蓋爾（Dorothy Gale〈played by Judy Garland〉）與稻草人同行，一路前往歐茲王國的首都翡翠城 (Emerald City)。桃樂絲因為一時飢餓，從路旁的一株蘋果樹上摘下一顆蘋果。

豈料蘋果樹具有意識，它將桃樂絲視為小偷，十分生氣。看著自己枝頭上的蘋果逐一被摘下，便將果實一股腦地拋向桃樂絲與稻草人，整個行徑真可稱之為「暴徒」。

不過正因為這些拋擲而來的蘋果，桃樂絲才得以飽餐一頓。

第四冊《歐茲法師地底歷險記》〈Dorothy and the Wizard in Oz, 1908〉提到地底的蔬菜人王國蔓家圃〈Mangaboos〉生有一種纏人藤 (Clinging Vines)。巨蟒般的綠色藤蔓會捲住觸及的生物，擠碎後加以吞食好做為養分。蔓家圃當地處以極刑的人，往往被丟棄在此一藤蔓生長的庭院做為餵食之用。

第七冊《歐茲的縫補釘少女》提到的食人樹 (Deadly Plants) 其實是一種草，卻大得讓人誤以為樹。生自地面的寬大葉片柔軟而格外厚實，高度可達人類身高的兩倍左右。每一株都長有10片以上的葉子，常在無風狀態下左右搖擺起來。葉片本是青綠色的，後來卻逐漸泛起鮮豔的黃、桃、紫、橙、深紅，素色的棕、灰等各種顏色形成的斑點或條紋，受到此一景觀吸引而走上前來的人就會被葉子整個捲住。

據說音樂的魔力可以有效對付食人樹，只要唱首歌、吹個口哨，它們就會老老實實不再作怪。

蠻支金矮人族的少年歐喬（Ojo〈of the Munchkins〉）為了讓化成大理石像的叔父恢復原貌，於是四處探險找尋藥草，途中卻遭到此一食人樹的襲擊。就在他被葉片捲住數小時，即將放棄希望的時候，四下傳來一陣口哨聲。原來長了一頭亂髮和大鬍子的濃毛漢 (Shaggy Man) 用刀砍下葉片，解救了歐喬。

第八冊《歐茲的機器人》〈Tik-Tok of Oz, 1914〉提到中央的枝椏間長有人臉的薔薇所棲身的薔薇國 (Rose Kingdom)。這種薔薇活生生的，具有心智情感，且擁有語言能力。其中高貴的苔薔薇 (Moss Rose)、奢華的茶薔薇 (Tea Rose)、緋紅的賈姬薔薇 (Jacque Rose) 生來都是一副女子的面孔，個性也像女性。

薔薇國是一處為了培育出美麗的薔薇花朵所建立的王國，有一處利用數千片玻璃建成的巨大溫室。法律規定只有薔薇花、皇家園丁 (Royal Gardener of the Rose Kingdom) 才能進入此地。

皇家園丁是個身穿玫瑰色衣裝，膝蓋、手肘與頭髮都繫有緞帶的小矮人，平日負責照料生於王室花園的「薔薇王族」。

「薔薇王族」有別於其他薔薇，外貌接近人類。他們垂掛在枝頭上，從幼兒逐漸生長爲成人。一身都是淡綠色，身上穿著衣服。直到長成摘下之前，看起來就像死去一樣動也不動。如果王族尚未成人，皇家園丁就會暫代統治者，管理整個王國。

少女貝琪・伯賓（Betsy Bobbin）遭遇船難漂流至薔薇國的海岸，當時王儲正罹患霉病〈mildew〉，因此由皇家園丁治理薔薇國。就連濃毛漢也爲了找尋下落不明的弟弟而來到此地。

薔薇花與園丁本想趕走這些陌生人，但由於濃毛漢使用了愛情磁鐵（Love Magnet），園丁因此對濃毛漢大表好感，還帶著他參觀了皇家花園。

就在此時，貝琪發現一位公主即將成熟。原來這位公主名叫歐茲嘉（Ozga），是統治歐茲的仙子歐茲瑪（Ozma）的遠親。貝琪便摘下歐茲嘉，打算推舉她成爲薔薇國的統治者。

然而薔薇花們卻以歐茲嘉公主係女兒身爲由，不願接納她成爲統治者。濃毛漢於是使用起愛情磁鐵來，打算收服薔薇花們，豈料她們生來就沒有心，自然誰也不愛，當然也包括濃毛漢在內。

最後薔薇花們紛紛露出生長在葉片縐褶下的尖刺，將歐茲嘉公主、貝琪等人趕出了溫室。其作法眞可謂冷血無情。

《邊境大冒險》的血橡木

保羅・史都沃的《邊境大冒險》提到的血橡木（Bloodoak）生長在深邃林的深處，隨時等候獵物上門。那是一種外表粗壯的大樹，樹皮質感如橡膠般光滑，透著一股邪氣，發出脈搏或蝙蝠叫聲那樣吱吱作響的聲音。頂端的樹枝分叉處，有一張生有無數鳥嘴般尖牙利齒的大嘴，不斷發出摩擦的聲響，釋放出一股教人反胃的惡臭。血橡木就是將獵物拋進這張嘴內，以喉部擠碎再吞食的。

血橡木一向與瀝青藤（Tarry vine 逗留的藤蔓）共生（註1）。瀝青藤乍看之下就像一條鞭子，是一種柔軟堅韌、生有綠刺的可怕觸手，會在樹的周圍爬行捕捉獵物，再拖往血橡木的口中。即使能夠在拖行途中砍斷一條藤蔓，切口還會長出三條藤蔓來。一旦被瀝青藤纏住，就幾乎不可能脫身，因此血橡木四周總是留下無數犧牲者的骨骸。

第一冊第 5 章提到離開樹矮人村莊、四處探險的少年吐克（Twig，小樹枝），遭到此一血橡木的攻擊。就在他捱著樹睡覺的時候，一條瀝青藤悄然掩襲而來。睡得迷迷糊糊的吐克一度以爲面前晃動的藤蔓只是一隻毛蟲，發現眞相後才害怕得渾身顫抖起來。本想用小刀砍斷藤蔓逃走，藤蔓卻不減反增。束手無策的吐克被血橡木一口吞下後，因爲身上一件偶然得來的悍角獸（Hammelhorn）背心而獲救。

這種家畜的毛皮由上往下順勢撫摸時，會有一種柔軟的觸感，但如果反方向撥弄，毛髮就會像尖刺般一根根豎起。由於吐克頭上腳下落入血橡木口中，因此背心上倒豎的毛髮恰巧卡住血橡木的喉嚨。血橡木感到有異物，於是將吐克連人帶衣吐了出來。其力道之大，甚至將吐克噴到像鳥一樣飛行的高度，就這樣吐克總算逃過了一劫。

不過如此可怕的血橡木也有弱點。第一冊第13章提到血橡木的樹根遭到火舌吞沒，發出了可怕的尖聲哭喊。就連瀝青藤也只能在火焰的跟前卑躬屈膝，一股腦地逃竄。

一如生長在深邃林的其他植物，血橡木也有「一經火燒就會輕盈地飄浮起來」的奇妙特性。這樣的樹木一般通稱爲漂浮木 (Buoyant wood)，經常被善於經營木材生意的樹矮人砍倒。

經砍伐後的血橡木，大多被駕駛漂浮木製的飛天船、遨翔於空中的飛天海盜買走。因爲血橡木是修理飛天船時不可或缺的一種漂浮木。

飛天海盜有一種最嚴厲且獨特的懲罰名爲「放天火」〈Sky-Firing〉。受罰者被綁在一根血橡木的樹幹上，樹幹一經點燃，就會像火箭般發出尖叫，一路飛昇竄向天際。

遠離深邃林的城鎮裡有一間名叫「血橡木酒館」的酒店，招牌繪有血橡木的圖像。由於酒館內各方種族龍蛇雜處，喧鬧爭執不休，於是以血橡木坐鎮此地，其功能或許就如同鬼瓦〈Onigawara〉與翼魔〈建gargoyle，承霤口〉一般（註2）。

■ ｜ ■
註1：日文的外來語作「 タリー ・ ヴァイン 」，並以小字「 あぶらづた 」（油藤之意）註解於外來語上，藉此對照原文與譯文。由於「 Tarry 」除可做為「 柏油的 」這樣的形容詞，尚有「 耽擱、逗留 」的意義，因此編者之所以註解於英文之後，或許是爲了表達此一英文尚有「 留人藤 」之意。
註2：「 gargoyle 」一詞出現於英文的時間，最早可推溯至 15 世紀，一般認爲這是來自古法文的「 gargouille 」，意爲「 喉嚨 」。事實上這種出現在早期哥德式教堂建築的裝飾主要的功用在於承接與排導雨水，之所以刻畫爲惡魔的形狀，或許是爲了辟邪鎮妖之用。
　　日本的鬼瓦則被視爲承襲中國隋唐建築中的脊頭瓦演變而來，這種瓦當採用了陰陽學說，大多呈現魔鬼造型，具有鎮邪祈福的作用，除了做爲吉祥物的象徵意義，建築上的實際功能在於防止雨水由屋簷兩端流入，有別於承水、排水用的翼魔像，是以兩者安放在建築結構的位置並不相同。不論如何，兩者都兼具藝術、建築、環境心理學（風水）等多重用途。

曼陀羅精

　　在這大千世界之中，存在著一種既是藥又是毒的奇妙植物。梵語佛典中記為 **मान्दारव**「māndārava」的此種植物經中譯後，得來曼陀羅華〈曼荼羅華〉之名。曼陀羅華的原型被視為同樣也是日本沖繩縣花的豆科植物刺桐〈學 *Erythrina variegata L.*，又名梯姑〉。其樹幹可高達 20 米，初夏時花朵由深紅轉為紫紅色的袋狀花，樹皮可製成中藥的海桐皮〈Erythrinae Cortex〉。

　　不過曼陀羅華的原型還有兩種可能。

　　一是具有麻醉效果的洋金花〈學 *Datura metel*，又名白花曼陀羅〉，屬亞熱帶原產的茄科一年生草本。日本江戶時代曾經栽種此一植物做為醫藥的用途。高度約莫 1 米左右，開白花。

　　另一種則是同屬茄科的無莖多年生草本毒參茄（學 *Mandragora autumnalis*〈曼陀羅〉或 *Mandragora officinarum*〈風茄〉）。

　　毒參茄分佈於義大利、希臘、小亞細亞等地，葉呈卵形，奶油色的花瓣帶有紫脈，與茄花相像，果實則看似鮮紅的蕃茄〈西紅柿〉。根部的中央呈分岔狀，讓人聯想到人類的肢體。

　　由於果實具有安眠、催情的效果，日文又稱為「戀茄子」〈Koinasubi〉。適量飲用摻有此種成分的藥酒，有安眠鎮痛的療效。

　　舊約聖經「雅歌」第 7 章 13 節還以此為題，做為少女的謳歌。「風茄放香，在我們的門內有各樣新陳佳美的果子。我的良人，這都是我為你存留的。」

　　「創世紀」第 30 章第 14～16 節也提到視力不佳、度量狹小的利亞〈Leah〉讓始終不願和自己同床的丈夫雅各吃下風茄，最後才如願以償。順道一提地，雅各日後改名為以色列，成為所有猶太人的祖先〈見「創世紀」第 32 章第 22～32 節〉。

▌光榮之手

　　大量攝取毒參茄會產生麻痺性毒素。以《君王論》〈義 *Prince*；英 *The Prince, by Nicolò Machiavelli*, 1469～1527〉知名的馬基維利在他的喜劇作品《毒參茄》（〈*La Mandragola*〉，1518）中誇大地寫道：「摻入毒參茄

的藥水具有懷孕的效果，不過初次與該女子交合的男子，會因為毒性散發而死於一週內。」其實這個說法純屬戲言，整個故事係利用此一說法，讓守身如玉的婦人與男主角得以私通。

收錄於法國詩人拉封丹的作品《故事》〈法 Contes et nouvelles en vers (1665～1685)；日《ラ・フォンテーヌの小話》；by Jean de La Fontaine, 1621～1695〉一書中的「毒參茄」也採用了此一路線。順道一提地，「Mandragore」是毒參茄的法語寫法。

英國人曾把「Mandragore」一詞錯認為「光榮之手」（法 Main de Gloire），進而誤譯為「Hand of Glory」。

「光榮之手」在英國與愛爾蘭一度被視為「死刑犯陰乾後的手」，人們相信只要讓手拿著蠟燭，或直接在手指上點火，便可讓周遭的人睡著。相傳除了牛奶以外，沒有任何東西能夠熄滅此火。

根據威廉・韓德森的《英國北部各地與博多斯區的民間傳說記實》〈Notes on the folklore of the Northern counties of England and the Borders, (1879)；by William Henderson, 〉一書所述，1831年1月3日愛爾蘭的米斯郡〈Meath〉真的有一名男子手持「光榮之手」侵入民宅偷竊。他見該戶人家並未沉睡反倒因此驚醒後，當場丟下手掌逃了回去。

斷掌的確與曼陀羅同樣看似變形的人體，毒參茄的根部也確實具有使人安眠的藥效。至於「死囚的部分肢體」與養育幼兒所需的「牛奶」等說法，也與德國當地的傳說雷同得教人感到詭異。

與德國艾羅奈之間的關係

在鍊金術傳統深耕長耘的德國，毒參茄一般稱為艾羅奈 (Alraune)，或稱為「Alraun」「Alaraune」「Alruneken」「Erdmännchen（地矮人）」「Galgen männlein（絞刑台矮人）」。事實上傳說中的他們有時變成人類或動物的模樣四處走動，有時還會要求人們如幼兒般照料他們。

德國作家勞爾・豪斯曼在《真矮人或鍊金術的真知》〈Der wahre Homunculus oder: Alchimistische Weisheit, (1970)；by Raoul Hausmann, 1886～1971〉這本短篇小說中，假借一位猶太教中地位崇高、定居於布拉格的導師羅布〈Loeb, the Rabbi（主掌律法的領導者）in Praha（即 Prague）〉[註1]提出所謂「毒參茄一字或許同樣具有光榮之意」[引1]這樣的說法，暗指毒參茄便是「光榮之手」，同時提到某種可以讓本該無法活動的植物自由行動的祕術。

隸屬茄科的毒參茄純粹只是植物，自然沒有可行動的道理。然而在傳說中，卻演變為一種以毒參茄為原型、能夠自行走動的他種奇妙的植物。

由於以同一名稱繼續稱謂此種似是而非的植物只會產生混淆，本書遂

曼陀羅精

第10章‧植物／樹木與蔬果類精怪

以英文的「Mandrake」統稱此一能夠行走的植物‧曼陀羅精。

這種曼陀羅精長成之後，會變成難與人類分辨的類人形生物，故在此冠以德語的艾羅奈之名。

德語圈的傳說

根據格林兄弟的《德國傳說集》第84篇「艾羅奈」〈Der Alraun，曼陀羅根〉所述，曼陀羅精的形成與罪犯的死有著奇妙的因果關係。舉凡代代生於盜賊之家的男丁、懷孕時犯下竊行或萌生偷念的婦女所生育的男子，還有不曾犯下盜行卻因為提供而被迫伏罪的男性，當然也包括本身便是竊賊者，當他們以童男之身赤身露體地受絞時，瞬間掉落地面的淚水、汗滴或精液，將使大地受孕，從而誕生曼陀羅精。

曼陀羅精的莖部上方生有闊葉，開著黃花。連根拔起時會發出淒厲的叫聲，聽到此一叫喊者將會死去。因此必須先劃上3次十字，再將它四周的泥土掘起，僅保留曼陀羅精的細根於土中。接著必須塞緊雙耳，將繩子分別套住根部與一條黑狗（不能混有其他顏色的斑點），從遠處以麵包等為餌，誘使黑狗跑上前來。亦即利用狗奔跑的力道來拔出曼陀羅精（倒是狗會死掉……）。

曼陀羅精拔出後，得用紅酒洗淨，以紅白紋樣的絹布裹住，存放於小盒中。每逢星期五必須洗浴，月初還得換上新汗衫。儘管有些繁瑣，不

過如此作法能夠確保它告知自己的將來與世間奧祕，帶來財富與昌隆。比方膝下猶虛者能夠藉此興旺人丁，於盒中置放錢幣者，隔天錢幣就會成雙。然而索求無度卻會導致曼陀羅精魔力減弱、乃至枯萎。

持有者死去時，由么兒繼承曼陀羅精，並於父親棺木中放入一塊麵包與一枚錢幣。

如果么兒先父親而去，曼陀羅精將由長子繼承，不過同樣得於么兒下葬時，將麵包與錢幣放入其棺木中。

根據格奧爾格‧沙姆巴赫與威爾漢‧穆勒合著的《下薩克森邦的傳說與故事》〈Niedersächsische Sagen und Märchen, 1854/（再版1948），by Georg Schambach & Wilhelm Müller，英譯喬治山巴克、威廉穆勒〉一書的說法，曼陀羅精每天早上都必須洗浴，還得梳理頭髮，打扮得光鮮亮麗。據說這麼做，每天都會不知從何處找來金錢做為回報。

有個媳婦從婆婆身上繼承了曼陀羅精，隨即有一惡魔現身在媳婦跟前，逼迫她說道：「只要在這份契約書上簽名，就送給妳好東西。」但女子並未簽上自己的名字，反倒寫下冠上耶穌基督之名的聖文，惡魔於是拋下契約逃走。

另有一名女子選擇不繼承給任何人，她的子孫因此變得一貧如洗。

威爾埃里希‧波伊柯特所著《歐洲的傳說》〈Europäische Sagen, by

Will-Erich Peuckert〉(1965) 第四冊提到一則瑞士的民間傳說，相傳午夜時將三顆上好的種子埋在樹幹呈三叉狀的榛樹根下，可取得狀似蝦蟆、長有棘突的曼陀羅精。

不過每天得用自己的湯匙為它澆水淋浴，從自己的盤中舀菜餵食來照料它。同樣地它也會帶回金錢做為回報。

有一位老婦人打算在死去前為曼陀羅精找個繼承人，然而對象都感到害怕，誰也不願搭理，婦人死後遂成了鬼魂，每天晚上都得回到故居照料曼陀羅精。

有一名膽大的男子進入這棟屋宅，當晚目睹婦人的鬼魂照料過曼陀羅精後，暗地尾隨找到了婦人的墳墓，並將曼陀羅精放在墓前，曼陀羅精隨即枯死，後來住進婦人家中的這名男子還發了大富。

法國的魔達果

亨利‧普拉所著《故事中的寶藏》中的一篇「惡魔與妖術的故事」〈Le Trésor des contes ; Le diable et ses diableries, by Henri Pourrat〉(1977) 提到一種類似德國民間傳承，稱之為魔達果 (Matagot) 的活植物。其形成與拔取的方法一如前文格林兄弟的敘述，不過近似人型的根部還得進一步加工，使其成為人類的模樣。一旦根部皮下植入黑麥的種子，就會長出綠髮與鬍鬚。此時必須為它穿上紅衣，視為小精靈般細心地呵護照料。

另有一種說法指稱魔達果一年一度會在午夜至清晨期間遊蕩於原野中。據說事先在交叉路口放置黑色雌鳥〈如母雞〉，它就會走近過來，接著再出其不意用布袋捉住它，將布袋背在左肩上。不論它如何奮力掙扎反抗，都無須放在心上，返家後必得放入木箱之中。餵食時還得輕聲細語，在自己用餐之前，先將自己的食物分給魔達果，此時必須將食物放在自己的左肩上，聳肩拋食給它〈註2〉。

唯獨魔達果的持有者才知道它的模樣，一般多作土撥鼠、老鼠、黑貓、黑雌鳥等型態。

據說如果無法在臨終時將魔達果繼承給他人，死後靈魂同樣不得安息。

有一回窮困的磨坊工人卡德‧盧東拜訪他富裕的地主朋友卡布圖，坐在木箱上就長聊起來。就在他打算返家時，似乎受到某種力量壓制而無法起身。卡布圖於是往卡德盧東坐了老久的木箱上輕敲了一下說道：「這人是朋友。」卡德盧東這才恢復了行動自由。

過去卡德盧東老想擁有一個魔達果，但自從經歷過這件事後，就似乎打心底發誓：「再也不想要這玩意了。」

魔達果又稱摩陀根〈法 Herbe du Matagon〉。不過此一看法因人而異，有時魔達果與摩陀根也被視為全然不同的植物。〈註3〉

根據雷奈‧德拉薩勒所著《舊時的回憶：貝里省的信仰與傳說》

〈*Souvenirs du vieux temps. Le Berry croyances et légendes,* 1900～02, by Laisnel de la Salle〉一書所述,屬於啄木鳥一種的綠啄木〈法 pic vert;學 Picus viridis;Green Woodpecker〉琢磨鳥喙時所利用的植物便是摩陀根〈故又稱啄木草「herbe du pic」〉。不論四季與氣候如何更迭變換,此一植物總是珠露常潤。拉拔時不可使用鐵製工具,否則會失去其效力。偶爾啄木鳥巢中也能發現其蹤跡,因此尋覓鳥巢也是一途。

持有此種摩陀根是無法致富的,但可使自己力大無窮。據說能夠力頂傾屋於將倒,與 50 人搏鬥依然屹立不搖。

▊《哈利波特》的毒蘋果

在羅琳的《哈利波特》系列中,也提到一種英文正是「mandrake」的植物・毒蘋果。在魔法師的領域中,毒蘋果被視為強效的恢復藥劑而備受珍視,是一般解毒劑調製的主要成分,若有人被變形或詛咒,也可助其復原。

小巫師們就讀的名校霍格華茲魔法與巫術學院 (Hogwarts School of Witchcraft and Wizardry) 遭到蛇妖入侵(註4),學生與鬼魂紛紛遭到石化時,便是以毒蘋果治癒石化的。由於取得不易,芽菜教授 (Sprout) 還花了許多工夫育苗栽培,好做為製藥之用。

苗圃時期的毒蘋果得先移植到小花盆中。將帶有紫斑的綠葉從土中拔起時,可見到底下連著一個泥土形成、相貌難看的嬰兒。叢生的綠葉就長在嬰孩頭上,淡綠色的身體盡是斑點。

強行挖起的毒蘋果幼苗不願意離開土壤,於是放聲大哭。因此移植時,必得蓋住耳朵,使聲音完全隔絕。否則就會像《哈利波特:消失的密室》該部電影中,於藥草實習課上被毒蘋果哭聲嚇暈的迷糊蛋奈威・隆巴頓 (Neville Longbottom) 同樣的下場。儘管幼苗時期尚不具致命性,仍具有使人昏厥數日的威力。

如此移植到摻有龍的排泄物等堆肥的花盆後,第一次的移植便告完成。但若不慎讓他們跑到土壤之外,就會拒絕回到土中,因此生疏者處理此事,往往意外費時。

到了冬天還得為他們逐一穿上鞋子,披上圍巾以抵禦風寒。對於無此經驗的人而言,可說是一項艱難的任務。由於無人足以勝任,芽菜教授只得休課,獨自完成這件差事。

毒蘋果成長到一定程度就會快速進入思春期,處於情緒不穩定的狀態,開始懂得幽會。一旦粉刺完全消失,便進入第二次移植期,一般成長到這個程度,距離收割便已不遠。

等到完全成熟後,就可以相互植入彼此的花盆中,讓他們喧鬧在一起。如此一來,終於可以製成藥材。不過正因為已經成熟,其哭聲具有致人於死的威力,必須格外留心。

尚洛林筆下的拉奈德

法國作家尚洛林在《毒參茄》〈La Mandragore, by Jean Lorrain〉(1899) 書中提到一位耽溺魔法而被趕下后座的圖林根〈法 Thuringe；德 Thüringen〉前王后哥德麗芙〈Godelive〉，一日她的跟前出現一個身份卑賤，帶著曼陀羅精的女子，於是花費300埃居〈ecu〉金幣向那女子購得了曼陀羅精。

哥德麗芙與國王魯普蘭〈Luitprand〉生有一子，名喚羅德利克〈Rotterick〉。羅德利克自小就有性虐待的習性，胞妹拉奈德〈Ranaïde〉則生來就是一副青蛙的模樣，這些都是王后涉身魔法所換來的代價。

在國王的命令下，身為蛙女的拉奈德公主遭到兩塊石頭夾碎頭部而死，屍首被拋棄在護城河的水中。

從此以後，哥德麗芙王后便夢魘纏身，總覺得城堡中似乎有某種不具形體者出沒的跡象。

這些惡夢的情境千種萬般，大致上可分為兩類。

一是尋找死去的女兒亦即蛙女，對她既是疼愛又是害怕的夢境。拉奈德一時長大，成了人蛙難辨的的模樣，即便如此哥德麗芙對此面貌依然習以為常，進而感受到一股親情的存在。但就在母女倆攜手同行之際，迎面走來一對尋常父子，哥德麗芙一時羞慚，將蛙女藏在自己的斗蓬之下。待父子離去，掀開斗蓬一看，卻只見到一片血跡。王后於是為了再次殺害愛女而嗟嘆哀傷。

另一夢境則是見到自己追尋曼陀羅精，徘徊於絞刑台附近的身影。此一作品提到的曼陀羅精根部看似扭轉後的手腳，豐腴肥滿的腹下有一開闊的陰阜。

欲拔出此一曼陀羅精，必先將根部綁在靈緹〈法 Lévrier anglais；Greyhound〉如此巨大的黑狗身上，只要狗一躁動，便可緩緩拔出根來。值此期間，人的身體必須緊挺著狗，直到曼陀羅精完全出土的一瞬間，再用刀割斷狗的喉部。此時狗的生命力會注入曼陀羅精體內，開始它身為動物的一生。

且說王后身前出現那兜售曼陀羅精的女子，王后理所當然買下了它。但打開封緊紮實的布袋後，見到的卻是狀似蟾蜍或難產死嬰的形體。哥德麗芙王后倏而想起這形狀與夢中的曼陀羅精如出一轍，於是領會這正是女兒轉世所變。

王后從此埋首於曼陀羅精的栽植培養。她準備一副骷髏，一旁放著廣口漆黑的玻璃瓶，倒入一種來歷不明的培養油。接著將曼陀羅精放入瓶內，一週後油水轉變成血液般紅棕色的泥巴。為了避免陽光照射，將之移放至暗室內，到了夜裡便任其沐浴在月光下，並加入各種野草。

日益長大的頭部不久便生出眼睛，鬚根前端也長出帶有蹼的手來。

儘管日間並無任何活動，夜裡卻可聽到入睡後的呼吸聲。

就在某個夜晚，曼陀羅精自行離瓶，抱著哥德麗芙王后吸吮起乳部來。王后從睡夢中醒來後，驚慌失措之下竟將她丟往窗外的護城河。

翌日從護城河中撈起一具農人之子溺斃的浮屍，並發現他的手上纏繞著曼陀羅精的鬚根。

歲月匆匆，在一個楓紅朦朧的秋日，到森林狩獵的羅德利克王子發現了一隻巨蛙。遭到獵犬追趕渾身是血的牠試圖爬上樹上，王子卻一時起了虐意，往巨蛙的手腳射上四枝箭，將牠牢釘在樹上。

就在當年的耶誕夜，羅德利克王子從森林救回一個奄奄一息、赤身露體的貌美女子，將她送往母親哥德麗芙的跟前。女子白晰高姚，留著一頭烏黑的長髮，雙瞳環繞在金黃的虹膜中，一雙手腳卻留下釘穿的傷痕。

哥德麗芙王后為她看護整晚，倒是女子羞於裸裎畏懼生人，以窗簾裹住全身之後才睡去。當晚王后又作了一夢，隨即領會該名女子正是自己藉由曼陀羅精的力量重生的親生女，亦即羅德利克的親妹妹拉奈德。

從母親口中得知實情後，王子才發覺自己原想一親芳澤的對象真正的面目，不由得拔劍砍上前去。只是這一次，哥德麗芙王后終於挺身阻擋在女兒身前。

羅德利克見自己手刃母親，瘋狂之餘逃離現場。

倒臥血泊中的母女此時雙手緊扣，拉奈德這才初次開口，向哥德麗芙喚了聲「母親」。

落雪飄霜不斷，緩緩將她們埋沒。環繞在四周的盡是手持聖誕燭火的森民、巫師與動物，為二人的靈魂祝禱祈福。付出鮮血與生命等代價的王后，如今終於償還了自己的罪過。

按照本書的分類，經由此一過程重生的拉奈德，已經不能歸類於曼陀羅精，理應納入艾羅奈一項。至於艾羅奈的後續解說，請參考第13章第6項。

在古代的歐洲傳承中，「青蛙」原本代表胎兒（或嬰兒）之意。壓碎頭部任其水流，正是墮胎的象徵，再次拋入護城河的敘述則暗示流產。凡此正說明這部作品其實是站在女性的觀點，將懷孕時期相關的災厄、恐懼與懊悔等心境，真實地呈現於筆下。最後母女相擁的和解場面，讓人不禁聯想起《格林童話集》的第1篇「青蛙王子」〈德 Der Froschkönig oder der eiserne Heinrich〉。

正因為卓越的文學作品可說必然取材自民間傳說，因此才能描繪出如此深刻發掘人性的真相。

註1：即 16 世紀時人稱「至上者」的布拉格猶太導師猶大羅布 (Rabbi J(eh)udah Loeb, or Rabbi Yehuda(h) Lowe, 1525？～1609)。

根據《土巨偶：布拉格猶太區的傳說》(The Golem:QLegends of the Ghetto of Prague) 所述，1580 年猶太人曾經被一名惡名昭彰的祭司指控為「儀式殺人者」，即將面臨一場兵災，羅布將此事上達天聽後，受命創造土巨偶（Golem，或譯魔像），以抵禦外侮。通過地水風火四大元素與《創造之書》(Sefer Yezira) 進行的諸多儀式，終於創造了黏土構成的土巨偶，整個創造儀式的過程令人思及盧貝松執導的電影《第五元素》。

「Golem」的猶太語原意為土塊，又意指「未成形、不完整的物體」。誠然羅布經過繁瑣的儀式後，最終便是將氣息吹入巨偶的鼻孔中，才使其有了靈魂。或許曼陀羅能夠行動自如，也是利用類似的祕術。順道一提地，經過長期以來的文學創作，土巨偶衍生出鐵巨偶 (Iron Golem)、木巨偶 (Wood Golem)、石巨偶 (Stone Golem)、岩巨偶 (Rock Golem)、祕銀巨偶 (Mythril Golem) 等無數的分支。

註2：魔達果一度是想要翻身的窮人覬覦的財神爺，但由於人們無法得知魔達果何時會出現，因此必須每晚都外出尋找其藏身處，從而發展出利用魔達果貪婪的食性，以母禽引誘它上鉤的方法。

一說此種奇妙的生物又稱「Mandagot」或「Mandragot」，只會在聖約翰日 (Saint-Jean) 之前出現，被視為吸血的精怪。在現代奇幻領域中，其形體多被視為黑貓而衍生魔達貓精 (Matagone) 這樣的族群，在法術學習、追蹤、狩獵等技能方面資質甚優，儘管一如魔達果貪圖享受，能力上卻與魔達果相去頗遠，私以為不應混為一談，可自成另一族群。

註3：原文作「マンタゴ草」，或為「マタゴン」的誤解。法國當地對於「Matagot」此一花草尚有幾種看法，一說它是蚤草屬的止痢蚤草（法 Herbe de la Saint Roch；學 *Pulicaria dysenterica*）；一說是歐洲百合（學 *Lis martagon, Lilium martagon*）。

註4：原文作「毒蛇王」(Basilisk) 解釋，其由來係根據希臘語的「小國王」(basiliskos) 一詞，儘管日後經過不斷的傳承演化，產生了「鶏蛇」「鶏冠蛇」等說法，一般認為「蛇王」一詞還是較符合原意的。

引1：日譯文摘自田邊秀樹譯本。

蔬菜人・蔓家圃

曼陀羅向來予人一種容易和蕪菁、人蔘產生聯想的印象，事實上在創作的國度中，也的確存在以蔬菜為主的其他精怪。

蔓家圃便是萊曼・鮑姆在「歐茲王國」系列第四作《歐茲法師地底歷險記》一書中提到的蔬菜人。據想此一名詞應該是由甜菜 (mangel) 與喝倒采 (boo) 所組成。

他們的外觀大致上與常人無異，同樣有著俊麗的外型。表情缺少變化，予人一種人偶般的印象。通體青綠的衣服十分貼身，就相當於植物的葉片。體內如同蕪菁、地瓜一樣，並無骨骼與血液。由於體內堵塞不通，自然無須攝食，甚至也被認為從不睡覺，因為他們十分怕黑。

蔓家圃有別於肉身人〈meat people，蔓家圃對人類的稱呼〉，出生在相當於菜圃的菜人園 (folk garden)。起先他們只是花苞或花卉，隨後便逐步由嬰兒、孩童發育為成人。在這段期間內，每個人的腳底都緊連著莖幹，無法自由行動。直到完全成熟，經由他人摘下後，才能活動或說話。

一旦死去，只要趁枯萎前將身體種在田畝，就會從原處長出新生的蔓家圃。

身體常保持適度的濕潤，若非遭遇不測，大致可保有五年的壽命。有些人會從身上長出芽來，即便當時身體健康，仍必須儘快種回土中。因此發芽成了一件非常不幸的事。

蔓家圃平日生活在位於地底深處的王國。該國上空有六顆太陽，各自閃耀著白、黃、藍、橙、玫瑰、深紫等色彩，是以地底依舊十分明亮。大自建築傢具，小至生活用品，均以玻璃製成。據說凡此都是自然生成，不過培養長大需要多年的歲月，一旦損毀便難以修復。因此建築遭到破壞，往往讓蔓家圃十分氣憤。

倒是隨著時間的經過，毀損處又會自行銜接復原。

有一天發生地震，地面形成一處大裂縫。經此裂縫吞沒的少女桃樂絲・蓋爾 (Dorothy Gale) 與豢養的貓尤利加 (Eureka)、少年塞伯 (Zeb)，以及拉馬車的馬吉姆 (Jim) 一同掉入蔓家圃王國境內。

由於地底接近地球的核心，引力

蔓家圍

較地表微弱，桃樂絲等人才得以緩緩降落。但由於地裂的影響，隨同掉落的石塊直接砸中蔬菜人的玻璃屋，造成了毀損。

蔓家圃驚訝於這陣「石雨」以及來自異國的訪客，紛紛聚集在廣場。額頭上貼著芒星的蔓家圃王子也在其中。王子向桃樂絲問道：「是你們引發這陣石雨的嗎？」桃樂絲自然矢口否認，但由於蔓家圃從不知地震的存在，一行人無法證明自身的清白。

為了究明真相，王子將桃樂絲一行帶往王國中唯一的魔法師圭格 (Gwig) 的住處。圭格是個禿頭男子，臉上、手背與鼻尖長有玫瑰般的尖刺。圭格盤問過桃樂絲後，依然不見具體的成果，其能力也因此受到王子的質疑。

當時統治歐茲王國一時的魔法師歐茲 (Oz) 搭乘的熱氣球因為瓦斯用盡，適巧由地面的裂縫掉入蔓家圃王國。王子得知他是一名魔法師後，便打算讓圭格與其較量，勝出的一方將獲得王室的任用。

圭格施法讓空無一物的地方發出了鈴響，相對地歐茲展露了戲法，由禮帽中變出一隻小白豬來。原來歐茲不懂得真正的魔法，只不過是個魔術師罷了。然而看在蔓家圃人民的眼中，這套戲法卻是一場精彩的演出。

王子於是判定歐茲獲勝，怎奈圭格不服更殺向了歐茲。歐茲隨即揮劍，當場將圭格一刀兩斷。王子於是下令將圭格的遺體種在田畝。據說不久之後，掩埋處又發芽長出灌木來，足以採收新生的魔法師5～6人。

隨後王子帶領桃樂絲等人參觀了菜人園。但見該處僅有一株王族灌木 (Royal Bush of the Mangaboos)，混雜在孕育蔓家圃人民的尋常樹木之間。以圓樹籬圍住的這株美麗的大樹上，可見到一位已經成熟的公主，她身穿一件衣袖上編織著細緻的鏤空花飾、如綢緞般柔軟的禮服，肌膚雪白宛若象牙，是個楚楚可憐、嬌美動人的女子。事實上她已經成長到可以摘取的階段，但是王子不願失去現有的地位，始終保持原狀置之不理。

很快地王子便將桃樂絲一行視為外來的侵入者，打算將他們處死。為了尋求一位新統治者給予更合理的對待，桃樂絲等人於是摘下公主。公主命令王子交出額上代表統治者權力的芒星，王子卸下芒星後當場離去，公主繼而成為蔬菜王國的新統治者。

然而蔓家圃公主冷血無情（沒有心臟），天生刻薄寡恩。儘管桃樂絲等人係摘下自己的恩人，仍然決定將他們丟進纏人藤花園 (Garden of Clinging Vines)，並將尤利加與吉姆等動物趕上山，流放至黑穴 (Black Pit)。

對於這樣的對待，歐茲無法心服，便想施展魔術來打動公主，讓她明白處死如此傑出的魔法師是一件可惜的事。於是將自己一路乘坐而來的氣球中盛放多時的燈油潑灑在地，點燃後如此說道：「凡是希望將我等丟

進纏人藤花園處死者，請通過這處光環。如果你們的看法是正確的，自然相安無事；但如果你們的看法是錯誤的，就會因此枯萎。」

通過這道火圈的蔓家圖人民自然嚴重燒焦，烤地瓜般的焦味因此瀰漫四周。公主目睹此一光景後，認為殺害歐茲等人是個錯誤的決定，於是改變心意，保證不加以傷害。不過對於尤利加、吉姆等動物的懲處依然不變。

後來蔓家圖人民拿起長有尖刺的荊棘，打算戳趕動物進入黑穴。儘管動物們拼死抵抗，一些蔓家圖因此被踩踏得不成人形，全身無法動彈，最後依然寡不敵眾，被趕到一座由粗糙的深綠色大塊玻璃形成的山岳。蔓家圖將動物驅趕至位於山腰的黑穴後，又將玻璃岩石堵在出口，防止他們逃出。

得知此事的桃樂絲等人趕來解救動物時，同樣被蔓家圖人民趕入黑穴。至此黑穴完全被玻璃岩石堵住。

所幸黑穴並非死路一條，另有道路通往他國，桃樂絲一行才得以逃離生天。只不過對於蔬菜人的薄情寡義，從此打心底厭惡至極。

金斯萊筆下的蔬菜人

英國作家查爾斯·金斯萊的作品《水孩兒》提到一種唯獨頭部是蔬菜的族群。他們居住的通托迪島 (The Isle of Tomtoddies) 位於斯威夫特在《格列佛遊記》書中提到的飛島 (Laputa) 盡頭。原來飛島國人總是埋首於天馬行空、充滿妄想的計畫與不計代價成果的科學研究之中，終於導致頭腦肥大，成了蕪菁、蘿蔔、甜菜等根菜類的模樣。

島嶼之所以取名為通托迪，也許是來自以手拍擊長鼓桶身的中鼓 (tom-tom)，與含有摻水酒、溫水調酒、棕櫚酒之意的「toddy」二字的組合，予人一種敲擊頭部〈指島上的住民〉就會空鳴作響，腦袋裡卻快溢出水來的感受。

他們總是生活在害怕考試的陰影下，為此他們無所不讀，但這一切卻又看似愚不可及。

少年湯姆於旅途中行經這座島嶼，結識蕪菁頭少年。蕪菁頭懇求湯姆告訴他任何知識，湯姆於是告訴他許多旅行的見聞。就在說話的當頭，蕪菁頭聽呀聽的卻從腦袋漏出水來。原來腦漿因為求知過度而化成水（或者該稱為摻水酒？），已經流了好一陣子。

蕪菁頭就這樣乾瘦枯萎，他的雙親目睹此景，還大為誇讚自己的孩子說道：「聖人！殉教者！」全然無視湯姆的存在，逕自蓋了一座華麗的墳墓。湯姆看得目瞪口呆，就此離開了這個國家。

儘管該作品誕生於 1856 年，內容卻看似諷刺現代的升學競爭而不由得讓人感到吃驚。

希望我們的未來不會是過著樹木或根菜這樣的生活才好。

第11章

火棲類
Phlogistic

〔棲身火焰者〕

愚人之火（愚火）

不論何時何地，總有許多人目睹鬼火。拉丁語稱之爲「Ignis Fatuus」的它，意爲「愚人之火」。詞彙本身似乎帶有雙重含意，一指鬼火如愚人般荒唐滑稽，一指受鬼火所騙而誤入泥淖的傻子。

喜歡惡作劇的妖精幻形怪 (Boggart) 有時也會變成鬼火。不過大多數的人還是相信鬼火便是死者的靈魂。

靈魂離開人的肉體後，一般不是上天堂，便是入地獄償還前世的罪孽，經此過程後轉世投胎。但如果在世的生活過於極端，或因故無法升天或入地獄，魂魄就會永遠流離徬徨在這個世上。

這樣的靈魂會在午夜時分化爲蒼白的鬼火，飄盪在墓地與泥塘。有時此一奇特的光芒周遭，眞的可以見到鬼魂的存在。

被視爲與鬼魂有關的鬼火，英文統稱爲「屍燭」(Corpse Candles)。托爾金在《魔戒二部曲》第4章第2節也提到此一字眼〈candles of corpses〉。

黑暗魔君索倫與人類、精靈聯軍曾經展開一場生死鬥的達哥拉 (Dagorlad) 平原上，埋葬了兩軍交戰的陣亡者，經過數千年的歲月，附近一帶都淪爲沼地，就連墳墓也被沼澤吞沒。那些遺骸始終保持腐爛的狀態，不斷散發出惡臭。除此之外似乎還產生了有毒的沼氣，不時傳來嘶嘶作響、令人悚然的聲音。

偶爾在沼澤間可以見到藍白色的火光，大小與光度各自相異，或同時顯現，或糾纏交疊。這便是屍燭〈中譯本作鬼火〉，若有人漫不經心、走上前來窺探，魂魄就會被禁錮，拖往沼澤成爲死靈的一份子，從此自己也點燃亡者的燭火。

哈比人佛羅多・巴金斯與僕從山姆衛斯・詹吉肩負使命潛入索倫君臨的魔多（Mordor，黑暗國度）時，選擇穿越達哥拉這處較無敵人發現行蹤之虞的平原，中途遇上了此一屍燭。山姆跌了一跤，近距離目睹了長眠在沼澤中的人類、精靈與獸人的死相。只是這些面孔似乎並無實體，一點也觸摸不著。

經過一番折騰，一行人只得避開屍燭，沒命地奔逃趕路。

英國各地的鬼火

此一奇特的火焰，其名稱因地而異。

漢普郡當地稱之為「持燭台的小孩（克里斯多佛）」（Kit with the Canstick〈或 Christopher with the candlestick, Hampshire〉）。

諾福克郡稱為「監視的威爾」（Will o' the Wykes〈Norfolk〉）。

不過最有名的要算是什洛普郡的「一束威爾」（Will o' the Wisp〈Shropshire〉）了。

鐵匠威爾因生前作惡多端為人所恨，最後遭人殺害。死後憑著巧言簧舌得到聖伯多祿（耶穌的十二門徒之首，也是首位教皇〈即聖彼得 St. Peter，原名西門 Simon〉）的賞識而獲賜重生。

然而二度的人生卻依然過於萎靡，威爾因此無法升天。豈料被打下地獄的他又欺騙惡魔，將之禁錮在鐵囊中，以鐵鎚敲錘鍊，為此又被逐出地獄。當時有塊燒燙的煤炭丟往他的身上，威爾便拾取煤炭保暖，換言之，鬼魂威爾拿在手上（話說回來，鐵匠不都有把鉗子？怎會徒手…）的炭火便是「Will o' the Wisp」。

威爾二度死去，依然本性難移，時而讓行路人迷途，時而引誘他們沒入無底沼澤。不過在另一個說法中，他以三寸不爛之舌騙過天使，因此偷渡了天堂。

英國西部也有人稱之為「提燈籠的傑克」（Jack-o'-Lantern）或「傑克燈籠」（Jacky Lantern），若非「一束威爾」那樣的鬼火，就是描繪成一個生有蔬菜頭、穿著發光服裝的怪物。蔬菜頭亦即 10 月 31 日的萬聖夜裝飾用的燭台，一般都是在南瓜（古時為蕪菁）等堅硬的蔬菜表皮刻上眼鼻口等形狀，做為代用品。據說亮黃色的燈火具有招來善魂、驅走惡靈的效果。

或許是懊悔過去的所作所為吧，有時「提燈籠的傑克」不會誤導路人迷途，還會指點迷津告知方向，這點倒是有別於「一束威爾」。

婦女與孩童的鬼火

鬼火也有女性版，北安普頓郡與牛津郡稱之為「火燒尾巴的珍妮」（Jenny burnt-tail），康沃爾郡則稱為「一團瓊安」（Joan the Wad）。

每逢浪潮洶湧的夜晚或沒有月光的黑夜，康沃爾郡的聖艾夫斯灣〈St Ives〉便可見到煤油燈般發亮的光芒。根據當地人的說法，有位母親的孩子死於海上，母親死後依然提著煤油燈徘徊在海邊。

這位母親遭逢船難時還抱著孩子，被漁夫們救起時已經暈厥，手中的孩子卻不見蹤影。原來母子一同落海，唯獨孩子淪為波臣。

母親不久便悲傷而死，宛如追隨孩子死去一般。

火光僅見於陡峭的懸崖附近，遇

有浪濤洶湧的夜晚，人們總無法接近該處。光芒會環繞懸崖飄盪數小時，直到明白今天依然尋不著孩子，這才長嘆一聲回到墳墓。

順道一提地，康沃爾孩童的靈魂據說會化成一種名叫皮格西 (Pigsie) 的蛾。烏斯特郡的鬼火稱為「小桃紅」（Pinket〈Worcestershire〉），薩摩塞特郡則稱為「火花」(Spunkie)，相傳它們與皮格西蛾同樣都是孩童的靈魂。

未經基督教受洗儀式便夭折的兒靈，既不能升天也無法入地獄，於是便引誘行旅者至水濱，希望能夠受洗。然而行旅者不明白他們的心願，反而深陷泥淖而死去。既然無法達成原先的目的，兒靈只好找尋下一個目標。以此例而言，他們是不具惡意的。

蘇格蘭低地也稱為「Spunkie」，它們總是誘導人們或船隻來到陸地或海上的深淵，帶來毀滅性的結果。據說此時只要為鬼火取名，便可逃離生天，即便是綽號暱稱亦可。

此外在曼島當地，據說只要為男魂取以約翰 (John)、女魂命以珍 (Jean) 等受洗的教名，靈魂便可升天。歐美至今仍承襲此一傳統，為身份不明的無名氏暫取杜約翰 (John Doe) 或杜珍 (Jean Doe) 之名。

1935 年住在蘇格蘭泰湖濱莫瑞尼許〈Morenish, Loch Tay〉農場的柯麥隆家，有兩個兒子患了熱病死去，遺體一度安葬於泰湖東岸的坎莫爾〈Canmore〉。

不過長子服完兵役返鄉後，卻打算將弟弟們移葬西岸的基林〈Killin〉，決定重新舉行喪禮。

就在移葬的前一天，有人目睹兩個發亮的光球橫越泰湖而去。翌日兩尊棺木也經由目擊的同一路線，以渡船運抵了目的地。

還有一些故事的內容也與此相近。有位牧師入夜後見到一盞火光飄搖在墓地的一隅，牧師正想探查何人位於該處時，火光倏地移動起來，消失在某戶農家的門口。正當他想走訪農戶家查探時，火光再次出現了。只是這回還有另一盞火光相隨，按同樣的路線往回走。兩盞火光來到初見光芒的墓地附近時，便再度消失無蹤。

牧師對於此一經歷難以釋懷，隔天便向雇員如此問道：「光芒消失的地方，是誰家的墳墓？」雇員隨即指向昨天光芒曾經到過的農家。這才得知那戶農家的孩子患了猩紅熱，於昨日病逝。

德語圈的野煨邪

根據格林兄弟的《德國傳說集》第 285 篇「被詛咒的土地丈量員」〈Die verwünschten Landmesser〉所述，德國稱為「野煨邪」（Irrwische，迷途炬火）的這種入夜後遊蕩在岸邊或田埂的鬼火，曾經是一個土地丈量員。原來他生前測量土地的交界時，總是敷衍了事，被懲罰在自己標定的邊界駐守，死後仍徘徊在周遭一帶。

鬼火

海因里希・狄特邁爾所著《下齊格的傳說、故事與笑話》〈Sagen, Märchen und Schwänke von der unteren Sieg (1950), by Heinrich Dittmaier〉[註1]一書中提到德國中西部波恩市附近的哈茨堡〈Hardtberg, near Bonn〉有一名男子於天色依然漆黑的凌晨3點半，還在工廠工作，手上的燈火忽然熄滅。他見前方另有一盞火光，於是叫喊道：「等等，別走開。」然而火光依然朝前方疾行。慌忙之下追上前去，卻不知不覺陷入泥沼中。男子一時害怕起來，到了7點半都不敢妄動一步，等到天色已亮，這才一路匍匐爬行回來。後來男子無法正常行走，沒多久便死去了。

弗里德里希・穆勒的《錫本伯根地區的故事》〈Siebenbürgische Sagen (1885), by Friedrich Müller, 1828～1915〉[註2]提到羅馬尼亞的特蘭西瓦尼亞地區所發生的類似事件。

在一個不見星輝的晚上，森林中出現一團紅火，以一定的節奏忽明又忽滅，一名男子於是上前察看，豈料火焰突然出現，停留在他的身前。仔細一瞧才發現那是個肩頭上點著蠟燭，雙眼同樣炯炯如火的惡魔。

男子不由得閉眼跪地，向聖母瑪麗亞禱告起來，耳邊隨即傳來狂風呼嘯般的聲響。

這樣的狀態持續一段時間後，不久便雞鳴報曉，天色泛起微白，惡魔與火焰同時瞬間消失。睜眼一看，才發現眼前早已化成一條水勢湍急、教人驚心動魄的暴河奔流。

伯恩特・舒茲筆下的《瑞士的傳說》〈Sagen aus der Schweiz, 1980, by Schulz Berndt〉也述及一個活脫是死者轉世的可怕鬼火。

有個名叫泰尼的男子曾在格倫希納堡的埃格〈德Egg；Grenchnerberg，格倫亨山的小山〉牧地從事酪農，與其他農家共有這片土地，他在秤砣上動手腳，盜取牛奶與乳酪，因此發了一筆橫財，最後卻家產散盡，上吊於雲杉樹下自我了斷。

從此以後的每個夜晚，都會聽到叫喊與哭聲。附近農場的居民便說：「那是泰尼在哭喊。」隨即關上門窗、撲滅灶火，還得巡視畜房欄舍，祈求聖人庇佑，才能睡得心安。

位於動亂中心的埃格狂風大作，鬼焰蜂集化成了火團，只見泰尼蹈火其中，逐步逼近而來。他身穿養牛人家的衣裝，外搭一件邊緣有紅色花飾的無袖背心。垂抵腰際的長髯同樣緋紅，靴子打上拇指般大小的粗釘。手持火炬，扛著剛宰殺的一頭牛的上半身。

泰尼一路走來，身前的門窗竟自動敞開，他便因此走入酪農的家中，使豬牛恐慌亂成一團。他恣意敲打傢具用品，發出嘈雜的聲響，將一切物品擺設翻攪得底朝天，大肆破壞一番。

然而不知何故，泰尼無法走入黑山羊所在的牛舍，只能將屋頂的木瓦與石塊擲落下來。就在這戶人家信口

高聲祝禱後，泰尼肩上的牛高聲哞叫了三回，一場動亂隨即收場，這才終於讓泰尼的怨靈消失。

皮辛格在《奧地利的傳說2》一書中，稱鬼火為「悲靈珠」（Klage，哀嘆）或「哀嘆命運的靈珠」。

有一回悲靈珠撞上了一輛運酒馬車，從山崖上滾落下來。任憑駕馬車的農夫揮舞棍子驅趕，再三地威嚇，悲靈珠依然一路追來，直到村子附近才消失。

旅店裡任誰都把這事當笑話，然而幾天後卻發現農夫被支離破碎的馬車壓在同一條山路上。農夫和馬的身上雖然沒有傷口，卻在農夫上衣發現了幾處燒焦的破洞。

有個農夫正看護著病榻上的女兒，突然有顆黑珠子從天花板掉落下來。農夫隨即領會這顆鏗然落地四處滾動的珠子便是悲靈珠，於是跳上椅子避難。

然而悲靈珠卻滾進女兒的床下，隔天女兒就死去了。

根據奧根·斐列的《德意志傳說》所述，波蘭西南部西里西亞〈波Ślask；德Schlesien〉地區的舊畢斯科〈波Stare Bielsko；德Alt Bielitz〉附近的沼澤一度發現許多鬼火。有的彼此之間經常爭吵，有的和睦地聚在一起。

有一回忽然傳來一聲叫喊，一盞鬼火隨即消失，其他的鬼火則離開了現場。

又有一回，一個農夫對跳著舞的鬼火吹了聲口哨，鬼火隨即不斷群聚在農夫的住屋前喧鬧叫囂，為此農夫害怕得再也不敢出門。

葛哈德·艾克在《失去的家鄉流傳的故事》一書中也提到一篇來自西里西亞的故事。

有一名樂師在結束維拉莫威斯〈波Wilamowice；德Wilmesau〉教會的慶祝活動後，返家途中遇上了鬼火。他十分害怕，但就在他拉起小提琴演奏宗教樂曲之後，鬼火開始引導他走向正途。

只是樂曲一演奏完，鬼火便惱怒起來，狠狠拍打樂師並將他推落水中。由於演奏宗教曲目以外的旋律也會落得同樣的下場，樂師一路上只好不斷地演奏宗教樂曲。

諾伯塔斯·費留斯編著的《羊齒花》〈立Laumiŭ dovanos, 1979, by Norbertas Vėlius；俄Цветок папоротника, 1989, Норбертас Велюс, 1938～1996〉提到一則收錄於1962年的立陶宛故事「慘遭回祿的住屋」。一位有3個孩子的母親被連續3晚都出現在房子四周的鬼火惹惱，於是拿起掃帚一揮，想把鬼火〈Klystžvakė〉趕走，鬼火隨即消失。豈料隔天夕陽西沉時鬼火再次出現，將房子燒了個精光。

另一則「浴火記」提到一個村民對尾隨而來的鬼火罵道：「惡魔〈Velnias〉，滾一邊去！」整個人因此籠罩在鬼火下，險些丟了性命。

喬治桑的小火女

喬治桑的《法國田園傳說集》(1858) 也收錄了有關法國鬼火的故事。

「森林妖火」〈Le casseu' de bois〉這一篇說到一群鬼魂〈fantômes〉被惡魔捕獲，被迫在森林的樹下圍成圈跳著環舞。入夜後可見到沒有熱度的白色光環，白天卻不見半點光芒。

一個本是軍人的僧侶拋下不願走上前的坐騎後，走進了這道光環，地下隨即傳來火焰爆裂般的劈啪聲響。聽到那聲音不斷咒罵自己是個懦夫，僧侶登時惱怒起來，拿起手中的木杖就往白色光環下敲打，一時間傳來約莫30人的哀號，最後終於平靜下來。

從那天起，再也不曾出現白火。原來經僧侶這麼一敲，鬼魂終於脫離惡魔的囚牢。據說這些靈魂升天之前，還特意造訪教會要向僧侶致謝。

根據同樣出自喬治桑筆下的「鬼火婆」〈Les Flambettes〉所述，騰空飄搖的鬼火稱為「小火女」(Flambette) 或「火噬者」(Flamboire)，同樣是亡靈落魄的下場，總是帶領路人漫無目的地遊走，或誤導至深沼急流。

小火女有一位女王，表面上看來是個貌美女子，她與一位名叫路德勒 (Ludre) 的養羊男子交情深厚，男子甚至承諾：「只要不違背基督徒應有的信義，我願意以任何代價回報妳的協助。」是以男子本身與羊隻都受到小火女們的眷顧與護佑，過得十分健康，一切都變得順心如意。

直到有一天，睡夢中的男子被一陣伴隨著刺眼光芒、敲擊屋頂的聲響吵醒。隨即一個全身覆蓋在白色長髮的小矮人老嫗出現在自己的胸口上，逼迫他說道：「你得遵守承諾，和我成親！」

路德勒驚嚇之餘便說道：「我已經向聖人發過誓終生不娶的。」小火女王后氣得冒火，搖身一變現出了原形，露出漆黑的山羊軀體來，不過還保留人類瘦削的頭顱與四肢。

女王的身影隨即消失，此後路德勒便夢魘纏身，夜裡總夢到自己被帶往女巫的聚會〈sabbat〉，同時每晚必有一隻羊會迷途溺死在小火女出沒的沼澤。

引導羊隻的是一隻銀角老山羊，似乎就是小火女王后的化身。

路德勒為此憔悴不堪坐困愁城，只好向一位博學的同行全盤托出，對方於是建議說道：「到了這般田地，要不認栽同她成親，就得一次剃光她的山羊鬍子。聽說這麼做可以讓她日後對你言聽計從。不過你要是剃得她不順心，只怕會扭斷你的脖子。」

路德勒於是和小火女王后舉行了婚禮。一直等到洞房初夜的深更時分，看著她酣然入睡，才剃掉了她的山羊鬍子。

仔細一瞧卻發現下巴竟露出了少女柔白的肌膚。路德勒暗自竊喜，索

性一鼓作氣刮光她全身的羊毛。

刮呀刮的，不知不覺手上竟只剩一根平時用來趕羊的木杖。據說從此以後，路德勒再也不曾因為小火女而煩惱。

▌電漿說

過去一般都認為飄盪在墓地的藍白色鬼火是由土葬後的屍體分解後所產生的燐燃燒形成。

不過根據早稻田大學研究鬼火的教授專家大槻義彥的說法，此一可能性幾乎微乎其微。原來空氣只要呈現電漿狀態就會發光，不論加速與否，電漿均可瞬間改變行進方向，即使撞上物體也不受影響。

俄國諾貝爾獎得主卡皮察〈Pyotr Leonidovich Kapitsa, Nobel Prize in Physics, 1978〉曾經預測電磁波在電場強大的地點造成干擾時，就會形成「大氣電漿」〈英 Atmospheric Plasma〉，大槻教授並且通過實驗重現了此一現象。

根據奧圖・科諾普的《後波美恩的民間傳說與習俗》〈Volkssagen, Erzählungen und Märchen aus dem Oestlichen Hinterpommern, 1885, by Otto Knoop〉所述，波蘭的波莫瑞〈英文作波美拉尼亞，Pomerania〉當地有一疑似女巫者捉住鬼火。

話說有位青年受老婦人所託，遞送一罈紙封的土罐。豈料封紙上早有裂縫，拖著兩道長尾巴的鬼火因此中

途竄向天際，飛得既高又遠，最後消失在某戶人家的煙囪裡。

凡此種種都讓人不禁聯想到大槻教授於實驗室生成的電漿光球。原來即便以現代科技而言，想要長時間封閉高溫電漿，仍被視為一件不可能或比登天還難的任務，因此或可假設上述故事中的電漿，是在土罐封紙破裂的瞬間（以低溫電漿而言，螢光燈內便可產生）形成的。

地震發生的前後，有時可觀測到異常的亮光。除了一般鬼火的模式，尚存在許多現象，有的從地表竄起光柱，有的疑似引發火災，有的看似閃電，有的則是整座山光芒四射，亮如白晝。順道一提地，海底地震發生時，波浪會發光。

「地震光」的記載最早見於塔西圖斯的《編年史》〈Annales, by Cornelius Tacitus, AD55?～117?〉第二冊第47節：「根據記載，人們目睹各地高聳的山岳塌陷，本該是平坦的地面不斷隆起，猛烈的火焰迸發自廢墟中。」[引1]這場地震發生於西元17年，儘管此後地震光間斷性地發生，今日世界各國仍不斷觀測到此一現象。

現為作家的前東京大學物理教授寺田寅彥認為地核內的水通過毛細管作用流動滲透，經此產生電位差而引發空中放電〈或作空氣放電，Air discharge〉。

日本工業大學系統工學系的星野擔之博士表示，大量的地下水流動滲

透後，產生流動帶電現象〈Streaming Electrification〉，電能一經累積就會引發冠狀放電〈或作電暈放電，Corona discharge〉。

根據東大物理教授清水武雄的解釋，地電流遭到地裂等因素切斷時，會引發類似電線短路的電弧放電〈Arc discharge〉。

此外地殼板塊內部的龜裂處一般都含有帶電微粒〈Charged Aerosol〉，有時會隨著地震釋放至大氣中形成發光現象。

大阪大學研究所教授池谷元伺進一步詳細調查此一機制，認為地震並非偶然發生。原來地核必先形成幾處所謂「開放裂縫」〈Open Crack〉的局部裂口，開放裂縫會交互閉合為「成核集結」〈Nucleation〉，此一「地震成核」停止成長時，就會引發地震，經由地震前的此一地核破壞運動產生的電磁波，會以斷層面為天線傳導至地表，於空氣中引發電漿。

根據最新的研究得知，發光現象或許不需地震般巨大的能量便可形成。原來利用壓電效應〈Piezoelectric Effect〉加壓岩石，使晶體結構歪斜，即可產生電磁波。因此存在許多斷層的區域若有數個地點同時發生此一現象，電磁波相互干擾之下，就可能形成大槻教授提到的該種電漿。

事實上巨石陣等巨石遺跡、聖山或地脈（Ley Line〈地能線〉）經過的地點，都可以觀測到光球的存在，有時甚至會傳來山間的鳴響或異樣的聲音。也有一些地點經確認後，發現地磁異常〈Magnetic Anomaly〉或放射線偏高，凡此與壓電效應之間的關係，都有待進一步的驗證。

順道一提地，「地脈」係指幾個地名字尾為「-ley」、被視為古代祭祀遺跡的地點連成的線，這條線上連結著幾處用於觀測日月等天體的重要定點。

英國的古代史研究學者保羅・德弗魯〈Paul Devereux〉將這些地點觀測到的發光體稱為「地光」(Earth Light)。地光具有一些行動模式，或形同靈魂般飄搖遊盪，或舉動宛如招喚人們上前，或如幽浮般異常活動後，消失於瞬間。事實上古代遺跡的附近確有許多目擊幽浮的事例。

▌幻覺誘導說

加拿大勞倫森大學腦神經學教授邁可・波辛格〈Michael Persinger, Cognitive Neuroscientist & Professor of Laurentia University〉證明了人類側頭葉〈顳葉〉受電磁波刺激時，會促成經歷幻覺的體驗。這正充分說明壓電效應形成的電磁波，可能擾亂地磁，對人體造成影響。

格林兄弟的《德國傳說集》第280篇「戟尖上的發光物」〈Die Lichter auf Hellebarden〉便屬於此一事例。

位於下阿爾薩斯地區的古城利希騰堡（Lichtenberg，發光的山，Unterelsass），每逢雷雨交加的暴風

雨，屋頂、塔尖寶頂〈德Knöpfen；日語譯作「擬寶珠」〉與戟尖便可見到許多微小的藍光，因此得來此名。

有一天兩個農夫扛著鐵耙走在路上，忽然察覺其中一人的鐵耙有一絲微光。經指頭一抹，微光便消失了，隨後卻一再地出現。第三次擦落時，微光宛如口吐惡言般咒罵一番後，便不再出現。

經過八天後，於同一地點再次偶遇的兩個農夫，竟不顧過去的老交情，雙方起了口角而刺死其中一人。

發光生物說

關於發生在遺跡附近的發光現象，已經由上文解說完畢。然而發生在沼澤等淤塞水濱的鬼火，又該作何解釋？

有些抵抗力弱的魚在表皮上叢生了無數的發光細菌，因此有時可見到夜間的海上泛起朦朧的一片藍光。成因也有可能是夜光蟲，當夜光蟲大量出現時，波浪就會泛起藍光。

夜光蟲屬於渦鞭毛藻類〈Noctiluca；Dinoflagellates〉，是一種介於動植物之間的奇妙生物，身為紅潮成因的它們在日本廣為人知。

過去已知渦鞭毛藻類或具有毒性，或有寄生魚類的夙習。然而美國的瓊安・伯克霍爾德博士卻發現了一種侵略性捕食魚類的可怕渦鞭毛藻類～紅潮毒藻菌〈Pfiesteria Piscicida, discovered by Dr. JoAnn M. Burkholder〉。它所釋放的瓦斯狀神經毒素，甚至足以使人類陷入重度的運動機能障礙與類似阿茲海默症的病狀。

如今已得知此一毒性係渦鞭毛藻類受水污染後產生的特徵。這也代表暴露在同一環境下的夜光蟲難保不具有同樣的侵略性與毒害。

是發光細菌也好，夜光蟲也罷，當夜鷺〈Nycticorax Nycticorax〉或鷗鴉科等一身漆黑的夜行性肉食飛禽捕捉大量寄生此物的魚後，凌空飛去的身影隨即消失在黑暗中，只見到朦朧的光暈逐漸騰空遠去般的景象（根據日本NTV「特調200X（特命リサーチ200X）」的實驗所示）。

球狀閃電說

另有一種現象稱為球狀閃電 (Ball Lightning)，是一種直徑約20～30厘米的火球，呈現白、藍、橙等各種顏色。通常在地面附近飄盪移動，經過數秒或數十秒後就會消失，不過消失的瞬間有時會引起爆炸。

它一度被認為是在很小的機率下，由閃電分離出來的電球，直到最近才發現事實似乎並非如此。

閃電的電流一般在2萬安培左右，持續的時間約萬分之一秒。但根據紐西蘭坎特伯里大學物理學博士約翰・亞伯拉遜的解釋，當規模數倍於此的閃電長時間不斷擊中地面時，落雷點有時會超過攝氏3,000度，導致土壤中的矽汽化。氣態矽在空氣中急

速冷卻，形成所謂奈米長纖 (Nano-filament) 的網狀組織，交疊成球殼狀。此一矽長纖的球殼與空氣中的氧起化學反應，由外向內急遽燃燒，就會形成所謂球狀閃電的火球。

此一球狀閃電幾乎沒有重量，總是隨風飄盪。長纖的化學反應一結束，火球便隨之消失。當然如果消失前與其他物體接觸，就會造成傷害或致燃。

《德國傳說集》第277篇「鬼火」〈Der Irrwisch〉提到一種只會在降臨節〈Advent〉（約在聖誕節前的一個月）出現於漢萊因與洛爾施地區〈Hänlein & Lorsch〉的鬼火・赫煨邪（Heerw-ische，炬火群）。人們總是嘲弄地唱道：「像黑麥草一樣燃燒的炬火群喂～～，過來打我唄，打得我青一塊紫一塊欸！」但如果只有獨自一人，隨意哼唱此歌就會招來危險。

有一位少女入夜後遇上炬火群，隨口唱起了這首歌。炬火群隨即筆直地衝向少女，一路追趕奔逃的她來到家中。炬火群接著又闖入屋宅，以火翼打擊在場的所有人。他們不僅因此失明，更且失去了聽覺。

此一炬火群的真面目，或許便是球狀閃電也不可知。

為了探尋愚人之火的真相，竟一路被引導踏入尖端物理學、生物學的範疇，即便如此，以上的解說並不代表完全解釋了一切。

私以為縱然是靈異現象，鍥而不捨地進行科學驗證，絕非無益之舉。反倒是「豈有通過科學的角度推敲怪物之理」這樣不科學的心態，才是吾人最該摒棄的思維。

註1：此書日譯為《ささやかな勝利についての伝説・メルヒェン・笑話》（與小小勝利有關的傳說、故事與笑話）有誤，「Unteren Sieg」係地名「下齊格」，位於德國的齊格堡 (Siegburg)。
註2：錫本伯根（Siebenbürgen，七城）亦即特蘭西瓦尼亞（羅 TranSylvania，穿越森林）的德語名。

引1：日譯文摘自國原吉之助譯本。

炎巨人

「Múspell」是北歐俗稱「炎巨人族」的「烈焰之民」，大體上有「淨化世間的火焰」之意。由於又有「烈焰之子」〈古冰 Múspellssynir；Muspells son〉這樣的表現法，「Múspell」或許便是該族的始祖之名。

自有天地之始，他們便棲身在南方熾焰焚天的灼熱國度「穆斯佩爾斯海姆」（Múspellsheimr，烈焰之國），直到末日到來。此一火界經常飛散出火花與粉焰，環繞在周遭的一切同樣高溫炎熱，炎巨人以外的生命根本無法靠近，若非生於烈焰之國者，著實難以生存。

黑焰舒爾特

據悉烈焰之國位於地底或谷底的入口，佇立著一個交融在噴發熔岩景象中的巨漢舒爾特（Surtr，黑）。他的全身如炭火般燃起火焰，燒得既黑又紅。手中赤焰勃發，或握有一柄輝耀於諸神黃昏〈Ragnarök〉的火劍（經由古文的解讀，火焰與劍可視為不同之物，或一把「閃耀的火焰劍」）。

根據《老愛達經》的詩篇「斯威普達之歌」〈Svipdagsmál；The Lay of Svipdag〉所述，舒爾特的妻子辛瑪拉

（Sinmara〈or Sinmora，辛摩拉〉莎草的夢魘）將寶劍雷瓦霆（Lævatein，傷害魔杖）保管在上了9個鎖的箱子雷格倫（Lægjarn，狡詐）之中(註1)。此劍係詭神洛奇於地府・尼弗海姆（Niflheimr，霧之國）門前吟唱神諭古文打造而成。這把雷瓦霆或許便是舒爾特手中輝耀的寶劍。

冰島語文學家的權威席格多・諾達爾〈Sigurdur Nordal〉曾解釋道：「舒爾特的手中劍係豐收之神福瑞(Freyr)追求女巨人葛爾德 (Gerd) 時放棄的寶劍，是一把「足以獨力擊倒巨人」的魔劍，卻因此落入巨人族手中。」不過這樣的說法純屬個人見解，並無實際的明證。

每當辛瑪拉與舒爾特望見天日般輝耀在世界樹伊格德拉希爾樹梢上的公雞維多福尼爾（Viðofnir，樹蛇）時(註2)，就會黯然神傷，這或許是因為維多福尼爾活在世上一天，自己便永無出頭之日的緣故。據說只要帶來這隻公雞的尾毛，辛瑪拉就會出借雷瓦霆。

芬蘭文學家札卡里亞斯・托佩利烏斯 (1818～1898) 所著《獻給孩子的讀物》收錄的一篇「斯堪地那維亞與芬蘭變成半島的故事」〈瑞 Huru

Skandinavien och Finland blevo en halvö〉也提到被視爲火神與鐵匠的舒爾特。

舒爾特奉巨人父親威洛堪納斯 (Virokannas；Wirokannas) 之命，必須設法將名爲「幸福島」的斯堪地島轟走。斯堪地島便是日後的斯堪地那維亞半島。

舒爾特立刻引爆火山，部分斯堪地島因此被噴走。噴發後的碎片落在遠方，形成了冰島。

威洛堪納斯得知無法消滅島嶼後，又指示舒爾特築堤圍島。舒爾特於是埋首於冶煉場，由斯堪地島南方開始填土，中途卻石灰用盡，唯獨東南角尚未填滿。

由於二度未能完成使命，因此觸怒威洛堪納斯，換來一頓斥罵道：「從今天起一百年，你就到冰島地底給我不斷生泥土來！」舒爾特無奈之餘只得離去。

英國文學創作中的火巨人

艾倫・迦納的作品《魔法寶石》(1960) 以英文稱「Múspel」爲「魔斯魄」（Muspel，火巨人），鬍鬚具有驚人的禦寒效果。以火巨人的鬍鬚襯以薩提洛斯（Satyros，半羊神）捲毛的內裏編織而成的紅銅色外套，能完全抵禦冰巨人凜魔煞 (Rimthur the Ice-giant) 帶來的暴雪（fimbulwinter，大寒冬）。

外套本是萊歐斯・艾爾法（the lios-alfarej，光明精靈族）的湖中仙女・黃金之手安格拉（Angharad Golden-hand The Lady of the Lake）所有。由於傳統上鬍鬚被視爲魔力的泉源，因此鬍鬚被拔除的此一火巨人，想來已經死於光明精靈族之手。

後來安格拉又將這件外套送給挺進在大寒冬中的少女蘇珊 (Susan) 與矮人費諾迪 (Fenodyree)。

同爲英國作家的查爾斯・金斯萊所創作的《水孩兒》(1863) 一書中也提到可視爲炎巨人類緣的火巨人與蒸汽巨人 (Fire Giant & Steam Giant)。

他們棲身在距世界盡頭不遠的紐西蘭附近一處水深達萬噚（約 1 萬 8 千米）的海底，打造一處全世界麵包的發源地，由蒸汽巨人揉麵粉，火巨人負責烘烤，麵包山與點心島隨即形成。

少年湯姆就在目睹這一切時，險些被揉進麵粉，最後沒命地逃出此地。

這一切看來就如同海底火山活動擬人化後的結果。

世界的起始與滅絕

炎巨人族群的命運生來便與烈焰之國・穆斯佩爾斯海姆榮枯與共。

創世之初，位於無底裂縫（Ginn-ungagap，開口巨大的無盡虛空）的尼弗海姆這處冰雪世界的霜雪，被來自穆斯佩爾斯海姆的火塵粉焰融化。由生成的水滴中誕生的是巨人的始祖歐爾蓋米爾（Aurgelmir，黏土的嘶喊）與母牛歐茲烏姆拉（Auðhumla，肥沃的黎明）。

大地初成之際，眾神捕捉烈焰之

舒爾特

國噴出的灼熱白光與火花，置放在無底裂縫的正中央與其上下，設定軌道以照亮天地。這便是日月星辰的起源。

當世界末日降臨，亦即諸神與巨人之間爆發最後決戰〈諸神的黃昏〉時，舒爾特將率領炎巨人族由大海遠方而來。此時的舒爾特全身前後盡是火焰，手中劍比太陽更燦爛輝煌。

他們搭乘的是一艘名為納格法（Naglfar，爪船），足以坐上所有族人的大船。由於船身以死者的指甲打造而成，不願增加乘員上限者必需將死者的指甲剪淨，再予以埋葬。

炎巨人族穿越闇林〈Myrkvið(r)〉一路進軍，做為巨人族主力與諸神交戰，主帥舒爾特並率先斬殺豐收之神福瑞。

當戰場上的局勢趨向明朗，所有人在激戰之下幾乎死絕殆盡時，舒爾特就會在地面縱火，使整個世界連同世界樹伊格德拉希爾陷入一片火海。

燃燒殆盡的大地沉入海中，不久又將生成新的土地，開創嶄新的世界。

即便不談恐龍滅絕的史例，地球一路演化而來也早已數次面臨滅絕的危機。然而每次浴火重生，總有新的物種不斷派生繁衍。

儘管下次滅絕是否導因於核戰或隕石彗星衝撞地球，目前尚未可知，不過大地籠罩在火焰中導致生物死絕的論點，卻與神話無甚差異。或許炎巨人正是暗示此說的某種宇宙間的存在。

德語圈的人型火焰

德語圈各國與其周遭一帶倒是發現一種似乎與炎巨人有關的人型火焰，儘管它們經常與愚人之火混為一談，在此還是蒐集到一些可視為魔族而非傳聞中所謂鬼火的例證，提供讀者一睹為快。

《安徒生童話》第162篇「鬼火在鎮上」〈丹 Lygtemandene ere i Byen, sagde Mosekonen；英 The Will-o'-the-Wisps Are in Town〉描述了一種迷惑人類的火人 (Lygtemand) 詳細的生態。

剛出生的火人有如螢火蟲般綻放著微光，隨即能夠跳躍，每過一分鐘就會長大一些，不到一刻鐘便成長到父親一樣的大小。

特別值得一提的是存在一條古老的法則：「當明月東昇、清風吹起一如昨日，瞬間誕生於此時的火人可幻化為人。」此魔力一年內有效，而且一開始舉止言行便與常人無異，能夠潛入海中，往來於人間各地。

相對地化為人形的火人必須在一年內誘使365人墮落，一旦達成此一目標，便可坐在惡魔儀式專用的馬車上領頭前導，獲頒璀璨的橙色燕尾服與竄自頭部的光焰，榮登火人最崇高的地位。

只是一旦身份被人揭穿，火焰遭到撲滅，就必須離開當地。此外如果一年內無法克制回到家人身邊的欲望而失去理智，就會遭到同伴離棄，再

也不能發光。

經過一年後，如果無法引誘365人遠離眞善美，還得接受處罰，動也不動地待在朽木中綻放光芒。

儘管總有人會建議上了年紀的老火人應該挑選較安全無虞的生活方式，不過戲弄人類的愉悅卻相對吸引人，這也使得年輕的火人對此嚮往不已。

格林的《德國傳說集》第278篇「燃燒的馬車」〈Die feurigen Wagen〉提到一則看似完成此一試煉的例子。

子夜十二點時分，四匹烈火駒拖曳的兩輛火焰馬車發出喀拉喀拉的聲響，由德國西部黑森州的弗萊恩斯坦〈Freienstein, Hessen〉一路奔向了赫施霍納山丘〈Hirschhörner〉。客廂車上坐著眼口都冒出火來的「火焰人」(feurige Mann)。

也有單獨目睹此火焰人存在的事例。第284篇「火焰人」〈Der feurige Mann〉提到有人在降臨節〈Advent〉（約在聖誕節前的一個月）第一個禮拜天的子夜十一～十二點的這段時間，於弗萊恩斯坦行政區的霍佩爾萊因〈Hoppelrein〉目擊火焰人。他通體燃燒一身瘦削，胸肋嶙峋幾近可數，往來穿梭於兩塊界碑之間。口鼻竄出火焰的氣息，飛快地橫行縱走，目擊者無不驚恐，午夜過後便消失無蹤。

此外人稱「如出一轍」〈Gelichghen〉的兩座城市之間，也曾經出現火焰人。午夜時分由一城市走向另一城市，如失火般炎光燃放。

麥克‧安迪在《說不完的故事》中提到的「磷火」（德Irrlicht〈英will-o'-the-wisp〉，迷光）（註3）兼具鬼火與火人兩者的特性。

磷火看似一顆發亮的光球，一會在空中左彎右拐地飛行，一會又突然停止。光球裡其實有個身形十分嬌小的小矮人飛快地奔跑著，飛行在半空中還可以改變方向。平時最不愛讓人盯著瞧，總馬上別過臉去。

磷火布魯布（Blubb，冒泡貌）被選派爲趕往象牙塔（德Elfenbeinturm〈英Ivory Tower〉）通報故鄉危機的信差，一路上焦急得連自己都迷了路，更談不上誤人歧途了。

鄰近各國的人型火焰

葛哈德‧艾克在《失去的家鄉流傳的故事》中提到一種波蘭西南部西里西亞地區的「光靈」（德Lichtgeist），比矮人族還要嬌小，穿著紅色背心，入夜後會幫人引路。

當人們由薩爾堡〈Saarberg〉的林務所下山往谷地走時，疑似兄弟檔的燭靈（Leuchter，燭台）也會出現，以火堆中燃燒的蒿草火屑般微弱的光芒爲人們照亮路途。

只需於臨別之際說聲「願天主回報您（Vergelts gott）」，就是最好的謝禮。

然而據說有一名頑童卻在道別時嘲笑燭靈，此後燭靈再也不曾出現。

諾伯塔斯‧費留斯的《羊齒花》

也收錄了幾則1962年取材於立陶宛的故事。

「遭槍擊的火」提到一個燒亞麻工人在工作場地發現一個不斷接近的鬼火，於是拿起獵鎗開火。他向其他工人炫耀說道：「根本沒什麼好怕的。」接著便又投入工作中。

夜裡工人們都到師傅家中就寢，師傅的妻子則在一旁準備熬煮馬鈴薯，突然鬼火從窗外飛了進來，化成一個遮住單眼的女子模樣。

那女子一靠近開槍的男子，就用雙手從頭到腳觸摸他全身。師傅的妻子驚恐之餘當場昏厥，等到師傅回到家中時，燒亞麻工人早已全身僵冷。

「鬼火現身」提到一個吹擂自己不曾見過鬼火的女子，深夜裡家中闖入鬼火說道：「我就讓妳仔細看個夠吧。」女子依言猛地一瞧，發現一副人骨裡燒著蠟燭模樣、看似心臟的不明物，受此衝擊竟驚嚇而死。

「火焰人」該篇提到的一具胸肋燃燒的骸骨也會說話，他的模樣就像燉鍋裡冒出來的蒸汽。此一火焰人來到墓地後，隨即消失了身影。

根據喬治桑收錄於《法國田園傳說集》(1858) 的「森林妖火」所述，法國的森林中也棲息著一種名叫「火樵夫」（Casseur de bois，砍樹的人）的火焰人。平時總是一副通體燃燒的模樣，四下遊盪於森林中，每逢起霧的夜裡，就會拿起斧頭使勁地砍樹。然而來到傳出聲音的近處一瞧，卻看不到男子的身影。只見到斧頭閃動著亮晃晃的藍白光芒，樹幹更是毫髮無傷。

原來火樵夫是森林的守護靈，總是在不許人類染指的樹上標註記號。

根據北歐神話所述，末日〈諸神的黃昏〉到來之前，炎巨人總在自己的國度中按兵不動。但即便炎巨人本身並未動員，將這些火焰般的生靈派往人間充當耳目的可能性還是存在的。說不定他們就是如此將信息逐一回報給頭子舒爾特。

註1：「Sinmara」一詞係由「sin」＋「mara」組成，然而此二字各有兩種不同的解讀。「sin」可解讀爲「膜囊苔草」（英 bladder sedge；日「鬼鳴子菅」；學 Carex vesicaria）或「筋腱」；「mara」可解釋爲「夢魘、夜精」或「傷之成殘（源自動詞 merja）」之意。或許因爲辛瑪拉係夜行性族群，本文才取用「莎草的夢魘 (sedge nightmere)」此一解釋。

瑞典作家維多・里德伯於《條頓神話》（Teutonic Mythology, by Viktor Rydberg）一書中，將「Sinmara」視爲內含上述語意的雙關語。

根據「斯威普達之歌」的副篇「福約斯維茲之歌」（Fjölsvinnsmál；The Lay of Fjölsvid）所述，打造雷瓦霆（此稱黑瓦霆 Hævateinn）的火邪神洛奇被視爲另一名喚洛夫特 (Loftur) 的諸神宿敵，里德伯推論此一鐵匠便是《沃隆傳說》（古北 Völundarkviða；Volund saga）提到的矮人沃隆。

夜神之父密米爾・尼達多 (Mimir-Niðaður) 囚禁沃隆並奪走其劍，爲防範沃隆脫逃，尼達多之妻殘酷地挑斷其膝腱，將劍交由同爲夜神族的辛瑪拉保管。里德伯認爲辛瑪拉之名正呼應沃隆的下場，有「傷其筋腱使成殘」之意，同時「mara」另一「夢魘」的本意，又兼具辛瑪拉出身夜神族的背景。

註2：原文誤植爲「Viðohnir」。

註3：又作「Irrlichter」，被視爲不及受洗便死去的兒靈（嬰靈）。

炎魔

炎魔是托爾金的作品《精靈寶鑽》與《魔戒》提到的惡魔。

馬爾寇（昆 Melkor，以力量興起者）在瓦拉諸神中一度擁有舉足輕重的力量，他在沉淪爲邪惡一方後，爲了在阿爾達奠定穩固的霸權，於是在中土北部的中央地帶隔著伊瑞英格林（辛 Ered Engrin，鐵山脈）興建了要塞烏塔莫（昆 Utumno），從此化身爲軀體高大、教人望而生畏的統治者，四下網羅贊同自己的邪惡生靈。

率先加入的便是火邁雅〈fire Maiar〉，他們也因此與馬爾寇的形象最爲相近，成爲麾下最強大的部眾，烏塔莫該地從此充斥著馬爾寇的爪牙與火焰。

此一火邁雅之名，辛達語稱之爲「強大的惡魔」（Balrog）；昆雅語則稱之爲「持火鞭的強大惡魔」（Valarauko），複數作「Valaraukar」。獸人以黑暗語稱爲「火焰」（ghâsh）；巫師甘道夫則稱之爲「烏頓之火」〈flame of Udûn〉，而所謂烏頓，亦即昆雅語「烏塔莫」的辛達語。

其形體大致與人類相近，黑色的巨體包容在火焰中，繚繞的長鬃燃起烈火，鼻孔可噴出火焰氣息。右手或持棍棒、斧頭、火劍，凡此皆任其所好不一而足，左手持有一條繫著皮繩的火鞭。這鞭子正是炎魔本身威脅性的象徵，其臂力尤勝絞殺獵物的盤蛇。

然而相較於此一物理性的威脅，更可怕的卻是他們身爲邁雅的本質。「他們的心雖以火焰構成，卻慣以黑暗纏縛對手，以恐懼作爲先驅。」（引1）即便是強健的矮人與長生的精靈，都不能免於炎魔釋放的黑暗所帶來的恐懼。

火焰無法傷其分毫，不過接觸大量的水，身上的火焰就會熄滅，露出光滑的表皮。

《魔戒三部曲～王者再臨》的附錄一之III提到「飛自…」這樣一段形容（註1）。是否生有翅膀雖然不得而知，但可確定炎魔能夠飛行。只是牠們經常摔死，飛行能力並不是那麼穩定。

給予托爾金創造炎魔此一靈感的或許是北歐神話中所謂「烈焰之民」的領袖舒爾特（Surtr，黑）。他棲身在地下與谷底，是個通體火燃的巨人，手中赤焰勃生，或持一把輝耀的火劍。身上紅黑交融的模樣，猶如炭火燃燒

的光景，軀體前後並有火焰隨行。

舒爾特會在末日降臨時由南方乘船而來，縱火焚燒萬物，燒盡整個世界。

順道一提地，人稱「不列顛王」的遊戲製作者理查‧蓋略特 (Lord British, Richard Allen Garriott) 創造的 RPG「創世紀」〈Ultima〉系列中，有一名叫火魔神 (Balron) 的高階惡魔，其造型便酷似炎魔。

■ 持黑斧的炎魔之王‧葛斯摩

天空僅見星辰的年代，馬爾寇為了嚴密監視西方的眾神之國瓦林諾，於是在中土西北部興建第二座要塞同時也是兵器庫的安格班（辛 Angband，鐵的禁錮），由身為邁雅的心腹索倫坐鎮該地。當時便有一部份的炎魔部隊配屬於此。

日後人稱「炎魔之王」、善使一把黑斧的葛斯摩 (Gothmog) 也置身其中。葛斯摩一詞的字源為何並不明確，假設將「mog」視為對應昆雅語「mol」（僕從、奴隸）的辛達語，便有「敵僕」之意。此一「敵人」(goth) 若是馬爾寇的別名摩苟斯〈Morgoth〉的略稱，又可意譯為「馬爾寇的僕從」。

當瓦拉諸神發覺馬爾寇的勢力不容坐視之後，立刻攻擊安格班，遭到擊潰的馬爾寇軍倉皇敗逃，一路退回烏塔莫，炎魔部隊卻悉數埋沒在安格班的廢墟下。

瓦拉諸神窮追不捨，接著又攻打烏塔莫。最後要塞被破門而入，城牆的屋瓦悉數剝離，馬爾寇也被逼退至底部深處，落得階下囚的田地。

馬爾寇被幽禁在瓦林諾長達三紀〈three Ages〉（實際年數不詳。依後世歷史將一紀視為三千多年來推算，約莫 1 萬年）。幽禁結束後，馬爾寇將智慧與鬥爭意識灌輸給精靈，引發一場混亂。惡行曝光後，馬爾寇佯裝回到自己的根據地，暗地卻與大蜘蛛昂哥立安〈Ungoliant〉聯手，毀滅瓦拉諸神都城裡的兩株神樹，從中奪走三顆精靈寶鑽。

馬爾寇回到中土後，為了爭奪精靈寶鑽的所有權，險些讓昂哥立安吞下肚，馬爾寇因此發出垂死掙扎般響徹天地的叫喊。

炎魔們一度在安格班廢墟的地底深處與主人一同長眠達 1 萬年。他們在聽到此一喊聲後紛紛甦醒（原文對此並未詳述，或許是在葛斯摩的帶領下甦醒的），宛如奔焰的風暴般群體來襲，祭起火鞭粉碎了蜘蛛巢，昂哥立安隨即逃之夭夭。

就這樣，炎魔平安救出自己的主子。

正因為有這樣一段過去，馬爾寇不再返回烏塔莫，從而改建安格班做為自己最主要的城塞。為了加強防禦，又動土興造山戈洛墜姆（辛 Thango-rodrim，暴虐的壓迫者建造的群山）宛如三層塔般的山脈(註2)，使山頂上經常瀰漫一股濛濛的黑煙。

炎魔

或許是因爲心腹索倫始終不見蹤影的緣故，厥功至偉的葛斯摩被授命爲安格班的守將。此後馬爾寇軍與南方貝爾蘭的精靈之間曾經發生數次小規模的戰鬥，並且爆發過總計六次的大會戰。

第二次貝爾蘭戰役·星夜之戰（辛Dagor-nuin-Giliath，星辰下的戰役）當時，精靈費諾爲了奪回親手創造的精靈寶鑽，一路以摩苟斯（辛Morgoth，黑暗大敵）之名叫喊馬爾寇，怒不可遏地穿突前線而來。

葛斯摩遂率同獸人軍與炎魔衛隊來到山戈洛墜姆山麓迎戰。屬性爲火的費諾雖然驍勇善戰，卻還是中了葛斯摩一記致命傷。就在此時費諾諸子的援軍趕至，葛斯摩於是鳴金收兵。

此時換來黑暗大敵之名的馬爾寇假意向精靈提出了停戰協定，表示願意歸還一顆精靈寶鑽，請求對方停止攻打安格班。當時除了星辰外，天上又升起日月，馬爾寇麾下的獸人在陽光下行動尤其遲緩，局勢不利的轉變倒也是事實。

當然精靈也不完全採信此一說法，只是費諾諸子的思緒早已牢縛在奪回精靈寶鑽的誓言下，最後還是帶領協議中明定的兵力前去議和。

豈料摩苟斯卻預置了一批人數超出精靈的伏兵，其中自然也包括炎魔。王子梅斯羅斯因此淪爲俘虜，其他精靈悉數遭到殘殺。

到了第四次會戰·驟火之戰（辛Dagor-Bragollach，頃刻間戰火蔓延的戰役），伴隨著流自山戈洛墜姆山脈的滾滾岩漿，前有飛龍始祖格勞龍開路，後有獸人軍押陣，炎魔軍戰志高昂地揮軍南下。一場戰役由冬季殺至明春，抵抗摩苟斯者都遭到毫不容情的屠殺。

東線的格勞龍也戰果豐碩，從而滿足了戰爭的訴求。唯獨西方的希斯隆盆地憑藉精靈與人類聯軍的頑強抵抗，竟連炎魔也無法攻陷。

第五次會戰·淚無盡之戰（辛Nirnaeth Arnoediad，淚流不止的戰役）發生的當時，摩苟斯意識到即將面臨一場決戰，於是在最後關頭淨空整座安格班要塞，讓葛斯摩帶領炎魔軍隨同格勞龍全員出戰。

炎魔軍於途中與格勞龍分道而行，隨後以黑楔陣形〈dark wedge〉突破精靈王子特剛率領的前軍，接著與後方的精靈王亦即特剛兄長的芬鞏展開肉搏，葛斯摩進而與其捉雙廝殺。一旁的炎魔眼看戰事膠著，不禁怒從中來，於是迂迴來到芬鞏背後，祭起火鞭纏住了對手。葛斯摩這才掄起自豪的黑斧砍下芬鞏的首級，其餘炎魔還以長槍戮刺其屍骸，將精靈王的旗幟打落血泊中，狠狠踐踏了一番。

整體說來，這是一次偉大的勝利。

最後一場戰役稱爲憤怒之戰（the War of Wrath），當時摩苟斯爲了攻打精靈的隱密都市貢多林，動員了獸人、狼、飛龍部隊，同時也包括炎魔

軍。這回就連上次會戰中脫逃的特剛也隨著貢多林的淪陷戰死，然而驍勇的葛斯摩與精靈統帥愛克西里昂〈辛 Ecthelion，可能是槍尖之意〉單打獨鬥之餘，卻也同歸於盡。

失去隊長的炎魔軍另有一名派往分遣作戰的成員，此一姓名不詳的炎魔當時正隨同獸人部隊追殺一批打算利用祕道逃走的貢多林精靈餘孽。當精靈殘部來到索羅納斯裂口（辛 Cirith Thoronath，鷲鷹裂口）附近一塊聳立於高處的大岩石後，領隊的格羅芬戴爾〈辛 Glorfindel，金髮者〉為了讓其他同胞逃生，獨自對抗此一炎魔。最後雙雙落入深淵，失去了性命。

儘管付出如此慘痛的犧牲，摩苟斯依然相信勝利已經到手。

豈料西方的瓦拉諸神卻在聽取中土流民急切絕望的陳情後，終於決議與精靈人類聯手，火速攻打山戈洛墜姆。儘管摩苟斯使出渾身解數防禦此一攻勢，終究抵擋不住而被俘，從此被放逐至另一次元。

戰事慘烈之餘，甚至連貝爾蘭為首的中土西緣也同時沒入海中，摩苟斯眾多的部下也與陸地命運一同。儘管炎魔幾乎全軍覆沒，依然有極少數飛走，逃脫至瓦拉諸神也難以接近的地底深處，就此藏身在洞穴中。

▌摩苟斯炎魔

南北縱走於中土中央地帶的迷霧山脈有一處建於上古時期的地底王國凱薩督姆（凱 Khazad Dûm，矮人的居所）。矮人擁立都靈族人為王，度過了數千年的和平歲月，然而一次過深的挖掘卻招來了橫禍。

或許是開挖深不可測的地底時，引來熔岩流的緣故，原本長眠在凱薩督姆的「摩苟斯炎魔」因此甦醒。現身在大廳的他屠殺了無數的矮人，儘管矮人軍徹底抵抗，最後還是在失去都靈王之後倉皇逃走。從此他們將炎魔稱為都靈的剋星〈Durin's Bane〉，凱薩督姆也換來摩瑞亞（辛 Moria，漆黑的深坑）此一令人不喜的異稱。

為了一圓復興凱薩督姆的美夢，身為這批矮人族後裔的巴林等人蓄勢養精，約莫千年後再次移居摩瑞亞，但不過短短五年便讓獸人剷除殆盡。

此後又經過大約三十年，來到《魔戒》一書發生的年代，這回來到摩瑞亞的正是持有魔戒的哈比人佛羅多·巴金斯一行人。他們從遺留在馬薩布爾大廳（Chamber of Mazarbul，記錄廳）的書上得知巴林的企圖與下場，然而自己也在數百名獸人的追殺下開始逃竄。

巫師甘道夫本想以魔法封住途中一扇門，卻因為門後存在一等同於己的神祕力量，全然不盡人意。

正當他們疲憊困頓地來到出口就在近處的都靈橋上時，「摩苟斯炎魔」突破魔法封鎖現出其身影。

甘道夫心知不敵，於是祭起魔法擊斷橋面，連同「摩苟斯炎魔」打落

橋下，豈料「摩苟斯炎魔」突然揮來火鞭纏住了甘道夫。

兩人就這樣摔落到矮人也不曾聽聞的一處位於極度深淵的地底湖。面對火焰熄滅、失去武器的「摩苟斯炎魔」，甘道夫拔出了魔劍·敵擊劍，「摩苟斯炎魔」隨即拋下甘道夫試圖逃走，但甘道夫依然強忍痛楚疲憊，一路追擊而來。雙方緩緩向上攀爬，一路回到曾經是矮人版圖的凱薩督姆遙無止境的階梯上。不過追逐的戲碼並未因此落幕，登上階梯的盡頭後，

繼而向上攀緣，最後來到以山頂峰岩開鑿而成的都靈塔。

退無可退的「摩苟斯炎魔」只得奮燃一身火焰迎戰甘道夫，最後依然不敵，於塔頂上遭到擊落而敗死。

但也許這並非最後一隻炎魔。畢竟人煙未至的深處、熔漿渦流的灼熱空間，至今仍可能沉睡著其他同伴。如果他們甦醒於現代，不知將是何等可怕的光景？如此想來，這世上還是有些領域是吾人切不可碰觸的。

━━ I ━━

註1：語出「都靈的同胞」(Durin's Folk) 一段。意指矮人開採祕銀時，驚醒了「飛自山戈洛墜姆」的炎魔。中文版作「逃出」解，因「fly」亦可視為「flee」。茲摘錄原文如下僅供參照。

「The Dwarves delved deep at that time, seeking beneath Barazinbar for mithril, the metal beyond price that was becoming yearly ever harder to win. Thus they roused from sleep a thing of terror that, flying from Thangorodrim, had lain hidden at the foundations of the earth since the coming of the Host of the West: a Balrog of Morgoth.」

此外《魔苟斯之戒》的「阿門洲編年史」(The Annals of Aman, *Morgoth's Ring*) 提到馬爾寇與瓦拉諸神交戰到最後，身邊僅剩下一批炎魔部隊，這支小隊最後卻在空中遭到曼威強大的能量波殲滅，由此可見炎魔似乎具有飛行能力。只是若從《魔戒首部曲》中甘道夫與炎魔一戰的結果看來，當時摔落斷橋的炎魔並未展現飛行的能力，私以為也許是炎魔需要寬廣的空間助跑起飛，又或者此一炎魔深居地底多時，早已失去飛行能力的緣故。

註2：原文誤植為「サンドロゴリム」，應作「サンゴロドリム」。《精靈寶鑽》中譯為「安戈洛墜姆」，《魔戒》聯經中文本（2001年初版）的譯名則有所出入。《魔戒二部曲》第4章8節 (p.424) 與《魔戒三部曲》附錄二 (p.57) 譯為「安戈洛墜姆」，有別於《魔戒首部曲》第2章2節 (p.360) 與《魔戒三部曲》附錄一之 III（附 p.46）的「山戈洛墜姆」。由於「thang」音節中的字首需發音（類似「桑」的舌間音），因此坊間多所採用的「安戈洛墜姆」一語應視為誤植。

―――――

引1：日譯文摘自田中明子譯本。

火精靈 ・ 火蜥蜴

　　英語「Salamander」一詞源自希臘語的「Salamandra」，一般有火蜥蜴或山椒魚等雙重含意。

　　古羅馬博物學家老普林尼在《博物誌》（或稱《自然史》*Historia Naturalis*）第十冊第188節中寫道：「蠑螈 (Salamandra) 看似蜥蜴，全身帶有星點。」牠們只出現在豪雨中，一旦雨勢停歇便消失蹤影。軀體冰冷，接觸火就會瞬間融化。

　　由於具有此一特徵與不耐火等性質，長久以來該記述多半被視為山椒魚的描寫。不過也有另一種解譯認為接觸火便消失，表示具有「火的屬性」。此一說法係採用日後達文西〈Leonardo da Vinci〉所述「山椒魚以火為食，藉此蛻換自己的外皮」其中的上半句。

　　根據皮耶・德波偉寫於1206年的《動物誌》〈*Bestiaire*, by Pierre de Beauvais〉所述，山椒魚的拉丁文似可稱之為「Stellion（耀如星輝者）」，身體極富色彩，這也讓人想起一些具有黃橙色等鮮豔紋路的山椒魚族群，或許火蜥蜴的異稱便是將這些顏色與火、光聯想得來的。

火龍精

　　《博物誌》第十一冊第119節提到賽浦勒斯島上有一種生息於銅熔爐火焰中，稱為火龍精（拉Pyral(l)is，屬火者）或銅青蟲〈拉Pyrotocon；Pyrausta〉的生物。這是一種四足薄翼、較蒼蠅大的昆蟲，只能生存於火焰中，稍微飛出火焰外就會立即死亡。也有一說指稱此一火龍精正是「Salamander」。

　　火龍精是日本遊戲公司Namco用於「神奇蛋」〈Wonder Eggs, 1992～2000〉主題樂園中的角色人物，該樂園結束營業後，從此出沒在美食街主題樂園Namja Town（註1），見過他的讀者想來應該不少。

　　順道一提地，第十冊第204節提到火龍精與經常捕食昆蟲的火鳩之間有著天敵的關係。或許正因如此，「Pyralis」一詞才會在現代生物學領域中用於危害農作而廣為人知的害蟲螟蛾的學名上，取其「飛蛾撲火」之意。

火蜥皮

　　一種稱為「火蜥皮」的物品曾經一度流通於中世紀，原來火蜥蜴被視

爲棲息於火焰中的一種昆蟲，能夠吐絲成繭，以此絲編織而成的布就稱爲「火蜥皮」。相傳若要捕捉火蜥蜴，最好穿上「火蜥皮」織成的衣服與長靴。

提爾伯利的蓋爾瓦修斯在《皇帝的消遣》〈Otia Imperialia (1214), by Gervasius Tilleberiensis；英 Gervasius of Tilbury, 1155?～1234〉(註2) 序章中提到的樞機主教，同時也是第4次十字軍東征時的教皇特使卡布亞的伯多祿〈拉 Petrus Capuanus〉有一條腰繩粗的「火蜥皮」。伯多祿在蓋爾瓦修斯的面前，將沾有污垢的火蜥皮投入火中，結果非但沒有引燃，污垢反而掉落變得更爲潔白。

從此一特性看來，讓人聯想到所謂的「火蜥皮」似乎就是石綿 (asbestos)。《馬可波羅遊記》〈Le Devisement du Monde, by Marco Polo, 1254～1324〉書中的「欽赤塔拉斯城」〈Cincitalas；或作欣斤塔剌思州 Chingintalas〉章篇也闡述相同的見解(註3)。

鍊金術領域中似乎存在一種「不燃石」（amianthus，石絨），別名也是「Salamander」。在現代礦物學中，被視爲纖細、容易捲曲的一種石綿。

鍋爐殘留的爐底結塊〈sows，或作爐缸積鐵〉冷卻固化後硬如鋼鐵，泛稱爲「Salamander」，即使再加熱也難以熔解，膨脹後還可能導致熔爐損毀，是一種極難處理的物質。

▌帕拉塞爾蘇斯的火精靈

16世紀的德國醫師同時也是鍊金術師的帕拉塞爾蘇斯〈Paracelsus，超越塞爾蘇斯的；本名 Theophrast von Hohenheim, 1493～1541〉曾經選用地水風火做爲構成整個世界的四大元素 (Element)。

萬物由地水風火四種元素構成的思想，自然讓人覺得有違科學的常識。不過如何解讀畢竟還是因人而異。原來物質本身可分爲四大形態：固態、液態、汽態以及電漿態。凡此各自的形態都對應上地、水、風、火四樣元素。

所謂電漿態，亦即電子離開原子核軌道成爲自由電子的電離狀態，在真空的宇宙間尋常可見，但相較於其他三態，在地表上卻不多見。正因如此，鍊金術師與科學家們過去一直竭盡所能，想要設法重現此態。

順道一提地，最貼近人們的電漿就存在於發光的螢光燈中。

帕拉塞爾蘇斯採用的火精名係來自德語的「Salamander」，但爲了嚴格區別一般的山椒魚，稱之爲「火精靈」（Feuer-Salamander〈焰火精〉）(註4)。

對於過往的鍊金術師而言，火精靈的存在有其必要性與價值。在鉛轉化爲金的複雜過程中，一旦熱火加溫到適當的溫度，火精靈就會跳進火焰中，在煤炭上躍然起舞，這也代表它們扮演著溫度計的角色。

四大元素中的火精靈

另有一說指稱只要火力充足，火精靈就會現身在火焰裡。由此一論說看來，它們似乎原本棲息在地球內部盛燃的熾焰中。

《哈利波特》的火蜥蜴

在羅琳的《哈利波特》系列中，火蜥蜴成了小巫師們就讀的霍格華茲魔法與巫術學院 (Hogwarts School of Witchcraft and Wizardry) 授課用的教材。

這是一種嬌小可愛的蜥蜴，血液含有回血治療的成分，平時棲息於火焰中，常以火為食，膚色會隨著當時所處火焰的溫度轉換成亮白、藍、橙、紅等顏色。在沒有火的地方總是靜止不動，若定時餵食辣椒等辛辣的食物，還可以在火焰外生存6小時。

第三冊第12章提到海格 (Rubeus Hagrid) 老師將火蜥蜴投入火中，讓學生們度過了歡樂的時光。火蜥蜴更是開心地四處亂竄，在最喜歡的火堆裡自得其樂。

也有一些學生拿牠們來作研究（或惡作劇？）。第二冊第8章提到弗來德和喬治·衛斯理 (Fred & George Weasley) 這對調皮的兄弟檔從奇獸飼育學 (Care of Magical Creatures) 的課堂上借來一隻火蜥蜴作實驗，想知道讓牠吃了煙火會有何種反應。結果火蜥蜴在空中團團轉，噴出火花發出了巨大的聲響，口中還射出一道像瀑布般的橘黃色流星。這回火蜥蜴可沒上次那般快活，煙火一爆炸，牠就匆忙逃進了暖爐裡。

女精化身的火精靈

俄國小說家奧多埃夫斯基的短篇小說《火精靈》〈俄 Саламандра, Salamandra 1841, by Одоевский Владимир Федорович；Vladimir Fedorovich Odoevsky, 1803～1869〉一書中提到煉化「奇蹟石」〈Чудный Камень〉(註5)不可或缺的火精靈，稱之為「火龍」〈Огненным драконом；Fiery Dragon〉。

雅克〈Якко；Jakko〉與高官「伯爵老人」二人耽溺於鍊金術。他們將一罈裝有石頭與藥劑的坩堝加熱長達41天，但實驗的結果不如預期，失敗了數次，生活因此日益拮据。

就在這樣的某一天，雅克從爐火中見到自己曾經許下婚約的青梅竹馬愛莉莎〈Елисавета Ивановна；Elisaveta Ivanovna〉的幻象，她開口如此說道。

「你以為不用召喚火精靈，就能掌握火焰的祕密？少了火精靈，這火不過是一團死火，是不可能讓龍起死回生的。」

原來「取得奇蹟石」也就代表「從火焰中召喚龍」的意思。雅克承諾「自己的身心都屬於愛莉莎一人」，愛莉莎這才化為一團白火，附著在火精靈的身上，變成一陣金色水幕滴落於坩堝。坩堝隨即通體透明，雅克因此目睹了火龍與火獅搏鬥的光景。不久

火獅被火龍一口吞噬，一頂金冠瞬間粲然生成，坩堝因此籠罩在一片紅寶石般的霞光之中。

就這樣坩堝中取得一塊藍色的石頭。那是一種奇妙的染色原料，雅克的生活因此好轉起來，不過依然無法生成「奇蹟石」。化成火焰的愛莉莎於是告訴雅克說道。

「沒有矽油是辦不成的。加熱的天數也不是41天，是401天。」

經過一年後，雅克終於取得了「奇蹟石」，不斷將鉛轉化為黃金。他將這些黃金埋藏在地下，深怕有一天被人發現而終日惴惴不安。愛莉莎於是又說道。

「只要許個願讓自己成為伯爵，願望就會實現。」

雅克凝神一想，身為高官的伯爵老人隨即消失，自己的容貌外表也成了伯爵的模樣。就這樣雅克得到了高枕無憂的地位，開始無節制地煉造黃金。

此後雅克過了一段恣意揮霍的日子。直到有一天，一位女子前來向他求婚，不過來者並非火焰幻象的愛莉莎，而是愛莉莎本人。然而雅克當時正在熱烈追求一名貴族之女，於是拒絕了這樁婚事。就在此時，愛莉莎忽然縱聲大笑起來。

「你既沒資格得到神祕的力量，更沒資格獲得火精靈的愛。從今以後，人類將再也得不到火精靈的恩寵。至於你，就變成自然界和人間都不要的東西吧！」

笑聲之大，整個房間都隨之動搖起來。

雅克發出了哀號，最後在自己的悲嘆聲中清醒過來。偌大的實驗室中只剩下雅克孤獨一人。眼前的坩堝業已碎裂，爐火中噴出一道白火，纏繞住他的軀體。就這樣雅克失去肉體，化成了一縷幽魂。

此後實驗室所在的這棟房子因為鬧鬼，始終沒人敢住進來。人類也永遠失去獲得「奇蹟石」的機會。

指稱火精靈化身為人類、尤其是美麗女子的事例並不少見。喬治·道格拉斯的《蘇格蘭童話與民間傳奇》〈*Scottish Fairy & Folk Tales* (1901), by George Brisbane Douglas, 1856〜1935〉所收錄的一篇「羊乳草」便是一例。

一名女子尋找不知去向的兩隻羊的當頭，天色忽然變暗下起雨來，卻在正想放棄的時候找到了羊。

女子牽著兩隻羊到處尋找避雨的地方，最後來到一處小丘上。她一路走來已經有些倦意，於是找了一塊合適的地點，決定在此過夜。接著生火取暖，打了一根椿子好繫住羊。

忽然土丘裂開了一處，傳來奇怪的聲響。正覺納悶的時候，一個露出上半身的火精靈女子現身在火堆中。

「為什麼來打擾我們？這山丘可是

我們住的地方。」

女子於是率直地道出始末。火精靈便說道：「妳大可帶著羊到對面一處地勢高一點的地方。那邊的草生長茂盛，羊吃了那些草，大概一輩子都不愁會缺奶。」話一說完就消失了蹤影。

老實的女子依照指示行事，結果每天都擠出許多的羊奶。

亞歷山大・波普一篇諧擬英雄的諷喻詩《秀髮劫》〈*The Rape of the Lock*, by Alexander Pope, 1688～1744〉提到一個熱情的女子死後化成火精靈。她身為精靈而非靈體，一旦與人結婚便可獲得靈魂，甚至還能懷孕生子。

在安納托爾・法朗士的筆下，《鵝掌女王烤肉店》〈*La Rôtisserie de la Reine Pédauque,* by Anatole France〉書中的一名鍊金術師如此說道。

「她們是造物主以火創造的精靈，生息在火焰與空氣中，化身美女的模樣，只願意和深諳哲理的男子相愛。」

湯瑪斯・沃頓的《火蜥蜴～無盡之書》〈*Salamander,* 2002, by Thomas Wharton〉描述斯洛伐克伯爵康士坦丁・奧斯特羅夫〈Konstantin Ostrov〉委託一位以製作機巧書聞名的印刷工人尼可拉斯・佛洛德〈Nicholas Flood〉為他創造一本「無始無終、得以無盡延續的書」，整個故事由此發端。

伯爵利用時鐘機械裝置運作的城堡中，住著他熱愛閱讀的獨生女伊莉娜〈Irena〉。埋首製作無盡之書的尼

可拉斯受伊莉娜充滿知性涵養的氣質所吸引，伊莉娜對尼可拉斯不凡的才幹也抱有興趣。

有一天伯爵父親離開城堡外出，伊莉娜突然想要和尼可拉斯獨處，於是暗地破壞了時鐘的機械裝置。就在僕人們忙著修理的深夜，尼可拉斯去見伊莉娜的當頭，蠟燭卻讓風吹熄了。此時尼可拉斯將一張印有螢光塗料，黑暗中會散發淡綠色微光的紙插在蠟燭的煨燼上，一絲餘火隨即延燒紙張，蠟燭也再次燃起。

當時尼可拉斯以螢光色劑印在紙上的火蜥蜴徽章，就像垂死掙扎般熔化在空氣中。看著這幅圖像，伊莉娜以為是鳳凰。事實上尼可拉斯下訂單時，原本想要印製的是一隻混體魔獸・蛇尾火獅羯〈希 Khimaira；英 Chimera，獅頭羊身蛇尾的怪獸〉，製版工人卻錯印為火蜥蜴。

生命永恆於火焰中的火蜥蜴不甘只是片刻存在的圖像，於是化成不具實體的不明生命，如魅影般遊蕩於城堡中。尼可拉斯兩人纏綿於伊莉娜的床笫後，魅影隨即消失不知去向。之所以有了愛的結合，係因為尼可拉斯在一本名為《慾望》的訓諭詩所有的篇幅上，都用螢光墨水印上伊莉娜的名字（註6）。

兩人之間的情事終究還是讓伯爵發現，尼可拉斯因此被關進了地牢。伊莉娜則被趕出城堡，後來在船上生下了女兒派嘉（Pica，12點活字）。

然而誕生自雙親愛火情焰中的派嘉卻成了私生子，被送往修道院養育。

伯爵祖父死後，10歲的派嘉隨即踏上尋找雙親的旅途，第一步便是從祖父的城堡中救出父親尼可拉斯。在追求無盡之書的堅忍意志之下，尼可拉斯才得以保持神智清醒至今，派嘉於是將印刷機運上自己的乘船。通過觀察父親的舉動，派嘉自己也開始學習製作起書本來。

一行打探伊莉娜的下落，環遊歐、亞、非、美洲等世界各地。然而派嘉卻在碰觸山謬·柯許納〈Samuel Kirshner〉這位熟練的技工製作的活字之後，消失在「得以無盡閱讀書本、並不存在時間的空間」之中。

一本著作即使在作者已經離開人世後，依然得以無盡期地存活下來，不住地喚醒燃燒作者生前的情感。封閉在永恆的閱讀空間，取以活字之名的少女派嘉，正是火蜥蜴永世不朽的化身。

派嘉自當繼續她的冒險旅程，至於其未來如何，還請讀者親眼見證。

男精化身的火精靈

恩斯特·霍夫曼的《金鍋》〈德 *Der goldene Topf: Ein Märchen aus der neuen Zeit*；英 *The Golden Pot: A Fairytale of Modern Times, by Ernst Theodor Wilhelm Hoffmann, 1776～1822*〉罕見地提到一名男性火精靈，他從事的也是文書管理的工作，融入人類社會已有一段時日。平時總是擔心自己一旦身份曝光，「會不會因為一頭看似燒焦的頭髮而被人拒絕擁抱」，又或者「同事會不會煩惱該給予一個精靈公務員多大的權限」等諸如此類的問題。看來這名火精靈似乎認為只要能獲得善意的對待，倒也不排斥與人類共存。

麥克·安迪在《說不完的故事》中提到的火靈（德 Feuergeist；英 Fire sprite）（註7）是一名醫師。身材瘦長，留著紅色火鬍的火靈說話時，嘴裡總是冒出一團煙霧般的字塊。就在火靈為罹患不明病因而無法起身視事的女王診療後，吐出一個問號的煙霧。

看來相對於女火精的妖冶美艷，男火精似乎有種不易讓人生厭的逗趣色彩。

斯坦納的火精靈

20世紀前半活躍於德國的思想家魯道夫·斯坦納 (Rudolf Steiner) 提倡的人智學〈Anthroposophy，或譯靈智學〉述及的火蜥蜴等四大元素精靈，似乎是一種不具實體的觀念。受物質文明蒙蔽的肉眼是看不見它們的，唯有淨化心靈，才能真實地感受到其存在。以下便是以現代觀詮釋煉金術概念的一段解說。

動物靈一旦未回歸**靈母群**〈soul population〉，就會成為火精靈。如果將雨水視為動物靈，流經河川後匯入的大海視為母群，或許可以更容易理

解一些。

　　棲身在光熱中的火精靈通過各種途徑作用整個世界，進而滲透至地、水、風等元素內。

　　它將匯集後的溫以太〈德 Wärme-eäther；英 Warm Ether；日「熱エーテル」〉注入植物的花朵。此時所謂的以太意味著一種概念性的能量（註8）。溫以太會搭上花粉隨風飄揚，經由附著後的子房傳遞至種子（火精靈之間同樣有邪惡者，一旦邪惡的成分落實，就會在種子內形成毒素。杏仁中的氰化鉀〈potassium cyanide〉便是一例）。

　　由上空沉降下來的以太體與上昇自大地的以太體結合，植物就會受精。此時溫以太進一步沉降至植物的莖幹，通過根部滲透至大地。種子則由火精靈保護，看顧其成長。

　　為了全程參與此一授粉過程，火精靈會追隨在昆蟲之後。此一光景看似昆蟲正在發光，尤其呈現一種光暈〈aura〉的現象，但事實上是火精靈包住了昆蟲。此外昆蟲也會把得自火精靈的力量釋放至周遭，形成一種靈光（這一點與火龍精〈Pyrallis〉予人的印象重疊）。

　　蝴蝶等昆蟲死亡後，體內的溫以太會釋出，逐漸飄向高空。若從外部看來，就像地球本身發出的光芒逐漸融入天界的白光一樣。火精靈在此一過程中，特別能感受到最大的滿足。是以火精靈總是敞開火斗蓬，籠罩在地球上。

　　經由火精靈與昆蟲的同化，它將勾勒出一幅看似生有薄翼的人類圖像。

　　接著通過自己與此一圖像融合的過程，將人類的意識逐步帶領至完全覺醒的狀態。火精靈會作用在人體與外部傳導互動之用的神經或感覺上，藉由這股力量切斷自己聯繫外部的意識，開展完全客觀的視野，就會轉入所謂「靈悟」的狀態。

　　一旦進入這個狀態，人類的思緒將不再依附渺小的頭腦，轉而思索宇宙間的奧祕，或融入宇宙成為一體。經由這樣的過程，將帶來創造與建構的作用。

　　火精靈慷慨宣揚「神的意旨」，不斷傳播大愛，同時促使人類接受此一恩賜。當人類致力靈修來到此一階段，火精靈就會燒盡人類的精神，消化高層次的精神之際，火精靈本身也同時獲得回饋。

　　原來一如物質燃燒後會產生光與煙，經過火精靈消化後的我們也會分離出「完全脫離自身的天界之光」，以及「猶如剩餘殘渣的煙霧」。煙霧在經歷肉體的死亡過程時，同樣會轉化為火。因此吾人應日益精進，提升自我的精神層次，以等待這一刻的到來。

　　火精靈扮演的正是引領我等努力修為，由人間邁向高次元世界的前導角色。

不過這樣的論說並不純粹是斯坦納獨自提出的思想。

舊約聖經「但以理書」〈Daniel〉第3章提到三個少年被扔進盛燃的火焰，卻毫髮無傷。

「以賽亞書」〈Isaiah〉第43章第2節也提到信耶和華者「從火中行過，必不被燒，火焰也不燃於你身」。此外第6章提到撒拉弗〈Seraph，熾天使〉從祭壇上取來炭火沾在預言家以賽亞的嘴唇上說道：「看哪、這炭沾了你的嘴，你的罪孽便除去，你的罪惡就赦免了。」

正由於火精靈在中古歐洲被視為如此信仰堅定的聖徒所代表的象徵，也因此成為斯坦納哲學的源頭。

■■■

註1：「Namja（ナンジャ，「什麼」之意）」一詞似乎來自 Namco 融入企業識別要素的一種強調自我品牌的概念，除了含有「這便是 Namco」之意，並且隱喻「什麼是 Namja？」（ナンジャとは何じゃ）這樣一種喚起他人好奇的雙關語。一說「Namja」取自樂園貓主人的名字，不過從企畫背景看來，建立該美食王國的貓其實名叫納賈夫「Najav」。

開設於東京池袋 Sunshine City 館內的該主題樂園係目前已成為 Namco 招牌企畫團隊的 Team Namja 於「神奇蛋」樂園落幕之後的力作，與設立在日本各地其他同樣出自該團隊之手的美食主題樂園一同締造了年間消費百萬人次的佳績。

附帶說明的是 Namco 之名似來自前身「中村製作所」(Nakamura Amusement Machine Manufacturing Company, or Nakamura Manufacturing Company) 的英文縮寫。

註2：英文版書名為「*Otia Imperialia, Recreation For An Emperor*」(2002)；日文版作《皇帝の閒暇》(1997)。

註3：由於《馬可波羅遊記》抄本多達一百四十多種，專有名詞拼寫不盡相同，加以中譯本取用之版本互異，故有不同譯名產生。關於「欽赤塔拉斯城」該節中提到的「Salamander」，或譯火蛇或作火鼠，即馬可波羅眼中的石綿，中國古稱「火浣布」。

古時歐洲人見蠑螈出現於石綿礦區，便將兩者聯想在一起。馬可波羅破除了此一迷信，認為火蠑螈 (Salamander) 係人們對於石綿的一種誤解，故通過實際觀察欽赤塔拉斯境內的一座石綿礦山中採礦與製造的過程，於該篇闡述所謂「火蜥皮」便是「火浣布」的意旨。

據商務印書館《馬可波羅行紀》的譯者馮承鈞推論，欣斤塔剌思州似乎便是新疆的巴爾庫勒（Barkoul, Barkul；今日已更易其古名巴里坤）。

註4：除了火精靈‧火蜥之外，帕拉塞爾蘇斯定名的另外三種元素精靈分別是：地精靈 (Gnome)、水精靈 (Undine)、風精靈 (Sylph)。

儘管亦有去化「靈」字使其成為地精、水精云云之譯例，為了避免與生態上的此等族群（地精類、水精類……）產生混淆，仍有區隔的必要。私以為或可冠上元素之名，稱之為「元素火精」或簡稱為「素火精」等。

註5：亦即點石成金的哲人石（俄 Философского камня, философский камень；英 Philospher's stone）。

註6：尼可拉斯將此書送給伊莉娜，因此打動其芳心。

註7：翻譯自英文版的中譯本作「火怪」，本書作「火靈」解。私以為「火靈」更接近德英文的原意，因此採用日文的說法。

註8：斯坦納將以太體區分為溫以太（德 Wärmeäther；英 Warm Ether）、光以太（德 Lichtäther；英 Light Ether）、生命以太（德 Lebensäther；英 Life Ether）與化學以太（德 Chemischer Äther；英 Chemical Ether，又作聲以太 Sound Ether），被視為一種形成生命的能量，全然有別於物理學指稱的以太或化學領域的醚。

火龍

　　口中會噴出火來的火龍在型態上仍殘留著原型蛇類的細微差異。例如邁克・德雷頓的詩歌《妖精王國》〈Nimphidia (1627), by Michael Drayton, 1563～1631〉描述火龍的側寫時便提到：「聽來像是某種生物穿梭草木時發出的窸窣 (rustle) 聲響。」

　　經此逐步探訪其他中古騎士傳奇之後，吾人這才豁然領會此一純粹由大蛇轉變爲火龍的過程。

■中古騎士傳奇述及的演變

　　首先我們從《威爾斯民間故事集》第9則「歐文或靈泉仙子的故事」看起。

　　森林裡一座陡峭的山岳旁有一處灰岩，曾有大蛇棲身於岩石的裂縫中。每當一頭黑獅（註1）嘗試要通過該地，大蛇就會竄出身來猛烈攻擊。當時歐文（Owain，白手伊文，Yvain of the white hand）爵士適巧經過此地，他看準大蛇由岩縫竄出的時機，一劍斬殺了巨蟒。黑獅感銘於心，從此跟隨歐文爵士結伴同行。

　　這條大蛇在克里提安・德・特魯瓦描述同一劇碼的《伊文或獅騎士》

〈Yvain ou le chevalier au Lion, by Chrétien de Troyes〉(1177) 第二部中，以法語稱之爲「Serpent」（註2）。大蛇棲息在一處墾地，牠一度纏住獅子的尾巴，朝著獅背噴起火來。此時伊文 (Yvain) 爵士適巧路過，他舉起盾牌抵擋火焰，恣意砍劈大蛇。巨蟒遭到砍殺依然咬住獅尾企圖吞下，伊文爵士於是連蛇頭一併砍斷。

　　德國作家哈特曼・馮・奧厄的《伊文爵士》〈Iwein, (early 13th), by Hartmann von Aue〉第4章基本上同樣遵循此一路線，不過背景成了森林裡的一處空地，文中還提到怪物「散發出驚人的熱氣與體臭」。

　　經此衍生出噴火能力的大蛇來到《蘭斯洛・聖杯》系列第四部《尋找聖杯之旅》（法 La Queste del Saint Graal (1220)；英 The Quest of the Holy Grail, 1969）第2章之後，進而長出翅膀飛行於空中。儘管外貌看似翼蛇〈Vouivre〉，仍名爲「Serpent」，棲息在一處孤島的峭壁上。

　　話說大蛇叼住一隻幼獅的脖子，一路飛向山頂上的巢穴。悲傷的老獅子尾隨追趕，終於截住大蛇撲上前

去，二頭野獸因此猛烈地纏鬥起來。

聖盃騎士高盧人・帕西瓦爾 (Perceval le Gallois) 爵士原本觀戰一旁，一時不知該為誰助戰，最後還是拔劍刺向大蛇額間，協助同為溫血動物的獅子。

儘管大蛇噴出的火焰燒焦了盾牌與身前的鎖子甲，帕西瓦爾依然矯捷地避開火焰。他數次任意砍劈，劍鋒二度砍在額頭時一劍穿入，大蛇因此斃命。

帕西瓦爾這才拋下燒焦的盾牌，脫去戰盔任由滿頭酷熱發散於風中。向帕西瓦爾頷首稱謝後，獅子隨即離去。

事後帕西瓦爾卻在睡夢中見到一名騎著大蛇的女子責問他「為何殺死她？」原來大蛇等同女性，是古猶太教的象徵，代表引誘亞當與夏娃的蛇魔女 (Lilith)。從「獅子」意味基督教的觀點看來，說明聖盃騎士帕西瓦爾的作為事實上是天經地義的。

順道一提地，根據維多・德比杜爾〈Victor-Henry Debidour〉針對《尋找聖杯之旅》寫下的註解所述 (註3)，「中古世紀的龍統稱為『serpent』，二足有翼。」(引1) 這也說明隨著時代的演進，蛇也衍生出翅膀甚至腳來。

惡魔與火龍

民間傳說同樣承襲了許多火龍與謎樣女子或惡魔相關的故事。一如火精靈對應上蜥蜴／山椒魚，以及女精這樣的雙重型態。

收錄於約瑟夫・雅各斯所著《英國民間故事續集》(1894) 的「英格蘭王與三個兒子」〈The King of England and his Three Sons〉提到可以治癒任何疾病的「金蘋果」，它就收藏在女王梅瓦勒斯 (Melvales) 的城堡內，最後一道門前還有火龍看守。

為了治癒重病的父王，英格蘭王子傑克前來盜取「金蘋果」。原來這座魔法城堡每到固定的時間，所有生物都會睡上一個鐘頭，王子便想趁此空檔下手。

女王醒來察覺情事後，隨即出動火龍攔截，但由於落後將近一個鐘頭，加以傑克騎著白鷲獅一路飛逃，最後還是被其逃脫。

格林兄弟的《德國傳說集》第221篇「蛇女王」提到一位獲得牧羊女救助的蛇女王 (Schlangenkönigin)，她動員麾下的火龍 (Feuer Drache)，將敵視牧羊女的人擁有的牧場燒了個一乾二淨。

《格林童話》第125篇「惡魔和他的祖母」〈Der Teufel und seine Großmutter；英 The Devil and His Grandmother〉提到的火龍 (Feuriger Drache) 是個惡魔男子的化身。三名逃兵被自己的軍隊圍困不得走脫，當時火龍現身提議說道：「只要願意當我的奴隸七年，我就帶你們逃走。」逃兵一同意，火龍就飛快地伸出爪子拾起他們飛得遠遠的。隨後又給了他們一條「抽打就會出現金子」的鞭

子，代價則是讓他們在「出賣靈魂」的文件上簽名〈若想重獲自由，除非猜中惡魔提出的謎語〉。

三人想要設法擺脫賣身契的糾纏，他們將原委告知一位素昧平生、在原野上遇見的老太婆，她隨即指點他們前去火龍位於森林裡的石屋住家。

當時火龍外出，看家的惡魔祖母一時起了憐憫之心，就讓對方躲在家中。等到火龍返家後，祖母若無其事地問起惡魔打算用什麼謎語刁難三人。

火龍答稱「我打算問他們下地獄後能吃到什麼菜？」諸如此類的問題，答案包括「一隻死在遼闊北海的長尾母猴做成的烤肉」、「鯨肋製成的湯匙」、「老馬腿製成的酒杯」。

契約到期後，火龍出現在三人面前，然而他們早已知道所有答案，因此免於一場勾魂之災。

▌立陶宛的火蛇

波羅的海三國的立陶宛將「火蛇」稱為「Aitvaras」或「Kaukas」^(註4)，是一種富裕的象徵。費留斯的《羊齒花》同樣提到幾則關於這種奇特生物的故事。

採訪自1970年的「火蛇」提到一群庫凱〈Kūkai〉村女在前往蒸汽浴小屋的途中，撞見一團紅色火球模樣、從倉房飛竄出來的火蛇。蒸汽浴小屋的主人馬汀奈提斯〈Martinaitis〉指稱：「將衣服的下擺折疊成十字狀，就能抓住火蛇。」

或許是聽從了這番說詞的緣故吧，日後鄰人成了財富驚人的有錢人家。

不過此一財富帶有不義之財的性質，原來火蛇與惡魔〈Velnias〉依然有關。

收錄於1960年的一篇故事「化身攪火棒的火蛇」提到一個受僱在資產家的家中擔任女僕的少女。這棟房宅有一間無法進入的密室，少女平時就睡臥在這處密室後方僅有一牆之隔的房間。每當入夜後，那無法開啟的密室總會傳來「某人吐出不明物體的嘔吐聲」，少女為此輾轉難眠。

有一天家中的人丁大多外出，只留下主人在家，他也因為身體不適而蟄居在房內。少女眼看機不可失，於是潛入打不開的密室。

只見地板上不知為何擺放著裝滿奶油、乳酪的桶子，房間的角落還放有一根攪火棒。天花板上留有許多通風孔，這正是「屋內有人與惡魔打交道，藉此獲得魔力」的證據。

相傳這樣的人一旦死去，身上的魔力就會釋放，過程中將飽受可怕的折磨。此時天花板如果留有氣孔，靈魂就容易脫離軀體，減少本身的痛楚。

少女一時心生恐懼，順手就點燃爐火，將攪火棒丟了進去。就在此時，突然傳來了主人臨死前的慘叫，更且四周狂風大作。

原來主人與惡魔簽下契約，將自

格勞龍

己的靈魂封在火蛇體內。每天晚上主人總是假借火蛇的軀體在空中飛行，四處竊取奶油與乳酪再予以出售，藉此累積財富。本來只要守住無法開啓的密室，任誰也無法得知此一祕密。

然而就在少女步入密室之際，火蛇搖身一變佯裝成攪火棒，又因遭到火燒，主人藏在火蛇體內的魂魄遂脫身而出。就在這個當頭，惡魔現身一把攫住靈魂，主人因此伴隨著狂風一命歸陰。

如上所述，火蛇具有一種化身無生物或蛙蠅等小型動物、藉此盜取他人食物或金錢再予以囤積的性質。

相傳火蛇係由「黑公雞下的蛋孵化而來」。一般說來，這也是孵育毒蛇王〈Basilisk〉的方法，兩者因此被等同視之。據說如果在國內買不到火蛇，就得走一趟鄰國拉脫維亞的市場。

俄國與烏克蘭也有同樣的傳說，根據伯里斯‧格林欽科〈Гринченко Борис Дмитриевич；Grinchenko Boris Dmitrievich, 1863～1910〉的《流傳在民族間的故事》所述，日落前會出現一種看似紅色長毛巾的物體，掠過空中發散出火花來。此一「火蛇」同樣會帶來橫財，不過也有許多人害怕厄運會一同到來，不敢隨意捕捉。

話題再回到費留斯的《羊齒花》。一篇取材自1932年的「拾獲的馬軛繩子」提到一個立陶宛的窮男子由敏達威返家的途中拾獲一條馬軛用的皮繩。回到家後，他將皮繩掛在馬廄的牆釘上，此後馬槽的飼料就不曾減少，馬匹因此日漸肥壯。

有一天男子夢見了皮繩，它要求說道：「成天掛在釘子上，腸胃都下垂了，讓我睡在床上吧。」

男子這才領會皮繩正是火蛇的化身，於是將它丟棄在森林的路旁。儘管皮繩大喊：「釘子也行！」男子卻充耳不聞逕自離去。此後飼料桶裡的飼料總算減少起來。

托爾金筆下的火龍

在奇幻小說的領域中，托爾金的火龍與中古騎士傳奇的大蛇屬於同一系譜。

最初這世上只有一種人稱長蟲(Worm)、不具翅膀與四肢的龍。沉淪的瓦拉惡神馬爾寇在自己的烏塔莫要塞地底豢養改造它們，藉此遂行邪惡的目的，從而誕生了火龍（昆 Urulóki，噴火大蛇），不噴火者從此稱爲冷血龍(Cold-drake)。

最足以代表火龍的是「龍的始祖」格勞龍（Glaurung，金黃的）。金黃的外皮極爲堅硬，唯獨矮人王阿薩格哈爾 (Azaghâl) 曾經傷害過牠，不過阿薩格哈爾也因此付出失去性命的代價。

格勞龍熾烈的火焰燒盡精靈王國‧納國斯隆德〈辛 Nargothrond，防衛納洛河的堡壘〉，將它變成了一處廢墟。牠不具眼瞼的蛇眼具有迷惑他人的魔力。或許是因爲這股力量能夠

操縱人心的緣故，格勞龍有時也被喚作「靈蛇」（辛 Fëalóki）。順道一提地，「fëa」除了具有「魂魄」的意思，還有「附於肉身的靈」、「化身」等含意。從牠們壓倒性的強大力量看來，自然而然讓人聯想到牠們或許是邁雅精靈化身爲蛇的結果。

根據《胡林子女的故事》〈The Lay of The Children of Húrin〉所述，惡神馬爾寇囚禁人類勇士胡林 (Húrin)，逼迫他招出精靈的隱密都市貢多林的所在。然而不論如何嚴刑拷打，胡林依然堅忍不屈，馬爾寇因此決心詛咒其族人，讓他親眼目睹族人的下場。

胡林的領地多爾露明〈Dor-lómin〉從此被異族東夷人統治，人民淪爲奴隸。胡林之妻莫玟 (Morwen) 爲了將來打算，暗中將兒子圖林 (Túrin) 送往灰精靈王庭葛〈辛 Singollo；Elwe Thingol〉（灰斗蓬日後的名字）的身邊。

豈料圖林依然厄運纏身。一日圖林與毀謗他的南多精靈〈指西羅斯，Saeros〉爭鬥，不慎害死對方。絕望的他從此淪爲法外之徒，最後被馬爾寇部下擒獲帶走。圖林隨後就被擔任庭葛王衛隊長的好友畢烈格·強弓 (Beleg Cúthalion) 救出，然而他卻將畢烈格錯認爲敵人，再次犯下了誤殺的罪過。

圖林受此衝擊後形同廢人，同爲畢烈格所救的精靈貴族葛溫多 (Gwindor) 便將他帶往自己的故鄉納國斯隆德。

來到此地後，精靈公主芬朵菈絲 (Finduilas) 愛上了人稱亞達尼西爾（辛 Adanedhel，精靈人）的圖林。當時圖林建議在水上都市納國斯隆德架上一座堅固的石橋，豈料火龍格勞龍卻通過石橋入侵，精靈王國因此滅亡。

聽過葛溫多留下的遺言，圖林便想救回公主芬朵菈絲。豈料在馬爾寇的授意之下，格勞龍以魔眼將圖林定身並蠱惑說道：「你的母親和妹妹淪爲奴隸，過著受苦的悲慘日子，你竟然不去解救她們？」圖林被騙離去後，格勞龍隨即將附近一帶悉數燒毀，牠將搜刮得來的所有財寶堆放在大廳後，蜷曲身子盤伏其上。

回到故鄉的圖林得知母親與胞妹早已逃脫投靠了庭葛王之後，立刻回頭急奔芬朵菈絲的所在，然而此時的她已經遇害。當時避難於多瑞亞斯的母親與妹妹聞知納國斯隆德滅亡的噩耗後，爲了打探圖林是否無恙而幾近瘋狂地一路趕來。兩人原有一隊精靈護衛同行，格勞龍察覺其行蹤後，躺臥在環繞隱密都市的河流中，釋放毒霧隱沒了視野。

格勞龍因此發現與護衛走散的圖林之妹妮諾爾（辛 Nienor，哀泣的），進而以魔力看透其心思，得知她正是胡林之女後，便抹煞妮諾爾所有的記憶，一遂主人馬爾寇邪惡的願望。妮諾爾經圖林救得一命後，渾然不知對方是自己的親兄長，就這樣委身下嫁圖林。

後來圖林擊殺格勞龍報得血仇，自己卻也中了格勞龍的毒氣而暈厥。

就在尋夫而來的妮諾爾發現兩敗俱傷的格勞龍與圖林時，尚未氣絕的格勞龍刹時恢復了妮諾爾的記憶。當時妮諾爾已懷上兄長圖林的骨肉，難以承受罪惡感的她因此投水自盡。

隨後得知一切的圖林也以自己的寶劍古山格（Gurthang，死亡之鐵）自戕，成就了馬爾寇的詛咒。

然而即便見到子女如此淒慘的下場，胡林依然沒有鬆口。

他被釋放後，前往隱密都市貢多林，不想被人一路跟蹤，馬爾寇因此獲悉精靈王國的所在處。

馬爾寇隨即動員炎魔、獸人、狼群以及具有格勞龍血統的群龍進軍，即便是渾然天成的要塞也無法抵禦這批大軍，最後的精靈王國貢多林因此滅亡。

外形還停留在長蟲時代的牠們已經如此邪惡，曾幾何時同類中更出現了生有雙翼的族群。

最初一頭有翼火龍名為安凱拉剛（辛 Ancalagon，奔騰的下顎），展翅飛翔的身影足以遮天蔽日。從天而降時帶來的雙翼風壓，甚至能撞飛周遭一切。

惡神馬爾寇與瓦拉諸神展開最後一戰「憤怒之戰」時，便是由安凱拉剛率領飛天火龍，最後被半精靈埃蘭迪爾（昆 Eärendil，熱愛大海者、海之僕）與巨鷹合力擊敗。埃蘭迪爾將安凱拉剛的屍骸拋在地面，摧毀了聳立在馬爾寇領土上的山戈洛墜姆高塔。根據托爾金未完成的遺稿「編年史」（Tales of Years）(註5) 所述，從戰役中倖存下來的火龍僅有兩頭。

失勢的馬爾寇就這樣被放逐至他界，殘存的火龍也因為失去了領導者，此後一拍兩散各奔東西。不過對於壽命有限的生物而言，依然是極大的威脅。

後來這些邪惡的有翼「噴火大蛇」逐漸被人類喚作「龍」。曾幾何時，甚至具備了生有利爪的四肢。

《貝奧武夫》述及的火龍

托爾金曾經嚴實參考一本書籍，從而孕育出火龍・烏魯路奇來。這便是寫於 8 世紀上半葉的古英文詩歌《貝奧武夫》。但話說回來，該文獻原本就是托爾金任職大學教授時，博得嘉評的授課教材。

詩歌的第 36 節 2689 行提到與主角貝奧武夫對峙的敵手，就是一頭火龍（Fyr-Draca 即 Fire Drake）。此龍不僅噴火，更且烈焰環身，能夠恣意飛行。

浪濤拍擊的海角上，矗立著一座巨人以石堆砌成的土丘。坵下是一間以堅實牢固的石柱支撐而成的地下石屋，然而早已杳無人蹤。

曾經寫下光榮歷史的某一民族僅剩的遺民，在此埋下一筆龐大的黃金

遺產。原來他無人得以繼承，最後抱憾而終，隨同全族的寶藏回歸塵土之中。

隨著光陰的流逝，一頭火龍發現石塚，就這樣蜷曲在此做為巢穴。然而受到留下寶藏者的詛咒，火龍永遠無法離開此地。從此潛居地下，有時也被人喚作地龍（eordh-draca〈即earth-drake〉）。

此後的300年間，一直過著平靜的日子。直到有一天，一個盜賊發現祕道，趁火龍入睡時潛入石塚內偷走了金杯。火龍得知情事後怒不可遏，不過一晚就將老國王貝奧武夫統治下的吉特人〈Geat〉城邦燒毀了一區。

此一火龍完全屬於夜行性生物，即便一覺醒來，也只會蟄伏在石塚附近直到日落，入夜後就會通體燃起火焰，飛向空中噴火，同時具有噴出毒氣的能耐。平時總在日出前飛回老巢。

身長50呎（約15米），不具四肢，詩篇中又記為長蟲 (wyrm)。第33節2273行還提到「滑溜自傲的龍」這樣的形容。由於生有翅膀，屬於翼蛇型態的火龍。即便人在遠處，也能夠清晰地看到牠通體燃燒的模樣。

且說老國王貝奧武夫眼看自己治理五十年的國家受此蹂躪，決心剷除火龍。他命人打造耐得住奔火流焰的純鐵盾後，帶著11名勇士與偷來金杯的盜賊逕往火龍的巢穴。

流自龍穴入口，經龍焰加熱後的溫水泉湧而出。石塚內瀰漫著幾可燒焦物體的熱度。老國王慷慨宣示獨自

面對火龍的意志後，發出了雄渾豪壯的長嘯。洞內隨即應聲噴出一股熱流，滑然顯現一頭扭動身軀前來的火龍。

貝奧武夫以鐵盾蔽體，揮劍砍向蜷曲的火龍，然而入骨的一劍卻不見成效。火龍隨即噴火反擊，老王因此籠罩在火團之中。面對如此危機，12名同行者卻悉數逃往林中。唯獨與貝奧武夫有著血緣關係的威勒夫（Wiglaf，戰爭的倖存者）半途打消逃意，帶著椴木盾和一把淵源已久的巨人古刀回奔貝奧武夫的所在。

火龍見威勒夫折返，立刻噴火相迎。威勒夫的手中盾瞬間引燃，不過他毫不退縮，一個箭步就躲藏到主子的鐵盾後方。

貝奧武夫趁機拔出閃耀著晦暗光芒的珍藏古劍納格靈（Naegling，釘環劍），一劍砍向火龍的頭部。豈料非但沒能給予致命的一擊，釘環劍反而因此碎裂。

火龍於是將攻擊的矛頭轉向老國王，不斷噴出火焰同時咬住他的頭顱，企圖一口吞噬。這一擊雖然並未咬碎顱骨，卻也讓老國王的頭部湧出大量的鮮血。

威勒夫見此也顧不得置身火團之中，他縱身投向火龍的懷中，一劍刺穿火龍柔軟的下腹。這真確的一擊似乎奏效，火龍噴出的火勢因此轉弱。

就在此時，因大量出血而意識朦朧的老國王恢復了神智，他拔出護身

短劍將火龍砍成兩段，總算擊殺了對手。

然而毒素卻從火龍的咬傷滲入，導致傷口潰爛。偉大的老國王貝奧武夫最後也在凝望財寶一眼後，就此撒手人寰。

火龍的屍骨焚燒殆盡在自己的火焰中，騎士們趕赴前來後，又將殘骸由懸崖推落大海。如此做法或許是出於一種針對火龍屬性，將之沉入相對元素的水中，才能完全消滅的思維。

■ 日爾曼傳承中的火龍

同樣的傳奇故事亦可見於德國。

13世紀的作品《英雄詩篇》中的一則「狄崔希的初旅」提到平生初次在外冒險的狄崔希‧馮‧伯恩 (Dietrich von Bern)，因為疲憊不堪而心生倦意，卻在途中撞見一頭噴火龍，被迫與其交戰。

還寫到原本同行的師傅希爾德布蘭 (Hildebrand，女戰士的烙印) 深入龍穴，斬殺了一群幼龍與咬住騎士的一頭老龍。

約莫完成於1254年，被視為同一英雄外一章的冰島作品《伯恩的希德瑞克傳奇》則提到希德瑞克 (Thiðrek；〈冰þiðrek, þjóðrekr〉) 自己曾經二度屠龍，分別救下一名騎士。

根據漢斯約克‧烏瑟的《萊茵蘭的傳說》〈德 Sagen aus dem Rheinland, (1994), by Hans-Jörg Uther〉收錄的

「格爾登的怪物」所述，科倫下游地區一度有龍出沒，平時以人和動物為食，總是在梨花樹下不斷發出「Gelre! Gelre!」的叫聲。彭特領主奧圖之子魯波德〈Lupold, Son of Otto von Pont〉與其交戰，不過數回便除去此患，因此被擁立為當地的領主。他的城也因為龍的叫聲而取名為格爾瑞城。

參照格爾登〈Geldern〉地方史的記載，此龍雙眼冒火，亮如夜星。拉丁文同樣寫道：「那是一頭會噴火、貪食人畜、令人生畏的龍。」又說「那龍能飛天泅水，還能遊走陸地。半途一旦慾從中來，就在井水河流射精，帶來大量生靈的死亡。」[引2] 原文提到的「龍」記為大蛇 (Draco)，繪於插畫中的牠雖有四肢，但不具雙翼。

漢斯‧布魯斯托的作品《死靈群：巴登符騰堡的傳說》〈德 Das wilde Heer. Die Sagen Baden-Württembergs, (1977), by Hans Brüstle〉收錄的「笙堡的龍」則提到一頭飛過埃布林根〈Ebringen〉上空的龍，棲息在鄰近法德邊界，位於德國西南部笙堡〈Schönberg，美麗的山〉南方的一處洞穴。

一名基督教騎士得知施內伯格〈Schneeburg〉伯爵正值荳蔻年華的千金獲選為活祭的犧牲品後，全副武裝踏上屠龍之旅。豈料一見龍噴出火來，坐騎就不住倒退，不過騎士還是一槍投中龍口，刺殺了對手。

埃瓦德・唐・克里斯滕森的《丹麥傳說》〈*Danske Sagn*, by Evald Tang Kristensen, 1843~1929〉(1893)（註6）也收錄了幾則會噴火的龍（丹 Drage）的故事。

彼得・漢森〈Peder Hansen〉述說的「蘭沃的龍」提到一頭體長 2～2 米 5 的龍，長度約莫翻倒乾草用的乾草叉。由於能夠自體發熱，身軀看似燒紅了一樣。相傳趁龍搬運黃金的時候向牠丟擲利刃，可取得牠鬆脫掉落下來的金子。

不過事實上也不完全如此輕易。

凱瑟琳・黑霍亞口述的「龍的寶藏」提到一頭龍守護在一處藏有莫大財寶的斯托山丘。只有趁著星期四的午夜空檔，不發一語地挖洞潛入，才能偷得寶藏。

12 名力士於第三度挑戰此一艱鉅任務時，發現了一口銅櫃。那是一口前後左右都有大輪子的櫃子，裡面裝滿了黃金。

但就在運出洞穴的當頭，其中一人不慎出聲，銅櫃因此滑落到比先前埋藏處更深的地方。

就在此時，噴出火焰毒氣的龍飛身叫嚷道：「看來斯托山丘我是待不住了，不過休想把我從榭洛普湖趕走！」牠縱身一飛來到榭洛普湖，四周水面一時嘶嘶作響，翻騰起滾燙的水泡來。

從此龍就在湖泊落腳下來，往來

於不遠的山丘後方之間，凡是龍屢經之處，草木必遭到焚燒。不過有個天不怕地不怕，名叫克里斯汀・克里斯滕森的男子卻在龍道上搭建了打鐵舖。

一晚克里斯汀正在工作，那飛龍捲起一陣強風刮倒了舖子。儘管鄰人再三苦勸，克里斯汀卻未能從中得到教訓，依然故我地在同一地點重建鐵舖，結果再次遭到火燒的命運。不過等到他三度蓋起打鐵舖，龍反倒死了心，就此消失不知去向。

追查火龍的真相

一如上文所述，火龍的真相究竟為何，存在著各種說法。

基本上牠們與傳說中其他的龍同樣被視為非爬蟲類，一般人多以惡魔的化身看待，精靈學家則認為是一種守護寶藏的精靈。

根據《安徒生童話》的一篇「永恆的友情」〈丹 Venskabs-Pagten；英 The Bond of Friendship〉所述，希臘迷信中的火龍稱為「會噴火的 Smidraki」（註7），誕生自宰殺後的羊未經切開就丟棄在野外的腸胃。就像腐敗產生的氣體一樣。

也有一說指稱牠們衍生自冷雲與暖雲的碰撞。但若是鬼火研究權威大槻義彥的觀點，大概會換來「電漿」的說法。

以 19 世紀的記錄《哈茲利特手札》〈*Hazlitt's Handbook* (1867), by William

Carew Hazlitt〉為例，書中便提到1668年5月18日「火龍〈Fire-Drake; Draco volans〉從天而降，四周乍亮得足以看清書上的字，隨後化為星火消失無蹤。」(註8)這段敘述就似乎可以做為支持該論說的依據。

人們於1980年代後半期曾目睹各種空中的發光現象。有的可以高達4馬赫的速度與空中巨無霸併飛，有的衝入客艙後消失了蹤影。

據筑波大學的玉野輝男教授表示，1980年代後半期太陽黑子的增加，引來太空中大量的侵入電磁波，一旦相互干擾，空氣中就可能產生電漿。

只是《哈茲利特手札》提到的1668年卻是觀測史上黑子活動最沉寂的蒙德極小期〈Maunder minimum〉，因此必須推想其他的成因。

火龍也可能來自流星。天文學將明亮的流星稱為火球 (Fire Ball) 或火流星 (Bolide)。這種流星體積大，多半會從核心落下隕石。

蒙茅斯的傑弗里寫於1136年的《不列顛諸王記》第六冊第8章第14節提到的火龍便真確地意指流星。

12世紀的《俄羅斯編年史》〈俄 Повесть временных лет；英 The Russian Primary Chronicle，或作 Tale of Bygone Years〉提到創世6599年（西元1091年）5月21日午後2時發生日偏蝕，天上落下巨龍〈俄 Превеликий змей；prevelikij zmej，大蛇〉，帶給人們恐慌，同時撼動了大地。這段描寫其實也是在陳述流星化為隕石墜落的始末。

根據喬治桑的《法國田園傳說集》所述，1857年貝里的一處農家遭到天上掉落的不明物體擊中，轉瞬間付之一炬(註9)。倉促之下，正在附近編織衣物的農婦只能搶救出睡在屋內的孩子。由於當時天上不見烏雲，或可視為一則源自流星的傳說。

當然人類是無法與電漿或流星抗衡的，也因此火龍被視為兼具爬蟲、電漿、流星等屬性的一種超自然的存在。

波蘭作家史坦尼斯瓦夫‧萊姆的短篇小說《真相》〈俄 Правда；Prawda, 1966, by Лем Станислав；Stanisław Lem, 1921～2006〉(註10)指出了此等屬性的融合點。

話說可稱之為現代鍊金術師的高溫物理學家們利用強大磁場封住電漿，轉眼實現只有太陽核心才可能產生的百萬度高溫。電漿因此在數百分之一的瞬間形成細胞，不斷分裂增殖。

改變環境條件，進一步以高溫高壓進行實驗後，出現一條宛如拉長後的太陽般光輝閃耀的火蚯蚓（可試著將蚯蚓與長蟲一同聯想）。此一物體只能在地表上存活數十秒，為了獲取讓自己生存下來的能量，它在空中痛苦翻騰一陣後，燒盡四周化成了灰燼。

換言之，此一事實正暗示吾人散佈在宇宙間無數熾熱盛燃的恆星

中，棲息著一種恆常存在的電漿生命體。竄升自太陽表面的巨大日珥（prominence，突出物）亦即電漿生命體的擬象。

一路談來觸及此一作品，科學與傳說終究結合在一起。然而火焰精靈們眞正的實體，或許就意外地藏身在這樣的融合之中。

註1：原文作白獅，由於《威爾斯民間故事集》作黑獅，白獅應爲誤植。茲摘錄原文參照如下。「And near the rock stood a black lion, and every time the lion sought to go thence, the serpent darted towards him to attack him.」

註2：原文誤植爲「Setpent」。

註3：日譯本作《聖杯的探索：作者不詳・中世フランス語散文物語》（譯自 *Roman du XIIIe siècle, édité par Albert Pauphilet, Champion*）。

註4：拉脫維亞稱爲「Pūkis」。

註5：《魔戒》英文初版作「The Tale of Years」。「Tales of Years」出自日後的套裝合集《哈比人歷險記與魔戒》(*The Hobbit and The Lord of the Rings*, 1999)，套書除了摘錄「名言名句」，並依據人事地物分類其頁數索引，包含「編年史」在內的附錄也較初版至三版解說詳盡。

註6：《丹麥傳說》自 1892 迄 1901 年共發行六冊，摘錄於本文者係出自第二冊。英文版可參考賈桂琳・辛普森摘譯集成的《丹麥傳說》(*Danish Legends*, 2005, by Jacqueline Simpson)。

註7：根據美國民俗學會出版的《美國民間傳說之旅》中的一篇「Modern Greek Folklore: The Smerdaki」(*The Journal of American Folklore*, published by AFS) 所述，「Smidraki」係源自「恐怖」（希 smerdaleos）的「Smerdaki」一字的誤植。

這種會吃掉牲畜的惡魔被視爲羊群的大敵，一說有時化身爲狗或狼的外貌，但是否呈現蛇形則不得而知，畢竟原文之所以將其視爲爬蟲，可能出自「draki」的聯想。根據其字義，或可稱之爲「恐獸」；若眞呈現蛇形，或可名爲「恐蛇」。

註8：此一陳述摘自《哈茲利特手札》第 198 頁。係安東尼・伍德 (Anthony Wood)、馬修・赫頓 (Matthew Hutton) 以及住在巴克斯（鄰近倫敦）的人們所目擊。同樣出自威廉・卡魯・哈茲利特筆下，由後人彙整而成的《信仰與民間傳說》的「火龍」('Fire-Drake', *Faiths and Folklores*) 項目也提到這則記載。

註9：見「三個石怪」(Les trois hommes de pierre)。文中同樣以「大蛇」(grand serpent) 影射此一燒毀農家的不明物體。

註10：國內或翻譯爲史坦尼斯勞。從「Stanisław」的大寫拼法「STANISŁAW」可知「Ł」爲波蘭的獨特字母，有別於「L」，相當於英文的子音「W」；此外波蘭的「W」發「V」的音，因此「-ław」應讀作「-wav」。

引1：日譯文摘自天澤退二郎譯本。

引2：日譯文摘自竹原威滋譯本。

第12章
節肢動物
Arthropoda

〔昆蟲等蟲形怪物〕

甲蟲

就某種意味說來，節肢動物可稱爲地球的霸主。牠們佔有動物全體的四分之三，除了細菌與病毒之外，再也沒有如此種類繁多、數量龐大的生物。其源起甚至可追溯自7億年前的隱生宙〈前古生代〉末期。6億年前大量繁衍於古生代的三葉蟲就是一個廣爲人知的例子。

節肢動物中最大的族群是佔有四分之三的昆蟲。

數量最多的昆蟲則又是佔有四成的甲蟲類。換言之，甲蟲類就佔有全體生物22.5%的比例。

想必各位讀者之中還有人保有暑假期間到森林裡遊玩，捕捉獨角仙、鍬形蟲的記憶。如今由於數量減少，百貨公司等商業據點甚至以高價收購販售。

金龜子、龍蝨、螢火蟲、瓢蟲等也都是甲蟲類，專業領域上稱之爲鞘翅目 (Coleoptera)。此一名稱由來自硬化的前翅如刀鞘般覆蓋在薄膜後翅上的構造。

甲蟲的英文爲「Beetle」。英國最成功的搖滾樂團「披頭四」(Beatles)

以及費迪南・保時捷博士〈Dr. Ferdinand Porsche, 1875～1951〉研發，福斯汽車公司製造的國民車金龜車，都具有超群出眾的知名度。

比較奇特的用法還有獵戶座 α〈首星〉・參宿四（拉 Betelgeuse，巨人的肩膀），由於發音類似，又戲稱爲甲蟲汁 (Beetle Juice)。

與人們如此關係親密的甲蟲，來到幻想世界後又呈現何種型態？

愛爾蘭神話提到一種寄生在人體傷口的香氣甲蟲（愛 darbh-daol）(註1)，看似包裹在黑甲殼下的類金龜生物，牠們會吸取宿主的養分與活力，因此被寄生者總是發出獨特的喘息，體力難以復原。

眾神之王努亞達手臂遭到砍斷，接上銀製義手時，此一甲蟲曾經巢居在斷臂與義肢的接合處。醫神米亞赫與歐威亞赫〈Miach & Ormiach〉兄弟倆一舉拔下義手，如踩死蟑螂般將甲蟲踩了個稀爛。隨後又將努亞達掉落在戰場上早已腐爛的斷臂找回，利用魔法與藥草等力量重生了眞實血肉的手臂 (註2)。

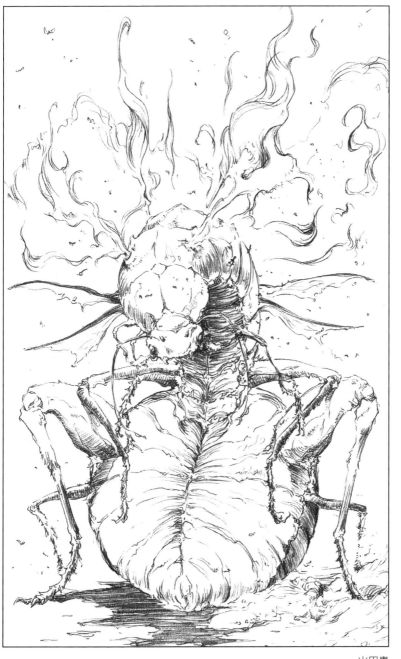

火甲蟲

文學創作述及的甲蟲怪物

麥可・摩考克以凱爾特神話爲基礎陸續創作的《永恆戰士》系列中，也提到兩種奇特的甲蟲。

一是經由混沌的力量誕生的卡里夫甲蟲 (Beetle of Kaleef)，「艾爾瑞克傳奇」第五部《黑劍的詛咒》〈*Elric Saga V：The Bane of the Black Sword,* 1987〉最末章述及這種生物。順道一提地，卡里夫是牠們棲息的次元名稱。

若說此一生物最顯著的特徵，或許該說是牠們如長毛象般巨大的體型。由於受到混沌力量深遠的影響，軀體大小可以變幻自如。然而造物主並未給予特定的形體，因此甚至能夠任意改變外形。牠們對於生來就是如此曖昧不明的本質自然感到痛恨，進而憎恨起身爲造物主的混沌本身。

牠們還會分泌出一種特殊毒素，奈何生息於其他次元，無法得知更進一步的細節。

第七部《珍珠堡壘》〈*The Fortress of the Pearl,* 1989〉第3章提到一種約莫與人類同高的巨大生物・火甲蟲 (Fire Beetle)。腳的總數超過一打而非6足，因此正確說來，也許是一種甲殼類而非昆蟲。

體內儲有油份，受到強烈日照就會一如其名通體火燃，從背部上的20幾處洞孔噴出烈火。這把火同時會引燃群體中的其他火甲蟲，因此甲蟲群散發出來的燻煙與焚燒垃圾般的惡臭，遠在數公里外就能察覺。據說火甲蟲一旦起火燃燒，就會持續自燃，直到進入繁殖期潛入地下爲止。

甲蟲群的周圍經常伴隨著數量驚人的蒼蠅。牠們以火甲蟲的餘食、排泄物、背上的油做爲共生的養分。

這樣的生物一度被認爲早已滅絕於太古時期，然而事實上牠們依然存活在「嘆息沙漠」(the Sighing Desert)這處唯一的棲息地，以同樣僅生息於該沙漠的一種看似鼠類的生物爲主食。捕食的光景十分壯觀，總以驚人的奔速追捕獵物，一路踩平阻擋去路者。

玄精族艾爾瑞克偏巧遇上了此一捕食行動。殊不知看似鼠類的生物純粹只是主食，火甲蟲在擇食上並無偏好，人類與玄精因此都被視爲獵物。

艾爾瑞克遭蟲群圍困無法走脫，遂以魔劍風暴使者猛烈砍擊火甲蟲的背部，然而即便是這威力足以一擊必殺的魔劍，也無法傷及分毫。就在面對令人窒息的惡臭與燻煙、群聚而來的滿天飛蠅而進退維谷之際，沙漠之民馳援來救。

騎在馬上的他們以長條狀的物體戳向火甲蟲的腹部，成功地加以驅離。原來背甲以外的部位其實很容易就能造成傷害。

托爾金在《小狗羅佛歷險記》〈*Roverandom,* 1998〉[註3] 一書中提到兩種棲息於月球表面的甲蟲。

一是玻璃甲蟲 (glass-beetle)，是

一種下顎構造看似鋼鐵捕獸夾、性情凶猛可怕的鍬形蟲。

一是鑽石甲蟲 (dimond-beetle)，生息於月球的背面，總是在樹下微微發光。

值得一提的甲蟲怪物就只有這些了。以地球霸主的地位而言，不禁予人十分落寞冷清的觀想，其原因就在於我等哺乳類身為脊椎動物的本質上。

畢竟節肢動物無須冠以怪物之名，對吾人而言已經是一種性質特異的怪物。面對如此異質性高的生物，人類的想像力反而無用武之地。

註1：原文作兜黃金虫 (Kabuto Koganemusi)。根據華特基爾《曼島翦影手記續集》第 7 章「動物與蔬菜王國」的說法，尤金・奧柯里在《威斯奈赫諸子流亡記》(*The exile of the children of Uisnech*, 1862, by Eugene O'Curry) 對此種傳說中的甲蟲加以考察鑑別，指稱是歐洲鰓金龜（英 Cockchafer；學 *Melolontha Vulgaris*）。

「darbh」一詞有氣味之意，而歐洲鰓金龜一旦感受到來自外界的侵犯時，尾部就會抬起並散發一種淡淡的蘋果香，或許因為如此，奧柯里才會抱持這樣的看法。他並指出甲蟲寄生傷口的傳聞，來自古代法醫對於壞疽上的蛆過於誇大的說詞。

註2：米亞赫係醫神狄安凱特之子，醫術遠勝父親。努亞達套上義肢後衍生甲蟲的結果，讓米亞赫重新思考接回肉臂的可能性。然而他的成功卻招來父親的嫉恨，狄安凱特三度揮劍砍擊米亞赫的頭部，分別傷及皮肉、頭骨、大腦，米亞赫依然利用自己神奇的醫術瞬間治癒，然而第四次砍劈卻切斷了整個腦部，米亞赫終於無力回天就此死去。不論這段神話的過去真實與否，仍可窺知凱爾特醫學對中樞神經遭到破壞將帶來無可挽回的結果，已具有相當的認識。

註3：此間並無台譯本，大陸譯本（上海譯文版）與聯經版的《托爾金傳》第七章「教授生涯」(A Don's Life) 採用同一譯名《羅佛蘭登》(p.104)，至於附錄中的年表提到的一本出版於 1984 年的《羅維安頓》，應是此書的誤植。

「羅佛蘭登」是小狗羅佛 (Rover) 在月球上的另一個名字，牠被沙巫師・薩瑪索斯 (Psamathos, the sand-sorcerer) 的海鷗信差・穆 (Mew) 載往月球時，遇上法力最高的巫師・月人 (Man-in-the-moon)，這位巫師也養了一隻名叫羅佛的月犬，為了易於區別，擅自替羅佛取了這個新名，還把牠的身體變得像玩具狗的大小。

「Roverandom」似乎由「rover（漫遊）」＋「random（隨意的）」組成，小狗的名字本身就已經帶有強烈的流浪色彩，加上「隨意、無規則」的字意後，冒險旅程顯得更天馬行空，從而成就一段匪夷所思的歷險記。

蠅類

蠅類所屬的雙翅目 (Diptera) 還包括虻與蚊，此名來自牠們僅有的一對翅膀，原有的後翅已經退化。此族群常帶給人們困擾與麻煩，就連聖經中都記載著魔神別西卜（Beelzebub，蒼蠅王）之名。

英語的「Fly」正代表「飛行者」之意，暗示牠們是深諳此道的佼佼者。

此外一如蜻蜓（Dragonfly，龍・飛蟲）、蝴蝶（Butterfly〈偷奶油的〉奶油色・飛蟲）、蜉蝣（Mayfly，少女・飛蟲）、大蚊（Cranefly，鶴・飛蟲）、螢火蟲（Firefly，火・飛蟲）等詞彙的組成，「Fly」同時也是代表「飛蟲」之意的語尾詞。

那麼身為此等飛蟲代表的雙翅目中，又有什麼樣特異的種類？

蘇格蘭東北部格蘭屏省〈Grampian〉的湧泉精靈會化身蒼蠅的模樣，被視為一種永生不死的生命，總是從一具屍體飛至另一具屍體。

牠們會經由頻繁的四處遊走、睡眠時呈靜止狀態等各種活動來傳遞神諭。

根據尚・弗朗索瓦・布拉德的

《加斯科尼的地方傳說》〈Contes de Gascogne, 1886, by Jean-François Bladé, 1827～1899〉第二冊所述，曾有13隻蒼蠅住在胡桃核中，辦起任何事來都效率奇高。甚至讓牠們用竹籃舀取河水，都能將水淘乾。沒活可忙的時候就待在胡桃核裡，但總是吵個不停地叫嚷著：「我要幹活！我要幹活！」

主人不堪其擾，只得懇求牠們休假，不料蒼蠅們反倒索求起過去的報酬來。只道主人信手一指屋外的13隻烏鴉，蒼蠅們隨即一擁而上，瞬間抓走烏鴉飛得無影無蹤。

格林兄弟的《德國傳說集》第408篇「窗上的蒼蠅」〈Die Fliege vor dem Fenster〉是一則發生於北義大利隆巴第〈義Lombardia〉的故事。

7世紀後半期的隆巴第國王・庫尼伯特〈Kunibert〉與親信馬爾帕希斯〈Marpahis〉曾經密謀殺害臣子艾爾多與葛勞索〈Aldo & Grauso〉（註1）。當時窗上停留著一隻大黑蠅，庫尼伯特順手拿起匕首一刀砍去，但只砍斷蒼蠅的一隻腳，蒼蠅隨即不知去向。

且說毫不知情的艾爾多與葛勞索一路朝王城走來，就在來到教會的附

近時，遇上拖著一腳行走的男子。仔細一瞧才發現對方有一隻腳失去膝蓋以下的部位，改以木造義肢承接。裝著義肢的男子恫嚇說道：「你們不能去見庫尼伯特國王，去了就會被殺。」艾爾多兩人大吃一驚，於是跑進教會躲在祭壇的後方。

國王得知此事後，便詰問馬爾帕希斯：「是不是你走漏了風聲？」但馬爾帕希斯答說：「打從密議起，臣就不曾離開陛下的身邊。」國王於是派人質問艾爾多二人為何逃入教堂。

兩人答稱：「聽說國王要殺害我們。」使者於是責問道：「從何人聽來此事？若不招出告密者，絕不輕饒。」兩人只得答稱是一名「拖著一腳行走的男子告訴他們危在旦夕」。

庫尼伯特這才恍然大悟，原來自己當時砍斷腳的蒼蠅正是惡靈的化身，是他將自己的陰謀洩漏給兩人的[註2]。於是國王向艾爾多與葛勞索立誓，原諒他們以往的過錯，這才說服二人快快走出教堂。

後來兩人都成為國王的肱股大臣。

▌文學創作述及的蒼蠅怪物

若以文學創作的蒼蠅怪物為例，路易士‧卡羅於《愛麗絲鏡中奇遇》〈*Through the Looking Glass*, 1872, by Lewis Carroll, 1832～1898〉一書中提到的搖馬蠅 (Rocking-horse-fly)[註3]或可視為必然的首選。木製的牠晶瑩閃亮，看似剛上完漆的模樣。在約

翰‧坦尼爾爵士〈Sir John Tenniel〉的插畫中，牠的外觀就像孩子騎來玩耍的木搖馬，以樹汁和鋸木屑為食，總是自己搖搖擺擺地移動在枝葉之間。

接著再為各位介紹另一種吞龍蜻蜓（Snap-dragon-fly，燃燒的葡萄蜻蜓）[註4]。牠的頭部是燃燒的葡萄乾，軀體是李子，翅膀則是柊樹葉片，以小麥粥與肉餡餅為主食。主角愛麗絲見了牠之後，相信自己終於弄明白為什麼蟲子總往火裡飛的緣故。原來她認為所有飛蟲都想變成吞龍蜻蜓的模樣。

托爾金的《小狗羅佛歷險記》提到劍蠅 (sword-fly) 這種危險的玩意。鳥兒見了這種蟲子，會連跑帶跳地逃進樹下的草堆。原來任誰挨上一劍都難以消受，即便是人類恐怕也得退避三舍。

同樣出自托爾金筆下的的《魔戒三部曲》第6章第2節提到魔多血蠅 (Flies of Mordor)[註5] 相關的敘述。

體色或黑、或灰、或褐（dun，白底混有紅點的褐毛），背上都有紅眼模樣的紋路，這正是魔多之王索倫的印記，由此可見牠們是索倫創造的生物。平時棲息於魔多荊棘 (Brambles of Mordor) 此一尖刺達30厘米的荊叢中，見了獸人這些動物，就會一擁而上吸食其血液。

托爾金並以另一字眼「蠓」(midge) 稱之，然而蠓並不吸血，蒼蠅自然也是如此。私以為不論蛇或蚋，還是以英語的黑蠅（Black-fly〈學 *Simul-ium vittatum*，帶蚋〉）稱之為宜。

順道一提地，「蚋」這個字在東

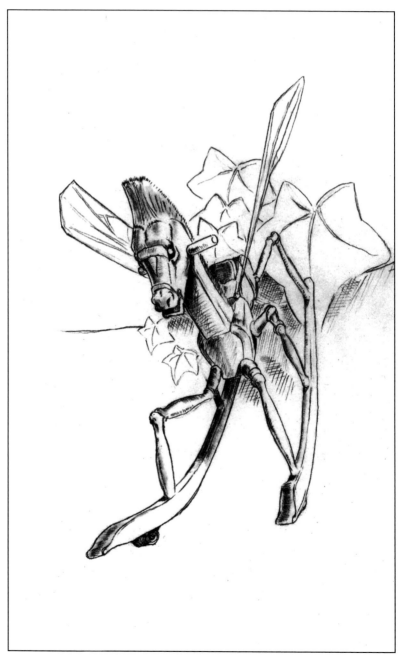

搖馬蠅

日本發音為「ぶよ(buyo)」，西日本作「ぶと(buto)」，在此提供給不知道此一讀法的各位做為參考。

麥克・安迪的《說不完的故事》提到一種本質不明的生物～數大者一戈拉木（Ygramul），棲息於幻想國的死山（德 Toten Berge〈英 Dead Mountain〉）。

那是一種鋼鐵色的昆蟲群體，能夠組織成大蜘蛛、指長爪利的巨掌等模樣。平時發出蜂鳥振翅般的嗡鳴聲，視力看似不佳。然而牠們卻可怕到讓人編出歌謠來傳頌的地步。平時像蜘蛛一樣在岩縫中張羅網子，見獵物落網必先咬上一口，注入毒素後才進食。

一戈拉木一度捉住祥龍〈德 Glücksdrache；英 Luckdragon〉與尋找救世主的少年奧特里歐 (Atréyu)，卻不慎透露「中毒者會在一小時內死去，但可以瞬間移動到幻想國任何地點」的祕密，結果讓對方雙雙兔脫。隨後奧特里歐一行獲得地侏儒〈Gnom〉夫婦搭救化解毒性，便又踏上了旅途。

最知名的蒼蠅怪物恐怕莫過於蒼蠅人 (Fly-man)。牠是以喬治・蘭吉林發表於 1953 年的《變蠅人》〈The Fly, by George Langelaan〉為本塑造出來的，曾經數度搬上大螢幕。

話說安德列・德朗布爾〈Andre Delambre〉發明了物體傳送裝置，這種系統可將輸入端的物質分解後，重組還原於輸出端。豈料安德列進入分解端時，不慎讓蒼蠅同時飛入，導致重組錯誤，結果男子改頭換面逐漸成了蒼蠅的模樣。

試著採取補救措施卻犯下更嚴重的錯誤，劇情遂急轉直下成了一齣悲劇。

註1：原文的馬爾巴西斯「マルバヒス」應作馬爾帕西斯「マルパヒス」；另一誤植葛勞恩「グラウン」則應作葛勞索「グラウソ」。

註2：《太平廣記》第四百七十三卷提到的故事「蠅赦」與此有異曲同工之趣。話說前秦苻堅與大臣密議，打算大赦天下。起草赦令時，忽然有蒼蠅停在筆尖，隨即飛出宮外。豈料隨後不久，百姓就奔相走告大赦的消息。苻堅於是下令追查何人走漏風聲，查出有一青衣孩童在街上叫喊大赦一事，這才領會青衣小兒便是那蒼蠅。出自同卷的「蠅觸帳」也是與此雷同的故事。

註3：原文作「虻」（あぶ，abu）解釋。

註4：「Snap-dragon-fly」係卡羅將「Snap-dragon」與「Dragon-fly」二字合成的新語。「快手吞龍」(Snapdragon) 是一種流行於英國與美國（16th 至 19th），常見於聖誕夜的遊戲，由於具有一定的危險性，一般並不允許孩童參與。遊戲的玩法簡介如下。
　　首先在廣口淺盆裡放入葡萄乾、紅醋栗等乾果，再倒入白蘭地並引燃，同時熄滅室內的燈火。參加遊戲者必須憑著個人的膽識與技巧，輪流飛快地揀取盆內燃燒的葡萄乾再放入口中，藉此熄滅葡萄乾的火焰。卡羅將此一奇幻生物的頭部描寫成燃燒的乾葡萄，便是引用自此一諧趣的設定。

註5：聯經本直譯為蒼蠅，日文版譯者則似乎基於蠅類不吸血，而此生物又有吸血的特性，故譯為蚊類的「蚋」（ぶゆ (buyu)；Simuliidae）。為免脫離蠅類的字意，姑且以帶有奇幻色彩的「血蠅」一詞譯之。

舞蝶類

蝶與蛾類的翅膀上都有鱗粉，正式學名稱之爲鱗翅目 (Lepidotera)。鱗翅目最引人之處，莫過於牠們完全變態的能力。

啃食草葉、其貌不揚的綠蠕蟲〈Green Caterpillar〉與毛蟲搖身一變成爲吸食花蜜、翩翩起舞的蝴蝶與飛蛾，這樣的奧妙往往在我們心中埋下天馬行空的幻想因子。

牠們的幼蟲英文稱爲毛蟲（Caterpillar，深毛色的貓）。美國的卡特彼勒公司因爲發展出履帶式牽引機 (cater-pillar tractor)，日後採用此一系統的坦克等機動車輛也逐漸習稱爲履帶車。從此一觀點看來，行走中的坦克就像是爬行在枝葉上的毛蟲一樣，予人一種奇妙的感受。

英國的約克郡有一種化身巨大毛蟲，名叫拐童果精（Awd Goggie，蟲婆婆）的精靈。牠們是水果的守護者，棲身在森林與果園中，會把淘氣的孩子拐走。

懷特島〈Isle of Wight〉的鵝莓婦人 (Gooseberry Wife) 也會化作同樣的外形守在鵝莓叢中，伺機捉走來到近處搗蛋的孩子們。

在康沃爾當地，未經受洗便死去的兒靈會化成一種名叫皮格西 (Pigsie) 的蛾飛在空中。

老人成了幼年期的毛蟲，孩童反倒是成蟲的蛾，不免讓人有一種歲月顛倒的感受，但畢竟精靈界原本就有一套奇特的時序，倒也犯不著爲此吹毛求疵。

艾曼紐‧柯思昆的《洛林省的民間故事》〈*Contes populaires de Lorraine,* by Emmanuel Cosquin, 1841～1919〉(1886)[註1]第二冊提到一個醉漢經過墓地時，被一個死者的頭蓋骨絆倒，頭蓋骨便下詛咒道：「明天躺在這裡的就是你。」男子一時害怕起來，於是向神父求助，神父告訴他：「明天你到教子的墳墓前敲一下。」

男子依計行事，隨即從墳墓飛出一隻白蝶，逕往那顆頭蓋骨一陣猛敲狠打。蝴蝶說道：「我的任務就是爲你在天堂預留一處棲身的地方，這麼一來我也總算完成了自己的使命。」說完就消失了蹤影。

傳說中的鱗翅目怪物大致如此，接著再讓我們看看文學創作的部分。

文學創作述及的鱗翅目怪物

托爾金的《小狗羅佛歷險記》提到月球表面生息著許多蝶與蛾，凡此均統稱為「Flutterby」，亦即「翩翩飛舞」之意。當然這也是蝴蝶（Butterfly）一字的變位詞〈anagram換音重組字〉。

牠們看上去色澤淺淡而透明，軀體雖大卻能無聲無息地一路飛行，急速俯衝下來攻擊小鳥。

龍蛾（Dragonmoth）是其中最危險的大型種，白晰的軀體上有一對炯炯如火的眼睛。

棲息在月球背面的黑絲絨夜行蛾（the black-velvet bob-owler，黑絲絨・擺盪的夜行者）總是成群飛行，阻礙路人的行走。如果該人身上帶有絲毫的發光物，牠們就會一擁而上，纏繞住對方的鬍子。

紅玉蛾（ruby-moth）是比較安全無虞的種類，同樣棲息於月球背面，總在樹下發出丁點的光芒。

上文提到的全屬蛾類，當然也有類似蝶的生物，稱之為月光（moonbeam），只會不斷拍動翅膀散發光芒，一點也不可怕。月犬和孩子們雖然經常從後頭追趕牠們，最後總是望而止步。原來牠們平時有一位人稱「月人」〈Man-in-the-Moon〉的巫師負責照料，若有殺害月光蝶等情事，就會受到駭人的懲罰。

茱莉・安德魯斯筆下的《最後一隻真正偉大的幻形獸》〈*The Last of the Really Great Whangdoodles* (1974), Julie Andrews Edwards〉也提到「Flutterby」這樣的虛構生物。那是群聚在神饈（ambrosia使人長生不老的佳饈）的甜蜜上，約莫知更鳥大小，生有七彩翅膀的一種非常美麗的蝴蝶。

既然《小狗羅佛歷險記》的手稿寫於1925～1927年間，顯然托爾金創造此一字彙早於安德魯斯。不過《小狗羅佛歷險記》長久以來始終只有家人與編輯者等少數人看過，直到1998年才出版，因此或可視為兩人在個別情況下創造出這個詞彙。

順道一提地，一般認為給予托爾金與茱莉・安德魯斯靈感的或許是路易士・卡羅於《愛麗絲鏡中奇遇》(1872) 一書中提到的麵包蝶（Bread-and-butter-fly）。牠的頭部是方糖，身體是麵包皮，翅膀則是由塗上奶油的麵包薄片構成，平時以攝取添加奶精的淡茶為生。如果再加上新鮮柳橙汁，感覺上就像是一幅英式餐桌的景象。

《哈利波特》的黏巴蟲

羅琳的《哈利波特》系列提到一種黏巴蟲（Flobberworm，流口水的長蟲）。那是一種棲身在潮濕下水道中，軀體肥滿的褐色蠕蟲，長度最多可達10吋（約25厘米），頭尾無法從外觀區別。什麼蔬菜都吃，最喜歡的是萵苣，因此日文版的譯者松岡佑子譯為「吃萵苣的蟲」（レタス食い蟲）。

這種生物平時幾乎一動也不動，對於飼育者而言十分無趣。任其自由

行動，有時反而生氣勃勃，因此不可過度保護。話說回來，暴食也會帶來撐死的結果，所以也不能過度放任。

第三冊第8章提到小小巫師們就讀的霍格華茲魔法與巫術學院 (Hogwarts School of Witchcraft and Wizardry) 開設的奇獸飼育學 (Care of Magical Creatures) 課堂上出現此一黏巴蟲時，學生們不禁發起牢騷來說道：「誰會想養這種蟲子？」(引1)

然而此蟲一如其名，身體兩端會分泌出黏液。此一黏液可以讓魔法藥劑變得更濃稠，因此備受珍視，屢屢成為飼養的對象。問題是牠們是否真能蛻變羽化，翩翩飛舞於風中呢？

■ 《說不完的故事》述及的阿卡里人

麥克・安迪在《說不完的故事》篇中提到異世界幻想國有一種最醜陋的生物・阿卡里人（德 Acharai〈英 Acharis〉）。像人腳一樣長的毛蟲狀身軀上，長有黏滑的肢體，外皮簡直像一塊破布，足以讓目睹此景的人毛骨悚然。沒有眼皮的眼珠子骨漉漉地溢出淚水，時而發出悲傷的哭泣聲，不過最痛恨、哀怨此一軀體的卻是阿卡里人自己。謙卑的他們害怕被人瞧見，總是群體棲息於地底，只會在入夜後出來活動。

教人意外的是這些不斷哭泣、或可稱之為永恆的淚人〈Everlasting Weepers〉的阿卡里人本身的眼淚卻具有一種力量，可將岩石中用於銀製品加工原料的特殊白銀沖洗出來。過去

有人便將目光投向這股力量。

許久以前，某一族人殺害了一隻角上有顆發光石的獨角獸（德 Einhorn〈英 Unicorn〉），必須建造一處幻想國最美麗的城市來贖罪，他們便向阿卡里人求助，好實現此一目的，阿卡里人則要求他們的子孫「必須致力於創作歌謠或故事」，讓醜陋者獻身於創造美麗的這段佳話得以流傳千古。

阿卡里人以苦澀的淚水闢建湖泊，在湖面上打造一座白銀鑲嵌而成的宮殿，分別取名為陌露淚湖〈德 Tränensee Murhu〉與阿瑪干斯銀宮〈德 Silberstadt Amargánth〉，曾幾何時，阿卡里人的存在卻在繁華興盛中逐漸為人遺忘。

然而他們的使命並未因此結束。阿卡里人的淚水依舊永不枯竭地持續那淘洗白銀的工作。就在這樣的情況下，救世主巴斯提安遇上阿卡里人，他對他們醜陋的外貌感到同情，於是將他們變成了總是生氣蓬勃、笑口常開的蝴蝶，亦即永恆的笑人・仙樂福人（德 Schlamuffen〈英 Shlamoofs, Everlasting Laughers〉）。

仙樂福人長有色彩鮮豔的蝴蝶翅膀，大小樣式不盡相同，衣服上繡有補丁。容貌髮型也是自成本色莫衷一是，從頭到腳看來就像是打扮得亂七八糟的小丑。跳舞的模樣雖然滑稽，說起話來卻不把人放在眼裡，只顧著自說自笑，氣得聽者火冒三丈。他們的喧鬧與笑聲根本是一種噪音，不但

混沌巨蝶

試圖把身為阿卡里人時建造的銀塔破壞，就連一手創造他們的巴斯提安所說的話也充耳不聞。畢竟仙樂福人只懂得無拘無束、自得其樂於盡情的笑謔中。

然而這樣的日子後來卻讓他們感到厭煩，成了一種痛苦。更且由於阿卡里人不再流淚，導致陌露淚湖乾涸，阿瑪干斯銀宮陷入困境。於是他們逼迫巴斯提安必須統率所有的仙樂福人[註2]，否則就得恢復他們原先的阿卡里人模樣，但巴斯提安的使命已經結束，失去了許願的力量，以致兩者都無法實現。

就在巴斯提安即將被仙樂福人強行帶走的當頭，祥龍前來搭救。這群笑鬧的蝴蝶一聽到龍嘯，就嚇得逃之夭夭。

時至今日，或許他們還自由逍遙在某個地方呢。

▌摩考克的巨蝶

麥可‧摩考克所著「永恆戰士」系列作之一的艾爾瑞克傳說第三卷《白狼的宿命》第三冊第5章提到一個人造巨蝶的怪物。它本非自然界的生物，因此不具正式的名稱，不過根據其誕生背景，或可稱為「混沌巨蝶」(Chaos Butterfly)[註3]。原來牠是臣服

於諸神的亞人類（梅不登人）巫師賽勒‧卡納 (Theleb K'aarna) 利用可怕的魔力所創造出來的一個以人類為基本構造的強大戰爭兵器。

整體外觀看來大致上像是蝶類，翅膀的直徑達15米以上，軀體約莫2米。全身軀幹長滿孔雀般的羽毛，像是一具變形得詭譎怪異的人體。頭上還生有兩隻彎曲的角，手上長有尖銳的利爪。

手爪銳利，足以輕易撕裂人與動物的肢體，一擊便可令其肉綻骨露，並可將敵手一把攫至身前，以雙角穿刺取其性命。

寬大的雙翼也經過特殊改造，做為格鬥之用。翅膀不僅能抵禦敵人的攻擊，且具有黏性，能夠取走對方的武器。

生命力同樣驚人，連一絲輕傷都能取走對手性命的魔劍風暴使者也無法給予致命的打擊。玄精族人艾爾瑞克因此求助棲息於異次元的蜥蝪王‧哈夏斯塔克〈Haaashaastaak〉。「混沌巨蝶」隨即被現身為巨大蟹蜥的哈夏斯塔克一口吞沒。

縱然如此，混沌巨蝶無疑是一種除了眾神之外，任誰都無可奈何的可怕生物。

■ I ■

註1：原文將作者姓氏「コスキン」誤植為「コクウィン」。

註2：仙樂福人一度沉迷嬉戲笑鬧，最後卻因為失去生活目標而自暴自棄，因此希望巴斯提安能成為首領，好為他們作主打個主意，訂定一些實踐的目標。

註3：原文將「Butterfly」誤植為「Batterfly」。此外原著並未述及「混沌之蝶」(Chaos Butterfly) 一詞，僅以「蝶樣的生物」(Butterfly Creature) 稱之。

引1：日譯文摘自松岡佑子譯本。

蟻人・密耳彌頓

　　根據奧維德的《變形記》第七冊所述，希臘南部的愛琴娜 (Aigina) 島上，住著一位同名的美麗女子愛琴娜。

　　愛琴娜被女神朱諾（羅 Juno；希臘的赫拉，Hela）視為情敵，因此受其嫉恨，整個島嶼也跟著受到詛咒，爆發殺傷力強大的疫疾。無藥可醫之下，動物與居民逐一死去，就連水源、植物與土壤本身也受到了污染（但丁的《神曲》第一部「地獄篇」第29首提到甚至連小蟲也死絕殆盡）。

　　當時愛琴娜之子艾亞哥斯王 (King Aiakos) 轉向父親・主神宙斯求助，他見螞蟻爬行在橡樹四周的地面，便祈望宙斯「能賜予他同螞蟻一樣數量的居民」。當晚他就做了一場夢，夢見螞蟻化成人類。

　　隔天一覺醒來，發現眼前竟有一群酷似夢中所見的男子。艾亞哥斯於是舉行祭禮感謝宙斯，將他們取名為蟻人・密耳彌頓。他們工作勤奮，具有吃苦耐勞、節儉儲蓄此一與螞蟻雷同的性質。

　　英文讀音作「mɜmɪdɑn」，其性情經強調後，有「權勢者毫不容情的僕從」之意。

　　阿波羅尼奧斯的《阿爾戈船英雄記》第4首提到阿爾戈探險隊返航途中停靠於愛琴島時，為了趕上順風而不得不緊急出航。當時密耳彌頓扛著裝滿飲水的沉重陶罐，在不潑灑出來的情況下相互競走，看誰最快完成飲用水的補給。他們的耐力與精確性，簡直有如工蟻一般。

　　成為蟻人國王的艾亞哥斯有個孫子，名叫阿基里斯（Achilleus 或譯作阿喀琉斯）。

　　根據歐律庇德斯的《伊菲格涅亞在奧利斯》〈*Iphigeneia at Aulis, by Euripides, 480?～406BC*〉所述，阿基里斯由領地帖薩利亞的弗提亞〈Phthia in Thessalia〉率領50艘密耳彌頓戰艦參加特洛伊戰爭。由一艘軍艦通常配置50名划槳手看來，估計有 2,500 人在其麾下。

　　就在泰牛艦隊集結於希臘的奧利斯準備進軍特洛伊的期間，忽然颳起逆風，無法航向特洛伊。先知卡爾卡斯〈Calchas〉揭示神諭，告知希臘統帥阿伽門農〈Agamemnon〉必須將長女伊菲格涅亞獻祭給女神阿提米絲[註1]。

正當阿伽門農猶豫不決之際，熱血沸騰的密耳彌頓人按捺不住性子，一股腦催問阿基里斯究竟要無風強行，還是就此返國。

兵士們得知獻祭便可解決無風一事時，阿基里絲打算阻止血祭，因此又受到密耳彌頓人的非議。

然而就在父親正要手刃親女的當頭，女神阿提米絲起了憐憫之心，改用一頭母鹿代為犧牲，將伊菲格涅亞帶往面臨黑海的陶里斯〈Tauris〉。

荷馬的《伊利亞德》描寫到順利由奧利斯出航的密耳彌頓艦隊英勇的事蹟。由於阿伽門農不公允的對待，阿基里斯決心不再參戰，密耳彌頓部隊自然聽命於自己的指揮官，即便希臘軍全線敗退，他們依然不願出戰。

派特洛克羅斯 (Patroclus) 假扮成親人阿基里斯的模樣，帶領他們奔向沙場奮勇作戰是僅有的一次例外，但派特洛克羅斯不久便死於特洛伊的英雄赫克托 (Hector) 之手。

阿基里斯知情後決心再次參戰，一舉殺死赫克托。當時密耳彌頓人在原先的統帥指揮之下，發揮了摧堅陷陣的戰力，為這場戰役的結束埋下了重要的因子。

士麥那的昆圖斯在描述此一史詩後續的《特洛伊的陷落》〈羅 Posthomerica；英 The fall of Troy, by Quintus Smyrnaeus, 4th〉[註2] 提到預言之神阿波羅（赫克托的守護神）見阿基里斯無視神權的存在，怒火中燒的他於是一箭射穿阿基里斯唯一的罩門～腳踝〈此後腳踝的肌腱在解剖學上稱之為阿基里斯腱〉。

密耳彌頓人再次失去領袖，但阿基里斯之子尼奧普托雷莫斯〈Neoptolemos〉隨後便抵達特洛伊統領軍隊，「木馬屠城」的計謀就這樣展開，藏匿在木馬中的密耳彌頓人等希臘軍終於一舉滅亡特洛伊。

他們歡欣鼓舞地將戰利品搬上船，本打算就此返回故鄉，卻因為特洛伊公主卡珊卓 (Cassandra) 受辱，身為其守護女神的雅典娜於是要求風神埃奧羅斯 (Aeolus) 掀起海上風暴。死於這場風暴之下的希臘人，幾乎填滿了大海。藉由神力誕生的密耳彌頓人，就這樣再一次經由神力幾乎死絕殆盡。

順道一提地，相傳留下諸多戲曲作品的埃斯庫羅斯曾寫下悲劇《密耳彌頓》〈Myrmidones, by Aischylos, 525BC～456BC〉，遺憾的是早已散佚，無法得知其內容。

艾德格‧萊斯‧布洛茲在《泰山與蟻人》（英 Tarzan and the Ant-men, 1924, by Edgar Rice Burroughs, 1875～1950）[註3] 一書中將棲息在非洲內地的一群身高不足50厘米的迷你人稱為蟻人 (Ant-man)。他們建造蟻塚般的都市，過著密耳彌頓那樣機制完整的軍事管理生活。平日馴養羚羊做為騎乘之用，面對無懼死亡衝殺而來的他們，即便人猿泰山 (Tarzan) 也非敵手，轉眼就被撞昏在地。

蟻精

　　另有一些人變成螞蟻的傳奇故事，迥然有別於希臘神話。

　　俄國英雄史詩之一的《佛赫史話》〈俄 Волх Всеслав'евич/Былины；Volkh Vseslav'evich Bylina〉提到英雄佛赫（Volx〈Volkh, Volch, Volh〉魔法師）‧烏瑟斯拉夫天生具有變身的能力，他逐一化身爲鳥獸蟲魚，潛入敵國印度（或欽察汗國、土耳其）查探敵情。

　　起先他化成金角公牛一路奔馳來到近處，繼而化身翔鷹飛入王宮，竊聽印度王夫妻的談話，隨後變成一隻黃鼠狼，咬壞弓弦、箭隻、火槍的打火石與裝塡桿等器具，悉數埋入土中。接著再次化成飛鷹，回到7,000名部下的身前。

　　儘管印度王城固若金湯，佛赫卻讓自己連同所有部下化成螞蟻，潛入城內再恢復人形，因此攻陷了此城。就這樣佛赫除去了印度王，將王后與整個王國據爲己有。

　　英國的康沃爾有一種說法，據說仙子精靈若不停地變身，身體會逐漸變小，到了晚年就變成螞蟻，是以當地人總把殺蟻視爲殘忍的行爲。

　　當地方言將這種仙子變成的螞蟻稱爲蟻精（Muryan，螞蟻），一旦軀體變得比螞蟻更小，就會完全消失。

　　12世紀的傳說集成《威爾斯民間故事集》的第7則「庫魯赫與歐雯」提到亞瑟王（Arthur，熊人）的戰士歸席爾（Gwythyr uab Greidawl，焦躁者之子‧勝利者）遇上看似蟻精的生物。

　　在可怕的烈焰焚燒之下，蟻丘上的群蟻有如人類般悲慘地哭嚎起來。歸席爾聞聲趕來後，以短劍劈開蟻丘救出了蟻群，螞蟻於是感謝說道：「凡是我們能做到的，任君差遣。」

　　當時亞瑟王爲了協助堂兄弟庫魯赫，正面臨幾個必須設法解決的難題。其中「在新開墾的農地上播下9蒲式耳的亞麻種子」這道難題，就是螞蟻幫忙解決的。

　　白天他們全體動員，直到日落之前，才由一隻瘸腳的螞蟻扛來最後一顆亞麻種籽，如此一來總算得以編織庫魯赫的新嫁娘歐雯要在婚禮當天戴上的頭巾。

　　羅伊德‧亞歷山大以相當於今日威爾斯的古不列顛舊域〈威 Prydain, Prydein 或音譯普利丹〉做爲虛構舞臺的作品「古不列顛編年史」第一冊《泰倫‧魔域‧神劍》〈Chronicles of Prydain: The Book Of Three, by Lloyd Chudley Alexander〉也提到了這則軼事。歐雯的父親巨人酋長‧伊斯巴札頓（Yspadadden）還刻意刁難說道：「這裡少了一顆種子，得在日落前趕緊給我送來。」

　　順道一提地，庫魯赫與歸席爾於此書中的英文讀爲「基魯克」與「基席爾」。

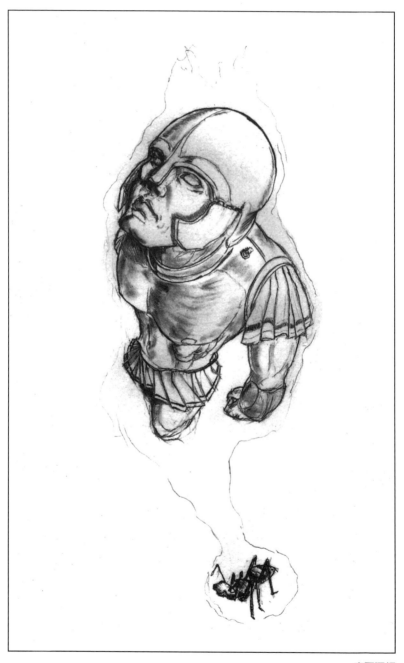

密耳彌頓

巨蟻怪物

提爾伯利的蓋爾瓦修斯受到這些螞蟻傳承的影響，便在《皇帝的消遣》(1214) 第三部第73章中以「密耳彌頓蟻」之名加諸某種巨蟻之上。

這種螞蟻棲息在一處紅海的島上，身體約幼犬的大小，軀幹狀似巨蝦。生有犬齒，總是將挖掘自地下的黃金囤積起來。密耳彌頓蟻性喜肉食，人類也是他們取食的對象。捕捉獵物時動作十分敏捷，與其稱之為快步移動，不如以飛撲一詞形容來得恰當。

因此島上的居民向來隔著一條河住在對岸，以免不期而遇，平時則利用一對雌雄駱駝與小駱駝來盜取巨蟻的黃金。

渡河之前先將小駱駝繫在樹下，接著帶領雌雄駱駝渡河，讓母駱駝載運螞蟻囤積的黃金。

等到巨蟻察覺後，釋出公駱駝做為誘餌，趁公駱駝被巨蟻分食的空檔，驅趕母駱駝奮力奔向小駱駝的所在。經此取得的黃金，隨後便運往歐洲。

由此可知，當螞蟻與人類此等性質迥異的物種混為一體時，似乎就會衍生出一種強大而可怕的生靈來。

■ I ■

註1：阿伽門農射殺了狩獵女神阿提米絲的神鹿，女神於是抑止風的流動，藉此懲罰阿伽門農。

註2：日譯本標題作《トロイ戰記》。另下文提到阿波羅射穿阿基里斯的腳踝一事，係假借特洛伊王子帕里斯 (Paris) 之手。

註3：台灣益群書店出版的書名作《倭城歷險記》(1980)；日譯本作《ターザンと蟻人間》。為了避免倭城與倭人之間產生聯想，在此不採用此一中文譯名。此外書中尚以拳矮人 (Pygmy) 一詞形容蟻人。

蜂群

在膜翅目 (hemenoptera) 中，與螞蟻同樣過著築巢群居這樣的社會生活者，尚有蜂這種昆蟲。統稱為蜂類的牠們，英文有大黃蜂 (Hornet)、螞蜂 (Wasp)、蜜蜂 (Bee) 等說法。

托爾金的《小狗羅佛歷險記》還提到一種可怕的獨角大黃蜂 (Unicornet)，尾針巨大銳利、宛如長槍。

「Unicornet」為獨角獸 (Unicorn) 與大黃蜂的合成語，「Hornet」有「小角」之意，象徵其凶暴的程度。「corn」與「horn」語出同源，都有「角」的含意。整體說來「Unicornet」又可解讀為「小獨角獸」，想必這詞彙也給身為語言學家的托爾金掙足了面子。

大黃蜂與螞蜂可以螫刺數次，從今日兒童休克死亡於毒螫下的事件依然層出不窮的現象看來，牠們本身就已經是十分可怕的怪物。相較之下，生性並不好戰的蜜蜂，不過螫刺一回就會〈脫腸〉死去。

蜂群或蜂巢均可稱為「Hive（大桶子）」。個別的蜜蜂智力雖然有限，但從蜂群整體看來，擁有智慧般饒富趣味的行為模式，自古以來便已為人所知。原來牠們會以飛舞的方式告知同伴攝食的地點，或在蜂巢入口鼓翅送風，將蜂房內的室溫調控在一定的溫度之間。

蜂巢中尚可取得蜂蜜（honey，黃褐色的）這種自然界最甘美的甜料，也因此蜜蜂與絲綢用途的蠶同時成為人類最早馴養的昆蟲。相傳希臘主神宙斯曾以蜂蜜哺育；古羅馬人為了消除葡萄酒的酸味，會在酒中摻入蜂蜜；日耳曼民族更喜歡大口暢飲蜜酒 (mead)。

維吉爾將《農事詩》最後一卷亦即第 4 卷編寫成一部完整的養蜂記，卷頭就寫著：「下文將述及誕生於空中的蜜～這來自上天的恩賜。」[引1]亞里斯多德的《動物史》〈Historia Animalium；英 The History of Animals, by Aristoteles〉第 5 卷第 22 章 b30 也提到：「蜂蜜是落自天上的仙露，尤其掉落在群星爍起、懸虹彩映之際，大凡昂星〈Pleiades〉躍升之前，蜂蜜無法生成。」[引2]這也代表蜂蜜一度被視為蜜蜂由天界帶往人間的一種聖物。

麥克・安迪的《說不完的故事》提到一種蜜蜂模樣的蜂精靈 (Bienenelf) [註1]，職業是醫生。

蜂群

康沃爾當地的棕仙，不老倪據說有召喚蜜蜂的能力。因此遭到蜂群攻擊時，只要大喊：「棕仙！棕仙！」蜂群就會離去。

維吉爾的《農事詩》第4卷530行以下提到的谷中仙子（〈Napaea〉Napaia）同樣施展了操縱蜜蜂的能耐。她們讓害死同伴的亞力斯泰歐斯飼養的蜜蜂致病，將牠們活活餓死。

▌殺人蜂

且說隨著近年來一波波全球化的潮流，來自非洲的凶狠殺人蜂 (Killer Bee) 也在各國登陸。這種凶猛的殺人蜂會攻擊一般的蜂巢據為己有，甚至有養蜂人家的蜂巢不知何時被殺人蜂竊佔，毫不知情之下遭到螫死的案例。

這種致命的蜂類也現身在萊曼‧鮑姆的《綠野仙蹤》。位於歐茲王國西方的溫基國 (Winkie Country) 由邪惡的西方女巫 (Wicked Witch of the West) 統治，她的手下有一群黑蜂 (Black Bee)。

西方女巫以可怕的魔力奴役溫基

國的人民，來自堪薩斯州的少女桃樂絲蓋爾 (Dorothy Gale)、稻草人 (Scarecrow)、錫人樵夫 (Tin Woodman) 以及膽小獅 (Cowardly Lion) 適巧來到此地，原來他們是奉了歐茲王國的統治者歐茲法師 (Wizard of Oz) 之命前來驅逐西方女巫，以此做為達成他們願望的條件。

女巫得知此事後大發雷霆，吹起掛在脖子上的銀哨子，指使狼、烏鴉等手下前去討伐，結果紛紛敗北。

西方女巫愈發氣憤，於是吹了三次銀哨，一群黑蜂隨即到來，同時發出振翅的巨響。黑蜂群接到「殺死陌生人」的命令後，一溜煙地飛向桃樂絲的所在。

稻草人發現蜂群後，立即掏出自己身上的乾草將桃樂絲與膽小獅整個蓋住。黑蜂群抵達之後，自然只見到一堆乾草和錫人樵夫，於是蜂擁而上攻擊錫人，結果刺在錫人身上的尾針悉數彎折，黑蜂因此逐一昏厥。最後落在樵夫四周的牠們，都化成了煤炭般的碎塊。

註1：此一幻想生物出現在第 2 章「奧特里歐的任務」，文中提到五百名醫生齊聚在幻想國的御座大廳商討如何治癒孩童女王的怪病，蜂精靈便是其中的一位。但中譯的遊目族版本卻並未提到此一詞彙，原因在於中文版譯自英文版，英譯本漏譯了此字。以下為該段文字的中文譯述。

　　「有的是白蛇，此時正蜷縮在大廳中間的長桌上；有的是巫婆、吸血鬼、幽靈。他們沒有一個人會讓人覺得特別仁慈，或者能幫人治病。」（廖世德譯）

引1：日譯文摘自河津千代譯本。
引2：日譯文摘自島崎三郎譯本。

蜈蟲

　　皮爾斯・安東尼的《魔法王國仙斯》提到一種名稱與生態都極為獨特的蜈蟲^(註1)。英文的「Wiggler」係指子孑或蚯蚓，其外觀或可如此作想。

　　成蟲體表有一層灰毛，模樣有如小鼴鼠。牠們以岩石為食，不過非常挑嘴。除非岩石合自己胃口，否則一概不吃，情願就這麼活生生地餓死。

　　雌性成蟲為蟲后，總在偏好的岩床上產卵，數量一次可達數千顆，只是雌蟲交配的當時就會排出所有卵來，因此不會再次產卵。

　　孵化自卵的幼蟲體長約莫5厘米，略呈和緩的螺旋狀，乍看之下似乎無害，但事實上這種幼蟲卻是最危險的。令人驚訝的是居住在仙斯地表上的生物對此蟲都有相同的認知，即便是不曾守望相助的種族，只要一見到蜈蟲繁殖衍生，就會合力撲殺。

　　幼蟲剛孵化時，味覺與蟲后相同，因此會在出生地一路成長直到可以飛行。但如果味覺始終不變，該處岩層遲早會被吃光，導致巢中的蜈蟲悉數死亡，因此在成長過程中，每隻蜈蟲都會各自發展出不同的味覺偏好來。

▌飛向成蟲之路

　　成長到一定階段後，所有幼蟲就不再攝食巢穴所在的岩層中吃來津津有味的岩石，於是牠們紛紛飛出巢外，尋找自己偏愛的岩床。巢穴如果位於地底深處，倒也無妨，但若位於地表附近，就會成為地上生物的一大問題。

　　原來幼蟲會在空中移動，牠們從巢穴所在的岩層鑽開無數的小洞，呈放射狀向外飛行。有的往上飛、有的向下鑽，最讓人害怕的是水平飛行者。

　　飛行的方式相當獨特，行經一定距離後就會停留在該處，一說約莫一分鐘，但其實停留時間與飛行距離不一而足，唯獨不會長途飛行。牠們會在經過的空間鑽洞，即便途中已經存在某種物體。因此所到之處，不論樹木或動物都會被鑽出直徑約5厘米的洞來，一旦穿過生物的臟腑就會致命。鄰近一帶的山岳森林因此呈現坑坑洞洞的光景，成為一片不毛之地。

　　欲殺死蜈蟲，可謂十分困難。砍成兩段，就會分裂增殖，只能踩爛、咬碎或焚燒。停止不動時是最好的下

蛃蟲

手時機，但必須留意其他幼蟲在一旁的舉動。越靠近巢穴，大量幼蟲經過身旁的風險就越高。然而離得越遠，卻難以一網打盡。

一如前文所述，蚔蟲是一種非常挑食的物種。事實上當幼蟲們踏上尋找岩層之旅後，能夠發現偏愛的攝食地者僅有 0.2～0.3%，因此大可置之不理，多半就會自行死亡，只是在此之前將蒙受莫大的損害與破壞。

倖存者中若有幼蟲尋獲食之有味的岩層，就會在此長眠數十年，雌性的幼蟲將成為蟲后，築起一處新巢。

註1：見系列首卷《變色龍的咒文》第 14 章 (Chapter 14: Wiggle, *Spell for Chameleon*)。

皮環蟲・蟲學究

皮環蟲（Woggle-Bug〈皮環係童子軍用來收束領巾之用，又稱領巾圈〉）是萊曼・鮑姆塑造於《綠野仙蹤》的一隻奇妙昆蟲。根據他的傳記所述，有位少女向他詢問某種昆蟲的名字，他不假思索地隨意答稱：「這是皮環蟲。」少女聽後十分喜歡這個名字，鮑姆於是決定將此名套用在自己的作品中。

皮環蟲身體細小，或爬行於石縫，或藏身在草叢，平時以更小的昆蟲爲食。

蟲學究的誕生

在這麼一群皮環蟲之中，有一隻步上命運殊奇的道途。他在學校的暖爐旁落腳後，見此處冬天一樣溫暖，於是一待就是數月。

暖爐前可聽到教授諾維托（Now-itall，無所不知）的講課，皮環蟲於是傾聽起他的教學來，三年後獲得許多知識，甚至學會了說話。

有一天牠正要通過火爐，卻讓諾維托教授逮個正著。教授取來放大的儀器，將他放大投射在螢幕上，好爲學生們解說皮環蟲的構造與習性。

經此放大後的皮環蟲爲了表示禮貌，於是紳士般地向學生作揖行禮。原本站在窗緣觀看的女學生大驚之下，全都摔了下來。

皮環蟲趁教授和其他學生慌忙前去探視女學生的空檔逃走，只是身體的大小仍維持先前放大投影在螢幕上的模樣，就這麼成了同人類一樣高大、具有淵博學養的一隻世間罕見的奇蟲。

流浪在外的他有一回救了一個裁縫，獲贈一套美麗的深藍色燕尾服。他穿著燕尾服前往歐茲的首都翡翠城（Emerald City），打算講授以「放大的好處」爲題的課程。礙於無名無姓，於是自稱高度放大・富有學養的蟲學究 (Highly Magnified Woggle-Bug Thoroughly Educated)。

且說蟲學究有著一身扁平的軀體，上有棕白二色相間的條紋，眼珠圓滾突出，他的鼻尖上捲，耳朵的頂端生有觸鬚。兩隻後腳倒是站得挺直，穿起西裝外套再戴上禮帽來，就幾乎和人類沒兩樣。

蟲學究在系列第二冊《綠野仙鄉歐茲國》〈*The Marvelous Land Of Oz,*

1904〉的途中與稻草人 (Scarecrow) 相遇。原來稻草人本是治理翡翠城的國王，卻讓少女金茱（Jinjur 或譯荊姣）率領的叛軍趕出都城，只好求助於老友也是當今溫基國 (Winkie Country) 皇帝的錫人樵夫 (Tin Woodman)，當時一行正在返回翡翠城的途中。

其中還有一位名叫提普塔留斯 (Tippetarius)，暱稱提普 (Tip) 的少年同行。提普持有一種灑在無生命體上就能創造生機的生命之粉 (Powder of Life)，隨行的還有他賜予生命的活木偶‧南瓜頭傑克 (Jack Pumpkinhead) 以及鋸木架木馬 (Sawhorse)。

然而蟲學究同行之後，其他夥伴卻對他敬而遠之。原來他過於博學，又慣用一種奇特的表達方式，總是在一旁多嘴說些閒言閒語。他見鋸木馬不良於行，就說了一句難以言笑的俏皮話：「只有當馬跛腳的時候，才顯得出他的用處。」聽得一夥人當場傻眼。

蟲學究認為只有知識份子和受過教育者才說得出俏皮話，於是滿口戲謔的言詞，以此證明自己的學識淵博。誇張的程度連好脾氣的錫人樵夫都為之惱怒，樵夫於是亮晃晃地秀出他銳利的斧頭，警告他別再說三道四。

怎知情勢一變，本想幫助稻草人收復首都翡翠城的蟲學究，反倒和同伴一起被叛軍圍困在宮殿之中。一行人於是找來沙發、棕櫚葉，以及一頭看似麋鹿的生物甘普（Gump，傻瓜）懸掛在牆上的頭飾，決定製作「飛天甘普」好逃出此地〈同樣使用生命之粉〉。後來甘普墜落，折斷了棕櫚葉製成的翅膀，再也不堪使用。

當時少年提普持有一胡椒盒，裝有尼奇迪克博士 (Dr. Nikidik) 的許願藥丸 (Wishing Pills)，服下此藥者可以實現願望，只是提普吞下藥丸後卻中毒倒地，自救尚且無暇，遑論許願。由於稻草人與錫人樵夫並非生物，無法吞嚥食物，能夠吞服藥丸的就只剩下蟲學究。於是他自告奮勇吞下藥丸許願說道：「希望甘普的翅膀能夠修復。」或許是腸胃比少年提普強健的緣故吧，蟲學究非但不覺痛癢，甘普也恢復了原狀。

一行人就這樣繼續他們的旅程，一路來到南方的奎德林國 (Quadling Country)，從治理該國的女巫葛琳達 (Glinda) 口中得知本該是歐茲國的合法王位繼承人歐茲瑪 (Ozma) 公主的情事。原來行蹤不明的她被魔法變成了少年提普。提普得知真相後，懇求大家讓他保持男兒身，跟隨夥伴們一同旅行，稻草人和南瓜頭傑克等人倒是說道：「男孩也好、女孩也行，我們都是你的好夥伴。」當時蟲學究也善解人意地勸慰道：「不論是男孩女孩，他們都會是好學生。等你恢復女兒身，我就來當你的家庭教師。」

提普就這樣下定決心恢復原貌～亦即歐茲瑪公主，她趕走了叛軍，接受稻草人的遜位，成為翡翠都城以及整個歐茲王國的統治者。蟲學究則成為公眾教育官〈Public Educator〉，給

予她極大的幫助。他本想傳授南瓜頭傑克一些學識，只是傑克實在不是一個好素質的學生，最後以失敗告終。

總而言之，蟲學究在歐茲國獲得了舉足輕重的職位。這點或許也該歸功於他本身高度的學養，又或許是他的身邊擁有一群寬以待人、心地善良的人們所致。

蟲學究當校長

後續的第三冊《歐茲的歐茲瑪》提到蟲學究當上東方矮支金國 (Munchkin Country) 的皇家體育大學 (Royal Athletic College) 校長。原來歐茲國有許多年輕人不想工作，因此需要建設大學，以免他們終日無所事事、在外遊蕩。

任職校長的生活似乎相當忙碌，除了有要事之外，前往翡翠城的機會就變得更少了。

第四冊《歐茲法師地底歷險記》提到歐茲國先前的統治者歐茲法師 (Wizard of Oz) 返國，人民於翡翠城舉行了盛大的活動以茲慶祝。

蟲學究也參加了這個慶祝活動，不過他本性難改，向素昧平生的法師自我介紹之後，隨即掏出書本逕自讀起書來。對於如此無禮的舉止，儘管任誰都不放在心上，但此一舉動畢竟不值得稱道。

隨後蟲學究又帶領大學生們參加了遊行。只見學生每走兩步就高喊大學啦啦隊的口號，展現自己充沛的肺活量。民眾見學生在大學裡受到如此

健全的教育，也感到十足欣慰。

然而就在歡慶之中，歐茲瑪公主的貴賓～少女桃樂絲・蓋爾 (Dorothy Gale) 飼養的小貓尤利加 (Eureka) 疑似偷吃歐茲瑪的小豬而獲罪受審。當時蟲學究被任命為檢察官，發言卻充滿偏見與武斷，一口認定尤利加就是罪犯。儘管到頭來證明了尤利加的清白，卻也險些害牠被判了個死刑。

由此可見蟲學究似乎並不適任檢察官一職。不過除此之外，倒是具有藝術方面的天分。

第五冊《通往歐茲的道路》〈The Road To Oz〉提到蟲學究為錫人樵夫寫了一首「閃亮的皇帝圓舞曲」〈Shining Emperor Waltz〉，並且經由交響樂團演奏。或許是因為旋律動人的緣故，聽得彩虹仙子・波麗克瓏（Polychrome，多彩的）都不由自主地跳起舞來。

此外歐茲瑪公主的生日宴會上，蟲學究還朗誦了自己寫的一首「獻給歐茲瑪的讚歌」〈Ode to Ozma〉，聽來韻律和諧流暢，頗受到參加宴會的其他賓客一致的讚賞。

到了第六冊《歐茲國的翡翠城》，蟲學究任職校長的體育大學實際運作的情況終於公諸於世。

篇中一開始提到學生必須服用歐茲法師發明的「學問藥丸」(School Pill)，好吸收一般常識與知識。這是一種糖衣錠，內容包括代數、拉丁語等性質的學科。服用的時間可分

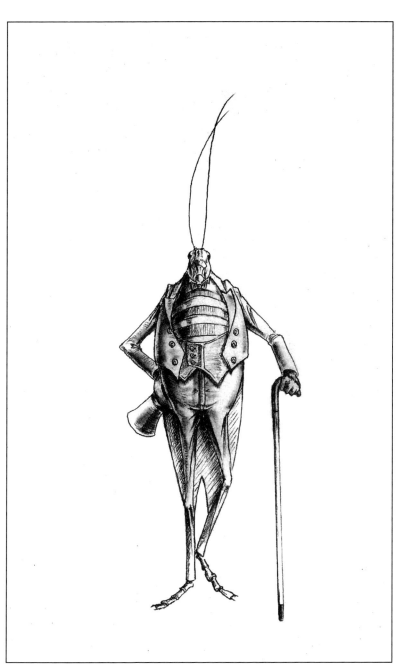

蟲學究

飯前飯後、必要時等等，時機不一而足。

學生們因此大幅縮減讀書的時間，得以將餘暇挪用在運動上。他們利用大學校地內的運動場與河流，進行各項體育競賽。校內盛行足球、高爾夫、游泳、划槳等活動，也舉行拳擊、摔角等擂臺賽。學生們人人充滿熱情、勤奮不懈，大學裡盡是不絕於耳的笑聲與喝采。

這種學習方式不僅促使學生勤勉向學、熱愛體育活動，也因為節省時間與紙張而大受好評。蟲學究二話不說就在歐茲國申請了這種求學方式的專利。

第七冊《歐茲的縫補丁少女》提到蟲學究因為教學的成就而意氣風發，自己又發明了一種「全餐藥錠」(Square Meal Tablets)。那是將菜湯、魚、烤肉、沙拉與甜點一起烹煮而成的藥錠，只有小拇指的指甲般丁點的大小，吃上一粒可獲得等同一餐的營養。對於想要細嚼美食的人們而言，自然不受青睞，不過後來卻成了出外人慣用的一種簡餐。

第十一冊《失蹤的歐茲國公主》〈The Lost Princess of Oz〉寫到稻草人與錫人樵夫一同就讀體育大學，研習「學問藥丸」相關的課程。稻草人向來以歐茲最有智慧的人知名，從他專程前來就讀一事看來，可見藥丸的成效似乎受到高度的肯定。

不過到了第十三冊《歐茲的魔術》〈The Magic of Oz〉，蟲學究卻受此藥拖累，吃了一頓苦頭。

且說蟲學究要求學生們服用全餐藥錠，以取代平日的三餐，學生們卻反映：「討厭吃這種沒味道的東西！」受到強烈的反彈。由於雙方針鋒相對、互不退讓，三年級與四年級生終於採取了強硬的手段。他們捉住蟲學究校長後，明知他不會游泳，還是將他拋入河流。蟲學究在河床躺了三天後，很幸運地被漁夫的釣鉤勾住一條腿，這才被拖上了岸。

蟲學究大為震怒，將全體三年級生和四年級生集合在翡翠城，向歐茲瑪公主告狀，要求給予懲罰。

不過書中並未提到這次審判的結果。由於歐茲瑪本身也拒絕服用全餐藥錠以取代平日的三餐，想來學生們應該不曾受到嚴重的處分。

或許是受到這次教訓的緣故吧，蟲學究一時之間也提不起勁來研究發明了。

第十四冊《歐茲的葛琳達》〈Glinda of Oz〉提到一份蟲學究製成的地圖。只是蟲學究不常出外旅行，未曾造訪的地域便顯得錯誤百出。

即便如此，蟲學究擁有和其他昆蟲天壤之別的智慧與才能這樣的事實依然是不變的。想必他今日依然高傲如昔，致力於知識奧祕的鑽研。

屍羅等蜘蛛類

在英國語言學家托爾金的諸多作品中，蜘蛛被描繪成一種可怕的有毒怪物。

牠起源自混沌之初就存在於世間的邁雅精靈‧昂哥立安（Ungoliant〈昆 Ungweliantë，意為織造黑暗者；ungol 為辛達語，作蜘蛛解〉），她與後代子孫雖然保有蜘蛛的外觀，本質依舊是精靈，因此熟諳人語，且能與之交談。

飢餓貪婪的昂哥立安

根據《精靈寶鑽》所述，昂哥立安來自遠古時期籠罩大地的黑暗，一向棲身在阿爾達西陲的眾神之國瓦林諾。邪神馬爾寇誘使昂哥立安沉淪墮落，本想讓她聽命於己，她的慾望卻有如無底深淵，亟欲吞沒一切好滿足內心的空虛，是以並未臣服於馬爾寇。

昂哥立安遭到瓦拉諸神驅逐後，逃到了南方。從此在黑門提爾〈Hyarmentir〉山谷落腳，化身為巨大的蜘蛛。她竭盡可能地吸取可見的光源，相對吐出漆黑的稠絲，逐步覆蓋自己的巢穴，直到光線再也無法透入這完全黑暗的蜘蛛巢。對光線既渴望又憎恨的她，就這樣沉湎在無盡的飢餓中。

此時馬爾寇再次前來慫恿利誘，表示可以滿足她飢餓的渴望，昂哥立安於是編織了一張漆黑的巨大斗蓬，悄然隱密地行動在此一掩護下，趁瓦拉諸神慶祝收成渾然不覺之際，偷襲普照瓦林諾的雙聖樹，一舉吸乾其樹汁，並注入毒液使其枯死。她又飲盡星辰女神瓦爾妲〈昆 Varda，昇華；崇高〉位於附近的井泉，一面噴出黑色的煙霧，膨脹了自己的軀體。

瓦拉諸神倉皇追擊，卻籠罩在一片黑霧之中，任誰都失去視線與勇氣，全然無能為力。昂哥立安與馬爾寇將漆黑的雲霧拋在腦後，就這樣奔向北方離開瓦林諾，一路逃往中土。

不料兩人卻在此翻臉成仇。原來昂哥立安依然感到飢餓，她要求馬爾寇交出他襲擊瓦林諾時，奪自精靈的寶藏。馬爾寇心有未甘地交出一手掌握的無數精美的寶石，卻不願交出藏匿在另一手中閃閃發亮的精靈寶鑽。

昂哥立安勃然大怒，她噴出黏稠的蜘蛛絲捉住馬爾寇，打算強奪精靈寶鑽。馬爾寇發出震天撼地的叫喊，

本是馬爾寇僕從的一群火邁雅・炎魔因此聽到主人的叫喚。他們奔襲而來有如火焰風暴，逕行攻擊昂哥立安，悉數燒斷了綑綁主子的蜘蛛網。

眼看情勢不利，昂哥立安噴出煙霧形成一道黑幕，趁機逃往南方的貝爾蘭地界，從此棲身在黑暗的谷地，日後這處山谷就稱爲蕩國斯貝谷（辛Nan Dungortheb，可怕的死亡谷）。

蕩國斯貝谷地原本有一群狀如蜘蛛的黑暗生物棲息於此，昂哥立安與其交配並吞噬了牠們，循此模式不斷繁衍子息。

昂哥立安一路走向遙遠的南方，最後消失了身影，從此音訊杳然不知去向。一說她在飢餓之餘，最終吞噬了自己。

▌黑暗之女屍羅

此後昂哥立安的子息依舊妖巢邪築於蕩國斯貝谷，在此生命與光線完全遭到扼殺。周遭的水域悉數有毒，飲用此水者將陷入瘋狂與絕望的黑暗之中。除此以外，當地並有許多生物誕生自太陽尚未創生之前的黑暗。

是以鄰近的精靈大多會盡可能避免通行此處谷地，也只有兩人曾經安全通過蕩國斯貝谷。

極富冒險精神、個性剛毅的雅芬妮爾・雅瑞希爾（辛Aredhel Ar-Feiniel，高貴的精靈白公主）便是其中一人。她趁隨行的三名貴族迷途中遭到蜘蛛群追趕而折返來時路的空

檔，獨自在黑暗中潛行，終於走出了這處山谷。

另一位是人類英雄貝倫（古英Beren，熊），和他在此展開一場生死鬥的蜘蛛日後換來了屍羅（Shelob，雌蜘蛛）之名。由於這段經歷十分可怕，貝倫絕口不提當時的過程，但可以肯定的是雙方最後戰成了平手。貝倫逃出險境後，遇上日後成爲自己妻子的精靈露西安〈辛Lúthien，迷人的女子〉，屍羅則現身在後世的記述《魔戒》之中。

根據《魔戒》所述，屍羅是昂哥立安的么女，是最可怕的生靈。頭上長有巨大的觸角，頸部呈短軸狀。散發出驚人惡臭的黑色軀體無比巨碩，到處可見暗藍色的斑點，下腹總是綻放蒼白的微光。腳部長有一層針狀的堅硬體毛，前端生有鉤爪。體內充滿混有綠色的黃色黏液，具有強烈的毒性。平時最喜歡以人類、精靈爲食。

瓦拉諸神與馬爾寇之間的最後一戰「憤怒之戰」結束後，貝爾蘭的陸地隨之沉沒。當時許多蜘蛛類的怪物也沉入海中，唯獨屍羅躲過一劫，逃往東方的遠處。

她棲身的洞窟通道相當複雜，曾幾何時得來托瑞克昂哥（辛Torech Ungol，蜘蛛的巢穴）之名，附近的通道也被人們喚作西力斯昂哥（辛Cirith Ungol，蜘蛛隘口）。

曾經是馬爾寇左右手的黑暗魔君索倫隨後在附近建立了黑暗王國魔

多。索倫將屍羅視為自己的「貓」，讓她嚴密看守在領土的東側。不過他畢竟無法完全掌控此一強大的怪物，正確說來兩者僅止於同盟的關係。屍羅之所以願意攬下警戒魔多東土一事，純粹只是為了免於三餐不繼。

由於不存在所謂的外敵，當屍羅飢腸轆轆時，索倫麾下一些活該倒楣的獸人士兵就充當活生生的祭品。因此魔多的獸人十分敬畏屍羅，一向以「偉大的屍羅」〈Shelob the Great〉稱之。

本來屍羅對食物十分挑剔，若非別無選擇，按理是不吃獸人的。她十分要求食物的生鮮度，總是先注入毒素麻痺獵物使其保存下來，隨後再生吞活剝。施毒尚有對象之別，若是不合胃口的敵人，就會注入致命的毒素。

一些為了打擊黑暗魔君索倫而企圖穿行西力斯昂哥的英勇戰士都成了屍羅的美食。為了不讓闖進洞穴的獵物脫逃，出口到處充滿黏稠的灰色蜘蛛網。相較於一般的蜘蛛巢，她的絲粗過繩索，張羅得更嚴密，就像一層無比厚實的膜。

尋常刀劍無法砍斷這種蜘蛛網，一旦強行切割，斷絲會打在身上宛如鞭擊，往往在打通逃生之路前，犧牲者就已經遍體鱗傷、皮開肉綻。

此外歷經數千年的歲月後，屍羅的腹部更長有一層硬皮，一般武器全然不起作用。不論砍斷蜘蛛網或對抗屍羅，都必須使用精靈淬煉的魔法刀

劍。是以能夠平安通過西力斯昂哥者寥寥可數。

沉淪的哈比人‧咕嚕是其中少數的例外。他為了找尋能夠並肩作戰的夥伴，來到魔多遇上了屍羅。咕嚕向屍羅低頭以示崇敬之意，也許是身為邁雅精靈後代的自尊受到了鼓舞，又或者提不起食慾吃掉看似不太可口的咕嚕，屍羅只要求他承諾「帶來美味的食物」，就這麼放走了咕嚕。

三十七年後，咕嚕為索倫的獸人部隊所獲，隨後總算逃脫與屍羅重逢。即便不曾帶來美味的伴手禮，她依然織出一片黑暗的偽裝，將咕嚕藏匿其中，引導他一同來到西邊的出口。

咕嚕不曾忘記這份大恩，二年後便誘使哈比人佛羅多‧巴金斯與園丁山姆衛斯‧詹吉前來。佛羅多果然一如預想成了屍羅的俘虜，被注入毒素陷入假死狀態。

然而山姆為了救出主人，卻採取了不經細思的行動～逕自與屍羅對決。原來他早從主人身上取來了精靈寶劍「刺針」〈Sting〉，以及精靈女王凱蘭崔爾的「星之光」魔法瓶。他一劍刺進屍羅的複眼這處唯一的弱點，瓶中發散的光芒進一步撕裂傷口，帶給屍羅極大的痛苦。但就在屍羅狂恣暴怒一躍而上，正待壓垮山姆的瞬間，山姆擎天一刺貫穿了她的厚皮，深深刺進屍羅的體內。

遭到這致命一擊，屍羅隨即逃往巢穴內的深處。從此以後，再也沒有

屍羅

人知道她的下落。

屍羅的子息

一如母親昂哥立安，屍羅與其他黑暗生物交配後，也會吃掉對方來生育無數的後代。屍羅的子息們就棲身在環繞魔多的群山之中以及開展於北部的巨綠森（Greenwood the Great）。

根據《魔戒前傳：哈比人歷險記》所述，牠們將精靈居住的這處盎然豐美的森林變成了駭人的獵場，到處為禍作亂，曾幾何時巨綠森也因此易名為幽暗密林（Mirkwood）。順道一提地，此名正對應上北歐末日神話，諸神黃昏一節提到的黑森林（myrkviðr）。

儘管大小與力氣遠不及母親屍羅，不過平時總是成群出獵，從而彌補了此一缺憾。其總數確定在50隻以上，雙眼會在暗夜中發出紅黃或綠色的妖光，身上流著黑色的血液。

有一回牠們捕獲13名迷途闖進自己巢穴的矮人，打算打打牙祭。牠們注入麻痺毒素，以蜘蛛絲層層捆住，將矮人懸掛在樹枝上，等待獵物熟透，就要飽餐一頓。

隨後卻遭到藉助「至尊魔戒」之力悄然隱身、持有精靈寶劍刺針的哈比人比爾博・巴金斯（佛羅多的叔父）的奇襲，以致於未能得逞。原來牠們捏了比爾博一頓「毒頭」（attercop；〈古英attorcoppe〉）、「呆瓜」（tomnoddy）的嘲弄與咒罵，氣得追趕起隱形的比爾博來，結果被耍得團團轉，鑄下讓矮人趁機脫逃的大錯。

儘管麻痺餘毒未解，矮人走起路來搖搖晃晃，他們依然殺出血路逃出森林，來到自己的勢力範圍。所幸這群蜘蛛有別於牠們的祖先，對於精靈十分畏懼，因此並未深追。事實上整個森林也僅有精靈通行的林徑見不到牠們的蜘蛛網。

月表上的蜘蛛

同樣出自托爾金筆下的《小狗羅佛歷險記》一書中，提到月球表面棲息著數種蜘蛛，會吃掉任何牠們發現的獵物。據作者的說法，這些蜘蛛總計有57種。這正對應上美國食品公司海因茲的口號「57種變化」〈57 varieties〉，只不過攝食者與被取食者主客易位罷了。

生息於月表的蜘蛛彷彿灰色的怪物，身軀十分碩大，總是在山間張羅巨大的銀網，將落網的獵物帶往巢穴，不會馬上進食。牠們以凶暴的害蟲龍蛾（Dragon moth）以及更具危險性的闇影蝠（shadowbat）為主食，乍見之下似可視為等同其他蜘蛛的益蟲。然而事實上牠們並不挑食，落網者一律果腹充飢。

月侏儒〈Moon-Gnomes，簡稱Moonums〉會咬斷蜘蛛網，放走落網的月光蝶（Moonbeam）。相對地蜘蛛會擲出套索〈lassoes〉捕捉牠們。

有一回巫師「月人」來到蜘蛛巢

中，小月犬還險些被吃掉。「月人」見地上有幾片月光蝶的翅膀後，一怒之下就將蜘蛛變成了石頭。

此後「月人」對蜘蛛絕不手下留情，但如果願意為他工作，倒是可以獲得寬恕。原來月球上有一條連接表面與背面的通道，「月人」要求蜘蛛編織銀繩，藉此往來兩地。

月球背面還有一種不比灰蜘蛛大的黑色毒蜘蛛。牠們厭惡白色、淺色、發光的物體，尤其厭惡蒼白蜘蛛〈Pale Spiders〉。「月人」同樣馴服了此一黑色毒蜘蛛，利用牠的絲織成一張吊床，睡得既優雅又自在。

地球上的人類作夢時，他們的心靈會一時奔向月球背面。身為夢的監理者，「月人」總是創造美好的夢境給予人類，不過「月人」不在時，黑蜘蛛就會趁機編織夢境，惡夢或許就是如此形成的。是以「月人」平時總是嚴密地監控，避免發生此事。

順道一提地，托爾金之所以將蜘蛛描寫成如此醜惡無比的怪物，或許肇因於幼時曾經在南非遭毒蜘蛛〈Tarantula 狼蛛，今作毛蜘蛛解〉咬傷一事。

他的次子邁克也遺傳了這種討厭蜘蛛的情結。托爾金為了特地讓邁克感受到此一恐懼，於是在作品中大書特書，創造了蜘蛛怪物。但或許是過於害怕的緣故，後來邁克並未經手彙整父親的作品，完全委由托爾金的三子克里斯多福夫婦一手處理。

《哈利波特》述及的阿辣哥

羅琳的《哈利波特》系列中提到一種體型可成長到大如成象的巨大蜘蛛精（Acromantula，如山肩高聳的毛蜘蛛〈拉 akros＋英 tarantula〉）。全身佈滿一層黑漆漆的體毛，長有 8 隻眼睛與 8 隻長腳，腳長 4.5 米。總以最前端的一雙腳上可分泌毒素的巨螯捕捉獵物，發怒亢奮時，一對鉗子還會喀嚓作響。生性肉食，最喜歡大型的獵物。

雌性體型較雄性巨大，會在地面上築起狀似巨蛋的蜘蛛巢，一次可排出多達百顆如海灘球大小的卵，經過 6～8 週後，小蜘蛛就會孵化。

牠們非常聰明，懂得說人話。由於幾乎沒有其他動物能夠自習語言，蜘蛛精因此被視為巫師為了守護家居與寶箱所創造出來的生物。鑑於無法訓練，奇獸管控部 (Department for the Regulation and Control of Magical Creatures) 將卵列入 A 級禁止交易的項目，同時嚴禁人們飼養。

即便如此，蜘蛛精還是與人類建立一段難得的友誼。

小巫師們就讀的霍格華茲魔法與巫術學院 (Hogwarts School of Witchcraft and Wizardry) 鄰近的禁忌森林 (Forbidden Forest) 棲息著一群蜘蛛精，阿辣哥 (Aragog) 是牠們的首領。他的身上混雜著白毛，眼睛悉數白濁而盲目，凡此都證明了他的長壽。

「禁忌森林」的看守者海格 (Rubeus

Hagrid) 求學的時代，曾將阿辣哥飼養於箱中。蜘蛛的天敵毒蛇王〈《哈利波特》中譯蛇妖〉現身校園後，阿辣哥被海格放生，從此棲身在森林中。

阿辣哥對此十分感激，將海格視為摯友。然而第二冊第15章提到海格的好友哈利波特 (Harry Potter) 前往森林時，阿辣哥卻企圖捕食他們。可見蜘蛛終究是肉食性的生物，即便他們曾經建立深厚的友情，其危險性依然不變。

第四冊第31章提到歐洲的三校巫術大賽 (Triwizard Tournament) 舉行第三場競技「穿越迷宮」時，一隻疑似蜘蛛精的巨蜘蛛 (Gigantic Spider) 於途中現身阻撓。參賽者雖然試圖以各種魔法對抗，然而不見成效。

然而兩名參賽者無意間同時吟唱咒語「咄咄失」（Stupefy，麻痺），竟產生了加乘效果，總算讓蜘蛛一時無法動彈。不過參賽者也並非毫髮無傷，〈哈利〉的一條腿就大量出血受傷嚴重。

▌《綠野仙蹤》述及的大蜘蛛

萊曼‧鮑姆深為兒童們喜愛的作品《綠野仙蹤》系列中提到的蜘蛛，是一種有害於人類的角色。

第一冊《綠野仙蹤》提到一種可怕的大蜘蛛 (Giant Spider)，棲身於林中，以獸類為食。漆黑的身軀大如成象，生有堅硬的體毛，還有同樹幹一樣長的八隻腳，平時以此捕捉獵物，再以細頸上的頭部羅列的一排尖牙咬食。

面對此一巨大的蜘蛛，森林的動物無不愁容滿面。然而即便是身為百獸之王的獅子也早已悉數祭了蜘蛛的五臟廟，再也沒有野獸能夠與之抗衡。

就在動物們不知如何是好，於廣場中開會時，膽小獅 (Cowardly Lion) 一行適巧路經此地。膽小獅雖然有時膽怯，體型卻相當巨大，不亞於其他獅子，若有需要自己的地方，還是會勇敢地挺身一戰。於是當動物們請求他收服大蜘蛛時，他便以「奉自己為森林之王」為條件，一口答應了此事。

膽小獅一路尋跡而來，適巧大蜘蛛睡得香甜。膽小獅於是伸出粗壯的前腿，以利爪擊斷蜘蛛頭，儘管大蜘蛛慌亂地張揚長腳，不多久便斷了氣。

鮑姆的遺作～第十四冊《歐茲國的葛琳達》提到一種紫蛛 (Purple Spiders)。話說歐茲國公主桃樂絲‧蓋爾 (Dorothy Gale) 與統治者歐茲瑪 (Ozma) 於外交斡旋的途中，路經北方吉利金 (Gillikin Country) 的雜樹林，卻讓一個大如圍籬的蜘蛛網擋住了去路。蜘蛛網通體紫色，織有精緻的紋樣。

試圖戳破蜘蛛網，蛛絲卻比外表看來堅韌，結果不盡人意。無奈之餘，只得沿著蜘蛛絲一路前進，豈料蜘蛛巢呈圓形，結果又走回先前生怕迷路而留下手帕做為記號的地點，而且原地又衍生出新的蜘蛛網，兩人這才發覺有人跟隨在身後撒下這天羅地網。

歐茲瑪於是說道：「有人打算困

住我們。」背後隨即出現大蜘蛛王，說了聲：「說得沒錯！」[引1] 只見他紫色的巨大軀體長滿絨毛，頭大爪利，以閃爍的目光瞅著獵物。

蜘蛛王與十隻左右的部下一同圍困了桃樂絲二人，打算捉住他們差來喚去，處理掃地洗碗這些蜘蛛做不來的差事。見兩人不願就範，於是張開爪子想要掐住她們。

不料桃樂絲身上有一條保護持有者免受危害的魔法皮帶 (Magic Belt)，歐茲瑪也持有一根能施展各種魔法的銀杖 (Silver Wand)，蜘蛛王根本無法動到她們一根汗毛。

眼看威逼兩人為僕不成，蜘蛛王只得死心，隨即吹了一聲奇特的口哨，連同所有夥伴消失無蹤，打算將她們永遠困在蜘蛛網內，一洩心頭之恨。

桃樂絲二人在樹叢中四處找尋能夠砍斷蜘蛛網的東西，最後在一處小池子裡發現一種只有巴掌大的綠蟹。長有一對鋒利大螯的綠蟹不滿意自己的體色，表示只要能夠將他變成白色，願意幫忙剪斷蜘蛛網。歐茲瑪於是用魔法將螃蟹變白，藉助他的大鉗子剪斷了蜘蛛絲。

蜘蛛發現絲斷網破，這才群起追趕時，已經追之不及。

《七個詛咒》述及的蜘蛛神

克拉克・艾希頓・史密斯的《七個咀咒》〈*The Seven Geases* (1934), by Clark Ashton Smith〉提到古王國海波

伯利亞（Hyperborea〈極北的〉）山中的地底深處棲息著蛛神～阿特拉克・納克亞 (Atlach-Nacha) 此一黑蜘蛛。所謂海波伯利亞，亦即希臘神話「來自北風背後的極北國〈Hyperboreos〉」的英語讀音。

阿特拉克・納克亞約莫人類蹲下時的大小，生有長腳，毛茸茸的臉上露出細小而狡猾的目光。牠的動作十分敏捷，聲音尖銳能說人話。平時總在深遠的山谷間利用自己強韌的灰絲織造橋樑，然而完成這項工作，卻需要永恆的歲月。

織女奧拉克妮

希臘神話中也有一段蜘蛛的故事，教人難以或忘。

根據奧維德的《變形記》第 6 卷所述，呂底亞的修派帕〈Hypaipa of Lydia〉村莊住著一位有名的織女奧拉克妮 (Arachne)。不光是人類，就連提摩留斯山與派克托羅斯河〈M. Tmolus & R. Pactolus〉的水精們都前來觀賞奧拉克妮的織藝。奧拉克妮甚至自誇「技藝勝過女神雅典娜」。

曾經傳授紡織工藝予人們的雅典娜（Athena，羅馬作密涅瓦 Minerva）於是化身為老嫗的模樣拜訪了奧拉克妮，曉諭她應該向女神讓步。見對方冥頑不靈，於是現出原形與其較量，看誰技高一籌。

雅典娜在織布的圖樣上描繪出人類反抗神將帶來何種下場；相對於

此，奧拉克妮則編織諸神〈尤指宙斯〉以各種化身誘拐侵犯女子的故事，展現了藝象昆綺的成果。

雅典娜一時怒從中來，當場粉碎奧拉克妮的織布機，又以黃楊木製的織布梭打在她的頭上。奧拉克妮不堪受辱，於是投環自盡。

不過另有一說指稱雅典娜織繡的是開天闢地時的景象，由於此圖過於精湛，奧拉克妮因此羞慚自殺。

雅典娜十分同情，於是將具有魔法效果的草汁淋在她的身上，使其復活成了一隻蜘蛛。這正說明即便匠藝出神入化，小覷神祇只會換來不幸的下場。

根據但丁的《神曲》第二部「煉獄篇」第12首所述，煉獄的第一環有13具警惕傲慢罪刑的雕塑，其中也有她義大利語稱為亞拉妮〈Aragne〉的塑像，呈現半人半蛛的模樣，在自己的織布上吐露著哀傷。

順道一提地，今日動物學之所以將蜘蛛歸類在蛛形綱 (Arachnida) 一詞，便是來自奧拉克妮的典故。

從上述諸多事例看來，讀者或許已經發現提起蜘蛛時，似乎總給人一種強烈的雌性觀想。日本當地就有一種蜘蛛因為外型美麗而得來「女郎蜘蛛」〈Nephila clavata〉之名，此外歐洲也有一種毒性猛烈的黑寡婦 (Black Widow)。

不論如何，人類之所以覺得蜘蛛醜惡，不過是因為牠們與我等哺乳類在外貌生態上相距甚遠，生理上因此起了嫌惡之感。事實上絕大多數的蜘蛛是有益的，牠們會幫助人們驅趕其他的害蟲。

希望身為人類的我們，至少能做到竭力避免無謂濫殺的地步。

引1：日譯文摘自左藤高子譯本。

第13章

人造類
Constructed
〔經賦予生命的物群〕

青銅巨人・塔羅斯

塔羅斯一身全副武裝，是克里特島當地的青銅巨人。

或許是因為發音近似牡牛 (tauros) 之故，一說青銅巨人生有公牛的頭部或外觀，一如來自同島的牛頭人〈希 Minotauros，米諾斯的公牛〉。

塔羅斯每年都會三度巡迴克里特島上的各村莊，揭示刻有米諾斯王 (King Minos) 律法的青銅板。順道一提地，米諾斯為一世襲的王號，此一律法也因此被認為一度影響整個愛琴海地域。

就某種程度說來，克里特王米諾斯總是被冠以惡人的頭銜，但事實上克里特島才是希臘文化真正的中心，就連考古學也證明了此一事實。正因如此，才會招來興起較晚的雅典〈Athenai〉當時的嫉恨。

根據西元 1 世紀德爾弗伊〈Del-phoi，即德爾斐 Delphi〉的祭司長普魯塔克〈希 Plutarchos；英 Plutarch, 46～120?〉記述的《希臘羅馬名人傳》(註1)首篇「忒修斯」第 16 節所述，雅典城劇作演出的風氣盛行，由於戲劇與政治宣傳緊密相連，米諾斯負面的作為遂一味受到渲染。即便如此，身

為立法者的米諾斯儼然是正義的體現者，普魯塔克便曾經引用赫西俄德已散佚的作品，讚譽他「最具王者風範」(引1)。

荷馬的《奧德賽》第 19 首 179 行提到米諾斯為一任期 9 年的國王，是負責將主神宙斯的神諭傳達給人民的祭司。

且說身為米諾斯執法者的塔羅斯為了防範敵人侵犯，每天必巡視全島三次。一旦有船隻靠近島嶼，就會拋擲岩石加以驅逐。若有人僥倖上岸，便以巨大的軀體與之搏鬥。全身以青銅鑄成的他雖然行動遲緩，但基本上任何兵器都對他無可奈何。薩丁尼亞人進犯克里特島時，塔羅斯甚至將自己全身燒得火燙，抱住敵人燒死對方。

塔羅斯體內有一條血管流通，腳跟下有一處覆蓋血管的膜、蓋或青銅栓子。這也就是塔羅斯的「阿基里斯腱」，此處受傷或脫落，就會由血管流出體液而死。

阿波羅尼奧斯的作品《阿爾戈船英雄記》第 4 首 1638 行以下描述取得金羊毛的伊阿宋 (Iason) 率領的阿爾戈探險隊打算停靠克里特島的迪克特

港。當時塔羅斯將擊碎的山岩拋投而來，阻撓船隊入港。隊員們本想離開克里特島，隊長伊阿宋的女巫妻子美狄亞 (Medeia) 卻勸阻道：「憑我一人之力，就能打倒他。」

只見美狄亞施展妖法，召來撲殺生人的「冥界獵犬‧勾魂靈」〈希 Keres；英 Hounds of Hades〉，命令牠們群起圍攻塔羅斯，又以邪惡的目光蠱惑對手，形成不具實體的幻影，即便塔羅斯驍勇無敵，也不禁退縮害怕起來，不慎被岩石撞傷了腳跟。隨著傷口噴出體液，塔羅斯也轟然倒地。

除此以外，尚有美狄亞欺騙塔羅斯喝下她謊稱為「長生丹」的蒙汗藥，趁機拔下腳跟栓子，以及隊員波亞斯 (Poias) 一箭射穿他腳後跟等說法。

▌《傑遜王子戰群妖》片中的泰羅斯

唐查菲執導的特效電影《傑遜王子戰群妖》〈Jason and the Argonauts, 1963, directed by Don Cahffey〉片中的塔羅斯，英文發音作「泰羅斯」。

話說阿爾戈探險隊來到布隆茲島〈Isle of Bronze，青銅島〉尋找糧食與飲水。當時隊員赫丘力士（即赫拉克勒斯的英文名）等人發現有如一座小山般巨大（達180米）的青銅雕像群。刻有「泰羅斯」之名的雕像底座有一道門，門內是眾神的寶庫。就在赫丘力士從中取出一支長矛般大小的

金針時，底座上的泰羅斯突然動起身來攻擊探險隊。

儘管探險隊開船四下拚命逃竄，還是被橫跨在島嶼間的泰羅斯搶先一步捉住了船艦。許多隊員因此被拋出了船外，桅杆整個碎裂。當時隊長傑遜（伊阿宋的英文讀音〈或譯傑森〉）急忙求助安置在船尾的赫拉女神像，這才從啟示中得知「弱點在於腳踝」。

隨著海潮漂流的探險隊再次回到島上，繼而引誘泰羅斯前來。傑遜趁機打開腳踝上的蓋子，泰羅斯隨之倒地。然而赫丘力士為了躲開即將倒地的泰羅斯，卻遺落了手中的金針，以致返身取回金針的隊友海拉斯〈Hylas〉被活活壓死。

▌青銅時代的希臘人

關於塔羅斯的由來，並無確切的記載。一說是「希臘主神宙斯命匠神赫淮斯托斯鑄造來守護克里特島」；又說是「著名的雅典工匠戴達羅斯打造來 (Daidalos) 獻給米諾斯王」。

也有一說認為他是誕生自白臘樹的青銅時代遺民。

赫西俄德的《工作與時日》〈希 Erga kai hemerai；英 Works and Days〉105 行以下談到「五個時代的故事」，敘述人類曾經是一支與眾神並立的優秀種族。其中便提到了青銅時代的人類。

奧林帕斯眾神首先創造了黃金時

青銅巨人・塔羅斯

代的人類種族，他們是奉祀克洛諾斯（Kronos）為主的一支族群，永遠不會衰老。大地母神蓋亞沒落後，他們被新主神宙斯變成仙子與精靈，扮演著賜予後代人類財富的角色，搖身一變成了守護神。

眾神接著又創造白銀時代的種族。他們在最初的一百年內，依舊維持孩童的模樣，然而成人後，卻無視尊卑不守律法，不再崇敬天祇，轉而暴力相向，四處釀災肇禍，結束他們短暫的生涯。他們不敬天神的舉動觸怒了宙斯，此一種族遂遭到滅亡。不過也有一說指稱大地母神令其移居地底以為嘉勉，從此過著幸福的生活（註2）。

緊接而來的便是青銅時代的種族，誕生自白臘樹。白臘樹經常用來製作槍矛的木柄，他們也因此成為一支勇猛善戰，具有強大力量的種族。平時不吃穀類，使用青銅製的兵器與農具，住家同樣以青銅建造。由於他們天性好鬥，最後因此覆亡。

第4支種族是神人血統參半的英雄。擁有卓越力量的他們，最後還是自取滅亡在戰爭下。

至於第5支黑鐵時代的種族，據說便是今日的人類。

白臘木的炭火能夠達到極高的熱度，過去用於熔解礦石。亦即誕生自白臘木的說法，正代表一種青銅加工的過程。

古代的青銅雕像在製作時，採用一種「失蠟法」〈lost wax process〉。

首先以蜜蠟塑造胚模，覆上一層黏土後，再送入爐窯。黏土焙燒後，熔解成液體的蜜蠟由塑像腳跟或腳踝上預留的小洞流出。將青銅液澆入經此形成的黏土像模，便可鑄造雕像。這也代表流出蜜蠟的過程，便是塔羅斯體內流有體液〈希ikhor〉的原理，也是擊敗他的一種暗示。

▌《神曲》的老巨人

但丁的《神曲》第一部「地獄篇」第14首描寫了塔羅斯的下場。此時的他是個老巨人，佇立在克里特島中央的伊達山〈Mount Ida〉，背對埃及、面朝羅馬。他的頭部以純金打造，雙臂與胸膛為純銀，以下至胯部為青銅，胯下為鐵，唯獨右腳為陶器，站立時將主要重心置於該腳上。

構造材質的不同，正象徵整個希臘時代的文明。

除了頭部以外，全身到處可見皸裂，滴落淚水般的液體。此液體滴水穿石，洞鑿了山岩，成為流經地獄的三大河源，最後化成了最底層第9環的寒冰。由此看來，此一巨人可謂森羅萬象。

順道一提地，但丁此一描述的出處係來自舊約聖經《但以理書》第2章巴比倫王尼布甲尼撒〈Nebuchadnezzar〉夢境中的巨大人像。人像被石頭砸碎腳部，全身隨之粉碎，被風吹散得不留一絲痕跡。這樣的夢境也同樣是延續不斷的時代崩解的象徵。

《精靈女王》中的塔勒斯

史賓塞的《精靈女王》第5卷《阿提高爾傳奇》〈*The Legend Of Artegall*〉中提到名為塔勒斯（Talus，腳踝）的鐵人，是精靈騎士阿提高爾的隨從，有著精彩的演出。

相對於本是青銅製成的塔羅斯，塔勒斯的全身以鐵鑄造，慣用手上的鐵連枷擊打不實的事物，以此辨明真偽。他一向冷靜無欲，只知忠實地奉行主人的命令，執行主人的裁斷。他同時也是追蹤高手，一旦被盯上，任誰都無法擺脫。即便置身在暗夜中，甚至不眠不休一時，其能耐都不因此有所改變。

他本是正義女神阿斯特萊亞(Astraea) 的僕從，後來女神對人類徹底絕望，返回天界之際，囑咐塔勒斯從此聽命於阿提高爾爵士，這位女神曾以正義之道諄諄教誨的義子。

後來貴婦愛琳娜 (Eirena) 因領地遭人橫奪，前來求助精靈女王格羅麗亞娜〈Gloriana〉，阿提高爾與塔勒斯遂奉女王之命討伐作惡的格蘭多托(Grantorto)。

途中塔勒斯目睹桑格列爾 (Sanglier) 爵士橫奪他人之妻，殺死自己貴婦等殘暴的行徑，於是振臂一擊打倒對方，將之綑綁一路牽行，交由阿提高爾處置。

奉命進入撒拉森人波倫特之女穆妮拉 (Munera, daughter of Pollente) 森嚴的城堡時，阿提高爾囑咐他：「可以使些伎倆，無須冒險入城。」於是他先以鐵棍破壞了城門。敵人投以蝗石飛礫，絲毫對他不起作用；穆妮拉苦苦哀求，他全然無動於衷；拋送來的金銀財寶，也無法令其目光一動。等到揪出為惡的穆妮拉，塔勒斯立刻砍斷她的金手銀腳，從城牆上拋入河渠。處置了女惡人後，又搜出她得來的所有不義之財，一把火將之燒毀，任由那灰燼付諸流水。最後摧毀城堡，連礎石地基一同粉碎。

接著他遇上一個誇大不實、欺騙群眾的巨漢，塔勒斯將他從肩上重重摔下，拋落山崖使其溺死海中。巨漢的追隨者群起圍攻，都讓他痛打在地教訓了一番。

溫和的精靈騎士蓋恩 (Guyon) 被假冒騎士的布拉賈多奇歐 (Braggadocchio) 盜走馬匹時，塔勒斯先刮掉他的鬍子，搶下盾牌塗去上面的徽記，將劍折成兩段後，又將他的鎧甲擲落一地。見布拉賈多奇歐正要逃走，立刻制服對方，扒下他的衣服，將象徵不名譽的記號塗在臉上（應該是斑點之類），當眾放逐了他。

阿提高爾屈服在亞瑪遜女王拉蒂岡 (Radigund) 之下時，塔勒斯不得不拋下主人，擺平尾隨而來的追兵，一路往投阿提高爾堅貞不移的未婚妻～女騎士布麗托瑪 (Britomart)，毫不隱瞞地述說了事情的始末。接著又帶領布麗托瑪前去，掄起鐵棍擊殺拉蒂岡的手下，堆起了累累屍山。若非布麗

托瑪出言制止，只怕他不殺盡敵人絕不罷手。

塔勒斯與格蘭多托交戰時，同樣立馬當先，獨力迎戰敵人的大軍。格蘭多托畏懼塔勒斯的驍勇，因此欣然應允阿提高爾捉雙廝殺的要求。由於阿提高爾單騎交鋒一戰得勝，愛琳娜才得以收復領地。

也由於塔勒斯的此番功績，最後才得以避免慘重的犧牲。

儘管任誰均非塔勒斯的敵手，自己卻不曾恣意橫行，總是忠實完成主人交付的命令，自始至終以主人馬首是瞻。不知如何決斷時，便尋求他人代為裁決。

雖說一身鋼鑄鐵造，卻不代表缺乏心智。正因為深知任性妄為帶來的後果，才會如此嚴以律己。

■ 《綠野仙蹤》述及的生鐵巨人

萊曼・F・鮑姆的《綠野仙蹤》系列中有一角色，看似混合了《傑遜王子戰群妖》的泰羅斯與《精靈女王》的塔勒斯。

史密斯與汀克（Smith & Tinker，鐵匠與銲補匠）工廠曾經製造一種上了發條、名為提托（Tiktok，滴答聲）的機器銅人，在第三部《歐茲的歐茲瑪》一書中，還曾經以生鐵造了一尊鐵巨人 (Iron Giant) 保衛地侏王〈Gnome King〉的洞穴。身高達百呎（約 30 米）以上，鎮守在通往地侏王洞穴的狹窄通道中，不時舉起手上的鐵鎚往下轟擊。

少女桃樂絲等人前來拯救被地侏儒囚禁的埃夫 (Ev) 王族時，見到巨人大吃一驚。隨後發覺揮動鐵鎚時有一定的間隙，於是趁巨人高舉鐵鎚的空檔，從下方鑽了過去。隨後一行人結束洞中的探險，救出埃夫王族等人，就在歸途中桃樂絲使用奪自地侏王的魔法腰帶，使巨人定身不動，此後巨人就再也不曾動過。

鮑姆的處女作《牟王國的魔法國王》也曾出現一種名為生鐵怪人 (Cast Iron Man)、採用機械裝置的巨人。話說越過整個國家都是以糕餅點心構成的牟王國 (The Magical Monarch of Mo) 北邊的山頭，就來到苦臉王 (King Scowleyow) 統治的國家。苦臉王十分痛恨安和樂利的牟王國，總想要設法消滅它，最後找來全國的工匠，歷經多時打造了一尊生鐵怪人。身軀高大有如一座教堂，花了上百人經過一個禮拜的時間上緊發條後，終於雙眼圓綻、吼聲嘯起，發出雷鳴般的磨牙聲響，咬牙切齒地進軍。

大功告成的生鐵怪人就這麼蹊田躪稼、摧瓦倒舍，一路來到了牟王國。正當此時，忽然有一條狗迎面奔來，生鐵怪人被狗絆了一跤，竟趴倒在地沒了動靜。

處理這碩大無比的巨人，讓牟王國的國王與臣民很是頭大，經過 2 個鐘頭的討論，又是小狗想出了好主意，原來牠打算讓生鐵怪人仰面站立起來，朝原先的來向走回去。

腦筋靈光的星克比王子（Prince Thinkabit，小聰明）隨即取來一根長羽毛，往怪人左肩的胳肢窩一搔，生鐵怪人立刻彈跳起來翻了個身，變成仰面的臥姿。接著又用針往背上一刺，痛得生鐵怪人整個跳了起來，沒過多久便站直了身子。生鐵怪人站穩後，就這麼一路走回苦臉王的國土。由於先前發條上得太緊，踩爛苦臉王的土地不說，這還止不住腳，一股腦往海裡走，最後陷在沙堆裡，再也不能動彈。

日後文學作品中也出現許多這樣的機器人（Automaton，機械裝置的人偶），最終一路衍生出卡雷爾‧恰佩克的《羅森的萬能機器人》〈捷 *R.U.R: Rossumovi Univerzální Roboti*, 1921；英 *Rossum's Universal Robots,* by Karel Čapek〉，乃至於艾薩克‧阿西莫夫的《機器人三原則》〈*Three Laws Of Robotics,* 1950, written by Isaac Asimov〉等賦予題材性的一系列機器人科幻小說。

■ ∎ ■

註1：本書中譯本由中華書局出版，按希臘文的字義可解讀為《對照列傳》（希 *Bioi Parallelo*；拉 *Vitae parallelae*；英 *Parallel Lives*；日《英雄（列）伝》）。作者以希臘、羅馬人物相互對照的方式撰寫凱薩、亞力山大等英雄的生平並給予評斷。

註2：白銀時代的人類不敬天神的舉動，恰巧迎合大地母神、基迦巨人對抗奧林帕斯眾神的心態，這或許可以解釋為何有此一說。

引1：日譯文摘自太田秀通譯本。

巨像

　　亞力山大大帝死去時，並未指定繼承人，其子與實力派將領為了爭奪王位，導致馬其頓陷入群雄割據的局面。日後稱王的將軍狄米崔歐(Demetrios)（註1）也曾經是其中的一人。

　　狄米崔歐出征愛琴海，包圍當時與埃及國王托勒密一世(Ptolemaios, Ptolemy I)結盟的羅德斯島(Ródhos)，換來「攻城者」〈Polyorketes〉的稱號。這場始於西元前305年的包圍戰由於曠日持久，狄米崔歐遂於翌年放棄圍攻，雙方簽訂了和平條約。

　　羅德斯島隨後向托勒密一世獻上「解放者」〈Soter〉的稱號，並將狄米崔歐留在戰場的攻城兵器變賣，換得一筆資金，於西元前302年著手興建太陽神赫利俄斯的青銅像，這也就是日後所謂的羅德斯島巨像〈The Colossus of Rhodes〉。當時的建築師是雕刻家卡列〈Chares〉。

　　「Kolossos」一詞並非來自吾人熟知的語言體系。一般認為這是希臘人遷入希臘前的原住民語言。

　　相傳32～37米高的巨像落成之前，耗費了66年的時間。儘管內部另以鐵石補強結構，最後還是倒塌於西元前223（或224?）年的一場地震。然而膝蓋折斷、橫臥在地的巨像依然令人感到驚異，從而列入古代世界七大奇觀〈The Seven Wonders of the Ancient World〉。它的碑文上寫著：「自由的火炬因為免於奴役的欣喜而煥然勃發，璀璨的光芒遠達極海遙陸。」（引1）由此可知巨像除了一度扮演燈塔的角色，其設計概念也領先美國的自由女神像。

　　回教勢力於西元653年佔領羅德斯島後，巨像遭到解體運往國外。由於當時不曾留下任何圖繪，如今巨像的原貌也只能憑空想像，成了永遠的不解之謎。

　　與羅德斯島因緣深厚的埃及同樣可見名為巨像的雕塑，至今仍保存在底比斯〈Thebes〉附近。那是高達20米的一對坐像，原本雕飾在西元前14世紀的阿孟霍特普三世葬祭殿（〈Mortuary Temple〉Amenhotep III）。

　　埃及語稱巨像為「門奴」(Mennu)，卻讓希臘人誤以為是特洛伊戰爭的英雄衣索匹亞王門農（Memnon，偉大的導師），「門農的巨像」〈The Colossi of

Memnon〉一語遂訛傳至今。其中「Colossi」是「Colossus」的複數。

巨像的上半身崩塌於西元前27年的一場地震，此後每逢晨曦東照，就發出豎琴弦撥動的聲響，從而衍生「門農之母係黎明女神伊歐絲，弦聲正是他向母親問安」這樣的說法。只是自從「會歌唱的門農」於西元2世紀被羅馬皇帝塞維魯〈Septimius Severus〉修復後，就再也不曾發聲。

1世紀後半期的羅馬皇帝弗拉維〈Titus Flavius Vespasianus〉興建的競技場（Colosseum，巨像所在）也取用了巨像之名，或許意味著此地禁得起巨像們彼此之間的格鬥吧？

此一名詞英語化後轉為「coliseum」，字意甚至也改變成「劇場」。不過純粹從「會歌唱的巨像」這樣的觀點看來，更以劇場之名倒也不離譜。

■《伊魯尼的巨像》的描述

塑像既然會歌唱，進一步希望見到它真的活動起來，也是人之常情。

克拉克・艾希頓・史密斯曾於1934年發表短篇小說《伊魯尼的巨像》。原題作《The Colossus of Ylourgne》，巨像一詞係以英語的「colossus」稱之。

然而這本小說的背景阿維洛瓦尼(Averoigne) 之名，係源自中古時期法國的某一行省，因此正確說來巨像應以法文稱為「Colosse」。只是作品整體係以英文撰寫，標題遂冠以英文名詞。

高達30米的此一巨像係鍊金術駭人的產物。一如瑪麗・雪萊的《科學怪人：現代普羅米修斯》，製作材料來自意外死亡或陣亡者、死刑犯等生前健康，只因突如其來的變故而失去生命的男子軀體。

死靈法師拿泰爾 (Nathaire) 生於阿維洛瓦尼的弗約尼斯 (Vyones)，係魔神阿拉斯托（Alastor，復仇者）與矮人女巫 (dwarfish soreress) 結合後產下的混血，性情近似父親，體型則與母親相像。由於獵殺女巫的牽累，遭到民眾投擲石塊，導致他跛腳不良於行，拿泰爾因此終生痛恨弗約尼斯。

拿泰爾因宿疾纏身而自覺來日無多，於是同撒旦訂下契約，以帶給地獄無數靈魂為條件，希望藉此獲得重生，換來一具新的軀體。無數的地獄惡靈隨後就被召喚前來，他們附身在新鮮的屍體上，每晚行屍走肉地來到附近一座廢棄的城堡伊魯尼。這些屍體在伊魯尼城內分解成骨肉筋腱等組織，再混入鍊金術的鍋子，做為製作巨像的原料。

首先完成了骨架。擺放在地上的它燃起異樣的火光，眼窩中似乎可見到無數的光芒。接著由拿泰爾的弟子與魔僕〈英Familiar spirits，侍靈；日「使い魔」〉將充作肉體的筋腱肌肉逐一拼貼在骨架上。

大功告成的巨像蒼白邪惡的臉孔與生前的拿泰爾並無二致，雙眸熠熠生輝，生有銳利漆黑的指甲，如死屍般鉛灰色的軀體，遠比生前肌肉強

伊魯尼的巨像

健，糾結的長髮垂落於身後。肩上以繩索懸吊著一口大籠子，內有拿泰爾的10名弟子。

巨像甦醒後，隨即緩步走向弗約尼斯，沿途破壞教堂與街道。起先他只是拋投巨石，隨後又拔起一株約莫21米的老松，掄動這巨棍漫天揮擊。強弩鐵箭與投石落在巨像的身上，卻毫無蚊蟲叮咬的痛感。

一度是拿泰爾門下弟子的北人賈斯帕 (Gaspard du Nord) 當時正在弗約尼斯大教堂最高塔的屋頂上等待巨像到來。原來他向阿拉斯托等數名魔神祈求，漏夜完成了「還魂粉」。

就在化身巨像的拿泰爾認出過去的門徒而停止行動的瞬間，賈斯帕抓準此一空檔，將粉末奮力拋灑在巨像臉部。

那些肉體被用來做為材料的人類靈魂隨即回到巨像體內，此起彼落地發出了嘶喊。儘管拿泰爾竭力想要掌握一切，奪回肉體的歸屬權，卻還是無法違逆無數死者亟思「入土為安」的意念。

巨像因此躊躇不前地行走起來，遊走於各處墓地，然而沒有任何墳墓能容納巨大的身軀。最後在鄰近的伊索瓦勒 (Isoile) 河一帶刨土掘泥，挖出自己的墓穴後，就此倒臥其中。當時拿泰爾高懸在背上的籠中弟子也似乎一同壓死。

巨像在夏日豔陽的照射下屍解腐敗，於鄰近一帶散播了黑死病。

腐臭的氣息一直到秋天才消散。根據鼓起勇氣靠近該地探視的人們的說法，巨人的全身遭到鴉群的啄食，卻依然聽得見拿泰爾的怒吼。

《X戰警》的鋼人

美國漫畫《X戰警》(1975) 也有一位超級英雄鋼人〈Colossus〉，同樣反映了此一傳統。

生於西伯利亞的彼得·拉斯普丁 (Piotr Nikolaievitch Rasputin) 高198公分、重113公斤，是一位立志成為出色畫家的青年。思念家人或遇襲時，皮膚就會在激亢之下覆上一層生體金屬 (organic steel) 的護甲。經此巨像化的彼得可將身體延展至2米26，體重超過227公斤。全身裝甲足以承受120厘米戰車砲的轟擊，並可抵抗寒冷高溫的劇烈環境變化。肌力也隨之暴增，可舉起百噸的重物。

X戰警的創始人查爾斯·塞維爾（〈Charles Francis〉Xavier）教授發掘出他身為特殊能力者〈Mutant，變種人〉的才華後，他便決心獻身維護世界的和平，與教授一同來到了美國。英文改稱彼得·尼可拉斯的他，從此發揮了人體坦克的才能。然而性情純真的弱點，卻也屢屢受到敵人的利用。

彼得的手足都具有變種人的能力，1993年兄長米海爾 (Mikhail) 因為力量失控而身亡，死亡報告送抵老家時，雙親也早已亡故，淪為舊蘇聯超人士兵計畫的犧牲者。不料返回美國後，具有瞬間傳送〈teleportation〉能力的

胞妹，別名巫女‧梅姬 (Magick) 的伊莉亞娜 (Illyana) 也感染僅有變種人才會罹患的雷格西病毒〈Legacy Virus，遺毒〉，同樣香消玉殞。

失去所有血親的彼得遭此絕望的打擊，從而憎恨將自己帶離故鄉的 X 教授，甚至一度投靠了宿敵萬磁王 (Magneto) 所屬的侍僧 (Acolytes) 陣營。

儘管最後還是回到 X 戰警的行列，隱藏在堅甲下的纖細情感，卻不斷給彼得的人生帶來苦惱。或許人類化身為非人的生靈時，災難不幸也將接踵而來、附體纏身吧。

■ Ｉ ■

註1：父親是獨眼‧安提哥尼一世 (Antigonids, Antigoni the one eye)，他在亞力山大死後，自行稱王於小亞細亞。公元前 306 年一度落敗的眾多對手組成聯合陣線，安提哥尼受此合擊戰死。死後由狄米崔歐繼任王位，與托勒密王朝的創建者托勒密一世對峙一時。

引1：日譯文摘自日文版讀者文摘。

活雕像

　　人們見到傑出的雕像作品時，總會給予「栩栩如生」的評價。事實上，因爲詛咒、遭到施法變身或精靈附體等因素，而予人如此觀感的藝術作品，就稱爲「活雕像」。

　　本書中的活動人像也分類有巨人類型的「青銅巨人・塔羅斯」（【13-1】）、「巨像」（【13-2】）、外貌呈人形的「活雕像」，以及呈惡魔面貌的「翼魔」（【13-4】）。

▋女神的化身・嘉拉媞亞

　　活雕像的起源可溯及希臘神話的時代，主要在南歐逐漸形成各種演化。

　　根據奧維德的《變形記》第10卷所述，賽浦路斯王皮格馬利翁〈Pyg­malion〉是一位技藝精湛的知名雕刻匠，他見島上娼妓橫流而心生絕望，決定有生之年不再接觸任何女子。原本只要能雕刻出美麗的象牙女子人像便感到心滿意足的他，最後竟愛上了這尊雕像。他日夜對著人像傾訴衷曲、親吻摟抱，甚至還會送禮，漸漸地這女子在他心目中再也不是純粹的雕像。

　　最後他就在愛神阿芙蘿蒂媞（Aphrodite，即維納斯）的祭典上許願，希望同這尊人像共締良緣永偕白首，女神答應其請求，從而賜予人像生命。皮格馬利翁這才得以和心上人結爲夫妻，乃至生有一女。

　　根據另一傳說所述，這尊人像在雕刻時，擔任女模的就是阿芙蘿蒂媞本人。女神見成果斐然，十分歡喜，便實現了他的願望。人像生下的女兒取名爲嘉拉媞亞 (Galatea)，據說她其實是阿芙蘿蒂媞的分身，原先就附在人像上。

　　相傳皮格馬利翁對此事萬分感激，此後雕刻了許多阿芙蘿蒂媞的木雕，獻給神殿供奉。

▋《流放的諸神》述及的維納斯

　　根據亨利希・海涅的著作《流放的諸神》〈Die Götter im Exil：Elementargeister, 1853〉所述，古希臘諸神隨著基督教的傳佈而失勢，逐漸被人們視爲惡魔。據說他們在受祭拜的寺院裡，白天呈現的是蝦蟆、夜梟的模樣；入夜後就會恢復原貌，誘騙青年或路過的行人。

　　秋日午後二時許，一位德國騎士

嘉拉媞亞

漫步於義大利某一行省的境內，發現一尊以大理石雕刻而成的維納斯神像。騎士深受石像的美麗所吸引，此後便經常來到這尊柱像所在的異教廢墟。

這一天較往常遲來廢墟的騎士卻沒找到柱像，於是流連在此直到深夜，隨後來到一棟不曾見過的宅邸前。屋主是個一身素白的女子，她的肌膚異常白晰，如同女神像一般。

乏味的晚餐席間，騎士請求女主人遞來鹽罐，女主人卻面有慍色，但見騎士十分堅持，只得召來侍者遞上鹽罐。

豈料隨後騎士便不勝酒力，酣睡在女主人的懷抱中。他在夢中見到侍者變成手持火炬的蝙蝠，女主人也成了醜陋的妖怪。騎士感受到一股死亡的恐懼襲來，於是在夢中砍下女主人的首級。

翌日將近正午時分，騎士從經常到訪的廢墟中醒來，卻發現柱像從底座摔落下來，頭部業已折斷。騎士驚駭之餘，隨即奔返故鄉。

從女神的立場看來，或許並無加害之意，純粹只是為了感謝再三顧盼之情；但對一個尋常騎士而言，不過是帶給他莫大的恐懼罷了。

▌伊爾的美神

英國歷史學家佛羅里雷格〈Florilegus, 亦即西敏寺的馬修 Matthew of Westminster〉曾寫下一段發生於1058年的史實，在當時的歐洲引為話題（根據勞勃‧柏頓寫於1621年的作品《憂鬱解剖學》〈Anatomy of Melancholy, by Robert Burton〉所述）。

一位家住羅馬附近的年輕貴族與友人切磋網球時，覺得戴上戒指有所不便，於是將它套在維納斯女神像的手指上。豈料球技切磋過後，雕像卻拳頭緊握，無法取出戒指。貴族對此十分驚訝，便想找來朋友見證，然而回到此地時，戒指已經不見蹤影。

就在貴族正待舉行婚禮、迎接新婚之夜時，出現一名酷似維納斯像的女子，介入他與新娘之間，破壞他們的情感，如此糾纏不斷持續了數晚。

貴族得知帕倫布〈Palumbus〉為一知名的祭司（或魔法師）後，懇請他伸出援手。帕倫布手書一封指示：「午夜站在羅馬近郊的一處十字路口，將此信交給夜半時分出現的撒圖恩。」

貴族依照囑咐行事後，午夜時分現身的此一美女果真交還戒指〈在撒圖恩的命令下〉，貴族這才得以和新嫁娘結為連理。

出於海涅之手的同一故事則較具詩意，只是根據其說法，戒指歸還三天後，帕倫布便去世了。

法國作家普羅斯佩‧梅里美從這則故事得到靈感，寫下短篇小說《伊爾的美神》〈La Vénus d'Ille (1837), by Prosper Mérimée, 1803～1870〉，書中提到更可怕的活雕像，可依照自己的意識行動。

身為文化保護委員的主角（亦即

作者自身的縮影）(註1) 因調查文物來到法國南部卡塔盧尼亞行省的伊爾鎮〈Ille, Catalogne〉。當時經介紹結識的佩雷赫拉德氏〈Peyrehorade〉告訴他宅中發現埋在土中的雕像。那是一尊瑰麗異常的青銅女神像，雙眼以白銀鑲嵌而成。底座與豎像的手臂都刻有警示文字，指稱雕像具有危險性。主角認為有此警示，應歸咎於女神像的過於美麗。

然而人像出土時，卻壓在當時協助挖掘的男子向·柯爾〈Jean Coll〉的身上，他的腳因此骨折。隨後一個不樂見柯爾受傷的年輕人朝這尊神像丟擲石塊，結果石塊彈跳在年輕人的頭上，害得他同樣受傷。

主角抵達伊爾時，佩雷赫拉德氏之子亞方斯〈Alphonse〉正等待婚禮的舉行。婚禮當天，亞方斯見當地的掌球（被視為網球起源的一種球類活動）隊即將敗給西班牙隊，身為掌球高手的他一時興起，便想下場助其一臂之力。

礙於身上穿著禮服，他脫下外衣並將婚戒套在女神像的無名指上以免遺失，接著臨時報名參加球賽，一舉取得了勝利。隨後卻逕往婚禮會場，這才想起忘了取回戒指，慌忙中只好以他物替代。

然而前去取回婚戒的亞方斯卻發現女神像拳頭緊握，無法取下戒指，於是他便在當天家中舉行的宴席上，向主角透露了此事。他心想不論那是

機關或異象，身為文化保護委員的主角畢竟更熟悉古代的遺物。豈料主角卻以為亞方斯多喝了幾杯黃湯，並未加以理會。

當天晚上傳來一陣走向新房的沉重腳步聲，黎明時分隨即聽到新娘的哭叫。原來亞方斯已經死於房內。他的胸腹與背上留下鉛色的挫傷，就像曾被鐵圈夾住一樣。主角並且在房中發現了亞方斯提過的戒指。

原來女神像為了永遠獨佔亞方斯成為自己的丈夫，於是帶給他死亡的擁抱，隨後便卸下失去價值的婚戒。

愛子逝去數月後，佩雷赫拉德氏同樣離開了人世，宛如追隨其子身後而去。佩雷赫拉德夫人認為青銅像是一切悲劇的元兇，於是將它鎔鑄成一口大鐘，獻給了教堂（維納斯神像在眾目睽睽之下，似乎無法公然採取行動，只能安分地坐待熔解。又或許不擅於對付同性也不可知）。

據說此後雖然不再有人死亡，但自從女神像鑄成的鐘敲響以來，就一連歉收了數年。

快樂王子

英國作家王爾德的《快樂王子》〈*The Happy Prince* (1888)〉描寫的是一尊雕像的悲劇，因為它空有魂魄卻無法行動。

背景舞臺設定在德國波茨坦的無憂宮（〈Schloss〉Sans-Souci），是一棟建於1747年具有洛可可風格的代表

性建築，曾是腓特烈二世〈Friedrich II〉的行宮。

「快樂王子」從小在這處王宮過著富裕逍遙、足不出戶的日子，有一天忽然死去。然而快樂王子的魂魄卻從此附身在一尊為了悼念他的死所豎立的銅像。

王子成了擺放在街道上坐看世人的雕像，再也快樂不起來。因為映入藍寶石眼簾中的盡是人間的凄苦與悲情。儘管全身覆蓋一層金箔，劍柄上鑲著一顆碩大的紅寶石，鉛製的心卻感到痛楚，不由得為此一哭。

冬季的某一天，一隻燕子飛到了王子的腳邊。這隻燕子因為迷戀蘆葦，並未隨著夥伴一同南飛過冬，後來蘆葦的冷淡無情傷了牠的心，燕子這才展開旅程，打算飛往埃及。燕子問王子為何哭泣，王子經此一問，就把針織婦人抱著病中的孩子悲苦的情狀告訴了牠。由於王子的腳牢牢釘在底座上，於是他央求燕子取走劍柄上的紅寶石，好送給這對母子。

燕子想起曾經被小孩欺負，本想拒絕這趟差事，見了王子悲傷的神情，最後還是答應此事。牠將紅寶石放在疲憊過度而睡著的母親身旁，接著飛到發燒不適的孩子額頭上，為他振翅搧涼。儘管置身在寒冬中，做了善事的燕子卻感到身上通過一道暖流。

隔天晚上王子又借燕子之手，將一顆藍寶石眼珠送給了一個想寫出劇本，卻飢寒難耐的學生。

到了下一晚，打算要飛往埃及的燕子說道：「明春我將為你帶來兩顆寶石，其中的紅寶石比玫瑰更紅，藍寶石比大海更藍。」然而王子又告訴牠：「我想把剩下的藍寶石送給一個將兜售的火柴掉落在水溝裡的少女。」只是燕子將藍寶石送給少女後，卻打消了前往埃及的念頭。原來牠不忍心丟下擁有一顆美麗的心、卻目不能視的王子逕自離去。為了燕子的生命著想，王子還是催促牠早日南飛。

這一天燕子在王子的肩上歇腳，講述許多異國的見聞，提到無所不知的人面獅身像 (Sphinx)，乘坐在扁平的大樹葉上、和蝴蝶交戰的拳矮人 (Pygmy) 等。王子聽後卻告訴牠「再稀奇也比不上人間的苦難與不幸」，央求燕子將城鎮裡的現況告訴他。燕子答稱見到許多捱餓的孩子，王子於是讓燕子取下身上的金片，送給了他們。這也是王子長久以來的心願。

有一天終於飄起雪來，凍得燕子全身僵冷。牠鼓起僅剩的餘力，希望能親吻王子的手。王子誤以為燕子就要飛往埃及，於是答應了牠，豈料燕子最後卻力盡而死。那一瞬間王子心碎了，鉛製的心裂成兩半。

隔天市長發覺王子失去裝飾，落得一身窮酸的模樣，決心要熔掉王子雕像。唯獨一分為二的鉛心，怎麼也無法熔化。這顆心最後連同燕子的屍體，一同被丟棄在垃圾場。

後來上帝讓天使到城鎮裡找來最

珍貴的兩樣事物，天使於是來到垃圾場拾回兩具生靈的遺骸。上帝嘉勉天使的選擇，讓燕子永遠在天國歌唱，同時交給王子一項使命，讓他留在黃金城中讚美主。因爲歷經悲傷、領會眞愛的王子終於了解快樂的眞諦。

▌《五日談》述及的「彩雕者」

出自姜巴提斯塔‧巴吉雷筆下，被視爲歐洲最早傳說集成的《五日談》，其中第五天第 3 講的「彩雕者」〈拿 Pinto Smauto；英 Pinto-smalto〉(1636) 提到一個男性的活雕像。

家住某地的商人之女貝塔 (Betta) 遇有他人前來提親，從不瞧上一眼。一日貝塔將砂糖、杏仁這些父親從外地帶回的伴手禮搓揉成團，加上玫瑰花露與香水後，捏製成一具俊美的青年塑像。她以金絲爲它植髮，並鑲上藍寶石眼睛、珍珠牙齒與紅寶石嘴唇，進一步向愛神祈求賜予人像生命。當人像果眞呼吸起來後，貝塔爲他取名「彩雕者‧平托斯馬度」（拿 Pinto Smauto，彩雕而成的），以「未婚夫」的名義，興奮雀躍地將他介紹給父親。

然而剛獲得新生命的平托斯馬度卻一派天眞無知，竟任由一個看上他的外國女王花言巧語將他拐走。

當時貝塔雖已懷有身孕，依然出外尋找平托斯馬度。途中有一位好心腸的老婦人傳授她三個咒語。就在她路經蒙特羅通諾（Monte Retionno，

群王山）王國的宮殿、發現自己即將臨盆時，竟找到了平托斯馬度。說來也巧，原來這便是將他帶走的女王統治的國家。

貝塔吟唱咒語變出寶物，以此做爲交換條件，請求和平托斯馬度共度一宿。女王接受寶物後，卻讓他服下睡藥，平托斯馬度就寢後，隨即沉睡不醒，貝塔爲此十分失望。

到了第三晚，貝塔不禁在枕邊哀傷起來，此時平托斯馬度忽然坐直了身子。原來他也覺得女王舉止可疑，佯裝服下睡藥，隨後卻吐了出來。

平托斯馬度恢復所有記憶後，趁女王熟睡之際取回寶物，帶著貝塔逃出了王宮。兩人回到故鄉後，終於結爲連理。

▌木偶奇遇記

如果將卡羅‧科洛迪的《木偶奇遇記》〈義 Le avventure di Pinocchio, (1883)；英 The Adventures of Pinocchio, by Carlo Collodi, 1826～1890〉的主角視爲木刻的活雕像，其蛻變的路線便清晰可見。

傑佩托〈Geppetto，英譯作蓋比特〉爺爺獲贈一根能表達情感的松木，他將木頭雕成一具木偶〈Marionette〉，取名爲皮諾丘 (Pinocchio)。皮諾丘全然有別於一般的木偶，不但像個小孩一樣活蹦亂跳，而且調皮搗蛋。一旦吃足了苦頭，總是立誓要做個乖孩子，卻往往經不起誘惑，轉眼便又淘

氣起來。傑佩托不但為此賠上金錢與健康，最後更雪上加霜，在暴風雨中給一隻大魚吞下肚。

然而皮諾丘純粹只是貪玩，本性並不壞。即便自己遇上困難，有時還會幫忙處理處境更艱困的人。藍髮仙子（Fata，仙子）總是在一旁觀察其言行，見皮諾丘行善時，就會伸出援手，就像母親一樣，永遠看護著皮諾丘（或許松木能說能動，全都是她一手導演的也說不定）。

皮諾丘歷經無數艱辛與險境，最後展現出真人般的情操，不顧性命危險奮勇解救傑佩托與仙子，藍髮仙子因此施展最後一道魔法，讓他的靈魂真的化成人類的小孩，與康復的傑佩托爺爺一同住在煥然一新的小屋，過著快樂的日子。當他見到自己形同虛殼、動也不動的木偶時，不禁有感而發說道：「現在回想起來，才知道自己還是個木偶時，有多麼滑稽可笑。」

雕像身上隱含著雕塑者全心投入的情感。過於執著表像的美醜而忽略內在的意涵，往往會招來意想不到的災難。相反地，一旦成就這份內在的意念，或許就會從中衍生出某種新的存在。

《木偶奇遇記》以附體松木的無意識化身為活雕像躍然人間一事做為事件的發端。然而活雕像卻必須吸取傑佩托爺爺等人類、動物或仙子各種不同的思想，培養出關懷體諒他人的特質，才能真正地成為一個人。

《伊爾的美神》述及的女神像之所以未能變成真人，反遭熔毀，或許就是因為內心充滿了惡念與嫉恨，得不到皮諾丘那般想望的緣故。甚或與其個性雷同、心性偏狹的人們，也不過都是可笑的傀儡木偶，如同過去的皮諾丘一樣。

這也意味著人們只有接受缺乏自主的勞動或環境，主動積極不斷努力工作，才能獲得真正的心靈自由。

只是辛苦之餘終究獲得自由的他們，末了的境遇又如何？

1913年愛爾蘭劇作家喬治·蕭伯納將創作靈感得自皮格馬利翁傳說的戲劇《皮格馬利翁》〈Pygmalion, by George Bernard Shaw, 1856～1950〉搬上舞臺。

日後喬治·庫克又據此改編為歌舞片《窈窕淑女》〈My Fair Lady (1964), directed by George Cukor〉。

且說語言學家亨利·希金斯將粗俗輕浮的街頭賣花女伊莉莎〈Eliza Doolittle〉帶回家中，逐步調教她的發聲，使其成為一位出眾的上流閨秀。豈料經過半年，伊莉莎卻在學得一身立足王公貴族身前也毫不窘迫的出色禮儀及談吐後，與亨利對立，就此離他而去。這說明了人一旦獲得真正的自我，就會捨棄傀儡身份，脫離塑造者的掌握。

瑪麗·雪萊的《科學怪人：現代普羅米修斯》(1818) 也提到科學怪人離開博士的身邊。足見現實如同傳說

一樣不容小覷，即便是皮諾丘，也必有獨立自主的一天。

■ 《魔法王國仙斯》的格蘭迪

皮爾斯·安東尼的《魔法王國仙斯》系列述及的土偶格蘭迪（Grundy 聒噪的人）的故事，又進一步將皮諾丘的主題擴展開來。

格蘭迪是「好法師」漢弗瑞 (Humfrey) 以絲線、黏土、木頭、廢棄物創造而成的小土偶，可同世上所有的生物交談。外觀看來近似人類，軀體卻只有人類的巴掌大。具有自主意識，有時還會違抗漢弗瑞的命令。

漢弗瑞法師因為無所不知而聞名於仙斯全國，由於不斷有人前來請益求教，困擾的他於是訂下一則條款：「凡是向我提問並獲得解答者，需為我工作一年。」

格蘭迪就是因為提問「怎麼樣才能變成真人」，結果必須服侍漢弗瑞一年。順道一提地，當時漢弗瑞答稱「關心〈擔心〉」〈Care，見《魔法之源》「The Source of Magic」第 5 章〉，事實上回答得相當曖昧不明。

一日漢弗瑞與格蘭迪受王室調查官賓克（Bink〈the Official Researcher〉）的請託，踏上尋找仙斯魔法泉源的旅程。途經幻影叢林時，同行的夥伴險些被迷惑生命體的幻影殺害，所幸格蘭迪不具生命，這才救出了他們。當賓克問起格蘭迪「當時為什麼沒逃走」時，格蘭迪卻說不出所以然來，最後答說：「因為我擔心〈Because I cared〉。」就在這一刻，格蘭迪獲得了人心，只是這麼一來，自己也看得見幻影了。

一行人隨後逼近仙斯的魔法核心，拜會魔神仙斯〈Demon X (A/N) th〉。全知全能的魔神仙斯長久以來一直棲身在這片土地，從而領會人類的想法，於是賜予格蘭迪真正的肉體，成全他成為真人的心願。

然而兼具了肉體與真心的格蘭迪，身材大小卻沒有改變，獲賜的人心更折磨著他。原來他總覺得自己微不足道，無法以如此渺小的軀體建立英雄般的偉業，受到人們的歌頌。

就在這樣的某一天，艾薇（Ivy 長春藤）公主的寵物逃走了，那是一頭名叫史坦利 (Stanley) 的龍。格蘭迪心想「這是個大好機會」，於是自告奮勇討下了尋找史坦利的差事〈見《土偶的挑戰》「Golem in the Gears, 1986」〉。

格蘭迪聽從漢弗瑞的忠告前往象牙塔。此地囚禁著一位習得所有仙斯知識的半精靈少女芮本柔（Rapunzel 萬苣。此字的出處來自《格林童話集》第 12 篇），據想她應該知道史坦利的下落。

只是幽禁芮本柔的卻是可怕的「海巫婆」(Sea Hag)，能夠操縱不死魔法，附身在他人的軀體。芮本柔之所以博學多聞，就是因為海巫婆選定她做為下一個宿主，施以資優教育之故。

即便如此，格蘭迪還是絞盡腦汁鼓起勇氣解救了芮本柔，芮本柔因此喜歡上格蘭迪。原來半精靈能夠施展特有的魔法，讓身體大小變幻自如，所以毫不介意格蘭迪的渺小。

難得遇上這樣的機會，格蘭迪卻裹足不前，擔心芮本柔不曾踏出社會，一旦結識其他人類或精靈，可能因此變心，於是決定在交往前，先帶她前往精靈村落試探（其間尋獲此行目的史坦利）。

豈料海巫婆早已附身在精靈王子身上，等待他們送上門來。海婆附體的王子進而與格蘭迪決鬥，立下落敗者將被拋進異次元洞穴的規則，只是到頭來雙方都掉落此一洞穴。

該洞穴通往魔神仙斯的居處。當時魔神仙斯正爲了同其他神祇相爭而煩惱，格蘭迪心想將來一定有所回報，於是竭盡所能爲魔神想出了解決方案，這才回到芮本柔正等待他歸來的世界。

然而自小在封閉環境下長大的芮本柔卻憂心起來，深怕「自己可能無法擁有良好的人際關係」。格蘭迪這才明白她與自己同樣是世上的異類、孤獨的靈魂，因此向她求婚，希望共同創造幸福的人生。經由這次的冒險旅程，格蘭迪不但獲得名聲與終生伴侶，也成爲一心嚮往的眞男人。

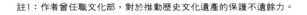

註1：作者曾任職文化部，對於推動歷史文化遺產的保護不遺餘力。

翼魔

　　塞納河土堤的洞穴中曾經棲息一頭名爲喉妖（法Gargouille，喉嚨）的怪物。看似大海龜的模樣，生有天鵝般的鐮形長頸（或許是鱉的一種）。鼻顎均細長，肥厚的眼睛看似月長石。背著灰綠色的甲殼，四肢成鰭狀。

　　西元520年，喉妖出現在諾曼第行省的首府盧昂附近一帶，口吐大水引發了洪患，四周的村落因此遭到淹沒。當時身爲盧昂大主教的聖羅曼〈St. Romain〉闖進了洞穴，身邊只帶著一名死刑犯。

　　就在腹水湧上喉妖的咽喉、正待噴水之際，聖羅曼高舉雙手，兩指交叉畫出了十字架的聖印。那一瞬間喉妖忽然安靜下來，水勢也隨之緩緩流出。

　　喉妖就這樣被綁上法袍成了死囚，一路牽行來到盧昂，遭到滿腹怒火的市民施以火刑，骨灰盡灑於塞納河漂散而去。

　　皮爾斯‧安東尼的《魔法王國仙斯》述及的水龍雖然沒有甲殼，不過外觀與此喉妖神似[註1]。平時甚少在陸地出現，遇有外人侵犯自己的地盤，就會從口中噴出水柱攻擊。在安

全的水底下往往能夠逃脫，因此只要待在水中，或可稱得上所向無敵。

　　後來喉妖的模樣被刻畫成石像，置放在教堂的屋頂上。正如同日本的鬼瓦被視爲驅魔之用，此一雕像也逐漸用於祛邪。

　　轉化爲英語後，此一石刻從此稱爲「Gargoyle〈承霤口〉」。化身石像的它由嘴部引導簷槽的雨水流經體內再排往地面，一如祖先喉妖。

　　既是雕像，人們也就不拘泥祖先龜形的外觀，各自拿出看家本領，競相刻畫出可怕的造型來。翼魔就這樣逐漸加深它魔鬼般的外貌，更具備了雙翼與爪牙，乃至於被認爲石像中眞的藏有某種邪靈……

托爾金筆下「禁默的監視者」

　　托爾金的《魔戒三部曲：王者再臨》第6章第1節提到「禁默的監視者」(Slient Watcher)[註2]。牠們就雕刻在魔多西境西力斯昂哥（Cirith Ungol，蜘蛛隘口）山上的高塔底部所豎立的石柱上，各有三顆腦袋與三具軀體，分別將目光投射在門前門後與對外的大道。頭部有如禿鷹，雙手

石刻的翼魔像

看似鉤爪。牠們坐鎮在同一石塊雕刻成的底座上，僅此光景便具有威嚇感，畢竟任誰見了牠們六對充滿惡意、炯炯生輝的邪眸，都會爲之膽怯。

牠們鎮守的大門並無門扉，乍看之下大可逕行通過，然而事實上存在著一道看不見的力牆。不論通行者是否具有實體，未經許可者都會遭此力牆阻擋回去，即便動用蠻力也無法穿突這道隱形牆。唯有意志堅強、足以凌駕監視者邪念的人，才能在力牆一時轉弱之際趁機侵入。

不過監視者即便一時放了入侵者，卻不因此放棄抵抗，原來六張嘴會高聲尖叫發出警告，響徹鄰近周遭。獸人們聽到此一警報，就會從高塔趕來處置。

數千年來，「禁默的監視者」始終堅守著自己的崗位。

有一天，一個持有「至尊魔戒」的哈比人來到牠們面前。不想哈比人身上竟持有一罐精靈的玻璃瓶，瓶中裝有以水鏡收集得來的曙星之光、夜星之芒。光芒釋放開來的瞬間，「禁默的監視者」意識逐漸模糊，任由哈比人侵入了門內。

當哈比人一行再次通過此地企圖走出門外時，「禁默的監視者」這回增強了意志，試圖要阻擋對方。兩個哈比人卻高喊精靈守護者・星辰女神瓦爾妲之名，尋求其庇護，「禁默的監視者」不敵之下意志潰散，就連石像也一同崩解。

■《哈利波特》的祕密看守者

在羅琳的《哈利波特》中，翼魔成了醜陋的大型怪物石像鬼[註3]，動也不動地佇立在霍格華茲魔法與巫術學院 (Hogwarts School of Witchcraft and Wizardry) 的某一面牆壁之前。只要唸出正確的咒語，就會變成真的怪物，開啓一條通道來，後方的壁面將會裂開，出現一道旋梯。樓梯的盡頭是霍格華茲的校長阿不思・鄧不利多 (Albus Dumbledore) 的居室。原來石像鬼始終是校長的護衛。

「阿不思」在拉丁語中帶有「白」的意思，暗指此人係對抗邪惡的「白巫師」；鄧不利多在古英文中則有「熊蜂」〈bumblebee〉之意。它正來自校長「平時總以鼻子哼著小調，四處忙活」這樣的印象。

如此逗趣的一位校長爲了喚醒石像鬼，吟唱的是第二冊第 11 章提到的咒語檸檬雪寶〈sherbet lemon〉。當然，這也是校長最愛吃的食物。不過有一回咒語卻被人猜個正著，因此到了第 4 冊第 29 章，這道咒文就更改了。

額頭有一道閃電疤痕的小巫師哈利波特 (Harry Potter) 心想：「八成又是拿愛吃的東西當咒語。」於是在石像前一口氣說了梨子糖 (pear drop)、巧克力蛙 (chocolate frog) 等許多甜點的名字，可惜石像鬼還是文風不動。最後半開玩笑地喊了一聲「蟑螂堆」

(cockroach cluster)（註4），石像鬼隨即戰戰兢兢地開啓了通道。

《綠野仙蹤》的木刻翼魔

也有一些翼魔不甘只是雕像，能夠到處自由飛翔。

鮑姆的《綠野仙蹤》系列第四冊《歐茲法師地底歷險記》提到來自堪薩斯州的少女桃樂絲·蓋爾、豢養的貓尤利加 (Eureka)、少年塞伯 (Zeb) 以及為塞伯拖馬車的馬吉姆 (Jim) 一同掉落地震形成的大裂縫中。曾經統治歐茲國的歐茲法師 (Wizard of Oz) 也同樣墜落在地底，途中與桃樂絲一行相遇後，從此結伴同行，尋找回到地面的出口。

一行人在地底世界漫遊，一路來到金字塔山的山頂，發現翼魔統治的虛無國 (Land of Naught)。

虛無國的一切都是木頭形成的，地面是一層鋸木屑，碎石是樹木的硬節瘤，花草全是木片，植物的葉子則是刨屑。見不到草木或鋸木屑的地方，也都是木質地板，那些外觀看來像塔，呈四角、六角、八角等形狀的房屋當然也是木造的。鳥、牛等動物都是木製，身為居民的翼魔也是如此。

翼魔高不足3呎（約90厘米），圓滾滾的軀體十分健壯，輕率地向牠們砍上一劍，劍身反而會折斷。手臂長而堅固，僅此便足以充作結實的棍棒。支撐軀體的雙腳又短又粗。

相對於整個身體，頭部顯得很大，容貌各個醜陋。有的彎鼻弧顎、狹眼細目，生有一張齜牙咧嘴般寬闊的大嘴；有的鼻樑塌陷、雙眼圓突，沒有一張臉是相同的。

牠們個個不生毛髮，頭頂刻成許多形狀。有的是一列圓點或珠子，有的刻上看似花朵或蔬菜的紋路，也有刻成華夫餅〈waffel〉格子狀的四角形模樣。至於翼魔王，頭上雕的是一頂王冠。

所有翼魔背上都有一副短木翼，以木製螺絲與鉸鏈固定。展翅遨翔時，全然無聲無息。

不光是飛行，牠們做起任何事來都不出聲。或許因為本身就是雕像的緣故，牠們從不說話，習慣以指頭或嘴唇送出信號的方式交談。木鳥、木牛也不會發出叫聲來，整個虛無國因此寂靜無聲。

有一位鬥士曾經挑戰翼魔。他是超人阿努 (Overman-Anu)，住在金字塔山附近的沃谷 (Valley of Voe)，據說一生中曾經殺死11頭熊。但如此戰績輝煌的阿努也敵不過為數眾多的翼魔，交手九天就從虛無國逃了回來。根據他的說法，翼魔最害怕噪音，聽到嚎叫就會受到驚嚇，躊躇不前無心戀戰。

桃樂絲一行人來到金字塔山上的一段旋梯時，翼魔群也發動了襲擊，後來被歐茲法師的左輪槍聲嚇得倉皇而逃。桃樂絲等人趁機捉住翼魔王，

打算藉著槍聲逃出虛無國。

然而翼魔的智力也不容小覷，畢竟牠們為數眾多，見桃樂絲這一方手上並未持有武器，於是以十數隻翼魔為一組，發動一波波的攻勢。第一波攻擊中，有數名遭到歐茲法師的手槍擊中而暈厥，另一波緊跟著蜂擁而上。如此經過數回，彈藥終於用盡。

失去武器的桃樂絲等人只能大聲抵抗。吉姆以後腿猛踢，少年塞伯更以俘虜的翼魔王充當棍棒對抗翼魔，可惜後繼無力，還是成了階下囚。

翼魔抓起桃樂絲等人一路飛往木都，將他們帶到一處沒有門窗、而且屋頂到處是洞的建築，就這麼丟棄在屋內的木臺上。

且說虛無國終年普照一道光源不知為何的奇異光芒，並無所謂的夜晚。因此翼魔總是自行敲定休息或睡覺的時間。

小貓尤利加於是趁他們休息之際，以利爪攀上木牆逃出建築，打探了四周。這才得知翼魔休息時習慣卸下翅膀，集中收藏在某處。桃樂絲等人所在的牢房，原本似乎做為禁閉之用，當翼魔行為失檢時，就取下翅膀關入此地，直到反省為止。歐茲法師

於是有了主意，打算利用可卸下的飛行翼逃出監牢。

歐茲法師先取出身上的望遠鏡眺望四周，發現附近一處小山上的洞穴，似可做為脫逃的出口。儘管不知此一洞口通往何處，總比被人當成囚犯來得好。

塞伯於是將馬車軛具的帶釦整個解開，重新連接成一條皮繩，順著皮繩滑下逃出建築，又從睡著的翼魔身旁取來四對飛行翼。歐茲法師接著以鐵絲將馬車與吉姆的軛具串連在翅膀上，一行人就這麼飛上了天空。

一群清醒於當時的翼魔隨即察覺此事尾隨而來，然而就在追上之前，桃樂絲等人已先抵達洞穴。他們從山洞內放火焚燒翅膀，火焰與濃煙一時瀰漫在狹小的洞口。對於木造的翼魔而言，沒有比火更可怕的，因此無法繼續深追。

桃樂絲一行就這樣逃離生天，終於回到了地表。

大體而言，翼魔具有看守者的性質，只要不染指牠們守護的事物或侵犯牠們的領域，似乎不會主動攻擊。又或許避免觸怒牠們，才是最根本重要的。

━ ▌ ━

註1：蛇頸龍屬的普雷修（希 Plesio，近似的）可為代表。
註2：「Silent Watcher」並非《魔戒》書中的專有名詞，這或許是本文作者為了在文中方便提稱，根據《魔戒三部曲》形塑的特徵拼湊而成的名詞。
註3：大陸譯本作怪獸滴水嘴。
註4：松岡佑子譯為「蟑螂炒豆板」（ゴキブリゴソゴソ豆板）。

人造侏儒

「Homunculus」在拉丁語中有「小矮人」的意思。亦即未經母體懷胎，逕由人類一手創造而成的人造人，在其他領域中亦指解剖學實習用的人體模型。

所有人造侏儒都必須利用玻璃瓶才能生成，因此這個小瓶子或可稱為母體，他們也就相當於中古世紀的試管嬰兒。

▌帕拉塞爾蘇斯經手創造的背景

最早述及「Homunculus」一詞的是具有鍊金術師身份的德國醫師帕拉塞爾蘇斯〈Paracelsus〉。他在著作《自然物性論》〈De natura rerum, 1572〉的一篇「關於萬物的衍生」〈De generationibus rerumnaturalium：On the Generation of Natural Things〉中提到了創造的細節。

首先將一名男子的精液〈中德sperma〉與馬的內臟等極易腐敗的組織一同放入蒸餾瓶〈retorte〉，擱置約莫四十天，瓶中便可見到身體呈透明人模樣的塊狀物體在活動。此後直到第四十週的這段期間，每天必須加入「人血祕方」〈arcano sanguinis humani〉（一說是流經動脈的鮮血），使瓶內保持一定溫度也相對重要。如果過程順利，外觀與人類無異的人造侏儒就會誕生。

人造侏儒在成長過程中呈現透明狀的記述也顯示出該現象的重要性。意味著人造侏儒尚不具肉體，只有元神的部分先行出世。

不過帕拉塞爾蘇斯又說人造侏儒終將獲得肉體幻化為人，從而習得一身尋常人類無從得知的祕術。那是只有身為生成物的人造侏儒～這個生來就無法與技術分割的生靈才能到達的境界。

以歌德的《浮士德》〈Faust, by Johann Wolfgang von Goethe, 1749～1832〉為例，出場於第二部第2幕的人造侏儒在蒸餾器中經過數百種物質調合而成，即便不具肉體，卻在誕生後隨即展現言談的能力，甚至能窺視長睡不起的人們夢中的情境。裝在小燒瓶中的他，還能夠伴隨燒瓶騰空移動。具有雙性特徵的此一人造侏儒，乍見之下看似俊秀的少年，但終究只是個不具肉身的精神體，是以起初被描寫成萬物皆非、不如人類的生靈。

然而這也相對表示其存在的層次

是高於人類的，說明他僅有元神，即可化身爲任意形貌，擁有任何肉體。於是人造侏儒向浮士德的弟子華格納～這位創造他的父親表示「只要自己存在一天，就必須不斷活動」（見浮士德6888節）[引1]，從此踏上尋找自身軀體的旅程。

人造侏儒最後尋不著化身人類的意義何在，卻嚮往起瀰漫江河大海的水來，從而與此融爲一體。因爲他認爲萬物起源自水中，相較於成爲人類，包容一切、溫和柔美的水更具有吸引力。

一心嚮往成人的他最後化成了非人類的物質，對於這樣的結果，吾人無法以成敗定論。不過從「如願成形」這點看待《浮士德》的侏儒，其層次可說是遠遠超過人類的。

畢竟人造侏儒形成的關鍵在於精神與肉體的協調融合，亦即與身爲精神體的人造侏儒能否接納新軀體有關。借用惡魔梅菲斯托弗勒〈Mephistophilis〉的說法，此一結果正是「到頭來我們還是被自己一手創造的人類所左右」（浮士德7003節）。

▌文學創作述及的人造侏儒

人造侏儒或小矮人等題材也曾經激發許多作家的靈感，並不僅止於文豪歌德。

薩摩塞特・毛姆在《魔法師》〈The Magician, 1908, William Somerset Maugham, 1874～1965〉第16章中提到一個具有眞實血肉的畸形侏儒。置入大玻璃瓶中的他身高約1米2，醜得教人不願多看一眼。他的頭蓋骨異常巨大，額頭突出顏面之外，生得一張不勻稱的臉，活像惡鬼一樣。因故氣憤時，口中看似噴出唾沫，繼而逐漸拉高嗓門叫喊，最後怒不可遏地以身軀或頭部撞擊瓶內。

由於毛姆對於魔法一事向來多所批判，看似「科學怪人」的此一人造侏儒，或可視爲一實驗失敗的個例。

伊芙琳・夏普於《魔法師之女的咒語》〈The Spell of the Magician's Daughter (1902), by Evelyn Sharp, 1869～1955〉書中述及的人造侏儒，是魔法師的女兒不經細想之下，爲了創造「世上最聒噪的侏儒」而誕生的。侏儒的性情與主人相似，天生就是懶惰蟲，總是棲身在金雀花叢下，每天幻想著「不用太費事就能成名」的白日夢。

話雖如此，當身爲主子的魔法師女兒要求他「造一雙走起路來會啾啾作響的鞋子」時，他還是欣然接下了差事。順利交差後，此一發明竟震驚全世界，至今仍是人們議論的話題。

在詹姆斯・布雷洛克的《侏儒》〈Homunculus, 1986, by James Paul Blaylock〉一書中，一場人造侏儒的爭奪戰大大搖撼了19世紀的倫敦。戴上帽子約莫只有20厘米的此一小矮人，原本也是待在瓶內，後來被製作玩具的天才威廉・基伯〈William Keeble〉關進一個精巧的盒子。從此在盒內不

人造侏儒

吃不喝度過了十年以上的歲月。

原來此一侏儒擁有逆轉熵〈entropy〉的力量，不但可將破銅爛鐵變成活生生的老鼠，還能夠治癒不治之症，甚至可使近處的屍體起死回生。侏儒的言談十分奇特，任誰也無法理解，不過這也是理所當然的，因為他真正的實體就是…

唔唔，差點說溜了嘴。關於後續下文，還是請各位閱讀原作吧。

▌用於魔僕的人造人

民間傳承倒是提到幾則外型像侏儒的人造人成功的案例，他們在主人完全的駕馭之下，成為出色的魔僕。

《格林童話集》第116篇「藍燈」〈德 Das blaue Licht；英 The Blue Light〉述說的是一個除役士兵從女巫身上得來一盞「永不熄滅的藍燈」。他以燈火點燃煙斗後，一個黑矮人 (schwarz Männlein) 從冉冉上升的白煙中現身，表示「有求必應，儘管吩咐」。

士兵於是要求黑矮人幫他從井底脫困，借矮人之手收拾了女巫，他還計畫綁來公主當女僕使喚，好報復將他除去兵役的國王。黑矮人雖以「此舉將帶來危險」為由勸說他，但還是帶來了睡夢中的公主。

一夜過後，回到王城的公主本以為昨晚的經歷只是一場夢，但國王聽過女兒一番陳述後，疑心是魔法作祟，於是要她「將豌豆預先裝在有個破洞的口袋」。躲在一旁偷聽到這段談話的黑矮人於是在背送公主時，將豌豆灑在四處街道上，國王因此無從得知公主的下落。

由於雙方鬥智已有數回，黑矮人便勸起士兵來，希望他別再擄來公主，不過士兵還是無動於衷，結果因此被捕。

臨刑處死之前，士兵請求讓他吸幾口煙。黑矮人因此被召喚出來，掄起棍棒一頓狠打，打癱了法官和國王的部下。嚇得國王只好求饒，將王國和公主送給了士兵。

收錄於約瑟夫‧雅各斯所著《英國民間故事》中的一篇「傑克與金菸盒」〈Jack and His Golden Snuff-Box〉提到三個從旁協助傑克的紅矮人〈little red man〉[註1]。

矮人平時住在金菸盒中，傑克遇有麻煩時只要打開盒子，任憑再不可能的事也能實現。令人吃驚的是不過一個晚上的工夫，矮人就開闢一片大湖，打造數艘大型戰艦，還興建了一座12根金柱豎起的城堡。曾經照顧傑克的某位紳士因此同意他與自己女兒的婚事，同住在這座城堡裡。

當時紳士決定舉辦一次大規模的野獵，邀請國內具有身份地位者前來作客，參觀這座城堡。

然而當天早上傑克著裝之際，卻忘了將金菸盒放進他平時穿慣的衣服。

僕人見了金菸盒並打開它，三名矮人隨即現身詢問主人的心願。僕人便說：「將這座城遠遠地搬走吧。」矮人只知忠實聽命於菸盒的開啟者，隨即成全此一願望。才一轉眼，僕人與城堡就來到遙遠的大海彼岸。

狩獵歸來的傑克發現城堡消失時，不禁大吃一驚。紳士甚至揚言取消婚事，最後約定「尋獲城堡之前，女方只等待十二個月又一天」。傑克於是跨馬走上尋找城堡的旅程。

起先他向白鼠王與蛙王打聽城堡的消息，各獲得一隻白鼠與青蛙做為同伴。

最後終於在第三位造訪的鳥王處尋獲一頭知悉城堡所在的巨鷹，就此乘坐在鷹背上，遠渡大海而去。

只是要取回城堡，仍需借助紅矮人之力。於是傑克讓白鼠潛入城中，偷來了金菸盒。回程掠過海面上空時，傑克不慎遺落金菸盒，所幸被青蛙尋獲。回到鳥王的領地後，傑克就打開金菸盒向紅矮人許願。

就這樣傑克收復了城堡，返家時妻子還抱著兒子前來相迎。

■ I ■

註1：本文作「赤い小人」，片假名附記作「レッド・ドウォーフ」(red dwarf)，有別於「傑克與金菸盒」篇中的原始說法。

───

引1：日譯文摘自高橋健二譯本。

毒蘋妖精・艾羅奈

　　被視爲人造精靈的艾羅奈源自外觀近似人類的神奇植物曼陀羅，一般可分爲雌雄兩性，各領風騷於代表性的文學作品之中。

《埃及的伊莎貝拉》述及的科爾涅留斯

　　阿辛・馮・阿爾尼姆的作品《埃及的伊莎貝拉》〈德 *Isabella von ägypten* (1812), by Achim von Arnim, 1781～1831〉[註1] 提到的艾羅奈是一個聒噪不休的男矮人，取名爲科爾涅留斯〈Cornelius〉。

　　王族之女伊莎貝拉自從父親被處死後，就與隨侍的貼身宮女布拉卡〈Braka〉淪爲流浪的吉普賽人，過著落魄潦倒的日子。後來伊莎貝拉一眼愛上了西班牙大公卡爾〈Karl〉，爲了見他一面，懇求布拉卡設法讓她在白天露臉，冠冕堂皇地走在人群之中。她接受了布拉卡「有錢能使鬼推磨」的建言，從父親遺留下來的魔法書中找到了致富的方法。原來只要培育出艾羅奈，就能利用其狡詐與謀術，爲自己蒐羅一筆財富。

　　只是想要拔出材料曼陀羅，當事者必須是處子之身。換言之，拔取曼陀羅的動機僅止於將心愛男子留在身旁便感到自足的性質，而非追求女人愛情的快樂，否則難以全心全意地照料出土後呈胎兒狀態的曼陀羅。

　　伊莎貝拉並無這方面的疑慮，於是她便選定週五夜晚11點帶著黑犬辛姆森〈Simson〉來到父親受絞的絞刑台。她以棉花塞耳，四下探查地面，終於找到了呈人形的草根。此一曼陀羅全身濕濡，看似哭泣的模樣，這正意味著曼陀羅源自父親爲自己無辜獲罪所流下的眼淚。

　　伊莎貝拉將一條利用自己的頭髮編成的繩子分別綁在曼陀羅與狗身上，接著快步跑開。那狗自然追了上來，曼陀羅根隨之拔起，沿著地面發出一道閃電將狗殛斃。忠犬成就了大事，魂魄依然回到主人伊莎貝拉的身邊。

　　剛出土的曼陀羅自然與人類相似，不過相當於臉的部位並無眼鼻，僅有一處看似張開嘴的裂口。

　　爲了替臉部加工，首先必須清洗曼陀羅，接著在頭部播下小米的種籽，相當於眼睛的位置需埋下杜松子，嘴部則填入野玫瑰花種。植入後

的隔日，頭部就會長出毛髮、生出眼睛與嘴巴來，逐漸轉變成毒蘋妖精·艾羅奈。

此後還必須以乳汁餵食，伊莎貝拉於是將他帶往剛生下小貓的母貓處餵乳。然而艾羅奈卻被小貓推擠開來，難得能吸上幾口乳水。伊莎貝拉一時難過起來，她將一隻小貓帶往小河邊，順手丟棄在草叢中。臨走時小貓跌落小河，伊莎貝拉不免感到內疚，但依然就此返家。

剛吃完貓奶的艾羅奈見伊莎貝拉歸來，不由得開懷笑了起來。此時的他已經成長不少，能夠四處活蹦亂跳。就在伊莎貝拉思索如何管教這個小淘氣時，不想竟被艾羅奈親吻了一下，此一想法因此煙消雲散，反倒滋生一股無法言喻的愛來（或許這一吻便是某種魔法吧）。

經過一個禮拜，艾羅奈已經成長到將近1米高。布拉卡看過後，表示自己的姊夫也養了艾羅奈，取名科爾涅留斯·尼波斯〈Cornelius Nepos〉，艾羅奈一聽就喜歡上這名字，從此也自稱起科爾涅留斯來。

具有自我意識的科爾涅留斯打算當一名軍中的參議。布拉卡認為得花一筆錢才能謀得此職，科爾涅留斯於是發揮他身為艾羅奈的本事，從屋內的牆壁挖出了埋藏已久的寶箱。以此做為資金，著手訓練騎術，並以三吋不爛之舌廣交仕紳，逐步紮實地習得一身不辱軍官之名的才能。

二個月後，科爾涅留斯的聲名傳到卡爾大公耳中並且獲得邀宴。隨後科爾涅留斯卻讓褒美之詞捧上了天，不慎吹嘘起美麗的伊莎貝拉來。大公聞知此事後，暗中往見伊莎貝拉，一眼就愛上了她。

其實步入思春期的科爾涅留斯也已愛上伊莎貝拉，甚至有娶她為妻的念頭。但伊莎貝拉對科爾涅留斯的愛純粹只是母愛般的情感，還曾經預感自己對大公的愛將開花結果而禁不住渾身顫抖。

一日卡爾大公表示：「有一位來自波蘭的猶太塑物師表演的西洋鏡戲法十分有趣。」[註2] 以此邀約伊莎貝拉與科爾涅留斯前來欣賞。觀看戲法歸來後，伊莎貝拉卻不慎透露「喜歡大公」的心思。科爾涅留斯一時妒火中燒，拔出劍來便想回頭對付大公，伊莎貝拉見狀答應了求婚，他才因此作罷。

這一天，過著快樂新婚生活的科爾涅留斯卻見到另一個伊莎貝拉，穿著一身略嫌骯髒的樂隊服裝出現在自己的眼前。他心想這可能是某種幻術，於是趕走了這個伊莎貝拉。

事實上，身穿陋服的伊莎貝拉才是本人，同科爾涅留斯一起的卻是製作精巧的替身人偶貝拉〈Golem Bella〉。原來她是在觀賞西洋鏡戲法時被替換走的。

後來卡爾大公趁科爾涅留斯入睡時砸毀貝拉人偶，帶走了真正的伊莎

貝拉。科爾涅留斯得知事實後陷入一陣狂亂，隨後來到了卡爾大帝的寢宮，但卡爾大帝早已從伊莎貝拉口中得知實情，於是當面拆穿科爾涅留斯是艾羅奈的真相。雙方只得合議一番，最後科爾涅留斯同意與其他女子成婚，並獲任財政首長一職。

至於伊莎貝拉身為埃及女王的地位，也獲得卡爾大公的承認。然而伊莎貝拉的內心深處始終懷有處子情結，當她得知大公將人偶貝拉誤認為自己，曾經數次與其交歡後，悲傷之餘逕自離去。

科爾涅留斯始終無法忘懷伊莎貝拉，還親自為她雕飾了一尊塑像。卡爾大公也同樣為孤獨所苦，一見到這尊塑像，就命人遷入自己的房內。科爾涅留斯一怒之下前來理論，與大公的衛兵發生衝突，竟被大卸八塊。

不過科爾涅留斯冤魂不散，死後成了惡靈，從此化身為種種飛禽走獸，不斷折磨卡爾大公直到退位。

魔性作祟的少女艾羅奈

漢斯・愛華斯的作品《魔蘋少女》〈Alraune, 1911, by Hanns Heinz Ewers, 1871～1943〉提到的艾羅奈是一個經由人工授精誕生的少女。原來她的生父為了滿足個人的嗜好，利用自己身為樞密顧問官〈德 Geheimrat；英 Privy Councilor〉的地位，與醫師合作進行了人工授精。

除了不太說話之外，艾羅奈看來就像是隨處可見的孩子，然而其本性卻隨著成長逐漸顯露，變得愈發殘忍。

她在修道院度過了 8～12 歲的童年期。當時有許多少女曾將花草的莖幹塞進青蛙的口中並灌入空氣，或在蛞蝓身上灑鹽巴，甚至挖出鼴鼠的眼睛，無端切斷蟬翼，做出種種教人匪夷所思的事來。當院長問起此事時，眾人異口同聲指稱是艾羅奈出的主意。進一步責怪她們為何不向老師報告時，少女們又答稱自己受到恐嚇，這麼做將會換來報復。事實上，艾羅奈未曾施以任何脅迫，少女們卻深信自己將如同小動物一樣受到殘忍的對待，因此不敢違逆。

老師於是找來艾羅奈，質問她是否知罪。然而她卻一副不知情的模樣說道：「我不覺得有罪，我什麼也沒做呀。她們所做的一切都與我無關。」[引1]

後來修道院傳染了惡性傷寒，有 8 名院童與一名修女因此死去，幾乎所有人都受到感染，唯獨艾羅奈看似比以往更健康。

此一寫作背景或許取材自一位名為傷寒瑪麗 (Typhoid Mary) 的真實人物。她是未發病的帶菌者，廚師的身份卻帶給身邊的人們死亡。

此後艾羅奈來到寄宿學校就讀，直到 17 歲，不過她與音樂教師之間又發生一些摩擦。這名男老師原本是個煙槍，學校卻明令禁煙，只好將鼻煙盒放於宿舍的門前，曾幾何時盒內卻

魔性作祟的少女艾羅奈

跑進了大型鬼蛛、潮蟲等詭異的蟲子。曾經有多名少女因為此一惡作劇當場被捕，艾羅奈卻不曾被逮獲，也缺乏可證明此事出自其手的根據。不過在她入學之前，畢竟不曾發生此類情事。音樂教師因此感受到艾羅奈並不喜歡自己。艾羅奈在課堂上總是一副無意練習演奏的態度，經常將雙手放在膝上，也不曾繳交作業。音樂教師於是找了一天向校長訴苦，校長為了究明真相，選定下一堂音樂課前來視察，但見到的卻是艾羅奈優異過人的演奏。從此以後，音樂教師再也無法過問她的一切。

從寄宿學校畢業後，艾羅奈隨即擁有一棟豪宅，供她在此度過餘生。以她的父親身為樞密顧問官的地位，取得一棟豪邸其實輕而易舉。年紀輕輕就成了豪宅女主人的艾羅奈，引來絡繹不絕的男子登門追求，其中想必也有覬覦權力與財富的投機份子，不過大多數都是受到她的吸引而來。身材嬌小又平胸的她之所以能擄獲男子，憑藉的是光彩潤澤的栗色秀髮與風貌神韻。她的雙眸特別引人，時而流露出高傲嘲弄的目光，時而恢復原先看似幻夢的柔和神采。

遇有男子求歡時，她會露出莓紅瑰美的玉腿嘲弄一番。畢竟對她而言，容貌與身體不具有任何意義。即使對方如何迷戀自己，艾羅奈從不理睬。她經常穿著不同的衣裳，有時是蕾絲衣裙或軍裝，有時是緋紅的制服。然而即便其打扮缺乏女人味，或明知她對自己興趣缺缺，艾羅奈本身依然具備某種吸引眾人的風情。

艾羅奈的源頭～曼陀羅原本就是有毒的植物，凡是對她懷有好感的人，最後總像是印證此一本質般落得自取滅亡的下場。

就以她的司機為例，他對艾羅奈的行為生厭已久。有時她會在騎馬途中要求渡河，然而此舉只會讓身體濕透，招來被河水沖走的危險；行車之際又常對前車感到不耐，要求司機無視限速，逕行超越前車，最後落得被員警攔檢下來的結果，凡此都是毫無意義的行為。

即便如此，司機卻無法違抗艾羅奈。因為他的內心其實是愛著她的。

一日行車途中，她又要求加速。司機心知車速加快就會肇事，但見到艾羅奈的眼神後，卻自然而然地踩下油門。整輛轎車因此失控，最後猛烈撞上了圍牆，數小時後司機便死去了。反觀艾羅奈不過是一絲輕傷，隔天便僱來一名新司機，若無其事地外出兜風。

愛上艾羅奈的另一位少年也是如此下場。兩人在一場舞會中攜手共舞，隨後她便慫恿少年前往陽台。當時室外氣溫只有零下12度，未穿著禦寒服裝便逕自外出，自非神智清醒的舉動。然而見到艾羅奈凝望的眼神，少年還是來到陽台。僵冷得渾身顫抖的他，因為獲得艾羅奈的香吻而感到自足。隔天他就高燒不起，痛苦了九

天後才死去。艾羅奈卻健康如昔，並未染上一絲風寒。

不幸的命運也同樣眷顧了其他女子，並不僅限於男性。從小就是至交的兩位公爵夫人因故失去了財產，由於兩人認識艾羅奈的父親，於是轉向艾羅奈求助。艾羅奈表示無法提供金錢上的援助，但可住在她的家中，提供兩人膳宿。

這對二人而言可說是一道難題。畢竟兩人已過慣了公爵夫人的生活，高傲的自尊心當然不容讓一個後生晚輩的黃毛丫頭頤指氣使。即便如此，其中一人還是不顧好友勸阻，接受了艾羅奈的安排。另一位夫人落得行隻影單，她的心中糾結著無法獲得金援的悲傷、對艾羅奈的憤恨，以及被好友辜負的空虛感，最後種種情緒猛烈爆發成了植物人，從此入院療養。

至於住進豪宅的另一位夫人，則置身在無法違逆艾羅奈的處境。畢竟是他人的居家，周遭見不到任何熟識的面孔。自小一起的摯友也分道揚鑣，成了孤伶伶的一個人。過著只知晨起、進食、夜寐的日子，這樣的生活日復一日，變得更為無謂，她也逐漸失去元氣活力，最後純粹成了一具還活著的人偶。

艾羅奈毫無作為，只是隨心所欲地生活，受擺佈的向來是她身邊的人。他們步上不幸末路的結果，不知該歸咎於她的過，還是他們自己的錯。唯一能肯定的是她的身上具有某種吸引每個人的特質。

她的父親～這一手創造她的樞密顧問官也在不久之後死去，此後艾羅奈過著更愜意自在的生活。正當此時，小說的另一位主角法蘭克・布勞恩〈Frank Braun〉翩然現身。他同時也是《魔法師的學徒》〈德 Der Zauberlehrling, 1907；英 The Sorcerer's Apprentice, 1927〉、《魔蘋少女》以及《吸血怪客》〈德 Vampir, 1921；英 Vampire, 1934〉這三部曲的主角。第一部與第三部的書名均暗指布勞恩本人，這也說明布勞恩為一非人類的存在。事實上，布勞恩才是艾羅奈真正的創造者。

布勞恩是樞密顧問官的侄兒。就是他純粹出於一片好奇之心，花言巧語慫恿顧問官，才促成了人工受精一事。

艾羅奈曾經想過讓布勞恩也拜倒在自己的石榴裙下，不過他卻不像其他男人那樣容易就範。對於擺出一副和自己對等姿態的他，一開始她感到慍怒，但也同時對他產生了興趣。

有一天，布勞恩送給艾羅奈一本皮繩裝訂的記事本。那是樞密顧問官記錄她出生以來的日記。艾羅奈得知自己是一個實驗品後，從此將布勞恩以外的所有人趕出了豪邸（唯獨失去生氣的公爵夫人還留著，由於從不關心彼此，曾幾何時早遭忘其存在）。艾羅奈就這樣同布勞恩生活在一起，終於日久生情。

布勞恩喜好田獵。一次出獵的途

中，見艾羅奈一時興起想要用鎗，於是把鎗遞給了她。兩人隨後發現了獵物，布勞恩連忙示意艾羅奈開火。不料艾羅奈聽到喊聲，卻一時緊張得回過頭來，誤扣扳機向他開了一鎗。所幸只是皮肉的外傷，傷勢並不嚴重，但布勞恩卻憶起樞密顧問官親筆寫下的日記中，提到與她扯上牽連的人都將難逃一死的說法。

從此布勞恩對艾羅奈也開始心生懼意，他試圖離開宅邸，但終究割捨不下。即便心知等待兩人的將是一場悲劇，他仍希望留在艾羅奈的身旁。最後他也因此失去了自我，如同其他男人一樣。

艾羅奈唯恐他一去不返，憂心他不會讓自己過得稱心快活，更害怕自己有朝一日將會殺害他，這種種糾纏的思緒讓她初次嚐到有生以來的痛苦煎熬，最後竟罹患了夢遊症。

宿命既定的一日終於到來，艾羅奈又陷入夢遊狀態，危步在宅邸的屋瓦上。布勞恩本想出聲示警，一開始卻欲言又止，生怕她清醒後會跌落下來，最後還是脫口道了聲「艾羅奈」。她就這麼跌落屋頂，結束了紛擾不斷的短暫一生。

艾羅奈的死，讓布勞恩領會自己的內心早已期待這樣的結局。心思自己再也無須留待此地後，便又踏上四處為家的旅程。

▌霍夫曼的「小札希斯」

厄尼斯特・霍夫曼所著《滿口胡言的小札希斯》〈德 *Klein Zaches Genannt Zinnober,* 1819, by Ernest Theodor Amadeus Hoffmann, 1776～1822〉一書的主角是個侏儒，生了一個腦袋看似陷在雙肩裡的短脖子，背上長了葫蘆般的大瘤，極度短小的軀體下，是一雙纖弱無力的長腿。「臉上擠出一堆像老人般的皺紋來時，看起來尤其像是毒蘋妖精之類的玩意。」[引2]

札希斯因為長相可憐而獲得一名女巫的祝福，結果別人的功勞與好處總落在他身上，從此逐漸出人頭地。因為他就如同愛華斯筆下的艾羅奈，儘管生為人類又是個男性，卻能帶走他人的好運道。

■|■
註1：英譯本收錄於布魯斯・鄧肯翻譯的「Ludwig Achim Von Arnim's Novellas of 1812: Isabella of Egypt, Meluck Maria Blainville, the Three Loving Sisters and the Lucky Dyer, Angelika the Genoese … 」(1997, translated by Bruce Duncan)。
註2：一種鏡像複製的魔術，或可視為「西洋鏡」（日「覗きからくり」；英 Peep show）的機制之一。身為表演者的老猶太人讓觀眾到鏡前一站，再吟唱咒語塑造出容貌逼真的替身人偶 (Golem)。

引1：日譯文摘自麻井倫具＆平田達治譯譯本。
引2：日譯文摘自深田甫譯本。

混體怪物

　　1855年，11名兄弟中排行長兄（上頭還有兩個姊姊）的路易士卡羅於就讀以神學知名的牛津大學期間，發行了家庭期刊「雜言誌」〈*Mischmasch* (1855)〉。其中一篇「盎格魯・薩克遜四行詩」揭載了三種不知其所以然的怪物，為此卡羅還親自加上詳細的註解。

　　盎格魯薩克遜語即史詩《貝奧武夫》等作品使用的古英文，拼寫發音與現代英語差距頗大。路易士・卡羅的用意在於模仿此一古英文，使這些「前所未見、卻又古意盎然」的自創文字，看來宛如「某一古詩經人發現的斷簡殘篇」。假造的這些古英文詞彙，基本上以兩個以上的單字組成。

　　1872年《愛麗絲鏡中奇遇》出版時，這首所謂的「盎格魯薩克遜四行詩」被轉載於打油詩「胡兜歌」〈Jabberwocky，閒聊瞎掰〉的開頭與結尾。

　　《愛麗絲鏡中奇遇》的憨弟蛋體（Humpty Dumpty，又矮又胖的人）還替作者代為解說「盎格魯薩克遜四行詩」。篇中使用的詞彙多以兩個以上的單字構成，稱之為併語（portmanteau word，袋語）。意指將單字塞入另一單字中，如同把東西放進〈旅行〉袋裡（註1）。

　　整首詩行數不多，因此直接引用於內文下方。請讀者無須思索其字義，先以發音推想即可。

　　下文將參酌原文的註解，忠實地依循原文的脈絡逐一解讀。隨後並揭示卡羅與憨弟蛋體的說法（憨弟蛋體的解說大致上比較深奧）。

▌鑽地獸・拓皁

　　第一行前半段的「bryllyg〈今作 brillig〉」，源自「曬烤」(broil) 一詞。

　　後半段開始提到「tove」這個四行

> Twas bryllyg, and the slythy toves
> Did gyre and gymble in the wabe:
> All mimsy were the borogoves,
> And the mome raths outgrabe.

詩中相當於主角地位的生物。只需自然地將焦點投注在英文本身，很快就會聯想到鴿子 (dove) 一字。與此相關的形容詞「slythy」則是「黏滑」(slimy) 與「靈活好動」(lithe) 的併語。

第二行敘述的是此一怪物的舉動。表示其狀態的「wabe」轉化自「濕濡」(swab) 一字。押頭韻g的兩個動詞中，第一個「gyre」係古語的「狗」(gyaour；giauor) 此一看似源自其吠聲的詞彙。「gymble」則是「螺絲錐」(gimlet) 之意。

是以前兩段的語意便是「炎炎之中，滑溜好動的拓臬獸全身濕透，像狗一樣吠叫著，埋首轉呀轉地在挖洞」。如果這段描述純屬猜謎而非指生物，就會讓人聯想到加熱堅硬的金屬使其軟化，一面以噴水冷卻鑽洞的電鑽這樣一幅景象。

不過路易士卡羅為了混淆讀者，卻提出前所未聞的說法。

首先他將拓臬獸解釋為「獾的一種，一身柔軟的白毛，後腿較長，生有鹿狀的短角，主要以乳酪為食」。

「bryllyg」作「烤肉」解，全句進一步解讀為「烹煮晚餐的暮午時分」。

「wabe」本身「濕濡」的意義也擴大解讀為「山坡」。其根據在於「山坡面因降雨多而濕潤」。

「gyre」不再是擬聲詞，轉為「像狗刨一樣」的擬態詞。

整段也就成了「晚餐時分，靈活好動的獾在山坡上刨土挖洞」。

憨弟蛋體對此一說法抱持不同的見解。他認為拓臬獸「既像獾，又像蜥蜴或螺絲錐，總是在日晷下築巢」，外形有著微妙的差異。愛麗絲童話故事〈Alice Books〉系列公定的插畫家約翰‧坦尼爾便根據憨弟蛋體的說法，畫了一隻嘴尖與尾巴呈細長螺旋狀，後腳像蜥蜴一樣長有蹼的獾。

「bryllyg」的晚餐時刻被解釋為「下午四點整」；「gyre」與「狗」(gyaour) 無關，來自螺旋 (gyro) 一字。

「wabe」則解讀為「通往前方」(way before)、「通往後方」(way behind)、「通往遠處」(way beyond) 的併語，意指一處四通八達的地方。具體說來，在此詩中係指日晷所在的草地。

因此根據憨弟蛋體的解釋，這兩句就成了「下午四點，活潑好動的拓臬獸在開闊的草坪上，全身轉呀轉的像個螺絲錐一樣在鑽洞」。

根據山迪‧彼得森編輯的《克蘇魯怪物圖鑑2》〈Petersen's Field Guide to Cthulhu Monsters II, 1988, by Sandy Petersen〉所述，拓臬獸似乎是魔祖‧阿布霍斯的後代 (the spawn of Abhoth)。

阿布霍斯之名首見於克拉克‧艾希頓‧史密斯的作品《七個咀咒》(1934)，他就棲身在古王國海波伯利亞（Hyperborea〈極北的〉）的地底深處。所謂海波伯利亞，亦即希臘神話「來自北風背後的極北國〈Hyperboreos〉」

的英語讀音。

阿布霍斯是宇宙間所有不淨之物的源頭，是一個漂浮在水中具有脈動的灰色團塊，平時從週而復始的膨脹中分裂出自身的一部份來衍子息，隨後又以自己的觸手或肢體捉住牠們，拋往身上的口部吞食。其中也有倖免於難者，牠們從此逐漸膨脹，在地底尋找食物。

這些後代大多是難以形容的怪物，也有一些難以描述的生靈，看似獨腳蛙、千尾蛇，或者只有手、腳、鰭這樣的軀幹。

彼得森認為今日的阿布霍斯棲身在夢界〈Dreamland〉的地底世界。後代的拓阜獸就是這樣一路遊盪至夢界的地面，才會在夢中遇上路易士‧卡羅的。順道一提地，據說也有拓阜獸生有類似蝙蝠的翅膀。

悲慘的泊落鸚鵡

接下來是文句中述及另一生物「Borogove」的第三行解說。很明顯地，此一怪物與鑽地獸‧拓阜同押一個韻腳〈-ve〉。

卡羅將形容詞「mimsy」解讀為「悲慘的」(miserable)。

他解釋「Borogove」是一種絕跡的鸚鵡，牠們的翅膀已經退化，鳥喙朝上，築巢於日晷旁，以小牛肉為食。平時總是提心吊膽，深怕拓阜獸會在自己的巢穴鑽出洞來。

整段句子可簡譯為「背慘之最，莫過於泊落鸚鵡」。

憨弟蛋體則表示「泊落鸚鵡是一種外觀略髒的鳥，羽毛均勻地向外側豎起，看起來就像一支活拖把」。他又一語道破，指出「mimsy」是「悲慘」(miserable) 與「柔弱無力」(flimsy) 的併語。

坦尼爾的插畫採納了卡羅與憨弟蛋體兩者的見解，牠的腳像紅鶴一樣細長，但完全沒有脖子〈脖落垢附，Borogove的音意兼譯☺〉。

龜豬‧芮豕

最後一行提到的是「Rath」。

據卡羅的說法，形容詞「mome」源自「肅穆」(solemn) 一詞。

動詞「outgrabe」來自「咯吱作響」〈grike or creak？〉或「尖叫」〈古語shrike；今作shriek〉。

他指出「Rath」是一種外表光滑的陸龜，總豎起頭來張開像鯊魚的嘴。前腳彎曲，因此以膝蓋行走。平時以燕子與牡蠣為食，同樣受到拓阜獸的威脅而倍感困擾。

如此一來，整句就成了「肅穆的陸龜尖聲叫喊」。

憨弟蛋體的解釋與卡羅大相逕庭，原來他將「Rath」解讀為「芮豕」〈green pig，綠豬〉。坦尼爾的插畫也依照其說法，不過鼻頭的部分變得很長，就像鳥喙一樣。

拓皋、泊落鸚鵡、龜豬

他認為「mome」代表「離家」(from home)，亦即「迷路」之意。若說其中隱喻常人稱謂母親的「媽」(mom) 一字，事實上也不足為奇。

「outgrabe」則是「outgribe」的過去式，係指一種介於「吼叫」(bellow) 與「口哨」(whistle) 之間的行為，過程中還帶有「噴嚏」(sneeze)。他本來想親口表演一回，但光想像那情景就覺得大不妙〈至少愛麗絲這麼認為〉。

整首詩到此解說完了，總覺得有些不知所云。大致上就是「泊落鸚鵡與龜豬都置身在鑽地獸‧拓阜引發的恐慌之中，既困擾又煩惱」之類的意思。

不過最重要的還是經由此詩，吾人得以貼近檢視路易士‧卡羅。

一開始卡羅隨意地創作詩詞，隨後忘掉這些自己做過的事，將它視為新發現來加以解讀，甚至創設另一角色予以重新解譯。

事實上，同樣就讀牛津大學的學弟約翰‧托爾金，也遺傳這樣一種可稱之為人格分裂的方法論或「怪癖」的特質。

儘管托爾金在《幻想世界》〈「Tree and Leaf」等作品的日譯本合集〉中斬釘截鐵地說道：「我不認為自己想成為愛麗絲……實話說來，愛麗絲童話系列稱不上奇幻。」然而幼時的托爾金喜讀卡羅的作品，卻是眾所周知的事。

一位是數學家，一位是語言學家，儘管走上不同的道路，卻讓人感覺到兩人傑出的成就都源自語言遊戲這樣一個有趣的共通點。

■ I ■

註1：「portmanteau」源自中古法語的「攜帶」(porter) 與「遮蓋物」(manteau)，意指一種內有隔層的大旅行袋。

梭行獸・賁劫

用於形容怪物賁劫「可怕」的「frumious」一詞，係由「冒煙」(fuming) 與「狂怒」(furious) 組成，亦即描述牠發怒時火冒三丈的模樣。

關於賁劫之名的由來有幾種說法。一說「bander」指**恆河猴**（印 Bandar；〈Rhesus Monkey〉）、「猛犬」(bandog)（註1），或由「捆綁」(band) 與「驚奇」(wonder) 二字組成併語，再加上「劫奪」(snatch) 所構成。

路易士・卡羅的原創

此一怪物與蝸鯊〈Snark，或怖殲 Boojum〉、胡兜獸〈Jabberwock〉同樣生息在大海另一端的無人島。牠就記載於路易士・卡羅於《愛麗絲鏡中奇遇》(1872) 提到的一首愛麗絲從鏡之國讀來的打油詩「胡兜歌」(Jabberwocky)，從鏡之國的白棋王也知道此一存在看來，該島應位於鏡之國。「胡兜歌」裡提到一位父親警告打算去捕獵胡兜獸的兒子說道：「賁劫路上見，趕緊閃一邊。」

長詩《蝸鯊尋獵記》第7章「銀行家的命運」〈Chpt 7: The Banker's Fate, The Hunting of the Snark (1876)〉提到

一個銀行家捕獵蝸鯊時獨自行動，遭到賁劫的襲擊。突如其來的咬噬之下，銀行家發出了慘叫，他隨即冷靜下來並想到自己的老本行，便開了一張7.5英鎊的支票向賁劫討饒。

豈料賁劫無動於衷，又張開血盆大口咬了他幾口，銀行家又蹦又跳，痛得在地上打滾，最後暈了過去。

或許是因為其他同伴聞聲趕來，因此感受到處於下風的緣故，賁劫隨即逃了開來。其速度之快，可借用白棋王於《愛麗絲鏡中奇遇》第7章中說過的一句話來形容：「阻止賁劫，就像阻止時間一樣難。」

銀行家雖然撿回一命，臉色卻漆黑得不成人形，背心也因為過於恐懼而整個發白，從此只會哼著不像人話、毫無意義的歌，喀拉作響地以骨頭敲著拍子。

換言之，賁劫奪走的並非其性命，而是正常的語言能力。

順道一提地，克萊夫・路易士〈又譯魯益思〉常聆聽同為作家的好友托爾金朗讀《魔戒》的草稿，他表示：「從來沒有人能影響托爾金。那

就像試圖去改變賈劫一樣困難。我們聽了他的作品，也只能給予鼓勵罷了。對於批評，他只有兩種反應。若非從頭改寫作品，就是置之不理。」(註2)(引1)

或許路易士到頭來的心情，就和那銀行家一樣吧。

▌電玩世界中的演化

充滿謎團的此一怪物日後闖出了鏡之國，同樣現身在 Square 出品的「太空戰士7」〈Final Fantasy VII, 1997〉與 Sunsoft 的「英雄聖戰外傳」〈Albert Odyssey: Legend Of Eldean, 1996〉，是一頭外觀似犬類獅的四足怪獸。

大宮軟體發行的 Saturn 版遊戲「戰略紙牌」〈Culdcept, 1997, developed by OmiyaSoft〉中的賈劫，大概是最接近其原貌者。他的五官就像無臉鬼〈日：のっぺらぼう；英 Faceless Ghost〉一樣，腿部十分強健，讓人聯想到沒有前腳、以兩條腿行走的貓。特殊能力則一如其名，能劫走對戰者手中的怪獸。

不過 PS 版的「戰略紙牌加強版」〈Culdcept Expansion, 1999〉卻失去其蹤影，想必是用一雙快腿溜回了鏡之國。

▌前進太空

賴瑞・尼文的《已知太空》〈Known Space, by Larry Niven〉系列述及未來的太空中出現可怕的賈劫〈複數作 Bandersnatchi〉。

《普塔夫世界》〈World of Ptavvs, 1965〉首度提到此一存在，描述具有強大讀心術的賴瑞・葛林伯格〈the strong Telepeth, Larry Greenberg〉試圖接觸從海底打撈上來的「海像」(〈The Sea Statue, Kzanol the Thrint〉事實上這是 15 億年前曾統治全銀河的司林特人最後的遺民)，結果捲入一場攸關人類存亡的事件。

借用葛林伯格讀取司林特人記憶後的說法，賈劫是一種利用灰色酵母菌餵食的食用牲畜，時人稱之為「白糧」(Whitefood)。「軀體有如恐龍般的大小，表皮光滑白晰，外觀看似爬向枝葉的綠毛蟲，嘴部接近腹足的前緣。」又根據其短篇「身障者」〈The Handicapped, 1967，此標題便指賈劫〉所述，「賈劫的大小約莫雷龍〈Brontosaur〉的兩倍，全身無關節，取而代之的是可彎曲的骨骼。生長在頭部一側的兩對前端細長的茸茸觸毛，是身上唯一的器官，打破表皮光滑白晰的單調性。平時總是波濤起伏般地挪動腹足遊走。」此外《環狀世界》〈Ringworld, 1970～〉形容牠「像是白鯨莫比敵〈Moby Dick〉與履帶車的混種」(引2)。

然而事實上牠們具有智慧，能利用書寫的方式相互溝通。更且此一生物對於突變具有抗性，至今仍保持 15 億年前的完整記憶，甚至早已掌握可使司林特人滅絕的方法！

借助其智慧，葛林伯格總算解決

責劫

了事件，但就在他以讀心術進一步接觸此一定居在超重力行星金克斯 (Jinx) 的族群時，賣劫卻興起一個提議。

原來賣劫15億年來始終過著一成不變的生活，然而宿敵司林特人滅亡後，卻面臨身心倦怠與人口爆炸等可怕的危機。他們遂與人類訂下「受獵」的契約，做為排遣寂寥、抑制人口的方法。

有勇氣參加的人類須繳交不少費用，才能加入此一「獵殺蝸鯊」也比之不及的賣劫獵殺行列。武裝方面限制在人類與賣劫6：4的勝率上。

人類一旦取勝即可揚名立萬，同時可將自己的戰利品展示在賣劫巨大的骸骨形成的展示屋。

倘若賣劫獲勝，參加費用便歸該怪物所有，以此購買人類世界的各種技術與物品，最具代表性的便是「義手」。他們會利用這些經由神經接合手術嵌入體內的義手，於金克斯極地的低溫高壓環境下從事各種實驗。

一場令路易士·卡羅頓失顏色的賣劫狩獵競技就這樣在不久的將來展開。

不知各位讀者是否也想來一趟，親身體驗一番？

■·I■

註1：19 世紀著名的俚語學家艾瑞克·帕特里奇 (Eric Partridge) 主張此說。

註2：這是克萊夫·路易士於 1959 年寫給一位問及他對托爾金造成何種影響的美國學者信中的回覆，寫來十分謙遜。順道一提地，克萊夫·路易士生於 1898 年 11 月，巧的是路易士·卡羅於 10 個月前去世，兩者冥冥之中似乎有所關連。

引1：日譯文摘自荒俣宏譯本。

引2：日譯文摘自小隅黎譯本。

蝸鯊・蛇鯊

「Snark」是路易士・卡羅於打油詩《蝸鯊尋獵記》(1876) 中提到的怪物。關於此名的由來，作者解釋係由「蝸牛」(snail) 與「鯊魚」(shark) 所組成（註1）。

從另一角度看，它相當於麥克・安迪改寫的《厲蛇尋獵記》〈Die Jagd nach dem Schlarg: Variationen in Lewis Carrolls gleichnamigem Nonsensgedicht, 1988〉（註2）以「蛇」（德 Schlange）及「凶惡」(arg) 組成的「厲蛇」(Schlarg) 一字。Sunsoft 出品的《英雄聖戰外傳》也採用巨蟒的圖案。因此「snark」又可解讀出「蛇」(snake) 的要素來。

出自亨利・哈樂戴〈Henry Holiday〉筆下的原著插畫中，只見到牠狀似一頭攤開一雙大前鰭的海豹，卻看不清身後的模樣。

儘管真正的外貌無法辨認，但可以肯定的是其軀體便於點火。根據詳細註解《蝸鯊尋獵記》的馬丁・迦德納〈Martin Gardner〉的推測，「牠要不是會噴火，就是身上某部位的表皮粗糙得可以用來點火柴」。

且說捕獵蝸鯊的一行人乘船四處搜尋，來到一處滿佈岩石不見人煙的孤島。原來蝸鯊就似乎出現在這附近的海邊。麥克・安迪的作品中也提到：「淺灘正是捕獵蝸鯊最佳的處所！」

由此可見，蝸鯊似乎被視為龍或海魔的一種。

蝸鯊的特徵

不過根據《蝸鯊尋獵記》的第2章「敲鐘人開講」〈The Bellman's Speech〉，卻提到以下5點特徵做為純正蝸鯊的證明。

一是肉質的口感。看似瘦瘠卻飽滿鮮嫩，比喻起來可用一件腰部過緊的外套來形容。氣味宛如磷火〈Will-o-the-wisp〉，這說明其種源十分可疑詭祕。

二是其夜行性。牠們在下午五點進食早餐，隔天才會攝食晚餐（草食）。不過也有隨意進食並不定時的說法。

三是只能以可怕來形容的縝密心思。牠們不苟言笑，時而流露出嚴肅或悲傷的神情。

四是喜歡新奇事物的習性。《蝸鯊尋獵記》記述的當時，常見一輛海

水浴的更衣車置於蝸鯊身旁，因為牠們相信這麼做可以為海景增色。

第五點是牠們具有野心。

如此看來，讓人覺得所謂的蝸鯊，不過是以怪物之名揶揄某些類型的人。

事實上在第6章「律師的夢」〈The Barrister's Dream〉該篇中，蝸鯊曾出現在律師 (Barrister) 的夢裡，身披白色法袍、頭戴假髮，於訴訟中擔任辯護律師的角色〈為一頭逃出豬圈的豬辯護〉，以長達3小時以上的激辯震驚陪審團。

由於陳述過於精湛，所有推事、陪審團、審判長都將判決的責任委託給牠，豈料牠竟裁決被告有罪，處以流放終生的罪刑。

就在此時，蝸鯊又回歸到辯護律師的角色，對自己剛才下的判決抗告不服。然而事實上被告早已死去多年，刑罰本身根本不具效力。

第2章還提到行船途中，常會發生讓人分不清船首與船尾的神祕事件，此時就會以「遇上蝸鯊纏 (snarked)」來解釋（註3）。與先前裁決一例綜合研判，所謂的「snarked」或可視為同一蝸鯊分別站在相對立場，同時施力的結果，導致事情無從進展而陷入一團混亂的意思。根據卡羅的序文所述，遇上蝸鯊纏的船隻常因此倒退航行。

▌出航追捕蝸鯊

如此身經百戰的蝸鯊，自非雕蟲小技就能手到擒來的對手。任憑你再聰明，也會被要得團團轉，何況對方又是怪物，與之鬥力根本毫無意義，最重要的還是得有膽識。再則相傳蝸鯊的動向常隨天候改變，因此有必要研擬對策。

身為一行人領隊的船長敲鐘人 (Bellman) 於是趁蝸鯊大白天睡覺時，採取以下的行動。「以指套〈thimble〉搜之，以細心尋之，以手中叉與期盼追之，以枕木脅迫其生命，以微笑與肥皂蠱惑其心。」

安迪的歌唱劇〈singspiel〉《屬蛇尋獵記》改以「善心」取代「細心」，並將「紙袋」視為必需品，以此取代「肥皂」。由於是歌唱劇的性質，還必須以三度音（1 又 ½ 音程）來驅趕獵物，搭配花腔〈義 coloratura〉的裝飾音、8 分之 12 拍、咕咕鐘〈德 Kuckucksuhr；英 cuckoo clock〉的鳴響來加以恫嚇。

儘管兩者說法都讓人丈二金剛摸不著頭，從前後文的關係看來，說的大概是「各盡本分」的意思。之所以如此判斷，也是因為當敲鐘人下達「各自準備對付蝸鯊」的指示後，乘員隨即著手他們的老本行之故。換言之⋯⋯

銀行家 (Banker) 開出已背書的空白支票，完成硬幣兌換紙鈔的程序。

只懂得烘焙結婚蛋糕的麵包師傅 (Baker) 梳理髮鬚一番，抖下了外衣上的塵埃。且說他是個勇氣過人的男

子，也是個神經大條到開船時都會忘了將多達42箱的行李搬上船，連自己姓啥叫啥都不記得的強人^(註4)。

擦鞋童 (Boots Boy) 與仲介 (Broker) 兩人開始研磨一支鏟子，不知打算要掩埋什麼。

萬綠叢中一點紅的海狸是唯一的動物，埋首繡著花邊，看起來活像個女子。順道一提地，她曾經數次拯救船隻免於瀕臨船難的危機。

律師還特地舉出過去的案例，指控海狸「繡花邊是侵權的行為」，說了半天海狸還是一副誰管你的模樣。

製帽師傅 (Maker of Bonnets) 倒是新創了一款蝴蝶結的打法。

撞球計分員 (Billiards Marker) 則為桿尖塗上粉筆（一說塗在自己的鼻尖）。

肉販 (Butcher) 打扮得好像要參加晚宴一樣，還緊張得表示「遇上蝸鯊，可得幫我介紹」，聽得敲鐘人登時傻眼。或許這個滿腦子都是蝸鯊才因此獲選為乘員的傢伙，打算展開熱烈的追求吧。

不過真要遇上了蝸鯊，說不定還真的辦得成晚宴或婚宴呢。畢竟這些成員的工作幾乎都和宴會有關。

總而言之，這些行家全都是敲鐘人一手嚴格挑選出來捕獵蝸鯊的必要成員。這樣的組合按理還隱藏著蝸鯊真實面目的暗示。所有職業都是以B開頭，這點也透露著玄機。因為B

(be) 又代表某種「存在」之故。

再則身為領隊的敲鐘人本是「船上的報時者」，麥克安迪還讓他兼任法庭的搖鈴人。卡羅也曾經在獻詩中自述「鳴鐘者敲的鐘，象徵著人生」。如此看來，所謂的「尋獵蝸鯊」或許是一場自我探索之旅，為的是尋求人生的目的。

且說一行人做好萬全準備後，麵包師傅疑似發現了此行目的（或許整頓儀容一番真的帶來好運吧）。只見他站在懸崖上搖擺雙手和腦袋高喊著「是蝸鯊！」

但也不知道他哪根筋不對，突然就神經發作往深淵縱身一跳，留下最後一句話：「是 Boo…」接著就靜悄悄的沒了下文。

大夥來到近處找尋麵包師傅和蝸鯊，但就像前文所述突然人間蒸發，什麼也找不著。就在這樣的過程中，周遭逐漸掩上一層夜色。

原來麵包師傅很不幸地遇上了怖獵（Boojum〈發音作 bū'jəm〉）而非蝸鯊。此一怖獵，經常混在蝸鯊群裡。

事實上第3章「麵包師傅的故事」〈The Baker's Tale〉提到麵包師傅的叔父曾經預言道：「你要是遇上怖獵而不是蝸鯊，就別想活著回來了。」不料竟一語成讖。前文中敲鐘人用來捕獵蝸鯊的方法，原本也是這位叔父傳授麵包師傅的。

關於怖獵這種可怕的猛獸，作

者也曾在《席爾薇與布魯諾完結篇》〈Sylvie and Bruno Concluded, 1893〉第24章中述及，但書中的一位教授只提到：「很久很久以前有一種怪物叫怖殲…剩下的我全忘了。」說到頭還是語焉不詳，因此許多人都認為此一怪物疑似「不存、不真」〈nothingness〉(註5)。

除此還有象徵炸彈 (Bomb) 這樣的說法，因為它和「Boojum」同樣b開頭m結尾。目前已知「bomb」一字的起源可追溯至1588年，到了1866年諾貝爾又據此進一步發明強力炸藥〈Dynamite〉。

或許是承襲此一淵源的緣故，美國空軍的洲際巡弋飛彈就暱稱「Snark」，因為牠的特性正是便於點火，「Snark」一詞想必指的就是發射前的狀態。一旦發射升空，就會搖身一變成為怖殲〈Boojum指爆炸吞噬一切〉。麥克‧安迪也採用怖殲便是一種蝸鯊（或根本就是蝸鯊）的說法。

只是「Boojum」這個單字看似「爆炸聲」(Boom) 中夾著一個「故障」(jam) 的字眼，說不定原本就像一顆啞彈，予人一種虛張聲勢、虎頭蛇尾的觀想。果真如此，莫說是麵包師傅了，任誰都想對怖殲噓以不滿之聲(註6)。

真正的實體

一場「蝸鯊尋獵行動」最後就這樣以失敗告終。

令人好奇的是敲鐘人一行如果捕獵成功，他們會作何打算？

事實上他們會在幽暗的隱密處以草（麥克安迪餵的是燕麥粥）餵食，拿蝸鯊來點火，或以充滿關愛的眼神看待牠。原來蝸鯊可分為兩類，一種長有類似鳥類的羽毛，懂得咬人；一種生有看似貓的獸鬚，懂得抓人。他們還宣稱這兩者都對人們無害，簡直把蝸鯊當成了寵物！

反觀生息在同一處島嶼上的胡兜獸〈Jabberwock〉，不但會伸出可怕的爪子一把抓住人，還會張開血盆大口撕咬，相較於蝸鯊根本是截然不同的生物。如此說來，說不定這胡兜獸才是怖殲的真實面目。

那麼蝸鯊究竟該列入龍屬、人類、還是寵物之流？

在麥克‧安迪的歌唱劇《厲蛇尋獵記》的一篇「致作者前言的前言」文中，劇作家赫伯特‧羅森多佛〈Herbert Rosendorfer〉如此寫道。

「只有當人們不再尋找蝸鯊時，牠們才會現身。由此可知，追捕蝸鯊的人們其實唯恐自己有一天會尋獲蝸鯊。非但如此，經由追捕蝸鯊行動劇的展開，從而得知人們正一如這文章所述，在自我與發掘之間，築起一道難以跨越的藩籬。」(引1)

為這齣歌唱劇配樂的威爾菲‧席勒〈Wilfried Hiller〉卻肯定的認為：「不管他人如何作想，『尋獵蝸鯊』其實為的是『追求幸福快樂』。」

麥克‧安迪則引述路易士‧卡羅

蝸鯊

的說法陳言道：「事實上所謂的蝸鯊指的是其他事物，至於那會是什麼，誰也不清楚。」

不過「snark」在方言中含有「厲聲說話」〈snap〉的意思，因此亦可視之為「咆哮」(snarl) 或「吠叫」(bark) 的併語。若採用此一說法，「*The Hunting of the Snark*」這首詩歌的標題便可解釋為「語言搜獵記」。

第7章提到銀行家因為遭到賣劫〈Bandersnatch〉的襲擊，以致於無法正常言語。失蹤於最後一章的麵包師傅則是在喊出最後遺言時慘遭吞沒。其餘的同伴也只能默默地見證這一切。

有關這方面更深入的語言探索，將留待胡兜獸一節 (14-5) 為各位解讀。

▌柯南道爾催生的變奏曲

根據註釋《蝸鯊尋獵記》的馬丁・迦德納個人的說法，撞球計分員與擦鞋童曾經驚鴻一瞥地現身在以「夏洛克・福爾摩斯」系列知名的作家亞瑟・柯南道爾爵士發表於 1893 年的《希臘通譯員歷險記》〈*The Adventure of the Greek Interpreter,* by Sir Arthur Conan Doyle, 1859～1930〉。這說明他們起碼還從「尋獵蝸鯊」之旅生存下來，出入在福爾摩斯的兄長邁克羅夫特〈Mycroft〉開設的狄奧傑尼斯俱樂部〈Diogenes Club〉。

仔細想來，其他地方亦可見到相呼應的徵象。例如邁克羅夫特會搖鈴傳喚侍者〈這侍者就相當於擦鞋童〉；

夏洛克的事務所就位於貝克街〈Baker Street，麵包店街〉；俗話上希臘語 (Greek) 又有「完全不懂」的含意[註7]。凡此都說明這很可能是柯南道爾獻給路易士・卡羅的一部作品。

曾擔任愛麗絲童話故事系列公定插畫家的約翰・坦尼爾，一度繼任諷刺週刊《笨拙》〈Punch〉的插畫家理查・道爾的主任一職。一如姓氏透露的暗示，此人正是柯南道爾爵士的伯父。繼任柯南道爾伯父職位的插畫家荒誕不經的圖繪，曾經為路易士卡羅的作品增色不少，有人便認為柯南道爾對卡羅這位作家始終懷抱著某種程度的喜愛。

依照對此研究頗深的作家賴瑞蕭的說法[註8]，生還的擦鞋童有殺死麵包師傅的嫌疑。事實上他認為麵包師最後的遺言可能非指怖殺，而是想要喊出殺害自己的凶手之名（亦即擦鞋童 Boots）。根據卡羅的序文所述，擦鞋童曾經三番兩次被麵包師抱怨「連個鞋子都擦不好」，忍無可忍的他，最後拋下原先的工作，專職於掌舵一事。

如果此說是真，代表麵包師未曾遇上怖殺，那麼說不定怖殺根本就是「不存在的」。事實上《蝸鯊尋獵記》之所以成書，係源自 1874 年與兄弟姊妹一同度夏的路易士卡羅神來一筆的一段話：「看吧，蝸鯊根本就是怖殺」〈For the Snark was a Boojum, you see〉。受到這句話的啟發，他不斷延伸整個故事，最後發展為一部長達 8 章的長詩[註9]。

不過根據1878年卡羅寫給表姊的一封信的說法（註10），作者與怖殲之間曾有親身接觸的經歷。原來有個來自印度名叫克萊兒‧特頓〈Clare Turton〉的7歲女孩見弟弟想要搞蛋使壞，總是以「不可以碰、你會『不見』！」〈Oh, Boojum! You mustn't touch that.〉這麼一句話來喝叱。當然卡羅的職業並非麵包師傅，所以才免於人間蒸發〈☺〉。結果發表後不到兩年，長詩《蝸鯊尋獵記》就聲名遠播，連「Boojum」一詞都成了印度小男孩的暱稱。

事實上柯南道爾的「希臘通譯員歷險記」提到過撞球計分員曾經與一個出身印度、育有許多孩子的軍人在狄奧傑尼斯俱樂部中同行。由於伊芙琳‧海契公開發表《路易士卡羅寫給童伴的書信精選》是在1933年，從此一時間點回溯過去，也同樣可以發現奇妙的共通點（註11）。

■‧■

註 1：也有人將「Snark」解讀為「蛇」(snake) 與「鯊」(shark) 的併語，不過卡羅認為蝸牛的「慢條斯理」與鯊魚的「凶猛暴烈」恰為一種對立的反比，比較符合他原先的想法。事實上凸顯「Snark」本身「自相矛盾」的特性時，也相當貼切。

註 2：日譯本副標作《獻給小丑們的歌唱劇》（クラウンたちのための歌芝居）。

註 3：據原文所述，此現象常發生於熱帶氣候區。本段敘述原文作「the bowsprit got mixed with the rudder」，以船首斜桅與尾舵代表船首與船尾，但真實的情況卻是船首斜桅與尾舵不應該讓人混淆（mixed 非指糾纏），正因為原詩序文提到船隻倒退行走，才得以解釋此一分不出船首船尾的現象。

註 4：麵包師傅本該有 7 件外套可替換，卻落得只有一件可穿的慘況，更糟的是沒有工具可幹活，能做的也只有看顧好自己的儀容這事，讀來分外諷刺。

註 5：詩人維斯坦‧歐登曾於《昂怒的洪濤》(The Enchafèd Flood, 1951, by Wystan Hugh Auden, 1907~1973) 以「The dreadful Boojum of Nothingness」如此形容。意指致命可怕的「怖殲」，其實是「不存在、不真實」的，它來自人們對於自身追尋的事物抱持的一種不知名的疑惑、恐懼與不確定性。或許人們得花上一輩子時間，甚至付出自己的生命，才知道真正想要的是什麼。

註 6：意指麵包師傅如果並未失蹤，說不定還會對怖殲喝起倒采來。這噓聲正與「Boo-jum」的部分拼寫一致，意為「你自詡『Boojum』，其實該叫『Booing』。」言下之意，頗有黑色幽默之感。

註 7：意指「我對此一竅不通」(It's all Greek to me.) 這句俗語。作者此言指出希臘語與蝸鯊或怖殲莫名其妙的本質是相通的。

註 8：見賴瑞蕭投稿於《伊斯法同人誌（玄祕與科幻廣告者合刊）》1956 年 9 月號的一篇「麵包師謀殺案」(The Baker Murder Case, *Inside and Science Fiction Advertiser*, September, 1956, by Larry Shaw)。

註 9：即便如此，當時寫作中的卡羅背負的沉重壓力卻是常人難以想像的，因為連他自己都對「Snark」一詞缺乏概念，更遑論對「Boojum」有整體的認知。

註10：本信內容新近可見於《路易士卡羅書信選輯》（英 *The Selected Letters of Lewis Carroll*, 1982；日譯本另外選萃集成作《少女への手紙》，1978），更早昔的版本則可見於《路易士卡羅寫給童伴的書信精選》(*A Selection from the Letters of Lewis Carroll to His Child-Friends*, edited by Evelyn M. Hatch, 1933)。表姊係指詩人梅妮拉‧斯梅德利 (Menella Bute Smedley, 1820~1877)，信中以妮拉 (Nella) 暱稱之。

註11：柯南道爾去世於 1930 年，這代表他生前不會看過《路易士卡羅寫給童伴的書信精選》等私人信件，自然無從得知印度的小女孩與「Boojum」的關連。然而小女孩與胞弟的存在，與「希臘通譯員歷險記」提到的那名出身印度的軍人育有許多小孩一事卻予人相呼應的聯想，這說明即使該書並非特意獻給路易士卡羅的作品，但冥冥中卻似乎存在某種力量，使兩部創作產生了不尋常的聯繫。如此想來，這或許就是 Boojum「無以名之」的本質帶來的影響吧。

———
引1：日譯文摘自丘澤靜也譯本。

怒禽・戛戛鳥

戛戛鳥〈jiá-jiá-niǎo〉首次現身在路易士・卡羅寫於《愛麗絲鏡中奇遇》的一首「胡兜歌」〈Jabberwocky,(1872)〉。一位父親在詩中警告自己將要捕獵胡兜獸〈Jabberwock〉的兒子說道:「你要當心戛戛鳥!」

長詩《蝸鯊尋獵記》(1876) 又提到更詳細的說明。

一說「Jubjub」之名來自夜鶯預告死亡的啾啾叫聲〈jug jug〉。事實上牠們的叫聲近似石筆〈slate pencil〉寫在石板上(或以指甲抓黑板或玻璃)時嘎吱作響的尖銳聲音。不過在《蝸鯊尋獵記》中,這叫聲卻促成了向來只殺海狸的肉販與本該是獵物的海狸兩者之間的情誼。

戛戛鳥的拼音參考了因濫捕而絕種的度度鳥(dodo,孤鴿)。順道一提地,在《愛麗絲鏡中奇遇》一書中,度度鳥就是卡羅自身的寫照。原來卡羅家人有口吃的毛病,卡羅說到自己的本名查爾斯・路德維希・道奇森(〈Charles Lutwidge〉Dodgson)時,總是說成「道、道、道奇森」。

度度鳥的英文拼音當「做・做」(do do) 解釋。做什麼呢?自然是「工作、工作」(job job) 了。

意志堅決的特性

事實上卡羅在《蝸鯊尋獵記》第4章「出獵」〈The Hunting〉中寫道:「咱們要是遇上戛戛鳥攻擊,可得全力抵擋 (all our strength for the job)。」

第 5 章「海狸的一課」〈The Beaver's Lesson〉還寫到原本沉默不語的肉販,一聽到戛戛鳥的叫聲就突然興起了好學之心,給海狸上了以下詳解的一堂課。

原來戛戛鳥生性拼搏奮不顧身,終年好怒忿悁。遇上牠可得做好心理準備,等同拳擊手的刺拳 (jab) 將排山倒海而來〈☺〉。

不過牠也有人性的一面,不會忘記朋友,行事光明磊落絕不收賄。自己從不捐款,卻非常喜歡募捐活動。裝扮的品味前衛而荒謬,至少領先流行一千年。

味道嚐來要比羊肉、牡蠣、蛋更精緻美味,必需以獨特的方式烹調。與鋸木屑先行燉煮,再與動物膠一起醃漬,並以蝗蟲與條蟲〈tapeworm,原作簡稱tape〉濃縮味道。由於外觀

戛戛鳥

不易保持，必須小心看顧，以免破壞勻稱的外形。保存時可置入象牙罈子或桃花心木製的桶子。

　　海狸一頭栽進這精彩的演說而倍受感動，不期而然地與肉販建立起友誼來。此後一聽到戛戛鳥的叫聲，兩人的感情就愈發昇華。即便叫聲可怕，對於聽來別有一番風情的人而言，反倒成了一首愛的歌曲。

　　順道一提地，麥克安迪在歌劇《屬蛇尋獵記》第二部中，暗示戛戛鳥是酷似蝸鯊的怖殲近親的一種。

　　畢竟從實體不明的此一觀點看來，或許真的稱得上是同一族群吧。

胡兜獸・戛暴

　　殺戮成性的胡兜獸是路易士・卡羅在《愛麗絲鏡中奇遇》(1872) 書中提及的一種怪物。愛麗絲迷途於鏡之國時，無意間發現一本以左右相反的鏡像文字寫成的書，書中提到除去此一獸害的詩歌「胡兜歌」〈Jabberwocky〉。

　　根據詞彙學家艾瑞克・帕特里奇〈Eric Partridge, 1894～1979〉的說法，「jab」是拳擊手揮出刺拳〈jab，猛擊〉的人稱名詞，「wock」則源自方言「wacker（巨大的東西〈又指怪胎〉)」。這個攻擊力強大的怪物，就稱之爲胡兜獸。

　　胡兜獸與凶猛的賁劫、怒鳥戛戛同樣棲身在島上一處黑暗怪誕的森林深處。用於形容胡兜獸的「殺戮成性」〈manxome〉一詞似由「男子」(Man)、形容詞「曼島的」(Manx) 以及「令人生畏的」(fearsome) 等字彙組成，由此可見背景舞臺大概是在英國與愛爾蘭之間的曼島。事實上曾任英國主教的吉拉爾杜斯・康布蘭西斯編著的《愛爾蘭地誌》〈The Topography of Ireland (1188), by Giraldus Cambrensis, 1146～1223?〉第二冊第 15 章中便提到「該地存在有毒的爬蟲類」。

　　曼島上可見新石器時代的遺跡，並住有一批使用曼島語此一獨特凱爾特語的族群。島嶼的名稱源自三腳海神馬納南 (Manannan)，北歐人於 9 世紀移居該島後，同樣在當地留下濃厚的斯堪地那維亞民族色彩，今日則成爲繁榮的休閒度假勝地。順道一提地，該島也是知名的曼島無尾貓產地，棲息著許多如橡林毛怪 (Phynnoderee) 這樣的妖精。

　　當然曼島畢竟只是模本，胡兜獸所在的島嶼其實是虛構的。

　　胡兜獸一般會發出含糊嘟噥 (burble) 的叫聲，是一種混合羊叫鳥鳴、人類低聲細語、小河潺潺流水聲的雜音，日文作家高山宏譯作「不吉、死兆」〈日：佛滅く。東京圖書譯本。意指彰顯其凶〉；高橋康也譯爲「不斷發出咕噥聲」。

　　胡兜獸目光炯炯，牠會飛撲而來，以利爪緊攫獵物，張開強力的下顎撕咬。

　　在愛麗絲童話故事的公定畫家約翰・坦尼爾的插畫中，胡兜獸長有狀似爬蟲的鱗片，生有前後肢、長長的尾巴與一雙翅膀。身長數倍於人類，

手指約莫一米長，特徵是生有利爪。長頸的末端有兩根觸角，連接牠長有鯉魚鬚、教人聯想到魚類的頭部。目光就像探照燈一樣。

根據「胡兜歌」所述，一名男子手持「真理」(gospel) 與「言語的」(verbal) 二字組成的「真語劍」(vorpal)，四處找尋此一強大的對手。就在他一身疲憊，於日暮時分休息在空洞樹 (tum-tum，咚咚響)(註1) 下時，胡兜獸突然來襲。不過此人終究還是擊殺了對手，帶著首級回到給予忠告、助他擊敗怪物的父親跟前。

■ 胡兜獸的演進

在泰瑞・基廉執導的電影《吉布沃基》〈Jabberwocky, 1977, directed by Terry Gilliam〉中，胡兜獸扮演的是食人怪物的角色。

丹尼斯〈Dennis〉因父親死去不得不出外尋找工作，結果順利地當上騎士的隨從，一路前去討伐胡兜獸。不想騎士竟轉眼被殺，自己還陷入不得不除掉怪物的窘境。

相較於坦尼爾的插畫，劇中的胡兜獸更像鳥的型態。頭上長有四支角，雙眼火紅，銳利的喙教人聯想到猛禽。生有蝙蝠般的雙翼，與狀似爬蟲類的長尾巴。腿部粗大，足以撐起龐然巨體，行走起來相當遲緩，似乎多以飛行的方式移動。

智力也不容小覷，遭到砍殺時甚至會裝死。有別於原作的是沒有前肢，不過劇中遭到襲擊的受害者，幾乎都在牠強力一咬下猝死，犧牲者胸脇的傷口常因此深可見骨。

順道一提地，新城十馬執筆的《蓬萊學園的魔獸！》篇中提到一無名的超食肉獸〈Hyper Carnivoa〉，盤據在密林中的牠以輕巧敏捷的身形自豪，智力也遠比島上的任何生物優異，能以驚人的破壞力一擊狙殺獵物，或許正可稱之為現代日本版的胡兜獸。

皆川亮二的漫畫《神臂》(ARMS) 中出現一名為渣巴伏古〈Jabberwock〉的 ARMS。所謂 ARMS，係指本身具有自主意識，可應需求轉化為戰鬥型態的奈米機器人〈Nanomachine，實體為外太空金屬生命〉。ARMS 尚有魔貓〈Cheshire Cat〉(註2)、紅心女王〈Queen of Heart〉、白兔〈White Rabbit〉等代稱，均取自路易士・卡羅的作品。

且說高槻涼是一名高中生，右臂具有傷口快速復原的特異能力，他與轉校生新宮隼人同時遭到神祕組織的襲擊。豈料自己的右臂不知為何隨即膨脹成異樣的形狀，發揮特殊戰力擊退了此一組織。

隼人因此認同涼為自己的「伙伴」，告知神祕組織名為艾格里 (Egrigori)，他的右臂其實早已植入 ARMS。此後兩人又逐步捲入與艾格里之間的戰事中。

起初高槻涼的 ARMS 渣巴伏古只

胡兜獸・戛暴

能在右臂變化，隨著劇情的進展，後來又演化成一種能夠裹住高槻涼全身的異形生體鎧甲。化身戰鬥型態後，具備巨爪、強大的火箭砲以及更敏捷的運動機能，絲毫不辱胡兜獸‧戛暴之名。

■路易士‧卡羅的結論

最後將為各位揭載原作者推翻上述說法的自我論述〈☺〉。

卡羅曾經接獲讀者「希望以胡兜獸一詞為校內刊物命名」的來信，於是回覆讀者指稱「jabber」係盎格魯薩克遜語「激昂的論議」之意，「wock」意指「子孫」〈古英 wocer, wocor；英 offspring, fruit〉，兩字合併係指「激論後的成果」，據此同意了請求。這正說明卡羅此舉全是為了討好學生，意指「Jabberwock一詞適合做為校內刊物的標題」。

如果採循此說，就意味著「激論後的成果」〈Jabberwock〉將被「真理之言」〈vorpal〉這把舌劍一語道破。

換言之，所謂胡兜獸便指卡羅創作的打油詩〈nonsense verse〉本身。《蝸鯊尋獵記》第5章「海狸的一課」也似乎提出佐證般地講述到海狸準備大量墨汁與紙筆，好寫下肉販的解說時，有一群不明的奇怪生物從岩石暗處爬了出來，這些生靈便可視為語言文字視覺化後變身的怪物。

路易士‧卡羅的詩歌誠然詭譎怪異，每次讀來總是倍覺吃力，教人不禁感嘆「還不如真有屠龍除妖之類的劇情來得有趣」，然而此一表像的背後，卻也相對輝映出語言遊戲的奧妙與樂趣來。

■Ⅰ■
註1：一種樹汁甜度很高的糖槭屬 (Saccharinum)，俗稱就叫咚咚樹 (tum-tum tree)；不過根據牛津大辭典的解釋，「tum-tum」有空虛失落之意，這說明此一名詞係用於烘托尋獵胡兜獸未果、一身疲憊的男子悵然若失的心情。
註2：原意為柴郡貓，愛麗絲系列作中係指一頭齜牙咧嘴開口笑的貓，或可稱為「笑臉貓」。在漫畫中隸屬艾格里組織，是高槻涼的死對頭～基斯‧綠的 ARMS。

幻形獸

對於能歌善舞、曾經榮獲奧斯卡金像獎的英國女星茱莉・安德魯斯(Julie Andrews) 而言，由勞勃・史蒂文生執導的處女作《歡樂滿人間》〈Mary Poppins (1964), directed by Robert Stevenson〉以及勞勃懷斯執導的《真善美》〈Sound of Music (1965), directed by Robert Wise〉兩部電影，成為她決定日後人生走向的重大指標。

茱莉於片中扮演的瑪麗・波平斯是一位傑出的保姆，在《真善美》一片演出的修女瑪麗亞則是在7個孩子的家庭中受聘家教一職，後來更成為他們的母親。螢光幕下的茱莉不但自己育有子女，還收養雙親死於越戰的孤兒。

這兩部作品同以歌舞劇的方式呈現，也使得她對語言詩詞的興趣更為濃厚。《歡樂滿人間》甚至出現「supercalifragilisticexpialidocious」這首英文曲名最長的插曲，歌名大抵上有「不可思議」之意。

此後挖掘辭典中的奇文怪字，就成了茱莉的半嗜好。當她初次在辭典中見到「whangdoodle」這個發音奇妙的單字時，還低吟了此一詞彙數回，心中的想像隨之膨脹，竟因此創造了

《最後一隻真正偉大的幻形獸》〈The Last of the Really Great Whangdoodles, (1974)〉這樣一個故事。

從字源上看來，「whang」（正確的發音為「荒」而非「汪」）係敲響鈸或鑼的擬聲，「doodle」則是公雞的鳴叫（又作「蠢事」解），由此便可想見此一怪物十足嘈雜的光景。

順道一提地，本書沒有任何插圖，作者的用意就是不希望讀者的想像力受到約束。

幻形獸曾經生息於中國、希臘、非洲、英國、北歐各國與太平洋群島，族群為數眾多。在中古世紀這個人們深信存在著許多幻想生物的時代，幻形獸被視為這群怪物中最聰明的佼佼者，向來為許多人們所喜愛。

然而在發展科技吸取新知的過程中，人類卻逐漸失去幻想，原來人們越覺得自己聰明，就越發感覺到「相信幻想生物的存在」這樣的想法是幼稚的。

由於人類不再相信龍、矮人與仙子們的存在，牠們的存續變得不穩定起來，又因為彼此相爭而導致數量銳減。當幻形獸察覺此一變化時，已經

太遲了。許多生物早已被人們遺忘，消失在悲傷之中。碩果僅存的一隻幻形獸，最後成了少數存活下來的幻想生物至上的王，運用他優異過人的智慧，建立一處誰也無法發現的和平王國幻都度（〈漢音 huàn-du-duò〉Whangdoodleland），與所有幻想生物一同遷移到這塊土地。

幻都度王國並不存在於世間何處，但可從任何一處地點通往此間，只要通過「想像」便可來到此地。原來我等人類不再相信幻形獸等生物的存在，爲此牠們失去了棲息地，如今我們只能經由想像再次相信其存在。

幻都度王國

且說《最後一隻真正偉大的幻形獸》是由 3 個感受性豐富的孩子們逛動物園的一幕開場的。

正當班傑明、湯瑪斯、梅琳達〈Melinda〉三個孩子問起彼此喜歡哪些動物的時候，一名男子走進三人之間問道：「不如談談幻形獸吧，知道是什麼嗎？」他的手上拿著透明的塑膠傘，上面繪有一隻黃色的大蝴蝶。他是薩凡（法 Savant，博學）教授，因研究遺傳基因學而榮獲諾貝爾獎。

三人分手回家的當時，班與湯姆還半信半疑地心想：「才沒有這種動物呢。」不過三人還是掛記著這事，一回家就查起字典，發現真有「幻形獸」這個單字，書上還寫著：「這是一種任誰也無法解釋、充滿幻想色彩的動物」[引1]，不由得心頭一驚。

萬聖夜那天晚上，孩子們與教授再次相遇。這才得知原來教授是這世上唯一到過幻都度王國的人，目前正從事這方面的研究。

聽著教授的一番談話，孩子們極度嚮往起來，直想著要前往幻都度王國謁見國王幻形獸。教授也覺得只憑自己一個人的想像，前往該地的能力畢竟有限，因此衷心地歡迎三人天真單純、充滿可能的想像力加入。當天教授就與三個人展開探索研習。

首先教授要他們從細心觀察事物做起。不想只是略微改變看待事物的角度，司空見慣的樹蔭與圍籬這些平時在生活中看來不甚起眼、往往掠過眼簾拋在腦後的尋常光景，此時竟也顯得別有一番新意。想像自己是一隻蟲子那樣細察微觀，平凡無奇的一塊隆起的土丘看來竟有如一座小山，繁茂的草葉登時化成了森林，凡此都在孩子們的意識下有了改變。

接著讓他們傾聽萬籟、細聞百臭，其間還遮住他們的眼睛問道：「聞到棉花糖的味道了嗎？」經此一問，就連原本不存在的味道也真確地感受到了。梅琳達因爲最年幼，少有主觀偏見和疑心，自然發揮了這股潛力，最年長的班傑明也是如此。

就這樣四人終於成功地來到了幻都度王國。

那是一處開滿美艷花朵、簡直可稱之爲「百花王國」的園地，不時飄來烘焙麵包與蘋果派的芳香。枝葉繁

茂的林木或紫色或藤色，高空透著一片亮紅。金黃閃爍的河川蜿蜒流長，誰也不知道何處是盡頭又流往何方。金流無時無刻地傳來音響，平時聽來不過是流水潺潺般喜樂的歌聲，一經碰觸或投石泛起漣漪之後，就會演奏出曼妙的旋律或動人心弦的一連串音符。

除此以外，當地還棲息著許多不曾見過的動物。

▋ 徐鳴虹鳥

在幻都度王國中，徐鳴鳥 (Whifflebird) 稱得上是少數美麗的生物。如細絹光滑的鳥羽綴飾著紅、黃、桃、橙各種顏色，看起來就像彩虹一樣，同時散發出橘花般的一絲芬芳。全身覆蓋著一層羽毛，根本分辨不出尾巴或腳來，臉與前肢也隱藏在其中。偶爾牠會從羽毛中伸出那看似前肢的細手，就像撥開窗簾一樣，此時就可見到牠的眼睛，看似黑澄澄的念珠那樣令人著迷。

徐鳴虹鳥飛行的時候，看起來總是搖搖欲墜、險象環生的模樣。這是因為牠羽毛生長過剩，無法平衡的緣故。

身體意外靈活，能夠輕巧地躲開敵人的攻擊。平時發出嗡鳴般細微的哼叫，一旦置身險境，就會說起人話。提供的訊息總是準確無比，只要聽者解讀正確，往往能夠順利解決面臨的危機。

徐鳴虹鳥生來害羞，很容易受到驚嚇，不過好奇心旺盛，任誰都能同牠結為朋友。最喜歡聽到來自他人的讚美，一旦喜歡上對方，就會毫不吝惜地付出永恆的友情。

三個孩子中對待徐鳴虹鳥最冷漠的就屬排行老二的湯瑪斯了，但或許是看透他真正心思的緣故吧，湯瑪斯反倒成了徐鳴虹鳥最鍾意的孩子，從此陪伴他踏上日後的旅程。

▋ 大水牛・弗蘭莫斯

幻都度王國還有一種野牛叫弗蘭莫斯（Flummox，混亂）。這種生物又可解讀為溪谷公牛〈flume ox〉，相當於適應了冰河期、後來仍告絕種的原牛〈aurochs〉遠親。肩高至少有 2 米，棕色的前後肢長而粗壯，生有銳利的一雙彎角，十分的危險。

▋ 老滑溜・普羅克

讓人感到意外的是也有人並不樂見一行人的到訪。

那就是負責維持幻都度王國治安的宰相老滑溜・普羅克（Plock，敲擊），為了阻止任何打算侵入幻都度王國的人類或企圖面見國王的人，甚至可以不擇手段。不過他畢竟是個和平主義者，很少會做出直接危害他人的情事來。

乍見下外觀幾乎與常人無異，高高的身材十分清瘦。軀體、手腳與顏面同樣瘦長，偌大的黑眼與高揚的鼻

檠顯得十分醒目。平時總是彎曲著膝蓋，兩肩蜷縮向前，雙臂無力下垂。手指同樣細長，指甲尖銳。聲音獨特，總是尖聲作響。

他會驅使幻都度的生物，阻撓教授與三個孩子謁見國王幻形獸。

▋十足橫行獸

首號先發的生物是一頭近似大型食蟻獸的十足橫行獸（Sidewinder，橫向爬行〈或作角響尾蛇〉）。身為禁衛兵的牠向來保護幻都度王國免於外敵入侵，土色的軀體修長，粗糙的外皮生有許多突疣。

走起路來看似連枷掄動、車輛兜圈子的模樣。生有一對大眼，漏斗般的鼻子以45度角仰面朝上。嘴巴經常流口水，吞吐著足以燒焦樹葉的灼熱氣息，還老是發出可怕的鼾聲。

十足橫行獸扮演禁衛兵的角色抵禦外敵時，總是數百隻列隊前進。牠們整頓隊形成為一個集團軍，彼此的軀體一接觸，就會散發出紅綠藍各種顏色的火花。牠們會配合象徵的號令一齊改變方向、震懾對手。

孩子們見了牠們驚恐萬分，但由於牠們不會直接加害對手，最後仍無法阻止勇氣十足、沒有逃走念頭的一行人。

▋銀貓・撕裂者

諂媚的裂貓 (Splintercat) 生有一副豹般的大型軀體，看似天鵝絨的大耳。雙眼閃爍著琥珀色的光芒，一身銀灰色體毛如波斯貓般細長，宛如絹布般光滑。四隻腳密毛叢生，好像穿著一條法式長褲〈patalon〉。前腳較短，後腳顯得很長，因此適合攀爬陡昇的斜面，反之最不擅長的就是行走陡降坡。

貓一般被認為有九條命，劇中的這隻銀毛裂貓卻似乎曾經在一次爭執中瀕臨死亡而失去了一條命。愛好音樂、感受性強的牠還有另外一面，聽到曼妙的樂曲就會感動落淚。

牠住在一株纏繞著絹絲綢緞的樹上。家中的床鋪、牆壁、天花板都是以七彩毛線編織而成。以方正圖樣織成的牆壁上到處繪有角度和緩的弧線，看起來就像住在一個大繭中。頭頂上還有鋪設毛線的房間，可像彈奏豎琴那樣撥動這些線，演奏出音樂來。

銀裂貓懂得說人話，但 S 的發音說得不好。即便如此，牠諂媚的功夫還是令人驚奇，很懂得哄人。牠的心思和一副可愛外表恰恰相反，只怕一個不留神，很容易就受騙上當。

在普羅克的計謀下，孩子們之中最年幼的梅琳達一度被銀裂貓擄走。當時普羅克提議道：「只要答應不再進入幻都度王國，保證毫髮無傷送還梅琳達。」班傑明與湯瑪斯商議說道：「沒必要答應他，我們可以在明天答覆期限到來之前，把人救出來。」夥同教授的這三人果然一舉成功，平安地救出了梅琳達。

猴鳥・樹嘎吱

樹嘎吱（Treesqueek）是一種狀似小猴的鳥類。紅褐色的軀體側面生有一對收折起來的翅膀。玳瑁色的一雙大眼，就連睡覺時眼皮都不眨巴地張得老大。

人稱樹嘎吱森林的這個地方，生息了少說有數千隻的樹嘎吱。在一種稱之為「森林樹」的林木上，可以見到用尾巴倒掛在樹上的牠們。一旦人類踏入牠們的地盤，就會聲嘶力竭地一味尖聲叫喊，如此一來必然會在鄰近一帶（說不定是整個幻都度王國）引起一陣大騷動。森林裡還有一種原生草莓，吃了會不住打嗝，因此想要在不被牠們發現的情形下通過樹嘎吱森林，想來還是很困難的。

誤食了草莓的一行人，果真在樹嘎吱睡得正熟時，於森林中打了一個大嗝，所幸並未吵醒樹嘎吱。但就在一夥人聽從教授的指示做了深呼吸，以為穩住情勢的當頭，四人竟同時打了一個恐怕響徹整片森林的超級大嗝。

被巨響吵醒的樹嘎吱們，此起彼落地高喊：「人類、人類、人類、人類！」一行人思及行蹤可能已被普羅克得知，不由得心慌意亂，最後還是相信徐鳴虹鳥「打起精神繼續前進」的說法，大聲唱起歌來。四人就這麼一面唱著興高采烈、足以壓倒樹嘎吱叫聲的進行曲，一路踢鞋踏步向前邁進。其間不但止住了打嗝，樹嘎吱們也安靜下來，總算平安地穿過了森林。

機車怪・狡輪

也有一種名叫狡輪（Gazook奸詐者的）的生物，乍看之下有如外型帥氣的兒童機踏車。借用薩凡教授的話，這大概是「幻都度王國生性最惡劣的動物」。

狡輪閃亮的銀色車身下方有一具馬力強大的引擎，墨黑色的油缸上繪有橙、紅、桃紅等火焰圖案。車把勁挺後彎，輪胎厚實而溝紋深陷。

狡輪的近旁豎有一張立牌，上頭總是寫著「試乘看看吧？這部車子會帶著你到想去的地方。」孩童一旦受此吸引坐上狡輪，煞車就會失靈而無法下車。原來這竟然是一個利用孩子們稚嫩的慾望所設下的圈套。

事實上班傑明與湯瑪斯就坐上了狡輪。兩人加足馬力在四周狂飆，等到心生厭倦時，這才恐慌起來。眼看兩人的車子持續飛奔無法減速，徐鳴虹鳥於是再次獻策。教授乍聽虹鳥提到的「尤加利樹」這個字眼後，忽然靈機一動，誘使兩人來到尤加利樹的生息地，樹林中群生著黏著性強的細長尤加利樹。兩人費了一番工夫，將不願靠近的狡輪駛進林地，讓尤加利樹纏住車輪的輻條、減緩了速度，這才終於下了車。

卑鄙的沼猿

四人與虹鳥一路克服普羅克設下

的圈套，終於接近幻形獸所在的城堡。

王城近處棲息著一群長滿暗綠色毛髮，人稱沼猿（Swamp Gaboon）的大型猿猴，想要一見幻形獸者，必然會受到牠們的阻撓。牠們又叫又抓，甚至會口出穢言，妨礙的手段其實多達數種。

有效的應對之法，就是無視其存在一味前進，不過要做到這點，想來十分困難。因為牠們的叫罵非常過份，簡直難以言詞形容。

如果對方仍執意前進，便改以「指頭扭到了」、「我這就死給你看」等等哀兵姿態博取同情。只有不受此等卑劣謊言所騙，才能抵達幻形獸的城堡。

奇想巨鳥

克服一切困難的他們，眼前終於出現了王城。但就在一行人來到城堡的吊橋前，奇想巨鳥（Gyascutus，幻想的奇妙動物）忽然來襲。

即使在幻都度王國的生物中，奇想巨鳥也算得上危險的動物。這是一種大型鳥類，張開翅膀後，翼幅少說有5米長。生有銳利的嘴爪，天性非常好戰。受此利爪一擊，只怕連高大的成人都會像個補丁娃娃一樣撞飛出去。或許該說是不幸中的大幸吧，智力不高倒是。

此時教授示意三個孩子們先走一步，孩子們卻不願離開，教授於是告知三人說道：「我沒能力走下去了。」原來身為成人的薩凡教授，已經連吊橋的存在都看不見。儘管教授拿起他透明的塑膠傘衝向巨鳥，卻還是挨了利爪一擊，整個人撞飛出去而不省人事。

孩子們頭也不回地拚命衝過吊橋，全然不知身後發生的事，最後平安抵達了城內。起先普羅克為首的眾臣堅決不讓孩子們面見幻形獸，經不住梅琳達的淚語懇求，終於同意讓他們謁見國王。

幻都度國王

在他們第一眼的印象中，幻形獸約莫幼馬的大小，生得一副好像啤酒桶那樣圓滾滾的身材，褐色中混著灰色。手腳很短，尾巴細小。看似大鹿的頭上有一對生有分叉的大角，一張大臉看來挺有人緣的。棕色的大眼搭上金色的長睫毛還有拱形的雙眉，予人一種怯生生的觀想。牙齒看起來就像好吃甜食特有的那一型，露齒一笑時，可以見到有些牙齒上長有小雛菊〈Daisy〉。吃著小山高的「一坨糖」（Wodge，團、塊）這種最愛吃的甜食，除此還會吃上好幾頓的橄欖，要不就是拿起一顆球花甘藍〈broccoli；或稱綠花椰菜〉往嘴裡塞。

腳上生有臥房用的拖鞋，每年會更生替換。形色紛奇多變，或粉紅或金色，有時長有鈴鐺，有時不長，就連幻形獸自己也不知道下一次會長出什麼來。

幻形獸具有任意改變體色的能力。甚至可以變成同牆壁一樣的色澤，隱沒在周遭的環境中，有時還會隨著情

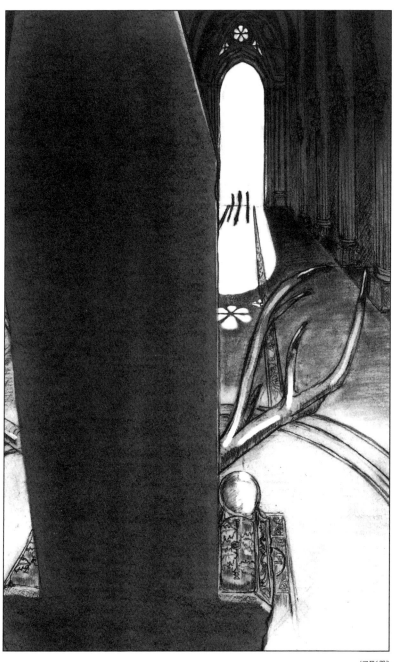

幻形獸

緒波動而變化（簡直就是姆米谷的司諾克翻版）。失落悲傷時會變成帶點白色的蒼藍，開心時就成了粉紅色的模樣。這種隨著情緒改變的機制中，最難以呈現的就是所謂的「虹色」。顧名思義，一次就同時顯現彩虹的七種顏色，只出現在非常高興的時候。

意外的是幻形獸竭誠歡迎了三人。原來經過長期的隔離，心中也起了同人類見面的念頭。就連王宮裡的動物們，對待孩子們也相當友善。

▌雜役動物・亟飛

負責所有王宮中雜務的是一種看似企鵝的動物亟飛（Jiffy，瞬間），牠們生來就不會慢條斯理地走路，相當適合處理雜務。王宮裡經常可見到數百隻亟飛教人眼花撩亂的集體行動，看來十分熱鬧。牠們只需花上其他動物一半的時間，就能做好差事，閒暇都花在最喜歡的遊戲上。

▌信差・福路客

滿身盡是絨毛的小小福路客（Flukes，鯨尾）在幻形獸等人離開人類居住的世界時，躲藏在幻形獸老舊的拖鞋中一路前來。等到牠被發現時，已經來到無法回頭的地方，從此擔任幻形獸的信使、跑腿或做些差役雜活。

▌甜點師傅・狗音

幻形獸最喜歡吃的「一坨糖」〈Wodge candy〉，出自名師狗音（Oink，豬叫）的手藝。生來一副小腦袋，頭髮比刷子還硬，晨霧色般的軀體卻顯得很大，全身看似一顆梨子。棕色的雙眸看起來若有所思的樣子，長長的睫毛就像絹絲一樣。平時總是望著自己短小的腳趾，哼唱著一些有點哀傷的小調。說起話來好像唱歌一樣，大多不解其意，在旁人的眼光中，看起來好像心不在焉的樣子。

圍繞在這群生物之中的幻形獸與孩子們之間的話題，最後終於來到一路指引孩子前來此地的教授身上。身為遺傳學權威的教授曾經對孩子們聲稱：「解開了生命之謎。」幻形獸乍聽此言，便希望與教授見上一面。原來獨居許久的幻形獸打算央求教授創造一隻雌幻形獸來。

梅琳達在教授的訓練下成績最為傑出，因此受幻形獸託付帶回教授的重任。其餘的兩人留了下來，堅持等待教授前來。

原先通過吊橋時抱著拼死的決心，因此毫不在意，但如今想來卻越發害怕。最後梅琳達還是鼓起勇氣走過了吊橋，繼而發現教授藏身在繪有黃蝶的雨傘後。看不見橋的教授表示他走不到橋上，梅琳達因此取出幻形獸事先交給她的戒指給教授。她表示這是幻形獸想要見教授一面的證據，如果他看得見戒指，應該也能走過吊橋，以此說服對方。教授終於讓步，閉起眼睛讓梅琳達一路帶領，成功地通過了吊橋。

就這樣教授也進入王城，實現了與幻形獸邂逅的夙願。

新生命・克拉麗媞

薩凡教授乍聽幻形獸的願望時，起初以不可能為由加以拒絕，最後在孩子們熱情的懇求下頷然首肯。所有的儀器不知怎地被普羅克從教授位於人類的研究室全數搬來，就此展開創造雌幻形獸的作業。

幻形獸因為手足無措坐立難安，反倒干擾了教授的工作，看起來有些活寶，其他生物則緊張得不敢弄出半點聲響來。孩子們就在這樣的光景中，度過了歡樂的時光。

數日後下起了數年不曾見過的雨來，同時颳起似乎是某種前兆的風暴。原來教授的實驗終於成功了。

取名為克拉麗媞（Clarity，明晰）的她像幼鹿般嬌小，是個氣質高雅的雌幻形獸。短小的獨角看似戴著一頂王冠，後腳長有緞質的小拖鞋。幻形獸欣喜若狂，全身因此泛起了虹色。

長久以來始終過著獨居生活的幻形獸，就這樣獲得了一生的伴侶。

引1：日譯文摘自岩谷時子譯本。

以下分類為便宜行事的作法。為了配合版面，有些本該分為兩大類的部份，全部歸類在一起。

作家大致上以國別歸類，但若書籍之間有所關連，則移至相關分類的項目。例如《雄鹿殿的遺產》〈The Legacy of Heorot〉本屬美國的作品，但書中提及格蘭德爾，而格蘭德爾的原始出處係英文古詩《貝奧武夫》，因此《雄鹿殿的遺產》也一併納入盎格魯・薩克遜（古英文）的分類。

［一般］

幻獣辞典　　ホルヘ・ルイス・ボルヘス&マルガリータ・ゲレロ／柳瀬尚紀訳　　晶文社

幻獣の話　　池内紀　　講談社現代新書

世界幻獣伝説　　知的冒険倶楽部編　　青春出版社

幻想の国に棲む動物たち　　ジョン・チェリー／別宮貞徳訳　　東洋書林

奇怪動物百科　　ジョン・アシュトン／高橋宣勝訳　　博品社

空想動物園　　アンソニー・S・マーカタンテ／中村保男訳　　法政大学出版局

図説世界未確認生物事典　　笹間良彦　　柏書房

幻想図像集 怪物篇　　八坂書房

欧州百鬼夜行抄　　杉崎泰一郎　　原書房

世界の妖怪たち　　日本民話の会・外国民話研究会編訳　　三弥井書店

天使から怪物まで　　澁澤龍彦　　河出書房新社

怪物　　吉田敦彦&尾形希和子&西野嘉章&神原正明&若桑みどり　　河出書房新社

怪物の解剖学　　種村季弘　　河出文庫

怪物の友　　荒俣宏　　集英社文庫

怪物の王国　　倉本四郎　　筑摩書房

怪物の事典　　ジェフ・ロヴィン／鶴田文訳　　青土社

怪物のルネサンス　　伊藤進　　河出書房新社

不思議現象ファイル　　ジョン・A・キール／南山宏訳　　角川春樹事務所

モンスター・ムービー　　石田一　　フィルムアート社

モンスターメイカーズ　　STUDIO28編著　　洋泉社

モンスターパニック　　太洋図書

モンスターパニック Returns !　　太洋図書

東宝特撮映画全史　　田中友幸監修　　東宝

世界口承文芸研究1〜8　　大阪外国語大学口承文芸研究会

世界の龍の話　　竹原威滋&丸山顯德編　　三弥井書店

幻想世界の住人たち　　健部伸明と怪兵隊　　新紀元社
幻想世界の住人たちII　　健部伸明と怪兵隊　　新紀元社
幻想動物事典　　草野巧　　新紀元社
想像と幻想の不思議な世界　　ロバート・イングペン＆マイケル・ページ／教育社訳　　教育社
不思議の国の仲間たち　　国立国会図書館国際こども図書館
歴史読本スペシャル49(＊世界幻獣図鑑)　　オフィス新大陸／宮崎美友編　　新人物往来社
幻想文学64(幻獣ファンタスティック)　　アトリエOCTA
幻想図書館　　寺山修司　　河出文庫
Folk Tales and Fables of the World.
　　Barbara Hayes & Robert Ingpen　　PAPER TIGER
World Mythology and Legend.　　Anthony S.Mercatante　　FACTS ON FILE
Gods and Goddesses,Devils and Demons.
　　Manfred Lurker　　ROUTLEDGE & KEGAN PAUL
Folklore,Mythology,and Legend.　　Maria Leach & Jerome Fried　　HARPER & ROW
名詩集　　篠田一士編　　筑摩書房

[妖精]

妖精の誕生　　トマス・カイトリー／市場泰男訳　　社会思想社現代教養文庫
フェアリーのおくりもの　　トマス・カイトリー／市場泰男訳　　社会思想社現代教養文庫
妖精事典　　キャサリン・ブリッグズ編著／平野敬一＆井村君江＆三宅忠明＆吉田新一訳　　冨山房
イギリスの妖精　　キャサリン・ブリッグズ／石井美樹子＆山内玲子訳　　筑摩書房
妖精 Who`s Who　　キャサリン・ブリッグズ／井村君江訳　　筑摩書房
妖精の国の住民　　キャサリン・M・ブリッグズ／井村君江訳　　研究社
妖精の国への誘い　　アヴリル・ロッドウェイ／井村君江訳注　　福武文庫
妖精の世界　　フロリス・ドラットル／井村君江＆中島直子訳　　研究社
妖精の国　　井村君江　　新書館
妖精の系譜　　井村君江　　新書館
妖精とその仲間たち　　井村君江　　河出書房新社
妖精学入門　　井村君江　　講談社現代新書
妖精キャラクター事典　　中山星香／井村君江監修　　新書館
フェアリー　　井村君江　　新書館
フェアリー　　アラン・リー＆ブライアン・フロウド／山室静訳　　サンリオ
世界の妖精・妖怪事典　　キャロル・ローズ／松村一男監訳　　原書房
図説 妖精百科事典
　　アンナ・フランクリン／ポール・メイスン＆ヘレン・フィールド画／井辻朱美監訳　　東洋書林
夏の夜の妖精たち　　辺見葉子解説　　トレヴィル
妖精の秘密　　山梨賢一　　学研ポケットムー
天使たち妖精たち　　ルドルフ・シュタイナー／西川隆範訳　　風濤社

[博物誌 / 地誌]

プリニウスの博物誌　　プリニウス／中野定雄&里美&美代訳　　雄山閣
古代へのいざない　　ウェザーレッド／中野里美訳　　雄山閣
幻想博物誌　澁澤龍彦　河出文庫
私のプリニウス　澁澤龍彦　青土社
ディオドロス神代地誌　　ディオドロス／飯尾都人編訳　　龍渓書舎
ギリシア・ローマ世界地誌　　ストラボン／飯尾都人訳　　龍渓書舎
ギリシア記　　パウサニアス／飯尾都人編訳　　龍渓書舎
ギリシア案内記　　パウサニアス／馬場恵二訳　　岩波文庫
皇帝の閑暇　　ティルベリのゲルヴァシウス／池上俊一訳　　青土社
歴史　　ヘロドトス／松平千秋訳　　岩波文庫
年代記　　タキトゥス／国原吉之助訳　　岩波文庫
東方見聞録　　マルコ・ポーロ／愛宕松男訳　　平凡社東洋文庫
ユリイカ1993年1月号(＊幻想の博物誌)　青土社
架空地名大辞典　　アルベルト・マンゲェル&ジアンニ・グアダルーピ／高橋康也監訳　　講談社
Imaginary Places.
　　Alberto Manguel & Gianni Guadalupi　　HARCOURT BRACE JOVANOVICH
世界の七不思議　　日本リーダーズダイジェスト

[基督教]

聖書 旧約聖書続編つき　　新共同訳　　日本聖書協会
聖書　　ギュスターヴ・ドレ挿画／谷口江里也訳・構成　　宝島社
聖書辞典　　新教出版社
聖書辞典　　いのちのことば社
Dictionary of Saints.　　John J.Delaney　　DOUBLEDAY

[希臘]

神統記　　ヘシオドス／廣川洋一訳　　岩波文庫
仕事と日　　ヘーシオドス／松平千秋訳　　岩波文庫
イーリアス　　ホメーロス／呉茂一訳　　岩波文庫
イリアス　　ホメロス／松平千秋訳　　岩波文庫
オデュッセイアー　　ホメーロス／呉茂一訳　　岩波文庫
オデュッセイア　　ホメロス／松平千秋訳　　岩波文庫
アルゴナウティカ　　アポロニオス／岡道男訳　　講談社学芸文庫
トロイア戦記　　クイントゥス／松田治訳　　講談社学術文庫
縛られたプロメーテウス　　アイスキュロス／呉茂一訳　　岩波文庫
プルターク英雄伝　　河野与一訳　　岩波文庫
プルタルコス英雄伝　　プルタルコス／村川堅太郎編　　ちくま学芸文庫

ギリシア神話　　アポロドーロス／高津春繁訳　　岩波文庫
ギリシア神話　　ロバート・グレーヴス／高杉一郎訳　　紀伊国屋書店
ギリシア神話　　F・ギラン／中島健訳　　青土社
ギリシア神話　　呉茂一　　新潮社
ギリシア・ローマ神話　　トマス・ブルフィンチ／大久保博訳　　角川書店
Bulfinch's Mythology.　　Thomas Bulfinch　　MODERN LIBRARY
ギリシア神話小事典　　バーナード・エヴスリン／小林稔訳　　社会思想社現代教養文庫
ギリシア喜劇　　ちくま文庫
ギリシア悲劇　　ちくま文庫
イソップ寓話集　　山本光雄訳　　岩波文庫
プラトン全集　　岩波書店
動物誌　　アリストテレース／島崎三郎訳　　岩波文庫
巨人　　ジャン・パウル／古見日嘉訳　　国書刊行会

[羅馬 / 義大利]

アエネーイス　　ウェルギリウス／泉井久之助訳　　岩波文庫
牧歌・農耕詩　　ウェルギリウス／河津千代訳　　未來社
変身物語　　オウィディウス／中村善也訳　　岩波文庫
恋の技法　　オウィディウス／樋口勝彦訳　　平凡社ライブラリー
祭暦　　オウィディウス／高橋宏幸訳　　国文社
ペンタメローネ　　ジャンバッティスタ・バジーレ／杉山洋子・三宅忠明訳　　大修館書店
Lo cunto de li cunti.　　Giovan battista Basile　　提供Michel Rak、Garzanti、Milano
神曲　　ダンテ／山川丙三郎訳　　岩波文庫
ダンテ神曲物語　　ダンテ／野上素一訳著　　社会思想社現代教養文庫
神曲　　ダンテ／ギュスターヴ・ドレ挿画／谷口江里也訳・構成　　宝島社
狂えるオルランド　　アリオスト／脇功訳　　名古屋大学出版会
シャルルマーニュ伝説　　トマス・ブルフィンチ／市場泰男訳　　社会思想社現代教養文庫
サンドロ・ボッティチェッリ　　バルバラ・ダイムリング／ナカノ・マリコ訳　　TASCHEN
マキァヴェッリ全集　　筑摩書房
ピノッキオのぼうけん　　カルロ・コルローディ／安藤美紀夫&臼井都訳　　福音館書店
イタリア民話集　　カルヴィーノ／河島英昭編訳　　岩波文庫

[北歐一般]

巫女の予言　　シーグルズル・ノルダル／菅原邦城訳　　東海大学出版局
エッダ-古代北欧歌謡集　　谷口幸男訳　　新潮社
Edda Text.　　CARL WINTER UNIVERSITATSVERLAG
神話学入門　　ステブリン=カーメンスキイ／菅原邦城&坂内徳明訳　　東海大学出版局
スノリ『エッダ』「詩語法」訳注　　谷口幸男　　広島大学文学部紀要特輯号

スノッリ・ストゥルルソン『エッダ』「序文」と「ハッタタル(韻律一覧)」訳注1&2
　　谷口幸男　　大阪学院大学国際学論集第13巻第1&2号別刷
Edda.　　Snorri Sturluson　　EVERYMAN'S LIBRARY
サガのこころ　　ステブリン=カメンスキイ／菅原邦城訳　　平凡社
エッダ・グレティルのサガ　　松谷健二訳　　ちくま文庫
アイスランド・サガ　　谷口幸男訳　　新潮社
アイスランドのサガ中編集　　菅原邦城&早野勝巳&清水育男訳　　東海大学出版局
サガ選集　　日本アイスランド学会編訳　　東海大学出版会
赤毛のエリク記　　山室静訳　　冬樹社
ゲルマン北欧の英雄伝説　　菅原邦城訳・解説　　東海大学出版会
古代北欧の宗教と神話　　フォルケ・ストレム／菅原邦城訳　　人文書院
北欧神話　　菅原邦城　　東京書籍
北欧神話　　K・クロスリイ-ホランド／山室静&米原まり子訳　　青土社
The Norse Myths.　　Kevin Crossley-Holland　　PENGUIN BOOKS
オージンのいる風景
　　ヘルマン・パウルソン／大塚光子&西田郁子&水野知昭&菅原邦城訳　　東海大学出版局
北欧の神々と妖精たち　　山室静　　岩崎美術社
北欧神話と伝説　　グレンベック／山室静訳　　新潮社
日本アイスランド学会員公刊論集1〜15　　日本アイスランド学会
北欧史研究15〜18　　バルト・スカンディナヴィア研究会
形成1〜43　　三修社
エッダとサガ　　谷口幸男　　新潮社
ルーン文字　　レイ・ページ／矢島文夫監修／菅原那城訳　　學藝書林
世界の民話3 北欧　　小沢俊夫編／櫛田照男訳　　ぎょうせい
北欧の民話　　山室静　　岩崎美術社
アイスランドの昔話　　ヨウーン・アウナトソン編／菅原邦城訳　　三弥井書店
メッセリア　　菅原邦城訳　　東洋文化社メルヘン文庫
スウェーデンの民話　　ローン=シグセン&ジョージ・ブレッチャー編／米原まり子訳　　青土社
ノルウェーの民話　　ペーター・クリステン・アスビョルンセン&ヨーレン・モー／米原まり子訳　　青土社
イプセン戯曲全集　　原千代海訳　　未來社
トロールものがたり　　イングリ&エドガー・ドーレア／辺見まさなお訳　　童話館出版
トロールのばけものどり　　イングリ&エドガー・ドーレア／井辻朱美訳　　福音館書店
もりのこびとたち　　エルサ・ベスコフ／おおつかゆうぞう訳　　福音館書店
どんぐりぼうやのぼうけん　　エルサ・ベスコフ／石井登志子訳　　童話館出版
クローカ博士の発明　　エルサ・ベスコフ／小野寺百合子訳　　佑学社
折れた魔剣　　ポール・アンダースン／関口幸男訳　　ハヤカワ文庫

[丹麥]

デンマーク人の事績　サクソ・グラマティクス／谷口幸男訳　東海大学出版局
History of the Danes.
　Saxo Grammaticus　D.S.BREWER・ROWMAN AND LITTLEFIELD
デンマークの昔話　山室静編訳　三弥井書店
アンデルセン童話集　H・C・アンデルセン／大畑末吉訳　岩波文庫
絵のない絵本　H・C・アンデルセン／山野辺五十鈴訳　集英社文庫
即興詩人　H・C・アンデルセン／大畑末吉訳　岩波文庫
アンデルセン自伝−わが生涯の物語−　H・C・アンデルセン／大畑末吉訳　岩波文庫
Eventyr og historier.　H.C.Andersen　SESAM
後世への最大遺物・デンマルク国の話　内村鑑三　岩波文庫

[芬蘭]

フィンランド国民的叙事詩カレワラ　エリアス・リョンロット／森本覚丹訳　講談社学術文庫
フィンランド叙事詩カレワラ　エリアス・リョンロット／小泉保訳　岩波文庫
対訳カレワラの歌　小泉保訳注　大学書林
カレワラ神話と日本神話　小泉保　日本放送出版協会
図説フィンランドの文学　カイ・ライティネン／小泉保訳　大修館書店
カレワラ・タリナ　マルッティ・ハーヴィオ／坂井玲子訳　第三文明社レグルス文庫
カレヴァラ物語　高橋静男　筑摩書房
ロウヒのことば・上　アイリ・ネノラ＆センニ・ティモネン／目荒ゆみ訳　文理閣
トッレ王物語　イルメリン・サンドマン＝リリウス／山口卓文訳　福武書店
小さなトロールと大きな洪水　トーベ・ヤンソン／冨原眞弓訳　講談社
《ムーミン》シリーズ
　トーベ・ヤンソン／下村隆一＆山室静＆小野寺百合子＆鈴木徹郎訳　講談社文庫
《ムーミン》絵本　トーベ・ヤンソン／渡部翠訳　講談社
《ムーミンの冒険日記》シリーズ　トーベ＆ラルス・ヤンソン／野中しぎ訳　福武書店
《ムーミン》コミックス　トーベ＆ラルス・ヤンソン／冨原眞弓訳　講談社
ムーミン童話の百科事典　高橋静男＆渡部翠　講談社
ムーミン谷への旅　講談社
ユリイカ1998年4月号(＊トーベ・ヤンソン)　青土社
世界少年少女文学全集 第2部11諸国編2　東京創元社
グラフィックカラー世界の民話1 北ヨーロッパ　研秀出版
巨人のはなし　マルヤ・ハルコネン再話／ペッカ・ヴォリ絵／坂井玲子訳　福武書店
世界の怪奇民話5 スウェーデンの怪奇民話　清水育男訳　評論社
世界の先住民いまはわたしの国といえない5 ラップランドのサーミ人
　ピアーズ・ビデブスキー／寺谷弘壬　日本語版監修／柏木里美訳　リブリオ出版
ソビエト民話集1 バルト海地方の民話　伊集院俊隆他編　新読書社

ソビエト昔話選　　宮川やすえ編訳　　三省堂
天使は森に消えた　　ヨハンナ・シニサロ／目荒ゆみ訳　　サンマーク出版

[德語地區]

ドイツ中世英雄物語　　A・リヒター＆G・ゲレス／市場泰男訳　　社会思想社現代教養文庫
ゲルマン英雄伝説　　ドナルド・A・マッケンジー／東浦義雄編訳　　東京書籍
ラーレ人物語・不死身のジークフリート　　大澤峯雄＆櫻井春隆訳　　国書刊行会
言語文化研究:第1〜4巻　　徳島大学総合科学部
九州ドイツ文学:第11〜13号　　九州大学独文学会
流刑の神々・精霊物語　　ハインリヒ・ハイネ／小沢俊夫訳　　岩波文庫
アッタ・トロル　　ハイネ／井上正蔵訳　　岩波文庫
ファウスト　　ゲーテ／相良守峯訳　　岩波文庫
ファウスト　　ゲーテ／高橋健二訳　　角川文庫
ファウスト　　森鴎外訳　　ちくま文庫
はてしない物語　　ミヒャエル・エンデ／上田真而子＆佐藤真理子訳　　岩波書店
Die Unendliche Geschichte.　　Michael Ende　　Thienemann
グリム童話集　　金田鬼一訳　　岩波文庫
Grimm märchen und Sagen.　　Jacob Grimm,Wilhelm Grimm　　WINKLER
Kinder-und Hausmärchen gesammelt durch die Brüder Grimm.
　herausgegeben von Heinz Rölleke　　DEUTSCHER KLASSIKER VERLAG.
Anmerkungen zu den Kinder-und Hausmärchen der Brüder Grimm.
　neu bearbeitet von Johannes Bolte und Ge　　G.OLMS
ユリイカ1999年4月号(＊グリム童話)　　青土社
ドイツ伝説集　　グリム兄弟／桜沢正勝＆鍛治哲郎訳　　人文書院
タンホイザー　　グリム兄弟／河村隆史訳　　東洋文化社
「悪い子」のための怖くて不思議な童話集　　ルードヴィヒ・ベヒシュタイン／伊東明美訳　　講談社
白いオオカミ ベヒシュタイン童話集　　ベヒシュタイン／上田真而子訳　　岩波少年文庫
Sämtliche Märchen.　　Ludwig Bechstein　　ARTEMIS&WINKLER
ヴァルデック地方の昔話　　シャルロッテ・オーベルフェルト編／川端豊彦訳　　三弥井書店
世界童話大系 第3巻ドイツ篇(2)　　金田鬼一＆藤井昭訳　　名著普及会
新編世界むかし話集2 ドイツ・スイス編　　山室静訳　　社会思想社現代教養文庫
ドイツ幻想小説傑作集　　種村季弘編　　白水Uブックス
ハルトマン作品集
　ハルトマン・フォン・アウエ／平尾浩三＆中島悠爾＆相良守峯＆リンケ珠子訳　　郁文堂
パラケルスス自然の光　　J.ヤコビ編／大橋博司訳　　人文書院
パラケルススの生涯と思想　　大橋博司　　思索社
ユング オカルトの心理学　　島津彬郎＆松田誠思訳　　サイマル出版界
エジプトのイザベラ　　A・フォン・アルニム／深田甫訳　　国書刊行会

魔法使いの弟子　　H・H・エーヴェルス／佐藤恵三訳　　創土社

アルラウネ　　H・H・エーヴェルス／麻井倫具&平田達治訳　　国書刊行会

吸血鬼　　H・H・エーヴェルス／植田敏郎訳　　東京創元社

ホフマン全集　　創土社

黄金の壺　　ホフマン／神品芳夫訳　　岩波文庫

ツァラトゥストラはこう言った　　ニーチェ／氷上英廣訳　　岩波文庫

ツァラトゥストラ　　ニーチェ／吉沢伝三郎訳　　ちくま学芸文庫

Also sprach Zarathustra　　Friedrich Nietzsche　　GOLDMANN

[盎格魯・薩克遜]

アングロ=サクソン人　　デヴィッド・ウィルソン／中田康行訳　　晃洋書房

ベーオウルフ　　長埜盛訳　　吾妻書房

ベーオウルフ　　忍足欣四郎訳　　岩波文庫

ベーオウルフ　　長谷川寛訳注　　成美堂

『ベーオウルフ』研究　　長谷川寛　　成美堂

古代英詩ベオウルフ　　鈴木重威編　　研究社

作品研究『ベーオウルフ』　　T・A・シッピー／苅部恒徳訳　　英宝社

Beowulf.　　Howell D.Chickering,Jr.　　ANCHOR PRESS DOUBLEDAY

アヴァロンの闇　　ニーヴン&パーネル&バーンズ／浅井修訳　　創元SF文庫

アヴァロンの戦塵　　ニーヴン&パーネル&バーンズ／中原尚哉訳　　創元SF文庫

[大不列顛／英國]

Mythology of the British Isles.　　Geofrey Ash　　METHURN

イギリス民話集　　J・ジェイコブス／木村俊夫&中島直子訳　　東洋文化社メルヘン文庫

イギリス民話集　　河野一郎編訳　　岩波文庫

イングランド童話集　　福原麟太郎訳　　フレア文庫

新編世界むかし話集1イギリス編　　山室静編著　　社会思想社現代教養文庫

イギリス伝承文学の世界　　東浦義雄&竹村恵都子　　大修館書店

妖精物語　　オーピー夫妻編著／神宮輝夫訳　　草思社

ヴィクトリア朝妖精物語　　風間賢二編　　ちくま文庫

ヨーロッパの祝祭典　　マドレーヌ・P・コズマン／加藤恭子&山田敏子訳　　原書房

バラッドの世界　　春秋社　　茂木健

ロビン・フッド伝説　　研究社出版　　上野美子

ロビンフッドのゆかいな冒険　　ハワード・パイル／村山知義&亜土訳　　岩波少年文庫

ザ・シェークスピア　　シェークスピア／坪内逍遙訳　　第三書館

夏の夜の夢・あらし　　シェイクスピア／福田恆存訳　　新潮文庫

ヴェニスの商人　　シェイクスピア／福田恆存訳　　新潮文庫

ハムレット　　シェイクスピア／福田恆存訳　　新潮文庫

オセロ　シェイクスピア／福田恆存訳　新潮文庫
The Game of Shakespeare.　AVALON HILL
水の子　C・キングズリー／阿部知二訳　岩波少年文庫
水の子供たち　C・キングズリー／芹生一訳　偕成社文庫
The Water Babies.　Charles Kingsley　INTERNATIONAL LEARNING SYSTEMS
《シャーロック・ホームズ》シリーズ　アーサー・コナン・ドイル／大久保康雄訳　ハヤカワ文庫
《シャーロック・ホームズ》シリーズ　コナン・ドイル／延原謙訳　新潮文庫
魔術師　サマセット・モーム／田中西二郎訳　ちくま文庫
フランケンシュタイン　シェリー夫人／山本政喜訳　角川文庫
フランケンシュタイン　メアリ・シェリー／森下弓子訳　東京創元社
幸福の王子　オスカー・ワイルド／井村君江訳　偕成社
宇宙戦争　H・G・ウェルズ／井上勇訳　創元推理文庫
妖精のキャラバン　ビアトリクス・ポター／久野暁子訳　福音館書店
どっこい巨人は生きていた　メアリー・ノートン／猪熊葉子訳　岩波書店
リビイが見た木の妖精　ルーシー・M・ボストン／長沼登代子訳　岩波少年文庫
偉大なワンドゥードルさいごの一ぴき　ジュリー・アンドリュース／岩谷時子訳　日本ブリタニカ
崖の国物語　ポール・スチュワート／クリス・リデル絵／唐沢則幸訳　ポプラ社
The Edge Chronicles.　Paul Stewart & Chris Riddell　CORGI BOOKS
法の書　アレイスター・クロウリー／島弘之訳　国書刊行会
『パンチ』素描集　松村昌家／編　岩波文庫

[亞瑟王]
The History of the Kings of Britain.　Geoffrey of Monmouth　PENGUIN CLASSICS
頭韻詩アーサーの死　清水阿や訳　ドルフィンプレス
ガウェイン詩人全訳詩集　境田進訳　小川図書
ガウェインとアーサー王伝説　池上忠弘　秀文インターナショナル
サー・ガウェイン頌　鈴木榮一　開文社出版
完訳アーサー王物語　サー・トマス・マロリー／中島邦男&小川睦子&遠藤幸子訳　青山社
アーサー王の死　T・マロリー／W・キャクストン編／厨川文夫・厨川圭子編訳　ちくま文庫
Le Morte D'Arthur.　Sir Thomas Malory　PENGUIN CLASSICS
アーサー王伝説研究　清水阿や　ドルフィンプレス　．
ユリイカ1991年9月号(＊アーサー王伝説)　青土社
アーサー王伝説　リチャード・キャベンディッシュ／高市順一郎訳　晶文社
中世騎士物語　ブルフィンチ／野上弥生子訳　岩波文庫
アーサー王物語　井村君江　ちくま文庫
アーサー王百科　クリストファー・スナイダー／山本史郎訳　原書房
Arthurian Encyclopedia.　Norris J.Lacy　BOYDEL
Arthurian Companion.　Phyllis Ann Kar　GREEN KNIGHT

仙女王　　エドマンド・スペンサー／外山定男訳　　成美堂

妖精の女王　　エドマンド・スペンサー／和田勇一&福田昇八訳　　筑摩書房

The Faerie Queene.　　Edmund Spenser　　PENGUIN CLASSICS

詩人の王スペンサー　　福田昇八編　　九州大学出版会

[路易斯・卡羅]

不思議の国のアリス・オリジナル　　ルイス・キャロル／書籍情報社編集部訳注　　書籍情報社

不思議の国のアリス　　ルイス・キャロル／石川澄子訳　　東京図書

おとぎの"アリス"　　ルイス・キャロル／高山宏訳　　ほるぷ出版

鏡の国のアリス　　ルイス・キャロル／高山宏訳　　東京図書

Alice in Wonderland.　　Lewis Carroll　　NORTON

ルイス・キャロル詩集　　ルイス・キャロル／高橋康也&沢崎順之助訳　　ちくま文庫

ミヒャエル・エンデのスナーク狩り　　ルイス・キャロル&ミヒャエル・エンデ／丘沢静也訳　　岩波書店

少女への手紙　　ルイス・キャロル／高橋康也&迪訳　　新書館

シルヴィーとブルーノ　　ルイス・キャロル／柳瀬尚紀訳　　ちくま文庫

アリス狩り　　高山宏　　青土社

ルイス・キャロル小事典　　定松正編　　研究社出版

別冊現代詩手帳第二号ルイス・キャロル　　思潮社

[吉光片羽社]

ホビットの冒険　　J・R・R・トールキン／瀬田貞二訳　　岩波少年文庫

The Hobbit.　　J.R.R.Tolkien　　HARPER COLLINS

ホビット ゆきてかえりし物語　　J・R・R・トールキン／山本史郎訳　　原書房

指輪物語　　J・R・R・トールキン／瀬田貞二訳　　評論社

新版 指輪物語　　J・R・R・トールキン／瀬田貞二・田中明子訳　　評論社

The Lord of the Rings.　　J.R.R.Tolkien　　HARPER COLLINS

トールキン小品集　　J・R・R・トールキン／吉田新一・猪熊葉子・早乙女忠訳　　評論社

The Tolkien Reader.　　J.R.R.Tolkien　　BALLANTINE

Farmer Giles of Ham.　　J.R.R.Tolkien　　HARPER COLLINS

ビルボの別れの歌　　J・R・R・トールキン／P・ペインズ絵／脇明子訳　　岩波書店

ファンタジーの世界　　J・R・R・トーキン／猪熊葉子訳　　福音館書店

妖精物語について―ファンタジーの世界　　J・R・R・トールキン／猪熊葉子訳　　評論社

妖精物語の国へ　　J・R・R・トールキン／杉山洋子訳　　ちくま文庫

Tree and Leaf.　　J.R.R.Tolkien　　HARPER COLLINS

サンタクロースからの手紙　　J・R・R・トールキン／ベイリー・トールキン編／瀬田貞二訳　　評論社

子犬のローヴァーの冒険　　J・R・R・トールキン／山本史郎訳　　原書房

Roverandom.　　J.R.R.Tolkien　　HOUGHTON MIFFLIN

トールキンによる『指輪物語』の図像世界　　W・G・ハモンド&C・スカル／井辻朱美訳　　原書房

シルマリルの物語　　J・R・R・トールキン／クリストファー・トールキン編／田中明子訳　　評論社

新版 シルマリルの物語　　J・R・R・トールキン／クリストファー・トールキン編／田中明子訳　　評論社

The Silmarillion.　　J.R.R.Tolkien／Edited by Christopher Tolkien　　HARPER COLLINS

White Rider 1〜6号　白の乗手

終わらざりし物語　　J・R・R・トールキン／クリストファー・トールキン編／山下なるや訳　　河出書房新社

Unfinished Tales.　　J.R.R.Tolkien　　BALLANTINE

ガウェーンと緑の騎士　　瀬谷廣一訳　　木魂社

サー・ガウェインと緑の騎士　　J・R・R・トールキン／山本史郎訳　　原書房

The Letters of J.R.R.Tolkien.　　Humphrey Carpenter　　HARPER COLLINS

J.R.R.トールキン或る伝記　　ハンフリー・カーペンター／菅原啓州訳　　評論社

「中つ国」歴史地図　　カレン・ウィン・フォンスタッド／琴屋草訳　　評論社

ユリイカ1992年7月号(*J・R・Rトールキン)　　青土社

ユリイカ2002年4月臨時増刊号(*『指輪物語』の世界)　　青土社

鳩よ!2002年4月号(*トールキン「指輪物語」を読もう)　　マガジンハウス

The Complete Guide to Middle-Earth.　　Robert Foster　　BALLANTINE

An Introduction to Elvish.　　Jim Allan　　BRAN'S HEAD BOOKS

トールキン指輪物語伝説　　デイヴィッド・デイ／塩崎麻彩子訳　　原書房

トールキン指輪物語事典　　デビッド・デイ／ピーター・ミルワード監修／仁保真佐子訳　　原書房

A Tolkien Bestiary.　　David Day　　EMBLEM PAPERBACK

トールキン　　マイケル・コーレン／井辻朱美訳　　原書房

トールキン神話の世界　　赤井敏夫　　人文書院

トールキンの世界　　リン・カーター／荒俣宏訳　　晶文社

指輪物語完全ガイド　　河出書房新社編　　河出書房新社

『指輪物語』のファンタジー・ワールド　　粥村寄り合い編著　　コアラブックス

「指輪物語」中つ国(ミドルアース)の歩き方　　柊美郷とファンタジー研究会　　青春出版社

『指輪物語』その旅を最高に愉しむ本　　吉田浩　　三笠書房

ロード・オブ・ザ・リング聖なる旅の黙示録
　　カート・ブルーナー＆ジム・ウェア／鈴木彩織訳　　PHP研究所

指輪物語ロールプレイング　　ホビージャパン／ICE

ミドルアース言語ガイド　　ホビージャパン／ICE

Middle-Earth Campaign Guide.　　ICE　　　　　　・

ミドルアース・ハンドブック　　佐藤康弘　　ホビージャパン

指輪物語CCGプレイヤーズガイド　　上総理佳編訳　　新紀元社

トールキンとC.S.ルイス　　本多英明　　笠間書院

ナルニア国物語　　C・S・ルイス／瀬田貞二訳　　岩波少年文庫

ナルニア国の住人たち　　C・S・ルイス原作／ポーリン・ベインズ絵／瀬田貞二訳　　岩波書店

ようこそナルニア国へ　　ブライアン・シブリー／中村妙子訳　　岩波書店

[永恆戰士]

《エルリック》サーガ　　マイクル・ムアコック／安田均&井辻朱美訳　　ハヤカワ文庫

Elric Saga.　Michael Moorcock　ACE BOOKS

《紅衣の公子コルム》　　マイクル・ムアコック／斎藤伯好訳　　ハヤカワ文庫

Book of Corum.　Michael Moorcock　BERKLEY

The Chronicles of Corum.　Michael Moorcock　GRAFTON

ストームブリンガー　　ケン・セント・アンドレ／安田均&グループSNE訳　　ホビージャパン／ケイオシア厶

STORM BRINGER.　Ken st Andre&Steve Perrin　CHAOSIUM

ストームブリンガー・コンパニオン　　ケン・セント・アンドレ／北川直訳　　ホビージャパン／ケイオシアム

ELRIC!　リーン・ウィリス／北川直訳　　ホビージャパン／ケイオシアム

ELRIC!　Lynn Willis　CHAOSIUM

Melnibone.　Richard Watts　CHAOSIUM

[哈利波特]

ハリー・ポッターと賢者の石　　J・K・ローリング／松岡佑子訳　　静山社

Harry Potter and the Sorceres's Stone.　J.K.Rowling　BLOOMSBURY

ハリー・ポッターと秘密の部屋　　J・K・ローリング／松岡佑子訳　　静山社

Harry Potter and the Chamber of Secret.　J.K.Rowling　BLOOMSBURY

ハリー・ポッターとアズカバンの囚人　　J・K・ローリング／松岡佑子訳　　静山社

Harry Potter and the Prisoner of Azkaban.　J.K.Rowling　BLOOMSBURY

ハリー・ポッターと炎のゴブレット　　J・K・ローリング／松岡佑子訳　　静山社

Harry Potter and the Goblet of Fire.　J.K.Rowling　BLOOMSBURY

幻の動物とその生息地　　ニュート・スキャマンダー／松岡佑子訳　　静山社

Fantastic Beasts & Where to Find Them.　Newt Scamander　OBSCURUS BOOKS

クィディッチ今昔　　ケニルワージー・ウィスプ／松岡佑子訳　　静山社

Quidditch Through the Ages.　Kennilworthy Whisp　OBSCURUS BOOKS

ハリー・ポッター裏話　　J・K・ローリング／リンゼイ・フレイザー／松岡佑子訳　　静山社

大好き! ハリー・ポッター　　シャロン・ムーア／田辺千幸訳　　角川書店

[凱爾特 / 愛爾蘭]

The Gods of the Celts.　Miranda Green　ALAN SUTTON

Symbol & Image in Celtic Religious Art.　Miranda Green　ROUTLEDGE

アイルランド地誌　　ギラルドゥス・カンブレンシス／有光秀行訳　　青土社

古代アイルランド文学　　マイルズ・ディロン／青木義明訳　　オセアニア出版社

アイルランド文学はどこからきたか　　三橋敦子　誠文堂新光社

ケルト事典　　ベルンハルト・マイヤー／鶴岡真弓監修／平島直一郎訳　　創元社

The Aquarian Guide to British and Irish Mytology.
　John and Caitlin Matthews　THE AQUARIAN PRESS

A Dictionary of Irish Mythology　Peter Berresford Ellis　CONSTABLE

ケルト神話の世界　ヤン・ブレキアン／田中仁彦&山邑久仁子訳　中央公論社

ケルト神話　プロイスアス・マッカーナ／松田幸男訳　青土社

Celtic Mythology　Proinsias MacCana　NEWNES

ケルトの神話　井村君江　ちくま文庫

ケルト美術展　朝日新聞社

ユリイカ1991年3月号(＊ケルト)　青土社

ゲルマン、ケルトの神話　トンヌラ&ロート&ギラン／清水茂訳　みすず書房

虚空の神々　健部伸明と怪兵隊　新紀元社

神話世界の旅人たち ケルト・北欧編　健部伸明／田中光・絵　宝島社

ケルトの残照　堀淳一　東京書籍

ケルト人の世界　T・G・E・パウエル／笹田公明訳　東京書籍

孤島はるか・トーリィー　ロビン・フォックス／佐藤信行&米田巌訳　思索社

ケルトの聖書物語　松岡利次編訳　岩波書店

聖ブランダン航海譚　藤代幸一訳　法政大学出版局

エルフランドの王女　ロード・ダンセイニ／原葵訳　沖積舎

ガリヴァ旅行記　スウィフト／中野好夫訳　新潮文庫

あなたの知らないガリバー旅行記　阿刀田高　新潮文庫

ベスト・オブ・ショー 人と超人 ピグマリオン　バーナード・ショー／倉橋健&喜志哲雄訳　白水社

[蘇格蘭／鄰近群島]

スコットランドの民話と伝奇物語　ジョージ・ダグラス／松村武雄訳　現代思潮社古典文庫

Superstitions of the Highlands & Islands of Scotland.
　John Gregorson Campbell　SINGING TREE PRESS

スコットランドの民話　三宅忠明編訳　大修館書店

怖くて不思議なスコットランド妖精物語　出口保夫監訳　PHP研究所

オシァン　中村徳三郎訳　岩波文庫

ファンタステス　ジョージ・マクドナルド／蜂谷昭雄訳　国書刊行会

北風のうしろの国　ジョージ・マクドナルド／中村妙子訳　ハヤカワ文庫

グリーンマン　ウィリアム・アンダーソン／板倉克子訳　河出書房新社

人魚と結婚した男 オークニー諸島民話集　　　　　・
　トム・ミュア／ブライス・ウィルソン画　東浦義雄&三村美智子訳　あるば書房

マン島の妖精物語　ソフィア・モリソン／ニコルズ恵美子訳／山内玲子監訳　筑摩書房

[昆利人創作]

マビノギオン　中野節子訳／徳岡久生協力　JULA出版局

マビノギオン　シャーロット・ゲスト／北村太郎訳　王国社

マビノギオン ケルト神話物語　シャーロット・ゲスト／井辻朱美訳　原書房

ケルトの探求　　J・レイヤード／山中康裕監訳／斎藤眞&仁里文美&三宅裕子訳　　人文書院

ブリジンガメンの魔法の宝石　　アラン・ガーナー／芦川長三郎訳　　評論社
The Weirdstone of Brisingamen.
　　Alan Garner　　MAGIC CARPET BOOKS/HARCOURT BRACE & COMPANY

ゴムラスの月　　アラン・ガーナー／久納泰之訳　　評論社
The Moon of Gomrath.
　　Alan Garner　　MAGIC CARPET BOOKS/HARCOURT BRACE & COMPANY

《プリディン物語》　　ロイド・アリグザンダー／神宮輝夫訳　　評論社
Chronicles of Prydain.　　Lloyd Alexander　　HENRY HOLT & COMPANY

[法國／西班牙]

フランス幻想文学史　　マルセル・シュネデール／渡辺明正&篠田知和基監訳　　国書刊行会

フランス童話集サンドリヨン　　C・ペロー／石沢小枝子訳　　東洋文化社メルヘン文庫

完訳ペロー童話集　　新倉朗子訳編　　岩波文庫

長靴をはいた猫　　シャルル・ペロー／澁澤龍彦訳　　河出文庫

フランス田園伝説集　　ジョルジュ・サンド／篠田知和基訳　　岩波文庫

フランス民話集　　新倉朗子訳編　　岩波文庫

フランス妖精民話集　　植田裕次訳編　　社会思想社現代教養文庫

フランス幻想民話集　　植田裕次訳編　　社会思想社現代教養文庫

フランス怪奇民話集　　植田裕次／山内淳訳編　　社会思想社現代教養文庫

新編世界むかし話集4 フランス南欧編　　山室静編著　　社会思想社現代教養文庫

ガルガンチュワ大年代記　　渡辺一夫訳　　白水社

ガルガンチュワとパンタグリュエル物語　　フランソワ・ラブレー／渡辺一夫訳　　岩波文庫

クレティアン・ド・トロワ『獅子の騎士』　　菊池淑子訳　　平凡社

アーサー王とクレチアン・ド・トロワ　　ジャン・フラピエ／松村剛訳　　朝日出版社

フランス中世文学集　　新倉俊一&神沢栄三&天沢退二郎訳　　白水社
The Death of King Arthur.　　Translated by James Cable　　PENGUIN CLASSICS

聖杯の神話　　ジャン・フラピエ／天沢退二郎訳　　筑摩書房

聖杯の探求　　天沢退二郎訳　　人文書院

ラ・フォンテーヌの小話　　三野博司&木谷吉克&寺田光徳訳　　社会思想社現代教養文庫

妖精メリュジーヌ伝説　　クードレット／森本英夫・傳田久仁子訳　　社会思想社現代教養文庫

メリメ怪奇小説選　　メリメ／杉捷夫編訳　　岩波文庫

アンドレ・ジッド代表作選　　アンドレ・ジッド／若林真訳　　慶応義塾大学出版会

十九世紀フランス幻想短編集　　J・ロラン他／川口顕弘訳　　国書刊行会

不平等論　　ジャン=ジャック・ルソー／戸部松実訳　　国書刊行会

バスク奇聞集　　堀田郷弘訳編　　社会思想社

ラミニャの呪い　　三原幸久訳　　東洋文化社メルヘン文庫

[俄國／東歐]

ロシヤ古典篇　　河出書房

ロシアの神話　　F・ギラン／小海永二訳　　青土社

ロシアの妖怪たち　　斎藤君子　　大修館書店

妖怪たちの世界　　渡辺節子編　　図書新聞

ロシア英雄叙事詩ブィリーナ　　中村喜和編訳　　平凡社

ロシア英雄叙事詩の世界　　佐藤靖彦編著　　新読書社

ロシア民話集　　アファナーシェフ／中村喜和編訳　　岩波文庫

火のドラゴンの秘密　　オドエフスキィ／渡辺節子 文／佐竹美保 絵　　ポプラ社文庫

すばらしきレムの世界　　スタニスワフ・レム／深見弾訳　　講談社文庫

R.U.R.ロボット　　カレル・チャペック／栗栖継訳　　十月社

[南北美洲]

《オズ》シリーズ　　ライマン・フランク・ボーム／佐藤高子訳　　ハヤカワ文庫

Dorothy and the Wizard in Oz.　　L.Frank Baum　　MORROW,WILLIAM & Co

The Emerald City of Oz.　　L.Frank Baum　　MORROW,WILLIAM & Co

The Patchwork Girl of Oz.　　L.Frank Baum　　MORROW,WILLIAM & Co

魔法がいっぱい！　　ライマン・フランク・ボーム／佐藤高子訳　　ハヤカワ文庫

サンタクロースの冒険　　ライマン・フランク・ボーム／田村隆一訳　　扶桑社

《ザンス》シリーズ　　ピアズ・アンソニー／山田順子訳　　ハヤカワ文庫

ターザンと蟻人間　　エドガー・ライス・バローズ／高橋豊訳　　ハヤカワ文庫

小鬼の居留地　　クリフォード・D・シマック／足立楓訳　　ハヤカワ文庫

The Goblin Reservation.　　Clifford D.Simak　　BERKLEY

《既知空域》シリーズ　　ラリイ・ニーヴン／小隅黎訳　　ハヤカワ文庫

われはロボット　　アイザック・アシモフ／小尾芙佐訳　　ハヤカワ文庫

みにくいシュレック　　ウイリアム・スタイグ／おがわえつこ訳　　セーラー出版

Xメン　　小学館プロダクション／ MERVEL COMICS

マーヴルクロス　　小学館プロダクション／ MERVEL COMICS

《ドラゴン・ウォーズ》シリーズ　　ゴードン・R・ディクスン／山田純子&北原唯訳　　ハヤカワ文庫

ジャッキー、巨人を退治する！　　チャールズ・デ・リント／森下弓子訳　　創元推理文庫

月のしずくと、ジャッキーと　　チャールズ・デ・リント／森下弓子訳　　創元推理文庫

Jack of Kinrowan.　　Charles de Lint　　ORB

ホムンクルス　　ジェイムズ・P・ブレイロック／友枝康子訳　　ハヤカワ文庫

サラマンダー　　トマス・ウォートン／宇佐川晶子訳　　早川書房

ブロディーの報告書　　ホルヘ・ルイス・ボルヘス／鼓直訳　　白水社

[克蘇魯]

ラヴクラフト全集　　H・P・ラヴクラフト／大西尹明&宇野利泰&大瀧啓裕訳　　創元推理文庫

ウィアード・テールズ　　シーベリー・クインほか／那智史郎&宮壁定雄編　　国書刊行会
クトゥルー神話事典　　東雅夫編　　学研
クトゥルフ・モンスター・ガイド
　サンディ・ピーターセン／中山てい子訳　　ホビージャパン／ CHAOSIUM
クトゥルー　　大瀧啓裕編訳　　青心社
イルーニュの巨人　　C・A・スミス／井辻朱美訳　　創元推理文庫
呪われし地　　クラーク・アシュトン・スミス／小倉多加志訳　　国書刊行会

［ 龍槍 ］

ドラゴンランス戦記
　マーガレット・ワイス&トレイシー・ヒックマン／安田均&鷹井澄子訳　　富士見書房
ドラゴンランス　　マーガレット・ワイス&トレイシー・ヒックマン／安田均訳　　エンターブレイン
Annoted Chronicles.　　Margaret Wise & Tracy Hickman　　TSR
ドラゴンランス伝説
　マーガレット・ワイス&トレイシー・ヒックマン／安田均&鷹井澄子&細美遙子訳　　富士見書房
ドラゴンランス伝説　　マーガレット・ワイス&トレイシー・ヒックマン／安田均訳　　エンターブレイン
ドラゴンランス英雄伝
　マーガレット・ワイス&トレイシー・ヒックマン編／安田均&細身遙子訳　　富士見書房
ドラゴンランス・セカンドジェネレーション
　マーガレット・ワイス&トレイシー・ヒックマン／安田均訳　　エンターブレイン
ドラゴンランス 夏の炎の竜
　マーガレット・ワイス&トレイシー・ヒックマン／安田均訳　　エンターブレイン
闇と光　　ポール・B・トンプソン&トーニャ・R・カーター／安田均&石口聖子訳　　富士見書房
ケンダー郷の秘宝　　メアリー・カーカフ／安田均&石口聖子訳　　富士見書房
レイストリンと兄　　ケヴィン・スタイン／安田均&石口聖子訳　　富士見書房
パックス砦の囚人　　モーリス・サイモン／大出健訳　　富士見書房
奪われた竜の卵　　ダグラス・ナイルズ／鷹井澄子訳　　富士見書房
ウェイレスの大魔術師　　テリー・フィリップ／大出健訳　　富士見書房
DragonLance Classics.　　Tracy Hickman　　TSR
The Bestiary.　　Miranda Hornet　　TSR
〈想いのわが家〉亭遺聞　　マーガレット・ワイス&トレイシー・ヒックマン編／安田均訳　　富士見書房
More Leaves from the Inn of the Last Home.
　Margaret Wise & Tracy Hickman　　WIZARDS OF THE COAST

［ 日本 ］

家畜人ヤプー　　沼正三　　幻冬舎アウトロー文庫
蓬莱学園の魔獣！　　新城十馬　　富士見ファンタジア文庫
ARMS　　皆川亮二　　小学館

ドラえもん　　藤子・F・不二雄　　小学館
モンスター　　浦沢直樹　　小学館

[影帯 / 音樂 CD]

禁断の惑星　　F・M・ウィルコックス　　ワーナー・ホーム・ビデオ
エス　　オリバー・ヒルシュビーゲル　　ギャガ＝ヒューマックス
トロル　　ジョン・カール・ビュークラー　　ポニー
となりのトトロ　　宮崎駿　　ブエナ・ビスタ・ホームエンターテイメント
ゴジラの逆襲　　小田基義　　東宝
シュレック　　アンドリュー・アダムソン　　ユニバーサル・ピクチャーズ・ジャパン
ロード・オブ・ザ・リング三部作　　ピーター・ジャクソン　　ポニーキャニオン
ベオウルフ　　グラハム・ベイカー　　ソニー・ピクチャーズ
アルゴ探検隊の大冒険　　ドン・チャフィ　　ソニー・ピクチャーズエンタテインメント
マイ・フェア・レディ　　G・キューカー　　CBS FOX
メリー・ポピンズ　　ロバート・スティーヴンスン　　ブエナ・ビスタ
サウンド・オブ・ミュージック　　ロバート・ワイズ　　20世紀フォックス ホーム エンターテイメント ジャパン
ジャバーウォッキー　　テリー・ギリアム　　キングビデオ
ネバーエンディングストーリー　　ヴォルフガング・ペーターゼン　　東芝
ネバーエンディングストーリー第2章　　ジョージ・ミラー　　ワーナーブラザーズ
ネバーエンディングストーリー 3　　ピーター・マクドナルド　　東和ビデオ
ハリー・ポッターと賢者の石　　クリス・コロンバス　　WARNER BROS
ハリー・ポッターと秘密の部屋　　クリス・コロンバス　　WARNER BROS
オズの魔法使い　　ヴィクター・フレミング　　ワーナー・ホーム・ビデオ
オズ　　ウォルター・マーチ　　ポニー
クイーンⅡ　　クイーン　　東芝EMI

[非電玩遊戯]

《ダンジョンズ・アンド・ドラゴンズ》シリーズ　　ホビージャパン／WIZARDS OF THE COAST
《ファイティング・ファンタジー》シリーズ
　　スティーヴ・ジャクソン＆イアン・リビングストン編著　　社会思想社現代教養文庫
タイタン　　M・ガスコイン編／安田均訳　　社会思想社現代教養文庫
《ウォーハンマー》ファンタジー RPGシリーズ　　社会思想社現代教養文庫
《ウォーハンマー》ファンタジー・バトル・シリーズ　　ゲームズワークショップ
《ルーンクエスト》シリーズ　　ホビージャパン／AVALON HILL／CHAOSIUM
グローランサ年代記　　グレッグ・スタフォード／桂令夫訳　ホビージャパン／Issaries, Inc.
《ヒーローウォーズ》シリーズ　　書苑新社／アトリエサード／ISSARIES, Inc.
Ogre.　　STEVE JACKSON　　GAMES

[電玩]

《鉄拳》シリーズ　　ナムコ

《Ultima》シリーズ　　ORIGINS

《ドラゴンクエスト》シリーズ　　スクウェア・エニックス

《ファイナルファンタジー》シリーズ　　スクウェア・エニックス

《サガフロンティア》シリーズ　　スクウェア・エニックス

《不思議のダンジョン》シリーズ　　チュンソフト

《真女神転生》シリーズ　　アトラス

《カルドセプト》シリーズ　　大宮ソフト

伝説のオウガバトル　　クエスト

アルバートオデッセイ外伝　　サンソフト

[其他]

大陸と海洋の起源　　ヴェーゲナー／都城秋穂&紫藤文子訳　　岩波文庫

クリスタル・ミステリー　　ロバート・テンプル／林和彦訳　　徳間書店

「火の玉」の謎　　大槻義彦　　二見書房

火の玉を見たか　　大槻義彦　　筑摩書房

地震なまず　　武者金吉　　明石書房

FBI心理分析官　　ロバート・K・レスラー&トム・シャットマン／相原真理子訳　　ハヤカワ文庫

比較言語学入門　　高津春繁　　岩波文庫

ことばの考古学　　コリン・レンフルー／橋本槇矩訳　　青土社

銃病・原菌・鉄　　ジャレド・ダイアモンド／倉骨彰訳　草思社

大自然その驚異と神秘　　日本リーダーズダイジェスト

大地の記憶　　ポール・デヴェルー／松田和也訳　　青土社

特命リサーチ200X 超常現象編　　松岡征二／日本テレビ編　　日本テレビ放送網

執筆者一覽

憑藉健部一人之力，畢竟無法完成此書。撰稿的分配大抵如下，當然也有彼此共同執筆的部分，很難完全平均分攤，請視為大致上的分配即可。

若有多位作家共同執筆同一領域，姓名排列得越前面，表示取得原稿越晚。至於未提及的稿件，概由健部承攬並負責校覽全稿、收稿的工作，因此審定完稿的責任，悉由健部本人承擔。

◉ 大原広行／Chief Assistant
（負責稿件的管理運作、資料整理、
　追加文稿等）
艾德蒙・史賓塞〈Edmund Spenser〉
查爾斯・德林〈Charles de Lint〉
艾倫・迦納〈Alan Garner〉
瑪莉・諾頓〈Mary Norton〉
洛伊德・亞歷山大
　〈Lloyd Alexander〉
保羅・史都沃〈Paul Stewart〉
馬可・波羅〈Marco Polo〉

◉ 相河祐也／Sub Assistant
（負責稿件的管理運作、資料整理、
　追加文稿等）
希臘／羅馬
克蘇魯神話〈Cthulhu Mythology〉
卡羅・科洛迪〈Carlo Collodi〉
歌德〈Johann Wolfgang von Goethe〉
阿辛・馮・阿爾尼姆
　〈Achim von Arnim〉
貝奧武夫〈Beowulf〉
詩人高文〈The Gawain-poet〉
路易士・卡羅〈Lewis Carroll〉
瑪麗・雪萊〈Mary W. Shelley〉
露西・瑪麗亞・波斯頓
　〈Lucy M. Boston〉

薩摩塞特・毛姆
　〈W. Somerset Maugham〉
強納生・斯威夫特〈Jonathan Swift〉
普羅斯佩・梅里美
　〈Prosper Merimee〉
賴瑞・尼文〈Larry Niven〉
威廉・安德森〈William Anderson〉
豪爾赫・波赫士
　〈Jorge Luis Borges〉
沼正三
新城十馬
皆川亮二
大槻義彥

◉ 大塚じゅな
德語圈
丹麥
奧斯卡・王爾德〈Oscar Wilde〉

◉ 深代八織
萊曼・法蘭克・鮑姆
　〈Lyman F. Baum〉

◉ 黑峰澄一
《小狗羅佛歷險記》〈Roverandom〉
Enterbrain譯本『龍槍』

◉ 夏目裕之
麥克・摩考克
　〈Michael J. Moorcock〉

富士見書房譯本《龍槍》

◉ 平岡伸一
　凱爾特
　恩斯特・霍夫曼〈E. T. W. Hoffmann〉
　伊芙琳・夏普〈Evelyn Sharp〉
　萊曼・法蘭克
　奧多埃夫斯基〈V. F. Odoevsky〉

◉ 河本剛
　法國
　巴斯克地區
　路德維科・亞力奧斯托
　　〈Ludovico Ariosto〉
　朵貝・揚笙〈Tove Marika Jansson〉
　克萊夫・路易士
　　〈Clive Staples Lewis〉

◉ 密田憲孝
　芬人
　薩普米人
　埃利亞斯・蘭洛特〈Elias Lönnrot〉
　查爾斯・金斯萊〈Charles Kingsley〉
　提爾伯利的蓋爾瓦修斯
　　〈Gervasius Tilleberiensis〉

◉ 七瀬夕奈
　北歐
　斯拉夫
　漢斯・愛華斯〈Hanns H. Ewers〉
　波爾・安德森〈Poul W. Anderson〉
　唐西尼男爵〈Lord Dunsany〉
　約翰・布奇勒〈John Carl Buechler〉

◉ 磯野正学
　喬安・凱瑟琳・羅琳〈J. K. Rowling〉

◉ 西川眞音
　茱莉・安德魯斯
　　〈Julie Andrews Edwards〉

J.K.羅琳
皮爾斯・安東尼〈Piers Anthony〉

◉ 根津和浩
　姜巴提斯塔・巴吉雷
　　〈Giovan Battista Basile〉

◉ 木村大樹
　克利佛・西麥
　　〈Clifford Donald Simak〉

◉ 高城葵
　監控原稿

原始出處與標記

※聖經的譯文採用新共同譯本〈日本聖書協會，1987〉。

※關於J. K.羅琳所著《哈利波特》系列的專有名詞日文表述部分，若無特殊註明，一律依照松岡佑子小姐的解譯。

※俗稱《格林童話集》的《格林兄弟兒童與家庭童話》以全世界通用的KHM〈Kinder und Hausmärchen〉縮寫暨第n篇的方式表述。

※本書的多數單字基本上以最接近原書語言發音的外來語做爲表述，只有極少數的例外。譬如北歐魔法之神奧丁〈オーディン〉與雷神托爾〈トール〉，事實上記爲「奧金」〈オージン〉與「索爾」〈ソール〉較接近原音。不過本文還是採用較爲人所知的發音。畢竟本書以介紹怪物爲主，而非神話諸神（拙著《虛空諸神》〈虛空の神々〉便是此類的專書，另記爲奧金與索爾）。作者姓名也同樣如此，例如書中採用華格納〈Wagner；ワーグナー〉與安德森〈Anderson；アンデスセン〉，而非接近原音的瓦格納〈ヴァーグナー〉與安納森〈アナセン〉。

※本系列所網羅的參考文獻以古典文學、民間傳說爲主，並依照需求與重要性，隨時參考近代小說與電影。

除了《龍槍》系列以外，出於原創的桌上遊戲都幾乎未採用。英國的史帝夫・傑克森與伊恩・李文史東〈Steve Jackson & Ian Livingstone〉發想的「泰坦」世界，以及同樣出自英國、後來成爲模型戰棋「戰鎚」〈War Hammer, the Miniature Game〉取材背景的「舊世界」〈The Old World〉，還有美國葛雷・史塔佛的神話「格羅蘭沙」〈Glorantha, by Greg Stafford〉等作品，都是相當富吸引力的題材，但因續集不斷沒有止境，只好割捨。

※內文與原書之間的對話，與目前流通的用語有所相左。本書術語之多，恐怕與讀者所認識的劇情不盡相同。尤其是托爾金的許多作品，相信會讓許多讀者覺得不太協調。

例如驃騎王國洛汗不讓鬚眉的公主伊歐玟 (éowyn) 若作伊爾玟解譯，恐怕將引起書迷們的暴動〈註：譯者一律以聯經譯本爲主，本段敘述僅供參考〉。

根據《魔戒》附錄五「文字與語言」〈Pronunciation of Words And Names〉I 的記述：「以洛汗來說，*éa* 與 *éo* 爲雙母音，或可由英文 *bear* 的 *ea* 以及 *Theobald* 的 *eo* 分別代表。*y* 則是 *u* 的變體。」[引1]

既然 Theobald 的發音爲「希爾伯德」，那麼 *éo* 只好讀作「伊爾」。

至於變體的 *u*，係指介於 *e* 與 *u* 之間的母音。這原本就不是日語能夠標示的發音，按古典文學的慣例，大多以小寫的 ュ 來表示（例如 Odysseus 並非奧迪賽〈オディッセウス〉、而作奧德賽〈オデュッセウス〉）。

　　是以 Éowyn 該讀作伊爾玟、Théoden 不該作希優頓，而作希爾登王，Éomer 也非伊歐墨，而是騎士伊爾米爾（語尾的 er 發米爾的音）。

* 商品化的翻譯小說為了吸引眾多讀者，不得不寫得「淺顯易懂」。也因此產生各種悅耳的發音、容易明白的「解釋」或「意譯」。就某種程度說來，這也是不得已而為之的做法。事實上個人一直以為瀨田貞二先生與田中明子小姐的翻譯，不僅理路清晰易解，文筆也卓越出色。

　　但如果原作者有意圖地將詞彙寫得發音困難、不易聽取，甚至難以理解時，上述的做法就會帶來反效果。前文曾為各位舉例的洛汗語就是以古英文（盎格魯薩克遜語）為基礎的語言，以現代英語的觀點來看，「予人一種發音極為困難的異樣觀想」也是理所當然的。

　　只是許多讀者並未推敲托爾金的用意，反而以現代英文來發音。甚至於電影《魔戒三部曲》的導演彼得‧傑克森，也在片場接受語言指導員當面指正。然而即便是托爾金本人，也並未按自己的意思發音。根據譯者田中小姐的後記指出，錄有作者朗讀的錄音帶上聽來的 Aragorn，據說便是現代的英文發音。如果就連心思還活在古代的托爾金平時的談話使用的都是現代英文，那也就無可奈何了。順道一提地，重譯日文版《哈比人歷險記》的山本史郎先生幾乎將所有專有名詞以現代英語解譯，又或以日文意譯。

　　任何能夠思及的細節，本書都一概嚴格遵守托爾金制訂的發音體系。私以為這才是獻給生前對各國譯本不斷吹毛求疵，憤慨地要求「正確翻譯」的作者一份告慰的贈禮。

* 這樣的原典、原音主義也同樣適用於本書（或後續系列）的所有文稿，並不僅止於托爾金的作品。當然我們也可能會誤思錯想，從而造成筆誤，屆時還請不吝賜教。一旦確認為真，將盡可能於下一版訂正。

* 礙於時間與能力的關係，有些部分無法參照原文。這點也只能藉助二手史料來解決。儘管一度考慮完全排除二手史料的加入，但本書畢竟不是學術論文，因此我們認為應該盡力將讀者需求的資訊一次刊載完全。未載明出處的部分便是此類資料，還請讀者明察。

　　現在回想起來，一切是從十五年前怪兵隊的代表市川定春先生邀我爲新紀元社著書一事開始的。說來也是宿命運氣參半，當時他負責擅長的武器戰士領域，我則攬下一本怪物的書籍《幻想世界的住民》〈日：《幻想世界の住人》〉。那段與眾多繁雜的資料搏鬥的日子，如今成了記憶中既苦又甘的筆耕福報的片刻。

　　完成第一本書時，市川先生這麼問我。

　　「你就這麼結束研究，還是想進一步探索怪物？」

　　還年輕的我根本沒想過這樣的問題。不過經此一問，反而確定了方向。相信持有此書的讀者，應該知道我如何回答。

　　記得當時我與野天瀧夫一同撰稿，兩人拜讀了絕代魔法師阿萊斯特・克勞利的大作《律法之書》〈The Book of the Law, by Aleister Crowley〉，如今也成了令人懷念的一段回憶。「引述的說法並非出自原作者」[註] 這段來自書末克勞利傳記的警語，更成爲我們彼此寫作的指導準繩。

　　對我而言，「論理學」是得知眞相的方法，這方面我有兩位老師。

　　一位是啓發我「眼中所見與用心觀察的結果全然不同」的夏洛克・福爾摩斯（又或者該說是創造他的亞瑟・柯南道爾爵士）。

　　另一位是著有《邪馬台國不存在》〈日《邪馬台國はなかった》〉等作品，爲論述日本古代史應有的原貌而引發蕩漾餘波的古田武彥教授。古田教授「跟隨論理的引導前進，即便不知通往何處」

的此一命題，既單純又明快，常使筆者一旦發現令人驚奇的新論時，得以將心中的疑懼化爲勇氣。

年幼時當我提出各種疑問，父親總對我說：「自己先查一查，不懂再問人。」這句勸勉的話語，至今言猶在耳。

此生輾轉流離，日後竟完全疏遠了這些家人以外的親友。在此還請讓我一抒感激之情，說一聲：「謝謝。」

誠如上世紀最偉大的奇幻作家托爾金爲一語言學家，就某種意味說來，探索怪物根源之旅，稱得上是一件投身在各國語言洪滔的不智之舉。時而讓濁水吞沒而迷失方向，時而心折於陽光輕灑的潺潺清流，但終能不棄不餒一路走來。

關於現代語方面，自然也少不了友人的協助。爲此我請益了通曉德語的草壁摩伊都先生、精通法語的木崎京子小姐，現代北歐語方面，還請教了大阪外國語大學專攻北歐語的細井勇氣先生。他們每一位都不辭辛勞，竭誠地爲我解答一次又一次的難題。

所幸有這樣一群友朋協助，使我在英語（古代、中世紀、現代）及古北歐語〈Old Norse〉相關領域上，得以長期埋首深入研究。

關於凱爾特諸系語言方面，經過數次確認後仍心存疑惑，唯恐它將成爲我這一生事業中的煩惱。不過經由此行踏上威爾斯語的新領域，倒是大有斬穫。

　　此外薩普米語方面，通過芬蘭大使館延請日本屈指可數的研究學者山川亞古教授審閱了原稿。

　　安徒生童話的探索之旅，也在丹麥大使館與日本東海大學北歐文學系友善的協助下得以實現。

　　對於素不相識的我，谷口幸男教授隨即贈與一本市面並未販售的史諾里譯本《新愛達經第二部：詩語法》。前去拜會時，又贈送我《新愛達經：序文》以及第三部的「韻律一覽」1&2。目前教授正在挑戰同樣出自史諾里之手的鉅作《挪威王列傳》〈Heimskringla〉，在此祈望他早日完成解譯的壯舉。

　　追查怪物的眞相時，最重要的還是字源。本書蒐羅的對象以西方怪物爲主，自然竭盡可能詳查了各國記述的原始出處。怪物名也盡可能附上原文的拼寫，同時註明目前已確認的字義。只是不能自豪地說一聲：「我已經解開了所有謎題！」倒是覺得有些遺憾〈☺〉。

　　經過此番探索，最終得到的果眞是「怪物始終受到迫害」的結果。根據怪物誕生的背景文化，我們試著站在怪物的立場解讀所有資料的來龍去脈，從而陸續發掘了新的事實。

　　本書也因此揭載了許多世上任何一本書籍都未曾提及的論點，凡我編輯同仁都爲此感到自豪。

　　除此之外，尚有諸多感想言之不盡，只有留待續作一訴衷腸。

時值此刻，將與各位讀者暫時話別。

雖說人生難得相逢，但不會是一千零一次。

2004年5月吉日　健部伸明　敬上

註：原文作「しかしそれは、原典からの引用じやないね」，所謂的（それは）係指克
　　勞利與化學家朱利安・貝克(Julian L. Baker)初次見面後的一段談話。1898年
　　夏，克勞利在瑞士的策馬特(Zermatt)遇見貝克，得知對方是化學家後，年輕的他
　　禁不住以鍊金術、神祕學為話題高談闊論起來，言談中不免借用他人的名義來陳述
　　自己的理論。一席談話下來，貝克大多微笑不語。但就在兩人分手後不久，貝克卻
　　從後追上前來，對自鳴得意的克勞利說道：「剛才你提到的那番話，恐怕不是引述
　　自帕拉塞爾蘇斯本人的說法吧？以後說話可得謹慎點。」這句話對克勞利而言，無
　　異成了一記當頭棒喝。是以本句在於強調「忠於原典、正確引述」的重要性。

奇幻隨堂大檢測

　　各位奇幻世界的公民好，歡迎勇氣與智慧兼具的你進入隨測殿堂。

　　以下是奇幻公會為各位精心準備的試題，快想想正確的答案是什麼，測一測自己在奇幻文學與神話領域的知識力吧！

一、問答題

1. 何謂「怪物 (Monster)」？

2. 《科學怪人》的作者瑪麗・雪萊有什麼鮮為人知的過去，促成她完成這影響近代創作深遠的文學作品？

3. 你知道泰坦巨神是誰的後代嗎？泰坦神族為什麼與傳說中陸沉的大西洲・亞特蘭提斯有關？

4. 史前巨象的頭蓋骨一度被人們誤以為是獨眼巨人的骸骨，今日卻有證據顯示獨眼巨人似曾存在，並且是與鐵匠有所牽連，這二者之間存在什麼樣的淵源？

5. 德國的貅猊 (Hune)、愛爾蘭的佛摩爾 (Fomor) 巨人，曾經在當地神話史詩中烘托了英雄的偉業，你知道這些英雄的故事嗎？

6. 《哈利波特》的毒蘋果又稱曼陀羅精 (Mandrake)，這與德國的艾羅奈 (Alraune)、法國的魔達果 (Matagot) 有何不同？

7. 從《亞瑟王傳奇》至《貝武夫》、《魔戒》述及的故事，火龍始終有著多樣的面貌，經由本書作者的追查，這才發現火龍不為人所知的另一面，牠們的真相竟然與天體有關！這究竟是為何？

8. 歐洲傳承中有不少諸如三頭巨人・格律翁 (Geryon)、六臂巨人・特律格那 (Terrigena) 的族群，但膾炙人口的雙頭巨人乂丁 (Ettin) 為何竟然不止兩個頭？

9. 薩米人是一群游獵於北歐拉普蘭地域的民族，是體格最嬌小的歐洲人種。但他們卻是約頓巨人一族，為何？

10. 除了火精靈 (Salamander)、炎魔、火龍以外，你還想得到哪些生息在火焰中的奇幻生物？鬼火（又或者稱為愚人之火）該列入火棲類嗎？

11. 爲什麼托爾金曾主張將獸人易名爲 (Ork)？你知道除了獸人奧克之外，獸人尚有奧赫 (Orch)、大獸人 (Uruk)、強獸人 (Uruk-hai)、半獸人 (Half-Orc) 等細分嗎？

12. 在托爾金的筆下，地妖 (Goblin) 與史那加 (Snaga) 隸屬於獸人族群，但你知道牠們在智性上有什麼樣的區別嗎？

13. 人智學倡導者魯道夫・斯坦納提認爲生命的緣起緣係肇因以太體，你知道這個學說是根據火精靈 (Salamander) 等四大元素精靈而來的嗎？這與創造四大元素精靈的帕拉塞爾蘇斯之間的論點又有何不同？

14. 德國的《英雄詩篇》講述的是英雄狄崔希的史詩，他與師傅希爾德布蘭、麾下大將〜四臂戰士海魅、勇士沃夫哈特、跨坐神駒「勳鳴」的韋提各周遊各地剷奸除惡。你知道他們與矮人、貅猊巨人、苔族 (Moosleute) 之間的快意恩仇是因何而起的嗎？

15. 北歐山精・丘儸 (Troll) 具有著眾多的系譜，舉凡匿人・胡靚 (Huldre)、昔德蘭或奧克尼群島的駄儸 (Trow) 都在此列，你知道這些北歐山精族群遷徙的動線爲何嗎？

二、填空題（請參考題庫下方的戰役名，填入正確戰役的號碼）

1. (　　　) 基迦巨人攻擊奧林帕斯神族的戰役（提示：希臘神話）

2. (　　　) 約頓巨人與北歐諸神的最終決戰（提示：北歐神話）

3. (　　　) 索倫被納希爾斷劍連戒帶指砍斷，因而失去實體的戰役（提示：魔戒）

4. (　　　) 佛摩爾人襲擊帕霍龍族人 (Partholon) 的戰役（提示：愛爾蘭神話）

5. (　　　) 埃西鐸將至尊魔戒據爲己有後，出行時大意遭到獸人擊殺的戰事（提示：魔戒）

6. (　　　) 人類英雄修瑪 (Huma) 與善龍合力奮戰，驅逐了邪龍（提示：龍槍編年史）

7. (　　　) 精靈、人類、巨鷹、哈比人與比翁聯手，造成獸人死去3/4的戰役（提示：魔戒）

8. (　　　) 魔法師歸迪雍擊退冥王阿勞恩追兵的魔法戰役（提示：威爾斯傳說）

9. (　　　) 沉淪的巫師薩魯曼麾下的獸人大軍攻打洛汗王國的攻城戰（提示：魔戒）

10. (　　　) 安格馬巫王領軍，協同哈拉德人、東夷軍攻打剛鐸的戰役（提示：魔戒）

11. (　　　) 多爾哥多獸人軍攻打精靈王瑟蘭督伊治下王國的戰役（提示：魔戒）

12. (　　　) 格勞龍、炎魔協同獸人擊潰精靈軍，解除安格班400年之圍的戰役（提示：魔戒）

13. (　　　) 費爾柏格人 (Fir Bolg) 與達奴神族之間爆發的勢力爭奪戰（提示：愛爾蘭神話）

14. (　　　) 魔戒聖戰的最終戰役（提示：魔戒）

15. (　　　) 日耳曼兩大英雄狄崔希 (Dietrich) 與齊格飛 (Siegfried) 的全面對決（提示：英雄詩篇）

16. (　　　) 精靈、人類、矮人聯手的東西兩路軍，遭到馬爾寇大軍擊潰的戰役（提示：魔戒）

17. (　　　) 獸人王高耳夫裘被哈比人英雄班多布拉斯‧吼牛‧圖克擊殺的戰役（提示：魔戒）

18. (　　　) 決定達奴神族、佛摩爾人何者統治愛爾蘭的大戰（提示：愛爾蘭神話）

19. (　　　) 宙斯帶領的奧林帕斯神族與泰坦巨神爭奪霸權的戰役（提示：希臘神話）

20. (　　　) 丹恩鐵足戰死的戰役（提示：魔戒）

【戰役名】

1. 第二次莫依圖拉之戰 (2nd Mag Tuired)
2. 沃姆斯玫瑰園 (Rose Garden of Worms) 戰役
3. 淚無盡之戰 (Nirnaeth Arnoediad)
4. 巨人戰役 (Gigantomachia)
5. 幽暗密林的樹下之戰 (Battle under the trees in Mirkwood)
6. 摩拉南之戰 (Battle of the Morannon)
7. 巨龍戰爭 (2nd Dragon War)
8. 河谷鎮之戰 (Battle of Dale)

9. 號角堡之戰 (Battle of the Horn-burg)

10. 泰坦戰役 (Titanomachia)

11. 帕蘭諾平原之戰 (Battle of Pelennor Fields)

12. 草木之戰 (Kat Godeu)

13. 五軍之戰 (Battle of Five Armies)

14. 達哥拉之役 (Battle of Dagorlad)

15. 綠原之戰 (Battle of Greenfields)

16. 格拉頓平原之禍 (Disaster of the Gladden Fields)

17. 伊哈平原之戰 (Cath Maige Itha)

18. 諸神的黃昏 (Ragnarök)

19. 第一次石柱原之戰 (1st Mag Tuired)

20. 驟火之戰 (Dagor-Bragollach)

解答

一、問答題

1. 見【序章 p.22】
2. 見【序章 p.26】
3. 見【1-1 泰坦巨神】
4. 見【2-3 獨眼巨人】
5. 見【Ch3 約頓巨人】

6. 見【10-7 曼陀羅精】
7. 見【11-5 火龍】
8. 見【3-9 乂丁巨人】
9. 見【3-4 女巨人】
10. 見【Ch11 火棲類】

11. 見【Ch8 獸人類】
12. 見【8-4 史那加】
13. 見【11-4 火精靈‧火蜥蜴】
14. 見【3-7 狒猊巨人】
15. 見【4-1 北歐山精‧丘儸】

二、填空題

1. (4)→ 見【2-1 基迦巨人】
2. (18)→ 見【3-1 約頓巨人】
3. (14)→ 見【8-2 獸人‧奧克】
4. (17)→ 見【5-1 佛摩爾巨人】
5. (16)→ 見【8-2 獸人‧奧克】
6. (7)→ 見【7-6 食人魔】
7. (13)→ 見【8-2 獸人‧奧克】
8. (12)→ 見【10-4 樹人】
9. (9)→ 見【8-6 半獸人】
10. (11)→ 見【8-2 獸人‧奧克】

11. (5)→ 見【8-2 獸人‧奧克】
12. (20)→ 見【8-1 獸人‧奧赫】
13. (19)→ 見【5-1 佛摩爾巨人】
14. (6)→ 見【8-2 獸人‧奧克】
15. (2)→ 見【3-7 狒猊巨人】
16. (3)→ 見【8-1 獸人‧奧赫】
17. (15)→ 見【8-5 大獸人】
18. (1)→ 見【5-1 佛摩爾巨人】
19. (10)→ 見【1-2 泰坦神族】
20. (8)→ 見【8-2 獸人‧奧克】

索引・頁碼快速查找表

A~Z字母索引

Clytius；Klytios 克里提歐斯 クリュティオス 67, 72

Coastal Sami, Sea Sami 海薩米人 海サプメラシュ 121-122

coats-of-arms 盾形徽章（盾徽） 盾の紋章 422

Cobweb 寇韋伯 コブウェブ 56

cockroach cluster 蟑螂堆 コックローチ・クラスター 619

Coelus〈Caelus〉 天空之神凱魯斯 天の神 32

Coeus〈Koios〉 吉歐斯 コイオス 30, 32, 48, 54

cogee house 織布小屋 機織り小屋 419

Cola Marchione 馬奇歐尼 マルキオッネ王子 446

Cold-drake 冷血龍 冷血竜〔コールドドレイク〕 546

cold-giant〈Köldjätte〉 冰寒的巨人 ショルドイェッテ 108

Coleoptera 鞘翅目 鞘翅目〔しょうしもく〕 556

Colin 柯林 コリン 202

coliseum 劇場 コリシャム

Collbrande 寇勃朗（炬火劍） コルブランド 338, 339

Collbrande 炬火劍・寇勃朗 コルブランド 338-339 → 見「寇勃朗」

Colosse 巨像 コロス 604

Colosseum 競技場 コロセウム 604

Colossi〈Colossus 的複數〉 巨像 コロッシ 606, 608

Colossus 巨像 コロッサス 606, 608

Colossus 鋼人 コロッサス 606

Colum Cúaléinech, Colum Cualleineach；英 Gods of the three new processes 柯魯・卡列尼黑 コルゥ・クワレウィーヒ 236

Colum Cualleineach, Colum Cúaléinech；英 Gods of the three new processes 柯魯・卡列尼黑 コルゥ・クワレウィーヒ 236

Cooley, or Cattle Raid of Cuailnge 聖牛爭奪戰 クーリーの牛争い 95

Committee for the Disposal of Dangerous Creatures 危險生物處分委員會 危険生物処理委員会 297

Comet in Moominland；芬 Muumipeikko ja pyrstötähti；Kometen kommer 《姆米谷的彗星》（另譯：姆米谷的彗星來襲） ムーミン谷の彗星 218

Conan Doyle 柯南道爾 コナソ=ドイル 651 → 見「亞瑟・柯南道爾」

Conann Mor mac Febar 寇南・麥菲巴爾 コナン・マク・フェヴァル 230

Concerning the Nature of Things；De natura rerum 《自然物性論》 自然魔術 622

Constantinus 君士坦丁大帝 コンスタンティヌス帝 61

Contes de Gascogne 《加斯科尼的地方傳

說》 ガスコーニュの物語 560

Contes et nouvelles en vers 《故事》 小話〔コント〕 497

Contes populaires de Lorraine 《洛林省的民間故事》 ロレーヌ地方の民話 564

Continental Drift Theory 大陸飄移學說 大陸移動説 31

Cookie Monster 餅乾怪 クッキー・モンスター 29

Corax 大烏鴉 大鴉〔コラクス〕 61

Corineus 柯林紐斯 コリネウス 271

Cormelian 科美ır安 コーメリアン 275

Cormiran 科麾蘭 コーメリアン 275

Cormistan 科麾斯坦 コーミスタン 275

Cormoran 科摩蘭巨人 コーモラン 276, 279-280

Cormoraunt 科摩朗 コーモラント 275-276

corn 角 コーン 574

Cornelius 科爾涅留斯 コルネリウス 627-629

Cornwall 康沃爾 コーンウォール 255, 271, 275-276, 280

Corona discharge 冠狀（電暈）放電 コロナ放電 518

Corpse Candles 屍燭 コープス・キャンドル 510

Corsairs of Umbar 昂巴海盜艦隊 ウンバール海軍 382

Cors Cant Ewin 柯爾斯・康愛文 百の爪ある沼地〔コルス〕 74

Corum: the Prince in the Scarlet Robe 「紅袍王子寇倫」 紅衣の公子コルム 224, 241

Corvetto 「柯維托」 コルヴォット 328

Cottus〈Kottos〉 喀托斯 コットス 73

Coudrette, Couldrette 庫德瑞特 クードレット 85

Cowardly Lion 膽小獅 臆病ライオン 576, 591

cramsom bread 看似克蘭餅的麵包 クラムみたいなパン 181

Crantor；Krantor 克朗托 クラントール 43

Cranefly 大蚊 鶴飛行〔クレーンフライ〕 560

Critias, Atlantis 「克里提亞斯篇：亞特蘭提斯傳說」 クリティアス：アトランティスの物語 41

Crius〈Kreios〉 克利歐斯 クレイオス 30, 32, 57

Cromm-Crúaich；英 Worm of the Mists 哥羅克魯赫 クロウ・クルー・ワッハ 237

Cronus Saturn, Kronos Saturnus 克洛諾斯・撒圖恩 クロノス・サトゥルヌス 58, 60

Cronus〈Kronos〉 克洛諾斯 クロノス 30, 32, 34-35, 42, 48, 58, 61, 66, 444, 599

Crunch 克朗奇 バリバリ 352

Cu Sith〈Cu Sidhe〉 精靈犬 妖精犬〔ク

五劃

十三劃

362

Note

國家圖書館出版品預行編目資料

怪物大全 / 健部伸明作；蘇竑嶂譯. --
　初版. -- 臺北市：奇幻基地出版：城邦
　文化發行，民97.02
　面；公分. --（聖典系列；28）
　ISBN 978-986-6712-13-5（精裝）

1. 妖怪

298.6　　　　　　　　　96026055

GENJU TAIZEN I [MONSTER]
by TAKERUBE Nobuaki
Copyright © 2004 TAKERUBE Nobuaki
Originally published in Japan by Shinkigensha, Tokyo.
Chinese (in complex character only) translation rights
arranged with Shinkigensha, Japan through
THE SAKAI AGENCY.
Complex Chinese translation copyright © 2008 by
Fantasy Foundation Publications, a division of Cité
Publishing Ltd.
All rights reserved.

ISBN 978-986-6712-13-5

Printed in Taiwan

城邦讀書花園
www.cite.com.tw

聖典 28
怪物大全

原著書名 / 幻獸大全
作　　者 / 健部伸明
譯　　者 / 蘇竑嶂
行銷業務經理 / 李振東
業務主任 / 范光杰
資深行銷企劃 / 周丹蘋
總 編 輯 / 楊秀眞
責任編輯 / 王雪莉
發 行 人 / 何飛鵬
法律顧問 / 台英國際商務法律事務所羅明通律師
出版 / 奇幻基地出版
　　　台北市 104 民生東路 2 段 141 號 5 樓
　　　電話 /（02）25007008　傳眞 /（02）25027676
發行 / 城邦文化事業股份有限公司
　　　台北市 104 民生東路 2 段 141 號 2 樓
　　　電話 /（02）25007718　傳眞 /（02）25001990
　　　郵政劃撥：19863813
　　　戶名：書虫股份有限公司
　　　歡迎光臨城邦讀書花園：www.cite.com.tw
香港發行所 / 城邦（香港）出版集團有限公司
電話北角英皇道310號雲華大廈4/F，504室
電話：25086231　傳眞：25789337
馬新發行所 / 城邦（馬新）出版集團
【Cite(M)Sdn. Bhd.(458372U)】
11, Jalan 30D/146, Desa Tasik,
Sungai Besi, 57000 Kuala Lumpur, Malaysia.
電話：603-9056-3833　傳眞：603-9056-2833

封面設計 / 黑兔
電腦排版 / 豪陽實業有限公司（宏陽電腦排版）
印　　刷 / 高典印刷有限公司
■2008 年（民97）2 月 19 日初版
■2018 年（民107）2 月 2 日初版 5.5 刷
定價 / 1200 元
特價 / 999 元

104台北市民生東路二段141號2樓

英屬蓋曼群島商家庭傳媒股份有限公司城邦分公司 收

- -

請沿虛線對摺，謝謝

每個人都有一本奇幻文學的啟蒙書

網站：http://www.ffoundation.com.tw

書號： **1HR028C**　　　書名：怪物大全

讀者回函卡

謝謝您購買我們出版的書籍！請費心填寫此回函卡，我們將不定期寄上城邦集團最新的出版訊息。

姓名：＿＿＿＿＿＿＿＿＿＿＿＿＿＿＿＿＿＿＿　性別：□男　□女

生日：西元＿＿＿＿＿＿＿＿＿年＿＿＿＿＿＿＿月＿＿＿＿＿＿＿日

地址：＿＿＿＿＿＿＿＿＿＿＿＿＿＿＿＿＿＿＿＿＿＿＿＿＿＿＿＿＿

聯絡電話：＿＿＿＿＿＿＿＿＿＿＿＿＿　傳真：＿＿＿＿＿＿＿＿＿＿＿＿＿

E-mail：＿＿＿＿＿＿＿＿＿＿＿＿＿＿＿＿＿＿＿＿＿＿＿＿＿＿＿＿＿

學歷：□1. 小學　□2. 國中　□3. 高中　□4. 大專　□5. 研究所以上

職業：□1. 學生　□2. 軍公教　□3. 服務　□4. 金融　□5. 製造　□6. 資訊
　　　□7. 傳播　□8. 自由業　□9. 農漁牧　□10. 家管　□11. 退休
　　　□12. 其他＿＿＿＿＿＿＿＿＿＿＿＿＿＿＿＿＿＿＿＿＿＿＿＿

您通常以何種方式得知本書消息？
　　　□1. 書店　□2. 網路　□3. 報紙　□4. 雜誌　□5. 廣播　□6. 電視
　　　□7. 親友推薦　□8. 其他＿＿＿＿＿＿＿＿＿＿＿＿＿＿＿＿＿＿＿

您通常以何種方式購書？
　　　□1. 書店　□2. 網路　□3. 傳真訂購　□4. 郵局劃撥　□5. 其他

您購買本書的原因是（單選）
　　　□1. 封面吸引人　□2. 內容豐富　□3. 價格合理

您喜歡以下哪一種類型的書籍？(可複選)
　　　□1. 科幻　□2. 魔法奇幻　□3. 恐怖　□4. 偵探推理
　　　□5. 實用類型工具書籍

對我們的建議：＿＿＿＿＿＿＿＿＿＿＿＿＿＿＿＿＿＿＿＿＿＿＿＿
＿＿＿＿＿＿＿＿＿＿＿＿＿＿＿＿＿＿＿＿＿＿＿＿＿＿＿＿＿＿＿＿
＿＿＿＿＿＿＿＿＿＿＿＿＿＿＿＿＿＿＿＿＿＿＿＿＿＿＿＿＿＿＿＿
＿＿＿＿＿＿＿＿＿＿＿＿＿＿＿＿＿＿＿＿＿＿＿＿＿＿＿＿＿＿＿＿
＿＿＿＿＿＿＿＿＿＿＿＿＿＿＿＿＿＿＿＿＿＿＿＿＿＿＿＿＿＿＿＿
＿＿＿＿＿＿＿＿＿＿＿＿＿＿＿＿＿＿＿＿＿＿＿＿＿＿＿＿＿＿＿＿
＿＿＿＿＿＿＿＿＿＿＿＿＿＿＿＿＿＿＿＿＿＿＿＿＿＿＿＿＿＿＿＿
＿＿＿＿＿＿＿＿＿＿＿＿＿＿＿＿＿＿＿＿＿＿＿＿＿＿＿＿＿＿＿＿

Encyclopedia of
Phantasmata

Monster